国家と宗教

国家と宗教

——ローマ書十三章解釈史＝影響史の研究——

宮田光雄著

岩波書店

国家と宗教■目次

「チェスター・ビーティ・パピルス」の『ローマ書』13章(3世紀)(日本聖書協会聖書図書館所蔵)

目次

目　次

第Ⅱ部　近代日本思想史におけるローマ書十三章
――明治期プロテスタンティズムから太平洋戦争の時代まで

はじめに――問題の所在

国家と宗教――いっそう一般的に言えば権力と宗教――の問題は、二十一世紀に入って、現在、ふたたび焦眉の大問題となってきた。

たとえば中東におけるイスラム世界を中心とする国際政治の舞台で、権力＝暴力行使が宗教との新しい結びつきを示し始めている。アジア地域でも、たとえばインドで力を強めてきたヒンドゥー・ナショナリズムの動向も同じ危険な様相を呈している。東方正教会においても、たとえばロシア正教の教会的敬虔の復活は国家権力との政教的癒着を再強化しつつあるようにみえる。じっさい、連邦憲法で《政教分離の壁》を保障しているはずのアメリカにおいても、近来、宗教右翼の思想と行動とを通して、政治と宗教の密接な関わりが世界政策にたいしてさえ憂慮すべき影響を及ぼしてきた(1)。

特定の宗教によって支配体制を正当化しないという《国家の世俗化》、国家権力によって信仰を強制することを断念するという《信教の自由》、ひいては人権の保障を中核とする《デモクラシー》の拡大、これらの理念は、近代政治思想史の輝かしい成果を意味していたはずである。それは、《近代ヨーロッパ》的モデルにとどまり、普遍性をもちえないものなのであろうか。それは、異なった歴史的・文化的伝統に立つ非ヨーロッパ的地域の諸国家にたいしては妥当性をもちえないのであろうか。現に直面しているのは、それぞれの支配圏に固定化された《文明の衝突》(S・ハンティントン)以外のものではありえないのであろうか。

こうして政治と宗教の関係は、現代世界における最も切実な問いにつながっていることがわかる。じっさい、国家と宗教との正しい在り方は、今では世界平和=共存にとっても、諸宗教間の平和=共存にとっても不可欠の前提になっていると言わなければならない。あらためて想起されるのは、《近代ヨーロッパ》の成果が権力と宗教とのあいだの長い苦闘を経て、ようやく獲得された政治的・社会的・思想的な成果だったことである。そこには、《文明の内なる衝突》(D・ゼンクハース)という長い厳しい体験が横たわっていたことを忘れてはならない(2)。

古典的テーマ

国家と宗教の問題は、ヨーロッパ政治思想史の背骨を形づくる、もっとも基本的な座標軸と言ってよい(3)。それは、キリスト教登場以後の歴史についてみても、たとえばローマ帝国下のキリスト教徒迫害と殉教に始まり、中世キリスト教社会の帝権と教権との対立、近世初頭の絶対主義と宗教闘争、さらには二〇世紀のファシズムと教会闘争などの諸局面に典型的にあらわれている。

そこに一貫する《権力》と《精神》との対立図式は、くり返し、権力の正当性根拠を問いただし、二元的な忠誠相剋の中で権力にたいする服従の限界、ひいては抵抗権の可否を見定めるという課題をつきつけてきた。その際、キリスト教政治倫理にたいしてイエスの使信と行動とが根源的な影響をあたえたことはいうまでもない。有名なマルコによる福音書の言葉「カイザルのものはカイザルに、神のものは神に返しなさい」(一二・一七)に示されるように。

著名な中世政治思想史家アレキサンデル・ダントレーヴによれば、このイエスの言葉は、「キリスト教政治学の指導原理」を表現するものであり、ここには、国家と宗教とを一体化させた古代国家の原理を超えたキリスト教の根源的視点――「政治的価値と倫理的価値との間の決定的な裂け目」、すなわち、「忠誠の対立へと必然的に導く裂け目」――を認めることができるという(4)。

しかし、このイエスの言葉以上に大きな影響をあたえてきたのは、おそらく使徒パウロがローマの信徒に宛てた手紙(以下においては《ローマ書》と記す)十三章一―七節であろう。ここでテキスト全文を引いてみよう。

「[1]すべての人は、上に立つ権威に従うべきである。なぜなら、神によらない権威はなく、おおよそ存在している権威は、すべて神によって立てられたものだからである。[2]したがって、権威に逆らう者は、神の定めにそむく者である。そむく者は、自分の身にさばきを招くことになる。[3]いったい、支配者たちは、善事をする者には恐怖でなく、悪事をする者にこそ恐怖である。あなたは権威を恐れないことを願うのか。それでは、善事をするがよい。そうすれば、彼からほめられるであろう。[4]彼は、あなたに益を与えるための神の僕なのである。しかし、もしあなたが悪事をすれば、恐れなければならない。彼はいたずらに剣を帯びているのではない。彼は神の僕であって、悪事を行う者に対しては、怒りをもって報いるからである。[5]だから、ただ怒りをのがれるためだけではなく、良心のためにも従うべきである。[6]あなたがたが貢を納めるのも、また同じ理由からである。彼らは神に仕える者として、もっぱらこの務に携わっているのである。[7]あなたがたは、彼らすべてに対して、義務を果しなさい。すなわち、貢を納むべき者には貢を納め、税を納むべき者には税を納め、恐るべき者は恐れ、敬うべき者は敬いなさい」(日本聖書協会訳)。

このローマ書のテキストについて、かつて歴史家レーオポルト・フォン・ランケは、その大著『世界歴史』の中で、使徒パウロの記したもっとも重要な文章だ、と指摘したことがある(5)。じじつ、聖書テキストが後世にあたえた影響史という点において、ローマ書十三章は、他のいずれのテキストと比較してもズバ抜けている。それは、たんなる聖書釈義の歴史にとどまらない広範な分野を包括して影響の跡をとどめてきたのだから。したがってまた、このテキストをめぐる史料や文献は、膨大な数にのぼるだけでなく、これまで、ほとんど《ジャングル》(E・ケーゼマン)を思わせる錯綜した状況を呈してきたことも不思議ではない[6]。

ローマ書十三章は、古くから、もっとも論争の的となったテキストの一つだった。ここには、キリスト教の政治にたいする関わりが扱われているからである。じっさい、神的権威と政治的権威との関わりをいかに定義するかという問題は、この聖書テキストをキリスト教会史、さらには政治思想史において《古典的テーマ》(locus classicus)としてきたと言ってよい。したがってまた、このテキストは、使徒パウロの国家論、ひいてはキリスト教的国家論そのものを表明したものとして受けとられがちであった。先にあげたダントレーヴによれば、「キリスト教政治理念の全歴史は、この〔パウロの手になる〕聖句に対する絶えざる注釈以外の何ものでもないと言って差しつかえはない[7]」。

本書においては、主題とする《国家と宗教》の問題を、このローマ書十三章の解釈史＝影響史に即して取り上げてみたい。まず、ヨーロッパにおける古代から現代にいたる問題史的展開の跡をたどった上で、近代日本におけるプロテスタント宣教によるローマ書十三章の受容史、ひいてはその変容過程の特質を明らかにしてみよう。こうしてローマ書十三章の解釈を軸として、従来の政治思想史研究とはやや異なる観点から、《国家と宗教》の問題にたいする比較思想史的分析に新たな光をあてることができるのではなかろうか。

通説と論争

その際、ローマ書十三章は、長いあいだ、国家形而上学の聖書的典拠として、また民衆の無条件的服従を求める規範的根拠として一面的に解釈されることが多かった。興味深い実例を一つあげるなら、無神論者カール・マルクスさえも、ローマ書十三章一節を同じような観点から引用したことがある。むろん、この聖書的命題そのものをマルクス自身が承認するためではなかった。むしろ、キリスト教を援用する政治的・保守的な人びとを批判し論破する《権威ある手段》(R・ブッフビンダー)として、あえてこの聖句を援用したのであった。

「キリスト教徒は、共和制、絶対君主制、さらに立憲君主制など、さまざまの憲法体制をもつ国家に住んでいる。……キリスト教が教えるのは、すなわち、上に立つ権威に従うべきである、なぜなら、すべての権威は神によって立てられたものだから、というのである[8]」。

マルクスは、このように論じた後に、憲法体制の正当性は、キリスト教によってではなく、「国家の固有の性質から」「人間社会の性質から」決定されなければならない、と結論するのである。その際、いっそう興味深いのは、このような政治批判をするマルクスが聖書をいわば厳格な逐語霊感説的な視点からとらえて議論していることである。たとえば『ユダヤ人問題によせて』の中の一節。

「福音を政治の文字で、すなわち聖霊の文字以外の文字で語らせる国家は、たとえ人間の目の前ではないとしても、その国家自身の宗教の目の前で、瀆神行為を犯しているのである。キリスト教を最高の規範として、聖書を憲章として、信奉している国家に対しては、聖書の言葉を対置しなければならない。なぜなら聖書は、その言葉の末にいたるまで神聖なものだからである[9]」。

してみれば、聖書的正統主義を標榜する人びとのあいだで、いまだに保守的解釈に事欠かないのも当然であろう。すなわち、このテキストから、一方では神によって立てられた「政治的官職の特別の尊厳性」が、他方ではキリスト教徒の「無制限・不可侵の服従義務」[10]が引き出され、さらに「考えうるあらゆる形態の政治的抵抗」が「根底から」排除されている、というのである。

こうした歴史を振り返りながら、新約学者オスカー・クルマンは、このテキストほど聖書の「短い言葉によって多くの濫用が行なわれた」例はない、と鋭く指摘している。

「キリスト者がイエスの福音にたいする忠誠から、国家の全体性要求に反対するや否や、その国家の代表者たちは――彼らが新約聖書を知っているかぎり――パウロのこの言葉を引き合いに出すのをつねとする。あたかも、ここでは、キリスト者にたいして、全体主義的な国家のあらゆる犯行を是認し、それに協力することが命じられているかのように[11]」。

これと対照的に、たとえば組織神学者ヴォルフガング・フーバーによれば、ローマ書十三章は、先にあげたマルコ福音書十二章のイエスの言葉の枠内において妥当するものであるという。「カイザルのものはカイザルに、神のものは神に」という定式は、むろん、《王冠と祭壇との同盟》を正当化するものと解釈されてはならない。それは、国家権力の妥当性を《領域的》に限定するということでさえなく、むしろ、《質的》な限定である。すなわち、この限定は、「平和と正義とを実現する国家の課題に即して、また神にたいして服従するための人間の自由に即して判定される[12]」。

たとえば戦後東ドイツにおいてスターリン主義的支配にたいして直接的・間接的な批判と抵抗とをつづけた神学者ヨハネス・ハーメルは、こうした線上に立ってローマ書十三章を理解していた。パウロのいう「hypotassesthai〔従いなさい〕」が、この世で自らを低くされた主の福音と原則的に一致するものであるなら、これは、あらゆる状況において自由かつもっとも能動的な――感情や悟性や意志をもふくみ、状況や対象についても明確な責任を示す――行動である。それは、当初から、霊に促された抵抗や特定の点での拒絶とそれにともなう苦難を引きうける可能性をもつものである[13]」。

このような意味において、《従う》は、パウロの場合、たんなる命令への服従＝屈服ではなく、神の《定め》にたいするキリスト者の自発的な受容であり、福音によって解放されたキリスト教倫理の創造的ヴァリエーションとしての《革命的従属》（J・H・ヨーダー）と規定することもできよう(14)。

じっさい、最近になってパウロ神学を政治的コンテキストに即してとらえようとする論議が強くなっている。こうしたパウロ解釈は、ローマ書のみならず彼の書簡全体における支配者批判に注目している。それは、近来、英語圏、とくに北アメリカにおいて盛んになってきた新しい歴史的イエス研究、いわゆる《第三の探求》の動向に通じるところがある。代表的なものとして《パウロと政治》グループの一連の仕事が論文集の形で出版されている(15)。

このグループは、パウロの《召命》を異邦人世界の人びとにたいする宣教的使命の自覚としてとらえ、こうした基本的理解を踏まえて、パウロをローマ帝国の条件下における政治的解放の神学の視点から解釈しようと試みている。そこでは、これまでのパウロ研究における伝統的な解釈にたいする批判的な《パラディグマの転換》が鮮明である。これらを主としてアメリカの研究者たちは、パウロ神学が全体として避けがたくローマ帝国の特定の社会的・政治的現実に対立せざるをえなかったものと考えている。

たとえばロバート・ジューエットは、ローマ帝国とパウロとの対立関係を自然秩序観の相違にまで拡大して論じている。パウロは、ローマ書の中で「被造物全体が、今に至るまで、共にうめき共に産みの苦しみを続け」「切なる思いで神の子たちの出現を待ち望んでいる」（八・一九―二二）と記している。それは、ジューエットによれば、手紙の名宛人であるローマの信徒たちにとっても周知の事実、すなわち、ローマ帝国による軍事的征服と経済的搾取とが村々や山野を荒廃させ、自然環境を破壊している事実を批判的に訴えているのだという(16)。

このグループの研究者にとっては、ローマ書十三章も、当然のことながら、ローマ帝国の正当性にたいするパウロの原則的に肯定的な姿勢を示すものではありえない。[17]

問題解決への手掛かり

しかしながら、これまで伝統的なパウロ解釈が長くつづいてきた背景には、古典的なカトリック教会の釈義において、このテキストが自然神学の一部と見なされてきたことによるところが大きい。したがって、テキスト冒頭にある《服従》の勧告を根拠づける文章から形而上学的な内容をもつ国家論が引き出されがちであった。同じくプロテスタント神学においても、主流派を形づくる――とくに保守主義的色彩を強めていった――ルター主義的伝統の中からは、政治的権威の正当性と自立性とが強調されがちであった。その根拠づけのために、とくに《新ルター主義》の神学者（たとえばパウル・アルトハウス）にみられるように、歴史神学的な思弁がまかり通ることにもなった。すなわち、神は政治権力によって過ぎ行くこの世を終わりの日までカオスから守り、その救済プランを保持されているというように。

たしかに、パウロの残した多くの他の書簡の中で、ローマ帝国にたいする関わりについて、この《帝国首都のキリスト者に宛てた手紙》（K・ハーカー）におけるほど詳細に論じた箇所はない。ローマ書十三章一―七節には、《教訓的》な発言と《論証的》な発言とが連続して記されている。前者は、キリスト者が権力の担い手にたいしていかに振舞うべきかを勧告し、名宛人にとっては特別に重要な意味をもつものだった。後者は、それを合理的に説明し根拠づける役割を果たしている。しかし、文学的《ジャンル》（M・テーオバルト）としてみれば、これは、けっして《教理》テキストではない。したがってまた国家論を展開しているものではない。むしろ、特定の状況における具体的な行動についての《訓戒》(Paränese)テキストなのである。[18]

この点については、現代の釈義では、ほぼ意見の一致が認められる。このテキストの基本的性格は、支配当局の注視の対象となりやすいローマ在住のキリスト教徒にたいする倫理的《勧告》ないし《警告》と見なければならない。しかし、上述のように、それは、しばしば政治的権威の神学的《根拠づけ》、あるいは国家の形而上学的《本質論》というように誤ったアクセントを置いてとらえられてきた。そこに、解釈上の論争を引き起こすもっとも大きな要因がひそんでいたと言わなければならない[19]。

したがって、古代から現代にいたるヨーロッパ精神史の中でローマ書十三章の占めた位置と役割とを見る前に、まず、パウロ自身の意図したところを正確に見定めることが重要であろう。以下、われわれの論点に必要な限りにおいて、最近の聖書釈義の成果を踏まえながら、その基本的視座を短くまとめておくことにしよう[20]。

(1) たとえば、Fr. Schweitzer (hg.), *Religion, Politik und Gewalt. Kongressband des XII. Europäischen Kongresses für Theologie 18.-22. September 2005 in Berlin*, 2006 所収の諸論文、参照。なお、vgl. S. Alkier, H. Deuser und G. Linder (hg.), *Religiöser Fundamentalismus. Analysen und Kritiken*, 2005.

(2) Vgl. D. Senghaas, *Zivilisierung wider Willen. Der Konflikt der Kulturen mit sich selbst*, 1998 (ゼンクハース『諸文明の内なる衝突』宮田・星野・本田共訳、岩波書店)。これらの成果が「まさにヨーロッパにおいても、古い伝統と戦って勝ち取られ、みずからの過去と対決してやっと達成されたということ、この事実は、いくら強調してもし過ぎることはない。これらの成果は、少なくても当初は、みずからの意志に反して我慢され、ついで徐々に受けいれられるようになり、ついには寛容という理念に結びつけられて政治文化の真髄となったのである」(同上書、二九頁)。なお、宮田光雄「解説」(同上書、二五七頁以下)参照。

(3) この問題性を政治思想史家として最も鋭く自覚し明確に表現したのは、南原繁の次の文章であろう。「およそ国家の問題は、根本において全文化と内的統一を有する世界観の問題であり、したがって、究極において宗教的神性の問題と関係することなくしては理解し得られないというのが、著者の確信である。そのことは他の世界についても言い得ることであるが、殊にヨーロッパの場合においてそうである。それは従来のヨーロッパ精神の歴史の難問であったし、また、今後も永久の問題たるを失わず、それについてただひとり真摯な思索と把握のみが問題の解決をなし得るであろう」(『国家と宗教』序、一九四二年『南原繁著作集』第一巻、岩波書店、一九七二年)一三頁)。なお、A・ラトレイユ/A・シグフリード『国家と宗教』(仙石・波木居共訳、岩波書店、一九五八年)、G・デンツラー『教会と国家』(相沢好則監訳、新教出版社、一九八五年)参照。

(4) A・P・ダントレーヴ『政治思想史への中世の貢献』(友岡・柴田共訳、未來社、一九七九年)二八頁。

(5) Vgl. L. v. Ranke, *Weltgeschichte*, Bd. III, 1883, S. 182 ff.

(6) Vgl. E. Käsemann, Römer 13, 1-7 in unserer Generation, in: *Zeitschrift für Theologie und Kirche*, 1959, S. 316.

(7) ダントレーヴ、前掲書、二六頁。ダントレーヴによれば、ローマ書十三章にもとづいて、政治的権威は最も深い宗教的意味連関をあたえられ、一方では「王権神授説の素地」になるとともに、他方では逆に「制限的・有責的統治の背景」をもつことになった。

(8) Vgl. K. Marx, Der leitende Artikel in Nr. 179 der "Kölnischen Zeitung", 1842, in: *Marx-Engels Werke*, Bd. 1, 1956, S. 102. なお、vgl. R. Buchbinder, *Bibelzitate, Bibelanspielungen, Bibelparodien, Theologische Vergleiche und Analogien bei Marx und Engels*, 1976, S. 155 f.

(9) Marx, *Zur Judenfrage*, 1843 in: *Marx-Engels Werke*, Bd. 1, S. 359(『ユダヤ人問題によせて』城塚登訳、岩波文庫)。

(10) Vgl. W. Böld, *Obrigkeit von Gott? Studien zum staatstheologischen Aspekt des Neuen Testamentes*, 1962, S. 64 f. これまで英語圏の注解でも、このテキストにパウロの「政治的現実主義」や「政治的静寂主義」を見るものが少なくなかった。そこでは、「市民的不服従」や「非暴力的抵抗」の余地さえ認められない。それは、古代国家の多くのメンバーの政治的無力感のコンテキストから由来している、と説かれている(Cf. J. D. G. Dunn, *Romans*, Vol. 2, 1988, p. 773 f.)。政治思想史の通史でも、このテキストは同様に理解されることが多かった。たとえば、古典的なものでは、cf. W. A. Dunning, *A History of*

Political Theories, 1923, Vol. 1, p. 153. 比較的新しいものでも、cf. G. H. Sabine, ***A History of Political Theory***, 4th. ed., 1973, p. 177f.

(11) O. Cullmann, *Der Staat im Neuen Testament*, 2. A. 1961, S. 41.

(12) Vgl. W. Huber, *Kirche und Öffentlichkeit*, 1973, S. 623f. フーバーは、H・R・ロイターとともに、ローマ書十三章におけるパウロの勧告を《ノンコンフォーミズム的忠誠》ないし《終末論的留保のノンコンフォーミズム》と名づけている（Vgl. W. Huber und H.-R. Reuter, *Friedensethik*, 1990, S. 43)。

(13) J. Hamel, Erwägungen zur urchristlichen Paränese über das politische Verhalten der Christen, in: E. Wolf (hg.), *Christusbekenntnis im Atomzeitalter*, 1959, S. 160-161.

(14) J・H・ヨーダー『イエスの政治――聖書的リアリズムと現代社会倫理』（佐伯・矢口共訳、新教出版社、一九九二年）二四一頁、参照。

(15) Cf. R. A. Horsley (ed.), *Paul and Empire. Religion and Power in Roman Imperial Society*, 1997; Horsley and N. A. Silberman (ed.), *The Message and the Kingdom. How Jesus and Paul ignited a Revolution and transformed the Ancient World*, 1997; Horsley (ed.), *Paul and Politics. Ekklesis, Israel, Imperium, Iterpretatio*, 2000; Horsley (ed.), *Paul and the Roman Imperial Order*, 2004; J. D. Crossan and J. L. Reed, *In Search of Paul. How Jesus's Apostle opposed Rome's Empire with God's Kingdom*, 2004. 批判的な紹介として、vgl. W. Popkes, Zum Thema "Anti-imperiale Deutung neutestamentlicher Schriften", in: *Theologische Literaturzeitung* 127 (2002), S. 850-862; M. M. Mitchell, Paulus in Amerika, in: *Zeitschrift für Neues Testament* 14 (2004), S. 10-21. ミッチェルによれば、こうしたパウロ像には現在（＝ブッシュ政権下）のアメリカの覇権主義的な外交政策にたいする憂慮も働いているとみられている。この新しい動向に加わっている新約学者は、スカンジナビアの研究者を除き、ヨーロッパ、とくにドイツ語圏からは少ない。その他、cf. B. Blumenfeld, *The Political Paul. Justice, Democracy and Kingship in a Hellenistic Framework*, 2001. ブルーメンヘルドは、パウロがヘレニズム王権論を継承しキリスト教に接受・転換したことによって古代キリスト教会の勝利を用意した、と解釈している。

（16） Vgl. R. Jewett, The Corruption and Redemption of Creation. Reading Rom 8, 18-23 within the Imperial Context, in: Horsley (ed.), *Paul and the Roman Imperial Order*, p. 25-46. 同じくエリック・ヘーン論文（E. Heen, Phil 2, 6-11 and resistance to local Timocratic Rule. Isa Theō and the Cult of the Emperor in the East, in: *op. cit.*, p. 125-153）によれば、パウロがピリピの信徒に宛てた手紙で用いている有名な《キリスト賛歌》（ピリピ二・六―一一）は、ローマ帝国の皇帝崇拝批判を内包させたテキストとして――カリグラとイエスとの対比において――読まれなければならない、と解釈される。当時、皇帝に限定されていた神的崇拝がイエスに――「神のかたち」というカモフラージュの下に――転換されているのだ、という。それにしても、ローマ皇帝の忠良な市民として皇帝の来訪を《救済者かつ主《キュリオス》》として歓呼して迎えたローマ植民都市ピリピの地方権力者にとっては、このパウロの表現は衝撃的だったことであろう。じっさい、「曲がった邪悪な時代のただ中にあって」「星のようにこの世に輝いている」（ピリピ二・一五）というピリピの信徒にたいするパウロの称賛の言葉も、これまで皇帝の人格に留保されてきた《光を担う者》としての役割をキリスト教徒の人格に《簒奪》したことになるであろうから。なお、vgl. A. Standhartinger, Die paulinische Theologie im Spannungsfeld römisch-imperialre Machtpolitik. Eine neue Perspektive auf Paulus, kritisch geprüft anhand des Philipperbriefs, in: Fr. Schweitzer (hg.), *Religion, Politik und Gewalt*, S. 364-382.

（17） Vgl. N. Elliott, Rom 13, 1-7 in the Context of Imperial Propaganda, in: Horsley (ed.), *Paul and Empier*, p. 184-204. この北アメリカのグループの他にも、同じようにパウロの支配者批判の姿勢をラディカルに強調する新しい動きが認められる。ヤーコプ・タウベスのグループに属するディーター・ゲオルギスによれば、十字架にかけられ呪われた人間を神と同一視する神学的＝キリスト論的強調には、地上の支配的秩序のみならず、「神の権威、支配、権力、いな主権」といった考え方そのものを疑問視する問題意識があらわれているという。こうしてパウロ的キリスト論においては「真の支配は、上からのものとしてではなく下からのものとして現実的である」とされる（Vgl. D. Georgis, Gott auf den Kopf stellen. Überlegung zu Tendenz und Kontext des Theokratiegedankens in paulinischen Praxis und Theologie, in: J. Taubes (hg.), *Religionstheorie und Politische Theologie*, Bd. 3: *Theokratie*, 1987. S. 160 u. 179)。パウロが「共和主義的時代のユダヤ教的伝統から継承した」ローマ書十三章一－七節についても、明快な解釈をあたえている。すなわち、パウロが「このアナクロニズムに近い命題を取り上げ、カイザルの権力がますます中央集権化しイデオロギー化する時代の只中で――首都の市民に宛てた手紙においてローマの特別の位置や国家元首に一言も触れることなく――用いたことによって、それは、批判的な響きを獲得し、国家権力の中央集権化とイデオロギー化とを拒否するように促しているのである」(*A. a. O.*, S. 204)。

(18)　Vgl. M. Theobald, *Der Römerbrief. Erträge der Forschung*, Bd. 24, 2000, S. 307. なお、vgl. K. Berger, *Exegese des Neuen Testaments,* 1977, S. 77 f.

(19)　Vgl. Käsemann, *a. a. O.*, S. 325. なお、vgl. Ders., Grundsätzliches zur Interpretation von Römer 13, in: *Exegetische Versuche und Besinnung*, Bd. II, 1964, S. 208.

(20)　ローマ書十三章の釈義的研究は枚挙に暇ないほどであるが、まず、比較的新しい『ローマ書』全体の注解書としては、たとえば、vgl. O. Michel, *Der Brief an die Römer*, 5. A. 1978; C. E. B. Cranfield, *The Epistle to the Romans*, 2 Vols., 1979, Rep. 1989; Käsemann, *An die Römer*, 4. A. 1980(『ローマ人への手紙』岩本修一訳、日本基督教団出版局); F. J. Lennhardt, *L'Épître de Saint Paul aux Romains*, 2. éd. 1981; U. Wilkens, *Der Brief an die Römer*, EKK. Bd. IV, 1978-1982(『ローマ人への手紙』岩本修一訳、教文館); M. Black, *Romans*, 2. ed. 1986(『ローマの信徒への手紙』太田修司訳、日本キリスト教団); R. Pesch, *Römerbrief*, 2. A. 1987; 前掲 Dunn, *Romans*, 2 Vols., 1988; P. Stuhlmacher, *Der Brief an die Römer*, NTD Bd. 6, 1989; C. K. Barnett, *A Commentary on the Epistle to the Romans*, 1991; M. Theobald, *Römerbrief. Kap.12-16*, 1993; J. A. Fitzmyer, *Romans*, 1993. この本には、古代から現代にいたる各時代別の網羅的な文献表がふくまれ有益である(p. 173-224)。K. Haacker, *Der Brief des Paulus an die Römer*, 1999; E. Lohse, *Der Brief an die Römer*, 2003; B. Witherrington III, *Paul' Letter to the Romans. A Socio-Rhetorical Commentary*, 2004; R. Jewett, *Romans. A Commentary*, 2006. 邦語文献としては、松本治三郎『ローマ人への手紙』(新版、新教出版社、一九九二年)、高橋三郎『新講ロマ書講義』(山本書店、一九八四年)参照。

ローマ書十三章に関する特殊研究としては、ケーゼマンの前掲論文(Grundsätzliches zur Interpretation von Römer 13, *a. a. O.*）のほか，F. Neugebauer, Zur Auslegung von Rom. 13, 1-7, in: *Kerygma und Dogma*, 1962, S. 151-172; O. Kuss, Paulus über die staatliche Gewalt, in: *Aufsätze zur Exegese des Neuen Testamentes*, 1963, S. 246-259; R. Walker, *Studie zu Römer 13, 1-7*, 1966; J. A. Dvořáček, Christusherrschaft und weltliche Ordnungen. Evangelische Meditationen über Römer 13, 1-7 und politische Verantwortung der Christen, in: *Zeitschrift für Evangelische Ethik*, 1968, S. 267 ff.; M. Borg, A New Context for Romans XIII, in: *New Testament Studies*, Vol. 19, 1972/73, p. 205-218; U. Wilkens, Römer 13, 1-7, in: Ders., *Rechtfertigung als Freiheit. Paulsstudien*, 1974, S. 203-245; J. Friedrich/W. Pöhlmann/P. Stuhlmacher, Zur historischen Situation und Intention von Röm 13, 1-7, in: *Zeitschrift für Theologie und Kirche*, 1976, S. 131-166; F. Laub, Der Christ und die staatliche Gewalt. Zum Verständnis der "politischen" Paränese Röm 13, 1-7 in der gegenwärtigen Diskussion, in: *Münchner Theologische Zeitschrift*, 1979, S. 257-265; W. Bindemann, Materialistische Bibelinterpretation am Beispiel von Römer 13, 1-7, in: *Zeichen der Zeit*, 1981, S. 136-145; R. Heiligenthal, Strategien konformer Ethik im Neuen Testament am Beispiel von Römer 13, 1-7, in: *New Testament Studies*, Vol. 29, 1983, S. 55-61; J. D. G. Dunn, Romans 13: 1-7. A Charter for Imperial Quietism? in: *Ex Auditu* 2, 1986, p. 55-68; J. I. H. McDonald, Romans 13. 1-7. A Test Case for New Testament Interpretation, in: *New Testament Studies*, Vol. 35, 1989, p. 540-549; H. Merklein, Sinn und Zweck von Römer 13, 1-7. Zur semantischen und pragmatischen Struktur eines umstrittenen Textes, in: Ders. (hg.), *Neues Testament und Ethik. Für R. Schnackenburg*, 1989, S. 238-270; P. Arzt, Über die Macht des Staates nach Röm 13, 1-7, in: *Studien zum Neuen Testament und seiner Umwelt*, Bd. 18, 1993, S. 163-181; R. Bergmeier, Die Loyalitätsparänese Röm 13, 1-7 im Rahmen von Römer 12 und 13, in: *Theologische Beiträge*, Bd. 27, 1996, S. 341-357; 前掲 Elliott, Rom 13, 1-7 in the Context of Imperial Propaganda, in: *op. cit.*, p. 184-204; P. Towner, Romans 13, 1-7 and Paul's Missiological Perspective, in: S. K. Soderlund/N. T. Wright (ed.), *Romans and the People of God*, 1999, p. 149-169; O. Wischmeyer, Staat und Christen nach Röm 13, 1-7. Ein neuer hermeneutischer Zugang, in: M. Karrer/W. Kraus/O. Merk (hg.), *Kirche und Volk*

Gottes. Festschrift für J. Roloff zum 70. Geburtstag, 2000, S. 149-162; D. M. Llozd-Jones, *Romans. Exposition of Chapter 13 : Life in Two Kingdoms*, 2002 など、参照。網羅的な文献リストについては、Fitzmyer, *op. cit.*, p. 670-676 参照。その他、E. Troeltsch, *Die Soziallehren der christlichen Kirchen und Gruppen*, 1912, Neudruck 1961 は、いまなお、このテーマに関して多くの示唆に富んでいる。これ以外の文献については、以下、必要に応じてとり上げることにしよう。

序章　使徒パウロの基本的視座

ローマ書十三章一―七節は、新約聖書の中でも、もっともきめ細かく研究されてきたテキストの一つである。しかし、周知のように、このテキストの伝統、時代的・歴史的背景、さらに神学的なモティーフなどについて、研究者のあいだでは広く見解が分かれている。すでにこのテキストが元来のパウロの手紙に属するものか否かについて、根本的な疑問も提起されているほどである。これをローマの信徒への手紙の中におかれた《挿入》だという見解をめぐっても、なお激しく議論されている。こうした前提そのものを、まず、検討することから始めてみよう。

テキストの文脈

たとえばオット・ミヒェルによれば、「ローマ書十二章二一節が十三章八節に接続しているのは確実である。……ローマ書十三章一―七節は独立した挿入である」[1]。このテキストをパウロ以外の手になる後世の《挿入》ないし欄外の《書き入れ》とするテーゼを支持する解釈は、けっして稀ではない。なぜなら、ヴァルター・シュミットハルスによれば、このテキストはコンテキスト全体との関わりでは「異質物としての性格」を示すばかりか、それ自体としても「何らとくにキリスト教的な性格をもっていない」から。それは、一語一語、ユダヤ教の「シナゴーグの説教から由来する」というのである[2]。すでにマルティン・ディベーリウスも、「何ぴとも、このテキストから、ここでキリスト教の使徒がキリスト教会にたいして警告をあたえているという事実を引き出すことはできない」と指摘していた[3]。

しかし、テキストの《異質性》は、基本的にパウロがそれをユダヤ教の伝統から継承していることに由来しているのだとしても、そのことは、ただちに非パウロ的《挿入》という仮説を基礎づけるものではない。また、このテキストが伝統的な素材を混じえたものであればこそ、むしろ、逆に、パウロ神学の基調にふさわしくないアクセントをあたえないように注意すべきではなかろうか。われわれは、少なくとも、このテキストのもつ《キリスト教的性格》を見損なってはならないのではなかろうか。

たしかに、このテキスト全体を通じて、キリストについて何ら言及されていない。とはいえ、その事実は、パウロがこの手紙を書きながら、またローマのキリスト者たちがこの手紙を読みながら、キリストの存在を彼らの念頭から除外していたということを意味するものではない。テキストの内容は、あきらかにこのテキストに先立つ十二章やこのテキストにつづく十三章後半の「キリストにあって」可能となるキリスト者の在り方と結びついているのだから。(4)

パウロは、むろん、ユダヤ教神学の観点から政治的メシアニズムの問題性を知っていたし、また、すでにローマ支配下のオリエントに始まっていた皇帝崇拝の風土にあって、ヘレニズムの神聖国家イデオロギーをも知っていたにちがいない。(5)にもかかわらず、このテキストでは、パウロは、――のちに詳しく見るように――きわめて《この世的》に論じ、《権威》を地上的な《暫定性》において眺めているのである。その限りでは、テキスト全体に《キリスト教的括弧》(W・シュラーゲ)を付けて、そこから解釈することが必要なのではなかろうか。(6)

国家の権威ないしその代表者にたいして尊敬と服従を説く倫理的勧告は、ローマ書十三章に限らず、原始キリスト教の他の文書にも共通して存在する(たとえば、Iペテロ二・一三―一七、テトス三・一、Iテモテ二・一―二)。ただし、これらの平行テキストにはなくローマ書十三章にのみ認められる、いくつかの重要な特徴がある。ウルリヒ・ヴィルケンスのあげる、こうした《文学上の独自性》の中で、とくに注目されるのは、ローマ書において、権威の《神による》設定

(一三・一、二)や《良心による》服従(一三・五)が説かれ、また納税の義務(一三・六)が強調されているようにみえる点である。[7] その限りでは、ユダヤ教以来の伝統的な勧告のパターンをこのテキストの形に定式化したのは、やはりパウロ自身であったと考えなければならない。内容的にも伝統的な服従のすすめを反抗にたいする警告へと《尖鋭化》したことこそ、このパウロのテキストの《本来的内容》(U・ヴィルケンス)とさえ見ることもできよう。

そこから、さらに、こうした勧告をパウロに余儀なくさせた具体的な歴史的事情が何であったかという問いも出てくるであろう。注解者の中には、当時、ローマ教会内に存在した特別の危険を推定する意見も少なくない。たとえば、アナーキズム的傾向、あるいはゼーロータイ的抵抗運動ないしユダヤ教に由来する反ローマ的敵意ないし反感など。しかし、このテキスト自身からは、教会内にそうした動向が存在したことを示す具体的な手掛かりは何一つない。しばしば、終末の切迫感からする熱狂主義の危険が指摘されることもある。[8] しかし、そうした誘惑があったとしても、それは原始キリスト教全体を通じてみられるものであった。けっして特別にローマの教会にのみ存在したわけではなかったであろう。

逆に、ローマ書十三章に認められる「権威」にたいする肯定的な態度を、《ローマの平和》の下でパウロ自身が経験した帝国の法秩序にたいする《よい》関係にもとづくものとみる解釈も、依然として多い。しかし、これには、すでにパウロの他の書簡にみられるローマ帝国側からの迫害や苦難の体験が反証している。むしろ、最近では、そうしたパウロの受けた迫害に関する報道がローマの教会の中で彼の人格にたいする不信と疑いとを呼び起こし、それをあらかじめ取り除くため、パウロ自身、忠誠と服従とを逆に強調してみせたのだという、いわば深層心理学的にうがった解釈すら現われている。[9]

こうした中で、先述の《文学上の独自性》に注目して、納税義務の強調から、当時のパウロが立たされていた歴史的状況に光をあてようとする試みもある。ヨハネス・フリードリヒ、ヴォルフガング・ペールマン、ペーター・シュトゥルマッハーたちは、このローマ書十三章のテキストをタキトゥスの『年代記』やスエトニウスの『ローマ皇帝伝』など古代史の記録とつきあわせて分析している。[10]

それによれば、西暦五八年にローマの民衆はネロ帝治下にあって国家の徴税請負人による圧制にたいして抗議の声をあげ、その結果、まもなく思い切った税制改革が行なわれることになった。この改革以前に執筆されたローマ書では、こうした一般民衆の不満を引き起こした苦境が前提されているのである。しかも、ローマのキリスト者にとって、経済的状況は、いっそう厳しいものとなっていたはずである。

すなわち、当初、キリスト教徒は、帝国内で特殊な例外として寛容されていたユダヤ教内部の小さな《セクト》とみなされ、その法的保護の下に活動することができた。しかし、四九年のクラウディウス帝の追放令がおそらくネロの即位後に廃止された結果、ローマに帰還したユダヤ人たちは、もはやキリスト教徒にたいしてシナゴーグの保護をあたえなくなっていたのである。

パウロは、こうしたローマの教会の人びとに向かって、にもかかわらず、重税の負担に堪え通すべきことを強調しなければならなかった。なぜなら、「抵抗や納税拒否は、〔生まれたばかりの若い〕教会の存立を危うくさせかねないからであり、また〔終末における〕神の審判に向かっている世界は、時機尚早にカオスに陥らないために秩序をあたえる国家機関を必要としているのだから」と。

これは、パウロのテキストの成立の由来と背景とをみる上で、まことに示唆に富む歴史的解釈ではある。しかし、ローマ書十三章のテキストとコンテキストからは、そうした事実を暗示するものは何一つないことも確かである。[11]

以下、このテキスト自身に即して、——とくにその《文学上の独自性》の他の諸点にも留意しながら——パウロの基本的視座を確かめてみよう。

すでにみたように、このテキストは《非パウロ的挿入》ではありえないのみならず、むしろ、ローマ書十二章冒頭の命題をライトモティーフとして展開する以下の章全体の中に位置づけられるものとみることができよう。その意味では、国家的「権威」にたいする服従は、エルンスト・ケーゼマンの指摘するように、「この世」の世俗的《日常性における神への奉仕＝礼拝》(ローマ一二・一―二)の一部をなすものである。いわば、この前括弧に対応して、後括弧の位置を占めるのが後出の《終末論的視点》(ローマ一三・一一―一四)にほかならない。[12] すなわち、国家は過ぎゆくこの世に属する暫定的な存在である。それは、けっして絶対的なものでも究極的なものでもなく、究極以前のもの、相対的な秩序にすぎない。

こうした《終末論的留保》は、一方において、キリスト者がすでに国籍を天にもつ(ピリピ三・二〇)ものとして、終末を目指しつつ地上を旅する存在であることを教える。それは、この世にたいしてつねに一定の距離をおき「この世と妥協しない」(ローマ一二・二)ことを可能にするものであろう。しかし、他方では、それは、神によって創造されたこの世の秩序を時機尚早に、つまり、終末を先取りして軽視したり飛び越えたりしないことを意味しているであろう。すなわち、この暫定的な地上の制度にたいして、いわば《究極以前的な真剣さで真剣に》(K・バルト)仕え「服従」することを求めるものであろう。ローマ書十三章一―七節は、こうした二つの括弧にくくられた《終末論的日常性》を生きる政治倫理といってよい。

テキストの釈義

まず、テキスト冒頭で、パウロは、「すべての人」から、すなわち、キリスト者にも非キリスト者にも、「上に立つ権威」への「服従」を求めている。それは、「おおよそ存在している権威は、すべて神によって立てられたものだからである」(一節)。ここでパウロが旧約的＝ユダヤ教的伝統に立っていることは、すでに指摘されてきた通りである。この連関でよく引かれる一例をあげておこう。古代ユダヤ史家ヨセフスは、エッセネ派の人びとの誓約義務にふれて記している。「特に支配者たちに対して誠実を失わないこと、支配者の地位は誰も神の許しなしには保持できないのだから[13]」。

オリエント＝ヘレニズム的世界においては、地上の支配者は神的起源をもち、しばしば、支配者自身が神の子であるとされていた。これに反して、すべての支配者が「神によって」(ὑπὸ θεοῦ)設定されたのだとすれば、神はすべての支配者に優越し、彼らから責任を問いうる存在である。否、この前置詞(ὑπὸ)には、「……の下に」、すなわち、「神に服従して」という意味が込められていると読みうる釈義もされている[14]。こうした考え方こそ、シナゴーグの信仰にたいして、政治的に無力な現実にもかかわらず、動ずることなしに神からの約束に固執することを可能にした力だったといえよう。すなわち、パウロが立っていたユダヤ教的伝統は、本来の主権者が神自身であることを確信するものだった。パウロ自身のテキスト自体には、何らの明示的な言及がないとはいえ、ここには、潜在的な権力批判の契機が秘められていたはずである。

皇帝崇拝が強制されるとき、それを拒否する可能性は、ここからは自明のものとして引き出されるであろう。神によって立てられたものであれば、「神」ではありえないという消息がそこに含まれているのである。こうした緊張意識――抵抗感覚とは言わないまでも――に注意すべきであろう。じじつ、皇帝崇拝は、当時、君主制的国家形態の基本的支柱の一つであった。皇帝の宗教的神聖化は、帝国理念を強固にすることに貢献した[15]。この礼拝を拒否することは、皇帝にとって、いわば国家そのものにたいする直接的反抗と解されえたのである。

それと関連して興味深いのは、パウロの用いている「権威」(ἐξουσίαι)という概念が、——多くの聖書解釈がほぼ一致して認めるように——世俗的な行政用語だったことである[16]。それは、ローマ帝国の厖大な国家機構におけるさまざまの《官職》(A・シュトローベル)——それも制度としてよりも、その機関や地位を占める具体的な行政担当者——を示す用語にほかならない。そのことは、「権威」が何らかの宗教的=道徳的な実体化をふくむ国家の神化を意味するものではないことを示している。「このテキストにおける用語の世俗性は疑いの余地なく明らかであり、いっそう尖鋭化していえば、パウロはヘレニズム官僚制のジャーゴンをとりあげている[17]」。

こうしてパウロは、現実に存在する国家権力の起源や正当性根拠の議論に入ることなしに、現に存在するがままの「権威」を端的に「神によって立てられた」ものだという。国家は神の意志によるものではあっても、それ自体が神的なのではない。

したがって、——パウロは、さらに論述を進めていく。「権威に逆らう者は、神の定めにそむく者である」(二節)。ここでは一見、いっそう尖鋭化されて服従が強調されているようにみえる。しかし、この「逆らう」(ἀντιτάσσομαι)は、先行する「服従する」(ὑποτάσσομαι)との対比に視点を向けさせるための《語呂合わせ》(R・ハイリゲンタール)だという指摘もある。国家権力にたいする「抵抗の本質」を一般的に論じているのではなく、むしろ、二つの用語の対立性という文体的・意味論的強調によって《服従》の勧めを状況に即して明確化したものだとされる[18]。

同時に、この神の《定め》(διαταγή)という概念が、これまでしばしば誤解されてきたように《秩序》(ordo; Ordnung)ではなく、神による《設定》ないし《任命》(ordinatio; Anordnung)を意味することに注意しなければならない。すなわち、ここでも、《定め》は、実体化された神聖秩序を指すものではなしに、むしろ、その背景にあって設定する、主権的な神的意志にアクセントがおかれていると言うべきであろう。

じっさい、この概念は、「権威」の場合とは逆に、ローマ帝国の国家的＝行政的な専門用語ではなかったということも、この連関において示唆的である。当時、この《定め》と類似した響きをもつ帝国の行政用語が存在していたにもかかわらず、パウロは、あえてそれらと区別したこの言葉を用いている[19]。それは、当時、存在していた帝国の官職的ヒエラルヒーの中に神の場所を連続させることによって支配者神化のイデオロギーに編み込まれることを避けようとする、パウロの周到な姿勢と関わっていたといえよう。国家は、それ自身として何ら固有の宗教的尊厳性をもたない《人間的》な生活形態なのである。神の《定め》は、むしろ、地上の「権威」をみずからの道具として設定する創造者の意志を示す。この「神が望むのは裁きのみではなく、救いでもある[20]」。この人間の救いは、国家権力のあたえ得ないものであり、国家権力の課題は《世俗性》に限定される。

してみれば、ここで「権威」に託された一定の役割、あるいはその追求する目標が問われることになるであろう。パウロが「善事をする者」には国家権力を恐れる必要がない（三節）というとき、間接的に国家の任務と課題とが暗示されているであろう。それは、まず「善事」の保護と促進にある。むろん、この「善事」というのは、宗教的＝道徳的な基準によるものというよりも《市民的正義》(justitia civilis)の観点から認められるものであろう[21]。こうした意味での法と正義の保持と並んで、さらに国家権力には「悪事」を防止する任務が託されている（三節）。ここでパウロが言及している政治的支配者からの《称賛》（三節）は、当時、皇帝に忠誠な政策を行なった帝国諸都市にたいして表彰状が送られた歴史的慣行を思い起こさせる。いずれにしても、「善事」をなす者を称賛し、「悪事」をなす者を制裁することは、すでに古代ギリシアの歴史家クセノフォン以来、一般に承認されてきた政治的支配者の典型的な義務にほかならない[22]。

ここでパウロが用いている「神の僕《しもべ》」（四節）、あるいは後出の「神に仕える者」（六節）といった用語は、宗教的＝典礼的な背景をもつ言葉である。しかし、それらは、けっして支配者ないしその行政担当者の神聖性を示すものではない。《僕》(διάκονος)あるいは《仕える者》(λειτουργός)は、自立した権威ではなく、より高い秩序＝神の意志の下に立つのである。もっとも、ここでパウロが、現実の国家権力の働きにたいしてあたえた記述には、実際問題にたいする、まことにナイーヴな単純化と、ある種の《目的オプティミズム》とが認められるという意見もある。[23]

いずれにせよ、こうした任務の遂行にあたって、政治的支配者は「いたずらに剣を帯びているのではない」(四節)とパウロはいう。この《称賛》に対比させられる《処罰》のための《剣》は、あきらかに司法権力を象徴している。それは、おそらく軍事力ないし戦争権の正当化ではないであろう。[24]

さて、こうした国家権力にたいするキリスト者の正しい態度は、「すべての人」と同じく「従う」ことにほかならない(一節)。しかし、この《従う》(ὑποτάσσεσθω)は、これまで見てきた解釈からすれば——パウロ自身はかならずしも明言していないところでも——けっして絶対的な屈従ないし無批判な隷属を意味するものではないはずであろう。[25]その限りでは、ローマ帝国にたいする忠誠は、けっして《全体的》なものではありえない。むろん、ローマ書十三章は、国家権力の濫用や服従の限界など紛争の状況には言及していない。国家権力による迫害についての言及もまったくない。その当時、キリスト教徒にたいする敵意ないし迫害は、アキュートな国家的政策というより、むしろ、個別的な社会現象にとどまっていたから。[26]

とはいえ、パウロがそうした可能性を認識していなかったということではない(たとえば、使徒行伝一六・二二以下、Ⅱコリント六・五、一一・二三以下、三二以下など)。じっさい、パウロにとって服従の限界が存在したことは、彼が後にまもなくローマにおいて殉教の死を遂げた事実そのものによって証明されていると言えよう。[27]

こうした連関において、ローマ書十三章のテキストにおける「良心のため」の服従(五節)のすすめにも注目しなければならない。これは、十三章冒頭の服従のすすめを、いま一度くり返しているばかりか、いっそう《尖鋭化》(O・ミヒェル)して示しているようにみえる。すなわち、キリスト者が国家権力に従うのは、何らかの機会主義的理由、たとえば権力による処罰という「怒りをのがれるため」だけではなく、「良心のため」でもあるから、という。それは、一見したところ、服従がたんに外面的な《合法的》行動に尽きず、むしろ内面的な確信にもとづく積極的服従であることを求めているようにみえる。[28]

しかし、ここで意味されている《良心》(*συνείδησις*)とは、パウロにとって、信仰者そのものに適用されるキリスト教的良心を意味している。それは、人間と国家との究極的根拠である神の意志を《共に知る》ことから生まれるものである。したがって、キリスト者の服従は、強制や不安からではなく信仰における自由と洞察とにもとづく責任ある行動にほかならない。[29]

すでにみたように、この「良心のため」の服従がパウロの《文学上の独自性》に関わっていたことからすれば、まことに重要な意味をもっている。それは、具体的な日常性の中で非陶酔的に責任をもって遂行される《神への奉仕＝礼拝》(ローマ一二・一)なのである。いわば、一節における一般市民(＝すべての人)として国家権力の機能秩序について一般的＝客観的認識にもとづく政治的決断は、ここでは、いっそう鋭い信仰的な問題意識によって加速されるといってもよい。

したがって、パウロは、キリスト者にとって、納税のような一見散文的な市民的義務をも無意味な些事として、なおざりにしないようにすすめることができた(六節)。彼は、さらにつづけて「貢」(＝直接税)と「税」(＝間接税)とをあげて、いま一度、納税の義務を強調している(七節)。このパウロにおいて一義的に肯定的な異教的国家権力にたいする納税のすすめは、ユダヤ教に平行例をみないものである。

この事実は、あるいはヴィルケンスの推定するように、パウロのモティーフがイエス語録（マルコ一二・一三―一七）から由来することの《間接的証明》(argumentum e silentio)と言えるのかもしれない[30]。もっとも、ここでパウロがいわば《カイザルのものはカイザルに》という契機のみとりあげて、イエス語録にある《神のものは神へ》という、いっそう重要な契機に言及していない以上、イエスに関連づけることは釈義的には困難かもしれない。

それにもかかわらず、このテキストの末尾でパウロがつづけて「恐るべき者は恐れ、敬うべき者は敬いなさい」（七節）とたたみかけるとき、先のイエス語録との関わりを思わせるものがあるのではなかろうか。そのコンテキストからは、国家権力にたいする《尊敬》にもかかわらず、それは、真に「恐るべき者」（＝神）にたいする《恐れ》から区別されることになるであろう。すなわち、「敬うべき者」（＝政治的支配者）は、神との関わりにおいてつねに相対化され、一定の距離をとって冷静に関わるべき存在と見なされるわけである[31]。

カトリックの新約学者ルードルフ・ペッシュは、いっそう積極的に、このパウロの勧告の末尾には、カイザルのものと神のものについて、「イエスの批判的な区別（マルコ一二・一七）の線上において批判的なアクセントが明白である」と解釈している。じっさい、パウロのいう「すべてに対する義務」も、この区別に応じて国家には「貢と税」とを、神には「恐れと敬意」とをあたえるべきだ、というのである。そこでは、「必要ならば、国家に反してでも」「必要ならば、国家が僭称する神的敬意を拒否してでも」、この《恐れ》と《敬意》とが示されなければならないのである[32]。

《索出的》視点

こうして全体としてみたとき、ローマ書十三章一―七節は、パウロが特定の時とところとにおいて、すなわち、当時の支配的な権力状況にたいして、ローマのキリスト教徒がいかに振舞うべきかをすすめた使徒的《勧告》であることが明らかである。それは、けっして神学的な《国家理論》といった性格をもつものではない。

しかし、このテキストが歴史的制約性から切り離されて《聖書的カノン》のように伝承されるとき、しばしば、危険な誘惑にさらされざるをえなかった。たとえば、このテキストは国家《秩序》の教義的根拠とされ、またそこで示された《服従》が普遍妥当的な規範にまで高められたから。とくにローマ書全体が体系的に厳格に構成されているところから、多くの解釈者たちは、この手紙のいずれの部分についても一種の《教理的》テキストとして読みとりうるものと信じがちであった。たしかに、ローマ書十三章のテキストは、一見したところ、「おおよそ存在している権威は、すべて神によって立てられたものだ」という命題によって、国家神学や絶対服従の倫理をパウロから引き出す《誤解》(F・ラウプ)の可能性をあたえてきたことは認められなければならない。(33)

その意味では、政治的《権威》にたいしてキリスト者がいかなる態度をとるべきかという根本問題にたいしては、パウロのこのテキストのみでなく、むしろ、いっそう明白に《カイザルのもの》と《神のもの》とを区別したイエス語録(マルコ一二・一三―一七)や、《人間に従うよりも神に従う》ことを説いたペテロの証言(使徒行伝五・二九)、さらに権力が悪魔的様相を呈したとき殉教にいたる服従の限界を明らかにしたヨハネ黙示録(一三・九以下)のテキストなどを、あわせて取り上げねばならないであろう。こうして初めて聖書的使信を現実化する際に、《権威》や《服従》を一面的に取り上げて強調する誘惑から免れることができる。

しかし、すでに冒頭で確認したように、ローマ書十三章も、原始キリスト教に共通する終末論的視点からする《この世》にたいする弁証法的な関わり方に貫かれていた。すなわち、《この世》を神化することもないが《この世》から逃避することもなく、世俗的な日常性の中で醒めて生きるという基本的姿勢である。こうしてみれば、ローマ書十三章もまた――批判的な目をもって読むなら――新約聖書の他の平行テキストとともに、「ただ間接的な仕方において」であったとしても、「正しい国家は法と正義に仕えるが、人間の救済を課題とはせず、それによって神のものを神に返す自由をキリスト者にあたえる国家である」[34]ことを教えているのである。その限りでは、ローマ書十三章をめぐるヨーロッパ精神史＝政治思想史の問題は、この《テキスト》自身にあるというよりは、むしろ《解釈》そのものの在り方にひそんでいたと言うべきかもしれない。

むろん、次章以下で試みるように、各時代における思想家ないし神学者のテキスト《解釈》を要約提示するには、可能なかぎり客観的な叙述を心がけねばならないであろう。とはいえ、そこでは、一定の引照基準による《評価》を免れることはできない。したがって、古代教会から現代にいたる長い歴史が提供する豊富な素材を分析するために最小限必要とする《索出的《ホイリスティシュ》》な視点を、ここで最後にまとめておくことにしよう。それは、ローマ書十三章を歴史的に受容し継承する際に、パウロのテキストにふくまれていたものを、なお、どこまで批判的に引き出しえたかを検証し確認する視点にほかならない。

第一に、国家の《権威》が「神によって」立てられたという視点である。国家は、つねに《神》によって限定された地上的な《世俗的》制度として相対化されることができたであろうか。第二には、キリスト者の《服従》根拠としての「良心のため」(一三・五)という視点である。《服従》は、こうした究極的な根拠から生まれる批判的な洞察と責任とにもとづいて限定されなければならなかった。

《良心》は具体的にどのような役割をもっているのか。その第一は、国家が《神の定め》に一致しているかどうかを認識することにある。その際、さらに、このキリスト者としての判断にとって重要なのは、「善事」と「悪事」とにふさわしく対処する国家の機能(一三・三以下)をザッハリヒに定義づけることであろう。それは、国家にたいして、その正しい義務を果たすように警告し、可能ならば誤った路線を変更するために手を貸すことを意味する。この視点もまた、おそらく服従のモティヴェーションにとって無視できない役割をもちうるであろう。こうしてみれば、キリスト者の《服従》は、極限的な場合における不服従の可能性を決して排除していないのである。

以下、ヨーロッパ精神史における代表的な時代と思想家＝神学者に即して――限られた紙幅からも、けっして網羅的ではありえないが、――ローマ書十三章の影響史の主要な線を辿ることにしよう。[35]

(1) Michel, *Der Brief an die Römer*, S. 393-394.

(2) W. Schmithals, *Der Römerbrief als historisches Problem*, 1975, S. 192. パウロの手によらないことは「きわめてよく可能」であり、パウロの手紙の最初の収集に際して「はじめて編集者がパウロ文書に組み入れた」(*A. a. O.*, S. 196 f.)とされる。なお、vgl. Ders., *Der Römerbrief. Ein Kommentar*, 1988, S. 458 ff. 後世の挿入説は、ローマ書十三章のテキストの文脈上の《異質性》という理由のほか、それがほぼ西暦一八〇年頃まで文献の上で引照されていない事実から、このテキストの文章がそれまで未知であり、それゆえ第二義的なものだ、という理由からも主張される(Vgl. E. Barnikol, Römer 13. Der nicht-paulinische Ursprung der absoluten Obrigkeitsbejahung von Röm 13, 1-7, in: *Studien zum Neuen Testament und zur Patristik*, 1961, S. 129 ff.)。その他、《挿入説》については、とくに、vgl. Riekkinen, *Römer 13*, S. 7 ff.

(3) M. Dibelius, Rom und die Christen im 1. Jahrhundert, in: Ders., *Botschaft und Geschichte*, Bd. II, 1956, S. 184. なお、これへの批判として、vgl. H. W. Bartsch, Die neutestamentlichen Auslegungen über den Staat, in: Ders., *Entmythologisierende Auslegung*, 1962, S. 113 f.

(4) Cf. C. E. B. Cranfield, *The Epistle to the Romans*, Vol. II, p. 653. たとえば「善事をするがよい」(ローマ一三・三)という勧めは、先行の「悪は憎み退け、善には親しみ結び」(同一二・九、なお、一七、二一)という章句や同じく後につづく章句(同一三・八―一〇)と平行し、さらには、こうした善に励む生き方が終末論的な展望の下に「主イエス・キリストを着る」

（同一三・一四）すすめとも結びついていることを見逃してはならないであろう（Vgl. U. Wilkens, Röm 13, 1-7, *a. a. O.*, S. 209）。

（5）　オリエントの支配者崇拝からローマの皇帝礼拝にいたる歴史的展開については、vgl. H. J. Klauck, *Die religiöse Umwelt des Urchristentums*, Bd. II: *Herrscher- und Kaiserkult*, 1996, S. 17ff. 「皇帝礼拝は、古代世界における秩序構成的要因の一つであり、ローマ帝国にたいする忠誠を統合し、それに確固たる方向づけをあたえた」（*A. a. O.*, S. 72）。当時、パウロが熟知していたヘロデ＝ローマ支配下のユダヤにおける皇帝崇拝については、とくに、vgl. M. Bernett, *Der Kaiserkult in Judäa unter den Herodiern und Römern. Untersuchungen zur politischen und religiösen Geschichte Judäas von 30 v. bis 66 n. Chr.*, 2007.

（6）　Vgl. W. Schrage, *Die Christen und der Staat nach dem Neuen Testament*, 1971, S. 51. いっそう積極的にパウロ的勧告を《典型的なキリスト教的伝承》（Neugebauer, Zur Auslegung von Röm. 13, 1-7, *a. a. O.*, S. 165）とみる解釈さえある。

（7）　Vgl. Wilkens, Römer 13, 1-7, *a. a. O.*, S. 211ff. これらのテキストの対観表は、vgl. S. 212f.

（8）　たとえば、vgl. Michel, *a. a. O.*, S. 407; Käsemann, *An die Römer*, S. 338. ゼーロータイにたいする共感の指摘は、vgl. H. Weinel, *Die Stellung des Urchristentums zum Staat*, 1908, S. 15.

（9）　Vgl. K. Wengst, *Pax Romana. Anspruch und Wirklichkeit. Erfahrungen und Wahrnehmungen des Friedens bei Jesus und im Urchristentums*, 1986, S. 104.

（10）　Vgl. J. Friedrich/W. Pöhlmann/P. Stuhlmacher, Zur historischen Situation und Intention von Röm 13, 1-7, *a. a. O.*, S. 156ff. たとえばタキトゥスについては、『年代記』第一三巻五〇―五一（国原吉之助訳、岩波文庫）、スエトニウス『ローマ皇帝伝』第六巻一〇（国原吉之助訳、岩波文庫）参照。同じく、アメリカの新しい《パウロと政治》研究グループの一人ネイル・エリオットによれば、ローマ書十三章のテキストは、「帝国のプロパガンダの文脈」において、しかも五四年の皇帝ネロの即位との関連において解釈される。すなわち、パウロは、ローマに帰還してきたユダヤ人（＝キリスト教徒）を防衛することに重大な関心を寄せていた。国家権力にたいして公然と抵抗することは無意味であり、《所与の事情に応じて》（rebus sic stantibus)対応し、税金を支払うことを勧める。このパウロの勧告は《戦術的な考慮》に由来するものである、と(Cf. N. Elliott, Romans 13. 1-7 in the Context of Imperial Propaganda, in: *op. cit.*, p. 184-203, esp. p. 202f.)。

(11) たとえば、vgl. Wilkens, *Der Brief an die Römer*, S. 34.

(12) Vgl. Käsemann, Gottesdienst im Alltag der Welt. Zu Römer 12, in: Ders., *Exegetische Versuche und Besinnung*, Bd. II, 2. A. 1965, S. 198-204; Schrage, *a. a. O.*, S. 54 f.

(13) ヨセフス『ユダヤ戦記』第II巻一四〇(土岐健治訳、日本基督教団出版局)。シュトラック／ビラベックの注釈でも「神によらない権威はない」(ローマ一三・一)という命題に関しては、「古いシナゴーグのあいだで、ほとんど意見の違いは存在しなかった」(H. L. Strack/P. Billerbeck, *Kommentar zum Neuen Testament aus Talmud und Midrasch*, Bd. III, 1926, S. 303)と指摘している。

(14) マシュー・ブラック『ローマの信徒への手紙』(太田修訳)二七六―二七七頁。最近の邦訳の中には、「神の下にあるのでなければ、それは権威ではありません」(本田哲郎訳『ローマ／ガラテヤ人への手紙』新生社、二〇〇六年)と訳すものもある。ジューエットの最新の注解では、この文脈のもつ《革命的含蓄》を指摘している。「パウロの議論で権力担当者の権威を保障する神は、ローマの公共的祭儀におけるようなマルスやジュピターではない。また、アウグストゥス時代以来、公共的祭儀に同化されてきたギリシア－ローマのパンテノンに代表される神でもない」と(Cf. Jewett, *Romanns. A Commentary*, 2006, p. 789)。なお、「神によって」(*ὑπὸ θεοῦ*)に「権力批判」といった「否定的・限定的」な意義を認めることに反対する見解として、vgl. O. Wischmeyer, Staat und Christen nach Römer 13, 1-7. Ein neuer hermeneutischer Zugang, *a. a. O.*, S. 158.

(15) Vgl. A. A. T. Ehrhardt, *Politische Metaphysik von Solon bis Augustin*, Bd. II, 1959, S. 22-29. これにたいして、たとえば、Wilkens, *Der Brief an die Römer*, S. 41 は反対している。しかし、少なくとも《十戒》いらいの被造物神化の否定の伝統の中で、そこに《緊張意識》が横たわっていたことを見逃しえない。

(16) Vgl. A. Strobel, Zum Verständnis von Röm 13, in: *Zeitschrift für die neutestamentliche Wissenschaft*, 1956, S. 79. なお、vgl. H. v. Campenhausen, Zur Auslegung von Röm 13, in: Ders., *Aus der Frühzeit des Christentums*, 1963, S. 81

ff.
(17) Käsemann, Römer 13, 1-7 in unserer Generation, *a. a. O.*, S. 361.
(18) Vgl. R. Heiligennthal, Strategien konformer Ethik im Neuen Testament am Beispiel von Römer 13, 1-7, *a. a. O.*, S. 57).
(19) 《定め》の概念については、とくに、vgl. Friedrich/Pöhlmann/Stuhlmacher, *a. a. O.*, S. 136ff. 当時、これと類似する帝国の行政用語として、διάταγμα(=edictum 命令、法令)、διαταξις(=constitutio 勅法)があった。しかし、パウロがここで用いた διαταγή にはラテン語の対応概念は存在しなかったし、明確な法的権限とも関わらなかった。ビザンツ帝国においては、ようやく一〇世紀に διαταγή は ἐντολή(=mandatum 委任、命令)と並んで最高の支配者意志をあらわすようになり、神―皇帝―臣民というヒエラルヒーが生み出されることになった。ローマ書十三章のテキストは、神にたいする責任ではなく、支配者権力の直接的な神的背景を根拠づける方向で働くにいたったという。
(20) K. H. Schelkle, *Paulus. Leben, Briefe, Theologie*, 1981, S. 55. ジューエットによれば、パウロがローマ帝国の栄光化を避けようとしていることは真実だが、それは、《定め》という孤立した用語にもとづくものではない。この《定め》は一節の規定を受けて「神によって望まれた《秩序》」を意味しているという。しかし、この言葉は、ローマの支配権が「われわれの主イエス・キリストの父なる神」に由来するというパウロの議論全体にもとづくもので、こうしたポイントはパウロの手紙の名宛人にとっても明白だった、と指摘されていることも見逃してはならないであろう(Cf. Jewett, *op. cit.*, p. 791)。これにたいして、クランフィールドは、《定め》という用語においては、《定め》から生まれる《結果》(=秩序)ではなく、「注目の焦点は主体の行動に向けられている」(Cranfield, *op. cit.*, p. 663, Note 4)と強調している。
(21) Vgl. Schrage, *a. a. O.*, S. 57. なお、vgl. Käsemann, *An die Römer*, S. 341. カトリック神学の釈義では、ここで、なお伝統的な《公共善》ないし《共同体の利益》という国家的課題が提示される(Vgl. L. Pohle, *Die Christen und der Staat nach Römer 13. Eine typologische Untersuchung der neueren deutschsprachigen Schriftauslegung*, 1984, S. 172)。
(22) とくにファン・ウーニックは、当時の公共的賞罰のパターンを具体的に例示している(Vgl. W. C. van Unnik, Lob und

Strafe durch die Obrigkeit. Hellenistisches zu Röm 13, 3-4, in: E. E. Ellis und E. Gräßer (hg.), *Jesus und Paulus. Festschrift für G. Kümmel zum 70. Geburtstag*, 1975, S. 334-343)。ヘレニズム思想においては、政治的権威は自立的であり、みずからの立法から賞罰をあたえることができた。「パウロにおける特殊性」は、権威が神によって立てられ、かつ神に依存する「神の道具」であり、それによって彼が権力の起源と限界とをあたえていることである。「《善き》政治的権威は、この規範に従って行動しなければならないのである」(*A. a. O.*, S. 343)。

(23)　Vgl. Käsemann, Grundsätzliches, *a. a. O.*, S. 218. この「神に仕える者」につづく「もっぱらこの務に携わっている」(ローマ一三・六)という文章は、現在形の分詞構文であり、文法的には、先行文を副詞的に修飾する表現ととることもできる、という。すると、その職務に「励む限りにおいて」という制限的な意味の規定となる(ヨーダー『イエスの政治』佐伯・矢口共訳、二七〇頁、参照)。

(24)　Vgl. Michel, *a. a. O.*, S. 401; Schrage, *a. a. O.*, S. 58.《剣》(ローマ一三・四)については、とくに、vgl. J. Lasserre, *La guerre et l'évangile*, 1953, (dt. Ausgabe, 1956), S. 231-240. それは、物理的強制力の象徴的表現であり、ここから直ちに死刑の正当化を引き出すことはできない、とされる。ヴァルカーによれば、剣を「いたずらに帯びているのではない」という聖句は、さまざまに解釈される可能性をもっている。目的性(目的がないわけではない)、合法性(法的権限なしにではない)、因果性(理由がないわけではない)、現実性(使用されないわけではない)など(Vgl. Walker, *Studie zu Römer 13, 1-7*, S. 41 A.)。

(25)　最近の聖書釈義(Cf. Jewett, *op. cit.*, p. 788)においては、この《従う》は、キリスト教的理解にとっては、従順な服従＝恭順(obedience)とは対照的に、「自発的に自己を従属させること」(submitt voluntarily)を意味するとされている(Iコリント一六・一六、参照)。クランフィールドもまた、パウロがここで用いている《従う》という用語が「神の《秩序》(ταξις)」という枠組の内部において理解されなければならないことを強調している。すなわち、「神がその中におかれた関係を責任をもって受容すること」であり、そこから「課せられた義務を果たす誠実な努力」が出てくるのである(Cf. Cranfield, *op. cit.*, p. 662, Note 1)。なお、同様に、vgl. Theobald, *Römerbrief. Kapitel 12-16*, S. 86 f.; Haacker, *Der Brief des Paulus an die Römer*, S. 265f.

(26) Vgl. R. Bergmeier, Die Loyalitätsparänese Röm 13, 1-7 im Rahmen von Römer 12-13, *a.a.O.*, S. 357.

(27) Vgl. Käsemann, Grundsätzliches, *a.a.O.*, S. 214ff. 「パウロにとっても服従の限界が存在し、従うことは、ビザンティン主義や絶対的服従ととり違えられてはならない」(Schrage, *a.a.O.*, S. 59)。「この限界は、パウロにとって原則的にキリスト者が福音の要求を否認しなければならないところにあたえられている」(K. Kertelge, *Der Brief an die Römer*, o.J., S. 212)。逆に、パウロの服従の勧告は、むしろ、原始キリスト教にみられた《原則的な危険性》、すなわち、殉教を急ぐ――かならずしも信仰的ではない――強迫性観念(Iコリント一三・三、参照)に反対するためだった、とさえみられている(Vgl. Neugebauer, Zur Auslegung von Rom 13, 1-7, *a.a.O.*, S. 166)。

(28) Vgl. Michel, *a.a.O.*, S. 394. ミヒェルによれば、《良心》による服従は「権威の課題を承認する義務意識から」(S. 402)なされる服従である、という。同じような方向で、すでにディベーリウスも「刑罰への顧慮からではなしに、確信から」(Dibelius, *a.a.O.*, S. 193)の服従としてとらえ、倫理的過重化に傾いている。これにたいして、たとえば、シュトゥルマッハーによれば、一般に《良心》とは「すべての人間の批判的な責任意識」を意味するが、キリスト者の良心(ローマ一三・五)は「なおそれ以上」のものだ、と強調されている。彼は、パウロが「皇帝に忠誠な愛国者」をつくろうとしたのではない、と正当に指摘している。もっとも、彼がこの世を導く神的意志にたいする「キリスト教的洞察から生まれる市民的義務」と呼ぶものが具体的に意味する《批判的》服従の内容は、かならずしも明らかではない(Vgl. Stuhlmacher, *Der Brief an die Römer*, S. 181-182). その他、なお、vgl. Friedrich/Pöhlmann/Stuhlmacher, *a.a.O.*, S. 163f. ここでは、キリスト者は「批判的洞察から忠誠〔!〕の道を歩む」という。それは、この世からの逃避ではなく、「責任を意識しつつこの世の中に順応する〔!〕」ことだとされている。「われわれの公民的服従義務は宗教的な良心的義務である」(シュタウファー)にいたれば、もはや誤解の余地はない(Vgl. Walker, *a.a.O.*, S. 49)。いっそう含みをおいた両義的なカトリック的解釈もありうる。すなわち、服従の良心的根拠づけによって、パウロは、「国家権力にこの上ない確実な根拠」をあたえると「同時に、まさにそれによって、神の権利を決定的に侵害する国家権力に反対する宗教的抵抗がそこから展開することのできた萌芽をも用意している」(Kuss,

Paulus über die staatliche Gewalt, *a. a. O.*, S. 252)。

(29) とくに、vgl. K. H. Neufeld, Das Gewissen. Ein Deutungsversuch im Anschluß an Röm 13, 1-7, in: *Bibel und Leben*, 1971, S. 32. 国家権力にたいするキリスト者の「抵抗」は、ただ「良心」からのみ可能となる(S. 45)。同じくローゼにとっても、キリスト者は「良心のゆえに」服従の《限界》を検討しなければならない(Vgl. Ed. Lohse, *Theologische Ethik des Neuen Testamentes*, 1988, S. 87〔山内・辻・近藤共訳『新約聖書の倫理』教文館〕)。ケーゼマンの場合、ここでの服従は恐怖と良心という二重の動機づけが問題なのではなく、二者択一を意味する。すなわち、他の人間は権力を恐れざるをえないにせよ、キリスト者は《神の子》としての自由にもとづき神への奉仕として批判的に服従するのであり、けっして《奴隷的な従属関係》ではありえない、という。それには、原則的に言って、殉教から沈黙の受難など、使徒行伝に示されるキリスト者の行動形態の広範なヴァリエーションが存在する(Käsemann, Grundsätzliches, *a. a. O.*, S. 220)。最近のカトリック学者は、いっそう明快に「自分の良心の批判的法廷」としての役割を認めている。良心による根拠づけは、ローマ書十二章二節にプログラム化されているように、手紙の受け手の「倫理的権能と判断力とにたいする神学的に根拠づけられたパウロの信頼」に一致する。このローマ書十三章のテキストは、「これまでビクビクしながら考えられてきたように、国家権力に政治的に抵抗することが問われるとき、その障害となるものでは、けっしてない」(Theobald, *Römerbrief*, S. 90 u. 96)。なお、vgl. H.-J. Eckstein, *Der Begriff Syneidesis bei Paulus. Eine neutestamentlich-exegetische Untersuchung zum "Gewissensbegriff"*, 1983, S. 276-300.

(30) Vgl. Wilkens, Römer 13, 1-7, *a. a. O.*, S. 226. ミヒェルもまた、パウロが明示的にイエス語録を援用したのではないとしても、「イエスの伝統と一定の関わりがあることは見まがう余地がない」(Michel, *a. a. O.*, S. 400)とする。フリードリヒ／ペールマンたちは、これにたいして否定的であるが(Friedrich/Pöhlmann/Stuhlmacher, *a. a. O.*, S. 155 f.)、ただシュトゥルマッハーは、新しい注解では、イエス語録との関わりを「十分に可能」であるとする。ただし、イエスにとっていっそう重要だった《神のものは神に》という命令は、後出の十三章七節において「なお暗示的にのみ」扱われたにすぎない、とみる(Stuhlmacher, *Der Brief an die Römer*, S. 179)。それは、たとえばこのテキストに先行する前提(ローマ一二・一―二)で内容的に暗示されている(Neugebauer, *a.a.O.*, S. 165)。

(31) Vgl. Schrage, *a.a.O.*, S. 61. とくに、vgl. L. Goppelt, Die Freiheit zur Kaisersteuer. Zu MK. 12, 17 und Röm. 13, 1-7, in: Ders., *Christologie und Ethik*, 1968, S. 208-219. この七節を詳細に注釈したクランフィールドは、「恐れ」を神に帰する解釈を「むろん、確実とは言えないが、蓋然性がひじょうに高い」と強調している(Cf. Cranfield, *op. cit.*, p. 669 and 673)。もっとも、現行の釈義では、これにたいして消極的ないし否定的な意見が少なくない。たとえば、vgl. Kuss, *a.a.O.*, S. 259; Käsemann, *An die Römer*, S. 346. とくに、vgl. A. Strobel, Furcht, wem Furcht gebührt. Zum profangriechischen Hintergrund von Röm 13, 7, in: *Zeitschrift für die neutestamentliche Wissenschaft*, 1964, S. 58-62. しかし、そうした立場からも、なお、「パウロがここでいま一度、イエスの言葉を取り上げ、そこから何よりも神自身について負っている恐れを想起させようとしていると考えることは許される」(Stuhlmacher, *a.a.O.* S. 182)とされる。ジューエットも、七節をパウロ的な《従う》ことの具体化ととらえ、「恐れ」を「人間」(＝政治的支配者たち)に向けられていると解釈する。しかし、彼は、十三章に先行する章では「キリストの光においては」社会的に劣位にある者に栄誉と優先性があたえられていることを指摘し、ここでパウロが「文化的ステレオタイプ」を逆転させているところからすれば、パウロの示した「アイロニーは特別に鋭い」と批判的含意を認めている(Cf. Jewett, *op. cit.*, p. 802-803)。

(32) Pesch, *Römerbrief*, S. 95.

(33) Vgl. Laub, Der Christ und die staatliche Gewalt, *a.a.O.*, S. 261. たとえば、権威を「立てた」神自身が本来の主権者であるということは「理論的には〔国家の権威にたいする〕批判の可能性をも開いている」としても、そのことをパウロは、このテキストでは「いささかも暗示していない」(Vgl. Wengst, *a.a.O.*, S. 220)。

(34) Schrage, *a.a.O.*, S. 77.

(35) ローマ書十三章の影響史を通史的に扱った代表的文献としては、たとえば、vgl. W. Bauer, "Jdermann sei untertan der Obrigkeit", in: *Aufsätze und kleine Schriften*, 1967, S. 263-284; U. Wilkens, Wirkungsgeschichte von Röm 13, 1-7, in: Ders., *Der Brief an die Römer*, 3. Teilband, 1982, S. 43-66; F. Keienburg, *Die Geschichte der Auslegung von*

Römer 13, 1-7, 1956. 古代から中世については、vgl. W. Bieder, *Ekklesia und Polis im Neuen Testament und in der Alten Kirche*, 1941; K. H. Schelkle, Staat und Kirche in der patristischen Auslegung von Rom 13, 1-7, in: *Zeitschrift für die neutestamentliche Wissenschaft*, 1952/1953, S. 223-236; W. Affeldt, *Die weltliche Gewalt in der Paulusexegese. Röm. 13, 1-7 in den Römerbriefkommentaren der lateinischen Kirche bis zum Ende de 13. Jahrhunderts*, 1963; V. Zsifkovits, *Der Staatsgedanke nach Paulus Röm 13, 1-7. Mit besonderer Berücksichtigung der Umwelt und der patristischen Auslegung*, 1964; K. Aland, Das Verhältnis von Kirche und Staat nach dem Neuen Testament und den Aussagen des 2. Jahrhunderts, in: Ders., *Neutestamentliche Entwürfe*, 1979, S. 26-123. 宗教改革前後の時代については、vgl. G. Scharffenorth, *Römer 13 in der Geschichte des politischen Denkens*, 1964; U. Duchrow, *Christenheit und Weltverantwortung*, 1970(『神の支配とこの世の権力の思想史』佐竹・泉・中沢・徳善共訳、新地書房)も、ローマ書十三章の釈義を踏まえて、ルターにいたる影響史を特定の観点から分析している。同様に、ルター以後のプロテスタントのローマ書十三章解釈史を通観したM. Jacobs, Römer 13 in der protestantischen Auslegungsgeschichte, in: *Evangelisches Soziallexikon*, hg. v. Th. Schober, M. Honecker u. H. Dahlhaus, 7. A. 1980, S. 1255-1263. 二〇世紀については、前掲のケーゼマン論文(Käsemann, Römer 13, 1-7 in unserer Generation, *a. a. O.*, S. 316-376)、また、最近の解釈を類型論的に分析したPohle, *a. a. O*を参照。その他の文献は、それぞれ関連箇所でとり上げることにしよう。とくに抵抗権思想にたいするローマ書十三章の関わりを論じた研究として、vgl. W. A. Schulze, Röm 13 und das Widerstadsrecht, in: *Archiv für Rechts- und Sozialphilosophie*, 1956, S. 555-566. これによれば、ローマ書十三章は必ずしも、つねに「絶対的な非抵抗」を基礎づけたものではないことが思想史的に明らかにされている。そのほか、vgl. P. Meinhold, *Römer 13. Obrigkeit, Widerstand, Revolution, Krieg*, 1960; M. Rock, *Widerstand gegen die Staatsgewalt. Sozialethische Erörterung*, 1966; A. Kaufmann (hg.), *Widerstandsrecht*, 1972所収の多くの関連論文を参照。

第Ⅰ部　ヨーロッパ精神史におけるローマ書十三章

――ローマ帝国の時代から二つの大戦の時代まで

1 古代・中世教会の釈義的遺産

国家と宗教の問題は、初期ローマ帝国と《後期古代》、すなわち、ディオクレティアヌス帝治世(二八四－三〇五年)以後の時代は、とくに注目に値する。それは、古代キリスト教の組織的な形成期にあたると同時に、ローマ帝国との関わりにおいて政治と宗教の問題が大きな拡がりをもって展開した時代でもあったから。

ユダヤ教から分離して、キリスト教の独自性があらわになるとともに、キリスト教徒であることが《無神論者》、さらに《社会の敵》という民衆的偏見にさらされ、ついには告発されて司直による追及の対象となるにいたった。それは、当時、ローマを世界的支配にまで導いたと信じられていた伝統的な神々にたいする公共的崇敬にキリスト教徒が同調することを拒んだからである。これらの神々に犠牲を捧げる祭儀に参加することは、ローマ帝国と皇帝とにたいする忠誠を表現するものとみなされていた。

こうして三世紀半ばから四世紀初めにかけて、帝国のさまざまの地方で生じたキリスト教徒迫害の時代には、少なくないキリスト教徒が《主《キュリオス》キリスト》の信仰告白に殉ずることを余儀なくされることになった。やがてディオクレティアヌス帝治下の迫害が頂点に達してまもなく、皇帝コンスタンティヌスの名前と結びつく統治時代(三〇六－三三七年)の到来とともに、重大な宗教政策の《転換》が生じた。すなわち、キリスト教は、いまや皇帝のシンパシーを享受する《寛容された宗教》になり、ついにはローマ帝国の《国教》へと変貌を遂げるにいたったのだから。

この間に、迫害の時代の教会は、ますます高まるローマ帝国の敵意を前にして、ローマ書十三章を限定的に解釈し、批判的な修正のため使徒行伝五章二九節に傾かざるをえなかった。逆に、帝国のキリスト教化が進むにつれて、国家の側では、その任務をいっそう積極的にとらえて、国家にたいする服従義務を強調しがちであった。しかし、教会は、国家宗教として確立されていく中でも、なお《神の国》と《地の国》との原則的区別を、けっして忘れなかったことも見逃されてはならない(1)。

1　新約聖書後期文書から護教論まで

迫害と殉教の中で

まず、新約聖書自身についてパウロ以後の後期文書におけるローマ書の影響をみてみよう。代表的な例として、いわゆる『ペテロ第一の手紙』をあげることができる。この手紙は、ローマ書十三章が西暦五〇年代半ばに執筆されたのにたいして、一世紀末、ないし、それより遅くない時点で書かれたものと推定される。それは、使徒ペテロの名前を用いて、苦難に立つ小アジアの教会に宛てて出されたものである(2)。その第二章一三―一七節を引いてみよう。

「あなたがたは、すべて人の立てた制度に、主のゆえに従いなさい。主権者としての王であろうと、あるいは、悪を行う者を罰し善を行う者を賞するために、王からつかわされた長官であろうと、これに従いなさい。善を行うことによって、愚かな人々の無知な発言を封じるのは、神の御旨なのである。自由人にふさわしく行動しなさい。ただし、自由をば悪を行う口実として用いず、神の僕《しもべ》にふさわしく行動しなさい。すべての人をうやまい、兄弟たちを愛し、神をおそれ、王を尊びなさい」。

明らかに、ローマ書十三章にたいする強い関連性が認められ、しばしば、その最古の解釈とされる。そこには、初代教会におけるパウロ受容の――あるいは少なくとも国家権力の問題にたいして初代の教会的勧告がとろうとした――方向を読みとることができるであろう。(3)

このテキストでは、まず、キリスト者の国家にたいする関わり方は、いわゆる《家庭訓》、すなわち、国家のみでなく家庭や社会生活など、さまざまの世俗的制度においてキリスト者の生活態度を規定する長い勧告(Iペテロ二・一八―三・七、参照)の一部としてふくまれている。しかも、ここでは、キリスト者が「この世の旅人」また「寄留者」(Iペテロ二・一一)であるという終末論的視点に貫かれていることも見逃してはならない。

しかし、何よりも注目されるのは、国家にたいして求められる服従が、冒頭で「すべて人の立てた制度」へのそれとして規定されていることであろう。(4)おそらく共通の伝統にもとづいていながら、ローマ書の平行テキストにみられる《権威》の神学的根拠づけが、ここには全く欠けている。アクセントの変化は、見まがう余地がない。「主権者としての王」＝皇帝であれ、「長官」であれ、それ自体として神から立てられたものではないし、神的尊厳性をもつものでもない。それは、あくまでも人間によって《作られたもの》であり、その権威も人間から由来するものにほかならない。

たしかに、国家の支配者たちの果たす任務はローマ書十三章と同様であり、そこには、古代の伝統が反映されているのであろう。しかし、「悪を行う者を罰し善を行う者を賞する」任務を果たす「長官」たちは「王からつかわされた」ものであって、直接に神との関わりから引き出される(ローマ一三・三以下)のではない。したがって、国家権力にたいするキリスト者の服従も、国家自身のもつ権力や権威によるのではなく、「主のゆえに」従うのである。「善を行うことによって、愚かな人々の無知な発言を封じる」ことが「神の御旨」なのであるから。

このキリスト者の服従を『ペテロ第一の手紙』の記者は、古代ヘレニズム社会の構造に特徴的な二つの概念の弁証法によって示そうとしている。すなわち、《自由人》と《僕》《しもべ》(＝奴隷)という概念である。キリスト者は、国家権力にたいして「自由人」として、また「神の僕」として行動しなければならない(Iペテロ二・一六)。神の所有物であり、神に仕える義務を負う《僕》として、彼は、神以外の権力にたいしては、つねに《自由人》でなければならない。国家権力にたいする服従は、まさにこの二つのものの緊張関係の中で、はじめて実現される[5]。

神的権威と人間的権威とのあいだの境界が払拭される危険性は――ローマ書十三章のテキストに較べれば――当初から、原則的に、はっきり排除されていた。「主」(Κύριος)を究極の根拠とする服従こそ、ローマ書十三章の《良心》をいっそう明瞭に示すものということもできよう[6]。自由な人間は神のみを「おそれ」、皇帝をおそれない。皇帝は神ではなく神的でもない。彼にあたえられるものは「尊敬」である(Iペテロ二・一七)。このテキスト末尾の言葉は、ローマ書十三章のテキストの末尾よりも――パウロに矛盾していることを意味するものではないとしても――いっそう正確に両者に共通する信仰告白の伝統を表現するものであろう。そこには、注目すべき政治的な非陶酔性と《非神話化》とが見られるのだから[7]。

その背景には、しだいに顕著になったローマ皇帝礼拝の拡大という時代環境の変化が横たわっていた。それとともに官憲当局は、公共的なレベルで宗教的、さらに政治的な動機による反抗的態度を憶測して、それにたいして断固とした姿勢を示すようになっていった[8]。

西暦一世紀末から二世紀半ばにかけて成立した、いわゆる使徒教父文書においても、神の全宇宙的な支配者としての主権を強調し、また皇帝をサタンとして暗示する表現に出会う。それは、当時の一般的文書に共通する帝国の栄光化にたいして、著しい対照をなしていた[9]。

これらの文書の中で、ローマ書十三章にたいするもっとも初期の関わりを示すのは、ローマの司教クレメンスからコリントのキリスト者に宛てた手紙である。しかし、このローマ書との関わりは、『クレメンスの第一の手紙』では、予期に反して倫理的な勧告の中にではなく、手紙の末尾、教会の壮大な祈りの最後の部分に見いだされる。この典礼的表現の根底にある政治倫理は、それ以後におけるローマ書解釈の基本的傾向のひとつを示すものとして注目に値するであろう。(10)

「主よ、あなたはその壮大なる、言い表わしがたい力を通して、彼らに支配権をおあたえなさったのです。それは私たちが、あなたにより彼らにあたえられた栄光と名誉とを知り、あなたの意志に何事も逆らうことなく彼らに服従するためでした。主よ、彼らがあなたによってあたえられた指導権を、落度なく執行できるように、彼らには健康と平和と一致と堅忍不抜をあたえて下さい(Ⅰテモテ二・一以下)。なぜなら、天上の主、永遠の主よ、あなたは、栄光と名誉と地上にあるものを治める権威をひとの子らにおあたえだからです。主よ、彼らの意志を、あなたの御前に善《ただ》しくまた意に適うところのものに従い、導き正して下さい、彼らが、あなたによってあたえられた権威を、平和と柔和のうちに敬虔に執行し、あなたの恵みに与ることのできるためにです(11)」。

この祈りの多くの言葉は、直接にローマ書のテキストの表現を思い出させる。研究者は、この著者がパウロのテキストを知っていたことは——たとえ直接的にそれを利用したことが跡づけられないとしても——明白である、と断定している。(12)パウロよりもいっそう荘重に、じっさい、典礼的なスタイルで、国家の支配権が神からあたえられたものであることを証言している。それは、上掲のテキストでも三度くり返して確言されている。しかし、こうした形式よりも、いっそう注目されるのは、この証言内容にあるパウロ的動機づけの転換である。

パウロは、神による《権威》の設定を、法を保護し不法を罰すること、要するに、公共的秩序を守ることに認めていた。クレメンスの祈りでも、たしかに平和について語られ、それを守ることが支配者や王たちの責任とされている。しかし、支配者の役割として、ここでいっそう強調されているのは、その権力と栄光とによって、人びとの目の前に神の栄光と権力とを明らかにすることであった。パウロがなお《権威》におけるいわば客体的側面に注目しているのにたいして、ここでの関心は、支配者自身の人格的側面に向けられているようにみえる。じじつ、ここでは、王たちは、すでに神的な尊厳性を帯びた存在であり、《君主神権説への途上》(J・ハスハーゲン)にあることがわかる。(13)

いずれにせよ、クレメンスの手紙はローマ書十三章についての本来の釈義をあたえるものではないが、ローマ書なしにはこの壮大な教会の祈りが成立しなかったことも確実であろう。

初代キリスト教の経験したローマ帝国下の迫害については、教会史ないし一般史の叙述でも誤解が少なくない。ネロ帝治下の凶行に始まり、多くの犠牲者をともなった激しい爆発が折にふれて生じた。とはいえ、迫害は、地方的にも時間的にも、終始、限定されたものであった。こうした帝国下のキリスト教徒迫害の基本的な《非連続性》(H・v・カンペンハウゼン)を指摘する声は少なくない。しかし、他方では、そこには、多くの迫害を結びつける共通性があったことも見逃してはならないであろう。

ローマ帝国の側からすれば、この国家的祭儀への参加要求は、宗教的テロリズムでも政治的恣意の行動でもなかった。それは、神々にたいする宗教的義務を正しく果たすことこそ国家、都市、社会全体の繁栄と平安とにとって必要不可欠だという確信にもとづくものだったのだから。たしかに、ユダヤ教徒には、特別の例外的な取り扱いが容認されてはいた。《多神教》がそれ自体として《一神教》にたいして非寛容であり、攻撃的であるとは言えないかもしれない。しかし、古代ローマ帝国のキリスト教徒迫害の歴史は、一神教に比較して多神教が《構造的》にいっそう寛容であり、いっそう平和愛好的であると言うことはできないという事実を教えているであろう[14]。

こうした中で、迫害にたいする《執《と》りなし》の祈りと非暴力との勧告は、たとえば『イグナティオスの手紙』でもくり返されている[15]。しかし、ピリピの教会に宛てたスミルナの司教『ポリュカルポスの手紙』には、それがいっそう明確に記されている。

「あなたたちは、すべての聖者たちのために祈りなさい。また、王たち、支配権力者、諸侯のために祈りなさい。けれどもまた、あなたたちを迫害し憎む者のために、十字架(＝キリスト教)の敵のためにも祈りなさい。それは、あなたたちのもたらす実がすべての人に明らかに示されるためであり、あなたたちが彼(キリスト)にあって完全になるためなのです[16]」。

ローマ書十三章では、まだ疑問を残していた問い、すなわち、剣をもって信仰を迫害する官憲にたいしても、ここでは、《執りなし》の祈りと服従とが求められる。しかし、その服従には、けっして《限界》がないわけではない。『ポリュカルポスの殉教』は、この老司教が地方総督の訊問にたいしてあたえた答えを伝えている。「権力、権威として神様によって定められた方々には……しかるべき尊敬を払うのが正しい、とわれわれは教えられてきているのです」と。ただし、その服従は、ポリュカルポスにとって、「われわれ(の信仰)の妨げとならない限りは」という限定つきであったことを見逃してはならない。

このような迫害下のキリスト教徒の信仰告白は、『殉教者行伝』の中に数多く証言されている。これらの文書の成立年代は、時期的にさらに後代のものと考えられている。とはいえ、それらは、全体として、ローマ書十三章にたいする、いわば《生きた実践的注釈》(F・カイエンブルク)とみることもできるであろう。迫害は、皇帝が神の戒めに反してその人格的礼拝を求めるとき、キリスト教徒としていかに行動すべきかを厳しく問うものであったから。殉教者たちにとって、神にたいする服従は、皇帝にたいする服従より優越するものだった。たとえば、スキッリウムの殉教者たちは、「皇帝にふさわしい栄誉」を捧げることにやぶさかではなかったが、「恐れる」のはただ神のみである。彼らにとって、神こそ「諸王と諸民族の皇帝である私の主」にほかならなかったから。この《恐れ》と《敬意》との区別には、すでにみた《カイザルのもの》と《神のもの》というイエス－パウロ的峻別の太い線が古代教会において定着していたことを推定させるのではなかろうか。

使徒アッポロスもまた述べている。「人間の出した布告」が「神の布告」に優先することなどありえない。むしろ、「皇帝も元老院議員も多くの権力をもつ者も……区別なく、神は万人にたいして、一つの死をあたえ、万人に死後の裁きを受けさせる」のだ、と。しかし、この使徒は、まさにこの神にたいして「皇帝を敬い、彼の権力のために祈る」《執《と》りなし》は可能だ、という(17)。

殉教者文書は、こうした国家と宗教とのギリギリの緊張関係の中で、ローマ書十三章解釈のいま一つの基本的傾向を指示しているといってよいであろう。

護教家たち

外から加わる迫害と異教の哲学者たちの攻撃にたいして、護教家たちは、キリスト教教義の弁証をはからねばならなかった。そこでは、何よりも国家権力にたいして理論的に正しい関係を確立することが重要な課題であった。彼らは、キリスト教が政治的に危険な存在ではないこと、皇帝のために《執りなし》の祈りをする用意のあることを強調した。彼らにとって、ただ皇帝礼拝だけは、当然、拒否されねばならなかったけれども。

こうした中で、ローマ書のもっとも著名な初期の注解者の一人としてオリゲネスをとりあげてみよう。三世紀前半に成立した彼の多くの聖書注解書は長く古代教会の標準書でありつづけたし、彼が《教会的神学の父祖》(A・v・ハルナック)と呼ばれてきたのも、けっして偶然ではない。彼の『ローマ書注解』は、ギリシア語の原典は失われ、ルフィーヌスによるラテン語訳のみ伝えられてきた。しかも、これまで原典への忠実性を問題とされてきたところのものである。しかし、そこからローマ書十三章をいかに受けとったかというオリゲネス自身の基本的な考え方を知ることは、なお十分に可能である。(18)

オリゲネスの国家にたいする態度には、彼自身も免れなかったキリスト教徒迫害が大きな影を落としていることについては疑いの余地がない。「いったいどういうことなのか。神の僕《しもべ》らを迫害し、信仰を敵視し、〔われわれの〕宗教を滅ぼそうとする権威も、神に由来するものなのか」。殉教の教会の証人として掲げざるをえなかったこの問いにたいして、彼の答えは簡潔明瞭である。われわれはみな、われわれの感官を神からあたえられている。しかし、それを善用するか悪用するかは、われわれ自身の能力にかかっている。それと同じように、神があたえられた「権威」は善悪いずれにも用いられうるのだ、という。

しかし、オリゲネスにとって、もっとも重大なのは、人間の自由を国家の侵害にたいして主張することだった。それを、彼はローマ書十三章一節のユニークな解釈から引き出してくる。パウロは「魂は皆」(omnis anima)権威に従うべきことを命じているが、けっして「霊」(spiritus)については述べていない、と解釈する。その際、オリゲネスは、人間を「魂」「肉」「霊」の三者からなるとみる古代の三分法的区別を用いている。すなわち、ただ動物的なもののみ、動物的な人間のみが服従するのであり、霊的なもの、霊的人間は自由である！

ローマ書十三章二節のいっそう明白な服従義務についても、彼は断乎として反対する。パウロがここで語っているのは「通常の権威」についてであり、「信仰にたいして迫害を加えている権威」については、「人間に従うよりは、神に従わなくてはなりません」(使徒行伝五・二九)。おそらくオリゲネスは、殉教に通ずる《受動的抵抗》についてのみ考えていたと思われる。ローマ書十三章四節で、パウロがこの世の権威を「神の僕《しもべ》」と二度くり返していることにオリゲネスは深く心を動かされている。彼は、国家の課題と尊厳が法を遵守させることにあることを承認する。しかし、ここでは、犯罪の処罰という主として消極的な課題に注目しているようにみえる。それは、古代教会の国家思想がしばしば国家の起源を究極的には罪の中に認めたことから由来するのであろう。(19)

こうした連関で興味深いのは、オリゲネスが——パウロの言葉をさらに押し進めて——大胆な「秘義」の解釈に踏みこむことである。すなわち、パウロは「善事をするがよい。そうすれば、彼からほめられるであろう」という。しかし、オリゲネスによれば、この世の権威は罪人を罰しはしても、罪を犯さぬ者をほめる慣例を知らない以上、ここでいう「ほめる」とは、裁きの日に善かつ忠なる僕が「神のもとで」得る称賛のほかにはない、と。こうしてオリゲネスによれば十三章五節についても、次のように解釈される。

「まだこの世に属する者であり、世に属することを考え、肉に属することを求める者は(ロマ八・五参照)、必然的に、この世に仕える者らに従っているのです。つまり、彼は罪によって自分のために蓄えた怒り(ロマ二・五参照)の故に彼らに隷属させられているのです。私の考えでは、「だから、怒りのためだけでなく、良心のためにも、これに従うべきです」と〔パウロが〕言うのはこのためなのです。つまり、隷属させられている者は、良心に咎められることを自分の内に有しているのです」。

こうしたローマ書十三章のテキスト解釈全体を通して、オリゲネスは、パウロの勧告をいわば《個人主義化》(F・カイエンブルク)しているように思われる。すなわち、それが妥当するのは、まだ信仰から遠い一般大衆にたいしてであり、オリゲネスの考えでは、真の信仰者(とくにその「霊」)にとっては、国家の法秩序は不要なものとなりうるであろう。

しかし、ローマ書のテキストの七節にある納税義務は、避けて通ることのできない実践的問題である。ここでも、オリゲネスによれば、「依然として肉に即して私どもが生きる限り」、彼らに貢を納めねばならない。しかし、「主のぶどう畑を耕し、キリスト御自身である真のぶどうの木の手入れを私どもの内でよくするなら」、ぶどう畑からの貢を彼らに納めず、時がくれば収穫を主御自身に納めるだろう、と。ここでは、オリゲネスは、パウロの政治的教訓から、ほとんど完全に牧会的な勧告へと精神化している。[20] 彼は、キリスト教徒もまだ生活している《この世》においては納税の義務を認めている。しかし、信仰＝教会の領域(「主のぶどう畑」)では、貢は神にのみ帰属するという。

最後に、ローマ書十三章七節が貢と税に並んで要求する「恐れと尊敬」とがある。これは、人間にたいしてではなく、預言者を通して「もし、私が主であるなら、私にたいする恐れはどこにあるのか」と言われた方(＝神)にたいしてこそ払わねばならない、と明快である。こうしてみれば、オリゲネスが国家と教会との深刻な緊張意識の中に立っていたことがわかる。むしろ、この教会に向けて書かれた聖書注解においては――他の対外的にキリスト教を弁証した彼の著作と比較して――国家にたいする関わりは、いっそうネガティヴに評価されていたと言うこともできよう。[21]

いま一人、三世紀初めのラテン教父の代表者としてテルトゥリアヌスをとりあげてみよう。彼は、ローマ書十三章のテキストについて本来の意味で釈義したわけではないが、『護教論』その他において、しばしば、それを援用している。[22]『護教論』では、キリスト教徒と国家との問題が法律家的俊敏さで詳細に展開されている。彼は、当時、キリスト教徒が国家の神々を軽蔑し皇帝の尊厳性を辱めているという政治的非難にたいして、断乎として闘わねばならなかった。

しかし、アフリカでの迫害の中で著わされたこの『護教論』においても、国家、とくにローマ帝国は、けっしてサタンの業《わざ》ではなく、神によって立てられたものとみなされている。ここには、パウロのテキストからの残響がある。「皇帝も、皇帝を造る前に人間を造った神によって皇帝たらしめられているのである。その権力は、皇帝に生命をあたえた神からさずけられているのである」と。ここから《執りなし》の祈りも、くり返し強調される。「われわれは皇帝のために執りなしの祈りを捧げ、皇帝の生命の長からんことを祈り、帝国の平和……平穏な世界など、人々や皇帝の望むものはすべて祈っているのである」(23)。

しかし、この皇帝のための《執りなし》の祈りは、服従する者としてのキリスト者自身に向けられた勧告ないし要求というより、いわば彼らの忠誠心ないし信憑性を皇帝にたいして証明するために提示されているという印象が強い。それゆえ《公敵》の烙印をおされてきたキリスト教徒こそ異教徒たちより忠実な市民であると言わなければならない、とさえ強調されている。

しかし、これは、けっして限度を知らぬ奴隷的屈従による弁明ではありえない。上掲の《執りなし》の祈りにつづけて、テルトゥリアヌスはいう。「そしてこれらを他の神々にではなく、《一なる神》に祈るのである」と。この神こそ、われわれの願いをかなえうる「永遠の神、真の神」にほかならないのだから。してみれば、皇帝礼拝は明確に拒否される。

「私は、皇帝は神にのみ従属すると考えるから、皇帝の権威を神の権威の下におき、その上で全面的に皇帝を神に委ねるのである。皇帝を神の下におくのは、皇帝は神に等しいと思わないからである。……皇帝には、自分も人間だということを知らせねばならないのだ。事実でもないのに、神だなどといわれると、逆に皇帝が小さく見える。自分は神ではないと反省すれば、その時、皇帝はより大きく見えるのだ」[24]。

ここでは、国家ないし《この世》にたいする限界づけにおいて、テルトゥリアヌスは、ギリシャ教父やパウロ自身を超えて、いっそうラディカルであるようにさえみえる。じっさい、キリスト者は《敵》と迫害者とのためにも神に祈る、とテルトゥリアヌスが記すとき、——たとえ直接的にではなく、やや間接的にぼかされているとはいえ——《敵》が皇帝を意味していたことは十分に明瞭である。いな、さらには、国家にたいするキリスト者の能動的抵抗の可能性について、遠回しの威嚇さえ記されていた[25]。

テルトゥリアヌスの国家観は、かならずしも同じままにとどまらなかったといわれるが、後の文書でも、キリスト者の服従がある一定の《規律の限界》、すなわち、偶像崇拝から離れている場合に限定されていたことを見逃してはならない。それとの関連で、とくに彼が軍人家庭の出自にもかかわらず、断乎として兵役拒否を貫いたこともよく知られている[26]。

ただ、テルトゥリアヌスが『護教論』において皇帝と帝国とのための《執りなし》の祈りに付けた、いま一つの特異な理由づけに注目しなければならない。すなわち、キリスト者は全世界に迫るカタストローフ、じっさい、《世の終わり》の到来が、ただローマ帝国の存立によって延期されていることを知っている、という。それゆえ、キリスト者は、そうした日の到来を「体験したくない」ため、「ローマがいつまでもつづくことを願い、世の終わりの日が来るのが延ばされるように祈っている」と記している。

ここには、神の道具としての国家にたいするキリスト者の服従は、いっそう《功利主義的》（K・アーラント）に動機づけられているようにみえる[27]。しかし、古代教父の中でも、国家にたいしてもっとも留保的だったテルトゥリアヌスの場合、この動機づけよりは、先にみた理由の方が、いっそう決定的だったことは疑いない。

いずれにしても、こうしたキリスト教徒の側からの弁明をローマ帝国は受け入れなかったし、逆に、国家の側からの要求を教会は全面的には認めることができなかった。相互の拒否から生まれた軋轢は、ようやく四世紀前半にコンスタンティヌス帝治下にいたって解決された。

コンスタンティヌスによるキリスト教公認から国教化への動きは、明らかに東西に対峙していた《分立皇帝》間の権力政治的抗争を契機とするものであった。この間に度重なる迫害の波をくぐり抜けてきた教会は、――多くの棄教者の出現にもかかわらず――いまや信徒数の上でも、いっそう強大になり、その存在を無視することはできなくなっていた。もっとも、コンスタンティヌスを《合理主義的政治家》(J・ブルックハルト)としてのみ見ることも一面的であろう。彼自身、当初は太陽を、後にはキリスト教の神を、身近な神的存在とみる宗教的感情の持主であり、キリスト教への《改宗者》として行動したことは否定できないのだから。[28]

キリスト教の国教化は、キリスト教徒をローマ帝国と一体化させ、キリスト教徒の服従と忠誠とを全面的に展開させることになった。[29]

(1)　たとえば、資料集として、A. M. Ritter (hg.), "*Kirche und Staat*" *im Denken des frühen Christentums, 2005*; *Ancient Christian Commentary on Scripture. New Testament VI: Romans*, ed. by G. Gray, 1998, p. 323-336; 小高毅編『原典キリスト教思想史1・2』(教文館、一九九九―二〇〇〇年)参照。その他、R. Klein (hg.), *Das frühe Christentum im Römischen Staat*, 1971; R. v. Haehling (hg.), *Rom und das himmlische Jerusalem. Die frühen Christen zwischen Anpassung und Ablehnung*, 2000 所収の諸論文を参照。

(2)　苦難と迫害を暗示する表現として「悪人呼ばわり」(Ⅰペテロ二・一二)、「危害」(同三・一三以下)、「火のような試錬」(同四・一二以下)、「悪魔」(同五・八以下)、さらにローマの代わりに用いられた黙示録的な仮名「バビロン」(同五・一三)など、参照。ドミティアヌス帝治下に高まる皇帝礼拝と迫害の脅威という時代史的状況の中におくとき、この『ペテロの手紙』の無名の記者の帝国権力にたいする冷静な批判的姿勢は印象的である(Vgl. Laub, Der Christ und die staatliche Gewalt, *a. a. O.*, S. 262)。

ブロックスの新しい注解は、こうした国家の側からする迫害という「文学的仮説」に反対し、教会への危険は「民衆の感情と社会的孤立」から生まれたものとして、これまでの通説に批判的である(Vgl. N. Brox, *Der erste Petrusbrief*, 1979, S. 121〔『ペテロの第一の手紙』角田信三郎訳、ＥＫＫ新約聖書注解XXI、教文館〕)。しかし、新しい研究によれば、かならずしも支持しえないように見える。たしかに、この時点では、国家による計画的な迫害は証明できないとはいえ、三世紀初頭のキリスト者の地位の法的不安定性と殉教の可能性からすれば、この手紙の発言を「国家的弾圧ととる解釈にたいして反対する決定的理由はない」。少なくとも民衆の誹謗が法的手続きに訴えようとするとき、それに応じて「国家権力の追及が行なわれる可能性」を十分に想定できると言えよう。《バビロン》という呼び方も――それを黙示録的な国家の敵意というように過大に評価してはならないとしても――国家にたいする関係が問題をはらんでいたことを示すものにほかならない(Vgl. R. Feldmeier, *Die Christen als Fremde. Die Metapher der Fremde in der antiken Welt, im Urchristentum und im 1. Petrusbrief*, 1992, S. 105 ff.)。

(3) このテキストをローマ書十三章の最古の解釈とみる意見は少なくない(たとえば、vgl. Aland, Das Verhältnis von Kirche und Staat, *a. a. O.*, S. 48)。いな、このテキストそのものがローマ書十三章に基づくものであり、直接にユダヤ＝ヘレニズム的伝統にまで溯ることはない、とさえ解釈される。たとえば、vgl. J. Schneider, *Die Kirchenbriefe*, 1961, S. 66〔『ペテロ第一の手紙』大友・斎藤・高橋共訳、ＮＴＤ新約聖書注解刊行会〕。その他、cf. F. W. Beare, *The First Epistle of Peter*, 1961, p. 114.

(4) 以下、とくに、vgl. Schrage, *Die Christen und der Staat nach dem Neuen Testament*, S. 63-68; Ders., Der erste Petrusbrief, in: H. Balz u. W. Schrage, *Die "Katholischen" Briefe*, NTD, Bd. 10, 1993, S. 90 f.; O. Knoch, *Der Erste und Zweite Petrusbrief*, 1990, S. 78. 同じ基調は、『テモテへの第一の手紙』二章における政治的支配者のための《執りなし》の祈

りにも認められる。新約学者ハンス・ヴェルナー・バルチュによれば、「王たち」のための祈りがけっして中心に立っていないこと、むしろ、《執りなし》の祈りが「すべての人のために」拡大され、そうした前括弧にくくられることによって、はじめて支配者たちも教会の祈りのなかに入ってくることに注意しなければならない(Vgl. H. W. Bartsch, Das Gebet für die Obrigkeit in I Timotheus 2, in: Ders., *Entmythologisierende Auslegung*, S. 124-132)。

(5) Vgl. Laub, *a. a. O.* この《自由》と神の《奴隷》という連関は「パウロ的」であり、そこに「間接的に服従の限界も示されている」(Vgl. Schrage, Der erste Petrusbrief, *a. a. O.*, S. 91)。

(6) 最近のカトリック的釈義は、この点で明快である。「キリスト者たちは、神の中に根拠づけられた彼らの自由にもとづいて、よく洞察しつつ責任をもって行動するように想起させられている(Iペテロ二・一六)。国家的権威にたいしても、キリスト者たちは、自由に、その良心に従って行動しなければならない」(Knoch, *a. a. O.*, S. 79)。

(7) Vgl. Stuhlmacher, *Der Brief an die Römer*, S. 182.「皇帝にたいしては、原則的にすべての人間に妥当するように《尊敬》が帰せられ」るだけで、「この手紙はヘレニズムの伝統によれば人間的な権威にたいして当然に帰せられる《おそれ》については沈黙している」(Vgl. L. Goppelt, *Der Erste Petrusbrief*, 1978, S. 189)。

(8) Vgl. H. Goldstein, Die politische Paränesen in I Petr 2 und Röm 13, in: *Bibel und Leben*, 1973, S. 92-103. ローマ帝国下の皇帝礼拝については、A. Wlosok (hg.), *Römischer Kaiserkult*, 1978 所収の諸論文を参照。

(9) たとえば『バルナバの手紙』一八・二、二一・五(佐竹明訳、『使徒教父文書』講談社、所収)参照。『ヘルマスの牧者』(荒井献訳、同上書、所収)については、とくに、vgl. K. L. Schmidt, *Die Polis in Kirche und Welt. Eine lexikographische und exegetische Studie*, 1939, S. 41 f.

(10) この手紙は、一世紀末ないし二世紀初めに成立したとされている。この手紙に関するエッゲンベルガーの特殊研究は、成立年代をハドリアヌス帝治世初期(一一七―一二五年のあいだ)に求め、手紙の中に供犠問題がくり返されるところから、キリスト教徒が拒否した皇帝－供犠に代わる代替物として神にたいする《執りなし》の祈りにおいて帝国への忠誠を告白する護教文書とみなしている。そこでは、キリスト教以外のヘレニズム思想の影響がいっそう大きい(Vgl. Ch. Eggenberger, *Die*

Quellen der politischen Ethik des 1. Klemensbriefes, 1951)。

(11) 『クレメンスの手紙』六一・一―二(小河陽訳、前掲『使徒教父文書』所収)。アーラントは、この祈りの格調の高さが「後代には維持されなかった」と評している(Vgl Aland, *a. a. O.*, S. 121)。

(12) Vgl. A. Lindemann, *Die Klemensbriefe*, 1992, S. 174. リンデマンの解釈では、支配権が神からあたえられていることを強調していることに――パウロの場合と同じく――神を本来の主権者とする批判的姿勢を認めている。指導権が「落度なく」執行されるようにという祈りにも《批判的基準》があたえられている、とみる。

(13) Vgl. J. Hashagen, Über die Anfänge der christlichen Staats- und Gesellschaftsanschauung, in: *Zeitschrift für Kirchengeschichte*, 1930, 136f. ハルナックによれば、クレメンスの態度は、「ローマ帝国にたいする教会の姿勢を根拠づけるものであり、それは、〔後の〕教会の勝利に通じていた」とさえ断じられる(Vgl. A. v. Harnack, *Einführung in die Kirchengeschichte. Das Schreiben der römischen Kirche an die Korinthische aus der Zeit Domitians* (*I. Clemensbrief*), 1929, S. 87)。ハルナックは、さらにつづけて記している。「教会は、このように確定的に地上における政治的権威と国法とを神的制度として支持することによって、後の発展の中でみずから所有することになるもの〔＝地上における政治的権威〕のために準備していたのである」(!)と。慎重なエッゲンベルガーも、キリスト教的見地からは「違和感と重苦しさ」を禁じえない、と評している(Vgl. Eggenberger, *a. a. O.*, S. 177)。

(14) Vgl. Th. Baummeister (hg.), *Genese und Entfaltung der altkirchlichen Theologie des Martyriums*, 1991, Einleitung, S. XI-XXVI. 一般に初代キリスト教徒の迫害史については、松本宣郎『キリスト教徒大迫害の研究』(南窓社、一九九一年)、保坂高殿『ローマ帝政初期のユダヤ・キリスト教迫害』(教文館、二〇〇三年)、同『ローマ帝政中期の国家と教会――キリスト教迫害史研究　一九三―三一一年』(教文館、二〇〇八年)参照。資料集として、vgl. R. Klein (hg.), *Das frühe Christentum bis zum Ende der Verfolgungen. Eine Dokumentation*, 2 Bde., 1993.

(15) 『イグナティオスの手紙――エペソのキリスト者へ』一〇・一―三(八木誠一訳、前掲『使徒教父文書』所収)。

(16) 『ポリュカルポスの手紙』一二・三。『ポリュカルポスの殉教』一〇・二(田川健三訳、前掲書、所収)。バウアーによれば、多くの殉教者物語は、おしなべてローマ書十三章に触れていない、という。彼は、例外的な話としてシリアの殉教者がキリスト者にたいする二倍の税に反対して、ローマ書十三章におけるパウロの勧告(倍額の納税ではない!)のゆえに服従を拒否したことを伝えている(Vgl. Bauer, "Jedermann sei untertan……" *a.a.O.*, S. 266 f.)。

(17)『聖なるスキッリウム人の殉教』九、六。『尊き使徒アポッロスの殉教』二三―二五、六(『殉教者行伝』土岐正策・健治共訳、教文館、所収)。ここでアポッロスは、総督ペレンニスに答えている。この《執りなし》の祈りが捧げられる「神は、人間たちの手で造ったものではなく、逆に、このお方こそが、一人の人間が地上で人間たちを支配するようにと定めたのです」。皇帝にたいする《執りなし》の祈りにおける、デリケートなキリスト教的表現やメタファーについては、とくに、vgl. J. Lehnen, Zwischen Abkehr und Hinwendung. Äußerungen christlicher Autoren des 2. und 3. Jahrhundrts zu Staat und Herrscher, in: Haehling (hg.), *a.a.O.*, S. 15 ff. なお、S. 21 ff. 参照。

(18) オリゲネス『ローマの信徒への手紙注解』第二部第九巻二五―三〇(小高毅訳、創文社)参照。なお、vgl. Affeldt, *Die weltliche Gewalt in der Paulusexegese*, S. 43-53. オリゲネスについては、一般に、vgl. H. v. Campenhausen, Origenes, in: Ders., *Griechische Kirchenväter*, 5. A. 1977, S. 43-60(『古代キリスト教思想家Ⅰ』三小田敏雄訳、新教出版社)。

(19) Vgl. K. H. Schelkle, Staat und Kirche in der patristischen Auslegung von Röm 13, 1-7, *a.a.O.*, S. 224.

(20) カンペンハウゼンによれば、ここで「テキストの真にオリゲネス的な、完全に非政治的な精神主義化とアレゴリー化とがあらわれており、それは、この連関における政治的問題をまったく脇においている」(Campenhausen, Zur Auslegung der Römer 13, *a.a.O.*, S. 88)。

(21) Vgl. Keienburg, *Die Geschichte der Auslegung von Römer 13, 1-7*, S. 44. しかし、いっそう原理的にみれば、オリゲネスの三分法的な人間理解からすれば、国家権力は平均的市民にのみ妥当し、キリスト教徒にとっては国家権力の存在理由は解消することにならざるをえない。そこには、パウロの勧告よりもいっそう大きく「ギリシア的完全性の理想」による影響を認めることもできる(Vgl. Affeldt, *a.a.O.*, S. 106)。

(22) ハスハーゲンによれば、一九七年に執筆されたとみられるテルトゥリアヌスの『護教論』の論証は、高い宗教性とともに冷徹な明敏さを示し、彼の法律家としての経歴を裏書きしている(Vgl. Hashagen, *a. a. O.*, S. 152)。なお、vgl. H. v. Campenhausen, Tertullian, in: Ders., *Lateinische Kirchenväter*, 4. A. 1978, S. 12-36.

(23) テルトゥリアヌス『護教論』三〇・三一五。なお、同上書、三一、三五、三六章(鈴木一郎訳、教文館)参照。こうした《執りなし》の祈りが内容的にローマ帝国の神々への祈りと近似する点について、vgl. H. U. Instinsky, *Die alte Kirche und das Heil des Staates*, 1963, S. 41 ff.

(24) 前掲書、三〇・一、五。三三・一、五。なお、vgl. A. Rölli, *Tertullianus' Stellung zum Römischen Staat*, 1944, S. 68 ff.

(25) たとえば、「敵対する者」にたいする祈りについて「そもそもキリスト教徒は反逆罪で告発されているが、その告発者たち以上の敵対者や迫害者はいるであろうか」(前掲書、三一・二)といい、能動的抵抗の可能性についても、たとえば「もしひとたびわれわれが、隠れてではなく、おおっぴらに敵対行動をするとなったら、こちらには戦う人員や戦力が欠けていようか。……キリスト教徒はあらゆる国に散らばっているから、こちらの方が数は多いのである」(前掲書、三七・四。なお、三七・五一八、参照)。

(26) Vgl. Keienburg, *a. a. O.*, S. 36. なお、宮田光雄「兵役拒否のキリスト教精神史」(『聖書の信仰』第V巻、岩波書店、一九九六年、所収)二一二頁以下、参照。

(27) テルトゥリアヌス、前掲書、三二・一。なお、vgl. Aland, *a. a. O.*, S. 122. テルトゥリアヌスにおける終末観と倫理については、とくに、vgl. Th. Brandt, *Tertullians Ethik. Zur Erfassung der systematischen Grundanschauung*, 1928, S. 207 ff.

(28) とくに、vgl. J. Bleicken, *Constantin der Große und die Christen. Überlegungen zur konstantinischen Wende*, 1992. なお、G. Ruhbach (hg.), *Die Kirche angesichts der konstantinischen Wende*, 1976 所収の諸論文を参照。

(29) たとえばローマ書十三章七節の解釈史をみれば、コンスタンティヌス体制以前の教父たちは、皇帝に払うべき《敬意》と神にのみ帰すべき《恐れ》とを鋭く区別することに比重をおいていた。これに反して、コンスタンティヌス体制下の国家と宗教の一体化は、この七節全体を皇帝に帰することについての躊躇を大幅に取り除くことになった(Vgl. Zsifkovitz, *Der Staatsgedanke nach Paulus Röm 13, 1-7*, S. 103f.)。なお、釈義中心ではないが、より一般的に教会史的展開との関わりの中でローマ書十三章をとりあげたものとして、cf. W. Parsons, The Influence of Romans XIII on Preaugustinian Christian Political Thought, in: *Theological Studies*, 1940, p. 337-364; The Influence of Romans XIII on Christian Political Thought from Augustin to Hincmar, *op. cit.*, 1941, p. 325-346.

2　コンスタンティヌス体制以後

《政治的神学》

こうした時代の転換の只中に立っていたのが、カエサレアの司教エウセビオスである。彼の『教会史』一〇巻は、キリスト教史の起源からコンスタンティヌス帝の最終的勝利(三二四年)にいたる歴史を叙述したものであり、古いキリスト教文献からの貴重な著作断片をふくみ史料的価値も高い。その中には、ローマ書十三章の解釈史にとっても重要な多くの引用が見いだされる。(1)

すでにこの第一巻の冒頭で、ロゴスの受肉とローマ帝国の始まりとを関連づけてとらえているのが特徴的である。すなわち、キリストとアウグストゥスとの同時代性がカイロスの実現とされ、一つのキリストの国と一つのローマ帝国とを神の摂理の下に立つものとして重ね合わせて解釈する。(2) エウセビオスは、このオプティミスティックな歴史観が三二四年のコンスタンティヌスの勝利によって確証されたのを見いだす。彼にとって、キリスト教の勝利は、その真理と正当性とを証明するものだった。

こうした方向は、彼が約一〇年後にコンスタンティヌスの前で行なった皇帝在位三〇年の記念講演においては、いっそう徹底化される。そこでは、政治史におけるコンスタンティヌスの役割は新しく定義し直され、皇帝にメシア的特徴づけをあたえる支配者イデオロギーが示されることになった。

すなわち、唯一神とその永遠の支配を信ずる敬虔な皇帝は、地上の国を浄化して、その民を教会に導く存在である。こうした使命のゆえに皇帝は、人間ではあるが一般人よりもいっそう神に近い存在であり、特別の霊感と啓示とを神から受ける資格をもつ、と。コンスタンティヌスの帝国は、いまや上なる神の国の模像であり、コンスタンティヌス自身は、その宗教政策を通してキリストのわざを模倣するものとなる。それのみでなく、皇帝は、――まさにキリストのように――「自分の魂を犠牲として捧げる」《祭司》職を担うとともに、さらに「全人類にたいする真理の先触れ」として《教師》職をも兼ねる存在とされる。(3)

エウセビオスの最後に著わした『コンスタンティヌス伝』四巻は、《称賛演説》の要素をもまじえた特異な伝記である。彼は、コンスタンティヌスの後継者たちにたいする《規範と遺産》(F・ヴィンケルマン)として、キリスト教的皇帝の理想像を示そうとした。しかし、それは、国家権力にたいする受動的な承認をはるかに越えて、ほとんど留保のない皇帝賛美にまでいたりつくものだったようにみえる。(4)

こうしてエウセビオスは、その政治的＝神学的思想を彼の歴史神学と結びつけることによって《最初の政治的神学者》(H・イェーガー)とみなされるにいたった。そこには、原始キリスト教以来の終末論の《世俗化》が生じていたのだから。(5) 皇帝が神によって立てられた万人の司教であることを容認することは、のちに長い世紀にわたってビザンツ帝国を特徴づけた《皇帝教皇主義》の基礎づけとなった。そこでは、もはや《帝権》と《教権》との並立は、事実上、ありえなかった。帝国は、それ自身が《神聖帝国》となった。それは、古代世界の《神聖王権》イデオロギーをキリスト教的国家観に引き写したものと言わなければならない[6]。

この東方教会におけるエウセビオスにたいして、ほぼ対極的な位置を西方教会で占めているのがアウグスティヌスにほかならない。彼は、エウセビオスよりも、いっそう深遠かつ広大な歴史神学をもって彼を越えつつ、原理的に《政治的神学》を克服した。

しかし、その前に、エウセビオスの線につながる重要なローマ書解釈に短く触れておかなければならない。それは、四世紀末頃に著わされた、いわゆるアンブロシアステルの名前で呼ばれる一連のパウロ書簡のラテン語注釈書である。古来、ミラノの司教アンブロシウスの作とされてきた。

しかし、剛毅の信仰的指導者アンブロシウスは、政教関係についても《皇帝教皇主義》への傾向を批判し、教会の自立性のために尽くした人として知られている。かつてアウグストゥスが元老院議事堂に置いていた勝利の女神像を復興しようとする動きにたいして反対し、それを断固として阻止した。またテサロニキで市民の大量殺戮を行なったテオドシウス帝が司教座聖堂に入ることを禁じ、痛悔者として罪の赦しを乞い求めざるをえなくさせたこともある。こうした彼の国家権力にたいする《抵抗権》(H・J・ディースナー)行使の背後には、民衆の広範な支持があったという。アウグスティヌスがアンブロシウスによってキリスト教への回心に導かれたことも、よく知られている[7]。

先述のパウロ書簡の注釈書については、近代になってエラスムスがはじめてアンブロシウス作とすることに疑問を提出し、それをアンブロシアステルと名づけた[8]。

アンブロシアステルのローマ書十三章の解釈によれば、神は、国家権力の《源泉》であるだけでなく《原型》でもある。政治的支配者は、たんに安寧と秩序とを守ることを課題とするのではない。彼は、地上における神の代理者として、来たるべき神の審判をも指示する責任をもつ。ここでは、国家は、その始源と終わりとの両極から理解される。すなわち、その起源は神の意志から由来し、その任務の終局には神の裁きが立っている。それゆえ、政治的支配者は、《神の像＝似姿》(imago dei)を宿すものとして救済史の重要な要因となるのである。まさにそのようなものとして、皇帝は、地上において《キリストの像》である司教にたいして優越する。ちょうど天上における三位格の中で、第一位格の父が第二位格の子に優位するように。(9)

じっさい、アンブロシアステルにとって、国家権力は、地上の秩序を混乱から守るために神によって設定されつつ、同時に神の権力をも反映するものである。二つの領域は、互いに判然とは区別されない。むしろ、国家の領域は同時に神の領域でもある。国家権力にたいするキリスト教徒の服従は、神の要求であり、地上の支配者に税を納めることは、神にたいする服従の証しとして評価される。皇帝と教会とが同盟したこの時代に、アンブロシアステルもまた、ローマ書十三章七節を全体として何らの留保なく政治的支配者に帰しえたのは不思議ではない。こうしたアンブロシアステルの思想には、あきらかにエウセビオスの皇帝イデオロギーに通ずる《政治的神学》の傾向を認めうるであろう。

このようにローマ書十三章のテキスト解釈は、教父たちにとって、彼らの生きた時代の政治史的＝教会史的過程によって規定されてきた。帝国教会となり迫害の思い出がしだいに遠くなったいま、彼らは、このテキストを用いて国家を賛美することができた。しかし、そこには、圧倒的に強大な国家への奉仕者として従属する危険な可能性が待ちうけていた。

クリュソストモス

ここで四世紀後半から五世紀初めにかけて生きた異色のギリシア教父クリュソストモス・ヨアンネスを一瞥してお

こう。アンティオキア出身のヨアンネスは、東方教会における禁欲主義的敬虔の代表者であり、コンスタンティノーポリス総主教にも任ぜられながら、二度にわたり追放され、流謫のうちに生涯を終えた。その雄弁な説教のゆえに民衆から愛されて《黄金の口》(=クリュソストモス)と渾名され、一連の聖書講話が彼の主著となった。その中に『ローマ書講話』がある(10)。

冒頭の「すべての人」は、「一般の人びとのみでなく司祭や修道士」もふくまれ、じっさい、「使徒であれ、宣教者であれ、預言者であれ」例外なく「服従」が求められる(一三・一)。「使徒〔パウロ〕がこの勧告をあたえたとき、なお異教徒の政治的権威の下であったとすれば、いまや信仰者〔=キリスト教的支配者〕にたいしては、いっそうよく妥当するものであろう」。

クリュソストモスによれば、ローマ書十三章の執筆当時、使徒たちの周辺には反乱と変革を求める動きがあり、彼らの言動全体には国家の諸制度を転覆する企てが秘められていると噂されていた。パウロの執筆動機には、こうした教会内外の声を沈黙させる狙いがあったのだ、という。

政治的権威によって平安や秩序が守られ、数限りない福祉が社会にもたらされる。それが廃されるなら、都市であれ地方であれ、私生活や公生活においていっさいが混乱し、「強者が弱者を食らい尽くすようになるであろう」。それゆえ、「たとえ服従をしないことによって処罰されないとしても……あなたは服従しなければならない。あなたが恩人にたいして感謝しない良心なき人間とならないためには」(一三・五)と強調される。最後の勧告でも、パウロは、権力の担い手たちに負う「義務」について、「たんなる物によってだけでなく、敬意と恐れとをもって果たす」ことを命じている(一三・六―七)。クリュソストモスによれば、この「恐れ」とは、やましい良心のもつ恐怖ではなく「畏敬」のことだと語り、感謝の表明には余すところがない。

しかし、ローマ書十三章のこうした肯定的な受容の枠内において、なお、クリュソストモスが一定の限定を加えていることも見逃してはならないだろう。彼は、権力が濫用される可能性のあることを、はっきり視野に入れている——彼の受難の体験そのものが教えているように。すなわち、彼の説く「服従」は、隷従することではなく「下位に立つ」ということであり、それは、神にたいする信仰告白とけっして矛盾するものではない、と明言されている(一三・一)。しかも、服従する対象は「政治的権威一般」であって、それを担う個々の権力者にたいしてではない。その根拠は、政治的権威を立てた「神の定め」(一三・二)から来る。したがって、権威それ自体は悪ではないが、しかし、具体的なその担い手が権力を濫用するなら悪を犯しうるのである。

この「神の定め」をめぐって、クリュソストモスが用いている逆説も興味深い。すなわち、パウロは、ここで権威一般への服従が神への服従を意味するというように直説法で述べてはいない。むしろ、「権威に逆らう者は、神の定めにそむく者である」とネガティヴな説き方をすることによって、自分の主張を「いっそう鋭く」表現している。こうして「服従」が「われわれの気ままな行為ではなく、われわれの義務である」ことを「いっそう明確に」しているのである、と。

いま一つの限定は、終末論的展望にもとづくものと言ってよい。当時、キリスト者の中には、彼らが地上の事柄を超えた「いっそう高い事柄」に定められているゆえに権力に服従する必要はない、という意見を抱く者もいた。クリュソストモスはこう断言する。

「あなたにとって、この時はまだ到来していません。あなたは〔この地上では〕まだ寄留者かつ巡礼者なのです。じっさい、あなたが〔主の〕栄光に包まれて、すべての者を明るく照らす時が来るでしょう。いまは「あなたがたのいのちは、キリストと共に神のうちに隠されているのである。わたしたちのいのちなるキリストが現れる時には、あなたがたも、キリストと共に栄光のうちに現れるであろう」〔コロサイ三・三―四〕。

アウグスティヌス

アウグスティヌスが登場したのは、古代世界の秩序がゆらぎ始め、人びとが深い危機感にとらわれた時代であった。西ゴート王アラリクス一世によるローマ略奪（紀元四一〇年）は、帝国の没落をはっきり告知するものだった。アウグスティヌスの『神の国』をひもとけば、この不幸な出来事をキリスト教の責任だとする異教徒たちの怒りとともに、このカタストローフに直面したキリスト教徒の驚愕を読みとることができる。ローマ書十三章の解釈に関連して、国家と宗教についてアウグスティヌスの基本的な考え方を、まず、この主著に即して短く概観してみよう[(11)]。

『神の国』二二巻は、四一三年から十数年に及ぶ長い歳月をかけて完成された、いわば最初のキリスト教歴史哲学である。異教徒たちの先の非難にたいしてキリスト教を弁証するため、アウグスティヌスは、古代史の初めから説き起こし、異教の神々や哲学が道徳的退廃のために果たした役割を鋭く批判する。

この書物の後半（第一一―二二巻）において、彼は《神の国》(Civitas Dei)と《地の国》(Civitas Terrena)とを世界史の主要なテーマとして対比させる。その際、彼が《神の国》をキリスト教会と、また《地の国》を地上の国家と単純に同一視していないことに注意しなければならない。二つの国は、歴史の歩みの中で互いに混在してあらわれ、最後の審判の日にいたって、はじめて峻別されるという。『神の国』は、その二元論的峻別を通して、教会の国家化と国家の教会化とをともに原則的に否定しているのである。それは、アウグスティヌスによる作為的構成というよりも、むしろ、原始キリスト教以来の古い《ケリュグマ》への復帰から生まれたものと言えよう。

ローマの都もまた、《地の国》に属するものであり、何ら究極的・絶対的な価値をもってはいない。それは、けっして永遠の存在ではありえない。《ローマの平和》もまた《人間の平和》として、あくまでも相対的な意義をもつものでしかない。こうしてアウグスティヌスは、まさに《地の国》にほかならないゆえにローマが没落した所以を、異教徒たちに反論しえたのであった。

これにたいして真の永遠の平和は、《神の国》においてのみ可能となる。この終末論的希望において、アウグスティヌスは、ローマ帝国の没落という時代の不安の只中で人びとに永遠の喜びと慰めとを約束する。『神の国』は、徹頭徹尾、倫理的＝牧会的に叙述された著作であり、政治倫理の構想を意図したものではなかった。

むろん、アウグスティヌスも、《地の国》の固有の存在理由をことごとく否定したわけではなかった。彼もまた、パウロと同じく、国家秩序の設定が神の配剤になることを知っている。『神の国』でも、こう記されている。「神が人の世のことをそのような支配者〔皇帝ネロ〕たちにゆだねるのがふさわしいと判断したもうときには、このような者たちにも、ただ至高の神の摂理によってのみ支配権はあたえられたのである」[12]と。《地の国》もまた神の力と意志との外に立つのではない。世界的な大帝国の興亡の背後には、万物の創造者である神の働きがある。こうして神のみが支配者を立て、国家を起こす主権と自由とをもっている。

神によって立てられた国家権力の下には《地の国》の民のみでなく《神の国》の民もまたふくまれている。アウグスティヌスは、国家権力を神化する誘惑から遠かったし、また地上の支配者の賛美者ではけっしてなかった。しかし、アウグスティヌスがローマ帝国にたいして、また一般に地上の権力にたいして、まったく否定的だったと言うことはできない。それは、三九四／五年に著わされた彼のローマ書の選釈を一瞥すれば明らかである。『神の国』では、直接にはローマ書十三章の釈義が見当たらないため、この『ローマ書選釈』を、つぎに、やや詳しくみてみることにしよう。[13]

アウグスティヌスもまた、パウロにしたがって、ローマ書十三章一節の権力の設定という思想をとりあげる。しかし、そこでは、世俗の権力にこの世的課題が託されたという事実が、委託した主体を名ざすことなしに受動態で語られている。まず、「魂はみな」(omnis anima)という概念に触発されて、こう説いていく。

「われわれは、魂と身体から成り立っており、われわれがこの〔有限の〕時の生にいるかぎり、この生を営む糧として〔有限の〕時に属するものをも用いるので、この生に属する側面については、権威に、すなわち、何らかの任務をもって人間的な事柄を管理する人間に従うべきである。しかし、われわれが神を信じ、神の国に召されている側面については、神が永遠の命をあたえてくれるのをわれわれの内で破壊しようとする、いかなる人間にも従うべきではない」。

興味深いことは、ここで権力の役割について、したがってまた服従の妥当する範囲について、《時間》と《領域》との両面から限定があたえられていることとである。しかし、彼は、起こりうべき誤解にたいして、さらにつづけて述べている。キリスト者であるゆえに、この世の権力にたいして税や貢を納めることも尊敬を示すことも必要ではないと考えることは「大きな誤り」である、と。人間としてこの有限の時間的生を生きるかぎり、この世の権力には服さなければならない。しかし、また、この世的な事柄を委ねられた支配者が信仰問題についてまで発言する時にも服従しなければならないと考えることは、「いっそう大きな誤り」である。ここに権力にたいするキリスト者の服従の限界と自由とがある。むしろ、「カイザルのものはカイザルに、神のものは神に返すようにと主御自身が命じられたような振舞い方を守るべきである」[14]。

「善事」をすれば支配者から称賛されることを説いたローマ書十三章三―四節は、迫害の時代を通り抜けたキリスト者にとっても、そのまま受けとるには重いものだった。このパウロの言葉を講解しながら、アウグスティヌスは、オリゲネスの問いと解釈とに近く立っている。

「使徒の言葉をよく考えなければならない。善事をするがよい、そうすれば権威はあなたをほめてくれるであろう、とは言わないで、「善事をするがよい、そうすれば権威から誉れを受けるであろう」と言っている。神への服従においてそれを獲得する場合であれ、迫害によって栄冠を得る場合であれ、あなたの行為を善と認めるにしても迫害するにしても、権威から誉れを受けるであろう」。

この世の権力は、自分自身には悪いことを行なわせても、まさにパウロのいうように、「あなたに益を与えるための神の僕《しもべ》なのである」(ローマ一三・四)から、というのである。この世の権力にたいする不服従は、ある場合には、生ける神にたいするいっそう大きな服従として《称賛》される。「善事」とは、もっとも深い意味で、神にたいして服従することを意味するものにほかならない。ここでもまた、この世的権力にたいするキリスト者の服従は、けっして絶対化されえなかったことが明らかである。

それと関連して、ローマ書十三章五節にある服従の根拠(「良心のため」)が問われるであろう。アウグスティヌスによれば、それは、「怒りを避けるためだけではなく――それは見せかけによっても可能であるが――、「すべての人が救われて、真理を悟るに至ることを望んでおられる」(Iテモテ二・四)主の命令に従っている者への愛によって自分がそれをしているということを、良心において確信するためである」という。したがって、《良心》は《真理の認識》に関わる。この認識がこの世の権力にたいする正しい行動のための基準をも打ち出す。ここでは、人でもなく、また彼らの加える刑罰でもなく、その戒めをあたえ、その意志を知らしめる神こそ、キリスト者を正しい服従に定めるのである。[15]

アウグスティヌスの『ローマ書選釈』は、十三章のテキスト全体についての完全な注釈ではない。神の《定め》（一三・二）をめぐる抵抗権の問題も扱われてはいないし、テキストの末尾（一三・六―七）についても言及されてはいない。しかし、すでに見てきたかぎりでも、アウグスティヌスの当該テキストの講解は、彼の国家にたいする考え方がどの方向に進んでいくかを、はっきり示している。彼の国家観は、基本的に原始キリスト教いらいの《迫害の終末論》（W・アフェルト）の系譜に立っている。ローマ書十三章にたいするアウグスティヌスの注釈に支配的なのは、時間と永遠との鋭い対立と緊張とである。この世の権力は、この世的次元から根本的に異なった、いっそう高い次元から眺められる。この世の秩序は相対的・時間的な価値しかもちえず、基本的に暫定性という特徴を帯びている。

こうしてみれば、同じ終末論といいながら、アウグスティヌスとアンブロシアステルとの思想的対照性はいちじるしい。なぜなら、アンブロシアステルにおいては、地上の権力は、救済史の一翼を担うことによって、特別の価値と尊厳性とをあたえられた。これにたいしてアウグスティヌスの場合、その終末論によって、《地の国》は《神の国》とは異なる地上の秩序として明確に限定されていたのだから。(16) むしろ、アウグスティヌスの終末論は、エウセビオスに始まり、アウグスティヌス自身の弟子オロシウスなどに代表される《政治的神学》＝コンスタンティヌス体制の皇帝イデオロギーにたいする、ひそかな、しかし痛烈な批判をふくんでいたと言ってよいであろう。(17)

中世教会と神学

中世ヨーロッパにおいては、いまやキリスト教共同社会の内部における世俗的権力と教会的権力との根拠づけと妥当範囲とが神学的に問われることになった。そこでは、たんに信仰告白の自由を標識とした古代教会における限界づけにとどまらず、さらに国家権力の行使を内容的に限定するための新しい一歩が踏み出されねばならなかった。そのため、中世政治思想史において爆発的な論争点となった二つのモティーフがローマ書の釈義の中に入ってきた。抵抗権と両剣論の問題がそれである。[18]

まず、前者からみていこう。中世における抵抗権思想は、キリスト教神学とともに、とくにゲルマン的伝統によっても深く規定されていた。これは、主従関係を誠実義務にもとづく双務契約においてとらえるものであり、支配者がそれを破れば臣下にたいする服従請求権を失うものと考えられた。[19]

もっとも代表的なのは十一世紀初めの叙任権をめぐる闘争である。皇帝ハインリヒ四世にたいする教皇グレゴリウス七世の破門は、ドイツ諸侯から皇帝への服従義務を解除することによって、重大な忠誠相剋を引き起こした。グレゴリウス七世の理解によれば、「天国を開きまた閉じる」(マタイ一六・一九)《鍵の権力》は「地を裁く」権能をもつ。ここでは、ローマ書十三章一節は、第一次的かつ包括的に教皇にのみ帰属するとされるのである。[20]

したがって、両陣営から生み出された一連の激しい論争文書は、ローマ書十三章を避けて通ることはできなかった。たとえば、トリアーのヴェンリヒは、反グレゴリウス派として、パウロのテキストを引いて教皇による皇帝解任に激しく抗議した。君侯は神の立てたものであり、聖書は権力にたいする無条件の服従を要求している。権力の担い手の不正や不実を理由にあげる人びとにたいして、パウロは、いっさいの可能性を断ち切っている、と。

これにたいして、ラウテンバッハのマネゴルトは、教皇派として、ローマ書十三章の援用を限定しようとつとめた。聖書の命ずる服従は、権力の担い手がその官職を保持している限りにおいて妥当する。彼がその職務を解かれるなら、もはや服従を要求することはできない。パウロ自身、皇帝ネロに服従するよりも殉教することによって、ローマ書のテキストに正しい制限的解釈を加えたのである。それによって、彼は、神にたいする服従が優先することを示したのである、と。[21]

さらにソールズベリのヨアンネスは、一一五九年に著わした政治的主著『ポリクラティクス』の中で、司教や教皇の霊的権力にたいして諸侯の世俗的権力が服従すべきことを説き、はじめて専制にたいする暴君殺害を承認した。彼は、その師アベラールの釈義によって、こうした主張がローマ書十三章と矛盾するものではないことを学んでいたからである。すなわち、すべての権力が神に由来するとすれば、そのことを権力は寛容と正義とによって証明しなければならない。そうした性質が欠けているなら、その権力は天からのものではないことを示している。そのような君侯に反抗することは、権力的地位にある《人間》と闘うことであり、それを禁ずることは不可能である(22)、と。

しかし、一般には暴君殺害論は、新約聖書よりも、いっそう多くアリストテレスやキケロなど、ギリシア・ローマの古典や旧約聖書を引照することが多かった。この理論は、のちに見るように、近世初頭のイギリスやフランスの政治的＝宗教的紛糾の中で、《モナルコマキ》によって、ふたたび取り上げられることになるであろう。

トマス・アクィナスは、中世最大の神学者であり、その神学体系の中には、国家権力に関する理論もふくまれている(23)。ただし、彼の国家論は、聖書よりは、いっそう多くアリストテレスに負うているようにみえる。ここでは、彼の浩瀚な神学体系には立ち入らないで、主として彼の『ローマ書注解』における十三章の釈義をとりあげることにしよう。もっとも、トマス最晩年のこの注解は、パウロのテキストそのものに強く制約されているため、彼の著作全体の中でもオリジナリティに乏しいものと言われている。

予想される通り、トマスにとっても、キリスト者は《肉》においてあるかぎり、この世の権力に服従しなければならない。国家秩序にたいして概して肯定的に関わるトマスにおいても、この世の権力が限られた時間的価値しかもちえなかったことを見逃してはならない(24)。彼にとって「上に立つ権威」(ローマ一三・一)とは、支配権をもつ人間を意味している。パウロがこの「権力」をまったく特定化しないで述べているのは、それによって、この官職につく者がたとえ悪い人間であるとしても、官職自体の偉大さと高さとのゆえに服従しなければならないことを示すのである、という。

この君侯的支配権に関しては、三つの側面を区別しなければならない。すなわち、まず《権力》(potestas)それ自体についていわれるとき、それは、すべての君侯を統治させる神に由来することを意味する。さらに、具体的に権力に到達する方法ないし仕方についてみれば、すべての権力が神に由来するのではない。それは、正常な仕方による場合に限られ、名誉心その他許されない方法によって獲得される場合には、その権力は神からのものではない。第三に、君侯的権力の《行使》の仕方も注目される。それが《神的正義》(justitia divina)の命令に従って行使されるなら、神からのものであるが、それに反して濫用されるときには、その行使は神から来るのではない。いずれにせよ、権力がみずからの権限に属する事項にとどまるかぎり、それに抵抗することは神にたいして不正を犯すことになるであろう。

しかし、トマスは、パウロの《神の定め》(ローマ一三・二)を論じて注目すべき結論を導き出す。すなわち、トマスによれば、《神の定め》とは、「より低い権力にたいしては、より高い権力に反することとなしに服従する」という《秩序》ないし序列を意味する。しかし、すべての人間の権力は、神の権力に従属している。それゆえ、人はいかなる人間の権力にも神に反して服従することは許されない。こうして「人間に従うよりは、神に従うべきである」(使徒行伝五・二九)という聖句が引かれる。

それでは、《良心のため》(ローマ一三・五)は、限定的な意味をもちえただろうか。トマスによれば、パウロは、たんに処罰を逃れるためだけではなく「清い良心のため」に服従することをすすめている。しかし、ここでトマスは、権力への服従が《救済》(salus)のために必要だと論じている。トマスの言おうとするのは、上述の理由にもかかわらず、権力に服従しない者は、神の秩序にそむき、救いに達するための前提である倫理的完全性を危うくするという意味であろう。むろん、彼は、直接に世俗の権力が救済の実現に参与しているというのではないであろう。しかし、ヴェルナー・アフェルトによれば、ここでは、トマスがローマ書十三章を注釈した他のいずれの先行者たちよりもアンブロシアステルに近く立っているようにみえる[25]、という。

この『注解』では、ローマ書十三章三―四節に関しては、とくに新しい論点が認められない。しかし、トマスは、『神学大全』や他の政治的論文では、積極的な思想の展開を示している。とくにアリストテレスに依拠しながら、彼は、すべての国家権力が《公共の福祉》(bonum commune)と正義の理念とを目指すべきことを説き、この意味でローマ書十三章三節の権力の任務を根拠づけている[26]。

そこからまた大胆な抵抗権論にも導かれる。たしかに、正当な権力にたいして抵抗することは、ローマ書十三章によって禁止されている。しかし、トマスによれば、不正な簒奪者の権威に抵抗すること、また私的利益のために《公共の利益》を破壊する《暴君》に服従しないことは、反逆ないし暴動という性格のものではない。むしろ、それらは、正当な行動なのである[27]。

トマスの権威とともに、ここに中世思想の体系において、まことに革命的な契機を蔵する政治思想が根拠づけられたのであった。

最盛期中世には、ローマ書でパウロの言及する「剣」(一三・四)は、《両剣論》とも連動することになった。《両剣論》は、元来、福音書における「二振りの剣」(ルカ二二・三五以下)に由来するものである。《両剣》は、当初、《霊権》ないし《教権》と、《俗権》ないし《帝剣》との協調を示すものとして暗喩的に用いられていた。中世後期に《両剣論》がもちえた重要性は、『ザクセンシュピーゲル』が、その巻頭に、この理論の短い叙述から始めていることにもあらわれている。

「二の剣を神は、キリスト教世界を守護するために、この地上の国に与え給うた。教皇には宗教的なそれ(剣)が、皇帝には世俗的なそれが宛てがわれている。教皇はまた、一定の時期に白馬に騎乗すべきものとされ、そして皇帝は彼(教皇)のために(その際)、鐙を押え、鞍がずれ動かぬようにすべきである。これは、つぎのことを象徴する。すなわち、何か教皇の意に逆らうことで、しかも彼が宗教的裁判権をもって強制しえないことは、皇帝が世俗的裁判権をもって、教皇の意に服従するように強制すべきである。同じように宗教的権力もまた、必要があれば、世俗的裁判権を援助すべきである」[28]。

《両剣論》は、やがてクレルヴォーのベルナール以来、教会優位の含蓄をもつ解釈に傾いていった。ソールズベリのヨアンネスにいたっては、《両剣》は、はっきり教会の手に所有される。「教会自身は流血の剣を帯びないゆえに、君侯は、教会の手からこの剣を受けとるのである。教会は、剣自体は所有するが、しかし、君侯の手を通して使用するのである」[29]と。

教皇たちは、十二世紀末のインノケンチウス三世以来、この理論に公式の威信をあたえてきたが、とくに著名なのはボニファチウス八世であろう。彼は、大勅書『ウーナム・サンクタム』(一三〇二年)において、ローマ書十三章でパウロが世俗的権力に並べて霊的権力をも認め、両権力にたいする服従を説いている、と主張する。しかもパウロが世俗の権力を神によって《制定》され《秩序》づけられていると言うとき、そこには段階的序列があることが明らかであり、低い世俗の剣は高い霊的剣に従属する[30]、と。

こうした《制定》ないし《秩序》づけの概念は、すでにトマスの『ローマ書注解』でみたものである。しかし、そこでは、世俗の権力もまた神の権威のもとに立つことを意味するにとどまっていた。ボニファチウスにおいては、この神の代わりに教会的権威が立っている(!)。こうしたボニファチウスの姿勢を詩人ダンテが『帝政論』(一三一三年頃)においてのみでなく、晩年(一三二一年没)に完成した『神曲』の一節(天国篇第一七歌)でも厳しく糾弾したことは、よく知られている。[31]

この教皇権の普遍的支配の要求は、その後まもなく、事実上、重大な疑問符を打たれるにいたった(アヴィニヨン捕囚!)。しかし、多くの論議の的になったにもかかわらず、教皇権にたいする絶対服従の要求は、トリエント公会議以降においても、なおくり返し、あげられつづけた。ここに宗教改革の課題が不可避のものとして提起されることになったと言えよう。

(1)　エウセビオス『教会史』(秦剛平訳、山本書店)。エウセビオスについては、一般に、vgl. H. v. Campenhausen, Eusebios von Caesarea, in: Ders., *Griechische Kirchenväter*, S. 61-71. その神学については、とくに、vgl. H. Berkhof, *Die Theologie des Eusebius von Caesarea*, 1939. 新しい研究として、vgl. F. Winkelmann, *Eusebios von Kaisareia. Der Vater der Kirchengeschichte*, 1991.

(2)　ちなみに、初代キリスト教徒における《アウグストゥス像》は、長期にわたる成立過程の中で幾変遷を経たものである。たとえばルカによる福音書(二・一〇―一一)で羊飼たちにたいする天使の告知は、あきらかに《救い主》として皇帝崇拝を宣伝するローマ官憲当局者に対立している(Vgl. Ehrhardt, *Politische Metaphisik von Solon bis Augustin*, Bd. 2, S. 27 ff.)。エウセビオス＝クリュソストモスに代表される《アウグストゥス像》から脱却するには、アウグスティヌスまで待たなければならなかった(Vgl. R. Klein, Das Bild des Augustus in der frühchristlichen Literatur, in: Haeling (hg.), *a. a. O.*, S. 205-236)。

(3)　Cf. *A New Eusebius. Documents illustrative of the history of the Church to A.D. 337*, ed. by J. Stevenson, 1963,

p. 391-394. なお、vgl. Berkhof, *a.a.O.*, S. 53ff.

(4) もっとも、ヴィンケルマンによれば、エウセビオスの《称賛演説》はヘレニズム以来の《古代的ルール》に従うものであり、その枠内において、エウセビオスが皇帝コンスタンティヌス自身の抱くキリスト教的支配者イデオロギーに「政治的訂正」をこめた「警告者」としての「自立性」をもっていた、と慎重に留保をおいている。《帝室司教》ないし《桂冠イデオローグ》として皇帝の神学的決定に影響をあたえ、臨終の床で皇帝に洗礼を授けたのは、ニコメディアの司教エウセビオスだった(Vgl. Winkelmann, *a.a.O.*, S. 166ff.)。コンスタンティヌスにたいするエウセビオス自身の役割については、同じく、vgl. R. Leeb, *Konstantin und Christus*, 1992, S. 166ff.『コンスタンティヌス伝』の記述に関しても、レープは、エウセビオスが「当時の困難な状況の中で、彼の及ぶかぎり、尊敬する力強いコンスタンティヌスにたいして批判的な距離を保つ」ことに努めたという(*A.a.O.*, S. 176)。

(5) H. Eger, Kaiser und Kirche in der Geschichtstheologie Eusebs von Cäsarea, in: *Zeitschrift für die neutestamentliche Wissenschaft*, 1939, S. 97-115. エーリク・ペーターゾンによれば、エウセビオスの政治神学的影響は「東方世界に限られず、西方世界の教父たちにたいしても強力に及んだ」とさえ指摘されている(Vgl. E. Peterson, *Der Monotheismus als politisches Problem. Ein Beitrag zur Geschichte der politischen Theologie im Imperium Romanum*, 1935, S. 84)。

(6) 《ビザンツ体制》の成立にいたる神学思想史については、とくに、vgl. H. Berkhof, *Kirche und Kaiser. Eine Untersuchung der Entstehung der byzantinischen und der theokratischen Staatsauffassung im vierten Jahrhundert*, (Aus dem Holländischen) 1947. そこでは、エウセビオスが、はっきり《ビザンツ主義の先駆者》(S. 200)として位置づけられている。こうした見解にたいして、ヴィンケルマンやレープの先行研究を受けて、従来のエウセビオス像を修正する新しい研究も出ている(Vgl. J. Ulrich, Politische Eschatologie bei Eusebius von Caesarea? in: Fr. Schweitzer (hg.), *Religion, Politik und Gewalt*, 2006, S. 548-560; H. Chr. Brennecke, Constantin und die Idee eines Imperium Christianum, in: *a.a.O.*, S. 561-576)。しかし、そこでも、「後期古代の前提下においては」皇帝イデオロギーの「全面的非神聖化」を貫くことは不可能だったとされている(Vgl. Brennecke, *a.a.O.*, S. 575)。エウセビオスにおける「終末論的留保」を強調するウルリヒ論文にたいし

ても、「古代の称賛演説の主題的レトリックの影響を受けたにせよ、終末論的視点から政治的視点へ移行していることこそ本質的特徴だった」(Klein, *a. a. O.*, S. 235) と言わなければならない。《皇帝教皇主義》については、H. Hunger (hg.), *Das Byzantinische Herrscherbild*, 1975 所収の関連論文、参照。なお、cf. St. Runciman, *The Bysantine Theocracy*, 1977.

(7) Vgl. H.-J. Diesner, Kirche und Staat im ausgehenden vierten Jahrhundert: Ambrosius von Mailand, 1964, in: R. Klein (hg.), *a. a. O.*, S. 415-454.

(8) Vgl. O. Heggelbacher, Vom Rechtsdenken der nachkonstantinischen Zeit. Eine Studie zum sog. Ambrosiaster, in: H. Seidel (hg.), *Festschrift zum 70. Geburtstag von Hans Ehard*, 1957, S. 192-202; Affeldt, *a. a. O.*, S. 53-85.

(9) この《神の像》としての皇帝像には、あきらかに創世記(一・二六―二八)の記述が反映している。このテキストの釈義については、とくに、vgl. H. Wildberger, Das Abbild Gottes. Gen. 1, 26-30, in: *Theologische Zeitschrift* (Basel), 1965, S. 245-259 u. 481-501. 創世記の《神の像》という考えは、古代オリエントの《神聖王権》イデオロギーから由来しているが、イスラエルにおいては、《作為的な再解釈》にもとづいて、単独の支配者から、すべての人間をしるしづけるものとして普遍化されている。アンブロシアステルの《神の像としての王権》(rex-imago Dei) 理論は、その後、中世において受容され、ドイツ皇帝の側から教皇権の至上性要求に対抗させられることになった(たとえば vgl. F. Kern, *Gottesgnadentum und Widerstandsrecht im frühen Mittelalter*, 2. A. 1954, S. 74ff. u. 96 A.)

(10) Vgl. Johannes Chrysostomus, *Kommentar zum Briefe des Hl. Paulus an die Römer*, (übers. v. J. Jatsch), 1923, S. 161-169. 教会史家カンペンハウゼンによれば、クリュソストモスの講解説教は、古代のギリシア教父の中でも「今なおキリスト教的説教として読まれうる唯一のものであろう」と言われている。その数奇な生涯と活動については、vgl. H. Campenhausen, *Die griechischen Kirchenväter*, S. 137-152.

(11) アウグスティヌスについては、一般に、vgl. Campenhausen, Augustin, in: Ders., *Lateinische Kirchenväter*, S. 151-222; W. v. Loewenich, *Augustin. Leben und Werk*, 1961(『アウグスティヌス』宮谷・森共訳、日本基督教団出版局)。

(12) アウグスティヌス『神の国』五・一九(『アウグスティヌス著作集』第一一巻、赤木・泉・金子共訳、教文館)。『神の国』

を中心にしたアウグスティヌスの政治思想の分析については、vgl. V. Stegemann, *Augustins Gottesstaat*, 1928, S. 18-64. 柴田平三郎『アウグスティヌスの政治思想』(未來社)参照。

(13) *Expositio quarundam propositionum ex epistola ad Romanos* (*Sancti Aureli Augustini Opera*, IV/1, 1971) 64-66(「ローマの信徒への手紙選釈」岡野昌雄訳、『アウグスティヌス著作集』第二六巻、教文館、所収)。この『選釈』については、とくに、vgl. Affeldt, *a. a. O.*, S. 85-95; Keienburg, *a. a. O.*, S. 66-74.

(14) アフェルトによれば、ここには、潜在的な形で服従拒否ないし受動的抵抗権の承認がふくまれているとされる(Vgl. Affeldt, *a. a. O.*, S. 95 f. u. 109)。

(15) したがって、この《愛》は、国家権力にたいする高い評価というよりも、むしろ、信仰を強くする修練を意味する(Vgl. Affeldt, *a. a. O.*, S. 95. なお、S. 145)。

(16) Vgl. Affeldt, *a. a. O.*, S. 110 f. なお、同じく『ローマ書選釈』における終末論的視点を強調するものとして、cf. H. A. Deane, *The Political and Social Ideas of St. Augustine*, 1963, p. 143 ff.

(17) Vgl. B. Lohse, Augustins Wandlung in seiner Beurteilung des Staates, in: *Studia Patristica*, 1962, S. 471 ff. たとえばオロシウスの歴史神学については、vgl. H. W. Goetz, *Die Geschichtstheologie des Orosius*, 1980.

(18) この間における政教関係の歴史については、vgl. K. Voigt, *Staat und Kirche von Konstantin dem Grosen bis zum Ende der Karolinger Zeit*, 1936, Nachdruck 1965. 中世を通ずるローマ書十三章の釈義については、とくに、vgl. Affeldt, *a. a. O.*, S. 112 ff. アフェルトによれば、盛期スコラ学にいたるまで釈義の内容は古い伝統をくり返すにとどまり、ローマ書の釈義そのものによって中世国家観に決定的に貢献したとはいえない(Vgl. *a. a. O.*, S. 252)。

(19) Vgl. J. Sporl, Gedanken um Widerstandsrecht und Tyrannenmord im Mittelalter, in: E. Kaufmann (hg.), *Widerstandsrecht*, 1972, S. 87-113. たとえば代表的な『ザクセンシュピーゲル・ラント法』第三巻七八・二の規定、参照。「下臣はまた彼の国王および彼の裁判官に対し、たとい彼(国王または裁判官)が彼の親族または彼の主君であっても、不法行為について反抗することができ、しかも(不法行為を)あらゆる仕方で防ぐのを助けることさえできる、そしてそれによって彼の忠誠

（信義）に反して行動することにはならない」（久保・石川・直居共訳、創文社、一九七七年）。なお、一般に、Kern, *a.a.O.*; Jaszi and J. D. Lewis, *Against the Tyrant. The Tradition and Theory of Tyrannicide*, 1957 参照。

（20）Vgl. O. v. Gierke, *Das deutsche Genossenschaftsrecht*, Bd. III, Nachdruck 1954, S. 519 ff. なお 532 f.（『中世の政治理論』阪本仁作訳、ミネルヴァ書房）。グレゴリウス七世については、抜粋の史料集として、vgl. *Die katholische Staatslehre*, ausgewählt v. K. D. Schmidt, 1955, S. 11-16. 叙任権闘争については、フリッシュ『叙任権闘争』野口洋二訳、創文社）参照。

（21）Vgl. Bauer, *a.a.O.*, S. 272. むろん、マネゴルトの場合にも、主従関係の忠誠義務違反というゲルマン的理論も加わってくる（Vgl. Sporl, *a.a.O.*, S. 95 f.）。

（22）Vgl. Gierke, *a.a.O.*, S. 565 f.; Bauer, *a.a.O.*, S. 274. とくに、cf. R. H. and M. A. Rouse, John of Salisbury and the Doctrine of Tyrannicide, in: *Speculum*, 1967, p. 693-709. なお、アベラールのローマ書十三章の釈義については、vgl. Abaelard, *Römerbrief-kommentar*, Bd. III, lateinisch/deutsch, übers. v. R. Peppermüller, 2000, S. 750-755. なお、vgl. Affeldt, *a.a.O.*, S. 153-156. その他、ハンス・リーベシュッツ『ソールズベリのジョン』（柴田平三郎訳、平凡社、一九九四年）参照。

（23）Vgl. O. Schilling, *Die Staats- und Soziallehre des heiligen Thomas von Aquin*, 2. A. 1930. トマスの全体系については、vgl. M. Grabmann, *Thommas von Aquin*, 5. A. 1926（『聖トマス・アクィナス』高桑純夫訳、長崎書店）。

（24）以下、トマスの『ローマ書注解』からの引用は、*Des Heiligen Thomas von Aquin Kommentar zum Römerbrief*, übers. u. hg. v. H. Fahsel, 1927, S. 418-429 による。この『注解』については、とくに vgl. Affeldt, *a.a.O.*, S. 218-228.

（25）Vgl. Affeldt, *a.a.O.*, S. 225. トマスの注解は、全体として盛期スコラ学の先行注釈にたいして、とくに抜きんでた独自性を示していないが、しばしば明晰さと客観性とにおいて優れている（*A.a.O.*, S. 228）。

（26）「地上の君侯は、まさに私的利益を追求させるためではなく、公共の利益を配慮させるために、神によって制定されたのである」（Thom. Aquin., de reg. Jud. qu. 6. in: Aquinas, *Selected political Writings*, ed. by A. P. D'Entrèves, 1978, p. 90）。

(27) Thom. Aqin., Summa theol. II, 2 qu. 42 art. 2, in: *op. cit.*, p. 160. しかし、トマスは、『君主の統治について』(I／6)においては、慎重な留保をおきながら《暴君殺害》に言及している(*op. cit.*, p. 30〔『君主の統治について』柴田平三郎訳、岩波文庫〕)。一四〇七年にパリの神学者ジャン・プティがそれを取り上げ、トマスの権威によって《暴君殺害》を正当化したとき、ジェルソンに反論され、さらにコンスタンツ公会議において、プティの命題は非難された(Vgl. Anmerkung von F. Schreyvogel, in: Thomas v. Aquin, *Über die Herrschaft der Fürsten*, Reclam Asug. 1971, S. 25)。なお、トマスの抵抗権論については、vgl. Schilling, *a. a. O.*, S. 102 ff.

(28) 前掲『ザクセンシュピーゲル・ラント法』第一巻一・一。

(29) Vgl. Gierke, *a. a. O.*, S. 528 f. なお、vgl. W. Levison, Die mittelalterliche Lehre von den beiden Schwertern, in: *Deutsches Archiv für Forschung des Mittelalters*, 1951, S. 28 f. u. 32 f.

(30) Bulle "Unam Sanctam", in: *Die kathorische Staatslehre*, S. 22. なお、vgl. Bauer, *a. a. O.*, S. 272 f. 因みに、この《両剣論》は、教皇ゲラシウス一世(四九二—四九六年)に帰せられる古い《両権力論》(Vgl. *Die kathorische Staatslehre*, S. 9-10)にたいして、相対的に後期の理論だったことを見逃してはならない。

(31) Dante Alighieri, *Monarchie* (*De Monarchia*), übers. u. erklärt v. C. Sauter, 1913, Neudruck 1974, S. 179. なお、いっそう明確な教皇権批判を記した『神曲』の一節を引いておこう。

「言われよ、今後は憚らず、ローマの教会、欲深くも二つの主権を己の腹につめこみ、汚泥に堕ち、己をもその荷〔=主権者としての責任〕をも、倶にけがすと」(煉獄篇第一六歌、寿岳文章訳、集英社文庫)。

ハンス・ケルゼン(『ダンテの国家論』長尾龍一訳、木鐸社、七二頁)によれば、ダンテは、『イタリア王侯への書簡』(一三一〇年)において、ローマ書十三章を思わせる表現で国家の神的由来を論じている。「権力(potestas)に叛く者は神の命令に叛く者である」と。もっとも、この書簡が本当にダンテのものか否か疑問視もされているという。『神曲』における教皇権と帝権との関係については、同上書、一四四頁以下、参照。

2　宗教改革とその周辺

1　ドイツの宗教改革者たち

宗教改革時代の激動の中で、国家と教会の問題は、重要な意味をもっていた。

宗教改革者たちの国家観をめぐる研究文献は、すでに見通しえないほどの数にのぼる。その際、国家や権力の問題に関する宗教改革者たち、とくにルターの発言は、しばしば、同時代史の事件に触発されたものであり、そのまま現代に適用しうる一般的な理論のように扱うことには慎重でなければならないであろう(1)。それだけにローマ書十三章の解釈を軸として、その政治思想の発展を辿ることには新しい意味があるといえよう。

宗教改革者たちのローマ書の釈義には、注目すべき共通の特徴がある。それは、彼らが人文主義者たちの手によって編集されたギリシア語原典にもとづき、できるかぎり聖書本文に忠実であろうとしたことである。さらに、多くの問題点について先行の解釈にとらわれず、むしろ、それらにたいして批判的に立ち向かうのを恐れなかったことである(2)。

初期ルター

ルターは、すでに改革運動に乗り出す以前(一五一五—一六年)に、ヴィッテンベルクの学生たちにたいしてローマ書を講義している。[3] 十三章一―七節全体にたいして、ルターは、彼の《注釈》《グロッセ》(＝行間注と欄外注)の説明では「使徒は下役が上役に対して援助と愛慕とによって仕えるべきことを教える」という表題をあたえている。彼は、このテキストをローマ書十二章以下の全体との関連においてとらえているのである。

　テキスト冒頭の「すべての魂」(*πᾶσα ψυχή*)という表現に彼は、パウロの「秘密がある」と推測している。すなわち、ルターの《講解》《スコリエ》では、パウロが「魂から出た服従」を求めることと関連づけられ、さらにアウグスティヌス的な言い方で「魂は体と霊との中間だから」とされて、注目すべき論理を展開している。人間は《霊》によれば「何人にも服属しない」が、《肉体》によれば「感覚的なものと現世的なものとに」つながれ、《魂》において、これら二つのものを結び合わせている。こうして信仰者は、「万物の上に、はっきり高められているが、しかも同時に万物のもとに服属する」。信仰者は、この《現世的なもの》への服従を通して、「神に服従する」のである、[4] という。

　まさにここから「教会の秩序」と「世俗の秩序」とが区別される。《注釈》によれば、前者は「内なる人の指導と平和とのため、また内なる人の関心事のため」のものであるのにたいし、後者は「外なる人の指導のため、またその業務のため」に必要である。なぜなら、「この世の生活では、内なる人は外なる人なしにはありえないのだから」。したがってまた、聖職者が「鍵の権力」その他を濫用して、世俗的な権力に手を伸ばすことは大きな退廃にほかならない。《講解》において「短い脱線」と題して、こうした教会的支配にたいする鋭い批判がつづいているのも、いかにも宗教改革前夜を思わせる。

　ルターは、このテキストを理解するには、何よりもまず、この教えられた事実に「現在の生活を当てはめる」ことが必要だという。それは、彼が「使徒的〔伝承の〕権威」によって教師の務めに任ぜられているからであり、「おおよそ公正でないと思われることは、〔教会の〕指導的な人びととの中においてさえ、これを告げるのが私の義務である」から、と。ここには、すでに闘う宗教改革者の預言者的な風貌が示されていると言ってよい。

それ以後、ルターは、教会改革のための発言の中で、しばしばローマ書十三章を引照している。それは、むろん、『ローマ書講義』におけるように詳細な釈義を加えたものではなかったが、やはり、その政治思想にとって重要な意味をもっていた。たとえば、初期の三大改革文書の一つ『キリスト教界の改善に関してドイツのキリスト者貴族にあたえる書』(一五二〇年)をみてみよう。

ここでは、世俗的権力にたいする教皇権の優位というテーゼから、はっきり訣別している。むしろ、この世的領域においては、世俗的権力が聖職者階級の人びとにたいして統治の責任を負うている、と明言している。ローマ書十三章冒頭でパウロが世俗の権力にたいする服従を呼びかける「すべての魂」には、「私は、そのうちに教皇をもふくめるのである」と、わざわざ注記している。

これまで、すべての改革は教会法という「紙でつくった城壁」によって阻止されてきた。しかし、世俗的諸侯は、いまや教皇や司教によるいっさいの脅迫や破門などに頓着せず、「その業《わざ》を自由に妨げられることなく」果たさねばならない[5]。ルターは、ローマ書十三章三―四節にもとづいて、世俗的権力に《公共的福祉》(=「罪なき者を保護し、不正を防ぐ責任」)の課題を想起させる。こうして彼は、広く公会議を通してキリスト教界の包括的な改革のために諸侯たちが力を貸すことを訴えかける。

もっとも有名な改革文書『キリスト者の自由』(一五二〇年)は、冒頭にキリスト者が「万物にたいする自由な主であり、何ものにも従属しない」こと、同時にまた、愛において「万物に仕える僕《しもべ》であり、すべてのものに従属する」ことを主題としてかかげている。これは、上述の『ローマ書講義』において詳しく展開した釈義を原則的なテーゼとして定式化したものと言うこともできる。この小冊子でも、まず《内なる人》のまったき自由が確認されており、《外なる人》を論ずる後半の部分でローマ書十三章一節の服従に言及されている。キリスト者は、「すでに信仰によって義であるのだから、そのことによって義とせられるためでなく、むしろ霊の自由において、このような業《わざ》により、他の人びとや権威ある者たちに仕えるためであり、また求めることのない愛から、彼らの意志に従うためである(6)」。

世俗の権力について

しかし、ローマ書十三章について、もっとも多く触れているのは、『世俗の権力について、人はこれにたいしてどこまで服従する義務があるか』(一五二三年)であろう。これは、一五二二年秋、ヴァイマルでザクセン公ヨーハンと皇太子ヨーハン・フリードリヒを前にして行なった連続説教を翌年まとめて出版したものである。この二人こそ、後にザクセン選帝侯となり、ルターの闘いを支えた人たちであり、堅忍侯と勇猛侯と呼ばれた。この神学論文は、ルターの政治思想を見る上で不可欠の文献と言わなければならない。とくに、のちのドイツ・ルター主義における《二王国＝統治論》の《原型》を確かめるためにも、やや詳しく分析してみよう(7)。

ルターは説き起こす。

「二つの統治を熱心に区別して、両者とも存続させなければならない。一つは〔内的に〕義たらしめるものであり、一つは外的に平和をつくり出し、悪事を阻止するものであって、この世ではどちらを欠いても十分ではないのである。なぜなら、キリストの霊的統治なしでは、この世の統治によって誰ひとり神の前に義なる者となることはないのだから。……だが、霊的統治のみが国と人とを治めるところでは、悪の手綱は放たれて、あらゆる悪事に所をえさせることになるであろう(8)」。

こうして、神の国を求め福音に生きるキリスト者にとっては、お互いのあいだでは、法も剣も必要ではない。

「〔しかし〕剣は平和を保ち、罪を罰し、悪人を抑制するというように、全世界にとって大いに必要かつ有用であるので、キリスト者は心から喜んで剣の統治の下に服し、税金を納め、権威を尊び、仕え、助け、権力に寄与することなら、なしうるすべてのことを行ない……権威が尊敬と恐れとをもって保たれるようにするのである」。ここでは、ローマ書十三章のテキストに全面的に依拠しているようにみえる。じじつ、ルターは、みずからの適性を認めたものにたいして、積極的に世俗的な官職に就いて「権力が軽んじられて無力となり、あるいは滅びてしまわないようにすべきである」とさえすすめている。こうした世俗的権力にたいする積極的な参与の姿勢は、たとえば再洗礼派などと比較するとき、まことに対照的でさえある。それは、この世において権力なしにすましえないというルターの認識と関わっていた。しかし、キリスト者にとっては、自分の財貨や名誉、いわんや復讐心などとは無縁であった。それは、あくまでも「隣人の福祉のため、また他人の安全と平和との維持のため」の奉仕であった。

こうした《公共的福祉》という権力目的から、ルターは、ローマ書の《神の僕《しもべ》》(一三・四)という概念を説明する。それは、けっして権力そのものの神聖化を示す言葉ではない。むしろ、権力は「本来、人が神に仕えることのできる手段であるということ以外に、何を言うのであろうか」と。こうした世俗的権力の《手段》としての位置づけは、さらに権力の《限界》の問題につながっていくであろう。

第二部において、ルターは明言する。世俗的権力は「身体と財産および地上における外的な事物」を越えて及ぶことはない。なぜなら、「魂にたいしては、神は御自身以外には誰にも統治させることはありえないし、またそれを欲することもない」のだから。したがって、ローマ書十三章一節にいう、すべての人の服従すべき世俗的権力は「外的な財貨について、それを地上において秩序づけ統治する」ことに限定される。「信仰を命令する」権能をもつことは許されない。むしろ、誰であっても信仰については「自分で責任をとる」のであり、他人が「代わって信じたり、信じなかったりすることもできない」のである。

興味深いのは、この連関でルターがローマ書十三章七節を引いて、それを「権力と服従との両者にたいする限界づけ」として解釈していることである。「この世の権力と服従とは、ただ貢や税や誉れや恐れのみに外的に関わるのである」と。異端についてさえ、それは「霊的な事柄」であり、神の言葉によってのみ闘うべきであって、権力によって信仰を「強制」することはできない、と言い切っている。

《二つの統治》は、ここでは、はっきり世俗的権力を《制限》する方向に働いていることを見逃してはならないであろう。世俗の諸侯や領主たちが信仰問題について決定しようとするとき、各人は、彼らにこう告げる権利と義務とをもっている。すなわち、「私は従いません。なぜなら、そのときあなたは暴君となり、高すぎることに手を出して、あなたが権利も権威ももたないことを命じているからです」と。このように世俗の支配者が不正を犯すとき、その民は服従する「義務はない」。正義に逆らって「人間に従うよりも(正義を持とうとされる)神に従うべきである」から。ルターは、その他の改革文書でも、折にふれて、このペテロの言葉(使徒行伝五・二九)を引いて服従の限界を指摘している。(9)

こうした軋轢の際にルターが勧めた選択肢は、受難を甘受しながら服従することではなく、むしろ、《不服従による受難》(H・クンスト)だった。それは、現代的に言いかえれば《受動的抵抗》(M・ホネカー)として評価できるという意見もある。

支配者の正、不正が民にとって不明な場合はどうなるのか。ルターは答える。「民は、できるかぎりの努力によってもそれを知りえないし、わからないかぎり、魂の危険なしに従ってよい」と。ルターは、これまでローマ書のテキストの中の《良心のため》の服従(一三・五)という点について、どこにも言及していない。しかし、ここでは、《良心》

的服従のもちうる批判的判別の機能が、すでに含蓄されていたと言えよう。

いずれにせよ、この『世俗の権力について』において、彼が現実の政治的支配者について冷徹な認識を欠いていなかったことを見逃してはならない。「世の初めから賢い君主というのは、まったく《珍しい鳥》であり、正しい君主というのは、さらにいっそう珍しい」。彼らは、おしなべて「地上における最大の愚か者」「最悪の悪魔」であり、彼らからは、いつでも最悪のものが期待され、彼らからは良いものがほとんど望みえない、と。[10]

こうした宗教改革に触発された農民反乱の運動の中で、ローマ書十三章の解釈が大きな役割を果たすことになった。世俗的権力が反乱を弾圧する権利は、ルターにとって、この聖書のテキストから一義的に引き出されることになったから。すでに一五二二年に、ルターは、すべてのキリスト者にたいして「騒乱や反逆にたいして用心するように」との「真実な勧告」を行ない、その中で「権威と剣」が設定されたのは、「悪を罰し、真に敬虔なものを保護する」ことによって「騒乱を防止する」ためであることを確認していた。[11]

農民戦争の中で

しかし、いよいよ農民戦争が勃発したとき、当初、彼は、シュヴァーベン地方の『農民の十二カ条にたいする平和勧告』(一五二五年)において、諸侯と農民とのあいだに立って調停者として行動しようとした。まず、諸侯や領主、とくにカトリック諸侯にたいしては、これまでの悪政の責任を厳しく糾弾する。農民の背後にあって《いま》彼らに反抗しているのは神御自身であり、彼らの搾取を罰しているのだ、と。しかし、ついでルターは、農民にたいしては、「剣をとる者はみな、剣で滅びる」(マタイ二六・五二)というイエスの言葉とともにローマ書十三章一―二節を引いて、「当局が邪悪で不正であるという事実は、徒党を組んで反乱することを正当とするものではない」という。なぜなら、悪の処罰は《すべての人》の権限に属するのではなく、「剣をおびるこの世の統治者の職務」なのだから。こうして抵抗権は明白に否定され、「受難、受難、十字架、十字架、これがキリスト者のおきてであって、これ以外にはない[12]」と言い切っている。

しかし、すでに数週間後には、反乱が激化してテューリンゲン地方にも波及する中で、ルターは、いっそう明確に農民を糾弾する方向に傾いていく。『農民の殺人・強盗団に抗して』(一五二五年)では、冒頭から反乱農民が神と人の前に負う「恐るべき罪」を数えあげる。第一に、世俗的権力にたいして服従する義務を破ったこと(ここでローマ書十三章一節が引かれる)。第二に、強盗や殺人のような暴動を起こしたこと。第三に、彼らがこれらの行動を福音の名において行なっていること。そしてこのことこそ最大の罪である、という。彼らは、創造と洗礼のゆえに《自由》だと称しているが、ローマ書十三章の命ずる服従は、キリスト者にも何らの制限なしに妥当する。なぜなら、「洗礼は肉体と財産とを自由にするものではなく、魂だけを自由にするものだ」から。

ルターは、諸侯が――「異教的な」カトリック諸侯さえ――《剣》の権利と義務とをもち、悪を罰するための「神の僕《しもべ》」だといい、ローマ書十三章の規定からすれば、彼らがこの職務を遂行しないなら、神にたいして罪を犯すことになる、とさえ断言する。「もはや忍耐も憐れみも必要ではない。いまは剣と怒りの時であって恵みの時ではない[13]」と。

この論文の冒頭で、ルターは「ミュールハウゼンを支配する悪魔の頭目」トーマス・ミュンツァーの名前をあげていた。このミュンツァーもまた、その独自のローマ書十三章解釈をもって農民反乱に関わることになった。

当初、ミュンツァーは、世俗的権力の果たす役割について、なお一定の期待をもっていたようにみえる。彼は、たとえばアルシュテットの城内礼拝堂で、選帝侯ヨーハン一世(堅忍侯)と皇太子ヨーハン・フリードリヒを前にして有名な『御前説教』(一五二四年)を行なった。その中で、ローマ書を引照しつつ、ミュンツァーは、くり返し強調している。パウロが呼んでいるように「神の僕《しもべ》であろうとされるなら、福音を妨げる悪人どもを取り除き、払いのけることであります」。世俗的諸侯は、そのための「仲介者」なのである、と。(14)

このようにミュンツァーも、ルターと同じく、世俗の権力をローマ書十三章から根拠づけてはいる。しかし、その解釈には、ルターと比較して決定的なアクセントの相違がある。ミュンツァー的解釈の中心にあるのは、十三章一節による権力の神的正当性でもキリスト者の服従義務でもなくして、むしろ、十三章三節による民衆にたいする権力の義務である。ミュンツァーにとって、世俗の権力は、カオスから外的な平和を守るための緊急秩序といったものではない。むしろ、信仰を守り広めるために、直接的に神に仕えるものであった。「神なき輩を絶滅するために剣もまた必要である、とローマ書十三章も記している」と。

ここで彼がローマ書十三章三節にある《善事》と《悪事》とを《信仰正しいこと》と《神なきこと》と同一視しているのは特徴的である。《キリスト教的権力》にたいする要求は、それだけ高いものになる。「正しい統治者」たろうとするなら、「キリストが命じた通りに」行動して、「キリストの敵たちを選ばれた人びとから引き離し、追い払わ」なければならない。(15) こうした神的任務をとりあげない権力は、ミュンツァーによれば、専制支配に堕落していく。

しかし、彼の《正当な権力》像に対応して、彼の《専制》像は、たんにこの世的な支配の濫用や法の違反にとどまりえないであろう。彼は、すでにザクセン選帝侯に宛てた釈明の書簡(一五二三年)の中で、こう記している。

「ローマ人への手紙十三章には、君主たちは信仰正しき人びとにとっては恐ろしいものではない、とあります。しかし、その逆になるようなことがあれば、剣は君主たちから取り上げられて、神なき輩を滅ぼすために、信仰への熱意に燃える民にあたえられることになるでしょう(16)」。

ミュンツァーは、まもなくアルシュテットから退散した後、ミュールハウゼンから『まやかしの信仰のあからさまな暴露』(一五二四年)を出版する。ここでは、ローマ書十三章を引き合いに出しながら、世俗の諸侯が「刑吏と獄丁」にほかならず、彼らの職務はそれに尽きる、と言い切っている。これにつづく『きわめてやむをえざる弁護論』(一五二四年)にいたっては、諸侯は、はっきり「福音のこの上もなき敵」と決めつけられる。

これらの小冊子は、いずれも論敵ルターにたいする正面からの攻撃であり、ルターは、しばしば、「虚言博士」と呼びつけられ、さらに「悪賢い竜」と揶揄される。ミュンツァーの教えが暴動をそそのかすものだというルターの非難にたいして反論して言う。「ここで正しい判断を下したいなら、騒乱(Aufruhr)を愛してはならないが、しかし、正当な謀反(Empörung)に敵対してはならない[17]」と。

いまや、ミュンツァーは、諸侯を抜きにして、神の行為のために選ばれた《小さき者》《貧しき者》とともに彼の計画を貫徹しようとする。ミュンツァーにとって民衆の服従を決定するのは、統治権力の職務エートスいかんによる。ローマ書十三章一節から三―四節へアクセントが移動したことによって、「服従」は、はっきり条件づきのものへ転換した。

農民反乱の中から生まれた匿名のパンフレット『農民大衆の集会にあたえる』(一五二五年)は、ミュンツァーの精神に近い立場で権力と抵抗とを論じている[18]。

冒頭では、何よりもローマ書十三章にもとづいて権力と服従の必然性が承認される。「権力に逆らい服従しないことは、おそるべき罪なのだ」。しかし、他方では、「公共の利益と兄弟愛的一致」を守る義務を認める支配者のみ、神によって定められた権力の名に値する。ミュンツァーの場合と同じく、ここでも、権力は、その職務行動によって正当化される。「彼らがローマ書十三章によって、みずから神に仕える者と称することほど忌まわしいことはない」。

ここでは、非キリスト教的統治者に反対する抵抗の《権利》は、さらに《義務》にまで高められる。「私たちキリスト者は、勇敢に立ち上がり、正当に行動する理由をもっている。私たちは、この神なき支配者たちから、このバビロン捕囚から、みずからを解放する義務がある」。抵抗はペテロの言葉「人間に従うよりは、神に従うべきである」(使徒行伝五・二九)にもとづけられ、行動的に解釈される。この世の諸侯がローマ書十三章の「神に仕える者」であるどころか「ベルゼブルを頭とする輩」だとすれば、もはや受難による服従によって「忍耐するのではなく、いっさいの遠慮会釈なく罷免されねばならない」であろう。

この匿名の著者は、最後に、なお実定法的な議論も付け加えている。教皇も皇帝も生来の権力ではなく選ばれた支配者であり、彼らの行動が誤りを犯すとき、人びとは彼らをふたたび罷免できる。こうして最高の権力について言えることは、その代官たる諸侯や領主にも妥当するであろう。罷免の手続きが段階的に進行していくなら、新しい権力の選出をもって終わるべきであろう。こうした反乱は、もはや騒乱といったものではなく、「公共のラントの平和」と「キリスト者の自由」を守るためのものにほかならない。それ以外の利己的利害を望むことにたいして、この匿名の著者は警告し、ほとんどミュンツァー張りの言葉で呼びかける。「信仰を堅持しなさい。あなた方自身の戦士ではなく、福音を守り、バビロン捕囚を打ちくだく神の戦士でありなさい」と。

ただし、用語の上での近似性にもかかわらず、この抵抗権論は、ミュンツァーのそれとは決定的に異なっていた。ここには、《千年王国》的な熱狂主義ではなく、実定法をも視野に入れた現実主義が息づいているのだから。ミュンツァーの抵抗権には、《選ばれた民》として神の裁きを執行する黙示録的近迫感が圧倒的だった。それが現実の政治状況の認識を歪め、また政治的ストラテジーの誤りに導いていったのであった(19)。

ここで同じく《急進派》に入れられる、いわゆる再洗礼派についても短く触れておこう。彼らは、カトリック側からのみでなく、宗教改革者たちからも、くり返し、公然・隠然の反乱者という非難を浴びてきた。しかし、実際には、彼らは、ほぼ一致して、権力にたいする能動的抵抗を否定し、服従をローマ書十三章から基礎づけていた。さらに彼らは、世俗的権力の及ぶ範囲を公共的事項に限り、霊的事項についてはその権能を否定した。これらの点に関するかぎり、基本的に宗教改革者たち、とくにルターに負うていたと言ってよい。[20]

もっとも、メンノー派の歴史は、彼らが公職につくことや裁判に服することを避けるなど、いっさいの世俗的秩序との関わりについて消極的だったことを示している。とくに彼らが戦争と兵役とを原則的に拒否したことは、特徴的な違いであった。[21] しかし、まさにこの点からして、潜在的な反乱者という彼らにたいする疑いは消えることがなかった。とくに一五二五年以後のミュンツァーと一五三三年以後のミュンスターの《千年王国》運動は、すべての再洗礼派に通ずる政治的傾向を暴露したものとしてうけとられた。こうした評価は、じじつ、一五三〇年の『アウクスブルク信仰告白』(第一六条)における再洗礼派「排撃」の文章にもあらわれている。[22]

メランヒトン

この『信仰告白』作成にも大きく関わったメランヒトンを、つぎに検討してみよう。[23]

メランヒトンのローマ書十三章の理解は、基本的にルターの線を踏襲しているようにみえる。たとえば『神学総論』(一五二一年)では「為政者について」という章の中で、このテキストに言及している。

「この世の権力は剣を帯びてこの世の平和を守るものである。このことをパウロは、ローマ書十三章で認めている。剣の職務は市民的法関係、司法的手続き、犯罪者の処罰である」。

ここでは、メランヒトンは、当然、体系家として権力の本質について神学的に論じるだけで、テキストそのものの釈義には入っていない。しかし、権力にたいする服従の限界を論じて、ふたたびローマ書十三章に触れている。

「君主が神に逆らって何かを命じるとき、彼らに服従することを拒否しなければならない。使徒行伝五章二九節に言われている通りである。……彼らが公共の利益に役立つことを命じるとき、ローマ書十三章にしたがって服従しなければならない」。

ここでローマ書十三章五節にも言及される。「服従するのは、ただ怒りにたいする恐れからのみではなく、良心のためでもある。なぜなら、私たちは、愛のゆえに市民としての義務を果たさねばならないのだから」。メランヒトンもまた、キリスト者の服従の究極的モティーフとして、パウロの勧告全体を規定していた愛をあげている。この愛は、隣人にたいしてのみあたえられるのではない。じっさい、権力が「専制的な恣意から何事かを命じる」ときでも、愛のゆえに耐えなければならない。なぜなら、何事かを改変しようとすれば、「社会的な動揺や騒乱なしにはありえない」からである。(24)

おそらく、いっそう大きな影響を後世にあたえたのは、メランヒトン自身その作成に関わった『アウクスブルク信仰告白』とこの信仰告白の『弁証論』(一五三〇年)における権力観であろう。『信仰告白』第一六条は、短く世俗的秩序の教理を定めている。しかし、これを解説した『弁証論』の文章は、『信仰告白』以上に、福音派＝プロテスタントが反乱者という嫌疑をうけることにたいして、いっそう防衛的である。

ローマ書十三章のテキストへの関わりは、直接的にははっきりあらわれない。しかし、中心的概念として「神の秩序」という表現がしばしば登場する。たとえば『弁証論』の中で注目されるのは、このメランヒトンの権力観には、ルターと比較したとき、微妙なアクセントの違いがあることであろう。

「権力と統治、同じくその法と刑罰およびそれに属するすべてのものは、神の善き創造物であり、神の秩序である。キリスト者は、それを良心のやましさなく利用することができる」[25]。

この要約に従えば、権力のいっさいの行動が一括されて《神の善き秩序》として正当化される危険があるのではなかろうか。さらにつづけて彼が次のように記すとき、この危険は、いっそう大きいものとなる。「福音は、……権力と統治とを確証し、神の秩序として、それにたいして服従することを命じている。たんに処罰されないためでなく、良心のためにも……」と。

こうした傾向は、さらに別の連関でも指摘できる。『弁証論』の中で、メランヒトンは、キリスト者が地上の生活においては、「この世の統治に、神の秩序としての自然の運行に従うのと同じく服従しなければならない」[26]と説いている。このアナロジーには、《政治的》問題にたいする無関心ないし批判的視点の欠落が示されているのではなかろうか。政治過程が自然法則と類比させられるところでは、政治的領域の悪名高い《固有法則性》の論理が芽生えつつあるといってよいのではなかろうか。

こうした伝統の中では、ドイツ・ルター主義にとって、抵抗権を神学的に基礎づけることは、けっして容易ではなかったであろう[27]。

（1）　比較的新しい研究から代表的なものをあげれば、vgl. G. Wolf (hg.), *Luther und die Obrigkeit*, 1972; H. Kunst, *Evangelischer Glaube und politische Verantwortung. Martin Luther als politischer Berater*, 1976; E. Wolgast, *Die Wittenberger Theologie und die Politik der evangelischen Stände. Studien zu Luthers Gutachten in politischen Fragen*, 1977; G. Scharffenorth, *Den Glauben ins Leben ziehen...Studien zu Luthers Theologie*, 1982; E. Iserloh und G. Müller (hg.),

Luther und die politische Welt, 1984.

(2) Vgl. Keienburg, *Die Geschichte der Auslegung von Römer 13, 1-7*, S. 108. なお、ルターのローマ書十三章理解については、とくに、vgl. Scharffenorth, *Römer 13 in der Geschichte des politischen Denkens*, S. 54-145.

(3) *Luthers Vorlesung über den Römerbrief 1515/16*, hg. v. J. Ficker, 3. A. 1925, S. 115-117; 297-303(『ローマ書講解』下巻、松尾喜代司訳、新教出版社、三四九—三六四頁)。ルターのローマ書講義については、自筆の草稿に聴講生の筆記録をあわせて比較した研究もあり、聴講者を前にしてルターが草稿にこだわらず自由に語る姿が垣間見られる(Vgl. G. Schmidt-Lauber, *Luthers Vorlesung über den Römerbrief 1515/16. Ein Vergleich zwischen Luthers Manuskript und den studentischen Nachschriften*, 1994)。十三章については、vgl. *a. a. O.*, S. 119-133.

(4) 講義の筆記録では、キリスト者の《霊的自由》がいっそう強調されていることが分かる。《世俗の秩序》にたいする服従は、けっして隷属的屈従ではありえなかった。じじつ、キリスト者は、神によって立てられた政治的権威とその現実の担い手とを政治的に責任をもった自主的判断によって区別すべきである、とさえ説かれていた(Vgl. Schmidt-Lauber, *a. a. O.*, S. 126 u. 131)。

(5) Luther, *An den christlichen Adel deutscher Nation von des christlichen Standes Besserung*, 1520, in: *Weimarer Asugabe*〔以下、WA. と略記〕Bd. 6, S. 410(印具徹訳『ルター著作集』第2巻、聖文社、所収)。ルターは、聖職者と一般信徒とのあいだにあって、自由や財産などで差別する教会法的規定を、ここで、「人間的掟」「かずかずの虚構」から由来する、と言い切っている。後出のローマ書十三章三—四節への言及は、vgl. *a. a. O.*, S. 428.

(6) Luther, *Von der Freiheit eines Christenmenschen*, 1520, in: WA. Bd. 7, S. 20-38(石原謙訳、岩波文庫)。

(7) Luther, *Von weltlicher Obrigkeit, wie weit man ihr Gehorsam schuldig sei*, 1523, in: WA. Bd. 11, S. 252(徳善義和訳、『ルター著作集』第5巻、所収)。《二王国＝統治論》については、代表的な論文集として、vgl. H. H. Schrey (hg.), *Reich Gottes und Welt. Die Lehre Luthers von den zwei Reichen*, 1969; N. Hasselmann (hg.), *Gottes Wirken in seiner Welt. Zur Diskussion um die Zweireichelehre*, 2 Bde., 1980.

(8) Luther, *a.a.O.*, S. 272. 以下、本書からの引用は、S. 247, 253, 255, 257 u. 262.

(9) Luther, *a.a.O.*, S. 267 u. 277 f. このペテロの言葉の引用例は、たとえば、vgl. Luther, *Von den guten Werken*, 1520, in: WA. Bd. 6, S. 265(『善き業について』福山四郎訳、『ルター著作集』第2巻、所収)。同じく『軍人もまた救われるか』(一五二六年)の中で、統治者が不正な戦いを命ずるとき、臣下たる軍人の服従について、ルターは答えている。「彼が不正であることをあなたが知っていたら、……あなたは人よりも神を恐れ、神に従うべきであり、戦ってはならず、仕えてはならない。なぜなら、そのときあなたは、神にたいして安んじた良心をもつことができないから」(Luther, *Ob Kriegsleute auch in seligem Stande sein können*, 1526, in: WA. Bd. 19, S. 656. 神崎・徳善共訳、前掲書、第7巻、所収)。ここには、いわば《選択的》な良心的兵役拒否が打ち出されている。

(10) Luther, *Von weltlicher Obrigkeit*, *a.a.O.*, S. 267 f.

(11) Luther, *Eine treue Vermahnung zu allen Christen, sich zu hüten vor Aufruhr und Empörung*, 1522, in: WA. Bd. 8, S. 680(『すべてのキリスト者が騒乱や謀反に対し用心するようにとのマルティン・ルターの真実な勧告』石居正己訳『ルター著作集』第5巻、所収)。

(12) Luther, *Ermahnung zum Frieden auf die zwölf Artikel der Bauernschaft in Schwaben*, 1525, in: WA. Bd. 18, S. 295, 303 u. 310(渡辺茂訳『ルター著作集』第6巻、所収)。農民たちは、たとえば十二カ条の第三項で、ローマ書十三章を引いて神によって立てられた権力を承認し、「キリスト者にふさわしい問題における」服従を誓っている。しかし、そこでは、キリストによる救いに例外がない以上、農奴身分から解放されて「私たちが完全に自由であり、また自由であろうとすることは聖書にかなうことである」と明確に主張する(*Dokumente aus dem deutschen Bauernkrieg. Beschwerden, Programme, Theoretische Schriften*, hg. v. W. Lenk, 1983, S. 81-82)。ルターは上掲の『平和勧告』の中で「この条項は、あらゆる人を《社会的に》平等にし、またキリストの霊の王国を世俗的・外的な王国に変えようとするもので、こんなことは不可能だ」といい、それは《キリスト者の自由》を「全面的に肉的にする」ことだ、と厳しく批判した(Vgl. Luther, *a.a.O.*, S. 326 f.)。

(13) Luther, *Wider die räuberischen und mörderischen Rotten der Bauern*, 1525, in: WA. Bd. 18, S. 357 f., 359 u. 360.

これは先の小冊子にたいする世評の非難にたいする弁明である。ルターは、切迫したカオスの到来と農民による凶行を眼前にして急遽執筆したが、実際に出版され読みつがれた時には、農民反乱そのものは、すでに敗退していた。小冊子は、いまや諸侯側の血なまぐさい弾圧を正当化するもののようにみえた。農民戦争にたいするルターの発言は、すべて「あまりにも遅きに過ぎた」悲劇性をともなっていた(Vgl. M. Honecker, Martin Luther und die Politik, in: *Der Staat*, 1983, H. 4, S. 478)。

(14) Th. Müntzer, *Schriften und Briefe*, hg. v. G. Wehr. GTB-Tb. 1978, S. 76(以下に引用するミュンツァーの諸著は、いずれも田中真造訳『宗教改革著作集』第7巻、教文館、所収)。ミュンツァー研究者ゲーツは、この《御前説教》を「ドイツの政治的権威がかつて耳にしなければならなかった」「おそらく最も大胆な」説教だっただろう、と評している(Vgl. H.-J. Goertz, *Thomas Müntzer*, 1989, S. 113『トーマス・ミュンツァー』田中・藤井共訳、教文館)。なお、vgl. Bräuer u. H. Junghans(hg.), *Der Theologe Thomas Müntzer. Untersuchungen zu seiner Entwicklung und Lehre*, 1989.

(15) Müntzer, *a. a. O.*, S. 79 u. 77. ローマ書十三章を引照する場合、ミュンツァーは、ルターとは異なり、ほとんどペテロ第一の手紙(二・一三)を組み合わせて論じなかったのは特徴的である。民衆の服従と権力の職務エートスとのあいだのルター的な《弁証法》は、ミュンツァーの場合、職務のエートスの一方的な《優先性》によって止揚されている(Vgl. E. Wolgast, Die Obrigkeits- und Widerstandslehre Thomas Müntzers, in: Bräuer / Junghans(hg.) *a. a. O.*, S. 198)。同じく、vgl. C. Hinrichs, *Luther und Müntzer. Ihre Auseinandersetzung über Obrigkeit und Widerstandsrecht*, 1952, S. 34-36.

(16) An Friedrich Weisen v. 4. Oktober 1523, in: Müntzer, *a. a. O.*, S. 132.

(17) Vgl. Müntzer, *a. a. O.*, S. 90, 123, 114 u. 117. これらの小冊子は、しばしば《革命的著作》(M・ベンジング)と呼ばれてきた。『弁護論』では「悪魔」の著わした「騒乱に関する小冊子」(*A. a. O.*, S. 122)に言及しているが、これは上掲のルターの『騒乱や謀反に対し……真実な勧告』を指している。

(18) An die Versammlung Gemeiner Bauernschaft, 1525, in: Lenk(hg.), *a. a. O.*, S. 169ff. 以下の引用は、S. 169, 175, 187-190(前間良爾訳『宗教改革著作集』第7巻、所収)。

(19) Vgl. Wolgast, *a. a. O.*, S. 213. なお、vgl. K. Ebert, *Theologie und politisches Handeln. Thomas Müntzer als Mo-*

dell, 1973, S. 85.

(20) Vgl. H. J. Hillerbrand, *Die politische Ethik des oberdeutschen Täufertum*, 1962, S. 74. 宗教改革者側からの批判は、たとえば、vgl. S. 6f. なお、cf. J. M. Stayer, *Anabaptists and the Sword*, 1972.

(21) 再洗礼派運動の諸類型については、vgl. K. Holl, Luther und die Schwärmer, in: *Gesammelte Aufsätze zur Kirchengeschichte*, Bd. I, 7. A. 1948, S. 450ff. なお、vgl. H.-J. Goertz, *Die Täufer. Geschichte und Deutung*, 1980. とくに、非暴力の問題については、vgl. C. Bauman, *Gewaltlosigkeit im Täufertum. Eine Untersuchung zur theologischen Ethik des oberdeutschen Täufertums der Reformationszeit*, 1968.

(22) Die Augsburgische Konfession, 1530: zu Art. XVI, in: *Die Bekenntnisschriften der evangelisch-luth. Kirche*, 10. A. 1986, S. 70f. なお、ミュンスターの《革命的》再洗礼派運動については、R. v. Dülmen, *Reformation als Revolution. Soziale Beuegung und religiöser Radikalismus in der deutschen Reformation*, 1977, S. 169ff. たとえば、ミュンスターの『十二長老布告』(一五三四年)では、ローマ書十三章によって世俗的統治を根拠づけているが、そこでは、もっぱら彼ら自身の長老会議にたいする絶対服従が要求された(*Das Täuferreich zu Münster 1534-1535. Berichte und Dokumente*, hg. v. R. v. Dülmen, 1974, S. 115f.)。なお、倉塚平『異端と殉教』(筑摩書房、一九七二年)参照。

(23) ハインリヒ・ボルンカムによれば、メランヒトンは、当初は、世俗的権力の倫理的な権利の問題について確信できなかったが、のちには、霊的事項についても大きな権能を認める危険さえ生まれた(Vgl. H. Bornkamm, Ph. Melanchthon, in: *Das Jahrhundert der Reformation*, Insel-Tb. 1983, S. 11ff.; Ders., Humanismus und Reformation im Menschenbilde Melanchthons, in: *a. a. O.*, S. 89ff.)。ボルンカムによれば、メランヒトンの多彩な学問活動にもかかわらず、政治問題は「彼の天分によってあまり準備されなかった」領域だったという(*A. a. O.*, S. 79)。

(24) Melanchthon, *Loci communes*, 1521, in: *Werke*, hg. v. R. Stupperich, Bd. II, S. 158(『神学総論』藤田孫太郎訳、新教出版社)。メランヒトンは、その『ローマ書注解』(一五三二年)においても、権力や国家秩序を人間によって考え出されたものとみなす熱狂的信仰に警告している。たしかに、権力は、世俗的な事柄として福音には属さない。しかし、平和を守り教会に福音宣教の職務を可能にするため、神によってあたえられ命じられたものであり、さらに、それにたいする服従において神への畏敬をも示しうるものだから。彼は、天体の運行とひとしく、世俗の社会も神によって秩序づけられているのだ、とさえ説いている(Melanchthon, *Römerbrief-Kommentar*, 1532, in: *Werke*, Bd. V, S. 302-25. なお、vgl. Keienburg, *a. a. O.*, S. 102)。最後の点については、注26参照。

(25) *Die Apologie der Augsburgischen Konfession*: zu Art. XVI, in: *Die Bekenntnisschriften der evangelisch-luth. Kirche*, S. 307. この表現には、ルターにみられたような《官職》と《人格》との区別が、もはや明瞭ではない。そのことは、神によって設定された《権力》本来の機能にもかかわらず、現実にはその任務を正しく果たさない支配者の《人格》にたいして加えられるべき批判を困難にするかもしれない。『弁証論』におけるメランヒトンの権力理解の特徴については、とくに、vgl. Scharffenorth, *Den Glauben ins Leben ziehen*, S. 294 ff.

(26) *Die Apologie, a. a. O.*, S. 308 u. 309. 自然過程との類比の論理は、最晩年にいたるまで変わらない。たとえば「政治的秩序は、まことに神のわざである。……なぜなら、それは、天体の運行や地上の豊饒の秩序と同じく、神によって真実に保持され助成されているのだから」(Melanchthon, *Loci praecipui theologici*, 1559, in: *Werke*, Bd. II/2, S. 693)。シャルフェンオルトによれば、ここに形成された《非政治的内面性》から、その後のドイツ・プロテスタンティズムの問題的な展開が歴史的に生み出されてくるという(Vgl. Scharffenorth, *a. a. O.*, S. 299)。

(27) ルターの判断によれば、当初は、皇帝にたいする福音主義諸侯の抵抗権も認められなかった。しかし、後には、皇帝への抵抗を実定法的に可能とする法律家たちの議論にもとづいて承認するにいたった(Vgl. K. Müller, *Luthers Äußerungen über das Recht des bewaffneten Widerstandes gegen den Kaiser*, 1915)。メランヒトンにおける抵抗権理解の移行については、とくに、vgl. H. Lüthje, Melanchthons Anschauung über das Recht des Widerstandes gegen die Staatsgewalt, in: *Zeitschrift für Kirchengeschichte*, 1928, S. 512-542. シュマルカルデン戦争への過程の中で交わされた抵抗権問題をめぐる神学的論議については、H. Scheible (hg.), *Das Widerstandsrecht als Problem der deutschen Protestanten 1523-1546*, 1969 所収の資料、参照。

2　スイスの宗教改革者たち

スイスの宗教改革者たちもローマ書十三章を政治倫理の基本的な聖書的テキストとして認めていた。その際、ツヴィングリさらにカルヴァンも、ルターと同じく、カトリック勢力と《熱狂主義者》たちとの両面にたいして闘わなければならなかった。その限りでは、世俗的権力を《神が立てた》ものとみるローマ書十三章一節の重要性は変わらない。しかし、スイスの宗教改革者たちに一貫するのは、おそらくルター主義の場合以上に、十三章三―四節に示される世俗的権力の課題としての《公共的福祉》を、いっそう強調していったことであろう。それは、《モナルコマキ》に継承される見逃しえない思想的遺産となった。

ツヴィングリ

まず、一五一九年いらいチューリヒの大聖堂教会で活動したツヴィングリの思想から見ることにしよう。[1] 彼が一五二一年一月に公表した『六十七箇条』は、スイスにおける福音主義の公的承認にとって画期をなすものであり、ルターの「九十五箇条」テーゼにも比せられる。

ツヴィングリは、教会の職務と世俗的権力の職務とを明確に区別し、これまでローマ書十三章から聖職者支配にたいする服従を引き出してきたローマ・カトリシズムの解釈に反対する(テーゼ第三十四―第三十六)。したがって、世俗の権力者たちには「すべてのキリスト者が、一人の例外もなく、従うように義務づけられている」(テーゼ第三十七)。ツヴィングリは、この命題を、引きつづき公表した六十七箇条の『講解と論証』で詳述している。

すなわち、パウロの説く「すべての魂」(ローマ一三・一)は「すべての生きた人間」を意味する。したがって、それには「教皇、司教、司祭、修道士」もふくまれている。ただし、この服従の妥当性が及ぶ範囲は、世俗の権力者たちが「神に逆らうことを命じない限り」(テーゼ第三十八)に限定される。『講解と論証』で「人間に従うよりも神に従う」ことを命ずるペテロの言葉(使徒行伝五・二九)が引かれているのは当然であろう。[2]

しかし、ツヴィングリの福音理解の独自性は、彼が他の改革者たちと異なり、世俗的権力を《キリストの支配》から根拠づけていることにある。

「世俗的支配権は、キリストの教えとみわざとのうちに、その権能と保証とをもっている」(テーゼ第三十五)。彼は二つの権力を区別することでは、あきらかにルターの思想に結びついていたが、この点においては原理的に異なっていた。ツヴィングリの場合、世俗の権力者たちを規律するものとして、ルターのように十戒を指示するだけでは十分ではなかった。善の認識を保証することは、ただ「キリストの教え」においてのみあたえられる。こうして、世俗の権力者たちの「法律は、すべて神の意志と同じでなければならない」(テーゼ第三十九)し、『講解と論証』でも、権力者たちが善のための「神の僕《しもべ》」(ローマ一三・四)であることを強調している。ツヴィングリの宗教改革は、とくに厳しい彼の倫理的要求と神政政治的な国家理念とによって一般的に特徴づけられていたと言ってよい。

ツヴィングリによるローマ書十三章の詳しい釈義は、『神の義と人間の義』においてなされている。これは、元来、一五二三年六月に彼が大聖堂教会で行なった説教であり、すでに同じ年の初めに完成されていたルターの著作『世俗の権力について』に僅かに遅れて公刊された。

ツヴィングリによれば、絶対的・無制約的な《神の義》と相対的・暫定的な《人間の義》とが並存するのに対応して、人間のこころの内面を問う《神の法》と外的な行動を規律する《人間の法》とが存在する。人間の前では義とみなされる者も、神の前では義ではありえない。それは、ただ神の恵みにもとづいてあたえられるものである。とはいえ、この世にあって《人間の義》を守るため、神の定めた統治の担い手が世俗の権力者たちである。彼らは《人間の義》を司ることによって《神の義》に仕える《神の僕》であり、人間は、原則として、これに服従しなければならない(3)。

ツヴィングリは、ローマ書十三章一―七節のテキストを引きながら、このパウロの発言には、たんに支配される者たちの「従順」についてだけでなく、「世俗の権力が何を命ずべきか」についても教えているという。後者の点について、彼がローマ書十三章三―四節の中世的釈義に引照していることも注目される。すなわち、世俗の権力者が「あなたに益を与えるための神の僕である」(ローマ一三・四)という言葉から、彼らは、まさに公共の《福祉》(bonum)と《利益》(utilitas)とのために神によって立てられたものであることを強調する。

同時に、ツヴィングリは、ルターと同じく、この世俗の権力が「悪事を行う」者には恐怖となり、「善事をする」ことには称賛をあたえるというパウロの発言から、それが《外面的》な行為にのみ関わることを指摘する。すなわち、その権力行使には限界があり、人間の内面性＝「良心」には及びえないとするのである。

こうした聖書の根拠づけに並んで、ツヴィングリは、なお「異教徒の詩人」オヴィディウスの言葉を引いて、理性の論証にも訴える。「カイザルでも私の心を支配したり、私の心の賜物を奪い去ることはできない」のである、と。彼は、「キリストの教えは良心の解放以外の何ものでもない」と断言する。それゆえ「いかなる王侯も、神の言葉に逆らうこと、あるいは神の言葉を人間の好みのままに説くことを命ずべきではない」。そのようなときには、権力にたいする服従を拒否すること、「死の苦しみを甘受すること」が求められる。

もっとも、服従の根拠としての「良心」(ローマ書一三・五)をめぐっては、ツヴィングリは、聖職者支配を正当化する教皇派を批判するために援用しているほか、世俗の権力者自身の正しい施政をうながす根拠ともしている。「あなた方支配者たちも、正しいことと善きこととに熱心に努め、神に逆らうことを命令することのないようにしなさい。さもないと、あなた方は意に反して良心を傷つけることになるでしょう」。

納税の義務を説くパウロのテキスト（ローマ一三・六―七）から、ツヴィングリは、《人間の義》を守る人びとが「生計の資」を得る権利をもっていることを引き出す。しかし、ここでも、ローマ書十三章の保障する「各種の税」は、世俗の権力にとって明瞭な警告と結びついていた。すなわち、それを彼らが受けとるのは、「悪事をなすものたちを罰し、正しいものたちを守る」という神からあたえられた務めを真剣に果たすことを目的とするものだから。

全体としてみたとき、ツヴィングリにとってローマ書十三章は、権威への服従という側面よりも、神の《定め》による世俗的権力の神的課題にアクセントがあったことは否定できない。じっさい、最後の「要約」では、世俗の権力は、「人間の共同社会の安全を守り、また真剣にそのことを配慮する見張り人たち」と呼ばれている。

こうした特徴は、その後も一貫している。ツヴィングリは、フランソワ一世に献呈された『真の宗教と偽りの宗教』（一五二五年）でも、ローマ書十三章の釈義をあたえている。そこでは、世俗の権力の存在を認めない再洗礼派の「大きな愚かさと悪意」にたいする批判が、いっそう鋭く感じとられる。「キリスト者は統治を拒否することを許されてはいない。むしろ、私たちは、その下に生きている統治ができるだけ公正なものとなることを目指して働くべきである」と。(4)《服従》は、ここでは、政治《参加》の精神となって現われる。

じっさい、この著作におけるローマ書十三章の読解には、いっそう冷静でザッハリヒな調子が認められる。すべての権力が「神によって立てられた」というパウロの言葉を聞いて統治者たちが「得意になることは許されない。なぜなら、それによって彼らは正当性をあたえられているのではないのだから」。「上に立つ権威」というのは、上位にある王侯をはじめ、具体的に支配する人びとを意味する。ツヴィングリは、彼らがさらされている危険な誘惑と没落の可能性とについても、はっきり言及している。

むしろ、ローマ書十三章三節に反して「悪事を喜び、善事を非難する」ような人びとは「何ら王侯ではなく専制君主、拷問の刑吏、虐殺者」(!)である。こうした統治者もなお《神の僕》(ローマ一三・四)であるとしても、それは「いたるところで反逆、詐欺行為、堕落を引き起こすサタンが神の僕であるようなものだ」(!)と、まことに手厳しい。ツヴィングリにとって、こうした場合に、抵抗権がはっきり肯定されるのも当然であろう。

先述したように、彼は、権力の行動規範を《キリストの教え》から引き出す。キリスト者の自由を濫用して秩序と平和を乱すものだけが反乱者であるのではない。民衆を抑圧し、その権力を自分勝手な目的のため濫用する王侯や支配者たちも、神の意志と秩序とに逆らって行動しているのである。その意味では、彼らもまた「神の定めにそむく者」(ローマ一三・二)にほかならない。

ツヴィングリは、『六十七箇条』の中のテーゼ第四十二では「信義に欠け、キリストの規律を守らず、勝手な振舞いをする」世俗の支配者たちが、「神によって追放されるだろう」と断言していた。その『講解と論証』では、この《追放》は、「殺害や戦争、反乱ではなく、多くの方法で」生ずるだろう、「なぜなら、神は私たちを平和に暮らさせるために、召されたのである(Iコリ七・一五)から」と説いている。(5) ツヴィングリにおいては、《暴君殺害》や革命的方法によるのではなく、平和な合法的手続きが目指されていた。とはいえ、彼にとって専制的支配者の《追放》は、けっしてローマ書(一三・二)のパウロ的勧告に矛盾するものではなかったことがわかる。

それゆえ、ローマ書十三章による服従の戒めは、統治者の責任と民衆の合意との結びつきを廃棄するものではなかった。その際、ツヴィングリにとって、スイスのカントンにおいて定着していた民衆の政治意識が当然の前提となっていたことであろう。ツヴィングリの著作の多くは、実践的・政治的な問題のために執筆された。宗教改革の運動をスイスの各地に拡大しようとするツヴィングリの試みは、いよいよ深く彼を現実の政治行動へと引き込んでいった。一五三一年秋、カッペルの戦場において倒れた彼の死も、そうした生涯を通ずる闘いの線上に位置するものだった。

カルヴァン

ツヴィングリの影響が地方的にとどまったのにたいし、カルヴァンの神学は、しだいに改革派キリスト教全体を規定するにいたった。カルヴァンはルターの改革思想を継承したとはいえ、そこには、あきらかに世代間の交替が認められる。ルターは信仰義認論によって正しい信仰を再発見し、《二つの国》を峻別すべきことを強調した。カルヴァンの場合、その中心に立ったのは《神の栄光》であり、公私の生活すべてをあげて、その実現を目指す倫理的関心に貫かれていたといえよう。ここでは、一般的にカルヴァンの社会＝政治倫理思想を扱う余裕はない。(6) したがって、ローマ書十三章に関するかぎりにおいて、それを見ていくことにしよう。

まず、カルヴァンの『ローマ書注解』(一五三九年)に即して、彼の本格的な釈義をとりあげてみよう。これは、カルヴァンの一連の旧新約聖書注解書の最初の巻として出版されたものである。このテキストの釈義では、カルヴァンは、とくに名前をあげることはしていないが、先行者の解釈によるところが大きい。彼は、基本的にはルターの釈義の線上で、なかんずく聖職者の権力要求に反対し、世俗的統治者の権能と役割とを明確化することにつとめている。

冒頭の「上に立つ権威」(ローマ一三・一)とは「至上の主権と支配とをもって立つ最高主権者」のことではなく、事実として「上位を占めている人たち」を指す。そのうちにある支配権は「人類の幸福と利益」のために「神から定められた」ものであり、「すべての人」(同上一三・一)は、「例外なく……共通な臣従という義務」の下に立たねばならない。この服従は「悪しき君主」にたいしても妥当する。なぜなら、専制政治のうちにも「正義の支配の何らかのあらわれ」は残っており、「人類社会を支えるのに役立たぬということはない」のだから。世俗の権力にたいする反感には「良心のやましさ」と「何か悪いたくらみ」のあることが暗示されている、とさえ言い切っている。(7)

しかし、カルヴァンは、その釈義を支配される側の《服従》の倫理についてあたえているだけでなく、《統治者の責任》をも訴える。すなわち、《神の僕《しもべ》》(一三・四)という規定は、ツヴィングリと同じく、彼らの職務が「公共の福祉と利益」のためのものであることを示す。彼らは、何ら「永続的な権力」をあたえられたのではなく、「神にたいしても」また「人民にたいしても」義務を負っているのである。さらに服従を促す《良心》(一三・五)に関連して、それが政治権力の問題である、と指摘していることも注目される。(8)

「主がわれわれの上に権威をもって立てられたものから支配権を取り上げることは、一私人の権限に属することではない。しかし、ここに論じられた問題のすべては、世俗の上司に関わることである。それゆえ、良心の上に支配権を行使する人たちが、彼らの暴政をこの章句から確証しようとしても徒労なのである」。

さらにつづく納税の勧告(一三・六)も、ツヴィングリの場合と同じく、拡大的に「公共の財産」として解釈される。民衆の税金は「その人民を保護するため」受けとるのであり、権力者たち自身の「放蕩や無軌道な欲望の道具」ではない。逆に、民衆は、国政のための「必要な出費」を支出することによって、政治責任の一端をともに担いとるのである。

最後に、「彼らすべてに対して、義務を果しなさい」(一三・七)というパウロの勧告は、先に見たように、ツヴィングリにとっては、世俗の権力にその責任を想い起こさせる機縁となっていた。しかし、カルヴァンにおいては、それは、たんに支配される人びとにのみ関わるものである。すなわち、彼らが統治者たちにたいして「尊敬と名誉とを帰し、彼らの政令・法律・勅令・裁判に従う」ことを意味するにすぎない。ここでは、「恐るべき者」と「敬うべき者」

との区別もなく、「進んで服従し尊敬する」《服従》の積極性のみ読みとっている。[9]

カルヴァンは、その主著『キリスト教綱要』(初版一五三六年、決定版一五五九年)においても、さまざまの箇所で——とくに政治的統治を扱った最終章において——ローマ書十三章に触れている。このテキストで、パウロは、世俗の権力の必要性と権能とについて、「正当な議論」を行ない、「権力は神によって定められたと教え、神によって立てられたのでない権力はないと言う(ローマ一三・一)」。したがって、「市民社会の権力は召命であって、神の前で聖であり公正であるのみならず最も神聖なものであり、この死すべき人生の全てを通じて遙かに尊ぶべきものであることは、今やまったく疑いない」(Ⅳ／20／4)。[10]

しかし、カルヴァンにとって、世俗の権力のもつ「有用性」は、その高い目的、すなわち、偶像崇拝や神の御名と真理にたいする冒瀆が民衆のあいだに公然となることを防ぎ、公共の平安を乱されぬようにし、各人が財産を安全に保ち、人びとのあいだに礼儀と節度とが養われるようにすることにもとづいている。「要するにキリスト者の間で公の宗教の形態が維持され、人と人との間には人間らしく生きる生き方が確立することである」(Ⅳ／20／3)。

ここから、カルヴァンの国家観とルターのそれとのあいだの相違があらわれてくる。すなわち、カルヴァンにとって、為政者の義務は、「律法の二枚の板全体に及ぶものである」(Ⅳ／20／9)。ここで、彼は、為政者のもっとも緊急な務めを引き出すため、パウロのテキストに見いだしえなかった《律法の第一の板》を——「たとえ聖書が教えなかったとしても世俗の著作者から学び」——あえて《補充》する形で議論を進めている。

「為政者の義務である法律の制定や公共の秩序について論じる時、宗教と神への祭りから説き起こさぬ人はいないからである。このように万人が神を恐れること(ピエタス)を第一の関心事としない限り、いかなる国家制度も幸福なる存立ができず、また神の権利を無視して人間のことだけを慮る法は倒錯している」(Ⅳ／20／9)。[11]

こうしてカルヴァンによれば、為政者たちが「神の僕」(ローマ一三・四)であることとは、彼らが「神の正義のための仕え人」「神の真理の器官」(Ⅳ/20/6)でなければならないことを意味する。「要するに、自分が神の代理人であることを忘れないなら、全ての配慮と勤勉と注意深さを尽くして、人々にたいする神の摂理と、御守りと、慈みと良き意志と、正義の形が、己れの務めを通じて現われ出るようにすべきである」(Ⅳ/20/6)。

このような支配者の理想は、中世の『王侯の鑑』に示されるような統治者像の導きのモデルとして役立つというだけではない。むしろ、そこには、民衆から隔絶した中世的な《神の像(=似姿)としての王》(Rex-Imago-Dei)の理論に通ずる特徴さえあらわれていた、と言えるのではなかろうか。[12]

こうした為政者にたいする臣下の義務は、第一に尊敬し敬意を払うこと、さらに服従することである。カルヴァンは、そのため《神の像(=似姿)》としての支配者のもつ尊厳性に訴えているが、この連関において、服従の《良心》的根拠(ローマ一三・五)にも言及している。

「その意味は、臣下は、ただ恐れの故に君主や首長に従い彼らへの帰属下に留め置かれるというのではなく(ちょうど、抵抗すれば直ちに報復されると見られる武装した敵に恐怖するようにではなく)、彼らの権力は神から来たのだから上に立つこの者らへの服従は神御自身に帰されるということである」(Ⅳ/20/22)。

ここでは、《良心》は、直接、支配の神的尊厳性との関わりにおいてとらえられているようにみえる。[13]

カルヴァンは、さらにローマ書十三章六節を援用して、「君主たちの正当な収入」としての貢や税の徴収権にも触れている。ここでは『ローマ書注解』とほぼ同じく、受けとられた税金が「主として業務の公けの出費」のために支出されるべきことを強調する。国庫は、君主「個人の銭箱」ではなく、「全民衆の公有の金庫」として扱われねばならない。それは、パウロがローマ書十三章で「証言する」ところである、と。じっさい、ここでは、税金は、「民衆の血のようなもの」とさえ呼ばれている。それを慎重に使わないことは、まったく「非人道的行為」であり、さまざまの種類の課税によって「悲惨な民衆を理由なく疲弊させることは暴君的な強欲にほかならない」(Ⅳ/20/13)と言い切っている。

カルヴァンの場合、すべての権力のもつ《神的ベルーフ》としての性格は、他方において、そこから引き出される強大な責任と結びついていたことがわかる。神の高い《賜物》は、いわば同じく高い《課題》と相即している。しかも、そのいずれも、聖書的な根拠づけをともなうものであった。

しかし、最後に残るのは、「為政者として当然照り映えているべき神の姿の表れを洞察することは決してできない」支配者の問題である。すなわち、「その威厳と権威」を「聖書が我々に勧める支配者のものと認めることはできない」「暴君」にたいしても服従の義務があり、それに抵抗してはならないのであろうか(Ⅳ/20/24)。

ここでも、カルヴァンは、ローマ書十三章から服従すべきことを命じている。「公共の利益のために支配を行なう者は、神の恵みの真の例証また見本であり、反面、不正で無能な支配を行なう者も民衆の邪悪を罰するためにおこされたのであって、両者は等しく正当に権力を与えられて聖なる尊厳を帯びた支配者である」(Ⅳ/20/25)。

じっさい、『キリスト教綱要』のこの最終章では、不正な為政者にたいする服従義務が延々と八節にわたって記されているのに反して、服従拒否の義務については僅か一節が割かれているだけである。(14) 一見したところ、権力への服従がルターの『世俗の権力について』に比較しても劣らぬばかりか、むしろ、いっそう強調されているようにさえみえる。

にもかかわらず、カルヴァンにとって王侯にたいする服従拒否は、副次的なものではけっしてなかったことを見逃してはならない。むしろ、それこそ神の主権の下に立つカルヴァン政治論全体を貫く根本的主題と言わなければならない。

すなわち、ここまで論じたのち、カルヴァンは、最後の節で、上に立つ支配権にたいして義務づけられている服従には、「常に例外がある。いや、むしろこれこそ第一義的遵守項目である」と明言する。「主なる神は王の王であられる」。主が聖なる口を開くときには、すべてのものに優先してそれを聞かなければならない。

「我々が上に立てられた人に臣従するのは第二義的要件であり、しかも主によってでなければ我々は上なるものに従うこともないのである。神に逆らう命令が発せられるとしても、そのような命令は何一つ認めることはできず、そこには為政者としての権能が全く欠けているので、我々は神の最高の権能の前での秩序を何ら侵していないと結論される」(Ⅳ／20／32)。

こうして、最後に「人間に従うよりは、神に従うべきである」(使徒行伝五・二九)が引かれ、いかなる苦難を生むとしても服従拒否が命じられる。

この《ペテロの条項》を援用すること自体は、すでにルターにも、さらにはスコラ学の思想家たちにも見られたものであった。しかし、問題なのは文字面の共通性ではない。まさに「生き生きした宗教的起動力が〔これまで〕単に権利にとどまっていたものを〔今や〕避けえない義務に転換し、それによってはじめて実践的な行動となることを助けた」[15]ということこそ決定的だった。

しかも、この暴君にたいして苦難を甘受する《受動的抵抗》の理論は、カルヴァンの場合、官職についていない《私人》にのみ限定されていたことに注意しなければならない。したがって、《私人》でない場合は問題は別である。

「今日、王の恣《ほしいまま》を抑制するために民衆の側に立つ権力執行者〔populares magistratus＝人民の為政者〕が制度化されているならば、この人たちが王たちの狂暴な身勝手さを職権上差し止めることを私は禁じないだけでなく、もしも王らが無節度に暴走して下層民に苦難を負わせるのを彼らが黙認するとすれば、彼らが偽って事実に目を閉ざすことは赦されぬ不信行為であると断言することを私は止めないであろう」。

この場合、抵抗しないことは彼らの《義務怠慢》となる。彼らは、「自らが神の秩序によって民衆の擁護者として立てられたことを知りながら、詐欺的手続きによってこの職務を裏切ったからである」(Ⅳ／20／31)。すなわち、カルヴァンが、ここで《人民の為政者》の権利を君主のそれと同じく直接に神から由来するものとしていることを見逃してはならない。

彼は、そうした人民の擁護者として古代スパルタの行政監督官の名をあげ、また現在のそれとして三部会に代表される身分制議会をあげている。こうして政治的責任にあずかる《諸身分》は積極的な抵抗の権利と義務とをもつことが、はっきり承認される。それは、「神が人類を支配する御自身の権利を放棄して死すべき人間に委ね、上に立つ者らに治めさせたもう」ことはありえないのだから(Ⅳ／20／32)。

神の権利は、ここでは、その絶対的権威を承認することとしてとらえられている。正しい神礼拝を妨げ、人びとから正しい教理を奪う企ては、いずれも、神の主権にたいする反逆である。抵抗権は、法理論的には、神に反逆する支配者が神からあたえられた為政者としての職務を失ったものとされることによって基礎づけられる。こうして抵抗は忠誠と矛盾しないばかりか、正当性をもつものとなる(16)。

カルヴァンの後継者たち

カルヴァンの理論にふくまれる論理的可能性は、王座にふさわしい権力者を見いだしえなかった動乱の時代には、とくに重要な意味をもっていた。《人民の為政者》を容認する論理は、歴史の経過とともに、カルヴァン自身の権威主義的国家観を修正する方向で働いていった。

じっさい、キリスト教徒の国家権力との関わりは、改革派の地盤においては、その後、フランス、スコットランド、オランダなどにみられるように、新しく生まれたプロテスタンティズムが敵意をもつ権力にたいして抵抗せざるをえなかった歴史的状況によって基本的に制約されていた。こうしてカルヴァンの死後、抵抗権思想は、いっそう先鋭化されて展開する。(17)

ジュネーヴにおいてカルヴァンの後継者となったテオドール・ド・ベーズに、それを見てみよう。ベーズの『為政者の権利』(フランス語版一五七四年、ラテン語版一五七六年)は、「唯一の神の意志以外には、あらゆる正義の永遠かつ不変の規範となるべきものは何一つない。したがって、われわれは、例外なく神にのみ服従しなければならない」という文章から始まっている。神への絶対的服従に較べれば、為政者への服従は条件つきの相対的なものにすぎないことが、まず打ち出される。

世俗の権力の必要性は、古典ギリシアの哲学者たちの論拠によるほか、神みずからの確証として、直接、ローマ書十三章(五節)を引いて根拠づけられる。しかし、そこでも、「善良なものを保護し、邪悪なものを処罰する」権力の課題(ローマ一三・三―四)が、はっきり確認される。これとともに、ベーズにおける《律法の二枚の板》にたいする世俗的権力の関わりも、あきらかにカルヴァン的理解を踏まえたものである。すなわち、為政者の権威は「神みずから設定した敬虔と愛(piété et charité)という二つの限度」によって制約され、それを越える場合には、「人間に従うよりも神に従う」ことがキリスト者の義務となる。(18)

暴政にたいする抵抗について、ベーズは、さまざまの局面を区別して論じている。

「合法的な主権者」が暴君となった場合の抵抗権は、ベーズの場合も、むろん、《私人》にたいしては認められていない。しかし、《下級の為政者》(magistrats inférieurs)は法秩序と民衆の安全を守る義務をもつものとして、一定の条件の下に――たとえば三部会などの一致した決定によって事前に暴政が公けに訴追される限り――最終手段としては「武力をもってする抵抗」も認められる。[19]ここでは、人民の存在は為政者のそれより古く、「為政者が人民のために創り出された」とする人民主権論が前提されていた。それと並んで、王国の守護者たるべき君主が暴君となった《誓約違反》にたいしては、抵抗することが可能だという契約論的発想も、すでに一枚加わっている。

さらに暴君が「簒奪した権力」あるいは他国から「侵略してきた権力」である場合、《私人》たちもまた、正統に立てられた為政者に訴え、「公けの権威と人民の同意により公敵を可能なかぎり排除する」ことが許される。しかも、為政者がその務めを果たさないときには、「私人各自は、力を尽くして……祖国の合法的政体を守るために、抵抗しなければならない」義務をもつ。「とくに宗教と自由とがともに問われている場合には、なおさらである」。[20]

総じて、服従と抵抗の判断基準として、ベーズがキリスト者の自由な「良心の清さ」をくり返し強調しているのも印象的である。ベーズのこの小冊子は、フランス宗教戦争の只中で起きた聖バルテルミーの虐殺(一五七二年)後のユグノーの状況を踏まえつつ、一言もそれに触れられることなしに、フランス王権にたいする武装抵抗への呼びかけを意味するものとなった。

最後に、ジュネーヴと関わりのある、いま一人の思想家にも短く触れておこう。ジョン・ノックスは、この町でカルヴァンの許に学び、その宗教改革原理をスコットランドに移植した革命的指導者である。彼は一五五八年にジュネーヴで一連の重要な改革文書を出版した。たとえば『女たちの奇怪な統治に反対するラッパの最初の高鳴り』や『スコットランドの貴族と身分制議会に宛てられたアペレイション』など、よく知られている。とくに『アペレイション』は、ノックスの宗教的抵抗権論の真髄を示すものと言うことができる。

『アペレイション』でもローマ書十三章が引かれているが、そこでは、終始一貫して、世俗的権力の《公共の福祉》への関わりが強調されている。[21]この「使徒の明白な言葉」から為政者たちに「神から剣があたえられているのは、罪なき者を守り、悪事を行なう者を罰するためであることを認める」べきだ、という。同じく納税の義務(ローマ一三・六)も、為政者たちが民衆の「利益」のために剣を帯びる「神の僕」だからであり、「ここから、いかなる栄誉も責任をともなうことなしには存在しないことは明白である」。ついには、「神があなた方をあなた方の兄弟たちの上位にあるものとして立てたのは、あなた方が彼らの利益や必要を顧慮することなく暴君として支配するためではない」と明言している。

したがって、多くの人びとが、しばしばローマ書十三章から引き出してきた「コモン・ソング」、すなわち、「神が命じているのだから、国王たちにたいし、彼が善良であっても邪悪であっても、服従しなければならない」という命題は拒否されざるをえない。むしろ、「国王たちが不敬虔な事柄を命じるとき、これらの王に服従するように神が命じられていると言うなら、それは、神があらゆる不公正をつくり出し、それを保つ方だ、と言うのに劣らず冒瀆的なことである」。

こうしてノックスは、王国内の貴族階級と身分制議会とにたいして彼らが国王権力を統制するための権能をもつ《下級の為政者》であり、福音のために宗教改革と抵抗義務とをもつことを訴えかける。彼は、改革の具体的方法として、申命記(一三・一二―一七)の規定をあげながら、偶像崇拝者を処罰するための武装抵抗を容認することにもたじろがなかった。[22]

「偶像崇拝、瀆神、その他、神の尊厳性に関わる犯罪を処罰する権利は、国王たちや主要な統治者にのみ属するものではなく、その国民全体に、そして国民一人びとりに属するものであり、彼ら一人びとりの職業に応じ、また神のあたえられる可能性とチャンスとに応じて各人に属しているのである」。

じっさい、スコットランド宗教改革闘争の成果である『スコットランド信条』(一五六〇年)は、その第一四条に、「神に喜ばれ、神に命じられる正しい業《わざ》」として、次のことを、はっきり掲げていた。すなわち、一方では、ローマ書十三章をも引きながら、「王侯、支配者、上なる権威を敬うこと、……神の戒めにそむかない限り、彼らの命ずるところに従う」ことをあげている。しかし、それに並べて、他方では、旧約の預言者たちを引きながら、「善良な者の生命を守り、暴政を防ぎ、弱き者のために非道な権力に抵抗する[23]」という課題もあげられていたのである。

こうしてルターからカルヴァンを経てノックスへ、さらにミルトンからロックを経てアメリカ独立戦争に達する系譜を辿れば、「ノックスは、アメリカ革命に極まる政治思想の発展の中で結び目の中心に立っていた[24]」ということができる。ここでは、すでに近代国家論のテーマそのものに入ることになるであろう。

(1) スイスの宗教改革はルターの改革運動に触発されて始められたが、たとえば国家＝教会観などに見られるように、ツヴィングリによる一定の独自性を示している(Vgl. P. Wernle, *Das Verhältnis der schweizerischen zur deutschen Reformation*, 1918, S. 83 ff.)。初期ツヴィングリのルター評価については、とくに、vgl. A. Rich, *Die Anfänge der Theologie Huldrych Zwinglis*, 1949, S. 73 ff. ツヴィングリの政治思想については、たとえば、vgl. A. Farner, *Die Lehre von Kirche und Staat bei Zwingli*, 1930.

(2) 以下、『六十七箇条』とその『講解と論証』の引用は、Zwingli, *Auslegen und Begründen der Schlußreden*, in: *Zwingli=Hauptschriften*〔以下、***ZHS.*** と略記〕, hg. v. F. Blanke u. a., Bd. 3, 1947, S. 7-8(「六十七箇条」内山・出村共訳、

『宗教改革著作集』5、教文館、所収）; Bd. 4, 1952, S. 98 u. 108. なお、ツヴィングリのローマ書十三章理解については、とくに、vgl. Scharffenorth, *Römer 13 in der Geschichte des politischen Denkens*, S. 168-181.

（3） Vgl. Zwingli, *Von göttlicher und menschlicher Gerechtigkeit*, in: ***ZHS***. Bd. 7, 1942, S. 35-103（「神の義と人間の義」内山・出村共訳、前掲書、所収）。以下の引用は、S. 74, 81, 76, 78, 85 u. 98. たとえば、パウロのいう《善事》と《悪事》（ローマ一三・三）について、権力者たちが正しい認識をもつために「彼らは、それを神の言葉以外のどこから学び知ろうとするのでしょうか。……それゆえに、キリストの教え以上に統治者や世俗の権力に役立つものは他にありません。この教えは、ただ外面的に正しくあることを教えるのでなく、支配する者も服従する者もともに内面的な正しさや人間の義が要求するよりもっと高い完全性へと導き、この両者に何が悪であり何が善であるかを示してくれるのです」(*A. a. O.*, S. 78-79)。こうしてツヴィングリにとって、世俗の権力を《人間の義》の執行者として示すローマ書は、権力行使の限界をも教えるものとなる。とくに、vgl. H. Schmid, *Zwinglis Lehre von der göttlichen und der menschlichen Gerechtigkeit*, 1959.

（4） Zwingli, *Kommentar über die wahre und falsche Religion*, in: ***ZHS***. Bd. 9, 1948, S. 232. 以下の引用は、S. 234 u. 238 f. ツヴィングリは、ローマ書十三章一節の説明でも、「統治とは、容易に手から滑り落ち、いよいよ膨張していく事柄である」(S. 234 f.) とその困難さを認めている。同じく納税の根拠「同じ理由から」（ローマ一三・六）という言葉に、とくに注目することを促し、世俗の権力の果たす公共的責任を強調している(*A. a. O.*, S. 242)。

（5） Zwingli, *Auslegen und Begründen*, *a. a. O.*, S. 138. ここでツヴィングリは、支配者の《追放》を、その権力が人民の承認にもとづく場合、あるいは身分制議会の承認にもとづく場合という差異に応じて、区別して論じている。それに関連して、彼が、古代スパルタの《エフォール》（＝民選の行政監督官）などの職名をあげて、不正な支配や民衆の抑圧を防ぐため、《牧者》の預言者的な《見張りと警告の役目》を指摘していることも見逃してはならない(Vgl. Zwingli, *Predigt über das Pfarramt*, 1524, in: ***ZHS***. Bd. 1, 1940, S. 204 f. 「牧者論」出村彰訳、前掲書、所収)。一般にツヴィングリの抵抗権思想については、とくに、vgl. Schmidt, *a. a. O.*, S. 245 ff.; Farner, *a. a. O.*, S. 62 ff.

（6） カルヴァンの国家＝教会観については、とくに、vgl. J. Bohatec, *Calvins Lehre von Staat und Kirche*, 1937; J.

Baur, *Gott und weltliches Regiment im Werke Calvins*, 1965; H. Hopel, *The Christian Polity of John Calvin*, 1982 など、参照。

(7) 以下、カルヴァンの注解からの引用は、*Commentaires de Jean Calvin sur le Nouveau Testament*, tome Quatrième: *Épître aux Romains*, Éditions Kerygma, 1978, p. 305-310.(『カルヴァン新約聖書注解Ⅶ　ローマ書』渡辺信夫訳、新教出版社)。

(8) Vgl. Keienburg, *a. a. O.*, S. 107 f. なお、カルヴァンのローマ書十三章解釈については、とくに、vgl. Scharffenorth, *a. a. O.*, S. 182-203.

(9) カルヴァンは、ローマ書十三章八節以下において、パウロが七節までの統治者の権力について示した戒めを《愛の律法》と結びつけようとしたものと解釈している。しかも、真の隣人愛が由来する「神礼拝について述べている律法の第一の板について、ここで使徒が触れていない」(*op. cit.*, p. 312)と断っている。統治者の課題を規定するに当たって、ローマ書十三章は《決定的な空白》(Scharffenorth, *a. a. O.*, S. 187)をもっている、と考えていたことも見逃してはならない。

(10) Calvini, *Institutio Christianae Religionis*, 1559, IV/20/4, in: P. Barth/G. Niesel (ed.), *Joannis Calvini Opera Selecta*, Vol. V, 1936, p. 475(『キリスト教綱要』決定版、渡辺信夫訳、新教出版社)。初版テキストは、*Christianae religionis Institutio*, 1536, in: Vol. I, 1926, S. 258 ff.(『綱要』初版、久米あつみ訳『宗教改革著作集』第9巻、所収)で政治的統治について扱っている。以下の引用では本文中に、決定版の巻、章、節の数字のみを示す。なお、vgl. P. Wernle, *Der evangelische Glaube nach den Hauptschriften der Reformatoren*, Bd. III: Calvin, 1919, S. 139-165.

(11) 決定版のこの節で、カルヴァンが世俗的権力の課題を《律法の二枚の板》にまで及ばせた「内容的に重要な挿入」には、再洗礼派による国家敵視的態度にたいする彼の高まる怒りが反映しているのかもしれない(Vgl. Wernle, *a. a. O.*, S. 161 f.)。また、それをカルヴァンがセルヴェトゥスの攻撃によって、信仰防衛のため余儀なくされたとみる意見もある(Bohatec, *a. a. O.*, S. 95)。もっとも、ヴェルンレは、『綱要』初版以来の思想が成熟してきた到達点とみている。なお、注9における『ローマ書注解』の記述を参照。

(12) Vgl. Scharffenorth, *a. a. O.*, S. 192. なお、vgl. Wernle, *a. a. O.*, S. 143.

(13) もっとも、カルヴァンは、この《良心による服従》が霊的統治との関わりにおける《良心の自由》を否定するものではないことを、くり返し強調している(たとえば、Ⅲ／19／15、Ⅳ／10／2など、参照)。

(14) Vgl. Wernle, *a. a. O.*, S. 154. たとえばカルヴァンのあげる、その他の理由づけによれば、旧約聖書の例証の示すように、神の摂理は悪しき支配者の手を通しても、その目的を達すること、人民を暴君から解放するのは、ただ神の権利と意志のみであること、さらには、いずれの専制支配も、ある部分では人間社会を支えるのに役立つこと、などである(Ⅳ／20／24～31参照。なお、cf. *Commentaires, op. cit.*, p. 307)。

(15) H. Baron, *Calvins Staatsanschauung und das konfessionelle Zeitalter*, 1924, S. 88. なお、『綱要』決定版には、本文で示したこの直前の二つの引用文のあいだに、従来の版にはなかった追加の挿入がある。すなわち、当時、フランス・ユグノーの高まる危機的状況の中で良心のゆえの不服従を強調し、旧約聖書の例を引いて、それを根拠づけ、反対に、唯々諾々と王の命令に屈する「宮廷の媚び諂《へつら》う者ら」を痛撃する文章である(Ⅳ／20／32)。ここには、その確信と勇気とにおいて若い時代にけっして劣らない老カルヴァンの《信仰の一貫性》(P・ヴェルンレ)を認めることができる。

(16) Vgl. Baur, *a. a. O.*, S. 126 ff. u. 252 ff.; Bohatec, *a. a. O.*, S. 78 ff.

(17) たとえば、H. Scholl, *Reformation und Politik. Politische Ethik bei Luther, Calvin und den Frühhugenotten*, 1976, S. 63 ff. なお、ハンス・バロンによれば、《下級の為政者》の理論は、後のカルヴィニズムの改革者たちの共和制的国家理想と結びつき、宗派的時代の《神権》思想から近代的な《自然権》思想へ架橋する役割を演じた(Vgl. Baron, *a. a. O.*, S. 97)。同じくトレルチも、カルヴィニズムの地盤においては、カルヴァンから生まれた民主主義的基調がルター主義以上に容易に政治思想の中にとり込まれることができた、と指摘している(Vgl. Troeltsch, *Soziallehren, a. a. O.*, S. 605 f. u. 625 ff.)

(18) Th. de Bese, *Du droits des magistrats*, ed. par R. M. Kingdon, 1970, p. 3, 10 et 4. (「為政者の臣下に対する権利」丸山忠孝訳、『宗教改革著作集』第10巻、所収)。なお、一五七六年のラテン語版テキストとしては、Beza, *De iure magistratum*, hg. v. K. Sturm, 1965 参照。ベーズの国家＝教会観については、vgl. W. Kickel, *Vernunft und Offenbarung bei*

Theodor Beza. Zum Problem des Verhältnisses von Theologie, Philosophie und Staat, 1967, S. 258ff.

(19)　Vgl. Bèse, *op. cit.*, p. 15ff. et 9.

(20)　Vgl. Bèse, *op. cit.*, p. 12f. ベーズの国家＝教会観は基本的な点でカルヴァンの思想を継承していたが、ここにいたって、その抵抗権理論は先行の改革者たちから独立した、とさえ言われる（Vgl. Kickel, *a. a. O.*, S. 274）。なお、vgl. Troeltsch, *a. a. O.*, S. 687-692.

(21)　以下の引用は、J. Knox, *The Appellation, addressed to the Nobility and Estates of Scotland*, in: *Works*, Vol. Ⅳ, ed. by D. Laing, 1966, p. 482f. and 496. なお、一般に、cf. R. L. Greaves, *Theology and Revolution in the Scottish Reformation*, 1980; Th. Brown, *Church and State in Scotland*, 1891（『スコットランドにおける教会と国家』松谷好明訳、すぐ書房）。

(22)　Knox, *op. cit.*, p. 501. 同じく、p. 504. これは《王権神授説》にたいして《抵抗権神授論》（飯島啓二『ノックスとスコットランド宗教改革』日本基督教団出版局、一九七六年、一六八頁）と呼ぶこともできよう。この連関で一五八一年夏、フランスからスコットランドに帰国した女王メアリとノックスが初めてホリルードハウス宮殿で会見したときの抵抗権論争も興味深い。女王は「神は君主にたいして臣下の服従すべきことを命じている」のではないかという、聖書（おそらくローマ書十三章）の言葉を踏まえて問いかける。「あなたは武力を備えている臣民は、その君主に抵抗してよいと考えるのですか」。「マダムよ、もし君主たちがその〔職務の〕限界を越えるならば、そして〔人民の〕服従する理由に反することを行なうならば、〔彼らから〕武力さえ用いた抵抗をうけることは疑いないところです」（*John Knox's History of the Reformation in Scotland*, ed. by W. C. Dickinson, Vol. 2, 1950, p. 16）。ここでは、宗教改革権を中心テーマとする『アペレイション』を越えて、すでに一般的な抵抗権の承認が主張されている。ノックスの反論にメアリは驚愕し、長いあいだ沈黙したまま立ち尽くしていたという。（これは会見の行なわれた数年後にノックス自身が記述したものである。なお、この論争の一部は、飯島、前掲書、二三二頁以下にも紹介されている）。

(23)　Vgl. W. Niesel (hg.), *Bekenntnisschriften und Kirchenordnungen der nach Gottes Wort reformierten Kirche*, 1938,

S. 97. もっとも、カルヴァン自身は、ノックスの『ラッパの高鳴り』のラディカルな《女性君主》批判を《奇説》と呼んでいるし、その死の数年前に成立した『スコットランド信条』の武装抵抗論にも同調できなかった。

(24)　Greaves, *op. cit.*, p. 156. さらに『スコットランド信条』の抵抗権の規定に「十六世紀の宗教改革者の神学から二〇世紀の《政治神学》、じっさい、《革命の神学》にいたる結合環」(Scholl, *a. a. O.*, S. 65) を見る解釈さえある。

3　近代国家論とローマ書十三章

1　マキャヴェリからグロティウスまで

マキャヴェリ

すでにみたように、カルヴァン主義を基盤とする宗教的抵抗権論は――後出の《モナルコマキ》の思想のように――絶対主義権力との抗争の中で、近代政治思想の系譜の中に立つものだった。しかし、そのことに触れる前に、すでにルターの宗教改革運動そのものが、世俗的権力を教会権力から自立させることによって、近代国家論への道を整える契機をもっていた事実を見逃すわけにはいかない。じじつ、アルプスの北方で宗教改革が進展し始めるのと平行して、ルネサンス・イタリアにおいてマキャヴェリの主張が現われるのは、けっして偶然ではない。ルターとマキャヴェリの《国家の解放にたいする意図せざる共同作業》(フォン・ベッツォルト)という指摘さえなされてきたほどである。(1)

『君主論』に示されるように、冷徹な現実認識のリアリズムに立つマキャヴェリの新しい政治理論は、中世的な教会規範から世俗的権力を《解放》し、政治的なものの《自律》をはじめて根拠づけたといってよい。にもかかわらず、彼は、政治を宗教からまったく切り離そうとは、けっして考えなかった。

むしろ、マキャヴェリにとって、宗教は、法制度と軍事力と並んで政治権力を支える三大支柱の一つを形づくっていた。宗教は、現状の秩序を維持することに限らず、革新的な制度の導入をも正当化するために用いられる。『ローマ史論』は、その豊富な実例をあげている。こうしてマキャヴェリは、宗教の社会的機能と基本的重要性とを認識したのみでなく、それを一般的に理論化することも試みている。この点において、当時、彼は、先駆的な思想家の一人だったと言うことができる。(2) むろん、そこでは、宗教の真理性とは関わりなく、宗教を支配の道具としてみる機能主義的なとらえ方が一貫している。じっさい、《国家理性》の論理の行きつくところ、マキャヴェリは、権力強化のために、新しい《政治宗教》を創設する可能性すら視野に入れていた。(3)

まさに、そうした基準に照らして、キリスト教の低評価が引き出されざるをえない。すなわち、キリスト教は、柔和や謙遜を美徳とみなし、とくに彼岸性への関心を一面的に強調することによって、政治的《ヴィルトゥ》の涵養を妨げているからである、という。注目すべきことは、マキャヴェリが、こうした一面的なキリスト教批判にとどまらないで、他面では、その批判に限定ないし修正を加えているかにみえる点である。彼は、キリスト教を政治の世界から乖離させる伝統を、キリスト教の「原始的精神」そのものからの逸脱ないし「神聖な開祖が建設した宗教」の「誤った解釈」とみなしていたかにみえる。(4)

《原始》キリスト教には「祖国」のために献身する義務や美徳が内在されていたとする、こうした解釈を、マキャヴェリは、さらにいっそう詳細に論じてはいない。しかし、この連関で「彼の念頭にあったのは、ローマ書十三章のようなテキスト、あるいは「カイザルのものはカイザルに」といった聖句だったことは確実である」(5)という指摘もなされている。このような解釈がもしも可能だとすれば、まことに示唆的であろう。それは、十三章一―二節(さらには五節)を絶対主義の方向でとらえる視点に通じている。

ボダン

こうした方向でローマ書十三章を明示的に援用したものとして、ジャン・ボダンの『国家論』(一五七六年)をとりあげてみよう。(6)

マキャヴェリの国家理性の理念によって道を開かれた国家主権の高まりを背景に、ボダンは、本書において、はじめて明確に規定された《主権》(souveraineté)概念をもつ近代国家論を打ち出した。同じボダンが、《政治学》(science politique)という用語を近代政治思想史上はじめて鋳造したのも、けっして偶然ではない。当時、すでにユグノーをめぐるフランスの宗教紛争は、一〇年近くつづいていた(聖バルテルミーの虐殺は一五七二年)。ボダンは、その国家論によってフランス王権のディレンマに応え、宗派的紛争を克服して国家に平和と統合とをもたらす道を探ろうとした。その切り札が国家主権の理論であった。

ボダンの定義によれば、国家とは「多くの家族とそれらの間で共通のものにたいする主権をもった正しい統治」である。(7)主権とは、最終的・究極的な法源として、いかなる法律によっても拘束されない絶対的な公権力を意味する。それこそ、国家を成り立たしめる基本的なメルクマールにほかならない。この場合、ボダンが家族を国家全体の基盤かつ縮図としてとらえていることが注目される。彼は、神によって父にあたえられた子にたいする命令権のアナロジーで、公権力の一方的な命令―服従関係をも論じている。この古代以来よく知られたアナロジーは、ルターの第四戒の解釈によっていっそう深められ、王侯を神の代理者とみる伝統的理解とも結びついて、ボダンの主権論を正当化する。それを彼は、さらにローマ書十三章によって説得的に根拠づけようとした。

「この地上においては、神についで、主権をもつ君主たち以上に偉大なものはなく、彼らは他の人びとに命令するために神によって神の代理人として立てられてきた。それゆえに、われわれは、君主たちの尊厳にたいし、まったき服従において尊敬と崇敬を示し、われわれの思いと言葉とにおいて敬意を表わす〔ことが必要である〕」。

ボダンは、ここでローマ書十三章（ただし、十四章と誤記して）をあげ、主権にたいする臣民の参加を排除し、神から直接にあたえられた場合にのみ絶対的な公権力であるとしている。カルヴァンによっても用いられた《神の代理人》(lieutenants de Dieu)という言葉が用いられているのも示唆的である。つづく文章で、ボダンは、「地上における神の像」という言い方さえしている。この《神の像》（＝神の似姿）としての君主像こそ、ボダンによれば、彼らを臣下の人びとから区別する特別の「資質」にほかならない。

こうした君主と臣民とのあいだの距離は、ボダンにおいては、主権の最終的法源性のゆえに、いっそう大きいものとなる。「法律は、その権力を行使する主権者の命令以外の何ものでもない」。重要な立法行為にたいして諸身分が関与することも、排除される。むろん、ボダンにとって、この無制限の権力は、もっぱら、内外の敵にたいして民衆の生活を守るという国家目的のために仕えるべきものであった。しかし、こうした主権の絶対性からは、抵抗権の否定が引き出されることにならざるをえない。「いかに暴虐で悪い暴君といえども、臣下たるものが主権をもつ君主に反抗を企てることは、けっして認められない(8)」。

ここでも、ローマ書十三章一節が援用される。君主の人格は不可侵である。神の戒めがこの問題にたいして一義的に答えている以上、君主の責任を追及しうるのは人民か下級の為政者かといった議論は、すべて論外であろう。

もっとも、主権をもつ君主が「神の法あるいは自然法」に反することを命ずるとき、「服従」の限界が存在する。しかし、それは、君主の「生命や名誉に反対して何事かを企てるというより、むしろ、臣民みずから逃亡し、隠れ、襲撃を避け、死を甘受する」という受動的抵抗でしかありえなかった。まさにこの神法＝自然法による拘束こそ、ボダンにおいて、主権の定義にあった「正しい統治」のメルクマールにほかならない。これらの法を破ることは「神に

たいする反逆罪」にもひとしい。(9)

正当な王権を暴君から区別する自然法の内容は、具体的には、私的な「臣民の生命・財産・自由」を意味していた。そこに身分制議会において第三身分を代表したボダンの関心があらわれていたと言うこともできるであろう。もっとも、こうした拘束は、支配者のいわば道徳的義務規範にとどまり、法律的保障を欠いていたことも見逃せない。なぜなら、実定法上の制約をあたえることは、ボダンにとって、主権を制限することに通じていたから。

いずれにせよ、ボダンの私的な自由の中には、何よりも《良心の自由》がふくまれていたことは、決定的に重要である。宗教の問題は、知識や証明によるものではなく、信仰のみにもとづく。信仰の在りようにたいして強制力を用いることは、いっそう大きい抵抗を呼び起こすにすぎない。宗教上の対立を政治の領域から切り離す寛容政策が、そこから引き出される。それは、ボダンの所属した《ポリティック派》の基本的立場にほかならなかった。すなわち、《キリスト教共同社会》の分裂を既成事実として認め、王権を宗教紛争の外におき、新旧両教派いずれの側にも加担することなく《良心の自由》の保護者たらしめる政策である。こうしてボダンは、あらゆる色彩のファナティズムの激流に抗して、主権的君主の下に国家の統一と平和を守ることを希求したのであった。(10)

《モナルコマキ》

すでにみたボダンの抵抗権否定には、あきらかなように《モナルコマキ》批判の意図がふくまれていた。じじつ、彼は、その主張を根拠づけるため、ルターとカルヴァンがいずれも能動的な抵抗権を否認していることを援用してもいた。ボダン『国家論』とほぼ同じ時期に執筆された《モナルコマキ》の代表的な著作『暴君にたいする権利主張』について、別の観点からのローマ書解釈をさぐってみよう。(11)

すでに、この小冊子がユニウス・ブルトゥスという偽名を用い、出版地もエディンバラと偽って出版された事実が、当時における迫害下の緊迫した雰囲気を伝えている。著者ユベール・ランゲ(またはフィリップ・ド・モルネーとの共著ともいわれる)は、基本的にはカルヴァン＝ベーズの線上に立ち、神と人民、人民と王とのあいだの二重契約の擬制の上に、その議論を展開する。すなわち、君主が、《諸王の王》としての神の法に反し、神の領域を侵害する場合、暴君となる。人民は、これにたいして武装抵抗の権利および義務をもつ。この《神のもの》には、当然、公私における礼拝の自由がふくまれていた。この抵抗権こそ当時の政治情勢の中から生まれた《モナルコマキ》の思想的中核をなすものにほかならない。

ここでは、ローマ書十三章によるその根拠づけの論点のみを取り出してみよう。フランス宗教闘争の中で構想された抵抗権思想においては、もはやローマ書十三章にもとづく暴君にたいする服従義務は影をひそめ、むしろ、換骨奪胎された形でローマ書理解が登場した。(12)

まず、十三章一節が引かれる。パウロが「すべての魂」にたいして「上に立つ権威」に服従を求めるのは、いかなる権威も「神の御前の外には存在しえない」ことによる。こうしてパウロは、「魂」について述べることによって、「いかなる身分も」この服従から除外されないことを示している、という。ここから、直ちに「人は国王に従うよりも神に従うべきである」という結論が引き出される。「なぜなら、神の意志のゆえに国王に服従すべきだとすれば、それは、当然、神に反してなされるものではありえないから」。ローマ書十三章一節から導き出される服従拒否の論理として、きわめて明快である。

ここでは、同様の論理が七節の解釈にも妥当する。「貢を納むべき者には貢を納め、……敬うべき者は敬い、恐るべき者は恐れなさい」というパウロのテキストを引いて、あたかも彼が「カイザルのものはカイザルに、神のものは神に返しなさい」と語ったキリストと同じことを述べているかのようだ、という。「カイザルには貢と敬意を、しかし、神には恐れを」と結論する。(13)

　しかし、いっそう明快なのは、「神の僕《しもべ》」というローマ書(一三・四)の規定の解釈である。使徒の言うように、王侯は神の僕であり、「臣民の利益……と福祉」のために「神によって召し出され、人民によって立てられ」ている。彼らが剣を帯びているのも、善事をする者を悪事をする者から守るためである。ここから、権力を立てた目的として、とくに二つの利益に注目することが求められる。すなわち「市民のあいだでの正義と外敵と闘う勇敢さ」とである。しかし、「王侯がただ自己の利益と享楽とをのみ追い求め、あらゆる法をねじ曲げ、人民にたいして外敵よりもひどく荒々しく振舞うならば、彼を暴君と名づけるのがふさわしい」。この《神の僕》というパウロの言葉を《公共の福祉》という目的規定に解釈する論理は、一貫してくり返される。それに反して、権力が「個人的利益」を図るとき「国王の称号は、まったく、その名に値しない」と断言される。(14)

　しかし、暴君にたいする抵抗が論じられるとき、カルヴァンやベーズでみられたのと同じく、ここでも、《私人》にたいしては重大な制限がおかれている。すなわち、何らの官職にも就いていない《私人》は、何らの権力も、また生死にたいする合法的暴力ももっていない。「神が私人にたいして剣をあたえられなかったように、神は、また彼らから剣の行使を求められない」。その聖書的典拠として、私人にたいしては「あなたの剣をもとの所におさめなさい」(マタイ二六・五二)が引かれる。

　これに反して、官憲にたいしては「彼はいたずらに剣を帯びているのではない」(ローマ一三・四)が対比される。抵抗権が神との契約にもとづくとはいえ、それは個別の私人とではなく、全体としての人民とのあいだに結ばれたという擬制がなされていたことを見逃してはならない。そこでは、《人民》は、あくまでも官職にある者あるいは身分制議会などによって代表され、秩序づけられた観念的・理念的全体を意味するものにすぎなかった。

したがって、官職にある者が抵抗権を行使するとき、それは、パウロの服従のすすめに矛盾しない。パウロがローマ書十三章で「ネロのような人物にさえ服従を命じたのは、個人としてのキリスト者の義務であって、官職にある人びとにたいしてではなかった」のだから。それどころか、この場合には、私的な個人もまた抵抗に参加するように呼びかけられる。

「〔私的な〕個々の人びとも、いわば密集した隊列を組んで、軍の徴集に合流し、あらゆる可能性を用いて、援助しなければならない〔!〕。国を暴力支配から解放するため、暴君にたいして戦うしるしを神が天から下されるかのように」(15)。

それは、暴君の処刑にまで及ぶ。ここには、ローマ書十三章解釈として、反絶対主義のため可能なかぎりの論理的徹底化が認められる。

アルトゥジウス

こうした方向で絶対主義批判の政治思想を体系化したのがドイツのヨハネス・アルトゥジウスの『体系的政治学』(一六〇三年)である。彼は、ボダンの主権概念を批判的に受け入れ、それを人民全体に帰属させることによって、はじめて人民主権の概念を首尾一貫して打ち立てた(16)。のちにアルトゥジウスが実際の法律・行政経験を踏まえて大幅に改訂したこの書物は、中央集権的なボダン理論にたいするアンティ・テーゼとして大きな反響を見いだすことになった。

『政治学』は、「聖書ならびに現世からの実例を用いて説明された」という副題の示すように、聖書からの豊富な引用をふくんでいる。アルトゥジウスは、当時の改革派正統主義に属し、新約聖書と旧約聖書とは、彼にとって、ともに同じ《神の言葉》としての権威をもっていた。もっとも、アルトゥジウスは、聖書を教義的カノンとしてよりも、むしろ、歴史的カノンとして、すなわち、現代にたいする《聖なる範例》(exempla sacra)として見ていたように思われる。『政治学』における数百箇所にも及ぶ聖書からの引用が、その政治理論の典拠として用いられたか、それとも具体的な例証として役立てられているかを確定することは、かなり困難である。(17)

アルトゥジウスは、ボダンと同じく国家と主権とを合理的に根拠づけているとはいえ、ローマ書十三章は、その政治理論にとって決定的に重要な意味をもっていた。一－七節のテキストは、全体としても、また各節ごとにも、しばしば引用されている。彼は、基本的にカルヴァン主義的立場に立ちながらも、ローマ書十三章の神学的発言をまったく独自に解釈・評価している。

とくにアルトゥジウスの思想の中心に立っていたのは「彼は、あなたに益を与えるための神の僕《しもべ》なのである」(四節)という聖句であった。これは、支配者の地位を解釈するための《鍵》(C・J・フリードリヒ)としてとらえられていたと言ってよい。この聖句は、「為政者が、その臣下の人びとの福祉のために神によって立てられ」(VIII／52)たこと、また、「神の僕であるなら、その委託をあたえた方の戒めに反して何事をもなしえない」(IX／21)ことを意味していたのだから。(18)アルトゥジウスが、このローマ書十三章四節から引き出したのは、《神の僕》の上に立つ神の権力のゆえに、人間の権力は最高の権力ではありえない、ということである。

たしかに、『政治学』の冒頭には、ローマ書十三章を引照しながら「すべての権力と統治は神から」(I／12)という伝統的な主張がなされている。とはいえ、統治の権力は、けっして直接的に神に由来すると明示されているわけではない。むしろ、アルトゥジウスにおいては、人民に媒介されることによってのみ、神は国家権力の源泉なのである。(19)絶対主義の擁護者バークリーに反対して、彼はそのことを強調している(XIX/103以下)。《最高の為政者》(summus magistratus)は、選挙され、公職を遂行するための権力と権威とをあたえられる誓約によって義務づけられているのである(XVIII/3, 5)。さらに《行政監督官《エフォール》》という——アルトゥジウスがカルヴァンにならって名づける——人民による代表者が人民全体の権利を守らなければならない。すなわち、《最高の為政者》のみでなく、《エフォール》や諸身分もまた、間接的に神の委託のもとに、その職務の合法的遂行のために立てられた《神の僕》なのである。

アルトゥジウスは、ボダンのように権力行使の限界を定めるだけにとどまらず、この限界を守ることを現実に保障する実際的な手段ないし方法にも関心をもっていた。たえず統治政策を監視し統制すること、その権力濫用に際して断固として批判すること、ついには《最高の為政者》を解任することも、諸身分や《エフォール》にとって、神にたいする責任なのである。統治者の命令に「良心のためにも従う」(ローマ一三・五)ことをパウロがすすめたとき、それは、服従を神の意志に結びつけたのである。同じく統治者にたいして示されるべき「敬意」(ローマ一三・七)も神が統治者にあたえた高い使命、すなわち、彼らの手を通して人民に分かたれる多様な福祉に対応するものでなければならない(XX/11, 13)。

こうして、統治者にたいする服従は条件つきのものだった。統治は《公正かつ敬虔に》(juste et pie)なされねばならない。《最高の為政者》が限界を踏み越えるとき、彼は人民全体の受託者である資格を喪失する。彼は「私的人格および暴君」とみなされ、もはや服従を求めることはできない。むしろ、彼は職務から排除されなければならない(XX/21)。アルトゥジウスは、統治者が神の法に反して行動するとき、《神の僕》から「悪魔の道具」となる、とさえ断じている(XVIII/51)。彼にとって、ローマ書十三章からあらゆる暴政を正当化すること、抵抗権の原則的否定を導き出すことは不可能だった。

とくに十三章二節でパウロのすすめる反逆拒否は、公共的職務にたずさわることのない下層の人びとに向けられたものである。抵抗権の否定は官職の担い手となる人びとには妥当しない。逆に、人民主権論にもかかわらず、アルトゥジウスにおいて、抵抗権は《私人》としての一人びとりの個人には認められない。それは、あくまでも人民全体を代表する《エフォール》や身分議会に限られていたことを見逃してはならない。[20]

こうしてみれば、アルトゥジウスの政治理論は、カルヴァンの市民政府論を世俗化した形で展開したものと言ってよいであろう。彼は、それをドイツ法の伝統と結びつけるすべを心得ていた。じっさい、アルトゥジウスにおいては、近代的な護民官ともいえるその《エフォール》にドイツの選帝侯たちも数え入れられていたのだから。注目されるのは、暴君のメルクマールとして《信仰と宗教》(fides et religio)にたいする侵害もあげられていることであろう。それと関連して、アルトゥジウスは特殊なケースにも言及している。すなわち、抵抗権の発動を国土の一部の分離独立とも関わらせていることである。国の基本法が統治者によって守られないとき、さらに「真の礼拝」が焦眉の要求となるとき、これまでの帰属を廃し、国土の一部が分かたれた別の支配者あるいは新しい国家形態を選ぶことも認められる(XXXVIII/76)。

『政治学』が、当時、多くの版を重ね、とくにスペインからの独立戦争を戦っていたオランダにおいて歓迎されたのは偶然ではない。アルトゥジウス自身、その第三版(一六一四年)の序文で、オランダの人びとの「英雄的な行動」に言及し、その成果がドイツやフランスにまで影響を及ぼしていると指摘している。もっとも、事実としては、アルトゥジウスの期待に反して、三〇年戦争終結後のドイツでは、いたるところで領邦絶対主義が栄えることになった。彼自身も《モナルコマキ》として危険視され(H・コンリング)、その『政治学』も――十九世紀末に、ようやくオットー・フォン・ギールケによって再発見されるまで――長く忘却される運命を免れなかった。

グロティウス

オランダの思想家フーゴ・グロティウスもまた、宗教戦争の時代に生き、そこから生ずる深刻な国際的問題に触発されて『戦争と平和の法』(一六二五年)を著わしている。(21) 彼は、諸国民のあいだに理性によって認識される自然法が妥当することを指摘し、悲惨な戦争を抑制するため《国際法》を基礎づける先駆者となった。《たとえ神がいなくても》妥当性をもつ自然法というグロティウスの有名な規定は、彼のアルミニウス派としての信仰を否定するものではない。しかし、それが神学的契機から切断された《世俗的》自然法の画期をなすものとみなされてきたのは、けっして偶然ではない。(22)

グロティウスの基本的立場からすれば、ローマ書十三章は、彼の政治的思考を第一義的に根拠づけるものではありえなかった。彼においては、すでに国家は神によって《立てられた》ものではない。「人びとは神の命令によるのではなく、孤立した家庭が侵害にたいして弱いものであるという経験から、彼らの自発的な意志で国家社会を共に形成し、そこから国家権力が生じた」(I/四/七/3)。グロティウスによれば、これは新約聖書において《神の定め》(ordinatio)と呼ばれるものであり、神が「人類に有益な制度を認められることから」生じた事実を意味する。とはいえ、神は「これを、人のものとしてのみ、さらに人の立場からのみ」認められるのだ、という。国家秩序は、有益なものとそれに反するものとを区別しうる人間に内在する能力にもとづくのであり、政治的領域における正と不正とは神法に従って判別されるのではない。

ローマ書十三章は、グロティウスにとって中心的な関心事となった《戦争の法》との関連でとりあげられるにすぎない。それは、国家権力の帯びる《剣》(ローマ一三・四)から引き出される。

パウロは説いている。「彼は神の僕であって、悪事を行う者に対しては、怒りをもって報いる」と。それゆえ、いずれの国家権力も攻撃された場合、ローマ書十三章に従って、その下に委ねられている臣民を武力によって守る義務をもつ（Ⅰ／二／七／2以下）。さらにパウロは貢や税を納めることを命じている（ローマ一三・六―七）が、それは国家権力にたいして善人を保護し悪人を制御するのに用いる財源を備えさせるためであり、「良心を拘束する命令でさえある」（Ⅰ／二／七／12）。山上の説教が悪に手向かわないことを命じているという異論にたいしても、キリストの禁止は公権力にたいしてではなく、私的個人に向かって語られたものである、と反論される。こうしてローマ書十三章において「剣」がはっきり神によって定められた制度とされ、それによって、緊急な正当防衛から発する戦争は承認されることになった[23]。

このようにローマ書十三章（四節）から、グロティウスは、戦争の権利を導き出すとともに、さらに軍事力の行使に限界をおくため、戦争遂行の基本原則をも打ち出してくる。すなわち、国家権力は《神の僕》として私的な復讐ではなく公的な刑罰を執行するものである以上、その暴力行使は、殲滅行為にまで拡大されてはならない。戦争は、将来の講和の成立を妨げるような方策を避け、あくまでも理性的に遂行されなければならない。戦争は、とくにキリスト教諸国間では、あくまでも《最後の手段》(ultima ratio)であり、しかも戦争中においても互いに守るべき《国際法》は存在しつづける。権力拡大のための戦争はもちろん、たとえばカルヴァンが一定の留保のもとに認めた信仰的根拠による戦争もまた、グロティウスは明確に否定している。そうした権利をローマ書十三章から引き出すことはできない。

同時に、グロティウスにとって、戦争を遂行する権利は、主権をもつ国家権力にのみ認められる。数多くの小さな紛争が大きな戦争にまで拡大することを避けるためである。内政における権力の限定の問題を、彼は「従属者の優位者にたいする戦争」（Ⅰ／四／一以下）という章で論じている。しかし、そこでは、一貫して「公の安寧と秩序」という視点が優先している。ローマ書十三章によれば、神は「命令と服従という定め」を容認している。服従が最高の規範であり、それは、もっとも苛酷な暴君的支配者にたいしても妥当する。《神の定め》(ローマ一三・二)から、グロティウスは、服従の中に「無抵抗」がふくまれると指摘し、さらに《良心》(ローマ一三・五)にもとづく「神にたいする義務」としての服従を強調している。

しかも、パウロが服従をすすめる「すべての人」(ローマ一三・一)には《下位の為政者》もまたふくまれているという。「下位の為政者は、より下位のものから見れば公人であるが、より上位のものから見れば私人である」。「為政者のもつすべての統治能力は主権に従属するゆえ、彼らが最高支配者の意志に反することを行なうなら、その能力を失い、したがって私的行為となる」のだから。ここには、とくに名前をあげていないとはいえ、あきらかにアルトゥジウスおよびその系譜につながる《モナルコマキ》の抵抗権論への批判を読みとることができる。グロティウスは結論する。「抵抗権が残るならば、もはや国家は存在しない(24)」と。

こうしてグロティウスは、主権者をただその良心的拘束に委ね、権力の濫用に対抗する制度的保障をあたえなかった。彼は《国際法の父》として思想史上不朽の名を残したが、その主権的国家権力の理論は抵抗権を原則的に拒否し、内政的には絶対主義への趨勢を支えることになった。動乱と戦争の時代の只中で《安寧と秩序》を優先させたグロティウスの理論は、彼の墓碑銘に刻まれたように、《囚人にして亡命者》として生きざるをえなかった彼の個人的運命を反映していたということもできよう。

(1)　ゲールハルト・リッターは、こうした《共同作業》説に立つものとしてトレルチの名前もあげて批判している(Vgl. G. Ritter, *Die Dämonie der Macht. Betrachtungen über Geschichte und Wesen des Machtproblems im politischen Denken der*

Neuzeit, 6, A. 1948, S. 113 u. 201『権力思想史』西村貞二訳、みすず書房）。

（2）　マキャヴェリ『ローマ史論』（大岩誠訳、岩波文庫）第一巻一一章以下、参照。この論点については、vgl. H. Freyer, *Machiavelli*, 1938, S. 104ff. とくに、cf. J. S. Preus, Machiavelli's functional Analysis of Religion. Context and Object, in: *Journal of the History of Ideas*, 1979, p. 171-190.

（3）　マキャヴェリ、前掲書、第一巻一五章。なお、同『君主論』（河島英昭訳、岩波文庫）一八章、参照。たとえばカルヴァンが『キリスト教綱要』（一五五九年版）の中で、「王侯に媚び諂《へつら》う者らが王権を際限なく高めて、神御自身の主権と対立させることさえ躊躇《ためら》わない」（Ⅵ／20／1）と記したとき、一五五三年にラテン語版で出された『君主論』（イタリア語初版は一五三二年刊）にたいする批判であった。

（4）　マキャヴェリ『ローマ史論』第一巻一二章、第二巻一一章、参照。ちなみに、この連関で、マキャヴェリは、キリスト教の「原始的精神」からの逸脱によってローマ教会がまさに「破滅」や「神の裁き」を受けようとしていると痛論しているが、これは、ルターが「九十五箇条」を提示した二年前のことだった（Vgl. H. v. Hentig, *Machiavelli. Studien zur Psychologie des Staatsstreichs und der Staatsbegründung*, 1924, S. 41）。

（5）　A. Fuhr, *Machiavelli und Savonarola. Politische Rationalität und politische Prophetie*, 1985, S. 157.

（6）　以下の引用は、J. Bodin, *Lex six Livres de la République*. Faksimiledruck der Ausgabe Paris 1583 (6. ed.), 1961 による（なお、ラテン語版 *De Republica libri sex* の初版は一五八八年）。ボダンの政治思想については、vgl. E. Feist, *Weltbild und Staatsidee bei Jean Bodin*, 1930. 最近の研究では、H. Denzler (hg.), *Jean Bodin. Verhandlungen der internationalen Bodin-Tagung in Münchenn*, 1973 所収の諸論文、参照。

（7）　Bodin, *op. cit.*, I/1, p. 1. なお、つづく以下の引用は、I/10, p. 211f. et I/8, p. 155. なお、ボダンにおけるローマ書十三章解釈については、とくに、vgl. Scharffenorth, *Römer 13 in der Geschichte des politischen Denkens*, S. 204-227.

（8）　Bodin, *op. cit.*, II/5, p. 307. この連関で、ボダンは、ルターおよびカルヴァンも明確に《能動的》抵抗権を否定していることを指摘し、例外的にカルヴァンが言及した暴君から人民を守る《人民の為政者》といった政治機関も当時のフランス王権には妥当しない、としている(*Op. cit.*, p. 305-306)。こうした形での身分制議会の関与を否認したことも、ボダンの主権論からすれば当然の帰結であり、王権がそれに従属するなら、それは、もはや君主制ではなく貴族制国家ということになろう(Cf. J. H. M. Salmon, Bodin and the Monarchomachs, in: Denzler (hg.), *a. a. O.*, S. 365)。

(9) Cf. Bodin, *op. cit.*, I/8, p. 152 et p. 133. モラリストとして「人民の福祉が最高の法」(*Op. cit.*, IV/3, p. 576)と考えるボダンは、マキャヴェリ『君主論』にたいして権力奪取の技術論=《暴君術》として批判的だった。

(10) たとえば、cf. Bodin, *op. cit.*, IV/7, p. 652 ff. ボダン自身の信仰的立場は、かならずしも明らかではない。ユグノーの権利に理解を示していたボダンは、《聖バルテルミー》の夜、かろうじて虐殺を逃れることができた。しかし、その後、《カトリック・リーグ》に属したこともあり、晩年の著書『七賢人の対話』におけるユダヤ人評価からは、ユダヤ教徒と疑われもした。数奇な運命を辿ることになったこの『対話』が自由な寛容の書として完全な形で公刊されるには、十九世紀後半まで待たなければならなかった。なお、vgl. G. Roellenbleck, Der Schluß des "Heptaplomeres" und die Begründung der Toleranz bei Bodin, in: Denzler (hg.), *a. a. O.*, S. 53-67.

(11) St. J. Brutus, *Vindiciae contra tyrannos*, 1579. 以下においてはStrafgericht gegen die Tyrannen, übers. v. H. Klingelhöfer, in: *Klassiker der Politik*, Bd. 8: *Calvinistische Monarchomachen*, hg. v. J. Dennert, 1968, S. 61-202 に従い引用する。著者、出版地、出版年問題をめぐっても、さまざまの議論がなされてきた。実際に執筆されたのは刊行に先立つ一五七四年から、一、二年のあいだと推定されている。なお、vgl. Einleitung v. Dennert, in: *a. a. O.*, S. IX-LXX.

(12) 《聖バルテルミー》の夜以後、出版されたフランス語による抵抗文書については、vgl. L. Cardanus, *Die Lehre vom Widerstandsrecht des Volks gegen die rechtmäßige Obrigkeit im Luthertum und im Calvinismus des 16. Jahrhunderts*, Neudruck 1973, S. 49-111.

(13) *Vindiciae, a. a. O.*, S. 83. ここでは、さらに平行テキストとして、的確に「神をおそれ、王を尊びなさい」(Iペテロ二・一七)が引かれている。

(14) *Vindiciae, a. a. O.*, S. 132 u. 148.

(15) *Vindiciae, a.a.O.,* S. 104 u. 189. ちなみに、広く《モナルコマキ》に入れられるカトリック系の思想家たち、たとえば、ヴィットリア、スアレス、マリアーナ、さらにベラルミーノなどの場合、ローマ書十三章は、その理論構成にとって、ほとんど重要性をもたないか、もはやまったく考慮されなかった(Vgl. Scharffenorth, *a.a.O.,* S. 228 ff.)。

(16) 一八八〇年にアルトゥジウスを《再発見》したギールケは、「絶対主義者たちの主権概念」の人民主権への転換を「大胆かつ独創的な企て」(O. v. Gierke, *Johannes Althusisus und die Entwicklung der naturrechtlichen Staatstheorien,* 3. A. 1913, S. 157)と評している。なお、『政治学』のテキストはC・J・フリードリヒによる一九三二年のリプリント版(*Politica melthodice digesta of Johannes Althusius,* 3. ed. 1614)による。なお、この版の抄訳として、cf. *The Politics of J. Althusius.* An abridged translation of the 3rd ed. by F. C. Carney, 1964. 以下の引用では、本文中に章、節の数字のみ示す。

(17) Vgl. H. Janssen, *Die Bibel als Grundlage der politischen Theorie des Johannes Althusius,* 1992, S. 253. とくにアルトゥジウスにおけるローマ書十三章解釈については、vgl. Scharffenorth, *a.a.O.,* S. 236-256.

(18) Vgl. C. J. Friedrich, *Johannes Althusius und sein Werk im Rahmen der Entwicklung der Theorie von der Politik,* 1975, S. 51.

(19) Vgl. Th. Würtenberger, Zur Legitimation der Staatsgewalt in der politischen Theorie des J. Althusius, in: *Politische Theorie des J. Althusius,* hg. v. K.-W. Dahm/W. Krawietz/D. Wyduckel, 1988, S. 565 f.

(20) 《エフォール》による抵抗権行使の時期や方法・程度などについても、慎重に分析している(XXXVIII/46以下)。アルトゥジウスは、《暴君》にたいする抵抗権について、『政治学』初版で八つの根拠をあげているが、後の版でも、それは一貫している。むしろ、それらに加えてさらに新しい追加理由をあげている(XXXVIII/30以下)。なお、vgl. P. J. Winters, Das Widerstandsrecht bei Althusius, in: Dahm u. a. (hg.), *a.a.O.,* S. 543-556.

(21) グロティウス『戦争と平和の法』(一又正雄訳、巌松堂)。以下の引用では、本文中に、巻、章、節、項の数字のみ示す。

(22) もっとも、この命題そのものは、グロティウスの神信仰＝合理主義的なアルミニアニズムの立場を否定するものではない。むしろ、自然法の普遍妥当性への確信と彼自身の国際法秩序にたいするパトスの宗教的由来を示すものと言うことができる。

グロティウスの自然法論については、vgl. P. Ottenwälder, *Zur Naturrechtslehre des Hugo Grotius*, 1950, S. 98 ff.

(23) こうしたグロティウスのローマ書十三章解釈については、とくに、vgl. Scharffenorth, *a. a. O.*, S. 257 ff. なお、《神学者》としてのグロティウスの側面については、一般に、cf. *Hugo Grotius – Theologian*, ed. by H. J. M. Nellen & E. Rabbie, 1994.

(24) グロティウスにおける抵抗権批判については、vgl. Ottenwälder, *a. a. O.*, S. 88 ff.

2　ピューリタン革命からフランス革命まで

王権神授説

ここで同じく宗教闘争と内乱を経験したイングランドに移ってみよう。その中で実現したピューリタン革命は、やがて国王チャールズ一世を《暴君》として断頭台に送ることになった。

チャールズの父ジェームズ一世は、メアリ・ステュアートの子としてスコットランド王ジェームズ六世だったとき、『自由な君主制の真実な法』(一五九八年)を執筆した。彼は、動乱と騒擾の時代の中で忘れられている《自由な絶対君主》の権利を、あえてみずから弁証しようとした。ローマ書十三章を援用する典型的な王権神授説として、これに短くふれておこう(1)。

その冒頭で、ジェームズは、「人民の知る必要のある事柄」として、彼らの「神の知識」について、「神性の似姿を表現し、ほぼ完璧に近い統治形態たる君主制における人民の忠誠についての正しい知識にまさるものは存在しない」と書き出している。君主権の神聖性を、彼は、王国の古法と自然法のアナロジーに並んで、何よりもまず聖書的に根拠づけようとする。とくに君主制が「神性の真の模像」であり、「地上における神の地位」を占める事実を強調するために、ダビデが君主を《神々》と呼んだ(詩八二・六)聖句を引いてみせる。以下、旧約聖書からの長い引用にもとづいて、国王にたいする臣民の服従義務を弁証する(たとえばサムエル記上)。「聖書全体はパウロも語るように霊感によって記されたものである以上、もはやこれ以上の証明を必要とはしていない」と。

直接的にローマ書十三章も引かれる。

「パウロがローマ書において服従を、しかも良心のための服従をすすめた国王は、当時、悪名高き残忍な暴君ネロにほかならなかった。……民にたいする暴政や聖徒たちの迫害にもかかわらず、彼らにたいして神の霊が激しい苦痛に堪えて良心のための正しい心からなる服従を命じているのだとすれば、——そのことは、キリストも語りたもうたように、カイザルのものをカイザルに、神のものを神に返すことでもあるのだが——神が御自身の選ばれた民〔イスラエル〕に拒まれたあの不法な自由をどこかのキリスト教国民がみずからに要求するのは、いかに恥ずべき厚かましさであろうか」。

支配者を《神の僕《しもべ》》(ローマ一三・三—四)とするテキストは、抵抗権論にみられたのとは正反対に、ジェームズにとって、直ちに君主の神聖性と関連づけられる。そうした文脈で「地上における神の代理人(Gods Lieutenant)」というカルヴァン的用語も引かれている。こうしてジェームズは端的に結論する。人民は国王にたいして、「神の仕え人として、すべての事柄における——直接に神に反するものを除き——命令にたいして服従しなければならない」。国王を「神によって自分たちの上におかれた……裁き人として恐れ、父として愛し、保護者として彼のために祈り、彼が善人であれば長くつづくように、悪人であれば改めてくれるように祈り、彼の合法的命令を守り、不法の際には抵抗することなく、彼の怒りから逃れ、すすり泣きと涙とをもって神に訴えなさい、迫害の時代の初代教会から語り伝えられてきたように」と。

国王神権説の最大の弱点は、それが政治的権威の根拠について、あえて論議しようとしたことにある。(2) 王冠の神聖性は、それがほとんど神秘のヴェールに包まれているときにこそ、もっとも強力なのである。神聖性について――しかも、ここでは、国王みずからの手によって――弁証したことは、それを疑問視する可能性をあたえ、ひいては理性的な異議申し立てに道を開くことになるであろう。じじつ、ジェームズは、イングランド国内のみでなくヨーロッパ各地に反論の洪水を引き起こし、息子チャールズ一世の破局を用意することになった。

ミルトン

このピューリタン革命の過程において、民衆の広範な層に担われた宗教的関心は、人間存在にとって決定的な政治権力の在り方を問うことになった。絶対主義権力の反対者たちが少なからず強調したのは、すべての人間のうちなる《神の像《かたち》》(=神の似姿)であり、支配者を法的に拘束するため共同責任を担いとることであった。王権と議会とのあいだの闘争で発言したもっとも著名なリーダーは、ピューリタン的ノンコンフォーミズムに立つジョン・ミルトンにほかならない。彼は、君主主権と抵抗権をめぐる論議にたいして、十七世紀最後の、かつ最大の貢献を果したと言うことができる。

ローマ書十三章を援用する絶対主義にたいする反論において、ミルトンは、ローマ書の新しい解釈とともに、《健全な人間悟性》にも訴える。論敵にたいして加えた彼の鋭い批判と誹謗には、疑いもなく、政治的イデオローグとしての彼の相貌があらわれている。彼はツヴィングリやカルヴァン、さらにルターなど、宗教改革者たちの重要なテーゼを引きあいに出しているが、彼らのいずれも、信仰者の《万人祭司性》の原理からミルトンの説いたように《あらゆる市民の権利保有》の原則を引き出すことを思いつく者は、おそらくいなかったであろう。じっさい、ミルトンにとって、議会を無視し、人民の《公敵》となったチャールズ一世の処刑（一六四九年）は、宗教改革の市民的帰結にほかならなかった(3)。

それは、フランスの古典学者クラウディウス・サルマシウスとのあいだに有名な論争を引き起こした。サルマシウスは、亡命中のチャールズ二世に委嘱されて、チャールズ一世の政治を弁護し、神授説による王権の不可侵性を主張した。ミルトンは再度にわたる『イングランド国民のための弁護論』において、国王殺害を弁証した（一六五一年、五四年）。

ローマ書十三章が論敵の議論において決定的だったので、同じ武器を用いながら、ミルトンは、このテキストに即して、彼の政治理論を展開する。ミルトンによれば、聖書の中では、かならずしもこの世のすべての権力が神によって立てられたものとされているのではない（たとえばルカ四・六、黙示録一三）。ここから、神に由来しない統治者や統治形態を区別することが不可欠となる。パウロが命じた服従は、原則的に「あらゆる種類の権力ではなく、法にかなった権力(legitimates potestates)にたいしてのみ」妥当する。

サルマシウスにたいする反論の中で、ミルトンは、説教者として有名なギリシア教父クリュソストモスの『ローマ書講話』をくり返し引き、独特の仕方で援用してみせる。

たとえば十三章一節についてクリュソストモスはこう説いていた。「パウロがここで示しているのは、国家的秩序を覆すためではなく、それをいっそう改善するために、キリストはその律法をあたえて下さったということです」と。ここからミルトンが引き出す結論。したがって、パウロにとっては、ネロのような暴君に広大な権力を認めて、万人を思いのままに圧制するような悪い政体を強化する意図は、まったくありえない。さらにつづくクリュソストモスの言葉「パウロは、われわれが国家にたいして不必要にして不毛な戦いを行なうべきではないことも教えている」から引き出す結論。「その存在自体が国家の不倶戴天の敵、この上もなく危険な敵である暴君に挑んだ戦い」は、例外的に容認されているはずだ、という具合に展開される。

したがって、ミルトンにとって、腐敗した権力は、パウロがローマ書十三章二節で言う《神の定め》(ordinatio Dei)としての性格をもつものではない。また、神の意志に背く堕落した権力に抵抗する者を《神に背くもの》(ローマ一三・二)と呼ぶことはできない。こうした連関において、《神の僕《しもべ》》(ローマ一三・四)という概念は、ミルトンの権力規定にとって決定的である。パウロが「支配者たちは、善事をする者には恐怖でなく、悪事をする者にこそ恐怖である」というなら、ここで語られているのは「あなたに益を与える」(ローマ一三・四)ための公正な支配であって、暴君ではない。たしかに、正しい秩序に抵抗する者は反逆者である。しかし、服従する根拠のないところで服従する者は、「臆病者と奴隷」にすぎない。[4]

聖書は、国王たちが神によって立てられたこととともに、神から退けられたことも記している。支配者が失敗したとき、支配の権威は、人民全体に返されるのである。さらにミルトンによれば、パウロは特定の統治形態をあげてはいないので、ローマ書十三章からは、だれも一人のものの支配が神の意志にかなうと結論することはできない。

平行テキスト(Iペテロ二・一三以下)からは、さまざまの形態の「人の立てた制度」について語られている。じっさい、旧約聖書では、人民の集会もまた、その権力を神から受けとっている。してみれば、神授権が国王にたいしてと同様に議会の手にあたえられないということがあろうか。統治形態を「変更するという人民の意志と決定」は、神によって禁じられてはいない。むしろ、「人民から彼らの望む統治形態を選ぶ権力を奪う者は、そこにこそいっさいの市民的自由が根ざすところのものを、人民から奪うことになるのである」[5]。これは、明白な革命権の肯定である。

ミルトンによれば、キリストはカイザルにすべてのものを返すことを命じなかった。むしろ、キリスト「自身、暴君のもとでのその誕生と奉仕と死とによって、われわれのために自由の権利をあがなって下さったのである」。じっさい、パウロも「彼らすべてに対して、義務〔＝彼らに負うもの〕を果しなさい」（ローマ一三・七）と命じている。したがって、すべてのものをカイザルのものとして、彼に返すのではない。

「われわれの自由はカイザルのものではない。いな、自由は、神御自身からわれわれにたいしてあたえられた生得の賜物（！）にほかならない(6)」。

ここには、ローマ書十三章にもとづいて《天賦の権利》としての自由に余地があけられていると言ってよい。人間は《神の像》（＝神の似姿）をもつものとして神に属するのであり、それゆえ真に自由な存在である。不正な暴君にたいして屈服することは、不当な負債を背負うこと、すなわち、罪を犯すことにならざるをえない。

ミルトンは、のちにさらに『自由共和国論』の改訂増補版を世に問い、一人の人間の支配によって人民の自由が奪われることに警告した。彼は、そこでも、国王を《自由にたいする生来の敵》と呼ぶことを止めなかった。それは、チャールズ二世がロンドンに帰還する王政復古のわずか一カ月前のことであった。

サルマシウスとの論争で、ミルトンは、ローマ書解釈においてダーフィト・パーレウスの暴君論に負うていた。パーレウスは、カルヴァン主義的正統派の神学者で『ハイデルベルク信仰問答』のラテン語注解者として知られている。彼の『ローマ書注解』（一六一七年）は、パウロの説く服従が正しい《神の僕》としての権力にのみ妥当することを明確に説くものだった(7)。

アルトゥジウスも『政治学』の後の版では、パーレウスの注釈に負うているといわれる。ミルトンの絶対主義批判がアルトゥジウスのそれと一致しているのも、けっして偶然ではない。しかし、人民の革命権を宣言したことにおいて、ミルトンは、アルトゥジウスの立場を明確に越えていた。

ミルトンの著作は、ニューイングランドのピューリタンたちに熱心に読まれたという。たとえば、ロージャー・ウィリアムズはミルトンの弟子だったし、こうして抵抗権思想はアメリカ・ピューリタニズムの遺産となった。たとえばジョナサン・メイヒューは、一七五〇年一月のチャールズ一世処刑記念日の有名な説教で、暴君にたいする抵抗権を正当化している。そこでは、人民の益となる《神の僕》であるか否かが問われ、「良心のため」(ローマ一三・五)の服従が権力を判別する根拠として引かれていた。このメイヒューの説教は、アメリカ革命の先ぶれを示すものとして知られている。(8)

ホッブズ

しかし、近代国家論の中でローマ書十三章が主要な役割を演じるのは、ミルトン以後にはみられなくなった。同じ頃、トーマス・ホッブズも、イングランドの宗教的・政治的動乱の渦中に生きて、長く亡命生活を送らざるをえなかった。ホッブズが人間の不安を発条《ばね》として契約論にもとづく国家論『リヴァイアサン』(一六五一年)を構想したとき、聖書的な根拠づけは、もはや基本的な意味をもちえなかった。

『リヴァイアサン』の主要な議論は、第二部「コモン・ウェルスについて」の中で展開されている。ここでは、周知のように、《万人の万人に対する闘争》としての自然状態から、個人対個人の《契約》によって、一挙に主権国家の絶対性が導き出される。ホッブズ契約論の特徴は、これまでの社会契約と支配＝服従契約という伝統的な二重構造を一元化したことにある。契約の二元性は、国家の中に分裂の可能性を内包させ、支配者と人民とのあいだで不断の紛争の源泉となるからである。こうして、ばらばらの個人は、社会契約によって法的人格として《人民》となることを決定する瞬間に、直ちに支配者にその意志を全面的に譲渡する。ホッブズの論理においては、絶対的アナーキーと絶対的支配とのあいだには中間状態は存在しない。社会契約は固有の存在としては消滅し、支配＝服従契約のみが妥当する。ここに生まれる国家主権は、その絶対性を確保するために、もはや神権説的な根拠づけを必要とはしないであろう[9]。

しかし、「キリスト教のコモン・ウェルスについて」を論じた『リヴァイアサン』第三部には、やはりローマ書十三章が登場する。ホッブズは、「上に立つ権力に臣従する」すすめ、すべての権力が「神の定め」によるものであり、「良心のためにも」臣従する(ローマ一三・一―五)といったテキストを引いたのち、次のように強調する。「聖パウロが、ここで語っている諸王侯と権力は、すべて不信心者であった。したがって、われわれにたいして主権をもつものと神が定めた、そういうキリスト教徒にたいしてわれわれが従うべきであることは、なおさらである[10]」と。

いな、ホッブズは、さらに主権者の《神権性》さえ認めている。

「王および他のすべての主権者は、最高の牧者という彼の責務を、神からの直接の権威によって、言いかえれば神の権利、すなわち、神権において執行する。したがって、王たちのほかには誰も、彼らの称号の中に神の恵みによる王云々をいれることはできない」。

ここにある《牧者》としての職務の規定は、主権者の支配が地上における聖俗両界に及びうるものであることを意味している。こうして、「政治的主権者が不信心者である場合には、彼に抵抗する彼自身の臣民のすべては、神の法にたいして罪を犯すのであり、……使徒たちの忠告を拒否するのである[11]」と。

こうしたローマ書の援用は、『リヴァイアサン』の基調にある世俗的な論理としての契約論的構成に照らして、驚きと違和感を呼び起こすかもしれない。ホッブズ自身、それについて次のように説明している。

「以上において私は、私自身のいかなる見解をも提出しようとあえてしたのではない。ただ、キリスト教政治学の諸原理(それは聖書である)から、政治的主権者の権力および彼らの臣民の義務を確認するために引き出しうると私に思われた諸帰結を示そうとしたにすぎない[12]」。

おそらくホッブズは、彼がこれまで論証してきた合理的な主張を聖書の権威によっていっそう補強し、現にキリスト教信仰に慣らされてきている多くの民衆にたいして、いっそう広範な影響をあたえることを有用かつ望ましいことと考えたのであろう。

同じことは『リヴァイアサン』第四部「暗黒の王国」の議論にも妥当するはずであろう。《暗黒の王国》とは、普遍的な宗教的支配体制としてのカトリック教会を意味する。聖礼典や聖職者制度、破門の権利などを通じて国家主権に介入する教皇制を、ホッブズは、国家の政治的統一性を脅かすものとして厳しく批判するのである。

本来の権力問題は、中世の例にみられるように、教皇が国王や諸侯を破門し、臣民の服従義務から解放することにあった。ホッブズによれば、教皇の破門も——国家による是認なしには——たんに個々の臣民を教会の交わりから排除する効果をもつだけにすぎない。これに反して、教皇が王侯を破門しても、臣下の者は、すでに自然法に従って服従義務から解除されることはありえず、反抗に打って出ることなどは許されない。

こうした連関で、ホッブズは、ベラルミーノの《両剣論》を批判している。それは、この理論によって教会権力の正当化と拡大とに仕えてきたローマ書十三章解釈を否定することにも通じていた[13]。

先にみたように『リヴァイアサン』の政治的主権は、この地上における聖俗両界に及ぶものであった。ホッブズは、宗教戦争による国内分裂を克服するため、《公共的》礼拝において国家理性の論理を貫徹せざるをえなかった。聖書テキストについても、《公権的》な解釈権は主権者がもつものとされている。ホッブズ自身、こうした観点からユニークな聖書釈義を行なってもいた。

ホッブズによれば、聖書に伝えられている神的啓示の言葉も、理性の助けを借りて理解されなければならない。理性は信仰にたいして屈服するには及ばない。ホッブズは、聖書各文書の成立時期や執筆者について、まったく冷静に考察している。その際、彼は《きわめて近代的な文体批評的方法》（I・フェッチャー）を用いている。そのことは、教皇支配の批判においても、彼がフランシス・ベーコンの《イドーラ》論による啓蒙主義的なイデオロギー暴露的手法を適用していることにも通じるであろう。[14]

たとえばローマ書十三章とも関連して、これまでよく国家権力にたいする良心的抵抗の根拠とされてきた「人間に従うよりも神に従うべきである」（使徒行伝五・二九）という聖句さえ、ここでは換骨奪胎される。すなわち、ホッブズによれば、これは現実の社会の事柄ではなく「約束による神の王国に、その場所をもつものである」[15]と。

しかし、他方では、ホッブズは、たとえば合法的な王侯から「イエスを信じない」と言えと命じられるような場合、「心の中のキリストへの信仰を堅持しながら」「舌による〔否認の〕告白」をすることは罪とはならない、と明言する。この場合、人びとの前でキリストを否んでいるのは、命令を下す統治者であり、その国法なのであるから。

同様にまた、ホッブズは、国王を神聖視する《偶像崇拝》を「死またはその他の大きな身体的刑罰の脅威をもって」強制されるときには、それに従うことは偶像崇拝とはならない、と言い切っている。その行動は、王に「服従する人が、内面的に彼が神としての名誉をあたえたことのしるしではなく、その人が自分を死あるいは悲惨な生活から救いたいと望んでいることのしるしなの」だから、[16]と。

ここには、公共の祭儀をめぐる秩序の論理とともに、きわめて微妙なホッブズにおける個人の良心的内面性の問題が横たわっているであろう。それは、たんに事実上不可能な事柄にたいする諦念的承認というだけにとどまらないのではなかろうか。そこには、内的な世界を侵すことにたいする畏れに近い思いがあるようにさえ見える。当時、ヨーロッパを吹き荒れた内乱は、まさに権力の介入による宗教紛争に由来していたのだから。じっさい、ホッブズは、国法の適用を外面的な行動に限定しないで——たとえば異端審問のように——人間の思想や良心にまで拡張することを、当代における「国家哲学の誤り」とみなしていた。

いずれにせよ、私的な信仰の《内面留保》(C・シュミット)の論理は、個人の《契約》による国家権力の根拠づけ、さらに権力のあたえる安全保障に見合う個人の服従という相関性の論理とともに、ホッブズ理論の近代性を示すものだった。(17)

とくに安全保障と服従との《相関性》の論理は、国王が処刑され、王位請求者が国外に亡命している状況では、ホッブズにとって、彼らに負うべき何らの義務を残さなかった。じっさい、『リヴァイアサン』のロンドンでの公刊は、クロムウェル支配下のイングランドにホッブズが亡命から帰国することを可能にするものだったといわれる。同時にまた、一六六〇年の王制復古によってチャールズ二世がロンドンに帰還したとき、この論理は、ホッブズがふたたび王宮との接触を求めることを正当化するものでもあった。

フィルマーとロック

しかし、当時、王党派にとって権力の正当化のために有力だったのは、ホッブズよりもロバート・フィルマーの『父権論』(一六八〇年)であった。(18)この書物は、著者の没後にようやく刊行されたとはいえ、すでに長らく草稿の形で王党派のあいだで回覧されていた。これは、《国王の神的権利》を家父長制的な王権として基礎づけるものであった。

すなわち、フィルマーによれば、絶対王政は、アダムが神からあたえられた家族にたいする絶対的な支配権から由来する、という。この家父長制的支配権は、その後、長子から長子へと子孫を通じて継承され、すべての王政を成立させてきた。したがって、人民が支配者を選ぶことは、まったく神意に反することになるであろう。こうした論理を根拠づけるために、基本的典拠とされてきたのは、曲解された旧約聖書であった。

しかし、この時代遅れの王権神授説は、なおローマ書十三章を援用することも忘れなかった。フィルマーによれば、《上なる権威》(ローマ一三・一)とは、一部の人びとが主張するような「国家の法律」のことではない。パウロは、それが《剣を帯びている》(ローマ一三・四)と指摘して「君主」を意味するものとして理解していた、と主張する。さらに納税の義務についても、君主が《神の僕》であることから由来している(ローマ一三・六―七)、と強調している。

とくに興味深いのは、「主権者としての王」をふくめて「すべて人の立てた制度」(Iペテロ二・一三)とみる聖書テキストを、パウロを用いて逆に解釈してみせる手法である。「パウロが至高の権力を《神の定め》(ローマ一三・二)と呼んでいる以上、国王自身は人間の立てた制度ではありえない」。むしろ、国王の命令または法律こそが人間の制度であることを意味している。こうして「ペテロもパウロも君主制以外の他の統治形態を意図してはいないし、いわんや王侯たちが人間の法に服従することなど意図してはいないのである」[19]と。

このような絶対主義王政にたいして反対し、ヨーロッパ政治史の中で政治制度としての議会制を基礎づけたのは、ジョン・ロックの『市民政府論』(一六九〇年)にほかならない。それは、議会主権を打ち立てた《名誉革命》(一六八八年)の最初の解釈であり、またその理論的正当化を意味するものであった。

この書物の前編は「ロバート・フィルマー卿の誤れる原理及び根拠の摘発および打倒」と題され、フィルマーの父権論を徹底的に批判している。そこでは、「証明を伴わない支離滅裂の内容や仮説」、「紛らわしくて曖昧な言葉」、まとまった脈絡をもたない「混乱した文章」などが鋭くかつ大胆な分析のもとに批判されている。支配権は「人間の権利である以上、人間の意志に支配されるものであり、……人びとの好む人の手に、また好む形態のもとに人びとからあたえられることになるであろう」[20]。

こうしてロックは、前編において、支配権が超越的な神授権に由来するものではなく「人間の制度」であることを明示する。そうして後、後編において「市民政府の真の起源、範囲および目的について」積極的な主張を展開する。ロックは、ここで、統治権が明示的または黙示的な契約による人民の同意にもとづくことを示し、近代民主政治の根本原則として《合意による支配》(Government by Consent)の観念を提出した。この《合意》に並んで、さらに《信託》(Trust)もロック政治理論における重要な鍵概念にほかならない。すなわち、統治者は、その権利を人民の受託者として行使すべきである。

「もし君主が信託に違反し、信託の範囲外で行動していると考えられるとき、この信託をどこまで及ぼすつもりであったかを審判するには、人民全体以外に適当なものがあるだろうか」。

君主あるいは行政の任にあたる者がこの決定方法を拒否するなら、最後には《天への訴え》として抵抗権が引き出されるであろう。こうしてロックは社会契約説にもとづいて――ローマ書十三章に関わることなしに――《反絶対主義のプロテスタント的カテキズム》(J・J・シュヴァリエ)を完成した[21]。

しかし、『市民政府論』にも、なお一カ所だけローマ書十三章が登場する。それは、ロックが批判するバークリーの『反モナルコマコス』からの引用文においてである。権威に逆らう者を《神の定め》(ローマ一三・二)に逆らうものとするパウロの規定は「神の啓示であり、このような反逆は、けっして許されない」とする解釈である。ロックは、このバークリーにたいする批判を原理的に徹底化して、抵抗権の普遍的根拠を明示する。国王が「合意された政府の形体を保全せず、政府の目的である公共の福祉と所有の維持を意図しないという点で信託を裏切る」場合、彼は、もはや国王ではなくなり、人民は反抗してよいのである、と。[22]

しかし、このほかにも、ロックが、その『パウロ書簡注釈』の中で、ローマ書十三章(一―七)について触れていることも見逃すことはできない。ロックによれば、このテキストでパウロが示そうとしたのは、第一に、キリスト者となりキリストの王国の臣民とされることによって、彼らローマの信徒たちが、けっして地上の「国家の服従の義務から福音の自由によっても免除されていない」ということであった。第二に、パウロが命じているのは、ローマの為政者にたいしてというより、彼ら「為政者たちの権威がどこから由来するのか、彼らがその権威をいかなる目的のために所有し、使用するのか」をローマの信徒たちに教えることであった、という。

こうした注釈によってロックは、『市民政府論』における純粋に契約論的な構成を越えて、なおパウロに仮託しながら、統治権の由来と課題とを神学的にも根拠づけようとしたのか、どうか。それとも、これは、あくまでもローマ書十三章に示されたパウロ本来の意図を歴史学的に解釈してみせたものにすぎないのであろうか。いずれにせよ、ロックは、ここでパウロの語っている至高の世俗権力が「神のあたえた目的――すなわち、人民の利益――によってのみ制限されるものであり、権力を分かちもつ人びとは、この人民の利益を自己の能力の最善を尽くして真剣に追求する」課題をもつ、としている。こうして《モナルコマキ》以来受けつがれてきたローマ書十三章三―四節の釈義的伝統が踏まえられていたことは、いわば当然であろう。[23]

『市民政府論』において、ロックは、万人が自由と平等に生きる自然状態から契約による政治社会の成立過程を、いっそう多く人間学的に論じ、それだけいっそう少なく神学的に根拠づけたといってよい。じじつ、その《根源的契約》(original compact)は、ホッブズに比較して、理論構成上の論理的前提というだけにとどまらなかった。ロックは、それを証明する実例として、アメリカにおける先住民の生活に関する報告を引照する。それは、ロックにとって、ヨーロッパやアジアにおける原初の生活形態とみなされていた。

むろん、その際、ロックの政治的思考が当時のイングランドに存在していた将来的展望によって規定されていたことも疑いない。すなわち、《新世界》への移住が契約による新しい共同体の建設可能性をはらんでいたという事実である。ロックが自然状態における人間の自由と平等の不可侵性を論じたことは、旧いヨーロッパを離脱した人びとにとって合意による新しい国家＝統治を正当化するものだった。アメリカ独立宣言（一七七六年）は、なおロックの政治理想にたいする信仰告白といってよい。

ルソーとカント

こうして社会契約論にもとづく近代国家論の展開する中で、ローマ書十三章の演ずる余地は、ますます小さくなっていった。

ジャン・ジャック・ルソーは『社会契約論』（一七六二年）において、ホッブズに代表されるように支配＝服従契約を国家の唯一の法的根拠とする従来の契約論の弱点を痛撃した。ルソーによれば、人民が法的人格として支配者に服従を決意するとき、すでにあらかじめ社会的統合が存在していなければならない。すなわち、社会契約が支配契約に先行していなければならないはずである。しかし、ルソーにとっては、社会契約のみが決定的であり、それが国家を構成する唯一の根源的契約となる。彼は、ホッブズ的手法を逆転させて、支配契約を社会契約の中に融合することによって、人民主権の中にホッブズ的な絶対的内容を盛りこむことができた。

『社会契約論』の冒頭で、ルソーは、《明示的》（U・ヴィルケンス）にローマ書十三章を無意味で不要なものであると言明している(24)。

「権力者には従え。もしそれが力には屈せよという意味なら、その教訓は結構だが、余計なものだ。……すべて権力は神から出てくる、それは私も認める。しかし、すべての病気もまた神から出てくる。ということは、医者を呼んではならないことになるのだろうか。もし私が森の奥で追いはぎに襲われたら、力のために財布をやらねばならないだけでなく、財布を隠せるときでも、良心的に財布をやる義務があるのだろうか。なぜなら、結局、彼がもっているピストルもまた、ひとつの権力なのだから。そこで、力は権利を生み出さないこと、また、ひとは正当な権力にしか従う義務がないことを認めよう」。

すべての権利の基礎が端的に社会契約におかれる以上、権力の神授権的根拠づけは完全に廃棄される。しかし、『社会契約論』の「立法者について」(第二編第七章)には、なお《神》について語られてもいた。「立法者は、その理性の決定を不死のもの(=神々)の口から出たもののようにし、そうして人間の思慮によっては動かしえない人びとを神の権威によって引っぱって行く」。ここでルソーがスパルタ建国のリュクルゴスからジュネーヴ共和国のカルヴァンにいたる例をあげているのは示唆的である。[25] ルソーは「カルヴァンを神学者としてしか考えない人びとは、彼の天分の広さを知らないのだ」と言い、その立法者としての《カリスマ的》資質を高く評価している。国家は社会契約によってのみ基礎づけられるとしても、この契約の履行を確実にするためには、たんに人びとの理性にのみ訴えるのでは足りない。こうした議論は、『社会契約論』最終章における《市民宗教》(religion civile)の導入に通じている。

ルソーの《市民宗教》は、古代的あるいは宗派的な《国家宗教》とは異なり、「純粋に市民的な信仰告白」、「それなくしてはよき市民、忠実な臣民たりえない社交性の感情」として、主権者がその項目を決めるべきものであった。[26] それは、信仰箇条として、なかんずく「社会契約および法の神聖さ」を尊重することをふくんでいた。その目的は、地上における「公共の利益」を守ることにある以上、その他の点では、各人は「自分の好むままの意見」をもってもよい。

すなわち、主権者にとって「来世における臣民たちの運命」に関わるところは、まったくないからである。ルソーの《市民宗教》は、本来、人民主権の担い手であるシトワイヤンとしての意識にもとづいてのみ成立する古典的なパトリオティズムを担保するものだった。すなわち、契約国家を構成する市民一人びとりから求められる主体的エートスを可能にするものだったことを見逃してはならない。

ルソーの唱えた社会契約にもとづく人民主権の理念や《一般意志》の表現としての法といった思想は、フランス革命、とくにジャコバン・デモクラシーにおいて政治的に具体化されることになった。革命の掲げた《自由・平等・友愛》の諸理念は、やがて十九世紀以後、立憲国家の根底を支える政治原理として拡がっていった。

フランス革命がジャコバン的暴力革命へ変質する過程を通して、ドイツ知識人の革命にたいする好意的態度が急転していったことは、よく知られている。こうした中で――抵抗権の正当性をめぐる論議に関連して――ローマ書十三章も、さまざまの党派的観点から引かれることになった。

一七九二年にドイツの雑誌に公表されたフリードリヒ・カール・フォン・モーザーの「服従の限界」と題する論文は、ローマ書を引いて王権の神的起源を指摘し、社会動乱の「インフルエンザ」を捲き起こした社会契約説を嘲笑的に退けている。しかし、「まことのキリスト者は最善の臣民である」とはいえ、残忍で改めようのない抑圧者にたいしては極限的状況においては「自助」に訴える権利があり、不法な暴力に膝を屈する絶対的・無制約的な服従は、キリスト教的道徳に反するのみならず、帝国法やドイツ諸邦の憲法にも矛盾するという。

こうして一方では、王党派擁護側から抵抗権が持ち出されるのにたいして、他方では、革命過程に行動的に加わった革命主義者の側からは、ローマ書にもとづいて(!)抵抗権を拒否する声があがっていた。当時、新しく建国されたラインラント共和国を正当化する自称《ジャコバン主義者コッタ》のケースがその一例である。彼は、モーザーが典拠としたパウロの言葉を引いて反論している。「『すべての者は、上に立つ政治的権威に従うべきである！』われわれは、中世の誓いを厳粛に約した以上、われわれの上に立つ権威を拒否してよいだろうか」と。

この二人のローマ書の援用は、むろん、政治的・社会的方向は正反対である。モーザーは正統主義的王権にたいする服従を賛美している――ただし、彼は、その際、革命権力にたいする反抗を正当化することをためらわない――のにたいして、コッタは、マインツ共和国を反革命の運動から守ろうとしているわけである。(27)

フランス革命の理想に最後まで忠実でありつづけた十八世紀ドイツの思想家として、最後にカントを一瞥しておこう。彼は、ルソーから人間を尊敬する思想を学び、人間の諸権利を確立する哲学的課題を継承した。カントの法＝国家論は、《根源的社会契約》を先験的に基礎づけることによって、《フランス革命のドイツ的理論》(K・マルクス)となった。

たとえば、『永遠平和のために』(一七九五年)の中で、カントは、もっとも重要な「第一確定条項」として各国家の市民的体制が《共和主義的》であることをあげている。(28)それは、《根源的契約の理念》から生ずる唯一の体制として規定されている。この体制は、具体的には、「社会のメンバーの(人間としての)自由」、「すべてのものの(臣民としての)唯一共同の立法への依嘱」、「彼らの(国家公民としての)平等」の諸原則にもとづくものである、という。これらの諸原則がフランス革命の掲げた三つの理念のヴァリエーションだったことは明らかである。国家を先験論的に基礎づけるカントの理性法学においても、神学的＝神授権的な国家権力の根拠づけが完全に跡を断っていたことは、当然であろう。(29)

ただし、『人倫の形而上学』(一七九七年)では、パウロの名前こそあげていないものの、「すべての政治的権威は神から」という言葉が引かれている。カントは、この言葉が何ら現実の歴史的意味を示すものではなく、法秩序の「神聖性と不可侵性」とをあらわす象徴的表現である、として援用している。これは、先に見たコッタの主張に通じる論理であると言ってよい。カントの抵抗権否定論には、アンシャン・レジーム復古の動きを批判し、新しいフランス共和国にたいするフランス国民の服従義務を引き出す進歩的契機が内包されていたことを見逃してはならないだろう[30]。

(1) *The Trew Law of free Monarchies*, 1598, in: *The political Works of James I*, Rep. from the ed. of 1616, 1918, p. 53ff. 以下の引用は、p. 53f. 56, 55 and 61. なお、cf. Introduction by Ch. H. McIlwain, p. XV ff.

(2) Cf. Ch. Merriam, *Political Power*, 1934, Collier Books ed. 1964, p. 119f.(『政治権力』斎藤・有賀共訳、東京大学出版会)。

(3) Vgl. H. Klenner, John Milton. Das gute Gewissen der Revolution, in: J. Milton, *Zur Verteidigung der Freiheit*, Reclam Ausgabe 1987, S. 220.

(4) J. Miltoni, *Pro Populo Anglicano Defensio I*, 1651, in: *The Works of John Milton*, Vol. VII, 1932, p. 170, 174 and 176(『イングランド国民のための第一弁護論および第二弁護論』新井・野呂共訳、聖学院大学出版会)。ミルトンのローマ書十三章解釈については、とくに、vgl. Scharffenorth, *a. a. O.*, S. 275-288.

(5) Miltoni, *op. cit.*, p. 228, 190 and 190.

(6) *Op. cit.*, p. 144 and 150.

(7) パーレウスの『ローマ書注解』については、vgl. E. Reibstein, *Volkssouveränität und Freiheitsrechte. Texte und Studien zur politischen Theorie des 14. bis 18. Jahrhunderts*, Bd. I, 1972, S. 185ff. ミルトンによる援用については、vgl. *A. a. O.*, S. 312. この『注解』は、ジェームズ一世の怒りに触れて、一六二二年にオクスフォード大学で断罪され、刑吏の手によって焼かれた曰くつきのものである。

(8) メイヒューの説教内容は、柳父望『アメリカ・ピューリタン研究』(日本基督教団出版局、一九八一年)三二三頁以下に詳しい。そのほか、すでに、たとえば一六六七年のジョナサン・ミッチェルの説教においても、統治者の正否の判定基準として「公共の福利と人民の福祉」(ローマ一三・四)があげられ、ニューイングランドにおけるピューリタン的伝統を示している(ミッチェル「城壁に立つネヘミヤ」大下尚一訳・解説『ピューリタニズム』研究社、一九七六年、所収)。

(9) たとえば、vgl. K.M.Kodalle, *Thomas Hobbes. Logik der Herrschaft und Vernunft des Friedens*, 1972; B. Willms, *Thomas Hobbes. Das Reich des Leviathans*, 1987.

(10) *The English Works of Th. Hobbes*, by W. Molesworth, Vol. III, Rep. 1966, p. 492(『リヴァイアサン』(水田洋訳、岩波文庫)。

(11) Hobbes, *op. cit.*, p. 540 and 601. なお「良心のため」の指摘は、cf. *op. cit.*, p. 581. ローマ書十三章を援用する臣民の「絶対的・全面的服従」の言及は、すでに『市民論』(一六五二年)にも見いだされる(Cf. *The English Works of Thomas Hobbes*, Vol. II, p. 146)。

(12) Hobbes, *op. cit.*, Vol. III, p. 602. なお、すでに『リヴァイアサン』第二編でも、ホッブズは、主権者を「神の代理人」と呼んで《モナルコマキ》的契約論を批判している(*Op. cit.*, p. 161. 同じく、cf. p. 435)。その他、「地上における神の代官」(*Op. cit.*, p. 426)、「神の唯一の使者」(*Op. cit.*, p. 467)などの表現さえ用いることにたじろがない。『リヴァイアサン』第三・第四編の位置づけについては、vgl. M. Grossheim, Religion und Politik. Die Tei III und IV des Leviathan, in: W. Kersting(hg.), *Thomas Hobbes, Leviathan. Klassiker Auslegen*, 1996, S. 283-315. なお cf. P.D. Cooke, *Hobbes and Christianity. Reassessing the Bible in Leviathan*, 1996.

(13) Hobbes, *op. cit.*, p. 620. ほかでもベラルミーノ批判は、たとえば、cf. p. 561f. その他、同じく《モナルコマキ》に属するベーズへの批判は、cf. p. 617.

(14) I. Fetscher, *Herrschaft und Emanzipaition. Zur Philosophie des Bürgertums*, 1976, S. 52 u. 56.

(15) Hobbes, *op. cit.*, p. 356.

(16)　Hobbes, *op. cit.*, p. 493 and 651.

(17)　カール・シュミットは、内面的信仰と外面的告白との分裂を、国家を内部から破壊する「死の萌芽」と見なした(C. Schmitt, *Der Leviathan in der Staatslehre des Thomas Hobbes. Sinn und Fehlschlag eines Politischen Symbols*, 1938, Neudruck 1982, S. 84ff.)。シュミットは、当時の政治的状況にたいする焦眉の回答としてあたえたホッブズの論理がもつ体系的な不可避性を見逃している。じっさい、《内面留保》をホッブズ国家哲学の《もっとも深遠な基準点》(Ch・G・v・クロコフ)と見る意見もある。ホッブズにおける《内面留保》の問題については、宮田光雄「リヴァイアサンとビヒモス」(『聖書の信仰』第V巻、岩波書店、一九九六年、所収)八三頁以下、八九頁以下、参照。

(18)　Cf. R. Filmer, *Patriarcha and other political Works*, ed. by P. Laslett, 1949. なお、cf. Introduction by P. Laslett, *op. cit.*, p. 1-48.

(19)　Filmer, *op. cit.*, p. 100-101. 同じような議論は、なお、cf. Filmer, *Observations upon Aristotle's politiques touching Forms of Government*, 1652, in: *op. cit.*, p. 189f.

(20)　J. Locke, *Two Treatises of Government*, ed. by Th. I. Cook, 1947, p. 20-21 and 100(『政治論』松浦嘉一訳、東西出版社。『市民政府論』鵜飼信成訳、岩波文庫版、ただし後編のみ。最新訳として『統治二論』加藤節訳、岩波書店)。編集者トーマス・I・クックの注釈によれば、「統治形態が神授というより人間によって作られたものだという主張こそ、ロックの立場にとって基本的である。……統治権が純粋に世俗的根拠にもとづくものとしたこととの栄誉は『リヴァイアサン』の著者ホッブズとともにロックにも帰せられる。歴史的には、これこそ政治学にたいする彼の主要な貢献の一つである」(*Op. cit.*, p. 100 Note)。

(21)　Locke, *op. cit.*, p. 246. なお、ロックの政治論については、たとえば、cf. J. H. Franklin, *John Locke and the Theory of Sovereignty. Mixed Monarchy and the Right of Resistance in the political Thought of English Revolution*, 1978.

(22)　Locke, *op. cit.*, p. 242f.

(23)　Cf. J. Locke, *A Paraphrase and Notes on St. Paul's Epistle to the Romans*, in: *The Works of J. Locke*, Vol. VIII,

1812, p. 403-404. この点について、加藤節『ジョン・ロックの思想世界』東京大学出版会、一九八七年、一四五頁、参照。なお、《史実のロック》に《キリスト教思想家》をみる最近の動向の一例として、cf. J. Dunn, *Locke*, 1984(『ジョン・ロック——信仰・哲学・政治』加藤節訳、岩波書店)。

(24) Vgl. Wilkens, Wirkungsgeschichte von Röm 13, 1-7, *a. a. O.*, S. 58. ルソーの引用は『社会契約論』(桑原・前川共訳、岩波文庫)二〇頁、なお、三八頁、参照。フリードリヒ・グルムによれば、『社会契約論』の《ジュネーヴ草稿》には、国家の根拠を神の働きに帰する一章がふくまれていたが、今日ではもはや確かめることのできない理由から——おそらく「国家論を形而上学への引照なしに、人間の共同の働きにもとづいて構築する」ために——ルソーは、それを削除した。その代わりに、末尾に《市民宗教》の章を挿入した、と推定している。じじつ、C・E・ヴォーンが確認したように《市民宗教》の最初のスケッチは削除された章をふくむ草稿の裏面に書きとめられていた、という(Vgl. Fr. Glum, *Jean Jacques Rousseau. Religion und Staat*, 1956, S. 254 u. 256)。

(25) ルソー、前掲書、六四頁、六六頁以下。ここでルソーがマキャヴェリの『ローマ史論』から注記して「諸国民の起源においては、宗教が政治の道具として役立つ」と結論していることにも注目すべきであろう。すでに一七五五年の『人間不平等起源論』でも、「人間の政府は、単なる理性よりも、もっと堅固な根拠をいかに必要としていたか、そして、主権を自由にするといういまわしい権利を臣民からとりあげるような神聖で犯すことのできない性格を主権に与えるために、神の意志が干渉することが公共の平安にとっていかに必要であったか」と論じている(本田・平岡共訳、岩波文庫、一一九頁)。

(26) ルソー『社会契約論』前掲書、一九一頁以下。なお、vgl. I. Fetscher, *Rousseaus Politische Philosophie*, 2. A. 1968, S. 183ff. フェッチャーによれば、ルソーの《市民宗教》は、フランス革命いらい、世界に拡がった「狂信的で排他的なナションの信仰」とは無縁だった(S. 194)。

(27) Vgl. D. Losurdo, *Immanuel Kant. Freiheit, Recht und Revolution*, 1987, S. 100 und 107. クリストーフ・コッタとジャコバン派については、H・G・ハーシス『共和主義の地下水脈』(寿福真美訳、新評論、一九九〇年)参照。

(28) Kant, *Zum ewigen Frieden. Ein philosophischer Entwurf*, 1795, in: *Werke* (Cassier-Ausgabe) Bd. IV, S. 434ff. 宮

田光雄「カント平和論と現代」(『平和思想史研究』思想史論集Ⅰ、創文社、二〇〇六年、所収)一九四頁以下、参照。

(29)　たとえばカントは、少なくとも三つの著書(『永遠平和のために』『理論と実践』一七九三年、『人倫の形而上学』一七九七年)の中で、《モナルコマキ》をふくめ、自然法的および実定法的抵抗権論について否定的に論じている。そこでは、これまで抵抗権否定のためによく引照されたローマ書十三章への言及は、まったくなされていない(Vgl. Schulze, Röm 13 und das Widerstandsrecht, *a. a. O.*, S. 556)。

(30)　Vgl. I. Fetscher, Immanuel Kant und die Französische Revolution, in: Z. Batscha (hg.), *Materialien zu Kants Rechtsphilosophie*, 1976, S. 276. カントの引用は、Kant, *Die Metaphysik der Sitten*, in: *Werke* (Cassierer-Ausgabe), Bd. VII. S. 125-126.

3　十九世紀以後

ドイツ観念論

フランス革命の衝撃と《解放戦争》の高揚とは、十九世紀初頭のドイツに新しいナショナルな自覚を促すことになった。それは、ドイツ・ロマン主義の運動において、美的意識にとどまらず、政治意識においても反映されている。彼らは、選ばれた個性の完成を個人の人格の内面だけでなく、民族的総体性のうちにも認めようとした。

シュライエルマッハーは、広い意味でのみ、このロマン主義に数え入れられるにすぎないが、彼もまた、十八世紀末から十九世紀初めにかけて、独自の見地から近代的な国家観に到達した。しかし、彼の『国家論講義』は、どこにも聖書的な根拠づけがなされていないことも確かである。

「われわれは、国家を純粋に自然的所産として観察したいと思う。すなわち、人間の知性がその本性に従って国家をどのように形づくるかを観察したい。同時に、その中には有機的に生きている自然という概念もふくまれる。国家を特定の有機体として観察することもまた、われわれの意図するところである」。(1)

むろん、シュライエルマッハーは、神学者としては、ローマ書十三章にも触れないわけにはいかなかった。たとえば一八〇九年初め、シュタイン改革による新しい《都市自治制》の導入に際して、彼は、ローマ書十三章(一―五節)のパウロの言葉に即しながら、大きな説教を試みている。「キリスト者にのみふさわしい政治的権威(Obrigkeit)にたいする関わり」について説いたこの訴えには、当時における国家意識の大きな転換が反映している。

そこには、たしかに、プロテスタンティズムの伝統が響きわたっている。とはいえ、それは、けっして家父長主義的な静寂主義ではないし、また当然、啓蒙主義の冷徹な合理主義とも異なっていた。すなわち「信仰的敬虔の本質は自立性であり、さらに確固たる勇気」であり、「愛」、「自由」である。ちょうど国家の内面的本質が臣民と国民とを互いに結び合わせる愛であり、まさにそれゆえに生ける民族意識そのものと同一であるように、と。

それゆえ、伝統的な神学的定式は大胆に拡大される。これまでは、国家権力との関わりにおいて、キリスト者にたいして、たんにあたえられた義務を誠実に果たすことのみ説かれてきた。しかし、ここでは、「外的な活動全体を通して」のみでなく、また「静かな熟慮による行動を通して」も、積極的に国家に奉仕すべきである、と説かれている。じっさい、こうした態度は、国家生活の中に不満が支配的である場合にもまた妥当する。なぜなら、《良心》(ローマ一三・五)において国家権力に服従するという事実は、権力にたいする批判的な思考を阻止するのではない。むしろ、それを「純化する」ことによって、国家「全体の福祉にたいして貢献する」こと以外を望まなくなるのだから、という。こうして「この静かな熟慮からは〔国家〕全体にたいして仕え、また助けをあたえることのできる高貴な力が生まれてくる」。

この倫理的な意識から生まれる政治的行動こそ、新しい国家意識の目指すものである。こうして公共的生活にたいする《一般的な参加の必然性》ということこそ、シュライエルマッハーがその聴衆たちの心の中に喚起しようと意図したものであった。(2) 政治生活全体を国家における《有機的な》対立的契機としての《臣民》と《政治的権威》とのあいだのたえざる交互作用としてとらえることが、そこに見いだされた新しい政治的定式にほかならない。「有機的思想の中に、また有機的思想を通して、ルター主義的な国家意識の宗教感情は、生き生きした息吹として近代国家の存在感の中に流れこむことができた(3)」。

ここでは、ローマ書十三章は、シュライエルマッハーの説教を通して、プロイセン改革の政治的理想主義の延長線上に立つものとなっていた。

哲学者ヘーゲルは、その『法の哲学』(一八二一年)において、神学者シュライエルマッハーのように直接的にローマ書十三章に言及することはしなかった。しかし、彼が、国家を《人倫的理念の現実態》として規定するとき、そこには、ローマ書十三章の神学的伝統の一つの《世俗化》をみることもできよう。

「国家は、人間世界のうちに立って、その中で意識をもっておのれを実現する精神である。……国家が存在することは人間世界における神の道行きであり、国家の根拠は、おのれを意志として現実化する理性の力である」。国家について考える場合、特殊な国家や特殊な制度を思い浮かべるのでなく、むしろ、「理念、すなわち、地上において現存する神」のみを熟視しなければならない(4)。

ヘーゲルにとって、宗教と国家とは、互いに「絶対的真理」としての神に関わっている。それは、宗教においては、まだ「直観」や「感情」、「表象」として主観的にとどまっているが、国家においては客観化され現実化される。たしかに、《有限性の領域》の上に存在する国家は、《絶対的理念の領域》にある芸術や哲学に並んで宗教をも、みずからに従属させることはできない。

しかし、国家と教会の信徒団との関係についてみれば、国家は、彼らをその法律の下におき、国家にたいする直接的義務を受動的に履行させることができる。信仰の「内容に干渉することはできない」とはいえ、宗教が心情のもっとも深いところで国家を一個の全体に統合する契機であるからには、国家の全成員にたいして、どれか一つの教会に所属することを、当然、求めることができる。宗教は「真実の宗教であれば、国家にたいして否定的・論争的な方向をとらないで、むしろ、国家を承認し是認するものである」[5]。

こうしたヘーゲルの国家観にプロイセン絶対主義の正当化を試みた《王国の哲学者》(R・ハイム)をみるべきか、それともシュタイン改革の路線に沿って西欧的政治形態を独自に再統合しようとした近代的契機にいっそう注目すべきか、論議の分かれるところであろう。しかし、国家が《地上に現存する神的理念》と言明されるとき、そこには、ローマ書十三章の《神の僕《しもべ》》が《特別のかたち》(U・ヴィルケンス)でとらえられていたと言うこともできよう[6]。むろん、そこに決定的に欠落していたのは、《終末論的留保》、すなわち、アウグスティヌスが《地の国》から峻別した《神の国》の超越的契機にほかならない。

カール・マルクスは、『ヘーゲル法哲学批判』(一八四四年)の冒頭に「ドイツにとって宗教の批判は、本質的にもう果たされているのであり、そして宗教の批判は、あらゆる批判の前提なのである」と記した。こうして国家論からいっさいの神学的局面が否定されるところでは、ローマ書十三章も完全に除外されることにならざるをえない。マルクスは、さらにこう論じている。「それゆえ、真理の彼岸が消え失せた以上、さらに此岸の真理を確立することが、歴史の課題である。……こうして、天国の批判は地上の批判と化し、宗教への批判は法への批判に、神学への批判は政治への批判に変化する[7]」と。

シュタール

こうした状況の中で、近代国家論をローマ書十三章を用いて神学的に基礎づけようとしたのは、十九世紀を通じて、ただ一人、フリードリヒ・ユリウス・シュタールのみであった。

彼は、ヘーゲルのように、「国家として存在することとそのことが倫理的理念の現実態でありうる」という主張には否定的だった。なぜなら、このヘーゲル的テーゼには、「国家の神格化」に通ずる誘惑がひそんでいるのだから。じっさい、そうした主張からは「人間の意志を——それが個人意志であれ、共同意志であれ——地上の主としようとする国家絶対主義」が生まれ、そこでは、「法も自由も否定される」ことにならざるをえないであろう[8]。したがって、この危険から逃れようとすれば、国家ないし国家の法は、「人間全体を優越する力」の中に基礎づけられていなければならない。こうした基本的立場に立って、シュタールは、ローマ書十三章(一—五節)を引きながら、明確に、それにもとづいて国家論を展開する[9]。

「政治的権威(Obrigkeit)のあるところ、それは神によって立てられたものである(ローマ書十三章)」。シュタールにとって、「国家が神的制度である」ということは、「その威信が神の命令と秩序とにもとづく」ことを意味する。それは、けっして「神の直接的な(自然を突き破る)行為」にもとづくという意味ではありえない。彼もまた、特定の憲法体制や王朝が「人間の意志を媒介として」成立したことを承認している。しかし、それらは、「人間の意志によって」成立したものではない。むしろ、「多くの錯綜した意志の測るべからざる結果」であり、それも「意味のない偶然」ではなく「神の摂理」にもとづくのである。

こうしてシュタールによれば、政治的権威は《神によって立てられ》ているばかりか、さらに《神の僕《しもべ》》であることに、その「使命」をもつ。それは、政治的権威の命令そのものを「神の戒めとみる」ということではない。むしろ、権力の《職務》が「神の戒めを保持する」ことにあるという意味である。権力は、その法を「たんに神の秩序に従ってではなく、神の秩序のために行使する」。こうして権力は《神の僕》としてのみ「悪事を行う者に対しては、怒りをもって報いる」者となる。それゆえに「絶対的な倫理的力である神にのみ帰しうる属性である尊厳性」が政治的権威にあたえられる。このような「公共的性格」をもつ国家にたいして「個人的なもの、私的なもの、たんに人間的なもののいっさいは、服従しなければならない」。

こうして最終的に「国家の活動は、事実上、――たとえ隠れてはいても――神の働きかけにもとづいている」。もろもろの国家を形づくり保つのは「神の息吹」であり、国家は「神の手中にある道具」である。個人であれ大衆であれ、それにいかに反逆してみても、この「世代を通じて存続する制度」の力は勝利を収める。その権力は、じっさい、「人類全体の究極的な堕落に抗する防壁」である、とさえ断言される。国家は、この地上の外的状態を「神に代わって秩序づけ、促進し、秩序の侵害を処罰し、まさにそれによって人間の共同体の倫理的＝理性的意志を確証する。……そのために国家は、神の尊厳性と神の全権とを地上において備えているのである。国家は、――たとえもっとも曇った仕方ではあれ――つねに神的＝人間的な国《ライヒ》でありつづけるのである」と。

こうしてローマ書十三章に即して展開された国家論は、「グロティウスからカント、さらにルソーにいたる近代の法哲学」の説く社会契約論的構成を否定せざるをえない。なぜなら、それらの理論は、「国家から独立した権威を奪い、その成員の合意の上に国家を基礎づける」ものだから。したがってまた、シュタールにとって、権力による「契約違反」を口実として人民が反抗する権利はない。それは「法の根拠」から許されないだけでなく、「人倫と宗教の根拠」からも認めることはできない。[10] ここでも、ローマ書十三章が引かれ、聖書が命じている服従が「暴君の極限と原型」とを示すネロ帝治下においてであったことを「とくに注目すべきこと」として強調している。

他方では、シュタールは、「受動的抵抗」、すなわち、権力の命令や禁止に従わないことが、事情によっては認められるのみか、むしろ、命じられることもありうる、としている。ちょうど初代のキリスト教徒が権力の命ずる国家祭儀を拒否し、禁止を犯して福音を宣教したように。権力の命令が神の戒めに反するとき、臣民は聖書（使徒行伝五・二九）にもとづいて服従を拒否する義務がある。なぜなら、「ここでは、臣民は、国家にたいして能動的に働きかけ権力を裁くのではなく、自己自身の良心を裁いているだけなのだ」から。ローマ書十三章五節の《良心》の批判的機能は、なお少なくとも個人的なレベルでは《受動的抵抗》として残されているようにみえる。しかし、それは、あくまでも国家的レベルにおいて「権力の変革、制御、追放」に介入せず、国家権力の「絶対的な最高権威」に手を触れない限りでのことであった。

じじつ、シュタールは《受動的抵抗》に関連して、「人民主権論の根底にある真理」の契機を実現することを「近代の使命」と呼ぶことさえためらわなかった。すなわち、「人民は主権者であってはならないが、国家が形づくる倫理的国《ライヒ》の共同の担い手であり保証人である」という。そのことの中に「君主が認めるべき人民の威厳が現われている」。むろん、他方では、「同じく人民は、君主の尊厳性を承認しなければならない」のであるけれども。君主は、もはやたんに被支配者たる人民に対立する権力ではなく、彼らとともに「精神的統一体」を形づくり、「ナショナルな精神で充たされた国《ライヒ》」とならなければならない、と説く。こうした「人民のいっそう高い地位」――それは「現代」を以前の時代から区別するメルクマールとされるのだが――は、シュタールによれば、すでに宗教改革によって道を開かれたものであるという。[11]

彼は、ルターの《信仰義認論》によってもたらされたプロテスタント的自由を政治原理としてもつ特異な《近代性》を強調してみせる。啓蒙的合理主義は、不信仰の自由から神の戒めを否定し、人民の支配としての革命の自由しか生みださなかった。これにたいして、「プロテスタンティズムの自由は、人民の自由な服従にこそある。……それは、真の国家権力、強力な王権の存在することを求める」。ここから、さらに宗教改革的な《万人司祭主義》が政治のレベルでの《万人公民主義》に対応する、とも主張する。それは「国王の臣民であるという名誉——よく統治された国家において最高の名誉を意味する——は、人民の中の各人に完全に、それゆえ平等に帰属するという国民のまったき権利、まったき名誉」にほかならない。

いわば《信仰義認論》は、倫理的・客観的《律法》＝国法を個人の《内面的意志》によって担保する推進力として機能するのである。その限りでは、シュタールの政治哲学は、民衆の《非政治化》という点においては、たんに《政治的無関心》をつちかうだけの宗教的敬虔よりも、いっそう危険な影響力を秘めていたとも言えるだろう。ここでは、政治過程にたいする本来の決定権と責任は、ことごとく君主の人格に集中させられている。臣民は、現実には、政治的意志形成の過程からは排除され、逆に信仰による自発的服従と忠誠とを吸いあげられるにすぎない。

このシュタール型《一君万民制》においては、ローマ書十三章とともに、プロテスタンティズムの原理が《致命的に誤った政治神学》(R・シュトルンク)として転換されていることは明らかである[12]。

立憲主義の途上で

一八三〇年および一八四八年にくり返された革命の波に抗して、シュタールは、神を究極的根拠とする正統主義原理を対峙させた。じっさいまた、この激動の時代に、シュタールの思想がドイツの保守的な市民層の政治意識を形づくる上で大きな影響をあたえたことは否定できない。その一つの例を一八五〇年のシュトゥットガルトにおける教会大会における、ルター派の神学者イーザーク・A・ドルナーの主題講演にみることができる。

その中で、ドルナーは、ローマ書十三章一節に即して、国家を「人間の倫理的発展のための自然的前提条件」であり、政治的権威(Obrigkeit)を、たんに「有用な存在」とみることに反対する。むしろ、そこには、「神の思想の現実化」、「神的尊厳性の反映」が示され、キリスト者の積極的な関わり方は「神奉仕」の行為だという。ただし、彼は、パウロの言う「すべての人」には、「統治者と被治者とがともに想定されており、彼らは、より高い秩序、《権威《エクスーシアイ》》(ローマ一三・一)、すなわち、法と法律とに従属する」と説いた。ここには、絶対主義にも人民主権にも反対する温和な立憲主義の政治路線があらわれていた。

しかし、ドルナーは、国家権力によって明白な法違反(使徒行伝五・二九による)がなされる場合には、それにたいする「抵抗は犯行ではない」と論じた。具体的には、それは、命令にたいする「不服従」にとどまらず、場合によっては「実力を用いる行動」の形をとることもありうる。ドルナーは、当時、デンマーク王の支配に反対するシュレスウィッヒ＝ホルシュタインにおけるドイツ系民衆の行動を、まさにそれに該当すると――議長の制止を犯して――主張した。

ドルナー講演をめぐる討論では反対論が強かったが、とくにシュタールは、ドルナーのローマ書解釈に異論を唱えている。すなわち、民衆が服従すべき《権威》とは、制度としての《法》ではなく、権力の担い手である《人格》を意味することを強調している[13]。

その他、シュタールに近かったエルンスト・W・ヘンクステンベルクは、ルター派的正統主義者として、かねて保守党の政治家ゲルラハ兄弟たちとともに、革命に反対してローマ書十三章に訴えてきた。彼は、ドルナー的解釈にたいしても、それを《神学の衣裳をつけた詭弁》として激しく糾弾した。ローマ書十三章にもとづく抵抗権の拒否は、ここでは、シュレスウィッヒ＝ホルシュタインの民衆にたいする民族主義的・宗派的な連帯感よりも、いっそう強力だった。[14] こうしてみれば、ローマ書十三章は、革命に反対する保守派にとってと同じく、民族自決権を擁護するナショナルなリベラル派にたいしても、なお政治行動の規範たりつづけたことがわかる。

こうした中で、むろん、いっそうリベラルな解釈に立つ少数の例外もなかったわけではない。たとえば、フランスとしての七月革命の煽りを受けて一八三三年にハノーファーで一度採用された自由主義的な憲法が、一八三七年に、《国父》としての国王の意志にもとづいて破棄される事件が起こった。このとき、ゲッティンゲン大学の七教授は、それに抗議して《良心の抵抗》（F・C・ダールマン）を証言した。これにたいして、国家権力の側は、教授たちの罷免と追放とをもって応えた。この憲法紛争においても、むろん、聖書テキストの関与する余地はほとんどなかった。

しかし、七教授の一人、ハインリヒ・エーヴァルトの場合、神学者として、ローマ書十三章に触れないではすまされなかった。「仕えるべき唯一の主」たる国王にたいしては絶対的服従あるのみという批判者の声にたいして、彼は反論している。「彼らは、臣民とは何であり、臣民の忠誠とは何であるかを理解していない。また「すべての人は、上に立つ権威に従うべきである」という聖句を——キリスト教的に服従するとはどういうことか考えることなしに——機械的に唱えているにすぎない」と。

エーヴァルトによれば、たとえ「判決や法律なしに処罰が告知されるとき」にも、キリスト者としては権力に服従するが、それは「恐れからでもなければ、それを正当とみなすから」でもない。むしろ「粗暴な反乱」によって、「見通しのきかない暴力行為の連鎖」を断つためである。しかし、「神において自由なキリスト者は、過誤や失策、不法や神に反するあらゆるものに服従はしない。それらに反対して、精神の武器によって、聖なる神の言葉によって、また法律の保護のもとに身を守ることは、許されているのみか、義務と責任であると信じる」。エーヴァルトは、権力に反対する自分たちの政治行動の根拠として、あえてペテロの言葉（使徒行伝五・二九）に言及している[15]。

しかし、当時のドイツ・ルター主義を全体として見渡すとき、その領邦教会的伝統の中では、ほぼ一貫して、君主がつねに《上に立つ権威》（ローマ一三・一）を具現するものとしてみられてきたことは否定できない。そこでは、国家権力にたいする臣民の服従＝忠誠義務の意識が深く定着していた。権力にたいしては、抵抗することはもちろん、異議を唱えることさえも、許されない反抗として受けとられてきた。たしかに、ドイツ敬虔主義の思想圏内では、折にふれて、領邦君主制的教会管理の現状にたいして、慎重ながら批判が口にされることもあった。しかし、それらは、既存の国家体制について原理的な変革を目指すものではなかったし、むしろ、多くは統治者の信仰的敬虔に訴えかけることを意図するものにとどまっていた[16]。

たとえば、アルブレヒト・ベンゲルの『グノーモン（新約聖書の指針）』（一七四二年）は、敬虔主義から生まれた代表的な注解書として有名である。それは、ギリシア語原典に忠実にテキストを一句ごとに注釈したもので、本文批評の先駆をなす画期的な研究といわれている。しかし、ローマ書十三章そのものの解釈としては、このテキストから、およそ権力批判に関わる契機は何一つ引き出されてはいない[17]。

こうした基本的特徴は、十八世紀から十九世紀を通じて、ほとんど変わらなかった。十八世紀の代表的な敬虔主義的讃美歌作者フィーリプ・フリードリヒ・ヒラーがローマ書十三章一節を主題として神を賛美した詩がある[18]。

「私が安らかに自分のパンを食べ、
たしかな足どりで人生を歩み、
殺人者や盗賊の難から免れるように

あなたは、政治的権威を通してお守り下さいます。
私が平和のうちにあなたの御言葉を聞き、……
墓の中に最後の憩いを見いだすことができるのも、
私たちのことを御心にとめて、
キリスト者に為政者をあたえて下さる主なる神、あなたのお陰です。」

この時代の神学は、一般に敬虔な意識を培うことを重視していたが、それは、聖書釈義においても同じであった。たとえばフリードリヒ・A・トールック（一八二四年）からヨーハン・トビーアス・ベック（一八八四年）にいたるまで、ローマ書の講解でも、ルター主義的な立場からする保守的解釈がほぼ一貫している。(19)

十九世紀末

これらの中で、すぐれた批評的注解書として著名なハインリヒ・A・W・マイアー『ローマ書注解』（第五版、一八七二年）の釈義を一瞥してみよう。

マイアーによれば、十三章のテキスト冒頭において、パウロは国家権力の「神授権」をはっきり表明している、という。キリスト者は、「その上にある支配が事実上(de tacto)存続するかぎり――それは神的意志の働きなしに存在しなかったのだから――神によって立てられたものと」みなさなければならない。これは「暴政や簒奪した権力にも」適用される。ここでは、《人間に従うよりも神に従う》（使徒行伝五・二九）といった政治的極限状況について、いっさい触れることなしに、パウロが「ただ服従という主要な命令をあたえているにすぎない」という。

服従の《良心》(ローマ一三・五)的根拠については、「神の秩序によって拘束されている」ことが認められてはいる。しかし、そのことは批判的可能性と結びつくよりも、たんに服従が「倫理的に」根拠づけられていることを確証するにとどまっている。テキスト末尾(ローマ一三・七)の注解でも、「権力をもつ者の地位が高くなり強力になればなるほど、彼らは、一般に恐れられることを求める」。逆に、その地位が低いときには、「そのポストにふさわしい敬意」が期待されるにすぎない、という。すなわち、この注釈では、権力批判と関連するような仕方で、《恐れ》を《敬意》から区別したり、あるいは《恐れ》をとくに神との関わりにおいてとらえるような視点は見当たらない。[20]

こうしたローマ書十三章の釈義を、試みに同じ時期にフランス語圏あるいは英語圏で出版された代表的な注解書と比較するのは興味深い。そこでは、いちじるしく対照的な解釈がなされていることを印象づけられるであろう。一例として、スイスの新約学者フレデリック・ルイ・ゴデーの『ローマ書注解』(一八八〇年)から引いてみよう。[21]

ゴデーにとっては、すでに冒頭の現在形で示された命令法「従うべきである」(一三・一)という行為は、「自分自身を下位におくこと」、すなわち、「行為する者が自分自身にたいして——しかも不断に——行なう反省的行動」を意味する。つづく文章で、パウロは、こうした「従う」義務について二つの理由を示している。

「第一に国家という制度は、人間を社会的存在として創造したもうた神的計画にもとづいているということ、したがって、われわれは、政治的権威の存在することに神の御旨の実現を認めるように命じられているのである。さらに一歩を進めて、パウロの第二の理由付けでは、いずれの時代であれ、これら高い官職についている人びとは、ただ神の配剤によってのみ、その地位を占めているということである」。

したがってまた、ゴデーによれば、「神の定め」(一三・二)という概念には、「制度」という意味とともに、「それを定めるのは神御自身であるという事実」も含意されているという。いわば国家の存在という客観的側面にとどまらず、むしろ、その根底にある神の主権的意志に目を向けているわけである。

このようにテキストを順次講解しながら、ゴデーは、パウロ自身の提出しなかった問題にも入っていく。すなわち、革命による権力の移行期における服従のそれである。パウロの示した原則からすれば、キリスト者は、旧体制の抵抗が終わった場合、新しい権力に服従することを求められる。キリスト者は「いかなる反動的陰謀にも加担しない」。しかし、不正な手段をもってする国家権力にたいしては、パウロの求める《服従》は「受動的抵抗」の形をとって示されることとさえあり、「言葉による抗議や行動による抵抗」さえ除外されない。ただ、その際、抵抗することによって権力から加えられる処罰をも冷静に受容するのでなければならない(使徒行伝五・二九、四〇以下、参照)という。いわば《市民的不服従》の形をとった抵抗が想定されているわけである。

ゴデーが「この服従的な、しかし、確乎たる行動」を「権威の不可侵性にたいする尊敬」と呼んでいるのは、まことに注目に値する。権威にたいする真の服従が転倒した権力にたいする批判と抵抗の形においてのみ示されるというのは、あきらかにカルヴァン主義的な響きをもつ。「経験の示すところでは、このようにしてのみ、すべての暴政は打ち倒されて来たし、人類の歴史におけるいっさいの真の進歩も達成されてきたのである」と。

服従の根拠としてパウロのあげる《良心》(ローマ一三・五)に関しても、ゴデーの講解は含蓄に富む。

「国家が処罰手段として武装しているだけなら、それを恐怖とみなすことで十分である。しかし、国家は、人びとのあいだに正義を打ち立てるための神の代理者なのである。それに従わねばならないということは、良心の原理から出てくる。使徒〔パウロ〕が国家という制度を功利主義的な根拠にもとづける人たちよりも、はるかに高貴な国家観をもっていたことは明白である。……この教えは、日々、異教徒による行政に宿る腐敗を目撃していたキリスト教徒にとって、いっそう必要なものだった。彼らは、制度の濫用だけでなく、制度そのものに対しても、それを強く非難する誘惑にさらされていたのだから」。

とはいえ、ゴデーによれば、パウロは《良心》を服従の根拠と主張することによって、間接的に「この服従の限界」に触れているのだ、という。国家が神の名によって統治しているという理由づけは、国家が神の法に反することを命ずる場合、国家にたいして「その行動とその〔神からの〕委託とのあいだの矛盾を痛感せしめる」ことをこそ求めるものである。「国家の神的原則にたいする尊敬」は、そのような場合に「抗議の形で表明される敬意によって」のみ示される。ここでも、先述の講解と同じ趣旨がくり返され、批判的姿勢が強調されている。

さきにシュタール以後、ローマ書十三章は近代国家論からは姿を消したことを指摘した。しかし、むろん、教義学ないし組織神学においては、――キリスト教倫理の末尾の部分で――国家論をとりあげる際に、なおローマ書十三章が登場した。しかし、そこでも、とくにドイツの場合、基本的に個人的敬虔が主題とされるところから、ルター主義的教理にもとづく保守主義的色彩が強かった。一例としてエアランゲン学派の代表者フランツ・H・R・フランクの『キリスト教倫理体系』(一八八七年)についてみてみよう。

フランクによれば、国家の課題は、外的な法秩序を通して、恣意やエゴイズムから生まれる共同体破壊的な欲望を阻止し、「罪を制止し、制御すること」にある。「政治的権威《オープリヒカイト》は、日毎のパンのように必要であり、悪い権力も、つねに権力のないことにまさる」。パウロが単純に「「現存の」政治的権威を神の立てたものといい〔ローマ一三・一〕、さらに「良心のために」〔ローマ一三・五〕それに服従することを命じた」内的理由も、そこにある。この権力行使を託された者たちは「神の僕」〔ローマ一三・四〕なのであり、彼らには「神的正当性」があたえられている。[22] もっとも、フランクは、「政治的に保守的なキリスト教陣営で稀ならず唱えられる」政治的権威の直接的な神授権説にたいしては、「不健全な〔権力〕崇拝」として反対する。国家秩序と国家権力とは「神の導きの下に立ちつつ、人間の参加する過程」の中で成立するのだから。

ローマ書十三章のいう《権威》をもつ国家権力は、けっして特定の政治形態には限定されない。人民の選択から独立した君主制に較べて、人民主権をとることが、キリスト教的性格において劣るとは言えない。むしろ、現実の国家権力が神的尊厳性をまとい、神の名において服従を求めるような場合、それは、みずから「尊厳性と権威とを失い、神に反するたんなる人間的制度のレヴェルに転落しているのである」[23]。とはいえ、フランクにとって決定的なのは、個々のキリスト者が具体的に所属する、そのときどきの国家にたいして忠実に服従することだった。

「現存のいずれの国家権力も神によって基礎づけられたものであるゆえ、またそこから引き出される服従の義務のゆえに……キリスト者は、政治的権威の側に立っているべきであり、それを暴力を用いて転覆させ、あるいは改革しようとする者たちの側につくべきではない。これは、そうした暴力行為をともなうことなしに変革を目指す倫理的可能性の有無にかかわらず妥当する」。

彼は、《為政者の権利》を引き合いに出して、あるいはまた「公共の福祉」を理由として、既存の体制を暴力的に変革することを正当化する「キリスト教倫理家」たちを「虚偽とこじつけ」として批判している。

こうして、フランクは、終始一貫して、「「現に存在する」政治的権威〔ローマ一三・一〕こそ神に立てられたものである」という原則に固執する。それゆえ「従来もっていた権力を失い、事実上、その政治的権威としての機能を果たしえなくなったときには、キリスト者は、良心のやましさなしに、――たとえ重い心をもってしても――「現に存在する」政治的権威に順応し、それを政治的権威として承認しなければならない」。フランクはこう断言する。「われわれは出て来た結果を受け入れることを許されているが、それを招来するために共に協力することは、――良心のやましさなしには――なしえないのである」[24]と。

ここでは、ルター主義的な保守主義の基調を共通にしながらも、それがシュタール的な国家論の文脈から離れて、個々のキリスト者の行動原理へ転換させられていることがわかる。いわば領邦君主にたいする前近代的な服従倫理を、高まる自由主義の波の中で姿をみせ始めた近代的立憲国家へ移し変える試みといってよい。しかし、ここでは、すでに個々のキリスト者がたんなる《臣民》にとどまらず、政治参加の責任を担う《市民》でなければならないという事実は忘れられたままである。

十九世紀末から二〇世紀初頭にかけて、キリスト教社会倫理の中心に、こうした市民的さらに社会的課題が登場しはじめる。そのとき、これらの問題に真剣に取り組もうと努めたリベラルな神学者やキリスト教政治家たちにとって、ローマ書十三章は、もはや思想的・理論的前提からは落ちていった。たとえばフリードリヒ・ナウマンの場合、イエスの《山上の説教》の理念こそ、彼が新しくキリスト教的社会主義の運動に入っていくための呼びかけとなったのだから。[25]

カトリック教会の解釈

ここでカトリック教会側のローマ書十三章解釈の基調を短くふりかえっておこう。反宗教改革運動いらい、カトリック神学のローマ書解釈には、ほとんど新しい特徴はみられなかった。宗教改革的解釈による異論にもかかわらず、このテキストは、依然として教会の権利を根拠づけるものと解釈されてきた。[26]すなわち、教会は、国家権力から保護や援助のみでなく、その自発的な服従をも要求することができるとするものである。

それは、十九世紀の初めにおいても、なお大筋において変わらなかった。

ケルン大司教ドロステ・ツゥ・フィッシャリングは、一八三七年末、《混宗婚》とその子どもの教育の問題をめぐってプロイセン政府と対立した。この《ケルン教会紛争》の体験を彼は『教会と国家との平和について』(一八四三年)の中で、つぎのように総括している。彼によれば、ローマ書十三章(一－二節)の《権威》は、国家にたいする教会的要求を主張したすべての人びと――ボニファチウス八世やイエズス会の人たち――と同じく、「教会権力と国家権力」とを意味しており、後者は、この世的事項にのみ関わるべきものである。同じくテキスト末尾の「義務」を負う「すべてのもの」(ローマ一三・七)には、世俗の統治者のみでなく教会の権利も平行して論じられる。国家権力は、「益を与えるための神の僕」(ローマ一三・四)という規定から、たとえば、学校やその他の教育機関を通して人びとを教育する委託を引き出すことはできない、と批判される。[27]

しかし、この世紀も後半になると、たとえば《文化闘争》(一八七一－八六年)をめぐる論争の中で、カトリック中央党の指導者ルートヴィヒ・ヴィントホルストも、彼の国家観において懐疑的な論敵の非難をかわすために、パウロの服従の戒め(ローマ一三・一)を引き合いに出さざるをえなかった。「この聖書の戒めを守り、最善の意志と良心とに従って、私の服従義務を果たしてきた」[28]と。

この当時のカトリック神学者のローマ書釈義にも、こうした基調の変化があらわれている。原則として古代教父いらいの釈義を尊重する姿勢は変わらなかったが、しかし、国家権力の服従を求める古い教会的権利要求は、もはや前景には立たなかった。そうした変化は、教皇座からする公式の宣言にも認められる。[29]一例としてレオ十三世の回勅『インモルターレ・デイ』(一八八五年)は、ローマ書十三章に関するカトリック教会の《近代的》な注釈として規範となるものであろう。

ここでも、国家の本質は、伝統的に自然と神の創造から引き出される。「したがって、公権の起源は神以外にはない(ローマ一三・一参照)」。逆に、国家権力の起源は、「多数の中に」求めるべきではない。さらに、また「反逆は理性に反する」ものとして否定される。「主権それ自体は、一つの国家の政体に必然的に結びついているものではない。実際に有益であって、公共の福祉に適したものであれば、この政体またはあの政体をとることができる」。こうして近代国家への適応の道が開かれている。しかし、その中で、「教会の権威」は、「教会の目的」がもっともすぐれているのと同じく、「すべての権威の中で最もすぐれたもの」である。それが「国家の権威に劣るものであるとか、またはそれに従属するものであると決して考えてはならない」。

国家と教会との両権威は、一方を他方から「切り離したり、相互に権利を主張して紛争を起こしたりせず、双方の独自の目的にかなった完全な調和が保たれなければならない」。ここでは、いわゆる政教分離の原則はとられていない。国家は宗教の務めを軽視してはならないばかりか、「あらゆる宗教に同じ好意を示すことは許されない」。こうした条件のもとにおいてはじめて、国家にたいする個々のカトリック信徒の服従が許容される。

第二ヴァティカン公会議にいたる道は、なお遠かった。

(1)　これは『国家論講義』(一八二九年)の一節である(Vgl. Fr. Schleiermacher, *Sämtliche Werke*〔以下、*SW.* と略記〕, III/Bd. 8, 1845, S. 2)。一八一七年の同じ講義でも、「形而上学的な政治学」では「民族的特性のさまざまの働きに属する局面」が見失われる、として批判的である(Vgl. *a. a. O.,* S. 1)。国家の成立を契約論に求める見方にたいする批判は、vgl. Ders., *Entwurf eines Systems der Sittenlehre,* in: *SW.* III/Bd. 5, 1835, S. 275 ff.

(2)　Schleiermacher, *SW.* II/Bd. 4, S. 30-40. シュライエルマッハーは、『キリスト教倫理講義』(一八二二/二三年)の中でも、ローマ書十三章にもとづいて、国家権力にたいする服従を求めている。彼によれば、何ぴとも——たとえ一時的であっても——国家的共同関係を解消してはならない。国家権力が誤る場合にも、キリスト者は権力にたいして、いっそう改善すべき点について教示するように努めるべきだ、という。それは、単純な権力肯定というより、独自の《有機的国家》観を踏まえてのこととみるべきであろう。なお、彼は、不正とみなされる戦争に参加しない従軍拒否をも明白な反逆としている。ここにも、《解放戦争》いらいの愛国主義的ナショナリズムが反映されているようにみえる(Vgl. Schleiermacher, *SW*. I/Bd. 12, S. 264 ff. u. 284)。

(3) G. Holstein, *Die Staatsphilosophie Schleiermachers*, 1923, S. 101. なお、《解放戦争》後に拡がった《神とともに国王と祖国のために》というプロイセンの新しい国家意識については、新しい研究として、vgl. G. Graf, *Gottesbild und Politik. Eine Studie zur Frömmigkeit in Preußen während der Befreiungskriege 1813-1815*, 1993, S. 101ff.

(4) G. Fr. Hegel, *Grundlinien der Philosophie des Rechts*, 1821, III/3, § 258(『法の哲学』上妻・佐藤・山田共訳、岩波書店、所収)。

(5) Hegel, *a.a.O.*, § 270. なお、vgl. Ders., *Enzyklopädie der philosophischen Wissenschaften im Grundrisse*, 1827, § 483(『精神哲学』船山信一訳、岩波文庫)。

(6) Vgl. Wilkens, *a.a.O.*, S. 59f. ヘーゲルとプロイセン国家との関わりについては、vgl. R. K Hočevar, *Hegel und der Preußische Staat. Ein Kommentar zur Rechtsphilosophie von 1821*, 1973(『ヘーゲルとプロイセン国家』福寿真美訳、法政大学出版局)。さらに新しい研究として、山崎純『神と国家——ヘーゲル宗教哲学』(創文社、一九九五年)参照。

(7) K Marx, *Zur Kritik der Hegelschen Rechtsphilosophie*. Einleitung, in: *Marx-Engels Werke*, Vol. 1, S. 378-379(『ヘーゲル法哲学批判序説』城塚登訳、岩波文庫)。

(8) Vgl. Fr. J. Stahl, *Philosophie des Rechts*, 2. Bd.: *Rechts- und Staatslehre auf Grundlage christlicher Weltanschauung*, 3. A. 1856, S. 134, 140 u. 158. シュタールおよびその法=国家思想については、たとえば、vgl. Chr. Wiegand, *Über Friedrich Julius Stahl (1801-1862). Recht, Staat, Kirche*, 1981. ヴィーガントは、シュタールの代表理論を《擬似立憲主義》

と呼んでいるが、他方では、シュタールが「ゲンツやミュラーなどの反動的理論にたいして断固として反対した」ことを正当に指摘している(*A.a.O.*, S. 261 u. 260)。邦語文献として、中村哲「シュタールの神政国家論」(『国法学の史的研究』日本評論社、一九四九年、所収)参照。

(9)　Vgl. Stahl, *a.a.O.*, S. 176-185(§ 48-§ 52).

(10)　Vgl. Stahl, *a.a.O.*, S. 541-545(§ 150), u. 548-549(§ 151).

(11)　Vgl. Stahl, *a.a.O.*, S. 538 f. (§ 149). 以下の議論は、とくに、vgl. Stahl, *Der Protestantismus als politisches Prinzip*, 1853, Neudruk 1987, S. 31 f. ベルリンのプロテスタント団体のためのこの講演で、シュタールは、ローマ書十三章を引いて、「世俗的権力は直接に神から由来し、教皇によって間接的に成立したものではないこと、また世俗的権力は独立した神からの権力であり、教皇に従属しないこと」を強調している。そうした事実にもとづく尊厳性こそ「君主の神的権利」なのであり、それをこれまで「プロテスタント的捏造」としてきたカトリック的教理と闘ってきた宗教改革者たちの背後には、「原始プロテスタント」たる使徒パウロ自身が立っている(Vgl. *a.a.O.*, S. 16)という。

(12)　シュタールが「多数決(Majorität)ではなく権威(Autorität)を」と対比させたとき、基本的には正統主義的王政を議会制に対立させるものだった。彼自身、それを「現代における政治闘争の焦点を射当てたスローガン」(!)といい、その「究極的根拠は、国家権力を神から由来するとみるか、それとも人間から由来するとみるか、という点にこそひそんでいる」と言い切っていた(Vgl. Stahl, *Philosophie des Rechts*, *a.a.O.*, S. 176 A. (§ 48). なお、とくに、vgl. R. Strunk, *Politische Ekklesiologie im Zeitalter der Revolution*, 1971, S. 192 f.; H. Zilleßen, *Protestantismus und politische Form. Eine Untersuchung zum protestantischen Verfassungsverständnis*, 1971, S. 67 ff.

(13)　この教会大会の記録によれば、ドルナーは、シュタールの『法の哲学』の文章をも指摘して、自分の意図するところと矛盾していない、と言明している。ドルナー講演とそれをめぐる討論については、vgl. Den Bericht v. W. Krafft: Der Kirchentag in Stuttgart, in: *Monatsschrift für die evangelische Kirche der Rheinprovinz und Westphalens*, 1850, S. 239 ff. なお、のちになってからも、シュタールは回顧の文章の中で記している。国家権力の《人格的》担い手にではなく、《制度》

にたいする服従を口にするのは「一七九一年の憲法原則」であって使徒パウロの原則ではない、と(Vgl. Stahl, *Philosophie des Rechts, a. a. O.*, S. 545 A.)。

(14) Vgl. Bauer, “Jedermann sei untertan der Obrigkeit”, *a. a. O.*, S. 282; Schulze, *a. a. O.*, S. 565.

(15) Vgl. H. Ewald, *Worten für Freunde und Verständigung*, 1838, S. 18-20. 七教授事件については、vgl. G. Meinhardt, *Die Universität Göttingen. Ihre Entwicklung und Geschichte von 1734-1974*, 1977, S. 52-56. とくに、vgl. H. P. Bleuel, *Deutschlands Bekenner. Professoren zwischen Kaiserreich und Diktatur*, 1968, S. 23ff.(『大学知識人の思想史』平野一郎訳、黎明書房)。一八三七年に即位した新王エルンスト・アウグストは、一八三三年憲法には「王室の一員としては賛成をした覚えがない」という奇妙な論理で、これを破棄した。エーヴァルトは、のちゲッティンゲン大学に復帰してからも、一八六六年にハノーファーがプロイセンに併合されたとき、プロイセン国王への忠誠宣誓を拒否し、その権力政治を批判して、ふたたび罷免された。

(16) たとえば、シュペーナーは、ローマ書十三章によりつつ国家権力の神による制定と官憲の尊厳性とを承認しているが、同時に、国王たちの上に立つ《最高の王》としてのキリストの権威と支配とをいっそう強調する。人間の《良心》は直接にキリストの支配に属し、国家権力の及ぶところではない。彼は、ルターの『世俗の権力について』にたいしても、権力の自己目的性への傾向をもつものとして批判的である(Vgl. M. Kruse, *Speners Kritik am landesherrlichen Kirchenregiment und ihre Vorgeschichte*, 1971, S. 38ff.)。その他、G・ミュラー「キリスト教と社会思想——ヴュルテンベルク福音主義教会史における社会主義的モティーフ」(清水禎文訳、東北大学法学会『法学』第五十五巻第六号、一九九二年、所収)参照。

(17) たとえば、《神によって立てられる》(ローマ一三・一)ことからも、権力の座にある「人間の無秩序」よりも、権力そのものの「神的秩序性」が引き出されるにすぎない。《良心》(同一三・五)についても、善事を行なうことによって《神の僕》たる権力者からの称賛が期待される、というだけである。《恐れ》(同一三・七)も、いっそう高い「敬意、尊敬」とされるだけで、神ではなく人間にあたえられるものとされる(Vgl. J. A. Bengel, *Gnomon Noui Testamenti*, deutsch: v. C. F. Werner, Bd. II/1, 1876, Nachdruck 1960, S. 109-111)。もっとも、ベンゲル的終末論は、ヴュルテンベルクにおいては公権力の宗教政策にたいする批判から敬虔主義的分離派を生み出した歴史をもつ。

(18) Zit. nach M. Brecht, Philipp Fr. Hillers Geistliches Liederkästlein, in: M. Brecht (hg.), *Der Liederdichter des württembergischen Pietismus*, 1999, S. 127-128.

(19) Vgl. Fr. A. G. Tholuck, *Auslegung des Briefes Pauli an die Römer*, 1824, S. 483-487; F. T. Beck, *Erklärung des Briefes Pauli an die Römer*, 1884 S. 204-208. トールックとベックの神学的立場については、バルト『十九世紀のプロテスタント神学』(『バルト著作集』13、安酸・佐藤・浜崎共訳、新教出版社)一三三―一四五頁、二九五―三〇六頁、参照。

(20) Cf. H. W. Meyer, *Kritisch-Exegetisches Handbuch über den Brief des Paulus an die Römer*, 5. A. 1872, S. 554-563. この注解書は、第六版(一八八一年)以後、ベルンハルト・ヴァイスによって継承されているが、十三章解釈の基本的論旨には変わりがない(Vgl. B. Weiss, *Der Brief an die Römer*, 8. A. 1891, S. 528-536.)。

(21) Cf. F. L. Godet, *Commentaire sur l'épître aux Romains*, 1880, New American ed. 1977, p. 439-446. 同じ頃出版されたイギリスの新約学者W・サンデイとA・C・ヘッドラム共著の著名な『ローマ書注解』(一八九五年)でも、ルター主義的な注解書にたいして対照的である。たとえば権力の神による設定(ローマ一三・一)を注釈して、それがユダヤ教文献に共通する原理であるとした上で、「神の権力が地上のすべての主権者たちの権力よりもいかに強大であるかを示すため、あるいは、彼らのすべてのわざが彼らの上にある一人の方にたいして責任を負うものとして統治者の義務を宣言するために」導入されている、とする。テキスト全体にたいする講解においても、たとえば「わたしの国はこの世のものではない」(ヨハネ一九・三六)や「カイザルのものはカイザルに、神のものは神に返しなさい」というイエスの言葉を引き、それを「国家権力とキリスト教との真の関係を根拠づけた」ものとして強調している。パウロがローマ書(一三・七)を記したとき、このイエスの言葉を記憶していなかったと考えることは困難だ、と言い、こうした見方からパウロが「キリスト教的な政治の基礎になければならない諸原則」、すなわち、国家の神的設定、国家目的としての福祉、政教分離などを打ち出している、とする(Cf. W. Sanday & A. C. Headlam, *A critical and exegetical Commentary on the Epistle to the Romans*, 1895, 5th ed. 1902, rep. 1971, p. 365-372)。

(22) Fr. H. Frank, *System der christlichen Sittlichkeit*, 2. Hälfte, 1887, S. 430, 433 u. 431. なお、当時におけるフランクの神学史的位置づけについては、vgl. Chr. E. Luthardt, *Geschichte der christlichen Ethik seit der Reformation*, 1893, S. 651 ff.

(23) Frank, *a. a. O.*, S. 435, 437 u. 449.

(24) Frank, *a. a. O.*, S. 437, 442 u. 439 f. なお、vgl. Wilkens, *a. a. O.*, S. 62.

(25) Vgl. Fr. Naumann, *Das soziale Programm der evangelischen Kirche*, 1891, in: *Werke*, Bd. 1. hg. v. W. Uhsadel, 1964, S. 141 ff. フランク的倫理からの《転換》については、とくに、vgl. I. Engel, *Gottesverständnis und sozial-politisches Handeln. Eine Untersuchung zu Friedrich Naumann*, 1972, S. 23 ff. u. 33 ff.

(26) Vgl. Keienberg, *Die Geschichte der Auslegung von Römer 13, 1-7*, S. 116 f.

(27) Vgl. C. A. Droste zu Vischering, *Über den Frieden unter der Kirche und den Staaten*, 1843, S. 83 f., 116 u. 165. 《ケルン教会紛争》をめぐるカトリック的状況については、vgl. H. Geller, Sozialstrukturelle Voraussetzungen für die Durchsetzung der Sozialreform "Katholizismus" in Deutschland in der ersten Hälften des 19. Jahrhunderts, in: K. Gabriel und F.-X. Kaufmann (hg.), *Zur Soziologie des Katholizismus*, 1980, S. 66 ff.

(28) ヴィントホルスト発言については、vgl. I. B. Kißling, *Geschichte des Kulturkampfes im Deutschen Reiche* (3 Bde., 1911-1916), Bd. II, S. 65. なお、帝政期のカトリック的《環境》については、vgl. O. Blaschke und F.-M. Kulemann (hg.), *Religion im Kaiserreich. Milieus – Mentalitäten – Krisen*, 1966, S. 59 ff.

(29) Vgl. Keienberg, *a. a. O.*, S. 123 f. 教皇レオ十三世の回勅は、H・デンツィンガー編『カトリック教会文書資料集』(改訂第四版、浜寛五郎訳、エンデルレ書店、一九九二年)四七三―四七六頁。数年後の回勅『サピエンティアエ・クリスティアナーエ』(一八九〇年)では、基調を同じくしながらも、二者択一的な極限状況の中で、教皇と教会とにたいする服従が祖国や国家権力にたいするそれに優先することを強調している(Vgl. Schmidt (hg.), *Die Katholische Staatslehre*, S. 42 f.)。なお、一般に、vgl. L. Baur und K. Rieder, *Päpstliche Enzykliken und ihre Stellung zur Politik*, 1923.

4　二つの大戦の時代

1　教会闘争への途

第一次大戦後、プロテスタント神学に生まれた大きな転換は、まもなくローマ書十三章の解釈にたいしても、新しい光を投ずることになった。じじつ、これまで近代国家論の議論から姿を消していたローマ書十三章は、ナチ支配体制にたいする教会の闘争を契機として、ふたたび注目を浴びることになった。しかし、ローマ書の注釈書や新約時代史の研究に関するかぎりでは、しばらくは、まだ従来の解釈の線が大筋において守られているようにみえた。

二〇世紀初頭

とくに帝政の栄光にかげりがみえない状況では、ローマ書十三章は、手放しに「善事の目的に仕える神的秩序」とみなされていた。オット・プフライデラーによれば、《良心》による服従(五節)とは、政治的権威が「その倫理的な法にたいする尊敬から承認され、その要求を自発的に達成することによって尊敬されねばならない」ことを意味する。彼は、パウロのこの勧告が一般的な仕方で語られており、すべてのキリスト教会に妥当するものだ、としている(1)。

あるいはエルンスト・キュールによれば、パウロはローマ書十三章一節において「一般的原則」を語り、「生じうる紛争ケースにたいするカズイスティックな詳論」を加えようとはしていない。この命題の基本的特徴は「政治的権威と臣民とのあいだの権利と義務とに関する判断が、たんに外的な有用性の根拠などをすべて度外視して、純粋に宗教的視点から下されていることにある」という。こうして、既存の官憲秩序は「その法的権限を直接的に神からあたえられ」、そこから、さらに「神の定め」(一三・二)の命題にも接続する。パウロは「特定の既存の政治的権威のうちにある神的秩序」について語っており、こうして「無条件的服従」(一三・一)は、「良心」(一三・五)にもとづく服従として、「倫理的強制」による「内面的同意」の行動であることが求められる。[2]

しかも、こうした釈義の多くは、パウロ的勧告の背後に原始キリスト教における《リベルタン主義》的傾向(O・プフライデラー)、さらには《革命的ラディカリズム》(H・ヴァイネル)という具体的な歴史的状況を想定している。それは、直接的に証明されなくても、パウロによる「並はずれた国家の擁護と、その神による設定の強調」の中に、そうした危険が「いかに大きかったかが証言されている」とみるのである。[3]

同じくヴィルヘルム・リュトゲルトも、これまでのローマ書十三章の釈義上の論争を《歴史的》な観点から解決できると考えている。パウロの警告は、政治的権威にたいして「服従を拒否するばかりか、能動的な反抗」に出る可能性さえあったことを推定させる。その事実は、パウロがたんなる「納税拒否」から区別する形で「反抗」について論じていることにも示されている。したがって、パウロのいう「剣」(一三・四)からは、能動的な抵抗にたいしては刑罰権、しかも「死刑」が求められる。当時、主として異邦人キリスト教徒から構成されていたローマの教会には、霊的カリスマの過大評価と反ユダヤ教的な《反律法主義》が支配的だった。そこから原則的・宗教的に服従義務を否定する革命的傾向が生まれていた、と解釈される。[4]

こうして、ローマ書のテキストをもっぱら歴史的観点からとらえる解釈は、第一次大戦の時代まで、さらには一九一八年の革命的激動後も、なおしばらくのあいだは、ほとんど変わらなかったと言ってよい。[5] もっとも、帝政の崩壊によって生じた新しい状況の中で、政治的混沌にたいするキリスト者の対処の仕方を見いだすためにローマ書十三章を引照する二、三の例も存在した。

たとえば著名な新約学者テーオドール・ツァーンによれば、ローマ書十三章の釈義を踏まえて、まず、国家的権威を神の創造と摂理とにもとづく「神の僕《しもべ》」として認め、それにたいして「愛」と「感謝」とをもって服従することが説かれる。しかし、キリスト者の自由は、この服従にたいして「越えてはならない限界」をおく。国家が「何らかの罪ある行動を命じたり、人間の崇拝を要求する」ような場合、それは「神の僕」から「悪魔の道具」に変わっているのだから。

他方、ツァーンによれば、暴力にもとづく国家転覆の場合について、パウロは何ら論じていない。しかし、新しい権力がこれまで承認されてきた政治的権威に代わって服従を要求するのは「ローマ書十三章一節の使徒の言葉のひどい濫用」であり「非難」されるべきである。暴力革命の場合には、誰が正当な権威をもっているかは、第一義的には「個々のキリスト者の良心と政治的判断力」とに委ねられなければならない、という。

しかし、ツァーンによれば「われわれがその下に生まれ、かつ革命の瞬間まで生きてきた政治的権威と国家秩序とにたいして、われわれの良心をもっとも強く結びつけるのは、われわれが行なった（皇帝にたいする）宣誓である」。こうしてツァーンは、「君主制を神格化する」何らの理由もないとしても、その人間的なすべての弱点にもかかわらず、「ドイツ国民が長い歳月にわたって君主に負うている多くの善事にたいして感謝する」こと、「固く忠誠にとどまること」は、ドイツのキリスト者にとって「よい解決」でありつづけるだろう、と結論している。(6)

もっとも、ツァーンは、のちに著わした新しい『ローマ書講解』（第三版、一九二五年）では、この国家転覆の例外ケースについて、いっそう明快に論じている。パウロが求めているのは「その時々の移り気な選択や、あるいはこの世にたいするキリスト者の超越性という先入見に従って」、政治的権威にたいする承認と服従とを「あたえたり、あるいは拒絶したりする」ことではない、とされているのだから。「良心」による服従も、神によって設定された秩序にたいする義務に結びつくものとされ、現に成立している体制を積極的に支持する方向で論じている。それは、ヴァイマル共和国がすでに相対的安定期を迎えはじめていた状況と、あきらかに平行していた(7)。

二〇年代半ばの釈義には、こうした基調にもとづくものが少なくない(8)。とはいえ、ローマ書十三章における《良心》という服従の内発的な動機づけについては、意見が分かれていることも注目される(9)。じじつ、政治的権威にたいする服従と祖国愛とは、二〇年代を通じて、ドイツ・プロテスタンティズムの緊張をはらんだ主題となった。

たとえばケーニヒスベルクの教会大会における《祖国愛声明》（一九二七年）は、その一つの到達点と言ってよい。声明文作成委員会の手になる最初の原案には、こう記されていた。「現在のドイツの国家形態は憲法にもとづいて合法的に成立しているので、使徒の言葉〔ローマ一三・一以下〕に従って、それに服従することはキリスト者の義務である」と。もっとも、この文章には異議が提出され、キリスト者の服従義務にとって国家形態の正・不正について判断する必要はないという理由で抹消された。

最終決議文は、その末尾に次のように声明した。

「教会は国家のものを国家にあたえる。国家は、われわれにとって、固有の重要な課題領域をもった神の秩序である。聖書の勧告に忠実に、教会は民族、国家および政治的権威のために、執りなしの祈りを行なう。……教会は各人が神の言葉のゆえに国家的秩序に服従することを望む。教会は、各人がその共同責任を自覚し、民族と国家とを強化し改善するすべてのことに献身することを望む(10)」。

ここには、教会の党派的中立性が強調されていることを見逃すことはできない。

じつは、この大会では、重要な二つの基調講演が《対位法《コントラプンクト》》（K・ノーヴァク）を形づくっていた。すなわち、教会法学者ヴィルヘルム・カールによる「教会と祖国」と題する講演は、ヴァイマル共和国を公法学的に正当化した上で、さらにローマ書十三章を引いて国家への服従を根拠づけた。そこには、革命とそこから生まれた結果とを、歴史を導く神の支配にもとづける考え方が立っていた。

これにたいして、若い世代に属する組織神学者パウル・アルトハウスは「教会と民族性」について語り、国家、祖国、民族の根底的な革新を訴えた。彼の見解によれば、ドイツの現実は、民族と民族性の有機的な成長を妨げる「異質な支配」によって「痛ましい退廃」状態にある。この《異質なもの》とはユダヤ人であり、「破壊的な大都市的思考」、「無拘束な自我」による個人主義、「大衆への解体」、「非土着化と故郷喪失化」とをもたらしている……という。こうした《新保守主義的》な非合理主義は、《保守的革命》運動、ひいてはナチ・イデオロギーとも多くの点で共通するものをもっていた。

教会大会の声明は、キリスト者の服従義務を明確に規定することによって、国家への協力にたいする重要な指針をあたえたことは否定できない。しかし、深層心理にひそむ共和国にたいする不信や反感、反民主主義的な底流を完全に払拭するものではなかったと言わなければならないであろう。(11)

バルト＝ブルトマンの線

こうした中で一九三〇年代の初めいらい、ヴァイマル共和国の政治的緊張の高まりと平行して、突如、現代の国家あるいは政治にたいするキリスト者の関わりが白熱した論議の的となった。ローマ書十三章に関連する、おびただしい論稿が現われるにいたったのは当然であろう。それらは、ナチ政権成立後に開始される教会闘争のいわば前哨戦として位置づけることができる。

その渦中にあって論争の展開に基本的な座標軸をあたえることになったのは、カール・バルトの『ローマ書』(初版、一九一九年、全面改訂第二版、一九二二年)にほかならない。[12] それゆえ、時間的には、第一次大戦直後に、もう一度帰っていかなければならない。

当時、無名だったスイスの田舎牧師の手で書かれたこの書物は、教会のサークルを越えて、ヴァイマル・ドイツにおいて賛否の巨大な反響をまき起こした。じじつ、二〇年代を通じて何度か重版されている。バルトの『ローマ書』は、パウロのローマの信徒への手紙の注釈の形をとってはいるが、これまでの注釈書に求められた歴史的・学問的な客観性は意図されてはいなかった。それは、きわめて独自な著者の主体的信仰理解に貫かれ、疑いもなく《表現主義的》なその文体には、激動の時代が映し出されていた。

この『ローマ書』の基調にあるのは、神の《神たること》、人間にたいする神の固有の存在と主権の断乎たる主張であり、人間の歴史や文化をふくむ被造物神化にたいする明確な否定である。神は《絶対他者》として、人間にとっては、ただ否定形においてのみ叙述される。しかし、人間がその限界を徹底的に自覚し、神の恩寵に余地をあけるため人間的《不可能性》に踏みとどまるとき、キリスト者の倫理には、なお神の《実証行為》としての新しい可能性があたえられる、という。

こうした論理は、ローマ書十三章の解釈にも一貫している。バルトは、ローマ書十二章二一節から十三章七節までをふくむテキスト全体を論じた部分に「広大な消極的可能性」という表題をあたえている。《広大な》というのは、ここでの実証行為が隣人にたいする個別的行為ではなく、社会全体にたいする総合的な態度決定によって実現されることを意味する。《消極的》というのは、この実証行為のモティーフや意味が、「国家を倫理的勢力の一つとして無条件に承認すること」(A・ユーリッハー)でも、また「あらゆる国家権力の神的由来を賛美すること」(P・ヴェルンレ)でもなく、秩序と革命とをめぐる人間の《巨人主義》にたいする攻撃と否定とにある、とされるからである。

バルトのローマ書十三章解釈には、当初から、国家的権威の本質規定といった実体的関心がまったく存在しなかった。むしろ、倫理的主体としての人間を批判すること、そこから生まれる《消極的》なしるしを帯びた状況倫理を、その特徴としている(13)。

何よりもまず《既存の秩序》にたいして厳しい糾弾が示される。既存の秩序とは「神に抗して人間を新たに強化し擁護すること」にほかならない。それは「強権という唯一の現実的な後光を背負い、服従と犠牲とを要求して、あたかも神の強権であるかのように振舞う」。既存秩序という「内在的な秩序の装う超越性」の仮象こそ、その最大の不義を形づくるものである。

「その正義は、つねに掠め取り簒奪したものではなかろうか。いかなる合法性も、その根底において非合法的でないものがあろうか。いかなる権威も、それを権威たらしめる事実において、かえって暴政でないものがあろうか。既存秩序のさまざまの欠陥は、その既存秩序そのものが悪であることを認識させる機縁をあたえるにすぎないのである」。

明らかに、ローマ書十三章から引き出される権威主義的解釈の契機は完全に一掃されている。ここには、『ローマ書』初版いらいの宗教社会主義的ラディカリズムの残響を聞きとることができるかもしれない。

じじつ、バルトは、このように「秩序の中にひそむ悪、すなわち、秩序が存立するということの中にひそむ悪」を認識するところに「革命的な人間」が生まれる、という。しかし、この《革命家》は、真の秩序の樹立を意味する《神の革命》を志しながら、「真実には反動である別な革命を行なう」にすぎない。バルトは「ボルシェヴィズムにおける戦慄すべき体験」を例にあげて、《革命家》の掠め取った権威が「久しからずして圧制というその本性を暴露するにいたるだろう」と警告する。いな、そればかりか、バルトは驚くべき比較をやってみせる。

「革命的な巨人主義は、その根源からして反動的な巨人主義よりもずっと真理に近いから、かえって、いよいよ危険であり、瀆神的であるとさえ言えるだろう。したがって、いずれにせよ、反動的な人間は、われわれにとって小さな危険であり、彼の赤い兄弟は大きな危険である」。

むろん、バルトは、当時、「反動的な人間の明白な危険」に直面していることを知っていた。ここで彼が問題にしているのは、現実政治上の判断というよりも、むしろ、いっそう根底的な人間の「否定の驕慢」のもつ危険性にたいする批判であろう。ここで、バルトは、まことに特徴的にもローマ書十三章一節をもち出してくる。

「現存する《政治的権威》(Obrigkeit)は、主なる神によって設定されたものである。換言すれば、《政治的権威》というものは、すべての人間的・時間的・事物的なものと同じく、神をその尺度とする。神は、それらのものの始めであり、また終わりであり、義認であり、また審判であり、然りであり、また否である」。

したがってまた、ローマ書十三章における《服従》というのも、「もっぱら神への服従から生まれる」のであり、神の裁きに委ねることよりほかなしえないということを意味している。《神の定め》(ローマ一三・二)にたいする反抗の否定も、「真の革命は、神によってなされるのであり、反逆する人間によるものではない」ことを意味するものでしかない。パウロの言う《善い行為》(ローマ一三・三)とは、主体である《この人間》を破却して「個人を神の中に確立すること」であり、「あらゆる行為において行為せずに、あらゆる行為をその根源に関係づけること」である。またパウロのいう《良心》(ローマ一三・五)も、「人間の能動的行為と受動的行為との間をふらふらと行ったり来たりすることから救い出して、根源である神に連れ戻す」ものにほかならない。

こうした論理の展開を、バルトは、人間の秩序――さらには革命――全体の前におかれた《括弧の前のマイナス》という有名なメタファーによって説明することができた。

「この神のマイナスこそは、すべての人間の意識や原則や独善や原理や主義そのものを、すなわち、すべての《支配、権威、権力》〔エペソ一・二一〕そのものを殲滅的に審判する。それゆえ、《すべての人は従うべきである》ということは、すべての人は人間の計算そのものがいかに間違ったものであるかについて考えよ、ということを意味する」。

こうして『ローマ書』において、バルトは《正統主義》(Legitimität) と《革命》(Revolution) とを現世秩序内部における人間行動の可能性として《理念型》的に描いてみせる。すなわち、人間は、政治の世界において、くり返し、秩序とその変革とをめぐって《究極的》真剣さをもつ《神々の闘争》を展開する。しかし、《神のマイナス》の括弧にくくられて、イデオロギー的な絶対化が停止するとき、国家や社会の中で行なわれる「実験や奇妙な将棋」を、もはや「神の国と反キリストの対立」とは見なさなくなるであろう。「偶像崇拝から解放され」るところに「誠実な人間性と世俗性」とがあらわれ、「人間は即事的となる」。

バルトの論理によれば、人間のいっさいの行動を神の行動にとり込む《服従》(ローマ一三・一)によって、ウェーバー的に言えば、互いに《価値合理性》に固執する人間的恣意の絶対化は厳しく否定される。むしろ、それによって《価値自由》の視点が可能になり、《目的合理性》のための即事性の地平が開かれてくる。そこでは、バルトのいうように「悪の只中で善を行なう相対的な可能性を、そのような可能性として認識するだけの忍耐と明敏さとユーモアとをもつ」こともできるようになる。じっさい、彼は、「政治の本質的な遊戯性」が明らかになることによって、はじめて「政治が可能になる」と言い切っている。(14)

こうしたバルトの《独創的》(E・ケーゼマン)な解釈にたいして、その聖書釈義としての弱点を指摘することは、けっして困難ではないかもしれない。しかし、バルトがローマ書十三章の解釈によって、すでに一九二〇年代の初めにヴァイマル・デモクラシーにたいして下した肯定的な政治的評価は、まことに適切だった。それればかりでなく、当時、他の誰もなしえなかったほど力強く終末論的に根拠づけられた彼の《政治》倫理は、「これまで多くの誤解と困惑とを引き起こしてきた使徒〔パウロ〕の意図を少なくとも適切にとらえていたのではなかっただろうか」。――ケーゼマンのこの「きわめて真剣な問い」を何びとも避けて通るわけにはいかないであろう。

バルトは、ローマ書十三章を制度としての国家権威の本質に関する教説としては、けっしてみなかった。むしろ、そこから彼が鋭く読みとったのは、国家的現実を前にした人間がキリスト教的自由の約束と要求とにもとづいて、いかに行動するかという《勧告》的指示だったのである。(15)

バルトは、ヴァイマル共和国の危機の只中であえてドイツ社会民主党(＝SPD)に入党したように、《社会民主主義的共和主義者》(H・E・テート)でありつづけた。彼は、基本的に、一人びとりの市民が自分の市民的権利と政治的義務とを遂行することを重要視していた。戦後になって初めて日の目をみた当時(ミュンスター一九二八年冬学期、ボン一九三〇年冬学期)の倫理学講義には、ローマ書十三章解釈に触れたところがある。

国家は、けっして「創造の秩序」ではなく、キリストの受肉にもとづく「恵みの秩序」であり、神の忍耐と永遠の完成に限界をもつ《終末論的》に限定された「相対的秩序」である。当時、極右運動の中で声高に叫ばれていた政治的「指導とその役職」についても、それは「ただ委任と奉仕」でありうるだけであり、この役職にたいする「最後の手段」としての市民の側から提起される「強制的な異議申立て」は排除されない、と明言している。

「教会は、最後に、国家のとる行動が正に国家がもつ意義の否定となる時、国家がとる行動が神の秩序として、もはや明らかではなく、また信じるに値しないものである時、つねに教会にあたえられた手段をもって、国家に反対する抗議へと移って行くであろう[16]」。

当時、《弁証法的神学》と呼ばれた神学的な革新の運動に加わり、バルトの『ローマ書』についても、いち早く好意的な書評を寄せていた新約学者ルードルフ・ブルトマンを、つぎにとりあげてみよう。彼もまた、原始キリスト教史の研究者として《原始キリスト教と国家》との関わりについて発言を試み、ローマ書十三章にも触れている。そこには、バルトと同じ終末論的観点が、はっきり打ち出されている[17]。

ブルトマンにとって、原始キリスト教の宣教においては、《彼岸的なもの》は、此岸の世界から切断されて、永遠の静止と純粋さとの中にあるのではない。むしろ、「此岸の世界に突入している」。こうして、ブルトマンの釈義は、《持てども持たざるごとく》生きる(Iコリント七・二九以下)という終末論的な態度決定の線に即して展開される。すなわち、キリスト者は《この世》のものにたいしては、独特の《距離》をおいて出会う。具体的に言えば、それらのものは、「自分の所有物として固く保持されるときには、すべて悪魔のものなのであり、……それを神の委託物として愛の奉仕において用いるなら、神からのものなのである」。

国家にたいする態度決定も、この注目すべき規則の特殊ケースにすぎない。そこでは、互いに対立する実際的行動が一義的な選択の形で求められるのではない。ブルトマンによれば、キリスト教史を通して、これまで互いに対立する二つの行動形式が出現した。すなわち、《保守主義》と《革命》とである。前者は、この世を形成していく理想を放棄して、歴史的な所与としての政治形態を肯定するものである。逆に、後者は、この世にたいして原則的に対立して、歴史的な所与の状態を否定しようとするものである。

しかし、この二つの行動形式は、いずれも誤解である。キリスト教そのものは、特定の国家理想を肯定することも否定することもない。具体的な憲法体制、君主制、共和制、あるいはアナーキー、いずれであっても。キリスト者の態度決定は、いかなる政治的プログラムによっても拘束されるものではない。そのかぎりにおいて、キリスト教的相対主義といってよい。しかし、同時に、「キリスト教的な判断にとっては、勝手に選びとられたどの行動も等しく正しいというのではなく、一つの決断、特定の一つの行為、すなわち、愛によって命じられた行動のみつねに正しいかぎりでは、キリスト教的絶対主義が存在する」。

ブルトマンは、ローマ書十三章のほかにも、「カイザルのものと神のもの」をめぐる有名なイエスの言葉をあげている。これもまた、パウロと同じ両義性を示す特徴的な表現である。二つの領域はラディカルに切り離されているが、人間は二つの領域にたいして義務を負うのである。しかし、二つの領域は、「その境界が一義的にはっきりする形で切り離されているのではなく、各人は、その境界をつねにくり返し自分で発見しなければならないのであり、正しく道を見いだすことにたいして責任を負っているのである」。

ブルトマンは、「カイザルのものはカイザルに」というのは、現在の憲法に従って言えば、「共和国のものは共和国に返せ」ということになるだろう、という。さらに「祖国のものは祖国に返せ、そして神のものは神に返せ」というときこそ、憲法体制をめぐる論議を越えて、この要求の意味するところを、いっそう明確にすることができる、という。そして「祖国にたいするわれわれの関係が、この批判的な戒めの光のもとにおかれるとき、祖国は新しく高尚なものになると思う」と結論する。(18)

おそらくパウロ解釈として十分に意を尽くしたものではなかったとはいえ、ここには、バルトの理解と共通する状況倫理の正しい把握がある。ローマ書十三章から国家本質論ではなくキリスト者の倫理行動を読みとり、終末論的視点から政治権力にたいする原則的に批判的な態度が引き出されていたのだから。

弁証法神学の戦線では

しかし、バルト＝ブルトマンの線に立って、ローマ書十三章を一義的ではない状況倫理として正しくとらえることは、かならずしも容易ではなかったようにみえる。《弁証法的神学》の機関誌『時の間』に載った、ブルトマンの弟子ハインリヒ・シュリーアの論文「新約聖書における国家の評価」（一九三二年）をとりあげてみよう。シュリーアは、このテーマを聖書テキストの「釈義的確証」の観点から論じようとしている。[19]

シュリーアもまた、ローマ書十三章のテキストを十二章から始まるパウロの倫理的勧告の中に位置づけている。そこからは、「したがって、国家に服従し、それを承認することは、真の終末論的態度、すなわち、われわれ〔キリスト者〕によって受けとられた神的将来の中に基礎づけられた態度である。将来的なポリスの中に基礎づけられたキリスト者の生活は、現在のポリスの中で遂行される服従において現われるのである」。

ここには、あきらかにバルト的な線がとりあげられている。「人間がその期待をこの世的な制度の上におかないという事実は、彼が現にあたえられているものを、神から彼に到来し、また到来しつつあるものとして、根底的に承認することに示されている」という。ローマ書十三章に即して、「あらゆる国家的権威が神によって立てられたということからは、個々の人間の服従にとって、統治する権力がどのようなものであるかということは絶対的に関係がない」ともされている。

シュリーアは、くりかえし、ブルトマン的な《終末論的留保》について語り、地上の国家にたえず《距離》をおく基本的態度を強調している。しかし、彼が地上の権力にたいするキリスト者の行動態度という視点から離れて、国家権力の《本質》を問い始めるとき、バルト的な線からは離れていく。

シュリーアによれば、「国家は神の僕である」というローマ書の規定は二つの側面をもつ。一つは、「ローマ書十三章でとくに強調されている側面、すなわち、服従しなければならない者についての側面」である。国家の命令にたいして定められている服従は、神の定めにたいする服従にほかならない。しかし、いま一つは、国家権力についての側面である。国家の「権威と権力は、《自然》にもとづいて彼らにあたえられたものでもなければ、匿名の運命や《歴史》の権利によるものでも、また人間の理性的な契約によるものでもなく、……神の意志によってあたえられたものである」という。

ここには、むろん、権力にたいするキリスト者の服従を支える信仰的認識が意味されているのであろう。しかし、こうした、いわば客観的な叙述の仕方からは、権力の一義的な正当性の「根拠づけ」が引き出される危険が絶無ではないのではなかろうか。じじつ、「国家は、たんに恐怖においてのみでなく、政治的権威としての国家にたいする良心の拘束において服従を要求する」という。ここでは、服従の根拠としての《良心》(ローマ一三・五)も、キリスト者の主体的な根拠というより、国家の側から要求される客観的根拠という響きがある。

こうしてみれば、たとえ国家の《限界》の指摘がなされていたとしても、問題は依然として残されたままのようにみえる。「それゆえ国家は、その諸々の決意において〔神の意志という〕この究極的権威を引き合いに出すことができる。国家は、みずからがあるところのものでありうるためには、そうせざるをえない。しかし、まさにそのとき、国家は、この究極的権威において自己の限界を認め、みずからを絶対的な国家として、またあらゆる権力の源泉として理解することは許されない」。

シュリーア論文では、たしかに、カルヴァンの規定が引かれ、「可能な国家の極限的形態」として黙示録十三章が示唆されてもいる。また「国家権力への服従は、敬意を示すことによってではあっても、愛することによって完成するのではない」という正しい指摘もなされている。しかし、キリスト者にたいするパウロ的《勧告》から、国家そのものの《根拠づけ》へと比重を移すところでは、ローマ書十三章の解釈は、国家形而上学へと移行する誘惑から完全には逃れていない。[20]

同じ『時の間』誌に載ったペーター・ブルンナー論文「政治的責任と政治的決断」(一九三二年)の場合、シュリーアよりも、いっそう忠実にバルトの線に近く立っているようにみえる。この論文は、組織神学的立場から、ローマ書十三章を終末論的さらにキリスト論的な中心から解釈しようとする。

キリスト者は「キリストにおいて来たるべき新しい時《アイオーン》に属する者として、この古き時《アイオーン》の事柄である政治にたいする関係には無限の距離がある[21]」。それは、政治的責任を放棄するという意味ではない。ブルンナーは、人間の実存が本来的に非政治的ではありえないという正しい現実認識に立っている。そこでは「政治的事象の《固有法則性》」という名目のもとに政治的責任を《中性化》することは許されない。むしろ、「キリストにおいて約束されている終末の完成の光においては、政治的責任は、固有の仕方で新しく考えられねばならない」。それは、キリスト者にとって歴史的な出来事の中で神の無条件的意志にたいする服従の行為を《しるしとして立てる》ことにほかならない。具体的には、国家が「自己を絶対化し地上の神となって」限界を越える可能性にたいして、たえず目を覚まし抗議の声をあげる教会全体の課題である。

ここでローマ書十三章一節「神によらないいかなる政治的権威もない」が引かれる。この聖句は、「国家を神化するのではなく、むしろ、まさにその限界を示すものである」。すなわち、神によって立てられた《政治的権威》は「神の下に立ち、神とひとしくあろうとはしない」のだから。しかし、ブルンナーによれば、国家の権力と権威は、宗教改革の教理に従って、「堕罪したこの世のための神の《緊急秩序》」として、カオスと罪とにたいする防壁として、神によって立てられたものである、と結論される。ここでも、ローマ書十三章の釈義から、しだいに国家の本質とその歴史の中での働きとについての原則的・神学的な議論に移行しているのを認めることができる[22]。

同じく《弁証法的神学》の初期のリーダーの一人エーミール・ブルンナーの場合。彼のローマ書解釈には、体系家としての同じ国家形而上学への傾向が、いっそう鮮明となってくる。その『戒めと諸秩序』(初版、一九三二年)では、「秩序づける権力の神的設定」を示すものとしてローマ書十三章一節が引かれる。それは、いつの時代にもキリスト者によって自覚され保持されてきた信仰告白であり、「誤った王権神授説や国家権力の絶対化からは区別されなければならない」。しかし、権力は、「秩序と共同体と法とのために」神から国家にあたえられたものにほかならない。むろん、国家の「圧倒的な物的権力」は、誤って専制的な濫用や弱者の暴力的搾取に導かれることもある。そのもっとも危険な形態は「国家権力の神化、すなわち、権力を絶対的なもの聖なるものととり違えること」にある[23]。

ブルンナーは、さらに「強力な国家的新秩序」への呼び声の高くなった時代状況の只中で、『教会の問題としての国家』(一九三三年)を追求する。「国家にたいするキリスト者と教会との第一の義務は、同調行動をとることではなく、距離を保つことにある[24]」。さらに「国家の自己絶対化にたいして抗議すること」こそ、キリスト者が国家にたいしてなすべきもっとも重要な課題である、という。こうした発言は、むろん、正当である。ブルンナーによれば、このキリスト者の責任が問われるのは、国家の権威が《神的秩序》として深い根拠づけをもつゆえに、いっそう深い危険な誘惑にさらされているからにほかならない。

しかし、ここから微妙な論点の移行が始まる。すなわち、国家にたいしてあたえられた「神的正当性」は、パウロによれば、人間を「破壊の力」から守る秩序たることにある。「国家は神が罪人たちにたいして平和な道徳的な生活の可能性をあたえるところのものである」。国家のみが暴力を「独占的に、しかも秩序づけられ、正義によって合法化された仕方で」用いることによって、破壊的な悪の力を追放するのでる。「それゆえ、いずれの国家秩序も、たとえ無制限の〔!〕専制支配であっても、それらなしには直ちに勃発するアナーキーに比較すれば祝福なのである」。いな、ついには「国家の必然性をキリスト者が認めることは、原罪〔!〕を認めることと相関的である」という。

こうしてブルンナーは、所与の国家を神によってあたえられた秩序として承認する必要性を強調して止まない。三〇年代初頭の政治的激動期にあって、ブルンナーは、個人主義やアナーキズム、マルクス主義的終末論などによる国家的「権威のボイコット」に反対する。彼は、「啓蒙的合理主義の所産である現代デモクラシーの形態」において「民族共同体が欠落すること」に警鐘を鳴らしているのである。この連関で、彼がゴーガルテンの名前をあげて《権威のボイコット》という言葉を口にしているのも徴候的であろう。じっさい、ゴーガルテンは、元来、同じ神学的革新の陣営に属する者として出発しながら、当時、しだいに《保守的革命》の路線に近づいていたのであった。

ゴーガルテンは、ヴァイマル共和国末期に危機管理のため《権威主義的政府》への呼び声が高まる中で、《政治的闘争の書》と喧伝された『権威のボイコットに抗して』（一九三〇年）を発表した。[25] そこでは、自立的人格をともなう近代文明を克服すること、孤立した個人をふたたび権威のもとに結びあわせることが、差し迫った神学的課題とみなされていた。

ゴーガルテンによれば、「人間の生活は、事実において権威と服従、それにともなう強制なしには不可能である」。

この認識から、ただちに「権威と権力との道徳的なボイコット」に抵抗することなしには「われわれの精神的・政治的生活全体の健康回復は不可能である」と断言される。まさに「秩序の客観的妥当性」が自明のものとして存在していないゆえに、「極度の混乱」「カタストローフの状況」が生まれているのである。したがって、直面する「巨大な諸困難」にたいして「個人主義的＝倫理的な人間観」によって「政治的・経済的な人間関係を倫理化することは不可能である」という。

ゴーガルテンは、「国家に抗して決断し行動するものは《善事》に反対するものであろう。……秩序の必要を認識することなしには《善事》を認識することもありえないだろう」という。ここでは、ローマ書十三章について明示的な言及はなされていない。しかし、その秩序と権威との強調は、パウロのテキストのきわめて保守主義的な解釈に立つことを推定させる。じじつ、ゴーガルテンの説く《服従》とは、たんに自己の行動を他者によって方向づけられるというにとどまらない。それは「いわば自分の存在の中に他者が踏みこみ、自分のうちに他者を受け入れる」という徹底した形をとることさえ意味されていたのだから。

ゴーガルテンの『政治的倫理』(一九三二年)には、「創造と国家」と題するパラグラフでローマ書十三章一節が引かれている。「神は国家、権力、すべての秩序、およびそれに属する道徳を存在させることによって、すぐれた意味において創造の御業《みわざ》をなしとげられる」(26)という。もっとも、ゴーガルテン自身は《創造の秩序》という言い方はしていない。むしろ、ルターの言葉を引きつつ、「国家が存在するところには、神の言葉なしには存在しえない大きな賜物がある。国家が存在するところには一個の奇跡が生じている」とも表現している。すなわち、国家秩序は、「無秩序へ解体する強力な傾向にたいして秩序を保持する」ことによって「神の救済」プランの中に立つものという根拠づけをあたえられている。

こうして、ゴーガルテンによれば、「今日、問われている本来の倫理的課題」は「真の国家意識を再びもつにいたること」、「われわれの必要としている強力な国家を全力をあげて求め、そのために働くこと」にほかならない。そのためには、「何よりもまず、国家がその固有の強さを、すなわち、その根拠づけをどこにもっているか、国家に固有の尊厳性がどこにあるかを認識しなければならない」。

やがて共和国の危機が切迫する中で、ゴーガルテンは、《創造と国家》の問題意識から一歩踏み出し、さらに「創造と民族性」(一九三二年)を『時の間』に発表するにいたる。[27] 民族性、すなわち、民族の「生ける習俗規範」の中には「創造の出来事に類似した」形で、神からあたえられた「民族的律法」があるという。ゴーガルテンは、民族ないし民族性の神化、すなわち、民族的統一性は血と人種とによって規定されているという見方には、ただちには与しなかった。しかし、彼が、まもなく《ナチ革命》=ヒトラー政権の成立(一九三三年一月)を肯定し、一時的にせよ《ドイツ的キリスト者》の運動に加わることになったのは、けっして偶然ではない(一九三三年八月)。もっとも、すでに同じ年の末には、そこから脱退している。いずれにせよ、ここでは、すでに教会闘争の真只中に立つことになるであろう。

(1) Vgl. O. Pfleiderer, *Das Urchristentum. Seine Schriften und Lehren in geschichtlichem Zusammenhang*, Bd. I, 2. A. 1902, S. 173.

(2) Vgl. E. Kühl, *Der Brief des Paulus an die Römer*, 1913, S. 431-433.

(3) H. Weinel, *Die Stellung des Urchristentums zum Staat*, 1907, S. 15. もっともヴァイネルは、服従の《無条件的限界》について、とくに原始キリスト教における政治的支配者の神格化にたいする闘いについても、言及している(Vgl. *a.a.O.*, S. 16 ff.)

(4) Vgl. W. Lütgert, *Der Römer als historisches Problem*, 1913, S. 104.

（5）　たとえば一九一九年に出版されたパウロ研究書では、ローマ書十三章を解釈して、政治的権威を「神的秩序」、「徹頭徹尾」善事に仕える「神の僕」とみて、服従を説く「原則的記述」としている。「神に仕えるもの」（六節）というパウロの規定も、端的に「神の祭司」として宗教的な色合いをもつ尊敬を要求されているとみる（Vgl. A. Juncker, *Die Ethik des Apostels Paulus*, 2. Hälfte, 1919, S. 216）。これとは逆に、ダイスマンは、間近な終末待望のゆえにパウロが「相対的に強い政治的無関心」をもっていたとみる。ちなみに、先述のヴァイネルの解釈を一般的に妥当なものとしながら、原始キリスト教の政治的反感を過大に評価しすぎているとみる（Vgl. A. Deissmann, *Licht vom Osten. Das Neue Testament und die neuentdeckten Texte der hellenistisch-römischen Welt*, 4. A. 1923, S. 288.

（6）　Th. Zahn, Staatsumwälzung und Treueid in biblischer Beleuchtung, in: *Neue Kirchliche Zeitschrift*, 1919, S. 309-361. とくに、vgl. S. 343 ff. u. 359. なお、たとえば、vgl. Fr. Thimme u. E. Rolffs (hg.), *Revolution und Kirche. Zur Neuordnung des Kirchenwesens im deutschen Volksstaat*, 1919.

（7）　Vgl. Zahn, *Der Brief des Paulus an die Römer*, 3. A. 1925, S. 557 ff.

（8）　たとえば、テーオドール・フォン・ヘーリングも、「政治的権威の神的権利」と「良心的義務」としての服従を強調する（Vgl. Th. v. Häring, *Der Römerbrief des Apostels Paulus*, 1926, S. 124 f.）。

（9）　一方では、このテキストにはパウロがローマ帝国から受けた「よい経験」にもとづく「感謝と忠誠感情」も反映され、彼は「国家的支配の必要性」を強調して「内心の声」からする服従を求めている、とみる（Vgl. F. Hauck, Die Stellung des Apostels Paulus zum Staat, in: *Christentum und Wissenschaft*, 1927, S. 144 ff.）。他方では、パウロにとって、良心による服従は、けっして「内的な関与」を意味しないと解されている。彼のうちにひそむユダヤ人としての愛国心からすれば、異邦人支配に「愛を示す」ことは困難だったから。むしろ、パウロは基本的に保守的な《現世逃避》の姿勢に貫かれており、ローマ書十三章の勧告も国家にたいして「たんにうわべだけ積極的なもの」にすぎない、とみる（Vgl. W. Mundle, Religion und Sittlichkeit bei Paulus in ihrem inneren Zusammenhang, in: *Zeitschrift für systematischen Theologie*, 1927, S. 478）。

（10）　この声明本文は、K. Kupisch (hg.), *Quellen zur Geschichte des deutschen Protestantismus 1871-1945*, Siebenstern

Tb. 1965, S. 164-166.

(11) 声明をめぐるケーニヒスベルク教会大会におけるアルトハウスの役割については、宮田光雄『十字架とハーケンクロイツ――反ナチ教会闘争の思想史的研究』(新教出版社、二〇〇〇年)二八頁以下、参照。大会の経過と声明の反響については、詳しくは、vgl. K. Nowak, *Evangelische Kirche und Weimarer Republik. Zum politischen Weg des deutschen Protestantismus zwischen 1918 und 1932*, 1981, S. 173ff. なお、cf. J. R. C. Wright, *"Above Parties". The political Attitudes of the German Protestant Church Leadership 1918-1933*, 1974, p. 60ff.

(12) K. Barth, *Römerbrief*, 1. A. 1919, Nachdruck 1963, 2. A. 1922(『ローマ書』吉村善夫訳、新教出版社。小川・岩波共訳、河出書房)。以下においては、すべて第二版から引用する。『ローマ書』全体の分析については、vgl. W. M. Ruschke, *Entstehung und Ausführung der Diastasentheologie in Karl Barths zweiten "Römerbrief"*, 1987. 大崎節郎『カール・バルトのローマ書の研究』(新教出版社、一九八七年)。

(13) Vgl. Barth, *a. a. O.*, S. 461-477. この時点におけるバルトのローマ書十三章の解釈については、とくに、宮田、前掲『政治と宗教倫理』一五一頁以下、参照。

(14) バルトの『ローマ書』における終末論的観点からする《政治》の根拠づけについては、とくに、宮田、前掲書、五一頁以下、参照。

(15) 「バルトの『ローマ書』第二版における正鵠をえた十三章の釈義にまさって、〔当時〕ドイツにおいて、このように早期に、このように明瞭かつ公然と、しかも神学的に基礎づけられた〔ヴァイマル〕共和国にたいする政治的な支持の告白を指摘することはできないであろう」(F. W. Marquardt, *Theologie und Sozialismus. Das Beispiel Karl Barth*, 1972, S. 163)。なお、vgl. Käsemann, Römer 13, 1-7 in unserer Generation, *a. a. O.*, S. 322f.

(16) K. Barth, *Ethik II. Vorlesung in Münster, Wintersemester 1928/29, wiederholt in Bonn, Wintersemester 1930/31*, hg. v. D. Braun, 1978, S. 460-463 u. 466(『キリスト教倫理学総説Ⅱ/2』、吉永正義訳、新教出版社)。

(17) R. Bultmann, Urchristentum und Staat, in: *Mitteilungen des Universitätsbundes Marburg e.V.*, Nr. 19, 1928, S.

1-4.

(18)　このブルトマン論文は、元来、一九二八年一月一八日に、彼がマールブルク大学におけるドイツ帝国建国記念日の祝典のために行なった講演である。ブルトマンのヴァイマル共和国への関与を示すものとして示唆的である。

マールブルクにおけるブルトマンの同僚ボルンホイザーは、ローマ書十三章が「政治的権威に関するキリスト教理論」ではなく、当時のローマの状況にたいする「具体的な勧告」だったことを強調している。ゼーロータイ的ムードにたいして、パウロは、個人的経験にもとづき、ローマ権力を「神的秩序」と規定し、「良心」にもとづく服従を求め、「剣」の権力には死刑の権利、さらに軍事権をも認めている、という。ボルンホイザーによれば、こうした釈義が「今日、アクチュアルな意味をもたないわけではない」とするが、かならずしも明確ではない(Vgl. K. Bornhäuser, Paulus und die obrigkeitlichen Gewalten im Röm. (Röm. 13, 1-7), in: *Christentum und Wisenschaft*, 1931, S. 201-207)。

このボルンホイザー論文を批判して、ハンス・ヴィンディッシュは、むしろ、ローマ書十三章が「宗教的＝教義的」な教えだと解釈する。しかし、パウロは、ここで「特別にキリスト教的福音の神学者」としてではなく、国家を《創造の秩序》とみる「ユニヴァーサルな神学者」として語っているにすぎない、という。すなわち、このテキストは、旧約聖書ないしユダヤ教のラビの教えに由来するもので、さらにローマの公法的定式も用いられている。その限りでは、このテキストは「厳格な一神論の上に構築された帝国イデオロギーのドキュメント」であり、ローマ書全体の中で「異質な部分」とみなければならない(Vgl. H. Windisch, *Imperium und Evangelium im Neuen Testament*, 1931, S. 23-31)。

(19)　H. Schlier, Die Beurteilung des Staates im Neuen Testament, in: *Zwischen den Zeiten*〔以下、*Z.d.Z.* と略記〕1932, S. 312-330. たとえば、パウル・アルトハウスは、後述のように、《弁証法的神学》に反対する代表的なルター主義の神学者となったが、《秩序》と《革命》を越える《非－行為》というバルトの論理の中に「弁証法的なぐるぐる回りとこじつけの解釈」(P. Althaus, *Der Brief an die Römer. Das Neue Testament Deutsch*〔以下、*NTD*. と略記〕, Bd. 6, 1932, S. 108)しか見いだしえなかったのは不思議ではない。

(20)　Vgl. Schlier, *a. a. O.*, S. 320 ff. なお、vgl. Käsemann, *a. a. O.*, S. 325. シュリーアは、第二次大戦後、カトリック教会

に転じ、『ローマ書注解』の大著を出版している。そこでは、パウロが国家の「理論ではなく、政治的権力者にたいするその時々の具体的行動」を問題にしていると言い、《神による定め》の契機を強調している。しかし、なお《神の秩序》としての解釈にも余地を残している(Vgl. Schlier, *Der Römerbrief. Kommentar*, 1977, 3. A. 1987, S. 386-393)。

(21) Vgl. P. Brunner, Politische Verantwortung und christliche Entscheidung, in: *Z.d.Z.*, 1932, S. 125-151. 引用はS. 136. ローマ書十三章への言及は、S. 147. 終末論的観点からする《人種》《民族》《国家》《ヒトラー》などにたいするラディカルな相対化も、くり返し強調される。ブルンナーをモデルとしたオット・ブルーダーによる反ナチ教会闘争の実録小説『嵐の中の教会』(森平太訳、新教新書、一九八九年)参照。

(22) たとえば、「イエスの復活いらい、神に反するデーモン的勢力は、この大地にたいする不当な支配要求を決定的に失ってしまった。……歴史の新しい意味は、この世の力を無力化することである」(*A. a. O.*, S. 143)といった政治的責任のキリスト論的な根拠づけの文章を参照。《緊急秩序》という表現はS. 149.

(23) Vgl. E. Brunner, *Das Gebot und die Ordnungen. Entwurf einer protestantisch-theologischen Ethik*, 1932, S. 434. この主張は、後の版(*Ebenda*, 4. A., 1939)でも、そのままくり返されている。

(24) E. Brunner, *Der Staat als Problem der Kirche*, 1933, S. 5. 以下の引用は、S. 10f., 13 u. 19. もっとも、後年の『ローマ書注解』(E. Brunner, *Der Römerbrief*, 1938, S. 95-98)では、パウロのテキストが「抽象的な国家理念」や「キリスト教的国家論」を扱ったものではないと言い、「国家にたいするイエス・キリストの教会の正しい対し方」を問うているという正確な理解を示している。しかし、ここでも、《神的秩序》論の基調は変わらない。「国家の背後には神の秩序、神の意志が立っている」とされ、「国家権力をもつ者は、神的な怒りの支配の道具である。……それが国家の尊厳性と同時に限界でもある」(*A. a. O.*, S. 96 u. 97)。

(25) Fr. Gogarten, *Wider die Ächtung der Autorität*, 1930. 以下の引用は、S. 5f., 9f., 38 u. 22-23. ゴーガルテンの議論は《保守的革命》派のイデオローグの一人、エドガー・ユリウス・ユング『劣等者の支配』(一九二七年、第二版、一九三〇年)のヴァイマル体制批判に通じている(Vgl. H.-J. Gabriel, Friedrich Gogartens theologische Abrechnung mit der November-

revolution, in: *Zwischen Aufbruch und Beharrung. Der deutsche Protestantismus in politischen Entscheidungsprozessen*, 1978, S. 177)。

(26) Fr. Gogarten, *Politische Ethik. Versuch einer Grundlegung*, 1932, S. 109. 次の引用は、S. 208f. ゴーガルテンの『政治的倫理』については、とくに、vgl. W. Tilgner, *Volksnomosideologie und Schöpfungsglaube. Ein Beitrag zur Geschichte des Kirchenkampfes*, 1966, S. 157-179.

(27) Vgl. Gogarten, Schöpfung und Volkstum, in: *Z.d.Z.*, 1932, S. 496-504. ゴーガルテンは、ナチ政権の成立を「人間存在の原則的私人化」と「国家の無力化、じっさい、非国家化」を完成したヴァイマル体制から明確に区別される政治的革新として賛美し、国家の命令において具体化される《民族のノモス》を、はっきり《神の律法》と等置するにいたった(Vgl. Gogarten, *Einheit vom Evangelium und Volkstum?* 1933, 2. A. 1934)。

2　教会闘争の只中で

バルメン宣言

ナチ政権成立後、飛躍的に勢力を強めた《ドイツ的キリスト者》の運動は、《指導者原理》や反ユダヤ主義をかかげて、ナチ党による教会支配の尖兵となるものだった。これに対抗する形で、やがて《告白教会》の戦列が組まれ、教会闘争が展開し始める。

その最初にして最大の成果が《バルメン神学宣言》(一九三四年五月)にほかならない。六つのテーゼからなる、この宣言の原案起草者はバルトであった。とくに宣言全体の《根拠》としてイエス・キリストを明示した第一テーゼには、『ローマ書』以来のバルトの闘いが総括されていた。ここでは、直接に国家と関わる第五テーゼについて、ローマ書

十三章の問題をみてみよう。(1)

まず、テーゼ全体を引いておこう。

「「神をおそれ、王を尊びなさい」(Ⅰペテロ二・一七)。

聖書はわれわれに語る。すなわち、国家は、教会もその中にあるいまだ救われないこの世にあって、人間的な洞察と人間的な能力の量《はかり》に従って、暴力の威嚇と行使をなしつつ、法と平和とのために配慮するという課題を、神の定めによってあたえられている、と。教会は、このような神の定めの恩恵を、神に対する感謝と畏敬の中に承認する。教会は、神の国を、また神の戒めと義とを想起せしめ、そのことによって統治者と被治者との責任を想起せしめる。教会は、神がそれによって一切のものを支えたもう御言葉の力に信頼し、服従する。

国家がその特別の委託を越えて、人間生活の唯一にして全体的な秩序となり、したがって教会の使命をも果たすべきであるとか、そのようなことが可能であるとかいうような誤った教えを、われわれは退ける。

教会がその特別の委託を越えて、国家的性格、国家的課題、国家的価値を獲得し、そのことによって、みずから国家の一機関となるべきであるとか、そのようなことが可能であるとかいうような誤った教えを、われわれは退ける」。

第五テーゼの冒頭におかれた関連聖句として、ローマ書十三章が引かれなかったことは注目に値する。これまで一般的な理解としては、この聖句の保守主義的解釈の強い伝統に立つルター主義的国家観にたいして、起草者バルトが反対したためではないかと考えられてきた。また最近の研究では、ペテロの第一の手紙に代えたことによって、《アクセントの移行》(M・ホネカー)ないし《伝統的国家論の修正》(W・フーバー)がなされているという指摘もされている。

たしかに、アクセントの異同があることは否定できない。しかし、すでに指摘したように(本書四二頁)、このペテロの手紙がローマ書十三章に根本的に対立するアンティ・テーゼであるかのように見ることはできない。むしろ、パウロを受容した上で、その最古の解釈——の一つの方向——を示すものとしてとらえることもできる。バルト自身についてみれば、バルメン告白教会会議の直後、ボンで行なった講演で、第五テーゼをはっきりローマ書十三章と関連づけて解説してもいたのである。(2)

第五テーゼのテキストで、ローマ書十三章との関連をはっきり示しているのは、二度くり返されている《神の定め》という用語である。これは、あきらかにローマ書十三章二節から引かれたものであろう。ここでは、「神の定め」は、はっきり国家が担うべき課題と関わり、さらに「感謝と畏敬」は、国家の《秩序》にたいしてではなく、それを《定めた「神」そのものに捧げられているのである。

すなわち、支配権をもつ国家がそれ自体として神的権威を帯びるのではない。むしろ「法と平和」を守ることによって人間に仕えるという、国家の具体的な役割に即してとらえられた機能的国家論が示されていると言うことができる。さらに国家の行動が「人間的な洞察と人間的な能力」の限界内でなされねばならないという文言は、政治的決定がつねに相対的なものであることを意味している。人間の「洞察」や「能力」は歴史的に条件づけられ、可変的でありうる。そのことは、国家がつねに改革可能性に開かれているという認識に立っていると言えよう。

たしかに、国家には「暴力の威嚇と行使」の独占が認められているとはいえ、国家そのものは「いまだ救われないこの世にある」ものとして絶対性をもちえない。この終末論的展望からする限定は、さらに教会が「神の国と神の戒めと義」とを国家に「想起」させ、それによって「統治者と被治者との責任」を「想起」させるという限定によっても確証される。ここでは、国家や権力のいわゆる《固有法則性》とそれに対応して被治者民衆の受動的服従のみを一方的に強調する伝統的なローマ書十三章解釈からは、あきらかに訣別されている。第五テーゼ末尾に添えられた《拒絶》

の命題には、慎重ながら、当時、喧伝されていた《全体国家》論にたいする反対も表明されていた。(3)

こうしてみれば、バルメン宣言においては、ナチ国家が《神の定め》として承認されたとはいえ、まさに《神の定め》のゆえに厳重に相対化されていたことを見逃してはならない。国家ないしその統治者は、けっして《神の秩序》として宗教的な栄光化をあたえられてはいない。バルメン宣言は、はっきり国家の《非神話化》(M・ホネカー)を通して、キリスト者の政治倫理の《非陶酔的》責任(E・ヴォルフ)を導き出していると言ってよい。国家は、いわば醒めた目で人間の《制作品》として世俗性においてとらえられている。そこでは、国家の《本質》ではなく、その具体的《課題》が問われている。こうした視点をパウロの《基本的視座》の現代的適用とみなすことは、けっして不当ではないであろう。

むろん、こうしたバルメン宣言の政治倫理にたいして、とくにルター主義の陣営から批判の声があがったのは偶然ではない。アルトハウスは、バルメン宣言の中に「民族の生に奉仕する」ものとしての国家観が欠落していること、とくに第五テーゼにおいて「純粋な聖書的真理」を名目にしながら「カール・バルトの著作にみられるリベラルな法治国家概念」が主張されていることを批判した。(4)

こうしてアルトハウスやヴェルナー・エーレルトなど《正統主義》を標榜する組織神学者たちは、「真にルター主義的な見解」を示すための《反対宣言》として『アンスバッハの勧告』(一九三四年六月)を声明した。この『勧告』の基礎にある――明示的に引かれてはいないが――ローマ書十三章解釈を取り出してみよう。(5)

「キリスト者として、われわれは、神にたいする感謝とともに、いずれの秩序をも、それゆえ、いずれの政治的権威をも――それが歪曲されている場合にさえ――神的〔意志を〕展開する道具として尊敬する」(第四テーゼ)。

ここでは、《政治的権威》は、ルター主義的伝統に一致して、いわば運命的な所与として受容される。《歪曲》された形態においても創造者の善き賜物とされ、それが黙示録的顚倒にまでいたる可能性は視野には入っていない。たしかに、右の文章につづいて「われわれは、キリスト者として、また善意の支配者と恣意的な支配者、健全な秩序と歪曲された秩序とを区別する」と謳われてはいる。しかし、その区別に応じて、抵抗ないし不服従の行為を選びとるべき義務については何ら語られてはいない。そうだとすれば、この『勧告』は、現存の権力を原則的に正当化する意味しかもちえないのではなかろうか。じっさい、つづく第五テーゼは、すでに一個のスキャンダルと言うべきであろう。

「この認識において、われわれは、信仰あるキリスト者として、神がわが民族にその必要に応じて指導者《フューラー》（ヒトラー）を《敬虔かつ忠実な主権者》としてあたえられたこと、また、神がナチ的国家秩序において訓練と栄誉とをもつ《善き政府》を備えようとしたまうことを、主なる神に感謝する。したがって、われわれは、われわれの職業と身分とにおいて指導者の業《わざ》に協力する責任を神の御前に負うている」（第五テーゼ）。

明らかに、国家権力の《歪曲》についての第四テーゼの原則的発言は、ナチ体制にたいする具体的適用に際しては視野から落ちていることがわかる。

この『勧告』は、《ドイツ的キリスト者》たちの立場に一致するものとして広範に歓迎され、折にふれて宣伝された。むろん、他方では、ルター主義に立つ神学者のあいだからも、『勧告』にたいする批判の声があがったことを見逃してはならない。(6)

秩序の神学者たち

この『勧告』の背景にある《創造秩序》の神学におけるローマ書解釈を、アルトハウスに即して、さらに突っこんで分析してみよう。アルトハウスは、その当初からナショナリスティックなルター主義に立って、激動するドイツ民族の政治的運命を共に分かちあうことを願っていた。彼は、歴史の中に隠れて働く神の支配を民族と国家の秩序に認める。同時に、彼の神学は、当初からルター研究にも大きく規定されていた。

アルトハウスは、ナチ時代になって、「ヴァイマル国家におけるローマ書十三章」の問題を回顧しながら記している。[7]

「われわれは、当時、ローマ書十三章と古ルター主義的教理とのみによっては、困難な状況を内面的に克服することができないのを感じていた」。むろん、ドイツの敗戦後に成立した「革命諸政府」も、パウロ的＝ルター主義的理解に従えば、ドイツ人として服従すべき《政治的権威》であった。しかし、たとえばビスマルクや帝政のそれと比較すれば、「同じ意味と程度」とにおいて「尊敬」と「服従」とに値する《政治的権威》と言えるだろうか。「答えは自明のものだった」。こうしてヴァイマル共和国にたいするその肯定は、多くの「留保」をともなうものにほかならなかったことがわかる。「その肯定は、当時の国家の基盤に立ちつつ、それを越えたものを目指すものであり、ドイツ民族のための暫定的な肯定であった」。したがって、憲法と政府とが「ドイツ的生命を抑圧し、放棄し、麻痺させるかぎり」、それにたいして、「ただ否のみが可能であった」と。

この興味深いアルトハウスの体験は、当時、版を重ねつつあった彼の『ローマ書注解』(初版、一九三二年)にも直接に反映している。[8]

ローマ書十三章のテキストについて「パウロ以前に、国家の倫理的な意義と尊敬とを、これほどまでに認識し、また公言した者は、一人もいなかった。ギリシアの大哲学者たちの国家哲学といえども、その例外ではない」。ここでは、明白に国家本質論としてとらえられている。「政治的権威《オーブリヒカイト》は神的秩序であり」、それにたいする服従は、「国家的支配の倫理的尊厳性のゆえに、良心的確信から行なわれ」る。こうしたローマ書十三章一節および五節の釈義における神的権威の強調とは対照的に、《神の定め》(二節)については特別の言及はされていない。テキスト末尾の釈義では、ふたたび国家は「人間の態度全体において、畏敬と尊敬とをもって神の秩序として承認されるべきである」とされ、きわめて権威主義的な解釈がなされている。

しかし、アルトハウスは、さらに「パウロを越えて」読み進む必要を指摘する。その際、「われわれ自身の省察」のための導きとしてとりあげられるのは、ここでも、ローマ書十三章三―四節である。「事実上の権力を所有すること」そのことは《政治的権威》を意味しない。「権力による支配は、つねにカオスを制圧することによってこそ、権力としての尊厳をもつ。しかし、《政治的権威》たるためには、さらに権力による支配が倫理的に特定の法秩序に仕えること、すなわち、《悪事》を防ぎ《善事》を賞める(三節)ことが付け加わってくる」。《服従》する者には「国家にたいする責任にもとづいて、退廃し腐敗した国家を革新するために政府と戦う義務がないのではないか」ということを、ローマ書十三章から、「直接的かつ律法的に」決定しようとすることは、パウロのテキストの「濫用」である、という。

これは、「革命をめぐる倫理的問題」であり、ローマ書十三章を引き合いに出すことはできない。「われわれ自身の省察と決断」とが求められている、とされる。先に引いた「ヴァイマル国家におけるローマ書十三章」のつづく文章では、この「正しい政治的革命」は、「個人主義的・民主主義的なエゴイズムの革命」やボルシェヴィズムのような「宗教的ないし世俗化されたユートピア主義の革命」から明確に区別され、「使徒的＝ルター主義的線」上に立っていることが肯定される。(9) アルトハウスのいう《退廃した国家の革新》と《倫理的に特定された秩序》とが志向するところが何を意味していたかは明らかであろう。

こうした前提からすれば、アルトハウスが「現代のルター主義的国家観」(一九三四年)において、国家を「神の秩序」(第一項)とするローマ書十三章の基本的解釈に立ちつつ、さらに一歩進んで、「国家は民族と一体化する」(第二項)

と断定しているのも当然であろう。(10) ここでは、ナチ体制という現実との結びつきが鮮明である。

アルトハウスは、「権力がその時々の多数意志から自由に、神から委託された民族の生活にたいする責任を直接的に神の前で担う」ことを「一般的倫理的要求」としてかかげてみせる。「真の責任ある支配を排除するデモクラシーは、国家の神的秩序の破壊を意味する」(第四項)。放縦でリベラルな国家によって脅かされた「民族の生活」を守る「国家の全体性」要求(第五項)も、けっして絶対主義ではないとして正当化される。むろん、国家の要求は、「神に結びつく良心の自由」にたいして限界をもつ。しかし、この自由は、リベラリズムのそれとは同じではない。「国家は、人間と生活領域とを権威主義的に拘束し、民族の生命に責任をもって仕えさせることによって、真の自由に奉仕するのである」(第六項)。

こうした思想の発展は、さらに『政治的権威と指導者権力』(一九三六年)において、ヒトラー支配の端的な正当化を思わせるものとなる。

「いずれの支配も、秩序の権力として、アナーキーやカオスと比較すれば、神の恩寵によるものである。しかし、神がある民族にその政治的権威《オーブリヒカイト》を、すなわち、民族の歴史、種、生命の必然性を知り、尊重し、そのように扱う政治権力をあたえるとき、特別の意味で神の恩寵について語ることができる」(11)。

まさにそのような権力の担い手である「政治的指導者《フューラー》」にたいしては「無条件的な服従」が妥当する。ここでは、ローマ書十三章以来の《政治的権威と臣民》との関係は、いまや、「指導者と民族との関係によって補完され、新しく規定される」。

「民族は、けっして政治的行動の主体ではなく、つねに客体である」。政治的指導者は、「民族の意志」、すなわち、「その時々の多数者の意志や希望からは自由に」、ただ「神の前にのみ責任」を負う。「民族からの自由と同時に民族との交感、つまり、民族のあたえる信頼――この二つのものが真の指導者権力を形づくる」。アルトハウスにとって、この「政治的指導者と民族との関係の中に生きる運動」は、伝統的なローマ書十三章解釈に立つ「古い官憲国家(Obrigkeitsstaat)論」の知らないものだった。

　こうしてみれば、教会闘争の只中で、アルトハウスの政治神学は、当初は、ナチ国家体制を《創造秩序》として、きわめて積極的に評価していたことがわかる。しかし、こうした信頼は、アルトハウスにとっても、ナチの宗教政策が教会の宣教にたいして公然とした攻撃と弾圧とを加えないかぎりにおいてのみ可能だったことであろう。

　いずれにしても、アルトハウスは『指導者権力』論において、「国家の規範としての民族性」の章で、「パウロによれば、政治的権威の尊重する《善事》とは、神が人びとをその中に入れた秩序を実現することにある。政治的権威の罰する《悪事》とは、秩序を軽んじ破ることにある[12]」と記している。たしかに、パウロの語る《善事》は、《秩序》といった抽象語で表現できるものでもあったかもしれない。しかし、こうした《秩序の実現》を《善事》そのものと全面的に同一化することは《神学的不幸》(E・ケーゼマン)であった。なぜなら、パウロ的勧告における状況倫理の主体性と多様性とは、こうして抽象化された《秩序》の中に、ことごとく呑みこまれることになるであろうから。

　《秩序の神学》のいたりつくところは、こう要約される。「神によって立てられたものというのは、個別の歴史的な国家や特定の国家形態のことではない。しかし、おそらく秩序としての国家こそ神によって立てられたものであろう[13]」と。いずれにしても、当時、ローマ書解釈を通して国家を《秩序》としてとらえる見方は、かなり一般的なものだったことは疑いない。

　ルター主義の代表的な組織神学者ラインホルト・ゼーベルクの論稿『キリスト教倫理』(一九三五年稿)は、ローマ書十三章に関連して、国家を「神の秩序」と呼んでいる。それは、国家が「その秩序にふさわしい仕方で悪を制限する」ことによって「倫理的生活にたいして包括的な重要性をもつ」ゆえである。「政治権力を承認するのは、むろん、この世的連関の中で神の秩序を受容することの結果生ずることである」と。しかし、ゼーベルクは、こうして「所与の国家秩序の妥当性がこのようにまで強調されることが、原始キリスト教思想にとって特徴的なのである」と指摘している。

この遺稿の中で、ゼーベルクは、諸民族の利害対立は戦争によるほか解決不能であると結論している。そこには、《民族性の神学》が影を落としていることは否定できない。じっさい、この論文は、ゼーベルクの亡くなった翌一九三六年に、その子エーリヒ・ゼーベルク（ベルリン大学教授）――ナチ時代に大学人事において政治的辣腕を振るったことで知られている――の手によって遺著として出版されたものであった(14)。

同じ年に出版された組織神学者ゲオルク・ヴュンシュの大著『政治的なるものの福音主義的倫理』（一九三六年）の場合。その中では、パウロは国家を彼の宣教活動を守ってくれる「秩序の国家」として活用した、と言われている。さらにローマ書十三章において、国家は「神の遍在的活動」と「悪を阻止する」働きという「内在的に認識できる意義」にもとづいて「根拠づけられている」と解釈される(15)。

ヴュンシュは、ヴァイマル時代に宗教社会主義から出発しながらナチ党左派に近づいて、この代表的な著作を発表した。彼が《政治的なもの》というとき、当時、ナチ憲法学者として著名なカール・シュミットの政治概念における《敵－味方》という規定に従っている。そこでは、国家の政治的自己決定における固有性が強調される。国家は宗教的要求からの「純化過程」によって「自己自身に、その本質の自由へと解放されている」。いまや宗教が政治的であった時代は過去のものとなり、「内在的・世俗的な現実としての国家のみが政治的である」。ヴュンシュは、この本の中で一貫してナチズムにたいして肯定的な姿勢を示している。この民族国家の中に《創造秩序》としての神的意志が認められるならば、キリスト者にとって、国家にたいする義務は聖なる神の戒めとなる。このことを理解させることこそ《政治的なるもののキリスト教倫理》の課題である、とされる。(16)

ヴュンシュによれば、ナチ的世界観は、たしかに、宗派的意味でのキリスト教的性質をもつものではないが、その独自の宗教的基礎をもっている。彼は、この永遠の全能性、摂理、運命にたいするナチ的信念を「普遍的な有神論」と名づける。「これこそキリスト教の信仰告白における第一項の信仰である」という。この宗教的根底の共通性から、彼は、宗教的次元におけるナチズムの世界観とキリスト教的信仰との対立がなくなっていくだろうと期待していた。(17)

最後に、オイゲン・ゲルステンマイアーの教授資格論文(一九三七年)を取り上げてみよう。これは、『教会と創造』と題され、公刊された一九三八年の時代状況に応えるものをもっていた。

ゲルステンマイアーによれば、「教会の奉仕と国家の奉仕とは、両者とも、神による創造の所与としての、被造的価値としての民族に関係づけられている」。それゆえ、国家は、「第一に、民族的現存在の法を監視し実行するのとして民族に奉仕するのだ、という。まさにこの「民族法の中で神の律法を管理し、それによって神の創造にたいする忠実な管財人であることに国家の尊厳性がある」とされ、典拠としてローマ書十三章一―二節が引かれている。

たしかに、ゲルステンマイアーも、「民族法と神の律法」とを同一視することは許されない、と一定の留保をおいてはいる。しかし、「民族の使命、その創造に相応しい発展……その歴史的行為に奉仕することは、神の律法に矛盾するものではなく、むしろ、その意図と意志とに一致するものである」とされる。これでは、キリスト者にとっては、「民族法にたいする服従」が「神にたいする服従」として、ローマ書十三章五節にいう《良心》からの服従とならざるをえない。じっさい、「民族の創造にふさわしい使命」やその「歴史の目標としてのキリスト教的召命」について論じながら、アルトハウスの歴史神学的文献が引照されているのも偶然ではない[18]。

ゲルステンマイアーによれば、国家の全体性要求は、必然的・正当的なものとして肯定されなければならない。なぜなら、ばらばらに崩壊しかねない民族の「再結合」が、それによって初めて可能となるのだから。国家と教会の関係の問題も、けっして国家の限界をめぐる問題ではなく、国家の「理念的内容」、すなわち、国家の試みる再結合の原則的性格を問うものであるという。

この連関において ゲルステンマイアーは、当時最大の政教関係のテーマとなっていた『二十世紀の神話』論争にも言及している。しかし、彼によれば、こうした絶対主義や国家の《神話化》(A・ローゼンベルク)にたいする教会の戦いは、「国家に敵対する政治的闘争」ではなく、「民族的・国家的共同体にたいする教会の牧会的奉仕」にすぎない、と断じられる。もし教会が国家とともに民族の滅亡に反対しないなら、それは、キリストの教会ではない。「神に創造されたもの(=民族)のため、その存続のために闘われるところでは、どこでも、教会は武器を祝福し、共に戦わなければならない[19]」。

これは、すでにそのきざしを見せ始めたヨーロッパの戦乱を先取りした《秩序の神学》の声であった[20]。

改革派(カルヴァン派)

ここで、当時における改革派とカトリック側のローマ書解釈にも触れておこう。

ドイツ・ルター派の《秩序の神学》にたいして明確に批判的だったスイス改革派の例から取り上げてみよう。まず、アルフレート・ド・ケルヴァンのローマ書十三章の釈義から[21]。

パウロの記すように、政治的権威《オーブリヒカイト》が神によって立てられたというなら、それは、人間の生み出したものでも、人間のつくり出したものでもない。それは、「理性の恵み」にではなく、「神の恵み」にもとづくものである。パウロにとっては、神の御名が濫用されて、「人間の秩序にいっそう高い輝きをあたえるようなことは思いもよらない。さらには、ここで神の戒めが停止して、人間自身の国、すなわち、人間自身の世界が始まる、などと言うことはできないのである」と。

ローマ書十三章によれば、原始キリスト教の人びとにとって、ローマ帝国の栄光は《非魔力化》されていたと言ってよい。すでに動揺し始めていた皇帝の冠を支えること、皇帝から感謝を受けとろうとすることなどは、問題たりえない。政治的権威は神に奉仕するものであり、神からの委託にもとづいて存在している。この「神の定め」(一三・二)こそ尊重されるべきであり、「神の定め」に背く者は反逆者ということになる。この反逆者にたいして政治的権威は、たしかに、権力をもって対抗するであろう。聖書の証言によれば、それは「剣」(一三・四)をも携えている。むろん、この権力による報復は恣意的なものではないし、無制約のものでもない。なぜなら、政治的権威は、たとえ報復者としてでも、あくまでも神の委託にもとづいて行動しているのであるから。政治的権威は、つねに神に奉仕するものにとどまり、「地上において法と正義とを行なわせたもう、あらゆる主たちの主……にたいして責任を負うているのである」。

パウロは、たんに怒りを逃れるためだけではなく、「良心のため」(一三・五)にも服従することを勧めている。ケルヴァンによれば、それは、積極的に言い換えれば、「神の愛と憐れみとを知ることから」政治的権威に服従せよということである。ここでペテロの第一の手紙が引かれている。「あなたがたは、すべて人の立てた制度に、主のゆえに従いなさい」(二・一三)。この文章の前半(=「すべて人の立てた制度」)にのみ注目するなら、文意全体にとって致命的である。後半の文章（＝「主のゆえに」）にこそ重心があり、そこに根拠があたえられているのだから。この世の支配者にたいしてキリスト者の負う「義務」（一三・七）についての勧告も、国家が絶大な権力をもち栄光に満ちているからというわけではない。また時代精神がその不可抗の力によってキリスト者をとらえているからというのでもない。この世の支配者に示す尊敬は、神のあたえたもうた「栄誉」のゆえであり、「主を恐れる」がゆえに彼らに栄誉を帰するのである。その限りでは、キリスト者は、「自由な人」として行動するのであり、「あらゆる王の王、すべての主の主」として、ただひとり力強い方＝神にのみ栄誉を帰するゆえにそうするのである。

同じような――いっそう力強い――証言は、カール・バルトの次弟ペーター・バルトのエキュメニカルな寄稿論文にも見ることができる(22)。

ペーター・バルトによれば、「現代、さまざまの諸国でみられる強い傾向、すなわち、国家に全体性要求をあたえ、この要求をあらゆる手段を用いて貫徹しようとする傾向」にたいして、キリスト教は「一致して明確な抵抗」をしなければならない。「国家の全体性要求を承認することは、神から離反すること、福音を裏切ることと同義である」と言い切っている。

彼がドイツ・ルター派にみられるローマ書十三章解釈を一般的通説からの「孤立した偏向」を示すものだと指摘し、国家行動を「固有法則性」に委ねる《創造秩序》《保持秩序》の神学を厳しく批判しているのは当然であろう。ペーター・バルトは、自分の立場が改革派のものであることをくり返し明言し、カルヴァンの『キリスト教綱要』を引いている。しかし、そこでは、ローマ書十三章の文言についても慎重な取り扱い方が必要なことを付言しながら、有名な《下級の為政者》(magistrats inférieurs)による抵抗権行使の可能性を援用しているのも興味深い。

カトリック神学

ナチ政権にたいするカトリック神学の立場は、かなりの程度、ローマ教皇庁と司教たちの態度によって規定されていた。それには、司教の同意なしには大学の教育職につくことを許されなかったという事情も大きかった。たしかに、ドイツ・カトリシズムは、帝政時代とは異なり、ヴァイマル共和国にたいしてはプロテスタント以上に一体的な結びつきを自覚していた。カトリック中央党は、終始、連立政権の中央にとどまっていたし、カトリック的社会政策の影響力も決して小さくはなかった。

しかし、ヒトラー政権の登場後、教会の存立確保という関心が優位を占め、新しい政治的事態に、いち早く適応していった。司教たちはナチズムにたいして公然と警告することを止め、ヴァティカン当局とのあいだに締結された政教条約(一九三三年七月)は、ヒトラーにとって最初の国際的な外交的成果となった。

こうした教会当局に妥当することは、カトリック神学にも妥当した。たしかに、ナチ的神学の代弁者となるような神学者は、まったく稀な存在だった。しかし、カトリック神学の著名な代表者たち、たとえば組織神学者カール・アダムや教会史家ヨーゼフ・ロルツなどは、権威主義的・階層制的原理の共通性ということからナチ的思考に精神的親近性を見いだしさえした。「十九世紀以降、明確な教皇の支持にもとづいて神学が育成してきた新トミズム的秩序思想が、ついに秩序を再建することを約束した指導者国家に服従することを容易にしたのである[23]」。

こうした時期におけるローマ書十三章解釈はどうなっていたか。その代表的釈義を展開したルートヴィヒ・ガウグッシュ論文「ローマ書十三章による使徒パウロの国家論」(一九三四年)をみてみよう[24]。

ここでは、まず、テキストのローマ書十二章との関連が強調されているが、全体として、きわめて図式的ないし教条主義的な扱いがなされている。すなわち、パウロの倫理的勧告が十二章では教会にたいする義務として、十三章では「国家と政治的権威《オーブリヒカイト》」にたいする義務として説かれているとする。パウロによれば、人間は「社会の中でのみ救いを獲得しうる社会的存在者」である。国家と教会は「神の御旨による制度」であり、一方は人間に「地上的幸福」を、他方は「超自然的浄福」を準備する。こうした予定調和の関係の中では、本来、葛藤は存在しえないゆえに、両者は互いにその義務を想起しさえすれば十分である。ここでは、パウロを特徴づける終末論的視点は希薄である。

　国家権力の担い手には、「神の代理人」としての権能と資格とが認められる。いずれの支配者も「神の恩寵によって」あたえられた権力をもち、「人間の意志ないし、民衆の意志のみによって」創り出された権力ではない（ローマ一三・一）。現に統治する権力がいかなる種類のものであるかは、「個々の人間の服従に関するかぎり、まったく無関係である」。個人には「国家的権威の正当性」を問いただす何らの権利も認められない。「現存の」秩序にたいして、ただ服従することのみが求められる。

　たしかに、政治的権威は、「神の意志の執行機関」であることに、その「根拠づけとともにその限界」をももっている。しかし、権力が神の戒めに反することを命ずるときも、認められるのは「受動的抵抗」以外ではない。政治的権威にたいする服従は「良心的義務」（ローマ一三・五）であり、「神の僕」である「国家への奉仕は神への奉仕」にほかならない。納税のすすめにつづく「恐れ」も「敬意」も、《神に仕える者》（ローマ一三・六）としての国家の官職にたいする尊敬以外のものではない。こうして「国家は特定の領域内において神の世界統治に参与し、特定の範囲において神の世界計画を実現することを助ける」という。

　全体としてみれば、パウロは一貫して均衡のとれた協調的な政教関係の代表者として現われている。この論理は、当初の前提から出発して、たんにカトリック的教義を展開したにすぎないようにみえる。ガウグッシュによれば、ローマ書は「キリスト教的西洋のみでなく、現在、われわれの直面している暗黒」にも光を投ずる「現代にたいする覚醒の声」だという。しかし、「政治的権威としての権力は、神的権威の流出であり、反映である」と手放しに肯定されるとき、すでに当時のナチ的現実にたいしても批判的視点をもつことは困難だったのではなかろうか。[25]

ついでに当時の代表的な『ヘルダー聖書注解』シリーズの中の『ローマ書』注釈をみてみよう。[26]

著者エドムント・カルトによれば、十三章一節について、キリスト者は教会員であるのみでなく、「彼の生活する郷土、祖国、国家にも所属する。それゆえ、世俗的権威にたいしてはキリスト者として信仰の見地からそれを承認し、果たすべき義務をもっている」といい、「このことは、すべての者に妥当し、何らの例外がない」ことを強調している。

パウロの根拠づける政治的権威への服従に関しては、ここでも、トマスの古典的論理を援用して、権力に到達した《方法》や《行使》の仕方如何によっては、それが神から由来するものではないことがありうると区別している。しかし、「現存の権力が正常な仕方で獲得されたものかどうかを探求することは、キリスト者の関心事ではない」とされ、「いまや神によって望まれた社会秩序を配慮することは権力の手中にあり、個々人は、この秩序が妨げられることなく、しっかり保たれつづけることに貢献しなければならない。なぜなら、神は秩序をのぞみたもうのだから」と説かれている。

これでは、トマスにあった抵抗権の可能性は見失われざるをえない。もっとも、権力にたいしても「神的秩序によって引かれた制限を逸脱することは神に反することである」と留保がおかれ、「この逸脱にたいしてのみ服従を拒否することが許され、また拒否しなければならない」と言明されている。こうして「人間に従うよりも神に従う」可能性は、なお容認されているようにみえる。しかし、国家の法律が「神的秩序に反するか否かの決定」は、個々のキリスト者にではなく、「倫理的秩序の擁護者としての教会にのみ帰属する」という。

十三章五節の解釈でも、「キリスト者は、世俗的権威にたいして、自己の良心にもとづいて服従する義務を負う」という。しかし、それは、端的に権威が「神に仕えるもの」だからとされているにすぎない。ここでは、《良心》にもとづく服従は、キリスト者にとって、服従義務を加重化するだけのものとなる可能性が大きいのではなかろうか。キリスト者の負う「義務」(七節)について記したパウロの末尾の勧告も、「あらゆる位階の権限をもつ世俗的権威者にたいするキリスト者の義務を簡潔に総括したもの」とされる。「恐るべき者」「敬うべき者」は、たんに世俗的な支配権に関わるすべての者の「位階」上の区別にすぎない。

新約学者たち

代表的なプロテスタントの新約学者の釈義に転じてみよう。

アードルフ・シュラッターは、そのローマ書の注解書『神の義』(一九三五年)において、ローマ書十三章のテキストを「パウロの崇高な国家論」と呼んでいる[27]。この服従の「戒めは、歴史の過程全体の中で働いている神への信仰によって基礎づけられている」。シュラッターは、つねに創造者をその創造された秩序とその歴史的経過との中で畏敬すべきことを力説している。彼によれば、パウロは「国家を前にして、それから逃避するのではなく、国家の中へ組みこむこと」を、まさに国家が「神によって設定された悪の反対者であるという思想によって基礎づけている」。したがって、権力にたいする抵抗は、神の制定意志への反逆にほかならない。パウロは、神をイスラエルの民にのみ独占するゼーロータイ派とは異なり、「諸国民の神(ローマ三・二九)として崇める。それゆえ、彼にとって、諸国民の上に立てられたものは、神による受託者なのである」。こうしてみると、シュラッターにとって、国家権力の神的根拠づけが主題のようにみえる。

にもかかわらず、シュラッターの釈義で重要なのは、彼がパウロのテキストを国家本質論の視点ではなく、国家にたいするキリスト者の関わりというコンテキストに即して眺めていることである。さらには、このテキストをローマ書全体の主題と結びつけて、キリスト者が、いかにすれば「神の意志に従って正義に仕える」ものとして国家と関わりうるかを問うていることである。すなわち、シュラッターによれば、神的委託の担い手であることを権力をもつ者自身が認識しているか否かが問題なのではない。むしろ、「神を知っているキリスト者の群が、あらゆる人間の権力がどこから由来するかを知っている」ことこそ問題なのである。

シュラッターは、神の《僕《ディアコノス》》や神に《仕える者《レイトゥルゴス》》というパウロ的概念を宗教的・リタージカルに解釈することに与しない。パウロは、「権力者が教会から《崇拝》を要求しうるとは語っていない」。むしろ、パウロは、あくまでも「自由人として語り、また教会が権力にたいする恐れのため麻痺させられることのない自由人〔の交わり〕となることにつとめている」という。

むろん、シュラッターも、教会史の示すように、このローマ書十三章の影響史が、かならずしもつねに歓迎すべきものではなかったことを知っている。しかし、問題が生まれたのは、「教会にとって、神が、その永遠の決定によって〔歴史上の〕出来事を〔宿命的に〕定めるような形而上学的存在である」とされたときであった。そのような場合には、「権力を神の中に基礎づけることは、権力に不動の硬直性をあたえ、統治者のいずれの非行も不可侵とみなされることになった」からである。あきらかに、ここには、《終末論的な神の義》の光に照らされた《キリスト教的自由と責任の弁証法》(E・ケーゼマン)が認識されていると言うことができる。[28]

さらに新約学者ゲールハルト・キッテルの場合。その論文「国家に関する新約聖書の判断」(一九三七年)において、キッテルもローマ書十三章の釈義を展開している。彼もまたシュラッターと同じく、「歴史的経過の中には、つねに神がそこで働いており、《神によって定められ》ないものはない」というパウロの認識(ローマ一三・一)から出発する。したがって、権力にたいする反抗は「神の秩序」にたいする反抗であり、それゆえに、人間の「良心にあたえられた規範」(ローマ一三・五)にたいする反抗でもある。

ここでは、神の《定め》(ローマ一三・二)が《神の秩序》に置きかえられ、この《秩序》という言葉がくり返されている。納税の義務(ローマ一三・六―七)も「神が歴史的事実として命じた秩序にたいする国家的要求」とされ、「そのようなものとして尊重しなければならない秩序」である。さらに、ここでは、くり返し(ローマ一三・四、六)神の《僕》あるいは神に《仕える者》という「少なくとも荘重な、ほとんど祭儀的な言葉」が用いられていると強調している。(29)

キッテルもまた、テキスト末尾のパウロの文章に、イエスの有名な納税問答の際の言葉が反映されているとみる。もっとも、「カイザルのものはカイザルに、神のものは神に返せ」というイエスの言葉自体について、キッテルの解釈は、「国家の固有権」が承認されているのみでなく、いっそう積極的に国家の「神にたいする肯定的関係」も示されているとみる。しかもパウロは、「この線をイエスの言葉以上に強力に明示している」というのである。しかし、ここには「神のものは神に返す」という後半の対句にこめられた終末論的留保が、いちじるしく希薄なことは否定できないであろう。

むろん、キッテルは、古代世界に拡がっていたような《宗教的シンクレティズム》、すなわち、「神性を自然的秩序の神話にとりこむ傾向」にたいして警戒的である。そこでは、「国家は支配者崇拝ないし国家崇拝へと神話化される」のだから。しかし、それには、他方における《宗教的神政政治》にたいする批判が対応している。すなわち、キッテルは、そうした――バルト的な(?)――主張によって国家的秩序の「暫定性と地上性」、ひいては「問題性」が神学的に問い直されることにたいしても警戒的なのである。

こうして、国家の「神による愛好性」、「神によってあたえられた尊厳と全権」を強調するキッテルの姿勢からは、――シュラッターのローマ書注解が引かれてはいても――シュラッターにおける《キリスト教的自由と責任の弁証法》は、入ってくる余地が乏しいのではなかろうか。(30)

ローマ書十三章の釈義を《歴史神学的》に展開することから生まれる危険性を極大化してみせた代表的な例は、オット・エック『原始教会と帝国』(一九四〇年)であろう。エックは、パウロのテキストを以下のように要約する。

「原始キリスト教は神の秩序としての帝国に服従する。……国家権力にたいするこの服従は、神の要求の下に立つ必然であり、服従を回避できないことの究極的な根拠を良心にもっている。キリスト教的服従のこの根拠づけは、――しばしばなされてきたように――《忠誠心》《公共心》《国家的忠節》などの概念で表現することを禁じている。なぜなら、これらの内在的なカテゴリーでは神の意志にもとづく服従の固有性にとって適切ではないからである」。(31)

しかし、そこには、なお「到来しつつあり、現に到来した神の国とこの世の国とのあいだの緊張関係」が完全に廃棄されているわけではない。キリスト者は、同時に「二つの国の市民」として「二重の服従義務」をもつ。「二つの国の対立から引き起こされるキリスト者の生活のダイナミズムは、ローマ書十三章によっても一直線に静止状態をつくり出すのではない」。こうして、エックがいわば終末論の視点から「神の国の要求」と「キリスト者の具体的・政治的行動」との関わりを問い直すことは、あくまでも正当である。

この対立は、国家権力が《神の僕》(ローマ一三・四)として神によって引かれた限界の中にとどまる限り、切迫したものとはならない。しかし、国家がその限界を踏み越え、「みずからを神格化し、その元首の神的崇拝を最高の服従の証明として要求する」にいたるなら、キリスト者は、もはや「良心のために」(ローマ一三・五)服従することはできなくなる。とはいえ、皇帝礼拝にたいして教会の行なった抵抗は、「国家そのものへの反逆」ではなく「不服従」にすぎない。エックによれば、「この殉教に通ずる抵抗の中に神の国は現在的に存在し、時の終わりにおいて、この世とその国家組織をもそのうちに転換するように働いている」という。このやや曖昧な文章の意味するところは、皇帝礼拝にたいする「教会の戦いは、終末論的出来事全体の枠の中に立っており、この出来事の完成にはこの世の国の終焉もふくまれている」ということである。

ここで暗示的に語られた《終末論的出来事》は、やがて問題的な《歴史神学的》釈義へと転轍される。エックは《不法の者》の到来を《阻止している者》(Ⅱテサロニケ二・七)という聖句から「ローマ書十三章が語っている国家もまた終末論的出来事全体の中の一部である」という解釈を引き出す。[32] そこからこそ黙示録十三章にたいする《真の二律背反》を理解することができるという。この終末から見られるとき、この世と国家権力の秩序とが過ぎ行くものとしての暫定性の光の中に現われる。したがって、国家権力にたいする肯定には、たえずキリスト者の否定がともなわれることにならざるをえない。すなわち、「この世の国が、神の委託によって示された時間的・客観的な限界を踏みこえて、自己栄化的に神の国となろうとして神の教会の抵抗を経験するとき」、このひそかな対立は顕在化する。しかし、エックによれば「この状況においてもまた、国家に固有な救済史的尊厳性が姿をあらわす。なぜなら、ひそかに内在した神に反抗する傾向が顕わとなることにおいてこそ、国家は、この世の究極的な可能性と現実性なのであるから」。

この《歴史神学的》展望は、さらに《律法と福音》の対比によって神学的(!)に根拠づけられる。[33]「善と悪との区別が知られるところでは、その背後に神の告知する律法の秩序が立っている」。原始キリスト教にとって、国家の活動は

「究極的には、この律法に帰着することができる」。このことは、ローマ書十三章において《善事》と《悪事》とを区別する国家についても妥当するはずであろう。こうしてエックによれば、「国家が神の律法の管理者だとすれば、原始キリスト教的な服従も、国家の救済史的意義も、国家と教会の潜在的・顕在的な二元的対立も、さらにはその服従の拒否も、究極的には原始キリスト教の律法にたいする態度決定にもとづいている」。ここから、さらに国家と教会との対立は、「歴史的・心理学的な偶発的事情」とは関わりなく、むしろ、「福音と律法とのあいだの尖鋭な聖書的・神学的区別」から由来するものだ、と結論される。

しかし、まさにこの《神学的》理由のゆえに、エックにとって、「教会は国家にたいして原理的に敵対することはない」。なぜなら、《福音》は《律法》の効力を――それが救いにいたる排他的な道とならない限り――端的に廃棄するものではなかったから。こうしてエックは、国家と教会をめぐる困難な問題のための「解決の鍵」はここに潜んでいるという(34)。それゆえ、キリスト者は律法を実現する力を福音からえるのであるとすれば、また「律法の中に基礎づけられた国家の諸要求を福音のゆえに実現し、国家にたいして服従する」。さらに国家が「自己を神格化することによってこの課題の前に挫折するなら、律法の秩序は解体し、この世のカオス的崩壊が不可避となる。この世は過ぎ去り行く。なぜなら、国家がその権力によって律法を貫徹しないゆえに。しかし、この世の国のあとには神の国がつづく。……いつまでも絶えることのない愛とともに福音が現われる」と。

まことに驚くべき《熱狂主義的思弁》(E・ケーゼマン)というほかない。シュラッターあるいはキッテルにおいて神学の一つのモティーフだったものが、エックにおいては、《歴史の中で支配する神》の理論としてどこまでも高進させられていく。終末論的視点によって国家を限定する状況倫理ではなく、国家そのものに救済史的機能があたえられる。こうした終末論的思弁によって、いまやローマ書十三章から国家形而上学がつくりあげられる(35)。

(1) バルメン宣言第五テーゼとローマ書十三章との関連に注目したものとして、とくに、vgl. W. Pöhlmann, Gehorsam um der Liebe willen. Römer 13 und die 5. Barmer These, in: G. Besier u. G. Ringshausen (hg.), *Bekenntnis, Widerstand, Martyrium*, 1986, S. 110 ff. 以下の第五テーゼの分析については、宮田、前掲『十字架とハーケンクロイツ』一五七頁以下、参照。宣言のテキスト全文は、同書、一四〇頁以下および一五四頁以下。

(2) Vgl. K. Barth, Kurze Erläuterung des Barmer Theologischen Erklärung (9. Juni 1934), in: Ders., *Texte zur Barmer Theologischen Erklärung*, hg. v. M. Rohkrämer, 1984, S. 22. 戦後、一九六三年七月にバルトがヴュルテンベルク教会兄弟団の人びとと交わした対話では、第五テーゼの「起草に際して、とくにローマ書十三章をも念頭においていた」こと、このテーゼは、本来、「ローマ書十三章を言い換える試み」であり、当時、彼自身が「あのようにローマ書十三章を理解していた」ことを明言している(Barth, Die These 5 der Barmer Erklärung und das Problem des gerechten Krieges, *a. a. O.*, S. 191)。

(3) むろん、バルメン宣言におけるナチ批判の限界ないし不徹底さを指摘することは困難ではない。国家の課題としてあげられた「法と平和」が当時のナチ的現実に照らして抽象的にすぎること、ユダヤ人問題への言及のないこと、など。バルト自身、後年に、そのことを認め、「公共の福祉」や「自由」などの加筆訂正を提案してもいた(Vgl. Barth, Die These 5 der Barmer Erklärung, *a. a. O.*, S. 200 ff.)。

(4) Vgl. P. Althaus, Bedenken zur “Theologischen Erklärung” der Barmer Bekenntnissynode, in: *Lutherische Kirche*, 1934, S. 120 f. じっさい、バルメン宣言の起草委員の一人ブライトは、バルトの原案にたいする《代替案》を書いていた。そこでは、第五テーゼの関連聖句としてペテロ第一の手紙二章一七節につづけてローマ書十三章一節を加え、テーゼ本文では「民族と国家とにおける秩序にたいする服従」を訴えていた(C. Nicolaisen, *Der Weg nach Barmen. Die Entstehungsgeschichte der Theologischen Erklärung von 1934*, 1985, S. 187)。所与の国家を神の賜物としてとらえ、それを神の《定め》にたいする服従において人間がみずから形成すべきものとはみていないところに、バルトとの決定的な違いが示されている。

(5) 『アンスバッハの勧告』については、宮田、前掲『政治と宗教倫理』二七〇頁以下、参照。『勧告』の起草者はエーレルトであり、アルトハウスは再度訂正したのち署名した。『勧告』は、全体として福音に先立つ律法の強調、民族や血のつながりとしての創造秩序の思想、特定の歴史的時点に神的啓示をみる神学への傾斜などの特徴を示す。なお、vgl. E. Wolf, *Barmen. Kirche zwischen Versuchung und Gnade*, 2. A. 1970, S. 99 ff. u. 138 ff.

(6) 批判の声として、たとえば、vgl. W. Trillhaas, Die genuin lutherische Stimme?, in: *Junge Kirche*, 1934, S. 745 ff.; H. Ehrenberg, Die Gabe Gottes und das Gesetz Gottes, *a. a. O.*, S. 742 ff. u. 848 ff. なお、vgl. M. Honecker, *Die Barmer Theologische Erklärung und ihre Wirkungsgeschichte*, 1995.

(7) Vgl. P. Althaus, *Obrigkeit und Führertum. Wandlungen des evangelischen Staatsethos*, 1936, S. 51-52.

(8) P. Althaus, *Der Brief an die Römer*, S. 106-109. ちなみに、この注解は、ナチ時代を通じて第二版(一九三三年)、第三版(一九三五年)第四版(一九三八年)と版を重ねている。戦後の部分改訂をふくめて第一三版まで出されているが、アルトハウスの釈義は、世俗的権威がカオスを防ぎ、神の救済に仕える《神の秩序》であるとみる基調においては変わりがない。とくに、vgl. M. Meiser, *Paul Althaus als Neutestamentler*, 1993, S. 217 ff. アルトハウスは、すでにヴァイマル共和国の危機の渦中で出版した『倫理学綱要』の中でも、「民族と国家の全体」のために企てられる〔反〕革命の正当性について論じ、「あらゆる革命にたいする古ルター主義の否定は、その家父長制的な国家観に関わりがあり、われわれは、それを越え出ているのである」と明言していた(Vgl. Althaus, *Grundriß der Ethik*, 1931, S. 106)。

(9) Althaus, *Obrigkeit*, S. 56. 在外ドイツ人の中でも《創造秩序》としての《民族性》を重視する立場からは、現存の国家権力に対立して、ローマ書十三章解釈をめぐる同じ困難な問題に直面することになった(Vgl. G. May, *Die volksdeutsche Sendung der Kirche*, 1934, S. 94 ff.)。

(10) Althaus, Thesen zum gegenwärtigen lutherischen Staatsverständnis, in: *Kirche und Welt. Studien und Dokumente*, Bd. 3: *Die Kirche und das Staatsproblem in der Gegenwart*, hg. v. Forschungsabteilung des oekumenischen Rates für Praktisches Christentum, 1934, S. 6-9. これは、パリでのエキュメニカルな研究会議のためアルトハウスが提出した七つの《テーゼ》である。

(11) Althaus, *Obrigkeit*, S. 44. 以下の引用は、S. 45f. u. 50.

(12) Althaus, *a. a. O.*, S. 39. 《善事》即《秩序》というローマ書解釈は、vgl. Althaus, Kirche, Volk und Staat, in: *Kirche, Volk und Staat. Stimmen aus der deutschen evangelischen Kirche zur Oxforder Weltkirchenkonferenz*, hg. v. E. Gerstenmaier, 1937, S. 29. なお、vgl. Käsemann, *a. a. O.*, S. 334f.

(13) M. Huber, Evangelium und nationale Bewegung, in: *Kirche und Welt*, Bd. 3, S. 57. ここでローマ書十三章一節が引かれている。なお、アルトハウスの《秩序の神学》については、全体として、P. Althaus, *Theologie der Ordnungen*, 2. A. 1935. 研究書として、W. Mann, *Ordnungen der Allmacht. Paul Althaus der Jüngere über die Ordnungen*, 1987 を参照。

(14) Vgl. R. Seeberg, *Christliche Ethik*, 1936, S. 341. エーリヒ・ゼーベルクの政治的暗躍については、たとえば、vgl. K. Meier, *Die Theologische Fakultät im Dritten Reich*, 1996, S. 319f. u. a.

(15) Vgl. G. Wünsch, *Evangelische Ethik des Politischen*, 1936, S. 95.

(16) Vgl. Wünsch, *a. a. O.*, S. 371, 433ff. und S. 9.

(17) ナチ文教省からの問い合わせにたいして、ヴュンシュは、SPD党員だった自分の過去の経歴について釈明文を送っている。「プロレタリアートの中に愛郷心を生み出すことによって国民と教会とを転換させるという課題は、ナチズムによって解決されたのです。ハイル・ヒトラー！」と(G. Wünsch, Erklärung zur SPD-Mitgliedschaft, v. 27. 04. 1936, in: J.-Ch. Kaiser, A. Lippmann u. M. Schmiedel (hg.), *Marburger Theologie im Nationalsozialismus*, 1998, S. 87-88)。

(18) Vgl. E. Gerstenmaier, *Die Kirche und die Schöpfung. Eine theologische Besinnung zu dem Dienst der Kirche an der Welt*, 1938, S. 260ff., u. 265f.

(19) Vgl. Gerstenmaier, *a. a. O.*, S. 269f. 一九三〇年代後半において盛んになったプロテスタント側からのローゼンベルクの『神話』に対する批判と論争については、宮田、前掲『十字架とハーケンクロイツ』二二一頁以下、参照。

(20) この論文でゲルステンマイアーは、意識的にバルト神学とそのキリスト論的神学の基調から距離をおこうと努めている。「民族がその歴史的使命を実現するために血と大地、人種と風土とをあたえられていることを忘れるなら、民族的・歴史的存在を倒錯することになるであろう」(Gerstenmaier, *a. a. O.*, S. 83)とまで言い切っている。こうした事実からすれば、彼が戦後まもなくトライザの教会会議(一九四五年九月)でドイツ福音主義教会再建の指導的責任の一端を担うにいたったのは「いっそう驚くべきこと」だった(Vgl. M. Honecker, Gerstenmaier und die evangelische Kirche, in: G. Buchstab (hg.), *Eugen Gerstenmaier (1906-1986). Kirche-Widerstand-Politik*, 2006, S. 32f.)。

(21)　A. de Quervain, *Vom christlichen Leben. Eine Auslegung von Römer 12 und 13*, 1934, S. 66-75. これにたいして、ドイツ改革派からの発言は、いっそう慎重である。しかし、たとえばバルメン－ゲマルケ教会牧師ハルマヌス・オーベンディークは、カルヴァン主義的信条にもとづいて、《政治的権威》を神の《秩序》とする代わりに、一貫して《神の定め》に比重をおいてとらえている。まさに《神の定め》による権力の限界づけが服従の《良心》的根拠づけにおいても忘れられていないことは示唆的である(Vgl. H. Obendiek, *Die Obrigkeit nach dem Bekenntnis der reformierten Kirche*, 1936, S. 21, 35 u. 39)。

(22)　Vgl. P. Barth, Der Totalitätsanspruch des heutigen Staats und das christliche Freiheitsverständnis. Thesen und Erläuterungen, in: *Kirche und Welt. Studien und Dokumente*, hg. von der Forschungsabteilung des Oekumenischen Rates für Praktisches Christentum, Bd. 7: *Totaler Staat und christliche Freiheit*, 1937, S. 20-36.

(23)　W. Huber, Theologie zwischen Anpassung und Auflehnung, in: Ders., *Konflikt und Konsensus*, 1990 S. 69(フーバー「順応と抵抗との間にある神学」大島力訳、宮田・柳父共編『ナチ・ドイツの政治思想』創文社、二〇〇二年、所収)。たとえばロルツは、その代表作『教会史』第二版(一九三三年)に「ナチズムと教会」という付論を追加して、カトリシズムとナチズムとの「基本的な類縁性」を指摘している。ボルシェヴィズム、リベラリズム、相対主義にたいする共通の反対、無神論や道徳的退廃にたいする共同の闘い、社会秩序の身分制的編成、《私益に優先する共同利益》の原則など。ロルツにとって、ナチズムがナショナリズムを強調することによってドイツの宗派的分裂を少なくとも実践的に克服する可能性をもつものと見えたことも重要だった。彼は、数年後にはナチから離反するにいたったとはいえ、ここには、当時、《カトリック信徒アードルフ・ヒトラーによって創造され、指導されるナチズム》(ロルツ)にたいする致命的な錯誤による共感の程がよくあらわれている(Vgl. W. Damberg, Kirchengeschichte zwischen Demokratie und Dikatatur. Georg Schreiber und Joseph Lortz in Münster 1933-1950, in: L. Siegele-Wenschkewitz und C. Nicolaisen (hg.), *Theologische Fakultäten im Nationalsozialismus*, 1993, S. 151 f f.)。なお、一般に、vgl. A. Albrecht (hg.), *Katholische Kirche im Dritten Reich. Eine Aufsatzsammlung zum Verhältnis von Papsttum, Episkopat und deutschen Katholiken zum Nationalsozialismus 1933-1945*, 1976.

(24)　L. Gaugusch, Die Staatslehre des Apostels Paulus nach Röm. 13, in: *Theologie und Glaube*, 1934, S. 529-550. とくにローマ書十三章の釈義は、S. 536 f f.

(25)　ガウグッシュ論文の翌年に出版されたK. Pieper, *Urkirche und Staat*, 1935, S. 36 f f. のローマ書十三章解釈の基調も、ほとんど変わらない。そこでは、国家は「自然法的秩序」であり「神の創造的秩序」とも呼ばれている。このテキストは、国家と権力に関する「原則的見解」であり、その「根拠づけのため、パウロは、政治的権威の起源と高貴さとを指示している」とされ、「神的由来と神授権」とが「正当性」の根拠とされる。ここでも、「政治的権威は神的権威の反映と反射である」といわれるとき、この「世俗的国家の理想像」は、ナチ的現実にたいする批判的視点を提供するよりも、アポロゲティークの印象さえあたえる。

(26)　Vgl. *Herders Bibelkommenntar. Die Heilige Schrift für das Leben erklärt*, Bd. XIV: *Der Römerbrief*, v. Ed. Kalt, 1937, S. 113-120.

(27)　A. Schlatter, *Gottes Gerechtigkeit. Ein Kommentar zum Römerbrief*, 1935, S. 350-356. (5. A. 1975 も本文に異同はない)。シュラッターは、すでに十九世紀末以来、一般信徒向けの『ローマ書講解』を著わしてきたが、そこでも、「神にたいする服従」にもとづく「国家とその支配者からの自由」という視点を見失っていない(Vgl. Schlatter, *Der Römerbrief ausgelegt für Bibelleser. Erläuterungen zum Neuen Testament*, 1. Teil, 3. A. 1895, S. 242 f.)。

(28)　シュラッターは『キリスト教倫理学』でも、同じく神の正義に由来する「キリスト者の群が自由に法〔正義〕を志す使命」(A. Schlatter, *Die christliche Ethik*, 1929, S. 107)について語り、ローマ書十三章五節の《良心》にも触れている。また、ローマ書十三章一節によって、パウロは「ローマ国家の体制を神聖化したのではない」(*A. a. O.*, S. 106 A.)という注記もある。なお、vgl. Käsemann, *a. a. O.*, S. 338.

(29) Vgl. G. Kittel, Das Urteil des Neuen Testamentes über den Staat, in: *Zeitschrift für systematische Theologie,* 1937, S. 653-655.
(30) Vgl. Kittel, *a. a. O.,* S. 660-663 u. 674. シュラッターのローマ書注解からは「国家の起源と存立とは、パウロの見解によれば、罪から由来するものではない」(Schlatter, *Gottes Gerechtigkeit,* S. 353) が引かれている。
(31) Vgl. O. Eck, *Urgemeinde und Imperium. Ein Beitrag zur Frage nach der Stellung des Urchristentums zum Staat,* 1940, S. 46. 以下の引用は、S. 48, 56 u. 58.
(32) Eck, *a. a. O.,* S. 69, 以下の引用は、S. 70 u. 71.
(33) エックは、キッテルの国家理解にある「理想と現実という哲学的プラトン主義的二元論」を批判し、「律法と福音という真の聖書的二元論」に立つことを強調している (Vgl. Eck, *a. a. O.,* S. 128 A.)。以下の引用は、S. 112, 120 u. 121.
(34) Eck, *a. a. O.,* S. 129. さらに以下、S. 131 u. 134. なお、vgl. Käsemann, *a. a. O.,* S. 339.
(35) エックよりもいっそう積極的に《歴史神学》的思弁が現在の《歴史的瞬間》と結びつくとき、「特定の人間共同体の中に神の意志を認識する」《政治神学》ともなりうる (Vgl. H. Eger, Die ersten Ansätze zu einer politischen Theologie in der christlichen Kirche, in: *Deutsche Theologie,* 1935, S. 272-274)。

3　教会闘争と抵抗運動

バルトの『義認と法』

ここで、いま一度バルトに帰り、『義認と法』(一九三八年) における新しいローマ書解釈をとりあげてみよう。

すでに一九三五年にドイツを追われてスイスに帰っていたバルトは、ドイツ教会闘争の体験を踏まえ、この論文でナチ権力との戦いを積極的に根拠づけようとしている。「現代固有の力学」の中でイエス・キリストによる罪人の《義認》という出来事と人間の《法》との関わり、福音の宣教のもつ政治的射程を問い直す。この論文では、バルトは、ツヴィングリやカルヴァンなど宗教改革者の思想をも越えて、彼らに欠けていた徹底した《キリスト論的》視点から《政治的神奉仕》を根拠づけようとする。[1]

バルトは、ローマ書十三章の冒頭で、政治上の権力にたいして用いられる《権威《エクスーシアイ》》という概念の《天使論的》解釈から説き起こす。「堕落し、顚倒してデーモン的力になりうる」《天使的な力》との関わりにおいてみるとき、国家が《神の定め》としての課題と機能とを失い、皇帝礼拝や国家神話といった倒錯した形をとりうることも神学的に理解される、という。こうした解釈は、当初、シュリーア、さらにギュンター・デーンによって唱えられ、のち新約学者オスカー・クルマンによっても原始キリスト教の信仰告白にもとづいて支持された《仮説》であり、第二次大戦後も、なおローマ書十三章解釈をめぐる重要な論争点となった。

こうした解釈が一九三〇年代後半に出現したことは、当時の政治状況との関連からすれば、けっして偶然ではない。とはいえ、バルトは、デーンの立場を越えて、さらにキリストこそこの《天使的力》の主であり、国家もまたキリストによる和解の領域に属する、と説く。[2]しかしこうしたバルトの前提は、釈義的には困難である。すでにパウロの基本的視座（本書二〇頁以下）で確認したように、ローマ書十三章の《権威》は世俗的行政用語にすぎなかった。パウロ自身、はっきり醒めた目で国家を《人間的なものの次元》（A・リッヒ）において見ていたといってよい。《天使論的解釈》は、むしろ、国家権力を形而上学的勢力と関係づけ、国家の絶対化や神話化を助長する恐れさえあるのではなかろうか。

さらに、いっそう問われなければならないのは、バルトが国家を「根本的にキリスト論的領域の中にある」ものとする解釈である。国家はキリストを中心とする円周の中で「教会を世界と結びつける」「いわば第二次キリスト論的領域」を形づくる、という。[3]バルトは国家権力の由来する「神」（ローマ一三・一）を創造者あるいは支配者としての神ではなく、イエス・キリストにおいて世と和解する神とみる。そのことによって、《創造秩序》《保持秩序》など、いっさいの《秩序の神学》を払拭しようとする意図は、あくまでも正しい。しかし、ここでは、バルトのキリスト論は、パウロの立っていたキリスト教倫理の基礎づけにとどまりえなくなるのではなかろうか。

たしかに、キリスト者は、キリストの支配を信じ、この世を非デーモン化する福音を宣教し、そのような自由と平和の使信に従って生きようと試みるであろう。しかし、そうした使信と信仰にたいする主体的な関わりとは別の仕方で、国家が現に立っている客観的な領域を《キリスト論的》と呼ぶことは、国家そのもののキリスト論的《根拠づけ》を意味するのではなかろうか。こうした形での新しい国家本質論が登場するとすれば、いわばキリスト教的終末論の形而上学への転化を問われうるであろう。エルンスト・ヴォルフの次の指摘は、あくまでも正しい。

「ここで問題なのは、けっして国家の《キリスト論的》存在論ではない。……むしろ、国家の事実性と問題性とにたいして〔キリスト者が〕《キリストにある》(=エン・クリストゥ)存在にふさわしく認識し行動する態度決定の問題である[4]」。

こうしてはじめて、終末論的視点の下に《世俗化》された国家の中でキリスト者の自由な状況倫理が可能となるはずであろう。じっさい、バルトがキリスト論的基礎づけにおいて目指すところも、事柄としては、それとは異ならなかったことがわかる。すなわち、それは、キリスト者の自由な奉仕を、いっさいの領域において、したがって世俗的な領域においても、積極的に基礎づけようとするものだったのだから。

すでにローマ書十三章で説かれる《服従》についても、バルトの解釈は、そうした方向を明らかに示している。すなわち、服従とは、けっして抽象的・絶対的な従順ということではない。むしろ、《神の定め》にもとづく「一定の秩序によって規定され、限界づけられた服従」である[5]。したがって、国家権力にたいする服従も、国家が神からあたえられた委託を果たすかぎりにおいて妥当するものである。

そのことは、服従が《良心》(ローマ一三・五)のためになされるという理由づけによっても確証される。この言葉は、「人間一般の上に置かれた規範」を指すのではなく、「キリスト者そのものの上に置かれた規範」を指している。キリスト者が「この規範を認識することによって、〔彼に〕求められる真の態度決定が生じてくる」のである。「良心」(Gewissen)とは、バルトにとって、神と《共に知る》(Mitwissen)ことであり、信仰におけるキリスト者の神への拘束性にほかならない。すなわち、そこには、国家にたいする一定の自由な批判を欠くことはないはずである。

したがってまた、他方では、国家が《神の定め》に反し、義認の宣教を守る代わりに弾圧するような場合、キリスト者は、「人間に従うよりは、神に従うべきである」(使徒行伝五・二九)。しかし、このことも、バルトによれば、「国家に反対してではなく、むしろ、国家のための教会の行為」にほかならない。キリスト者は、まさに《服従》するものとして、国家権力を尊敬するゆえにこそ、そうした国家の具体的行動に責任をもって《心から》参加することは不可能なのであり、そのことを《公然》と示さなければならない。

> 「国家権力が顚倒した道を歩む場合、国家権力がその存在を負うている神の定め、および、それとともに国家権力そのものが、もっともよく尊敬されるのは、どのような場合にも国家権力にたいして払われねばならぬ尊敬のこの形式、すなわち、批判的形式によってである」。

その際、バルトにとって宣教の自由のための権利は「人権の基礎づけ・保持・回復」として重要な意味をもっていた。彼は、人間の内面性にたいして国家権力がイデオロギー的統制の手を伸ばすことには断乎として反対する。国家が国民の愛を求めはじめるとき、すでに「偽りの神の教会」の相貌をとって「不正な国家」になろうとしているのである。「正しい国家が必要とするのは、愛ではなく、断乎として責任を負う非陶酔的行動である」と。

こうしてバルトは、国家のための教会の働きを根本的・包括的な《執りなし》の祈り(Ⅰテモテ二・一)に求める。それは、むろん、国家が《崇敬》の対象になるということではない。むしろ、国家は、みずからが負う責任のゆえに、《執りなし》の祈りを必要としているのである。しかし、「真剣な祈りが、いつまでもそれに相応しい働きを欠いているということがありうるだろうか」。

しばしば、パウロの勧告はあらゆる可能な国家形態と親和的でありうると言われてきたが、こうした意見は、バルトによれば、ローマ書十三章解釈の誤りだという。

「われわれがデモクラシーのもとにおいても地獄に行き、賤民支配や独裁政治のもとにおいても浄福に与かりうるということは真実である。しかし、われわれがキリスト者として賤民支配や独裁政治をデモクラシーと同じく真面目に肯定し、欲し、希求することができるというのは真実ではない」。

《服従》を共同責任としてとらえたバルトは、積極的な政治参加、さらには政治闘争などの形態をふくめて、「ローマ書十三章の正しい延長線上」で行動する可能性を問うことにたじろがなかった。それは、スコットランド信条のいう《暴政への抵抗》やツヴィングリのいう《暴君の追放》などのあらゆる帰結とともに、国家権力の事柄を一人びとりの主体的責任の事柄として担うことでしかありえない。こうして「新約聖書の線を《民主主義的》国家概念の意味において延長する場合にこそ、正しい解釈に立つ」ことを結論した(6)。

同じ年の夏に、バルトは、イギリスのアバディーン大学における《ギフォード講演》の中で、スコットランド信条の連続講解を行ない、いっそう詳しく抵抗権について取り扱っている。そこでは、教会が一方でローマ書十三章から、他方ではヨハネ黙示録から政治的秩序の「神奉仕的意義」を知っていること、さらに「正当な政治的権威と不正なそれ」とのあいだを区別しうること、そこからまた共働と抵抗の可能性が引き出されうることを論じていた。バルトは、政治権力が本来の政治秩序に敵対するものとなり、みずからを「反キリストの教会」とするにいたるとき、こうした抵抗が《ウルティマ・ラーティオ》としては「暴力的なレジスタンス」にまでいたりうることを明確に肯定している。(7)

ハインツ・E・テートによれば、一九三八年一一月のナチの公然たるポグロム(＝暴力的なユダヤ人迫害)を契機として、オット・ディベーリウス、その他の人びとのあいだでも、ナチ政権にたいしては、もはやローマ書十三章との結びつきが妥当しえないと判断されるにいたったという。(8)

ボンヘッファー

バルトとともに、終始、バルメン宣言にもっとも忠実に、むしろ、そのもっともラディカルな路線を生きたディートリヒ・ボンヘッファーをとりあげてみよう。

ボンヘッファーは、なお教会闘争の渦中で公刊した『服従』(一九三七年)においても、ローマ書十三章の問題に触れている。(9) ここでは、釈義的に正確なパウロ理解に立っていることを見誤ってはならないであろう。

たとえば、「神によらない権威はない」(ローマ一三・一)というテキストが語りかけているのは、キリスト者にたいしてであって国家権力の担い手にではないという。これは「政治的権威《オーブリヒカイト》の本質に関する一般的な考察や認識ではなく、事実上存在する政治的権威にたいするキリスト者の態度に適用されるべきである」。このことをボンヘッファーは三度くり返している。その意味するところは、「神ご自身が権威を通してキリスト者に益となるように働こうとされていること、キリスト者の神は権威の上に立つ主でもあるということ」にほかならない。してみれば、「いかなる政治的権威も、これらの言葉から、自己の存在について神的正当化を引き出すことはできない」。

こうした《逆転》は、キリスト者の権威にたいする行動にもはっきりあらわれる。「あなたは権威を恐れないことを願うのか。それでは、善事をするがよい。そうすれば、彼からほめられるであろう」(ローマ一三・三)。このテキストをボンヘッファーは、まさにキリスト者の神との関わりから解釈する。キリスト者は、「神から命じられているように、いつも善事に思いをひそめ、それを行ないさえすれば、権威を《恐れないで》生きることができるであろう」。したがってまた《善事》のゆえに、「賞賛の代わりに苦難に襲われるとしても、キリスト者は、なお神の前で自由であり、恐れないでいることができる。じっさい、教会には何らの恥辱も及ぶことがない。彼が権威に服従するのは何らかの利益のためではなく、《良心のため》〔五節〕である」と。このように説かれるとき、《良心》に従ってなされる《善事》が権力にたいする批判的可能性をふくみうることは明らかであろう。(10)

じっさい、そこでは、なお「彼〔キリスト者〕は、もちろん、究極的には政治的権威ではなく神が支配していること、政治的権威は神の僕であることを知っている」のである。してみれば、キリスト者は、政治的権威にたいする《服従》においても「キリストによって自由にされた者として生きる」。まさに「この世にたいする正面攻撃のために、この世にとどまる」ことを求められる。この世にたいする反対は、この世の中で担いとられねばならない。まさに「それゆえに――そしてそれゆえにのみ〔!〕……キリスト者は権威に従う」というのである。すなわち、ボンヘッファーの《服従》は、《世俗内的》な闘いと苦難とにおいてキリスト者のアイデンティティを証しする《現世拒否》を目指すものである。ここでも、すでに教会闘争から抵抗者への道が示されていると言ってよい。(11)

やがてボンヘッファーは、戦列の乱れる告白教会の闘いから一歩踏み出し、ドイツ国防軍内部の反ナチ抵抗運動に参加するにいたる。その闘いは、ついには殉教の死に通じていた。戦後、友人ベートゲの手によって編集・公刊された遺稿集『倫理』(一九四九年)には、ローマ書十三章の解釈にふれた「国家と教会」の章が入っている。これは、闘い

の渦中にあって、一九四一年春以後の時点で、ひそかに書き綴られた草稿と推定されている。(12)

こうしたボンヘッファーの後期の思想には、あきらかにバルトの『義認と法』の影響が認められる。じじつ、一九四〇年春にボンヘッファーが記した手紙は、このバルト論文に言及している。それは、オクスフォードに亡命中の義弟ゲールハルト・ライプホルツに宛てて、非合法にスイス経由で送られたものである。

「カール〔バルト〕は、いまや厳格に改革派的なテーゼにもとづきながら、にもかかわらず、歴史的なものを相対化することを回避する試みをやってのけたのだ。それは、とても心を奪うものだ。彼は、(うまく聖書的に)被造の世界のすべての秩序をキリストに関わらせ、こう言っているのだ。これらの秩序は、キリストからのみ正しく理解されうるし、キリストから方向づけをあたえられねばならない、とね。これをわれわれは読まなければならない(13)」。

この「国家と教会」論文におけるボンヘッファーの《政治的権威《オーブリヒカイト》》概念は、あきらかにローマ書十三章から由来する。

「政治的権威は、神の権威をもってこの世の支配を行なうように、神によって秩序づけられた全権である。政治的権威は、地上における神の代理である。それは、ただ上からのみ理解される」。

この《上から》というのは、古代哲学ないし中世神学的な《人間の本性》からでも、また宗教改革的な《罪から》でもなく、「イエス・キリストによる」というキリスト論的基礎づけを意味するものにほかならない。ここで《天使論的釈義》への言及があるのも偶然ではない。いずれにしても、こうした根拠づけによって、これまでの《創造の秩序》や《保持の秩序》などに一線が画されている。《民族の秩序》にたいする特殊な神学的委託は、はっきり否定されてもいる。(14)

ボンヘッファーは、さらに、「政治的権威の神的性格」を、その《存在》と《委託》との両面から説明する。その基調は、すでに次のような表現にあらわれている。

「政治的権威は、その存在において神的な職務である。その職務を担う人びとは、神に「仕える者」、奉仕するもの、代理するものである(ローマ一三・四)。……政治的権威の存在は、その地上的な成立の仕方を越えたところにある。なぜなら、政治的権威は、その成立においてではなく、その存在することにおいて神の秩序だからである」。「政治的権威は、倫理的失敗を犯すことによっても、《それ自体によって》(eo ipso)その神的尊厳性を失うことはない。……政治的権威の尊厳性をもっとも明確に示すのは、政治的権威のもつ力であり、それが身に帯びている剣である。政治的権威が罪を犯し、倫理的に攻撃されうるときにも、その力は神から由来するものである」[15]。

これらの言葉は、抵抗者ボンヘッファーのイメージからすれば、驚くべく権威主義的な響きをもっていることは否定できない。じっさい、《かくも無防備に》(E・ケーゼマン)政治的権威の神的性格を論ずることは、はたしてよかったのだろうかと問いうるであろう[16]。

むろん、前掲の最初の文章には、さらに「政治的権威は、その存立の根拠をただイエス・キリストにおいてのみもち、キリストの十字架によって神と和解されている」というバルト的文章がつづいている。そして、ここでも、政治的権威のキリスト論的根拠づけというローマ書十三章の釈義上の問題性にもかかわらず、パウロ的な終末論による醒めた自由の倫理を欠いてはいなかった[17]。

たしかに、《服従》は《良心》(ローマ一三・五)をも拘束し、それは、深い《敬意》(ローマ一三・七)とも結びつく、という。しかし、この服従義務にキリスト者が拘束されるのは「政治的権威が神の戒めに反する行動を強制するときまで」にすぎない。政治的権威がある地点で神の委託から逸脱するときには、「その地点で服従は良心のために、主のために、拒否されねばならない[18]」。

この場合、「不服従は、つねに個別的ケースにおける具体的な決断である。それを一般化することは、政治的権威の黙示録的な悪魔化に通じている」という。さらには、政治的権威の特定の歴史的・政治的決断にたいして「服従を拒否することも、この決断そのものと同じく、自己自身の責任への冒険の行為でありうる。歴史の中での決断は倫理的概念によっては割り切れないものである。すなわち、行動の冒険という性格がつねに残るのである」[19]と。

教会の政治的責任としては《見張りの職務》をあげている。政治的権威を尊敬しつつ、政治的権威の職務を危うくせざるをえない怠慢と失敗とにたいして「直接に語りかけて注意を喚起する」責任である。とはいえ、「聖書によれば革命の権利はない」。しかし、「国家《ポリス》の中で、各人が自己の職務と委託とを純粋に保持する責任は存在する」。この責任は「聖化における彼の生活の一部」であり、それを何ぴとも、たとえ政治的権威自身といえども取り去ったり、禁じたりすることはできない、という。

これは、伝統的なルター主義的《職務道徳》を越えて、たんなる服従拒否のみでなく、さらに積極的に抵抗を義務づける可能性を内包しているのではなかろうか。なぜなら、この「職務と委託」は直接にキリストの支配の下に立ち、《上司》の指令に反してでも遂行する責任を意味していたのだから[20]。

《政治的権威》の問題は、その後、『倫理』のための最初の草稿「キリスト・現実・善」に加筆された《四つの委任》(一九四一年後半)の文章や「具体的な戒めと神の委任」と題する最後の草稿(一九四三年春)などにおける《委任》(Mandaten)をめぐる議論において、いっそう柔軟に、新しい形で取り上げられている。この神の《委任》という概念は、これまで伝統的に用いられてきた《秩序》《身分》《職務》などの概念に代わるものとして提出されている。これらの古い諸概念は、保守的・制度的・官僚的な思考に強く結びつくものであったから[21]。

ボンヘッファーによれば、《委任》は、キリストの主権の下に立つ《召命》のモメントを、いっそうよく表現する概念であるという。すなわち、この世の領域においては、キリスト者の服従が遂行される《場》として教会、結婚と家庭、文化〔または労働〕、政治的権威という神の四つの《委任》がある。[22] 四つのものは、神によって認められた同格の《委任》であり、ともに一つのキリスト教的生活の訓練が行なわれる。あとの三つの《委任》を最初のものから区別して、とくに《世俗的》なものと規定し、《宗教的》な領域に逃避することは許されない。むしろ、キリストの支配の下にある人間の自由は、《此岸性》の重荷をともに担いとることにある。

つまり、《委任》理論において問題なのは、人間の現実を宗教的に神聖化することではなく、キリストによって本来の《世俗性》に解放され、この世においてキリストの新しい現実性を実現することにほかならない。この草稿で、くり返し語られている「真のこの世性に生きる自由」は、パウロ的な終末論の下での《自由と奉仕の弁証法》に通ずるものではなかろうか。もっとも、《委任》理論の草稿では、ローマ書十三章からの引用は、どこにもなされてはいなかった。[23]

北欧の教会闘争

この間に、ナチ・ドイツの開始した侵略戦争は、ヨーロッパ各地に抵抗運動を生み出していった。それは、北欧諸国における教会闘争とも連動することになった。たとえば、ノルウェーの親ナチ傀儡政権のリーダーとして登場したクヴィスリングは、ノルウェー社会を統制してファシズム的な国家改造を企てた。これに反対するノルウェーの教師たちの非暴力抵抗運動は、よく知られている。その背後に広範な全国民的な支持を動員することができたことは、それに先立ってすでに開始されていたノルウェーの教会闘争によるところが大きかった。

その中で、とくに劇的だったのは、一九四一年春、クヴィスリング政権の教会政策に抗議したノルウェー全教区の監督たちの総辞職であろう。それに引きつづいて牧師のほとんど全員の一斉辞職が行なわれ、その際、教会の説教壇からは『教会の根拠』と題する信仰宣言が告知された。あきらかにバルメン宣言をモデルとするこの宣言は、ノルウエー教会闘争の根拠づけとして、その第五項でローマ書十三章の解釈にも触れている。

「正しい政治的権威《オーブリヒカイト》は神の恩寵であり賜物である。われわれは使徒〔パウロ〕とともに言明する。すなわち、このような政治的権威にたいして世俗のすべての事項について服従することを良心のゆえに義務づけられている、と。しかし、この良心のゆえに〔ローマ一三・五〕という言葉は、われわれが政治的権威に従うのは神のためであるということ、それゆえ、われわれは人に従うよりも神に従うべきであるということを意味している。――使徒〔パウロ〕は、また政治的権威の正しさがどこで認識されるべきかについても説いている。正しい政治的権威は、それが善事のゆえに恐怖となるのでなく、悪事のゆえに恐怖となる〔ローマ一三・三〕ことによって認識されるのである」。

これにつづけて、世俗の権力が《霊的統治》に介入するときには服従してはならないことを命じたルターの言葉を引き、次のような注釈をあたえている。「良心にたいしても全体主義的要求がかかげられるところでは、つまり、いっさいを神の言葉にもとづきキリスト教的良心に従って判定する権利が拒まれるところでは、教会は聖書と信仰告白とにもとづいて態度決定を下さねばならない[24]」と。

ノルウェーの教会は厳格なルター主義に立つ《国家教会》だった。しかし、ドイツ・ルター主義の伝統を特徴づけてきた国家にたいする服従の姿勢からは遠かったことがわかる。じっさい、『教会の根拠』は、基本的にはルター主義的《二王国論》の枠の中に立っていた。しかし、その新しい解釈を踏まえて、ローマ書十三章から機能主義的国家論とそれに対応する教会の批判的責任とを導き出すことができたのであった。

この信仰告白草案作成の中心になったのは、オスロ教会監督エイヴィン・ベルグラーフである。彼自身、一九四一年初めの講演で、ルターに即して国家権力にたいする抵抗を神学的に根拠づけていた。それは、監督会議の要請で非合法文書として出版された。そこでは、あきらかにローマ書十三章のテキストに即して議論を展開している。

「政治的権威は、その神からの委託を直接に救済に仕えるためではなく――そのためには役に立たない――、秩序を保持することに仕えるために受けている」。救済に仕えるためには教会が立てられ、その手段は宣教である。両者は、それぞれ自己の委託とその全権とをあたえられている。それゆえ「彼らは互いに混同されてはならない」。教会が世俗的手段に手を伸ばしてはならないように、政治的権威は《外的な生活関係》においてのみ「紀律を保ち、善事を促し、法と精神的自由とを守らなければならない」。

したがって「政治的権威は、それ自体として服従や敬意を当然に受けうるのではない」。それは「神からあたえられた人権と良心の義務の下に立つ神の秩序」たることによってである。ここでも、政治的権威と「法」との必然的関係が強調されている。「無条件的服従」はありえない。「最善の法秩序においてさえ軋轢の芽は存在する。……政治的権威が罪に陥るなら、神の教会は闘わなければならない。それを教会がしなければならないのは、教会が政治的権威の上に立っているからではなく、教会が神によって召命を受けているからである[25]」。

ノルウェーに侵略した同じ一九四〇年春に、ナチ・ドイツ軍はデンマークをも軍事占領下においた。デンマークもノルウェーと同じくルター主義的な《国家教会》体制をとっていたが、ここでは、直ちに教会闘争が組織化されたわけではなかった。デンマークの場合、国王を頂点とする《合法的》政府がナチ・ドイツ軍の《保障占領》下に存続していた。これは、国王とともにロンドンに亡命したノルウェー政権が占領された後もナチ・ドイツにたいする抗戦を継続したのとは、基本的に異なった状況であった。しかし、一九四三年夏、地下抵抗運動の高まりからデンマーク全土に戒厳令が布告され、ドイツ軍が占領行政の直接的当事者となった。これ以後、とくにユダヤ人迫害やその強制輸送に反対して、教会闘争が公然化していった。

この頃、教会闘争の神学的根拠づけのため、オーフスの神学部教授レーギン・プレンターの講演『切迫した状況における教会と法』が非合法文書の形で大量に印刷・回覧された。ここでも、プレンターは、ルター主義的な伝統に従って、「教会は、国家的事項にたいして介入することを、けっして望んではいない。むしろ、主権をもつ国家をまさにそのあるべき神の僕(ローマ一三・四)として尊重する」ことを認めている。しかし、「そのことは教会が国家権力にたいして何事をも語らないという意味ではない」。すなわち、国家権力が法的基礎を離れ、みずから専制に堕する恐れがあるときには、法を守るように呼びかけることは教会の義務である。「法にたいするその激しい関心のゆえに、教会は、いずれの国家権力にとってもその良心であり、そうあらざるをえないのである[26]」と。

これより前、すでに一九四一年夏、プレンターは、デンマーク北部の牧師総会で行なった『教会と国家』と題する講演においても、ローマ書十三章に触れていた。ここでは、政治的権威の《天使論的解釈》や《キリスト論的》根拠づけなど、バルト神学の周辺で論議されていた新しい解釈を援用していることが注目される。それ以外でも、たとえばローマ書十三章冒頭の「神によって(ὑπὸ θεοῦ)立てられた権威」は、古典ギリシア語の用法で、あえて《神の下にある》と訳しうる可能性にも言及している。《創造秩序》の概念は、はっきり拒否されている。パウロが《善を賞し、悪を罰する》(ローマ一三・三—四)権力の課題について触れているところから、「現代的に表現すれば、国家の目的は法を行なうことであると言い直すことができる」と解釈している。

この講演は、専制にたいする「闘争」の可能性を視野に入れつつ、最後に「信仰とは落ち着きである。信仰はパニックに陥ることはない。信仰は殉教を夢想することはしない。信仰は一歩一歩前進し、つねに神から最善のものを期待する。なぜなら、信仰は、われわれの主がキリストであることを知っているのだから」という言葉で結ばれている。

国家の《キリスト論的》根拠づけを越えて、具体的には、パウロ的な終末論の下で生きるキリスト教的自由の倫理が示されているのである。

同じく、ナチ・ドイツ軍の占領行政下におかれたオランダにおいても、ユダヤ人迫害などに反対して教会闘争が展開された。改革派教会の牧会書簡には、ローマ書十三章をめぐる批判的解釈が示されている。神の委託を踏み越える政治的権威にたいしては「服従の限界」が強調され、それが民族を神化するイデオロギー統制に手を伸ばす場合は、もはや「益を与えるための神の僕」(ローマ一三・四)とは認められないとしている。(27)

とくに匿名のまま非合法で出版された《非公式》の信仰告白『われわれは何を信じ、何を信じないか』(一九四一年)には、「このような神の言葉を禁ずる政治的権威にたいする不服従こそ、われわれが万事にまさって服従すべき神に栄光を帰することである」というカルヴァン的文章が記されていたことも見逃されない。(28)

ナチ・ドイツ崩壊も目前に迫った一九四五年四月末の頃、マールブルク大学神学部がまとめた専門意見書がある。これは、マールブルク周辺の教区から提出された問い合わせにたいする切迫した回答であった。教区長シュミットマンによれば、これまでローマ書十三章とルターの遺産に忠実に従ってきた福音主義教会のキリスト者は、ナチ支配末期の出来事に直面して、「宣教、教育、牧会」の上で「良心的困難」に立たされ、あらためて「キリスト者の義務である政治的権威にたいする服従を目下の状況の中で、どのように実行すべきか」について「根本的な指示」を求めざるをえなくなったのであった。

この要請には、その翌日、ただちに次のような専門意見書が示された。意見書は、いくつかの理由をあげて、こう結論する。何ぴとも、もはや良心的義務としてナチ政権への服従を求められることはない。「もしそのような要求を福音書と宗教改革から引き出そうとするなら、それは、ローマ書十三章の濫用であり、ルターの誤った解釈である」と。たとえば、連合国軍の進出につれて暴露されるにいたった強制収容所（ブーヒェンヴァルト！）における残虐行為や、政権の最終段階にいたってもなお焦土抗戦という「上からカオスをつくり出すことを意図する」ヒトラー命令などをあげ、ナチ政権は、もはや「秩序権力」として「倫理的な正義」を実現すべき「政治的権威」という名に値しない、と断じていた[29]。

しかし、この声は、ドイツの教会と民衆とにとって、すでにあまりにも遅かった、と言わなければならない。

（1）Vgl. K. Barth, *Rechtfertigung und Recht*, 1938, in: *Eine Schweizer Stimme 1938-1945*, 2. A. 1948, S. 13-57. 引用は、S. 17（『義認と法』井上良雄訳、『カール・バルト著作集』6、新教出版社、所収）。この論文の注で、バルトは前掲のオーベンディークの小冊子を評価し、さらにシュリーアやキッテルとの対論をも試みている。

（2）Vgl. Barth, *a. a. O.*, S. 24 ff. 《天使論的解釈》にたいしては、当時、それに潜在する《国家のある種の価値切り下げ》（P・アルトハウス）が敏感に嗅ぎつけられ、しばしば国家の《デーモン的解釈》（たとえばキッテル）といった非難が投げかけられた。バルトは、こうした歪められたレッテル貼りにたいして正当に反論している（Vgl. *a. a. O.*, S. 28）。

（3）Barth, *a. a. O.*, S. 30. 《第二次キリスト論的領域》としての国家をいうのは、「たんなる言語的脱線というだけでなく、……国家の《形而上学と神話論》とに道を開く」(Vgl. Käsemann, *a. a. O.*, S. 365)。《天使論的解釈》をふくめ、こうしたバルトの釈義の問題性については、宮田、前掲『政治と宗教倫理』二四一頁以下、二五〇頁以下、参照。

（4）E. Wolf, Königsherrschaft Christi und der Staat, in: W. Schmauch und Wolf, *Königsherrschaft Christi*, 1958, S. 24. こうしたヴォルフの視点は、《キリスト論的》解釈における《転換》（E・ケーゼマン）、むしろ《逆転》（A・リッヒ）を意味する。とくにヴォルフによる政治倫理の《キリスト論的基礎づけ》については、宮田、前掲書、二八五頁以下、参照。

（5）Barth, *a. a. O.*, S. 46. 以下、S. 31, 48 u. 52.

(6) Barth, *a.a.O.*, S. 53, 54 u. 53 A. むろん、この論文の他にも、一九三九年夏に始まった第二時大戦中のバルトのヨーロッパ諸教会宛の書簡には、ナチ批判に関連してローマ書十三章に言及したものが少なくない。たとえば、vgl. *Eine Schweizer Stimme*, S. 84, 187, 265, 278 u. 292（前掲、『バルト著作集』6、所収）。

(7) Vgl. Barth, *Gotteserkenntnis und Gottesdienst nach reformatorischer Lehre. — 20 Vorlesungen über das Schottische Bekenntnis von 1560, gehalten an der Universität Aberdeen in Frühjahr 1937 und 1938*, 1938, S. 206 ff. und 214 f.（『神認識と神奉仕』宍戸達訳、『バルト著作集』9、新教出版社、所収）。《暴君に抵抗せよ》(tyranniedem opprimere)にいたる抵抗義務の可能性について、バルトは、すでに一九三五年六月には、ヘルマン・ヘッセ牧師宛書簡の中で視野に入れていたことがわかる(Zit. bei H. Prolingheuer, *Der Fall Karl Barth. Chronographie einer Vertreibung 1934-1935*, 2. A. 1984, S. 349)。

(8) Vgl. H. E. Tödt, *Komplizen, Opfer und Gegner des Hitlerregimes*, 1997, S. 340（テート『ヒトラー政権の共犯者・犠牲者・反対者』宮田・佐藤・山崎共訳、創文社、二〇〇四年）参照。

(9) *Dietrich Bonhoeffer Werke*（以下、*DBW*. と略記）Bd. 4: *Nachfolge*, 1989, S. 256 ff.（森平太訳、『キリストに従う』新教出版社）。とくに、vgl. Ch. Strohm, *Theologische Ethik im Kampf gegen den Nationalsozialismus*, 1989, S. 315 ff.

(10) ボンヘッファーは、ローマ書十三章五節の引用につづけて記している。「したがって、政治的権威の過失は彼〔キリスト者〕の良心を侵すことはできない。彼は、つねに自由であり恐れないでいる。また負い目なしに受ける苦難の中で、なお権威にたいして負っている服従を示す」。ボンヘッファーは、のちにテーゲルの獄中で高等軍法会議法務官マンフレート・レーダーに提出した釈明文の草稿で、この一節に言及している。「もし上なる権威にたいするキリスト教的服従義務についての私の考えを知りたいと思われるなら、私の『服従』という本におけるローマ書十三章についての講解を読むべきです。キリスト教的良心のゆえに上なる権威の意志と権威の下に服せよという訴えが、あそこにおいてほど強調されたことは稀なのです」(Bonhoeffer, An Manfred Roeder, in: *DBW*. Bd. 16: *Konspiration und Haft 1940-1945*, hg. v. J. Glenthøj, U. Kabitz und E. Krötke, 1996, S. 416 f.〔この文章は、『ボンヘッファー獄中書簡集』村上伸訳、新教出版社、にも収録されている〕）。

しかし、この釈明文では、ボンヘッファーは、本来の批判的留保を《暗号化》させ、《偽装》している。したがって、彼のローマ書釈義を「伝統的なルター主義的＝官憲国家的読解」とみて、それゆえ、彼がナチ軍法会議にたいしても「良心のやましさなしに」それを引き合いに出すことができた(Vgl. A. Pangritz, D. Bonhoeffers theologische Begründung der Beteiligung am Widerstand, in: *Bonhoeffer Rundbrief. Mitteilungen der internationalen Bonhoeffer-Gesellschaft. Sektion Bundesrepublik Deutschland*, Nr. 47, 1995, S. 40)と結論するのは、明白な誤読であろう。

(11)　告白教会の牧師ヘルムート・トラウプの回想によれば、一九三七―三八年当時、ボンヘッファーは、ローマ書十三章の神学的・実践的理解について、並々でない慎重さを示していたという。「われわれは疑いもなく政治的にも抵抗しなければならない以上、われわれは、今、いったい、何をなすべきだろうか」とせっかちに浴びせたトラウプの質問には答えがなかった。しかし、ボンヘッファーは、あとでトラウプを脇へ連れていってこう語ったという。「その際、あなたは首尾一貫していなければなりません。まったく別の仕方で、まったく別の歩みをしなければならないのです。おそらく、われわれは「車輪の輻《や》に手を掛けなければならない」でしょう。それは、けっして子どもっぽい仕方で、恨みを抱いたまま、思い付きで、してはならないものでしょう、と。このとき、トラウプは、《ためらい》とみえていたものが、まったく別のものだったことを直ちに自覚した。すなわち、「状況について、またその中で要求されていることについて、明確な自覚をもっていなければならないこと。問題なのは責任であり、……まったく新しいキリスト教的生活のかたちを探求することである」と(H. Traub, Zwei Erinnerungen, in: *Begegnungen mit D. Bonhoeffer*, hg. v. W. D. Zimmermann, 1964, S. 148)。

(12)　Vgl. D. Bonhoeffer, *Staat und Kirche*, in: *Ethik*. hg. v. E. Bethge, 1949, 4. A. 1958, S. 259-275(『現代キリスト教倫理』森野善右衛門訳、新教出版社、所収)。新しく編集された*DBW*. Bd. 6: *Ethik*, hg. v. I. Tödt u. H. E. Tödt, E. Feil und C. Green, Vorwort der Herausgeber, S. 16の推定によれば、この章は一九四一年四月から年末までの間に執筆されたものと考えられている。ただ、オリジナルな原稿が紛失しているため、全集版のこの巻には入れられないで最後の巻に採録されている(*Theologische Gutachten: Staat und Kirche*: in: *DBW*. Bd. 16: *Konspiration und Haft*, S. 506-535)。この論文の執筆意図については、告白教会執行部からの委託にもとづく専門意見書だった(Vgl. W. Niemöller, *Die Evangelische*

Kirche im Dritten Reich. Handbuch des Kirchenkampfes, 1956, S. 372)とされてきたが、新しい全集版の編集者W・クレートケによれば、執筆時期もふくめ執筆目的についても確定的なことは言えないという。ただ、この論文が「事柄としてはヒトラー後の新しいドイツ国家再建のために政治的方向づけをあたえるため、《上からの》政治的権威をどうとらえるべきかを検討したもの」だろうと解釈している(*A. a. O.*, S. 506 A. なお、vgl. Nachwort der Herausgeber, *a. a. O.*, S. 703-705)。

(13) An G. Leibholz v. 7. März 1940, in: *DBW*. Bd. 15: *Illegale Theologenausbildung. Sammelvikariate 1937-1940*, hg. v. D. Schulz, 1998, S. 298.

たしかに、ボンヘッファーは、この「国家と教会」論文では、多くの箇所にバルト的規定を受容している(天使論的解釈のような聖書的典拠をはじめ、キリスト論的な国家の根拠づけ、法治国家論など)。ただし、デモクラシーにたいする積極的な「執りなし」というバルト的な言い回し(Vgl. Barth, *a. a. O.*, S. 44 f.)は、むろん、この未完に終わったボンヘッファーのテキストには見当たらない。もっとも、ここから直ちにボンヘッファーの政治的保守性ないし《権威主義的国家》への傾斜(W・クレートケ)を認めることは留保しなければならないであろう。《ヒトラー神話》の大衆的基盤からすれば、クーデター後の移行期に限り、新政権は《上から》の統治を余儀なくされることをボンヘッファー自身、よく見通していたのだから(宮田光雄『ボンヘッファーとその時代』新教出版社、二〇〇七年、一〇三頁以下、参照)。

(14) Bonhoeffer, *Staat und Kirche, a. a. O.*, S. 507 u. 514.

(15) Bonhoeffer, *a. a. O.*, S. 517 ff.

(16) Vgl. Käsemann, *a. a. O.*, S. 343.

(17) Bonhoeffer, *a. a. O.*, S. 518.

(18) Bonhoeffer, *a. a. O.*, S. 521 f. ボンヘッファーが抵抗運動に参加することを神学的に根拠づける際に、《良心》は重要な役割を担っている。のち一九四二年前半に記された文章でも、《解放された良心》こそ《責任》の引き受けを可能にするものだったことがわかる。「イエス・キリストは、神と隣人とに奉仕するために良心を解放して下さる方である。……自由にされた良心は、不安を覚えることなく、むしろ、隣人と彼の具体的な困窮とにたいして広く開かれている」(*DBW*. Bd. 6: *Ethik*, S. 279)。

(19) Bonhoeffer, *Staat und Kirche, a.a.O.*, S. 522 u. 523. すでに同じ一九四一年秋には、ボンヘッファーは国防軍による検討を求めるための覚書を記しているが、そこでは、ナチ党の「いわゆる価値なき生命の殺害措置」が「十戒と法的安定性との全面的解体」に通じ、ナチ国家の「指導的立場の反キリスト的態度のしるし」を示すものだと断定している(Vgl. Bonhoeffer, *Eingabe an die Wehrmacht*, Dezember 1941, in: *DBW*. Bd. 16: *Konspiration und Haft*, S. 228-233)。これは、彼が抵抗運動で所属していた諜報部の上司カナーリス提督宛に提出した草案である。

(20) Bonhoeffer, *Staat und Kirche, a.a.O.*, S. 531f. 最初の論点と抵抗運動への結びつきの可能性については、宮田、前掲『政治と宗教倫理』三〇六頁、参照。

(21) とくに、vgl. *DBW*. Bd. 6: *Ethik*, S. 392ff.「キリスト、現実、善」に加筆された《委任》理論に関する断片は、*a.a.O.*, S. 54ff.

(22) ボンヘッファーの《委任》理論は、じっさいには、未完のままだったことも忘れてはならない。*DBW*. Bd. 7: *Widerstand und Ergebung. Briefe und Aufzeichnungen aus der Haft*, hg. v. Chr. Gremmels, E. Bethge und R. Bethge in Zusammenarbeit mit I. Tödt, 1998, S. 290f.(前掲『獄中書簡集』村上伸訳、新教出版社)でも友情や遊びなどを「自由の活動範囲」に属するものとして、委任の領域との関係を問題にしている。《委任》領域の数が三ないし四(さらには五)と変動していること自体、それが弾力的なものであり、修正を必要としていたことを示している。いずれにせよ、それは、自己責任にもとづく自由な決断と創造的な運動性に余地を残そうとする試みだった(Vgl. E. Bethge, Der Freund D. Bonhoeffer und seine theologische Konzeption von Freundschaft, in: Ch. Gremmels und W. Huber (hg.), *Theologie und Freundschaft*, 1994, S. 40f.)。

(23) 『倫理』における《責任倫理》としての反ナチ抵抗の根拠づけと『獄中書簡集』における《真のこの世性》の倫理については、宮田、前掲『ボンヘッファーとその時代』第5章、第6章、参照。

(24) 『教会の根拠』をめぐるノルウェー教会闘争については、宮田、前掲『十字架とハーケンクロイツ』三〇二頁以下、参照。

(25) Vgl. E. Berggrav, Wenn der Kutscher trunken ist. Luther über die Pflicht zum Ungehorsam gegenüber der

Obrigkeit, 1941, in: Ders., *Der Staat und der Mensch*, übers. aus dem Norwegischen, 1946, S., 301-320）。ベルグラーフにおける抵抗の神学については、とくに、vgl. A. Heling, *Die Theologie E. Berggraus im norwegischen Kirchenkampf. Ein Beitrag zur politischen Theologie im Luthertum*, 1992, S. 213ff.

（26）プレンター講演およびデンマーク教会闘争については、宮田、前掲書、三五〇頁以下、参照。

（27）Vgl. *Holländische Kirchendokumente. Der Kampf der holländischen Kirche um die Gestaltung der göttlichen Gebote im Staatsleben*, hg. v. W. A. Visser't Hooft, 1944, S. 39 u. 92.

（28）*A. a. O.*, S. 108.

（29）Vgl. Gutachten der Fakultät über die Gehorsamspflicht v. 29. 04. 1945, in: J.-Ch. Kaiser, A. Lippmann und M. Schindel（hg.）, *Marburger Theologie im Nationalsozialismus*, S. 108-112.

5　中間的考察

戦後のローマ書十三章

第二次大戦後においても、たとえば政治的権威の《天使論的》解釈をめぐる論争がもち越されてきたし、またナチズムや全体主義との関わりでキリスト教的抵抗権の論議も新しく燃え上がった。この間、ルター主義的な《二王国》論とバルト的な《キリストの王権》論との対立する中で、直接的・間接的にローマ書十三章の解釈が問われざるをえなかった。しかし、これらの論議のつづく中で、これまで支配的だった無条件の《国家的信仰》の伝統には《穴があけられ》(E・ヴォルフ)、ルター主義の陣営においても、しだいに《醒めた》(ケーゼマン)見方が強くなってきたように思われる。(1)

組織神学者の中には、戦後もなお、依然として国家権力の存在論的な根拠づけに固執する人たちも残っている。たとえば《保持秩序》(W・キュネット)や《緊急秩序》(H・ティーリケ)の神学のように。しかし、その反面では、ローマ書十三章の比重を終末論的に限定し、あるいはテキストの《勧告》的性格を強調して国家論に拡張することに慎重な人びとも増えてきた。戦後デモクラシーに接合するキリスト教政治倫理が求められ、しだいにバルト的構想もルター主義の側から《受容》(U・ヴィルケンス)されるようになった、とも指摘されている。

この議論に決着をつけたエルンスト・ヴォルフのローマ書十三章にたいする神学的注解を引いておこう。(2)

すなわち、ヴォルフによれば、《キリストの王権》というのは、「ローマ書十三章によれば神の下に(ὑπὸ θεοῦ)服する」ということを意味する。しかし、この《キリストの王権》の中にあらゆる権力が集中されるという命題は、直接的に《キリスト神政論》に適用したり、また国家の《キリスト論的存在論》を試みることですらありえない。むしろ、《キリストのうちに》(ἐν χριστῷ)生きるキリスト者にふさわしく、「キリスト者の自由にもとづいて、いっさいの国家神化から解放され、神の戒めにたいする服従から、人間の責任と課題として国家をその世俗性において受け取り行動する」ことにほかならないのである。

じっさい、最近の『ローマ書注解』の中には、ローマ書十三章とバルメン宣言第五テーゼとの関わりを指摘する解釈も、しだいに多くなっていることも見逃せない事実である。(3)

ローマ書十三章のカトリック的解釈は、長いあいだ、ほとんど変わることなく、自然法的枠組のもとに規定されてきた。しかし、ここでも、近来、新しい変動が生じていることが注目される。(4) その起動力となったのは、一九六〇年代前半に開かれた第Ⅱヴァティカン公会議であった。とくに『現代世界憲章』(一九六五年)では、第二部第四章「政治共同体の生活」は、国家と教会との関係について興味深い規定をふくんでいる。それは、カトリシズムにおける今後のローマ書解釈について基本的な方向づけを示すものと言うことができる。(5)

たしかに、ここでも、自然法的な根拠づけから、「政治共同体と公権は人間の本性に基づくもの」とされる。この「神の定めた秩序」にたいする「良心に基づいて服従すべき義務」が指定され、ローマ書一三章(一―五節)の参照が求められている。しかし、政治体制の決定は「共通善」＝公共の福祉を守る枠内で「国民の自由意志」に委ねられる。その際、「共通善」は「ダイナミックなもの」と理解され、それが内容的に変わりうることも認められている。「公権が越権行為によって国民を圧迫する場合も、国民は共通善によって客観的に要求されることを拒否してはならない」。これは、あきらかに抵抗権の承認である。もっとも、それは「自然法と福音のおきてが示す限界」を守るということを条件としている。この「福音のおきて」への言及は、まことに注目に値する。しかし、この「福音のおきて」と自然法との関わりについては、それ以上に詳しく説明されているわけではない。

さらに国家形態としてのデモクラシーについて、それを「人間の本性にまったくかなったこと」とする全面的評価と称賛があたえられている。キリスト者は「地上の諸現実の処理に関しては互いに異なる種々の考え方を正当なものと認め」、そうした多様な意見を擁護する運動を尊重することが求められる。こうして政治問題に関するカトリックの《一枚岩的》一致を追求する伝統が修正されるとともに、さらに十九世紀的なカトリック国家観にたいしても原理的に訣別されている。すなわち、友好的《政教分離》の立場をはっきり容認し、「教会は国家権力が提供する特権を希望するものではない」とされているのだから。(6)

影響史的展望

これまでパウロ受容の跡を思想史的に遡及しながら辿ってきたのは、その後の釈義の試みも、まったく先行者なしにはありえないと考えられたからである。最近になって直面するにいたった諸問題も、これらの先行的解釈によって——少なくとも暗示的に——手掛かりをあたえられているものが多いのではなかろうか。こうした連関において、《影響史》のもつ解釈学的意義を指摘したハンス・ゲオルク・ガーダマーの言葉は強い響きをもっている。

「われわれがそのことを明確に自覚しているか否かに関わりなく、いっさいの理解には影響史による影響が働いていることを、いっそう正当に了解し承認しなければならない」。(7)

聖書テキストの影響史は、テキストのあたえる方向とインパクトに促されて、その《自由なポテンシャル》(U・ルッツ)を解釈者が引き出す試みであり、その限りでは「テキスト自身の力の表現」とさえ言ってよい。(8)《影響史》＝解釈史は、過去についてのいっそう正しい理解に役立つというだけではない。それは、さらに、聖書テキストにはまだ十分に汲みつくされていない豊かな内容や要求があることをも教えてくれる。テキストの影響史＝解釈史は、あとからテキストにつけ加わってきた付随物といったものではなく、むしろ、テキスト自身にふくまれる重要な契機として理解されねばならないであろう。

これまで見てきたように、影響史＝解釈史の素材となるのは、聖書テキストの新しい翻訳、注釈、説教、講演や論文における引用など、まことに多彩である。これらの歴史的な材料を通して、いずれの聖書解釈も特定の状況に制約されたものであり、何ら《それ自体》として正しい唯一の解釈といったものは存在しないことを知らされる。その限りでは、影響史＝解釈史は、聖書テキストの早まったファンダメンタルな理解にたいして解毒剤ともなるであろう。それは、聖書テキストに付着する弱点や限界を認識することを助けることができる。したがって、聖書テキストは、たえず新しく解釈し直され、また現実化されていかなければならない。

さらに特定の歴史的状況との結びつきという観点からすれば、影響史＝解釈史は、いわばイデオロギー批判的な機能を果たすものでもある。すなわち、どのような人びとが、どのような立場から、どのような目的で特定の聖書テキストを用い、その結果として何が生じたかを明らかにするのである。こうした問題意識は、とくにローマ書十三章がこれまでどのように用いられ——さらには濫用され——てきたかということに、よくあらわれているであろう。聖書テキストの影響史＝解釈史の学びは、いまでは忘却されたり、見過ごしにされたりしている解釈や見方にも、あらためて注意を促すのみでなく、ひいては、そのテキストにたいして、今日、とられている立場や理解そのものにも新しい反省の光を当てるであろう。

「影響史的に反省され、かつ歴史〔批評〕的に真に聖書文書の固有の地平をめぐって努力した聖書解釈を利用することは、現在のキリスト者にたいして、現に立っている場所と現在におけるキリスト者としての課題とを明らかにし、かつ、ハッキリと輪郭を示すのを助ける」(9)。

それればかりではない。影響史的にみるとき、聖書テキストは、そのうちにふくまれる《客観的可能性》(M・ウェーバー)を、もとの状況と――そっくり同じではなくても――相似した状況の中で、ふたたび現実化するにいたる(10)。現在と未来とにたいしても、それらを有意義に形成するリアルな力を発揮するようになる。さらには、エキュメニカルな対話にも開かれるように導いてくれるであろう。

これまでの歩みをふりかえってみよう。ヨーロッパ思想史における精神的自由――ひいては政治的自由――の問題が論じられるとき、一般には、そのルネサンス的系譜が指摘されることが多い。しかし、この自由の歴史は、いっそう深く新約聖書の時代以来の原始キリスト教の精神と関わっていると言うべきではなかろうか。

古代世界においては、たとえばエジプトのファラオ崇拝にみられるように、国家と宗教とは一体化され、国家は神聖秩序として成立した。こうしたオリエント的伝統は、ローマ帝国においても皇帝礼拝の形で受けつがれた。プラトンやアリストテレスに代表される古典古代のギリシア都市国家も、政教一致の体制に関するかぎり、基本的には同じである。ポリス社会は、政治・宗教・道徳を一体化させた生活共同体にほかならなかったのだから。

その意味では、原始キリスト教がその信仰告白にもとづいて政治宗教＝皇帝礼拝を拒否したことは、ヨーロッパ政治思想史の上でも画期的な出来事だったと言ってよいであろう。それは、《内なる世界》と《外なる世界》とが峻別されるべきであり、良心と権力とが対峙しうることを教えた精神革命的な意味をもつ。それ以後、ヨーロッパ中世を通じて国家と教会という政教二元の対立する歴史が展開された。その場合、重要なのは、ただ観念として精神が自由だというだけではなく、国家という制度にたいして、教会という別の制度が現実に精神の世界を担うものとして対峙していたことである。そのとき、はじめて西欧的な自由の伝統が可能とされたのではなかろうか。

エルンスト・トレルチは、近代国家の登場を論じて、次のように総括している。[11]

「教会との闘争の中から出現し、宗教からは区別されながらも宗教を自分と並んで承認するこの〔近代〕国家は、古代国家とはまったく別のものである。古代国家では、法律の支配は国家自身の存在と一つだったし、国家を神々の創ったもの、もしくは国家形成衝動の働きの結果と感じていて、本来の宗教としては国家宗教しか存在しなかった。〔近代〕国家は、教会との闘争の中で、自分の本性を世俗的な権力として特別に鋭く明瞭に自覚していた」。

こうしてトレルチは、近代世界における国家理念の独特の二面性として、その主権における《此岸性》の原理とともに、法制的・技術的にみた《合理主義》をあげている。この合理主義というのは、新しい憲法や法制を国家以前の自然状態に接ぎ木して構想した近代国家の組織原理を意味する。国家を人間の《知性と予見の最高の制作品》としてとらえる見方は、言うまでもなく、近代の社会契約論に典型的に示されている。ここに、契約論を媒介とする市民と国家という近代的構図が登場するわけである。じっさい、この権力対人権という対立図式こそ、今日、自由を考える際の基本的な枠組にほかならない。しかし、こうした構図の背後にあるのは、あの政教二元の対立という歴史的遺産だったと言えるのではなかろうか。

してみれば、自由の思想史をとらえ直すためにも、あらためて新約聖書以来のキリスト教の歴史と伝統にまで溯ることは不可欠な作業ではなかろうか。ここには、まことに逆説的なローマ書十三章の《影響史的》連関が立っている。なぜなら、すでにみたように、近代国家の契約論的根拠づけ以来、この聖書テキストのもつ比重は確実に低くなっていったのだから。しかし、近代的自由の《深層的次元》には、消え失せることのないローマ書十三章の刻印が残されていたと言えよう(ミルトンにおける生得の自由権!)。

ケーゼマンは、教会闘争の前後五〇年に及ぶローマ書十三章解釈の歴史的分析を通して、その対立的様相を「敵味方が互いに見通しのきかぬままに互いに噛みあう塹壕戦」にたとえたことがある。(12) 古代教会から二〇世紀にいたるローマ書十三章の影響史＝解釈史においても、おそらく同じことが言えるかもしれない。この聖書テキストの論争史そのものが、現代における権力と自由の構図をつくり上げることに貢献してきたのだから。

ローマ書十三章と現代

むろん、ローマ書十三章は、普遍的・一般的に妥当する政治的プログラムではないし、このテキストを直接的に現代国家の問題に、そのまま適用することは不可能であろう。しかし、このテキストにおけるパウロの《基本的視座》を今日の政治状況にたいして関係づけることは、けっして不可能ではないはずである。

たしかに、原始キリスト教の時代には、デモクラシーという意味で一般民衆が政治過程に参加する可能性は、ほとんど存在しなかったことは確実である。たとえ存在したとしても、それは、きわめて例外的なケースにとどまるか、あるいは狭い地域での自治体規模での出来事にすぎなかったであろう。とくに当時のキリスト教会が比較的低い社会階層から構成されていたことからすれば、パウロがキリスト者の積極的な政治的役割を想定していなかったとしても当然である。

しかし、すでにパウロの《基本的視座》で確認したように、《良心的服従》には——現代的に言えば——政治的な《見張り人》としての可能性も、原理的に内在されていたのではなかろうか。現代社会においては、国家権力にたいする

《服従》は、けっして受動的な姿勢に終始するものでも、また諦念的な態度で状況に流されるままでいることでもありえない。むしろ、それは、政治過程にたいして自覚的・批判的に参加することにほかならない。

たとえばパウロが当時のローマの信徒たちに呼びかけた世俗的権威への《忠誠》は、現代のキリスト者にとっては、次のような形をとりうるかもしれない。[13] すなわち、批判的な対話のパートナーとして公共の福祉や不可侵の人権——とくに社会のマイノリティや周辺に疎外されている弱者の人権——を守るために多くのグループと協力するという形である。その際、パウロの言う《服従》は、社会で行なわれているコミュニケーションのルールを正しく守り、コンセンサスにもとづく民主的決定をつくり出すために仕えることを意味するものとなるであろう。あるいはローマ書の説く《善事》という社会的課題に導かれて、誤った政策決定に反対する市民的不服従や非暴力直接行動をとることもありうるのではなかろうか。いな、さらに、《良心》を批判的な行動の根拠にすえるならば、腐敗した国家権力にたいして政治的に抵抗することさえも、ローマ書十三章は何ら妨げとはならないであろう。

じじつ、こうした方向は、先にあげたケーゼマンも、ローマ書十三章解釈の《原理的問題》を論じた際に《服従の限界》の問題として触れている。それは「直接的に釈義そのものから出てくるのではない」としても、「われわれの解釈が全体として適切なものであることが実証されねばならない」問いである、という。ケーゼマン自身の示した回答は、「キリスト者の服従は、もはや奉仕とはなりえないところでは、つねに——そしてそこでのみ——終わるものだ」と要約されている。[14]

具体的に言えば、政治権力をもつ者が社会関係の結びつきを根底的に破壊して、相互的な奉仕を不可能にするとき、また、そこでの個別行動がことごとく社会関係の解体に手を貸すような性格を帯びるにいたったとき——ケーゼマンは、ヒトラー治下のドイツでも、少なくともスターリングラード以後においては、このことは見る目をもつものには明らかだったはずだ、と指摘している——には、体制変革の行動に加わる権利さえも否定されないだろう、と記している。

このようにみれば、現代の政治状況の中でとるべき責任倫理の在り方にたいして、ローマ書十三章から引き出される批判的な射程は、けっして小さくないのではなかろうか。それは、すなわち、現存秩序の絶対化からも、また政治責任の回避からも免れて、終末論的自由において批判的に《真のこの世性》を生きる責任倫理としての可能性である。(15)

(1)　戦後プロテスタント神学におけるこうした論議については、宮田、前掲『政治と宗教倫理』第三章、参照。なお、最近の代表的な研究を集成した論文集として、vgl. H. G. Ulrich (hg.), *Evangelische Ethik. Diskussionsbeiträge zu ihren Grundlegung und ihrer Aufgaben*, 1990.

(2)　Vgl. E. Wolf, Politischer Gottesdienst. Theologische Bemerkungen zu Röm. 13, in: G. Kretschmar und B. Lohse (hg.), *Ecclesia und Res Publica*, 1961, S. 51-63, bes. S. 56 f. これは、オットー・ディベーリウス監督の東ドイツ政権批判をめぐる論争に関わっていた。無神論体制にはパウロの《政治的権威》を認めず、いっさいの社会規範を——交通法規にいたるまで——無視せよというディベーリウスの論理は、一九五〇年代末から六〇年代初めにかけて、戦後ドイツで大きな政治的波紋を呼び起こす神学的論争となった。この問題については、宮田、前掲書、三四三頁以下、参照。なお、vgl. Wolf, *Sozialethik. Theologische Grundfragen*, hg. v. Th. Strohm, 1975, S. 285-289.

(3)　Stuhlmacher, *Der Brief an die Römer*, S. 185. ここでは、同じシリーズの中で第一三版まで刊行されてきたアルトハウスの『ローマ書注解』のパウロ解釈を、とくに名をあげて批判していることも注目に値する(*A. a. O.*, S. 184)。最新の注解書では、vgl. Ed. Lohse, *Der Brief an die Römer*, 2003, S. 359 A. これは、H・A・W・マイアー編集の新約聖書注解シリーズの第一五版にあたり、完全に新しく改訂された第一版である。

(4)　このテーマに関する一九四〇年代の代表的文献としては、vgl. L. Hicks, *Die Staatsgewalt im Lichte des Neuen Testa-*

mentes, 1948; F.M. Stratmann, *Die Heiligen und der Staat*, Bd. 2, 1949. しかし、すでに一九五〇年代半ばには、カトリック新約学者ルードルフ・シュナッケンブルクは、伝来的な自然法的思考から離れて——プロテスタント的釈義にも目を配りながら——ローマ書十三章のコンテクスチュアルな理解に道を開いていた(Vgl. R. Schnackenburg, *Die sittliche Botschaft des Neuen Testamentes*, 1954, S. 166f.)。なお、vgl. W. Schöllgen, Römer 13, 1-7 in der Sicht der katholischen Moraltheologie, in: *Politische Studien*, 1964 H. 154, S. 144-155. 最近におけるローマ書十三章理解の新しい視点を示すものとしては、vgl. R. Pesch, *Römerbrief*, 2. A. 1987; M. Theobald, *Römerbrief. Kap. 12-16*, 1993.

(5) 『現代世界憲章』(『第二バチカン公会議公文書全集』南山大学監修、中央出版社、一九八七年)三八四頁以下。この『憲章』において、ローマ書十三章の位置づけがはらむ新しい方向と問題点については、とくに、vgl. G. Lindgens, *Katholische Kirche und moderner Pluralismus. Der neue Zugang zur Politik bei den Päpsten Johannes XXIII. und Paul VI. und dem Zweiten Vatikanischen Konzil*, 1980, S. 197-208. なお O.H. Pesch, *Das Zweite Vatikanische Konzil. Vorgeschichte-Verlauf-Ergebnisse-Nachgeschichte*, 1993, S. 340ff. 参照。

(6) 代表的な教会法学者も、第二ヴァティカン公会議のこの結論を「カトリック教会の伝統的な基本的立場」と「宗教的に中立な自由＝民主主義的立憲国家の宗教観」とを「綜合」したものとみなしている。政教関係に関して、この公会議の果たした精神史的意義は、「国家教会および宗派的に結びつく国家という古代にまで溯りうる伝統的な要請に訣別したこと」にあると結論している(Vgl J. Listl, *Kirche und Staat in der neueren katholischen Kirchenrechtswissenschaft*, 1978, S. 233f.)。

(7) H.G. Gadamer, *Wahrheit und Methode*, 3. A. 1972, S. 285. なお、vgl. S. 324ff.(『真理と方法——哲学的解釈学の要綱』轡田収ほか訳、法政大学出版局)。

(8) Vgl. U. Luz, Vom Sinn biblischer Texte, in: G. Pöhlmann (hg.), *Worin besteht der Sinn des Lebens?* 1985, S. 84. なお、一般に影響史の概念については、vgl. H.-Th. Wrege, *Wirkungsgeschichte des Evangeliums. Erfahrungen, Perspektiven und Möglichkeiten*, 1981, bes. Kap. 1: Was ist Wirkungsgeschichte?

(9) P・シュトゥールマッハー『新約聖書解釈学』(斎藤忠資訳、日本基督教団出版)一九八四年、三一五頁。シュトゥールマッハーは、「ガーダマーの影響史的に反省された……解釈学は、教会のテキスト理解の埋もれた次元を新しく反省するようにわれわれを励まし、聖書の言葉の歴史とのコミュニケーションを妨げるような批判主義的な学問理解にたいしてわれわれを抑制するので、神学にとってたいへん重要である」と評価を惜しまない(三一六頁)。

(10) 影響史的考察における《客観的可能性》という考え方については、マックス・ウェーバーの議論が含蓄的である(Vgl. M. Weber, *Gesammelte Aufsätze zur Wissenschaftslehre*, 3. A. 1968, S. 269ff.)。

(11) E. Troeltsch, Das Wesen des modernen Geistes, in: *Gesammelte Schriften*, Bd. IV: *Aufsätze zur Geistesgeschichte und Religionssoziologie*, 1925, S. 302. なお、vgl. S. 303.(「近代精神の本質」『トレルチ著作集』第10巻、小林謙一訳、ヨルダン社、所収)。本文の引用につづいて、トレルチは、近代国家が「それと同時に生の充溢(die Fülle des Lebens)を支配しえず、またすべきでないという感覚をもっていた」と記している。これが近代国家の認識論にとって基本的な視点となりうることの指摘については、丸山眞男「日本の思想」(『丸山眞男集』第七巻、岩波書店、所収)二二五頁、参照。

(12) Käsemann, Römer 13, 1-7 in unserer Generation, *a.a.O.*, S. 343.

(13) Vgl. Wilkens, Rechtfertigung als Freiheit, *a.a.O.*, S. S. 239ff.; Theobald, *a.a.O.*, S. 93ff.

(14) Vgl. Käsemann, Grundsätzliches zur Interpretation von Römer 13, *a.a.O.*, S. 221f. バルメン宣言第五テーゼには、国家による「暴力の威嚇と行使」について言及されていた。国家による暴力の独占というのは、近代国家のウェーバー的規定に一致するものである。ヴォルフガング・フーバーによれば――一般に、とくにバルト主義者たちにも注目されていないことだが――二〇世紀の神学者の中で「権力とその人間による行使」にたいして積極的に評価する可能性を見つけたのはバルトだったという(Vgl. W. Huber, Glaube und Macht. Aktuelle Dimensionen eines spannenden Themas, in: E. Bünz u. a. (hg.), *Glaube und Macht*, 2005, S. 277)。その際、注目されるのは、バルトが「権力」の神学的評価を『教会教義学』の「創造論」の倫理、すなわち、「創造主なる神の戒め」の「生への自由」(五十五節)の中で体系的に行なっていることである。彼は、この節の冒頭に総括的な命題として次の文章を掲げている。「創造主なる神は、人間をご自身へと召し、また彼の隣人へと向かわせたもう時、人間に生きること――彼自身と他のすべての人間の生きること――を神からの貸与として畏敬し、すべてのわがまま勝手さから保護し、そのようにして生を神への奉仕と、また神への奉仕のための準備に、活動的に生かし用いるように命じたもう」(K. Barth, *Kirchliche Dogmatik*, Bd. III/4, 1951, S. 366. なお、S. 445 ff.『創造論』吉永正義訳、新教出版社)と。これこそ、バルトが権力行使を容認する責任倫理的地平なのである。それは、権力自体でもなければ、権力のための権力でもない。神の戒めに服従する者として人間の生に仕え——さらには被造の生命全体に仕え——るための責任倫理の在り方だった。

(15) たとえば、エキュメニカルな証言集として、vgl. W. Schweitzer (hg.), *Das Zeugnis der Kirche in den Staaten der Gegenwart. Analysen und Diskussionsbeiträge aus elf Ländern und der Schlußbericht einer ökumenischen Studientagung*, 1979. カトリック社会倫理の新しい方向を示す一例として、vgl. K. Remele, *Ziviler Ungehorsam. Eine Untersuchung aus der Sicht christlicher Sozialethik*, 1992. さらにプロテスタント社会倫理の新しい方向と課題とを示すものとして、vgl. U. H. J. Körtner, *Evangelische Sozialethik. Grundfragen und Themenfelder*, 1999.

第Ⅱ部　近代日本思想史におけるローマ書十三章

——明治期プロテスタンティズムから太平洋戦争の時代まで

まえおき

日本におけるプロテスタント宣教は、十九世紀半ばに西欧諸国にたいする開国を契機として始められた。しかし、近代日本のキリスト教は、西欧=先進諸国とは異なる条件下に——とくに国家と宗教との問題をめぐって——厳しい苦難の歴史を体験せざるをえなかった。それは、天皇制国家の確立過程と平行する歩みにほかならなかったからである。

徳川幕藩体制を打倒した明治維新によって創出された新しい政治体制は、大日本帝国憲法(一八八九年二月発布)と教育勅語(一八九〇年一〇月発布)という二本の柱に支えられていた。

この憲法は、冒頭に、天皇の主権が《神々》の系譜に立ち万古不易であるという教義(=万世一系)にもとづいて天皇の神聖性と不可侵性(憲法第一—三条)とを掲げる。それとともに、他方では、国民にたいして普遍的に妥当する人間としての権利(=基本的人権)を認めることなく《日本臣民としての権利》をのみ容認する。すなわち、憲法が天皇の恩恵によってあたえられた《欽定憲法》だったように、この権利もまた天皇の恩恵によってあたえられたものであった。《信教の自由》も、憲法の文言に従えば、「安寧秩序ヲ妨ゲズ及臣民タルノ義務ニ背カザル限ニ於テ」(第二八条)という条件づきで保障されているにすぎなかった。

教育勅語は、天皇の名の下に公定の国民道徳の規範を示したものであった。これは、冒頭に天皇統治の長い伝統と由来とを強調した上で、最後に「天壌無窮ノ皇運ヲ扶翼スベシ」と命じ、《忠君愛国》の義務を国民一人びとりから要求していた。その意味では、教育勅語は、近代国家としての建前から外見的に議会制をとらざるをえなかった憲法体制にとって、セットとして組み合わされた必要不可欠な安全装置だった。それは、たんに外面的な服従を調達するにとどまらず、《臣民》の自発的な信従を通して、いっそう積極的な奉仕と献身とを吸い上げることを意図していた。

こうして明治憲法体制の中心には、皇室＝天皇の絶対性が、まさに精神的＝政治的《機軸》(伊藤博文)としてすえられていた。ここでは、近代国家形成が、当初から、宗教的権威との何らの相剋なしに押し進められたことに注目しなければならない。かつてエーミール・レーデラーも指摘したように、天皇制支配体制は、いわばビザンツの政教関係との類比においてとらえるのが分かり易いかもしれない。

「国家と宗教との一体性こそ、日本における近代国家思想をはじめて可能にしたのである。国家は、宗教的権威において形象化され、じっさい、それは、神々の系譜に立つ王朝の中に可視的な形をとって具現されたのである」(1)。

このナショナリズムと結びついた《政治宗教》としての天皇制にたいして、キリスト教徒はいかなる態度をとるべきか。これこそ、近代日本のキリスト教にとって最大かつ最も困難な課題として立っていた。その意味では、この天皇制国家の枠組の中で営まれたプロテスタント宣教にとって、ローマ書十三章における《権威》と《服従》の問題は、終始、避けて通ることのできない宿命的なテーマとならざるをえなかったであろう。

それは、たとえば一八九〇年代初期における内村鑑三の教育勅語不敬事件に始まり、さらに一九三〇年代の超国家主義の時代にキリスト教徒に加えられた迫害と苦難の体験、それにたいしてキリスト教の側から企てられた弁証＝《日本的キリスト教》の試みなどに、典型的にあらわれている通りである。そこでは、たとえ直接的な形でローマ書十三章にたいする言及や引照がなされていなかったときにも、政治的《権威》の規定の仕方や具体的な《服従》の在りようには、ローマ書十三章の《解釈》が、おのずから反映せざるをえなかったのではなかろうか。

以下においては、近代日本におけるローマ書十三章の受容史を、明治開国から太平洋戦争の敗戦にいたるまで跡づけてみよう。むろん、そのための主たる素材となるのは、ローマ書十三章に関する注解書、説教、神学論文などである。しかし、それだけではなく、キリスト教会やキリスト者個人によって、国家と政府、天皇と《国体》とにたいして、その都度示された態度決定や意見表明なども、ローマ書十三章のいわば《実践的注釈》として取り上げることになるであろう。

その際、日本のキリスト教がもっとも厳しい緊張と対決とを強いられた天皇制ファシズムの時代、すなわち、一九三〇年代および一九四〇年代の状況に主たる焦点を合わせることになるであろう。これにたいして、明治期および大正期の状況は、当然、そこにいたるまでの前史にあたる。開国とともに来日した宣教師たちによる福音の伝達、それ以後しだいに積み重ねられていった日本人キリスト者の信仰体験、またそれから織りなされた思想的・神学的遺産が、どのような方向を規定し、どのような抵抗力を潜在させていったかを問うことになるであろう。(2)

そうした豊富な資料と素材の中から中心的な論点を引き出すために、本書冒頭の《序章》から、われわれの分析視角を、いま一度、要約して示しておこう。

近代日本においてローマ書が受け入れられたとき、㈠国家《権威》は、つねに《神》によって限定され、地上の世俗的制度として相対化されることができただろうか。㈡キリスト者の《服従》は、国家の機能にたいするザッハリヒな認識とともに《良心》による信仰的決断によって限界づけられていただろうか。

この二つの視角は、近代日本の精神史の解釈において、いわば《索出的《ホイリスティシュ》》な意義をもちうるであろう。なぜなら、太平洋戦争の終わりまで、天皇制国家は、権力と道徳とを一体化した神聖な実体的秩序を具現するものとして観念されてきたのだから。

そこでは、国民は、「一旦緩急アレバ義勇公ニ奉ジ」死にいたるまでの服従＝無限責任を課せられていたのである。それは、つとに井上哲次郎による準官許の『勅語衍義』(一八九一年)における「欣然命ヲモ擲チテ」という解説から、「生きて虜囚の辱を受けず」という戦陣訓(一九四一年)にいたるまで連綿として繫がっていた。近代日本において、自立的な責任主体の成立を圧殺してきたのは、この精神伝統と《国体》思想に集約される天皇制の存在だった。

してみれば、こうした精神風土の変革のために問われている課題の方向も、おのずから明らかであろう。最後に、《終章》として近代日本におけるローマ書十三章受容史の全過程を批判的に反省し、今後の展望の足がかりを見定めて結論としよう。

(1)　E. und E. Lederer, *Japan—Europa. Wandlungen im Fernen Osten*, 1929, S. 34.

(2)　この時代と思想とを天皇制国家との関わりで通観した参考資料として以下の文献をあげておこう。海老沢有道・大内三郎『日本キリスト教史』(日本基督教団出版局、一九七〇年)。土肥昭夫『日本プロテスタント・キリスト教史』(新教出版社、第五版、二〇〇四年)。この本に示された各時代毎のほとんど網羅的な参考文献表は、きわめて有益である。その他、同志社大学人文科学研究所編『近代天皇制とキリスト教』(土肥昭夫・田中真人編、人文書院、一九九六年)は、近代日本のキリスト教メディア(＝教会紙誌)や代表的なキリスト教指導者の天皇制観に焦点をあてたもの。富坂キリスト教センター編『近代天皇制の形成とキリスト教』(新教出版社、一九九六年)、同編『大正デモクラシーと天皇制・キリスト教』(同、二〇〇一年)、同編『十五年戦争期の天皇制とキリスト教』(同、二〇〇七年)は、《近代天皇制を考える》ことを主題とする共同研究(全三巻)である。なお、同志社大学人文科学研究所編『特高資料による戦時下のキリスト教運動』(全三巻、新教出版社、一九七二―七三年)は、官憲側からの思想弾圧の実態を通してキリスト教側の反応と行動を逆照射するものとして有益である。その他の個別の参考文献は、それぞれの関連箇所で取り上げる。

6　プロテスタント宣教師たち

近代日本におけるキリスト教の成立は、いうまでもなくプロテスタント宣教師たちの渡来に始まる。ローマ書十三章の受容と解釈も、当然、彼らの宣教に負うていた。ところで、われわれの分析視角において、神の《超越性》の視点が基本的な出発点を形づくっていた。したがって、宣教師たちによるローマ書の釈義を取りあげる前に、日本宣教の当初、重要な役割を果たしたこの問題を一瞥しておかねばならない。

宣教師たちは、日本人に向かって、天地万有の造主である唯一の真の神＝「独一真神」(新島襄)の福音を説いた。それと対照的に、日本人がこれまで崇拝してきた伝来的な《神々》がいかなるものであるかを論証した。そのために、もっともよく活用された『十戒』のパンフレットにみられる神の超越性の取り扱いに触れておこう。

1　『十戒』とまことの神

《神の超越性》は、ユダヤ＝キリスト教的伝統を貫く根本的な特徴である。すでに創世記は、神による無からの天地創造を物語っている。そこでは、あくまでも神は神であり、世界は世界である。つまり、神は創造者として、けっしてこの世の一部ではありえない。同様にまた、世界は神の被造物であって《神的》なものではない。両者が混淆されることはありえない。神は、この世のいかなる像や形象においても把握されることはありえない。

とくに《十戒》における偶像崇拝拒否が、性的な原理と結びついた多産性＝豊穣の祭儀に向けられていたことも見逃してはならない。バアルやアシタロテ礼拝の形をとってイスラエル周辺にあったカナン宗教は、まさにこの多産性＝豊穣性の中に自然と人間の生命を基礎づける、もっとも創造的な力を崇拝するものだった。そこでは、エロースと宗教、性的なものと神的なものとは密接に結合していた。してみれば、《十戒》は、豊穣のカリスマによって万世一系の血統を神化する天皇制的風土において、特別の意味をもちうるのではなかろうか。同じような観点から、刻んだ像を造り礼拝することを禁止する第二戒も、後の明治憲法下に強制された《御真影》（＝天皇の写真）の物神崇拝の歴史の中で重要な問いをふくんでいたはずであろう。(1)

十戒パンフレット

代表的な一例として、ジョン・H・デフォレストの『西教十誡真論』（一八八一年＝明治一四年）をみてみよう。この本は、一八八〇年から翌年にかけて九分冊で刊行され、後に一冊にまとめられたものである。デフォレストは、アメリカのコネチカット州に生まれ、エール大学神学部を卒業している。その後、一八七四年に来日し宣教と教育とに従事した。彼は、著作活動のもっとも多かった宣教師として知られている。アメリカ・ミッション・ボードの記録によれば、彼の著作は日本社会の「上流階級に受け入れられた」といわれている。(2)

『十誡真論』によれば、「汝我前に我の外神ありとすべからず」という第一戒を、「以下九誡の由て生ずる所の本なり」とする。その理由として「夫我西教に於て至重至要とする所は特に在天の真神に在りて即教《おしへ》の由て出る所の起源なり抑《そもそも》真神は独一自在万能全備にして天地万物を開闢の始に創造し天地万物を永遠の後に守成し無限の権を有して無極の功を施し始なく終なきものなり」。

「而して其性質は之を別ちて三至徳とす　其一、在《あ》らざる所なき是なり……其二、知らざる所なき是なり……其三、能はざる所なき是なり」と述べて、真神の絶対性を根拠づけている。「斯の如く真神の徳たる至大至盛にして物の比すべきなく言の状すべきなし」といい、十戒が「実に此真神の下命に出づ之を奈何《いかん》ぞ人誰れか奉じて守らざるを得ん況《ま》して真神自ら吾より外に神あるべからずと明言せるに於てをや」と畳みかけている。こうした神的意志の直接的啓示として、十戒に示された神の超越性を断言してやまない(3)。

この基調は、第二戒の説明でも一貫している。そこでは、とくに神は支配者や政府などを超越しているという事実が強調されていることに注目すべきであろう。「父母尊しといへども政府重しといへども到底真神に代ふるを得ず　父母も人なり政府も人なり　人を以て神の上におくの理あらんや」。愛国や自由民権などの政治運動も、その基礎として真実な神への信仰を必要とする、と説いている(4)。

ここでは、キリスト教的神信仰に、たとえば仏教的信仰を付け加えることが可能とはみなされない。こうしたシンクレティズムは、はっきり否定されている。批判される《偶像崇拝》の内容については、かならずしも明確ではないようにみえる。しかし、神道は、それとしてははっきり言及されている。そのほか、広義の民間信仰も、そのうちにふくまれているようにみえる。たとえば第三戒について「天神の独一なるを思はずしてみだりに種々の形像を手製し之を呼んで神とするは即神名を濫用するものにしておよそ偶像を拝する人民皆是なり」とある(5)。

デフォレストに限らない。彼とほぼ同じ時期に甲府伝道で活躍したカナダ・メソヂストの宣教師チャールズ・S・イビーがいる。彼は、『真の生命――一名聖教講義記聞』という伝道用文書を書いている。表題が示すように、イビーが日本語で説教し、坂本安吉が筆記したもので、当時の話し言葉そのままで記されている。当時のイビーの宣教の主題は「偶像礼拝を駁し人格神を知らしめる」ことであった。『真の生命』の最初の出版は一八七八年で、その後、七分冊で十戒全部の講義となるように、つぎつぎに出版された。一八八二年春に出た合本初版の緒言で、イビーは、今までに分冊で出版してきて「全国に販売せるもの無慮数万冊に及び」と記している。この本が当時の伝道で果たした大きな役割を推測することができる。(6)

以下、『真の生命』の中から、イビーの説教の一部を引用してみよう。第一戒につき、「ひとつのかみのほかいろいろほかのかみををがんではなりませぬ。……一心真の神をいつくしまず」、偶像を拝むことは「造物主なるてんの父にさからつて、謀叛をする」ことになるからだ、という。ここには、被造物神化を否定すべきことが《謀叛》という政治的タームを用いて生き生きと表現されている。このことばは、神への服従の反対概念として、くり返し登場する。

さらに第二戒の説明でも、「人間をしはいするかみの権」が強調され、「神はその誉や栄光をほかのものにあたへることはできませぬ。また人間がかみの権をうばひとつてほかのものにさづけることもできませぬ。昔は日本の天皇さまがいろいろな日本の神に位をさづけたといふはなしがござりますが、けつしててんしさまだとてにんげんがほかのものに位をさづけて神にするなどといふことはできませぬ」と語っている。この引用文はローマ書十三章一節の注釈とみられなくもない。

これにつづく文章は、ローマ書十三章三節以下を思わせる。「よい政府のおきては忠実なじんみんの身にとりては重荷ではござりませぬ。かへつてそのおきてがちからと平和とさかえのものとなります。……なぜといふに政府はよい人をまもつて、わるいものを罰しますからでございます」。善悪の基準は、民衆の側の服従の仕方というだけでなく、「よい政府のおきて」そのものをも問うているかにみえる。

この章は、さらに「して世界においてかみのおきてはもつとたゞしうございます」と言ってのける。「神の政《まつりごと》の法」は、「いつも」「何処の民にも」変わりなく普遍的に妥当するものだ、という。それは、神の律法を守るものには「千代にいたるまで恵みをあたふべし」という約束にほかならない。イザヤ書五十五章の預言が引かれ、「イエス・キリストの聖名」によって神に立ち帰る者への恵みの使信で閉じられる。「なにとぞみなさんおわかりになりましたら、なるたけこのたいせつなおいましめをまもるやうになされてください」。

唯一なる真の神との出会いは、明治初期における日本人キリスト者の激烈な回心体験を引き起こした。木石を対象とする偶像崇拝から、祖先への祈りにいたるまで、廃棄することを迫ったから。そこでは、唯一の神の礼拝、真の《神の子》にふさわしい生活として厳粛倫理（＝禁酒・禁煙）が求められた。それは、逆に、周囲からは、家庭の神棚をとり除き、祖先の位牌をこわすキリスト教徒にたいする嫌悪と反発の感情を呼び起こすことにもなった[7]。

『十誡の説明』（一八八五年）では、こうした日本社会の反応にたいして偶像崇拝禁止の在りようを少し和らげているかにみえる。この本の著者ジョン・C・ニュートンは、アメリカ南メソヂスト監督教会の宣教師であり、一八八八年に来日し、その後、関西学院創設に際して神学部教授として長く在任した。

むろん、ここでも、「独一の神」を対象とする第一戒について、「我国の如く偶像教の流行する国には殊《わけ》て此誡の必要なることを知るなり」とまず記している。その「道理」として、「此神が我等の肉体と霊魂とを造りたまひ」、「常に我々を守り助くること」、とくに「罪なる悪しき心」、「我心の腐も錆も癖も皆とりさりて改め新にしたまふ」ことに求められる[8]。いわば全人格的な意味において、神は絶対的な支配者なのである。

「いかに神を拝すべきや」という第二戒についても、むろん、礼拝のために「像又は画を用ふべからず」ということは明らかである。しかし、禁じられているのは、ニュートンによれば、それを礼拝の対象とすることである。「楽しみ又は慰めのために」画像や木像等を造って所持すること、その美しさを享受することまで悪いとされているのではない。「日月星辰」についても、「たゞ見ること」＝大いなる自然を観照するだけで、礼拝の心をもってするのでなければ悪いわけではない。もっとも、「マリア像」や「古の聖賢の画像」の前に拝跪することは、たとえそれを通して神を礼拝するのだといっても、やはり第二戒違反だ、としている。

第二戒に関連して「わたしは妬《ねたみ》の神なれば……」という表現について、面白い解説を加えている。そこでは、むろん、妬みが「甚だよからぬこと」「神も人もゆるさぬ悪徳」である、と明言されている。しかし、たとえ話を用いて説明する。豊かに国を治め、人民も太平を悦びつつある王国を簒奪する者の「不義無道」にたいして、それを「悪み嫌ひ」追放しようとする心は「正しき妬」であり、「我等の神は妬の神といふは其義をあらわすなり」と説く。こうして「宇宙の主宰なる大なる神」と、神の民を神から離反させて偶像教の徒にする「悪魔」とを対比させていう。「神は人民の王なれば悪魔をいたく悪み妬み以て其人民を安全ならしめんとするなり」。これゆえに「我等は偶像を拝し画像に平伏すことを為すべからずといふなり(9)」。

神学教科書

明治二〇年代初めに邦訳されたジョージ・W・ノックス『神学提綱』(一八九〇年)もみておこう。ノックスは、アメリカ長老教会の宣教師として来日し、のち明治学院神学部の教授として、弁証論、牧会学などを教えた。彼は、「徹頭徹尾カルヴァン主義を奉じた神学者」として知られている(10)。

この訳書は、同学院の神学教科書として用いられた(11)。この本でも、「人ニ対シテ其ノ無上ノ崇拝ト愛トヲ正当ニ要求スル者ハ即チ唯一ノ活ケル真神アルノミ人ハ偽ハリノ神ヲ造リ之レニ仕フルコトヲ以テ己レヲ欺クベキ者ニ非ズ木像画像ハ純粋ニ霊ナル神ヲ顕ハスヲ得ズ」と記している。しかも、ニュートンよりも厳しくさえあるようにみえる。

「天上地下ニ在ル所ノ如何ナル物質モ……決シテ其ノ質ノ聖キト真ト愛トニ満チタル真ノ神ヲバ代表スルコト能ハザルナリ、凡ソ人ノ霊魂ト其ノ造リ主トノ間ニ他物ヲ挿ミテ神ノ像ヲ代表セシメント企ツレバ其ノ美術的タルト哲学的タルトニ論ナク必ズ神ノ栄光ヲ暗マシ且ツ之レヲ汚サズンバアラズ蓋シ人ノ霊魂ヲ除キテハ復タ一モ神ノ像ヲ具有スル者アラザルヲ以テナリ」[12]。

ノックスは、「神ハ人ニ非ルナリ神ハ無限ニシテ又タ永遠ナル者ナリ神ハ吾人ノ父トシテ自ラヲ顕ハシ給フト雖モ亦タ万物ヲ統治シ給フノ帝王ニテ在スナリ」といい、さらに「吾人ハ聖経ノ教ヘニ依リテ神ニ対スル三大要務ヲ学ブコトヲ得タリ曰ク神ヲ愛スル事曰ク神ヲ拝スル事曰ク神ヲ畏ル、事是ナリ」と言い切っている[13]。

この末尾の文章は、当時、キリスト教に近づいていきた自由民権論者にたいして、おそらく哲学的な天賦人権説にまさって、強力なデモクラシーの根拠づけを提供するものだったにちがいない[14]。

第一回帝国議会の開かれた時点において、こうした主張は、明治憲法のかかげる天皇絶対化（第三条「天皇ハ神聖ニシテ侵スベカラズ」）にたいして正面から対峙すべきことを教えていた。

（1）　すでに出エジプト記には、モーセがシナイの山上で十戒を受け取りつつあったあいだ、イスラエル人たちが《金の子牛》をつくって偶像崇拝を行なった記事がある。ここには、偶像崇拝の多様な側面が、きわめて可視的に形象化されているといってよい。《牛》は、古代社会においては、多産性とともに軍事力の象徴であった。さらに時代を下がればマモン崇拝の《現代的》暗号ともなりうるであろうから。《十戒》の神学的理解については、一般に、vgl. G. von Rad, *Theologie des Alten Testaments*, Bd. I, 1957, S. 188 ff.（『旧約聖書神学I』荒井章三訳、日本基督教団）。現代的な解釈として、たとえば、vgl. J. M.

Lochmann, *Wegweisung der Freiheit. Abriß der Ethik in der Perspektive des Dekalogs*, 1979; F. Crüsemann, *Bewahrung der Freiheit. Das Thema des Dekalogs in sozialgeschichtlicher Perspektive*, 1983(『自由の擁護』大住雄一訳、新教出版社)。

(2)　ジョン・H・デフォレストについては、竹中正夫『C・B・デフォレストの生涯』(創元社、二〇〇三年)第一章に詳しい。なお、西岡裕芳『宣教師J・H・デフォレストの生涯と思想』(一九九四年度同志社大学修士論文)一二―二六頁。デフォレストは、一八七四年一〇月にアメリカン・ボード年会に新島襄とともに参加し、宣教師としての派遣を承認された。二人は、ともに同年一一月に同じ船で日本に到着した。新島が一八八六年に仙台で東華学校を開設するにあたって、デフォレストは、一家をあげて来仙し、一九一一年に亡くなるまで、その地にとどまって東北伝道に尽くした。

(3)　デフォレスト『西教十誡真論』(米国派遣宣教師事務局)一八八一年、第一戒、一〇―一五頁。初期デフォレストの宣教姿勢については、たとえば、オースル・ランデ「明治初期における宗教的対話の実態」(竹中正夫編『現代における宗教の対話』聖文舎、一九七九年、所収)五一頁、六五―六九頁、参照。しかし、デフォレストの場合、のち一八九〇年代に入ると、哲学、宗教学、さらに《新神学》との出会いを通して、日本土着の文化や宗教にたいして、いっそう寛容な理解と評価とを示すようになった(西岡、前掲論文、二七頁以下、参照)。

(4)　前掲書、第二戒、一四頁以下。「近来愛国自由民権等の論説世上に鼎発して東西に唱へ南北に和し国会開設を上願するもの頂踵相接すといへども要するに億兆相助けて国家の富強を謀画するの旨に外ならず然れども徒に口を開きて民権々々と云ふも余輩意ふに尚枝葉に走るの論たるを免かれず偶像を廃して真神に奉じ其心を清潔にし其身を健康にし其脳を剛毅にする是即根幹なり是即真愛国なり」(前掲書、第二戒、二八頁)。

(5)　前掲書、第三戒、四一頁。ランデは、デフォレストのほかにもM・L・ゴードンやD・C・グリーンなどをあげ、一八九〇年頃にいたるまで、宣教師たちが「真神」の信仰にもとづいて日本人の宗教性にたいして基本的に戦闘的な姿勢をとっていたことを指摘している(西岡、前掲論文、五二頁、六八頁以下、参照)。なお一般にニューイングランド的ピューリタニズムを背景とするアメリカ宣教師と日本人キリスト者との関わりについては、M・B・ジャンセン編『日本における近代化の問題』

(岩波書店)一九六八年、所収のジョン・F・ハウズ論文「日本人キリスト者とアメリカ人宣教師」(佐藤敏夫訳)参照。

(6) イビー『真の生命——一名聖教講義記聞』第一戒、一八八〇年、第二戒、一八八二年。イビーが、当時、明治政府の一部に「国家教会の建設」のプログラムがあることを耳にして、ヨーロッパ史における国家教会の弊害の事実を指摘し、いっさいの宗教の寛容と自由、「自由な国家の自由な教会」の理想を説いていることにも注目してよい(Cf. C.S. Eby, *Christianity, Social & political Factor*, 1887, p. 39ff.)。イビーは、同年中にこれをローマ字によって『社会及政治ニ於ル基督教ノ勢力』として刊行している。なお、明治憲法起草のため伊藤博文からの依頼で、プロイセン憲法をドイツ語から英訳したのはイビーだったことも伝えられている。イビーについては、沢田泰紳「イビーにおける伝道とキリスト教理解」、同『日本メソヂスト教会史研究』(土肥昭夫編、日本キリスト教団出版局、二〇〇六年、所収)一八〇頁以下、参照。

(7) 坂本直寛(高知教会員)は、家族の回心を促した一冊の本の話を記している。「本とは十戒をわかりやすく説明した小冊子であった。養母《はは》は……読み終わったとき、罪を恐れる気持ちがにわかに胸中にわくのを押さえることができなかった。家庭集会を開き、互いに聖書を読み、祈りをささげ合った。……私は家族の者に、偶像や札のたぐいを集めるように命じ、これらを湯を沸かす薪となし、帰宅した養母《はは》や家族全員をその湯に入らせた」(『坂本直寛・自伝』土居晴夫編・口語訳、燦葉出版社、一九八八年、二三—二四頁)。こうしたキリスト者の信仰的態度とこれにたいして明治社会の示した拒否反応とについては、たとえば、大浜徹也『明治キリスト教会史の研究』(吉川弘文館、一九七九年)三三〇頁以下、三四〇頁以下、参照。

(8) 米国ニウトン先生原選『十誡の説明』(基督教書籍会社)一—三頁。この本には、いつ刊行されたか記されていない。しかし、国際基督教大学アジア文化研究委員会編『日本キリスト教文献目録——明治期』第二部(創文社、一九六五年)によれば、明治一八年刊となっている。

(9) 前掲書、一一頁以下、一四頁以下。

(10) C・W・ノックス『ノックス書簡集』(横浜指路教会教会史編纂委員会編、キリスト新聞社、二〇〇六年)「解説」一三〇頁、参照。

(11) 裏、維、納居士『神学提綱』(秀英舎、一八九〇年)。訳者細川瀏の「緒言」によれば、原書のタイトル(Mystery of Life)

からすれば『生命之秘義』と訳すべきであるが、「其ノ性質ハ純然タル一部ノ組織神学ナルガ故ニ」「神学ノ要旨ヲ学習スルニ」ふさわしい題名に変え、「明治学院神学生の教科書」として用いたという。たとえば明治二五年（一八九二年）当時の神学部において、ノックスは組織神学・心理学・哲学を教えた。学院所蔵の図書は六千余冊といわれ、神学上は「恐らく日本第一の図書館」を自負していたという（『明治学院百年史』明治学院、一九七七年、一三九頁）。
(12) 納居士、前掲書、一七八―七九頁。
(13) 納居士、前掲書、一八〇頁。
(14) 『自伝』によれば、坂本直寛は、入信前にはミルやスペンサーの著書に親しみ「立志社員としてしきりに自由民権を説き、好んで無神論を唱えた」が、大挙伝道のため来高したノックス宣教師と「三日にわたり議論したあげく、彼に言い負かされキリスト教を研究するようになった」（前掲書、一七頁、一九頁）。彼は一八八五年五月にノックスから受洗したが、このとき発足した高知教会には、自由党の多くの幹部も受洗して加わった。その一人、片岡健吉（のちの衆議院議長）はユニテリアン的信仰理解に傾きかけていたが、弁証論を得意とするノックスに正統信仰を説かれ、受洗に導かれたという。ちなみに、高知伝道において、ノックスは、「ローマ書講解によって教義を詳細に解説した」（前掲『明治学院百年史』一一九頁）。

2　『ローマ書注解』（邦訳版）

明治初期にわが国で公刊された宣教師によるローマ書注解書としては、数種類が出版されている。(1)

ハーストとフェオハーン

たとえば、J・P・ハースト『羅馬書略解』（一八八八年）の釈義によれば、この世の政府は「神の立てた」ものだから「政府の命」にそむいてはならない、と忠実に記している。「上に在て権を掌る者」（ローマ一三・一）についても、

「最貴顕《くらいあるもの》より凡て政事《まつりごと》に参与《あずか》る大臣、方伯《つかさやく》を謂ふならん」といい、何ら神聖な《権威》としての特別の性格づけをあたえていない。「パウロの生前に於ては凡《すべて》の基督信者は皆ロマ政府の管轄に在りたり」といい、《良心》(ローマ一三・五)による服従についても「道徳上より論ずるも最も政府に対し尽すべき義務」であるとして服従を内面化している。

しかし、そこには、明白な限定がある。「服《したが》ふべしとは普通《よのつね》の常法《おきて》也然れども政府が基督教の主義に背反ことを教ゆるに於ては(行伝四章一九節、五章二十九節)我曹《われら》人間に従はんよりは寧ろ神に従ふべしとの使徒の例に倣ひ官令《いひつけ》に従はざるこそかしこけり」と明快である。(2)

少し変わったものでは、ロシア正教会系の斐沃芳『羅馬書注釈』下巻(一八八五年)がある。著者はフェオハーン・ザトヴォールニク。ロシア正教主教でペテルブルク神学校長である。ローマ書十三章において、パウロの説く権威への服従のすすめについて、歴史的背景を比較的正確に解説している。(3) 一つには、ローマ教会の中に「自ラ高尚ノ識ヲ有スト為シ以テ世ノ有司ヲ蔑如《カロン》ゼントスル」熱心党的傾向への戒めであり、いま一つは、「世人ガ使徒等ニ対シテ流布セルノ風評」を撲滅しようとするためである、という。当時、「世人ハ彼等ヲ譏シテ社会ノ秩序ヲ紊乱スル者ト為シ或ハ之ヲ訴ヘテ彼レ天下ヲ乱ス者此ニ至ル(行伝十七ノ六)ト云」っていたのだから、と。

この服従の義務をパウロが呼びかけた「各人」とは、「独リ俗人ニ関スルノミナラズ司祭タルト修士タルヲ論ゼズ偏ク衆人ニ関スルコト」だと注意を喚起し、使徒であれ、預言者であれ、「権ニ服従スルコトハ敬虔ヲ害スル者ニ非ズ」とする。こうした理解は、中世最盛期の教皇至上権の主張にたいして区別された、ビザンツ教会以来の伝統から由来するものであろう。

もっとも、そこには、ビザンツ的神聖王権にたいする留保もなくはない。「神によらない権威はない」(ローマ一三・一)というのは、「有司ハ皆神ニ立テラレタリ」と言うのではない。パウロは「今特別ニ各治者ノコトヲ論ズルニ非ズシテ治権其者ノコトヲ論ズルノミ」と。すなわち、この世における「治理の権」が存在するのは、統治＝服従を通して社会秩序の紊乱を防ぎ、人民が波乱にまきこまれないようにする「神ノ叡智ノ然ラシムル所」だというのである。

この『羅馬書注釈』では、とくに古代ギリシア教父の釈義からの引用が多い。上述の説明も「聖金口」からの引用によって根拠づけている。「聖金口」とは、多くのすぐれた講解説教を通して《黄金の口》と称賛された四世紀のコンスタンティノーポリス総主教ヨアンネス・クリュソストモスにほかならない。東方正教会において、もっとも尊敬されている古代教父の一人である。

「権威に逆らう者は、神の定めにそむく者である」(ローマ一三・二)についても、「聖金口」が引かれている。パウロは、直接法で「凡ソ権ニ服従スル者ハ神ニ服従スト云ハズ之ト相反スルノ事ヲ以テ人ニ恐懼ノ念ヲ起サシメ凡ソ権ニ服従セザル者ハ此権ヲ制定シタルノ神ニ逆フ者ナリト云テ益々強ク其説ヲ確証ス」という。しかし、少なくとも、ここで「神の定め」を直接的に神的《秩序》として論ずるのでなく、秩序を定めた神の「制定」意志を強調しているのは正当である。(4)

とはいえ、「良心による服従」(ローマ一三・五)については、処罰を恐れる外面的服従ではなく、「良心ニ縁リ義務ヲ確認スルノ心ヲ以テセザルベカラズ良心ハ恒ニ其ノ知ル所ノ神ノ旨ヲ守ル者ナリ」といい、神とともに《あずかり知る》可能性にふれている。しかし、そのことは、服従の内面化・徹底化に向かい、権力批判の方向をとるものではなかったようにみえる。ここでも「聖金口」が引かれている。「有司ハ人々ノ和睦ト国家ノ秩序ヲ保護シ爾《ナンジ》ノ大恩者タルニ縁リテ之ニ服従セザルベカラズ政府ノ国家ヲ益スルコト甚大ナリ」といい、たとえ服従しないことで罰せられなくても、「自ラ愚者ニ対シテ残酷無情ノ者ト為《ナ》ラザランコトヲ勉メザルベカラズ」というのだから。ビザンツ政教一致体制下の恭順の倫理が読みとられるであろう。(5)

ラーネッドの注解書

しかし、明治初期に最初に出版された『ローマ書注釈』としては、ドワイト・W・ラーネッド教授のものがもっとも代表的である。その初版（一八八四年）は、おそらく邦語の注解書としては最初のものであり、しかも時期を異にして、同じ著者による内容を異にした幾つかの版が見られることも、比較検討する上で有益である。

ラーネッドは、デフォレストと同じく、アメリカのコネチカット州の生まれで、エール大学出身である。父方の家系は「連綿たる神学者の家系」であり、三代続いてエール大学の総長をつとめたこともあるという。父もまた組合教会の牧師として人びとの親愛と尊敬とを集めた人柄であった。ラーネッドはニューイングランド、さらには遠くイギリスに遡るピューリタンの信仰的系譜に立つ人であることがわかる。彼は一八七五年、二七歳のとき来日し、新島襄の同志社創設以来、ジェローム・D・デイヴィスと並んで教鞭をとり五三年間に及んだ。この間、教会史、聖書神学、ギリシア語などを教えた。とくに興味深いのは、一時、経済学、政治学を講義し、この分野に関して、日本でもっとも古い体系的な著述を残したことであろう[6]。

一八八四年（明治一七年）版の『羅馬書注釈』からみてみよう。ローマ書十三章の主題として、パウロは「茲ニ信者ガ政府ニ対スルノ義務ヲ教ヘラレタリ」。《上なる権威》については、「最貴顕《クライアルモノ》ヨリ凡テ政事ニ参与ル大臣、方伯《ツカサヤク》ヲ謂フナラン」。したがってまた、《神によって立てられる》ということは、何ら形而上学的正当化を意味しないのは当然であろう。「先輩此句ヲ引キ独リ統一政治ノミ当然ノ政躰ナリトノ説ヲ立テ帝王ノ権利ハ神聖ナルコトヲ主張《イヒハリ》タリ是実ニ誤解《アヤマリ》ノ甚キ者ナリ」。数年後に欽定される明治憲法第一条ないし第三条への批判的視点がふくまれているといえよう。

《服従》については、はっきり限定がおかれている。

「普通《ヨノツネ》ノ常法《オキテ》ナリ、然レド政府ガ基督教ノ主義ニ背反《ソムク》コトヲ教ユルニ於テハ使徒行伝四章十九節同五章二十九節我儕人ニ服ハンヨリハ寧《ムシ》ロ神ニ従フベシトノ使徒ノ例ニ倣ヒ官命ニ服ハザルコソ我義務ナレ　本章ニ此般《コレラ》ノ例ヲ示サザルハ当時ノ信者皆之ヲ知リ且政府ヲ蔑如《カロン》ズルノ風アリタルヲ以テ臨機応変ノ処置ハ之ヲ示サザリキ」。

他方では、この服従は《良心》＝宗教上の義務だとされる。権力をもつ者は、「神ノ役者ナレバ我儕唯其震怒《イカリ》ヲ恐ルルノ意ヨリ服従ノミナラズ宜ク宗教上ノ義務トシテ赤心以テ服従スベキナリ」(五節)。しかし、同時に、ラーネッドによれば、国家権力は、《神の役者》たるにふさわしい課題(六節)をつねに果たすとは限らない。

「掌権者中ニハ往々此主義ヲ破リ悪人ヲ助ケ善人ヲ害《ソコナヒ》シ者モ尠カラズ　是ニヨリテ人民蜂起シ虐主ヲ斃セシハ其理ナキニ非ズ　然レド掌権者ヲ斃シ政体ヲ改革スルノ権理ハ何時之ヲ使用《モチフ》ベキヤ最モ注意スベシ　パウロハ此点ニ付テハ別ニ教示《シメサ》レザリキ」。

むしろ、一般的には、こう言われている。

「人ハ社会ニ生活スベキ者ナリ　政府ナシニ社会ハ一日モ立ツ能ハズ　劣悪《アシキ》政府ト雖モ無政府ニ比ベバ遥ニ勝ル所アリ」。「我儕官府ノ律法《オキテ》ハ之ヲ守ルノミナラズ全力ヲ尽シテ政事ノ改良ヲ計ルベキ也　パウロ此要点ニ論及セザリシハロマノ治下ニアリテ到底為ス能ハザルノ事ナリシ故ナリ」。

こうした「政事ノ改良」＝政治的共同責任の遂行を引き出す視点は、ついには、「例外ノ事」としてではあれ、「政府ニシテ人民保護ノ大任ヲ破リ妄ニ暴政ヲ施シナバ之ヲ顛覆《クツガヘシ》テ新政府ヲ立ルヲ得ル」《革命》の可能性を、はっきり肯定するのである。[7] 国会開設にいたる自由民権運動高揚期を背景とする釈義ということもできよう。

この連関においてラーネッド教授の政治学＝経済学の講義にも一言しておこう。かつて同志社に学んだ留岡幸助は、ラーネッドが「右手にバイブルを持ち、左手に経済学を携へ、この二つの武器を以て我国を教化せんとの理念なりしやう承り候」(『同志社時報』)と語っている。[8] ラーネッドは、一八八〇年代から九〇年代はじめにかけて、経済学と政治学とを交互に講義したという。それは、国会開設前後のいわば日本近代史の激動期にあたり、欧米政治学説の翻訳・紹介・論議の盛んな時代であった。

日本における近代政治学の成立は、東京帝大教授の小野塚喜平次による『政治学大綱』二巻(一九〇三年)に始まったとされている。[9] しかし、それに四半世紀先立って、ラーネッド教授が《政治学》を一つの体系として教授していた事実は、まことに貴重と言わなければならない。一八八五年のその講義ノート(森田久万人筆記)の目次によれば、デモクラシーの政治思想が人権から三権分立にいたるまで詳細に論じられている。その最後の章では、「革命」と題して、その当否が批判的に論及されている。たとえば、そこにみられる絶対的世襲的君主制への厳しい批判、《良心の自由》の要求などは、その数年後に発布された「大日本帝国憲法」(一八八九年)と対比して、まことに先駆的な革新性をもっていた。[10]

帝国議会が開設された二年後の一八九二年版のローマ書注釈ではどうだったか。基調は変わらないとはいえ、新しい立憲体制を視野に入れて力点がおかれているように思われる。

「上に在て権を掌《もて》る者に凡て人々服ふべし　勿論道ならぬ命令にまでも服へと云ふにはあらず　ペテロは嘗てその宣教を禁ぜし有司《つかさ》に対《こた》へて「人に従ふより神に従ふは為べきの事なり」と云り(使徒行伝五章二十九節)　故に本文は基督教の主義或は道理に逆はざる限りは政府の命令を奉ぜよとのことなり」。

したがってまた、「こは、たとひ圧制政府を改革するの道あるも之に着手せず何時までも其束縛を甘受し卑屈奴隷の境涯に安んぜよと云ふにはあらず、パウロの時代には人民はすべて参政の権利なく少も意見を陳て其の改革を促す道なきを以て法律に従順なれと教へしなり[11]」。

しかし、新しい立憲体制を前にしてラーネッドはいう。

「もし今日の如く議院の設けあり代議士を出して輿論を代表せしむるの道あらば、無論その道に由て改革を促すべきなり、而してその改革の成就するまでは又忠実にその旧慣に従はざる可からず、又もし政府の命ずる所基督教の主義に悖り我儕之に従ひて信仰を害する如きことありとも濫りに兵戈旗鼓の力を藉つて謀反を企つ可からず、寧ろ其非理の命令を拒み耐忍びて刑罰を受べし」。

とはいえ、《神によって立てられる》ことを宗教的な権力の正当化とすることは、ここでも、はっきり否定される。

「固より帝王たる者はその国を統御するの権威を皆直接に神より授かりしと云ふにはあらず、又神は各国の政体を定め給ひしと云ふにもあらず　古来或は君主独裁の制は神の定めたる所にして之を変革するは神意に悖戻《もと》ることと論ぜし者あり、これ確かに誤謬たるなり」。

ラーネッドにおいて、神に《立てられる》ということは、人間の社会性と関係づけられて論じられる。

「政体の組織如何は国情によりて異ならざるを得ざれど、いづれの国にても政治の機関ありて政権を掌握する者あるはこれ神の聖意に基けるなり、蓋し神すでに人類を造り給ひし上は、彼等相依つて社会を組織するは自然の順序なれば、社会の組織は実に間接に神の行為と云も不可なかるべし[12]」。

むしろ、ラーネッドの力点は、「元来基督教は叛乱革命など手荒き手段を以て社会の組織を変改するものにあらず」。「干戈を執つて抵抗する」のではなく、「隠微なる人心内部を改めて社会組織の分子より静かに改革を始むるものなり」。したがって「民撰議院の設けあり、其人民は参政の権利を有せるによりもし政治上改むべきの弊あれば其人民は十分に之を陳弁して静かに改革を促すことを得なり[13]」。

一九〇六年版(これは、その後一〇年間に、二度、改訂なしにそのまま版を重ねている)をみれば、ラーネッドの基調が変わったとは、ほとんど言いがたい。ローマ書十三章一―二節について、こう説いている。

「政権なるものは神の立て給ふたる正道である故に、之に逆ふといふ事は、実に神の聖旨に背反する事で、勿論之は一般にいつた事であるが、当時の二ロ帝の如き圧制家や、ピラト、ペリクスの如き悪き有司《つかさびと》の如きものも、直接に神に撰ばれ、権力を賜り、神の代理として尊敬す可き者であるといふ訳でなく、又機会があつて政治的改革を為すといふ事までを禁止するといふ事でもなくして、ただ政権といふものは、社会をして神に立てられたる目的を成就せしむる為に必用であるから、その命令や律法が、神の道に背反せざる限りは、之に服従すべきであると、一般に広くいつたのである」。

《服従》の問題についても、ひとまず、「無政府党が個人的独立を尊重するが為に、国家政治に反対するといふ事も誤謬である。故に各国民たるものは自国の政権に従ひ、国民たるの義務を尽すこそ、神に対するの義務を完ふするものといふ可きである」といわれている。しかし、《服従》の限界は、はっきりしている。

「第一、若し不幸にして国家の政権の上に誤謬があつて、神の道に逆ふ所の命令が出るならば、基督信徒たる者は、決して如此命令には服従するの義務はないので、彼のペテロがいつた如く(徒五ノ廿九)、「人に従ふより神に従ふは為べき事なり」である。……第二、パウロの時代の人々は、政権の改革を企てるの力もなく、ただその政治的義務に服従してをつたのであるが、現今の文明国民は、多数政治上の権利を有してをる故に、従つて又責任をも有してをるのである。されば不幸にして政権に誤謬があり、欠点のある事であるならば、直ちに之を改革するの責任をも有してをるのである(14)」。

最後に、入手しうるラーネッドの最新版の『改訳新約聖書ロマ書講解』(一九二七年)も、ほぼ同様である。「皇帝に対して忠義を尽す」といった古代教会の服従についての言及はあるにしても、政府が「直接神に立てらるるといふ訳ではな」い、とはっきり明言している。総じて「現今の国民の多数が多少政治的権威を預つてをる時代に、基督者の政治的責任は何であるかといへば、決して今の勧言、即ち第一世紀の教会に適する所の言を以ては充分に解らぬのである」。しかし、テキスト全体の釈義の末尾に、とくに括弧に入れてではあるが、「勿論古代の信徒が皇帝の像に対し礼拝を為すべき命令は、基督教は適はぬ事として、之に服従せざるにより、迫害に遭遇した如く、若し万一神の聖旨に全然適せぬ所の法律があるとするならば、之は守る可き筈はないのである」と付言することを忘れていない。もっとも、「斯る事は例外であつて実に少ない事である」と断わられてはいるけれども。(15)

(1)　たとえば斐沃芳(＝フェオハーン)『羅馬書注釈』(上田将訳、正教会)三冊、一八八三―八五年、J・P・ハースト『羅馬書略解』(大西管治訳、米国聖教書類会社)一八八八年など。その他に、パウロの伝記ないし思想などの翻訳もある(国際基督教大学アジア文化研究委員会編、前掲『日本キリスト教文献目録』参照)。
(2)　ハースト、前掲書、七三―七四頁。
(3)　斐沃芳、前掲書、下巻、一八八五年、五五〇―五七二頁。以下の引用は、五五一、五五三―五五四頁。
(4)　前掲書、五五七頁。クリュソストモスについては、本書第Ⅰ部、六三頁以下、参照。
(5)　斐沃芳、前掲書、五六五頁以下。
(6)　ラーネッドの生涯と学問については、住谷悦治『ラーネッド博士伝』(未來社、一九七三年)参照。
(7)　ラルネデ『羅馬書注釈』(楠瀬一貫訳、米国派遣宣教師事務局)一八八四年、三六七―三七九頁(この原著には著者名を欠くが、前掲『日本キリスト教文献目録』によれば、ラーネッドのものとされている)。なお、筆者の手許には、一八八四年(明治一七年)版、一八九二年(明治二五年)版、一九〇六年(明治三九年)版(これと同じものが一九一一年、一九一七年と三版を重ねている)、さらに一九二七年版、と時期を異にして版を改めたラーネッドの注釈書がある。それらの異同そのものも示唆的であり、この注解書を逐次くわしくみてみよう。

(8) 住谷、前掲書、二二〇頁。そのほか深井英五『回顧七十年』(岩波書店、一九四一年)には「経済学、政治学を教へて社会機構の根本問題に論及せるラーネット先生」とある(同上、一八頁)。

(9) 蠟山政道『日本における近代政治学の発達』(実業之日本社、一九四九年)八八頁。

(10) ラーネッド「経済学・政治学講義」(住谷、前掲書)五二四頁、五三九頁。たとえば「第四八章 革命」として、「ある政府は他の政府よりもよい場合はあるが、完全なものはない。それ故に政治を改良するために、できる限りのことをすることは、立派な愛国者(市民)の義務である」。「革命は、暴力によってなされる変化である。革命を行なうことは、非常に危険なことであり、しばしば正しくないことがあるが、ある革命は必要なもので、偉大な貢献をなしている」という。たとえばイギリスの《名誉革命》について、「一六八八年、イギリスで独裁君主ジェイムズ二世は追放され、立憲君主のウィリアム三世が即位した。そしてそのとき、自由のための五大原則が成立した。(1)君主は法に従わなければならない。(2)君主は議会の承認なしに租税を徴収できない。(3)すべての人民は政府に請願する権利を有つ。(4)君主は議会の承認なしに軍隊を有つことはできない。(5)選挙と議会の論議は自由でなければならない」とある。

逆に「第八章 君主制」の章では、「絶対世襲的君主制は、君主の意志が至上の法則であり、人民の欲求には慈善的な場合と反乱の怖れによる以外、何の考慮も払われなかった」。「この政治の良し悪しは、完全に支配者の性格にかかっている。もし彼が賢明で善良であれば君主制は良い政治形態であるが、彼が悪質ならば、悪い政治となる。また絶対的権力の所有は暴政に陥る傾向を持ち、人民の知性の進歩を妨げる」と厳しく批判的である。

もっとも、ラーネッドの政治学は、彼がエール大学で受講した伯父セオドル・D・ウールセー総長の二巻の『政治学』(*Political Science of the State*, 1889)の叙述によっているといわれる。最後の章が「革命」で終わっていることまで一致している。ウールセーには、*Communism and Socialism*, 1880(『ウールセイ古今社会党沿革説』穴戸義知訳、弘令社出版局、一八八二年)があり、社会主義史に関する邦語の初期文献として注目される(住谷、前掲書、七頁以下、二一〇頁)。

(11) レアネド『改正新約聖書羅馬書注釈』(楠瀬一貫訳、福音社、一八九二年)五二八頁。なお、ラールネデ『馬可伝福音書註釈』(楠瀬一貫筆記、米国宣教師事務局、一八九二年)三七四頁、参照。《カイザルのもの》と《神のもの》との区別から、「神の聖意に逆ふ所の法律命令」には服従しえない、と明言している。

(12) レアネド、前掲『改正新約聖書羅馬書注釈』五二九―五三〇頁。しかし、ここから、以下のような側面のみが強調されてくれば、しだいに既成秩序が《摂理》の下に正当化される誘惑はないであろうか。「如何に圧制の政府たりとも無政府乱世に優るは万々にて、この弊害あるを口実として無政府論を唱ふるは愚の最も甚きものなり」。「神を知ざる執権者もまた圧制なる帝王も知ざる中に幾分か神の聖旨をなせり」。「古往今来何れの処にても人々罪を禁じ悪人を罰するを承認せるは間接神の聖旨の働けるものにて……」(前掲書、五三一―五三四頁)。

(13) レアネド、前掲書、五二六―五二七頁。ちなみに、ラーネッドの『政治学遺稿』(一八九四年の講義ノート)では、微妙な変化がないわけではない。たとえば君主制の得失を以下のように論じている。「君主政体の利点。(1)君主は国民の栄光の具体的な代表者であり、愛国心の中心である。(2)君主は党派の争いのとどかぬ所にあって、ひろく公平に国全体の福祉を考慮する。(3)立憲君主政体は議会政治にうまく順応する。　／その危険。(1)活動的で有能な君主は政治的問題に介入しすぎて党派の指導者となるということ。(2)そうした君主の政策を批判することが不忠誠として禁止され、こうして政治が独裁的になるということ。(3)他方、怠惰な君主はその職務をなおざりにし、単なる無為の徒となってしまい、またやがてこれが忠誠の衰徴をひき起すということ」(住谷、前掲書、七〇三頁)。この講義ノートには「革命」の章が落ちている。

(14) ラルネデ『新約聖書羅馬書講解』(大宮季貞訳、警醒社、一九〇六年)三三〇―三三七頁。

(15) ラルネデ『改訳新約聖書ロマ書講解』(大宮季貞訳、警醒社、一九二七年)一七五―一八〇頁。

7　明治キリスト教とローマ書十三章

1　明治初年から不敬事件まで

プロテスタント宣教師たちによって高調された偶像禁示と神の超越性＝十戒の精神は、明治初期キリスト教に大きな影響をあたえたと思われる。

現存する最古の日本基督教会規則、すなわち「公会規定」には、ついに加えられなかった以下の三カ条があった。これは一八七二年(明治五年)に諜者安藤劉太郎の提出した報告によって知られている。(1)

「第一条曰　皇祖土神ノ廟前ニ拝跪スベカラザル事

第二条曰　王命ト雖モ道ノ為ニハ屈従スベカラザル事

第三条曰　父母血肉ノ恩ニ愛着スベカラザル事」

この三カ条には、それぞれ聖句がその根拠としてあげられ、たとえば第二条には、使徒言行録の「人間に従うよりは、神に従うべきである」が、漢文で記されている。三カ条は、「会外ノ責ヲ怖ルル」主張などもあって、規則の中には加えられなかった。「入宗ノ徒ハ永ク心ニ誓テ此等ノ条ヲ固守スベキハ勿論ノ宗規」として、いわば不文律とされたことに注目しなければならない。こうした貴重な記録が反キリスト教的諜者の活動によって後世に伝えられていることは、歴史のアイロニーということもできよう。

海外諸国政府からの圧力で切支丹禁制の高札がようやく撤去されたのは、一八七二年二月のことであった。それは、この禁令を近代的な文明国家にふさわしくないと批判された岩倉具視ら遣欧使節団の米欧回覧体験にもとづくものだった。[2] その二年後に受洗した原胤昭自身、その際の口頭試問の緊迫した様子を手記に残している。[3]

「原さん、エスになる。政府縛ります、逃げますか。エス止めますか。原さんエス止めなければ、政府あなたの首切ります。エス止めますか」。

このイギリス人宣教師ウォデル（＝ワデル）の問いに、原は、毅然たる信仰告白をもって答えている。

「にげない、せいふに、しばられる」。「せいふにきられても、やめない、ヤソ信じます」。

原は、幕末の江戸南町奉行所与力を務め、のちに監獄改良事業や文書伝道を開拓した信徒伝道者として知られている。このような厳しい対国家的倫理の中で、ローマ書十三章は、どのような意味をもちうるだろうか。

明治初年のローマ書十三章

日本人キリスト者として、もっとも早い時期にローマ書十三章に言及した文章の一つは、平岩愃保が『六合雑誌』に載せた「弁妄批評」（一八八一年）であろう。それは、当時の排耶論を代表する安井息軒『弁妄』（一八七三年）において、キリスト教の非愛国と君主蔑視を論難した文章に反論したものである。[4]

「今尚聖経中ヨリ証ヲ挙ゲンニ曰凡テ人ハ上ニ在テ権ヲ掌ル者ニ服従スベシ蓋神ヨリ出ザル権ハナク凡ソ有ル所ノ権ハ神ノ立テタマフ者ナレバ也是故ニ権ニ逆フ者ハ神ノ定ニ逆フナリ逆フ者ハ其罪ヲ定メラルベシ（羅馬書十三章一、二）ト何ゾ君ヲ藐視《バクシ》スルト云フコトアランヤ況ンヤ又之ヲ讎視《シュウシ》スルコトニ於テオヤ」。

ここでは、パウロの言葉は支配権力の根拠づけの形で援用され、その後の日本におけるキリスト教批判にたいする護教論的立場からする講解の一つの傾向を先取りして示している。

その翌年に『七一雑報』(一八八二年)に連載された説教(「基督信徒政府に対するの義務」)も、ローマ書十三章に触れた最初期のものの一つである。「神戸教会一員」とあるだけで説教者の名前は不明である。興味深いのは、当時の民権思想の影響下に国家の成立を社会契約論的に構成しながら、ローマ書十三章二節の思想と結合しようとしたユニークな発想である。(5)

「政府は固より契約の状なるは論を俟たず　然れども人に社会を求むるの性なきときは焉ぞ社会あらんや　且神が人に社会を求むる性を賜はざるときは焉んぞ斯性質あらんや　故に政府は契約の形にして神様の御意に依りて存するものなり　彼得三章〔Iペテロ二・一三〕に政府は人の立所の者とあり　羅馬書に神の立給ふ所と書されたるを考ふるときは政府は人が神の免を以て建てたる所以なるを知るべし」。「本心の免す程は必ず政府の律を守るべし　若し官令真《いひつけ》理に逆ふときは抵抗乎(到底無益)或は之に乖きて相当の罰を受くべし」。むしろ「政府を倒し新政府を建つるとは甚だ六カ敷問題なるを以て先づ之を閣《おひ》て我等は宜しく大変革をなすよりも当時の政府を改良するは常に益あることを古今の史に依りて知る所なり」。

具体的行動としては「改良」を説くのは、同志社につながる組合教会における発言としてラーネッドの影響もあったのであろうか。

小崎弘道

しかし、もっとも注目に値するのは、小崎弘道の「キリスト教ト皇室」(一八八五年)であろう。パウロの厳しい服従の命題にもかかわらず、小崎は、こう注釈する。

「弟子ラノ教エシトコロ、カクノゴトク厳重ナリトイエドモ、政府或イハ国君ノ命トアレバ何時ニテモ何事ニテモコトゴトクタダ命コレ従ウベシトアラズ。時ニハ国君ノ命タリトモ従ウベカラザルコトアリ。事ニ依リテハ政府ノ法令タリトモ反対セザルベカラザルコトアルハ、彼ラノナセシコトニ由リテ明ラカナリ」。

小崎は、「人に従うより神に従うはなすべき事なり」を引き、「カクノゴトキコトハ神道家ヤ儒教主義ノ人ニハ分カリ難キトコロナルカハ知ラザレドモ、イヤシクモ泰西文明ノ主義ニ通ズルノ人ニテアラバ、弟子ラノ行イヲ非難スルモノナカルベシ。宗教ノコトニ至リテハ君命ヲモナオ顧ミザルトコロアリ。コレ実ニ奉教自由ノ基礎ニシテ、欧米諸国ニオイテ、自由民権ノ進歩ヲ来タセシ原因トモ言ワルベキナリ」という。

たしかに、小崎論文は、こうした文明と進歩の担い手として、キリスト教が仏教や儒教に立ちまさる所以を強調している。「ココニオイテ社会、風俗ヲ維持シ、世ノ不平心ヲ医シ、国家ノ基礎ヲ固ウシ、皇室ノ安寧ヲ保タシムベキモノハ、タダコレキリスト教アルノミ」と。それは、対国家＝対社会の一つの護教論ととることもできる。しかし、天皇崇拝には厳然たる一線が引かれている。「国君ヲシテ活神ノゴトクナスハ、タダニキリスト教主義ニ反スルノミナラズ、スベテ文明開明ノ主意ニ反スルナリ」[6]と。

しかし、小崎の名前をもっとも高くしたのは、翌年に出た『政教新論』（一八八六年）であった。これは、その二年前に出た植村正久の『真理一班』（一八八四年）がキリスト教信仰の本質を明らかにしたのに並んで、キリスト教の対社会関係を扱った代表作であった。

小崎は、この本で、たんに抽象的に政教関係を取り上げるのではなく、直接に彼が現に生きている初期明治社会について論じている。彼は、「民治政治の考あらざる」日本社会においては、「農工商の三民」が君主の「奴隷」であるのみでなく、士族もまた、君主のためには恥辱もいとわず、すべてを献げて顧みない自主性のない存在だと断定する。

「然からば即ち、天子は即ち日本なりしと云て可なり。彼の天下は天下の天下にあらずして、一人の天下なりとは実に夫れ之を謂ふ乎」(7)。

それは、まさに明治社会における封建的ヒエラルヒーとしての天皇制支配の体制を指摘したものであった。この体制の精神的支柱となっていたのは、小崎によれば、儒教倫理にほかならなかった。そこでは、「国家より云へば君は無上専制の主、一家族に於ては父たり夫たる者は無上の執権者、郷党にては長者は其統御者にて、其余は皆其統治を受くる者にて、唯命之に従ふを以て其分とす。斯くて其社会は至上至下唯一線、維の上下貴賤尊卑の別にて聯結し、宛ら井然たる『ピラミッド』の佇立するが如く、其秩序の厳然たる実に天下の美観なりと云ふべし」。

むろん、これは痛烈な反語である。《醇風美俗》とうたわれる伝統的秩序は、まさに日本社会の未開性のあらわれだ、と言うのである。

「儒者の最も尊ぶ忠孝の教の如きも、美は即ち美なりと雖も、唯其義務の一半を偏重するものにして、儒教組織の社会には尤も必要なる教なれども、開明の社会には寧ろ弊害多き教となさゞるべからず」。「人民の思想進歩するに随ひ、君臣の関係は変じて政府人民の関係となり、君を思ふの心は進んで国を思ふの心となり、忠節の教は替りて愛国の教となり、従つて従来用ひ来りし君臣間の教は不用となるに至る」。

こうした文明の推進力として小崎の注目するのはキリスト教である(8)。「現今独り欧米基督教国にのみありて他国に見ざるは、一己人を尊重するの精神なり。基督教の未だ伝らざる東洋諸国に於ては、一己人の価値は牛馬よりも廉にして、其幸不幸は更に識者の心頭に掛けざる所なり」。そしてこの《個》の尊厳性を究極的に根拠づけるものとして、小崎は、福音主義的信仰を持ち出す。

「人類は凡て罪人にして一人として己の功績に因て救を得るものなく、皆キリストの贖罪により信仰にて義とせられ、初て救を得るとは是れ自由平等の思想の依て起る所なり。人間の前に於てこそ貴賤尊卑の差別あれ、神の前には皆等しく罪人なり。然らば即ち卑賤の一民たりとも之を蔑視するを得んや。王公貴人たりとて豈に殊更に之を尊崇すべけんや」。

むろん、キリスト教国害論は跡を絶たなかった。これにたいして、同じく小崎弘道『基督教ト国家』(一八八九年)は、先の「キリスト教ト皇室」論文の結論と同じく、対国家＝対皇室の護教論を展開する。「社会の風俗を維持し、世の不平心を医し国家の基礎を固ふし皇室の安寧を保たしむべきものは基督教を除て他に何にかあらん、基督教は破壊主義に非るのみならず、国家の結合を固ふせしむるの教なり、又皇室の尊栄を保つ可きの教なり」。しかし、そのため引かれたローマ書十三章には、次のような限定が、はっきりおかれていた。

「基督教は従順の教なり、然れども其従順たる或宗教にて唱ふる如く、王法是正法と、国君の命を以て悉く神命となし、其是非曲直を問はず、之に黙従する者に非ず、国君の命たりとも時に由りては従ふ可からざる事あり、政府の法令たりとも事に由りては反対せざる可からざる事あり(9)」。

そのことは、なかんずく《信教の自由》の理念と接続するであろう。先ほどの小崎論文によれば、この自由は、人間をして人間たらしめるものとされ、いわば《人権》として観念されている。

「苟くも其法律にして吾人の信仰に立入り、良心の自由をも束縛せられんとするに当ては、吾人亦之に黙従するの義務あるなし、……奉教の自由は凡の自由の根本にして、吾人は大に之を重ずる所なかる可からず」。「論者或は基督教に此自由を重ずる事あるを以て、国家に対するの義務を破るものと誤認する者なきに非ず、然れども是れ思はざるの甚しきにて人にして奉教の自由、否凡の自由を放棄し、唯命之に従はざる可からざるの義務ありとせば、是れ人にして人に非るなり、実に誤解の最も甚しきものと云はざる可からず」。

ここから、さらに政教分離の思想は、ローマ書十三章による神権説的解釈を突破する。

「之を要するに基督教は従順の教なり、然れども黙従の教に非ず。又政教の分を為し、教を奉ずるが故を以て国家に対するの義務を怠り、国家に奉ずるの故を以て神に対するの義務を怠る者に非ず(10)」。

田村直臣

同様の例は、田村直臣の発言にも見いだすことができる。田村は、先述した原胤昭らと共に受洗し、のち植村正久や井深梶之助と期を同じくして牧師となった。小崎たちとともに『六合雑誌』を編集刊行した明治初期の指導者の一人である。内村鑑三の不敬事件の前年に出版された『基督教と政治』(一八九〇年)は、小冊子ながら欧米旅行からえた新知識を踏まえた好著である。

「基督教と国家」(第一章)では、国家の起源を論じて、「人の生命を保護し、人の自由を害はせぬ為」神が「自からの正義を基として国家を設け。刑罰を以て其国家の基礎なる正義を守らせ玉ひました。国家は聖き神の設け玉ひました聖き政体です」とする。国家を《家族の進化》、《人民の約束》、さらに《腕力》などに依って作られたものと説く社会契約説や実力説などによる当時流行の国家論にたいして、いわばローマ書十三章によって根拠づけているといえよう。さらに「日本の憲法の下に有りて日本の民である者は。日本の国家と云ふものは如何した訳で出来たものであるか。又国家の義務は何であるか。能く々々其起源の理由を知つて居らぬと。何にも知らぬ処から。とんでもない大きな害を国家に来す事があります。……基督教は国家の聖らかなることを教へ。愛国の精神を盛にする教です(11)」。

しかし、それは、けっして国家至上主義と結びつくのではない。「基督教と自由」(第二章)では、自由は「人間の持つて居る特権」であり、神より「賦与」された「貴重な賜物」だという。それゆえ「人は神から賦与《あたへ》られました自由は飽までも貴び又た重んずるのです」。とくに信教の自由について明快に主張している。

「宗教を信ずるのは神より付与せられました貴重なる本心の自由です。政府の権威も其事には干渉《かかは》ることは出来ません。「政府の命に従ふよりは神の命に従ふは人間の為《せ》ねばならぬ義務である」と云ひはりて。政府の命には従ひませんでしたが。是が抑《そも》も基督信者が政府に其政府の権威に限りあり又政府の権威の及すことのできない処のある事を教へました極く始めの例でした。其後基督教が何所の国に行きましても何時でも自分の自由を飽までも主張して自由の貴重なる事を教へました」。

こうして明治政府の国家主義を批判するとともに、すでに退潮期にあった自由民権のためにも弁じている。

「基督教の盛んな国々と基督教を信じない国々と比較《くら》べて見ますと基督教を信ずる国は民権自由の盛なる所です。基督教を信じない国は圧政専政の盛なる所です。基督教を民権の敵だとか基督信者は自由の反対者とか云ふのは大変な間違です。……基督教は民権自由の良友です。基督信者は民権自由の先導者です」。

しかし、この小冊子で、とくに印象的なのは「基督教と皇室」(第三章)を論じたくだりだろう。(12) そこでは、たしかに、ローマ書十三章を引き天皇への「尊敬」を説いてはいる。「上に在て権を掌る者の其権は。神の賦与へ玉ふた者であると信ずる上は。如何しても基督教徒は天皇陛下を尊敬せねばなりませぬ。尊敬せざれば啻《ただ》に天皇陛下に対して無礼ばかりでなく。真神に対して罪人です」。しかし、天皇神格化は断固拒否される。

「宇宙を造り夫れを治めて居ます神の外には決して神は居ませぬ。天子様は位高く在《あら》せられますが。畏れ多くも我等の様に人間で居らせられます故。其人間に在《ま》します天皇陛下を神として尊敬いたしますは。天皇陛下に対してすまぬ理由《わけ》。又神に対しては大きな罪です」。

さらに天皇を「尊敬」するのは君主政体のみが「真の国」と思うからではない、と説くところにも、天皇制国家を歴史的に相対化する視点を示すものとして示唆的である。

「政治の方法《しかた》と云ふものは。印を捺した様なものではありません。人民の教育と境遇に依つて大に変化する者です。百年も立ちたらば。今日の米国は如何《ど》んな政体の国に変るか。又今日の日本はどんな政体に成るか。少しも分りませぬ。国は変化はいたしませぬが。其国の政治の方法に変化があります。故に基督信者は王国といふ者は。真正の国で。其政治の方法が正義であつて。他の政治の方法は皆間違つて居るから天皇陛下を尊敬するのではありませぬ」。

田村が「神は政治の方法は其国人民の望に任せておきたまひました」と記すとき、それは、数十年後の日本の政治的将来にたいする大胆な預言の響きがある。(13)

帝国憲法発布

こうした連関において大日本帝国憲法発布（一八八九年）をめぐるローマ書十三章の問題も興味深い。それまで憲法制定、国会開設のためには多くの自由民権家たちの苦闘があり、憲法発布当日には文相森有礼は、《国賊》キリスト教徒として刺殺された。

憲法第二十八条は、「日本臣民ハ安寧秩序ヲ妨ケズ及臣民タルノ義務ニ背カザル限ニ於テ信教ノ自由ヲ有ス」と定めていた。伊藤博文は、その『憲法義解』の中で、「信教の自由」を「近世文明の一大美果」と認め、「国教を以て偏信を強ふる」ことを否定し、こうした規定を掲げた憲法体制の近代性を自賛してみせる。

しかし、伊藤によれば、人間の「本心の自由」は「国法の干渉の外」に立つものだが、それが外部に向かう礼拝・布教・集会・結社に及ぶと、「安寧秩序の維持」のため法律的制限に服するは「固より」の事であるという。すなわち、信教の自由をもっぱら内面的なものとして限定し、外面的な宗教活動を自由の枠外におこうとする意図が示されている。むろん、こうした形で内面的信仰と外面的行為とを峻別することは現実には困難であり、近代的な基本的人権の保障を欠くものだったと言わなければならない[14]。

しかし、当時のキリスト教指導者たちにとって、そうした可能性を考える余裕は、まったくなかったように思われる。彼らは「信教の自由」が明記されたことに感動し、憲法発布を手放しで礼讃して、キリスト教界は全体として祝賀ムードにつつまれた。たとえば井深梶之助によれば、明治維新以来、当初は厳禁されていたキリスト教は、のちに高札撤去による「黙認」を経て、いまや公認されるにいたった。このわずか二十数年における変革は、コンスタンティヌス大帝の宗教政策の転換にもまさり、「万国の歴史にも比類なき」「一大改革」、「大進歩」として礼讃される。それは、「全智全能なる神の摂理」によると同時に、「我が皇帝陛下の仁政」にもとづくものであり、「聖寿万歳を祈らずんばあらざるなり[15]」。

そこでは、そもそも《信教の自由》が欽定憲法によってあたえられた《臣民の権利》にすぎない事実も、いわんや「万世一系の天皇による統治」(憲法第一条)を謳った天皇条項のもつ問題性など、およそ予感だにされてはいなかったようにみえる。なぜなら、憲法は、其の「告文」において《帝王神権説的な建前》(岡義武)を宣言していたのだから。すなわち、それは、天皇統治を「皇祖皇宗の神勅」にもとづくものとして、神々に繋がる子々孫々による支配を正統化するものであった。こうした神話的由来に含蓄される天皇の宗教的権威と天皇制下における信教の自由の危うさは、しだいに顕在化することにならざるをえなかった。

憲法発布にともない、さまざまの法令が制定・公布されることになった。その中で民法公布をめぐって民法典論争が起こった(一八八九―九二年)。穂積八束(東大教授・憲法学)は、「民法出デテ忠孝亡ブ」という名文句をつくり出し、その実施延期を求めた。あきらかに近代西欧的な法典編纂を阻止することを意図したものであった。その際、キリスト教は祖先崇拝や天皇大権の神聖性を認めないため日本の伝統的人倫を破壊する宗教だ、と非難した。これにたいして、キリスト教側は護教の立場から反論した。代表的な原田助の議論の中に、ローマ書十三章への言及が出てくる。

原田は、「カイザルの物はカイザルに帰し、また神の物は神に帰すべし」というイエスの言葉を引き、「政教二途混ずべからず」と明言し、一国民として「帝王に服従し其律法を遵守する」ことは「上帝を奉じ其道を信ず」るゆえである、と論じた。それとともに、原田は、自説の注釈代わりに、「法典〔施行〕断行派意見書」に記された次の語句を引用した。

「故に君権は神権なりと云へる学説は実に耶蘇教より出でしことは人の皆な知る所なり是れに由て之を観れば耶蘇教が忠孝を亡ぼすと云ふは讒誣なり」。

原田は、この論説を『基督教新聞』に載せて十日後、さらに同趣旨の論説に加筆して「法典延期意見書を読み基督教の為に妄を弁す」という文章を『国民之友』誌にも「特別寄書」した。(16)

「人倫は社会の大道にして忠孝は上帝の天法なり。是を教ゆるもの基督教に若くはなし。果して然らば基督教は忠孝を壊乱するものにあらず、基督教は日本将来の倫常を興起する道なり」。

こうした結論そのものは、これまでもキリスト教国害論にたいする護教論的立場からの反論に共通するところが多い。しかし、原田がローマ書十三章に言及し、断行派意見書の文章を引いたとき、その直後に、『護教』誌上に「君権は神権なりといふ意義について原田君に質す」という批判的疑問が「東海生」の名において寄せられた。それによれば、君主神権説は「全く国法上の問題」であって、けっして「宗教上に渉るもの」ではないという。

「一国の主権者にして国民の大首脳たる帝王は憲法上神聖なる者ならざるべからず、斯の如くならずんば一国を統治して之に君臨する能はざる也、夫れ憲法上君主は必らず神聖なり、故に政治の責任は大臣必らず之を負ひ以て君主をして常に過なき者の位置に立たしむ、立憲国の諺に所謂君主ハ過失を為す能はずとは是也、……果して然らばパウロの凡そ有る所の権は神の立たもふ所なりと説きしは何ぞや、是唯吾人をして国法を敬し世に在るの間平和に信仰の生涯を送らしめんが為めのみ、必しもカイザルの位を以て神の定めたるものなりと論定せしに非るなり[17]」。

この東海生の議論は、君主神権説を近代西欧の立憲制の論理に従って解釈している。それは、一応、それなりの妥当性をもつ指摘といってよい[18]。しかし、これに対して、原田は、直ちに「君権は神聖なりと云ふ意義に就て東海生に答ふ」をもって反論した。

「抑も保羅〔＝パウロ〕が「権は神の立たまふ所」と云ひしは何《い》かな意ぞや、有司は「神の僕」なり悪を罰し善を賞し国家の秩序を保維するは神の命を執行する所以也、是故に其範囲内に於ては凡て人民は上権に服従するの義務あるを云ふにあらずや。主権者たる者権を乱用し無道の政治を執る者にも従順なるべしと云ふにあらず、是れ君にして君たらざる者なり、豈に神権を有する者と云ふべけんや、何となれば権は常に善なりと雖も権を執行する者は過《あやまち》なきこと能はざればなり」。

こうして原田は、君権が神権であるというのは、東海生の解釈するように「憲法上君主は神聖なり」という意味ではなく、「人民として上権に服従すべき道徳上の訓戒」である、と結論している。さらに括弧付きの付言として、君主神権の一句は、元来「断行派意見書」から借用したものであり、彼ら自身の「解釈が如何なるかは予の知る所にあらず」と断っている[19]。

すなわち、原田によれば、キリスト教徒として国王の権力にたいして責任を負うのは、たんに憲法上の規定という人間の約束事であることを越えて、それがまさに神によって立てられているという信仰にもとづくからだ、というのである。原田の反論は、ローマ書十三章の解釈としては、あきらかにパウロの視座に近い。しかも、権力を濫用する国家は国家ではないとして不服従の可能性をも承認している。ここでは、天皇の支配体制をも《実体的》な秩序とみるのではなく、《機能的》なそれとしてとらえていることがわかる。(20)

教育勅語不敬事件

ローマ書十三章解釈をめぐる論争は、教育勅語の発布（一八九〇年）を機として大きく燃え上がり、国内世論を沸き立たせることになった。

明治政府は、つとに十年来、教育内容にたいする国家統制の意図を抱いてきた。それは、いまや井上毅（法制局長官）起草、元田永孚（枢密顧問官）加筆による教育勅語の形で提示されるにいたった。教育勅語は、国民が忠孝の道に努めてきたことは「国体の精華」であるとして国民の守るべき徳目を列挙したのち、「一旦緩急あれば」国民は「義勇公に奉じ」、「天壌無窮の皇運を扶翼」すべきことを要請する。この勅語の思想は、内容的には国学、神道、さらに儒教を接合したものであったが、以上の内容を「皇祖皇宗の遺訓」であると結論している。これは、いわば天皇家の伝統が国家道徳と一体的であることを宣言したものと言うべきであろう。

こうした内容の点のみでなく、形式の点でも注目に値するのは、この勅語には「御名御璽」だけで関係大臣の副書が欠けていることである。それは、この勅語が天皇自身の意志の表明であるという建前を示すものであろう。こうして天皇は、帝国憲法の大権に加えて、勅語の発布を通して、みずからの判断で国民道徳の規準を定め、その遵守を命ずる国家道徳の樹立者、倫理的な《立法者》(岡義武)となった。[21]

教育勅語が発布されて二カ月後に第一高等中学校における内村鑑三のいわゆる《不敬事件》が起こった。内村個人に対する「不敬」「乱臣賊子」呼ばわりから、キリスト教に対する非難・攻撃が全国的に噴出した。こうした風潮にたいしてキリスト教側から反論を交えた激しい思想論争が展開されることになった。[22]

この論争の中で傑出した明確な批判的立場を代表する植村正久を、まず見てみることにしよう。

植村は、『福音新報』(第五〇号)誌上に社説「不敬罪とキリスト教」(一八九一年)を書き、「影像の敬礼、勅語の拝礼をもって、ほとんど児戯に類することなりといわずんばあらず」と断じている。彼が「吾人は新教徒として、万王の王なるキリストの肖像すら礼拝することを好まず、何故に人類の影像を拝すべきの道理ありや。吾人は上帝の啓示せる聖書に対して低頭・礼拝する事を不可とす。……何故に今上陛下の勅語にのみ礼拝をなすべきや」と問いかけるとき、宣教師の伝えた十戒の教理による偶像否定の精神が生きていたと言ってよい。[23]

植村は、さらに『福音新報』(第五一号)はじめ、各種新聞雑誌に、押川方義や巌本善治らと連名で「共同声明」を発表した。[24]

「皇上は神なり。之に向つて宗教的礼拝を為すべしと云はゞ是れ人の良心を束縛し、奉教の自由を奪はんとするものなり。帝国憲法を蹂躪するものなり。吾輩死を以て、之に抗せざるを得ず」と断固たる調子で述べている。教育手段として拝礼するというのであっても、「各小学校に陛下の肖像を掲げ」「勅語を記載せる一片の紙」に向かって「稽首」させることは「一種迷妄の観念を養ひ、卑屈の精神を馴致するの弊あるなきかを疑ふ」として反対した。

この公開状を載せたことによって、『福音新報』は、たちまち発禁処分を受けることになった。こうした批判にもかかわらず、文部省は、「天皇の影像」=《御真影》を全国諸学校に下賜する方策を拡大した。諸学校では、それを神棚に祭り、それに神酒を供えるなどのことが行われるようになり、天皇絶対化＝神格化が押し進められるにいたった。

不敬事件をめぐる論争においてローマ書十三章が重要なテーマの一つとなったことは当然であろう。論争の火種をつけた井上哲次郎は、当初、「勅語の精神」を「国家主義」と規定し、これに反して、キリスト教の道徳は「無国家的」さらに「出世間」的たらざるをえない、として攻撃した。彼は、福音書のイエスの言行を引いて、それを根拠づけようとした。「耶蘇の眼を以て見れば、人類は悉く同等にて、神の子なり、人種の区別もなければ、国家の区別もなし……」。[25]

これに応戦したキリスト者が、愛国の弁証のために引いた聖書テキストの中には、当然、ローマ書十三章も含まれていた。たとえば、のちにメソヂスト教会初代監督となった本多庸一の例がそれである。

本多は、まず、イエスの説く「神の国」が地上の国家の否定につながらないことを強調する。「メシヤの国には広漠なる余地ありて、各国特種の国家を容るゝに足るものあるなり況んや我皇国の如きは、一面には政事上に君民の関係を有し又一面寧ろ中心には、最古広大の家族、太古より骨肉君臣の関係あること、百般の事物皇室の恩沢に出るもの、甚多きは、メシヤの国の上帝を父とし、万人を子とし、万物万事皆父の徳沢によるものに、甚相類するものあるをや」。

さらにローマ書十三章やペテロ第一の手紙二章などを引用した上でいう。「今代外交上の文書に用ふる、天祐を蒙りて某国に君たる云々の語は、元是基督教の信仰より湧き出たる口調にはあらずや、此思想にして、誠実に人の心にありたらんには、君上を崇敬するに於て、いか斗の勢力あるものなりやは、多言を要せざるべし」。こうした日本の君臣関係や詔勅へのアナロジーに訴えたのち、結論する。「基督教信徒、右の如き処より、真正愛国心を養ひ、如何なる国体の中にも生息して良民たることを得べし、と信ずるなり[26]」。

井上は、これにたいして、その著『教育と宗教の衝突』(一八九三年)でさらに反論を加える。当面のローマ書十三章に関しては、こう注釈する。

「全く執権者を以て神の命ずる所と為し、神に服従す可しとするが故に執権者にも服従す可しとするなり、換言すれば其の実執権者其れ自身に服従するに非ずして唯神に服従する而已なり、……保羅のいはゆる神は本猶太人の空想に出でたる神にして神道の神と……全く其の性質を異にするものなり、果して然らば、耶蘇教以外の宗教の行はるる所に在りては、執権者は決して耶蘇の神に命ぜられて其の位地を得たるものと見做す可らず、然らば耶蘇教徒は是等の執権者に対しては少しも服従す可き理由を有せざるなり、例へば我邦の天皇の如きは、幾千年以来の皇統を紹いで日本国民の元首となられたるも、少しも耶蘇の神の余恵を受けられたるにあらざるなり、若し耶蘇教徒が保羅の言を以て最上の忠なりと思惟せば、我邦の天皇に対しては絶えて忠義の心なかる可きなり[27]」。

こうした井上の批判にたいして、たとえば日本ハリスト正教会の石川喜三郎は、こう反論する。井上がローマ書の教訓をキリスト教の君主にのみ妥当し、「我邦の如き基督教を奉せざる君主の尊敬を言ふものにあらず」とする「強弁」は、「これ実に氏の邪推たるに過ぎず」。天長節、紀元節などに礼拝堂に集まって「宝祚の万歳を祈り、……皇運の隆盛を祈願する」ハリストスを、なお「露国皇帝の従属者」なりとするのは不当だ、という[28]。たしかに、井上のローマ書解釈は、史実の理解として誤っている。パウロのすすめは、まさにネロ皇帝治下のローマのキリスト教徒に宛てられたものだったのだから。しかし、石川に代表される護教的反論は、ローマ書十三章の解釈を《帝王神権説》的方向に導いていく危険な傾向を秘めていたことも確かであろう[29]。

この論戦に植村も加わっている。たとえば『日本評論』誌上に発表した長大な論文「今日の宗教論および徳育論」(一八九三年)では、「世の俗論的愛国者」たちにたいして鋭い反問を投げかけている。(30)

「キリストは神を愛するの主義を第一に置き、人をしてその制限の下に己れを愛しまた他を愛せしむるなり。ただかくのごとくして愛の道全きを得べし。吾人の愛国もまた然り。正義なる愛をもつて国家を愛せざるべからず。ゆめ愛国をもつて絶対の義務なりと思惟するなかれ。吾人は上帝に悖《そむ》きて国家のために力を尽くすこと能はざるなり」。

植村もまたパウロのすすめた《執《と》りなし》の祈りを援用して、キリスト教がけっして「不忠の道」を主張するものではないという。しかし、その「忠君の精神」、すなわち、「十九世紀の忠君、憲法制定後の勤王、代議制体の下に生存する人民の尊皇心は、大いに昔日と異なるものあるは何人といへども之を疑ふこと能はざるべし」と言い切っている。植村によれば、キリスト者は「世間の君主より大なる神あるを信」ずるのである。したがって「政治上の君主は良心を犯すべからず、上帝の専領せる神聖の区域に侵入すべからず」と言い、信教の自由を主張して一歩も譲らない。何年か後になって、不敬事件について再論した中でも、彼は、さらにこう記している。

「皇室を神聖なりとして、これを人間以外に置き、不敬よ乱臣よ等の忌わしき言語を濫用して、世の議論を迎謅するは、君を蔑ろにし、国を害する最も甚だしきものなり」。

ここでは、「天皇ハ神聖ニシテ侵スベカラズ」という明治憲法体制の基本原理を正面に見すえ、《皇帝礼拝》拒否によって天皇の権威を相対化しているのである。(31)

こうした不敬事件をめぐるローマ書十三章解釈論争において、柏木義円の反論が、もっとも鋭いように思われる。「再び井上哲次郎氏に質す」(一八九三年)から引いてみよう。「神を畏るるの故を以て主人に事ふるが如きは真に誠心を以て主人に事ふるものに非ず、何となれば、主人に事へざる可らざる根拠は唯神を畏るるに在ればなりと云ふが如き、実に是れ児童の見解」といい、さらに「而して氏の論断を下さんとする目的物たる聖書の解釈に至ては、極めて粗陋杜撰なり。氏は既に古書を読むに大切なるユダヤ当時の国情を知らず、又字句の末に拘泥して精神を看守するの眼光なし。……氏こそは実に己れの妄想に由て猜疑を逞うし、人を讒誣するの甚しきものにして、決して哲学者の本領を守りしものに非ずと論評の外なきなり[32]」。

すでに、その前年に発表した「勅語と基督教(井上博士の意見を評す)」では、こう言っていた。

「博士は勅語を以て国家主義とせられたり。其の所謂国家主義とは如何なる意義か。国民として国家当然の義務を尽し緩急国難に殉ずる、是れ国家主義と為すか。是れ即ち勅語の精神、基督教決して此の主義に戻らざるなり。若し夫れ国家を以て唯一の中心となし、人の良心も理性も国家に対しては権威なく、唯人を以て国家の奴隷国家の器械と為す、是れ国家主義か。基督教固とより此の如き主義と相容れず、勅語の精神亦決して此の如きに非ざるを知るなり。若し勅語の意義にして此の如きか、是れ非立憲的の勅語なり[33]」。

この柏木における《良心》は、ローマ書十三章五節のそれにつながるものととらえても誤りではなかろう[34]。

しかし、この衝突論争以後、近代日本において、これほどの社会的規模でキリスト教をめぐる思想論争が生ずることはなかった。当時、この論争を少し距離をおいて観察できる立場にあったヨーロッパ人の目には、どう映っていたのか。一八八七年から一九〇二年まで東京帝大史学科教授として滞日していたルートヴィヒ・リースの場合。彼は、折にふれてドイツの新聞・雑誌に寄稿していたが、その『日本雑記』(一九〇二年)の中で、当時見聞したナショナリズムの政治宗教的状況についても記している[35]。

「すべての神聖なものがそうであるように、政治的な宗教もまた俗化する危険をはらんでいる。現下のような状況にあって、日本の大衆は、狂信的行動に走るとまではいかなくても、かなりの程度にまで盲信的に行動しているが、それと並んで大学生、省庁、裁判所までもが反動的な世論を形成し、それが「日本の使命」などという無鉄砲でセンチメンタルな理念を振りかざして、ことあるごとに強硬な意見をはく。……普段は何の祭式もたないこの国民精神は、明治二十四年にいたってある外形的な儀礼を作り出した。すなわち、「あらゆる公の祭典に際し、国民は天皇皇后両陛下の写真の前で一礼すべし」という儀式の導入である。古くから伝わる国民宗教が、このような儀式において、先祖崇拝と王家の神的起源にたいする信仰とが奇妙に混合するという形で新たに蘇ってきたことは火を見るより明らかである。だが、日本語の論文でこの奇妙な精神混合《コンプレックス》について異を唱えるようなものは、現在でも出版が許可されることはない」。

こうした状況の中で、リースは、日本におけるキリスト教伝道が近年ますます難しくなったことを認めている。それでも彼は、「天皇のもの」と「神のもの」とのあいだの明確な政教分離が日本国民によって受容されるならば希望があるという。しかし、日本のキリスト教指導者が「日本人のための日本式のキリスト教」の必要を説き、またそれにたいして外国宣教師たちが何の反対もしないといった話を聞くにつけても、「前途はなお多難であると感ぜざるをえない」と結論している。この日本における近代史学創始者による警告は、いまなお痛烈な響きをもっている。(36)

（1）　小沢三郎『幕末明治耶蘇教史研究』(日本基督教団出版局、一九七三年)三一六頁の引用による。なお、杉井六郎『明治期キリスト教の研究』(同朋舎、一九八四年)二〇九頁以下、参照。こうした諜者活動の背後にあるのは、国家にたいする《破壊主義》というキリシタン邪宗門禁制以来のキリスト教観だったと言ってよい。たとえば筆者の手許にある幕末の資料では、慨癡道人『護国新論』(清風館、慶応四年)、明治初期のものでは斎藤吾一郎『耶蘇教国害論』(一八八一年)などにみられる。なお、

一般に、同志社大学人文科学研究所編『排耶論の研究』(教文館、一九八九年)参照。

(2)　この使節団派遣を献策したのは、当時、明治政府のお雇い教師だったG・H・フルベッキであり、彼の《信仰の自由》にたいして果たした貢献は、きわめて大きい(『フルベッキ書簡集』高谷道男編訳、新教出版社、一九七八年、二〇六、二一九、二二二頁以下、参照)。

(3)　原胤昭「初代の受洗志願者諮問」(『上毛教会月報』三八七号、一九三一年二月二〇日号、所載)。

(4)　『六合雑誌』第二巻第一五号、明治一四年(=一八八一年)一二月九日号、七五頁。この文章は、明治初期文書の中で、おそらく日本人によってローマ書十三章に言及した最初のものではないかと思われる。

(5)　『七一雑報』第七巻十四―十五号(一八八二年四月)。ちなみに、当時の編集長は竹村(のちの浮田)和民であり、同志社出身者として関西で布教活動に携わっていた。『七一雑報』の論説傾向については、同志社大学人文科学研究所編『「七一雑報」の研究』所収の竹中正夫論文(同書、五一―八一頁)参照。

(6)　元来、この論文は、無署名で『六合雑誌』(明治一八年四月三〇日号)に掲載され、長らく植村正久のものとされてきた(『植村正久著作集』第一巻、新教出版社、一九六六年、三七―四四頁、所収)。しかし、『小崎弘道自筆集11』には「基督教と皇室」と題する毛筆の草稿があり、若干の字句に異同があるとはいえ、趣旨には変わりがない。とくに論文の白眉とも言うべき「国君ヲシテ活神ノ如ク為スハ啻ニ基督教ノ主義ニ反スルノミナラズ」以下の文章は、そのままふくまれている。(この事実を筆者自身も同志社大学図書館において確認した)。なお、この点についての指摘は、吉馴明子『海老名弾正の政治思想』東京大学出版会、一九八二年、六七頁、遠山茂樹「編者より」(『日本近代思想大系』第一八巻、「付録月報」一九八八年、九頁)参照。

(7)　小崎弘道『政教新論』(警醒社、一八八六年)一九頁。以下の引用は、二九―三〇頁、六〇―六二頁。なお、『政教新論』については、隅谷三喜男『日本社会とキリスト教』(東京大学出版会、第三刷、一九五六年)一三頁以下、参照。

(8)　小崎、前掲書、一一四―一一五頁、一一七―一一八頁。

(9)　小崎弘道『基督教ト国家』(警醒社、一八八九年)三三頁。隅谷三喜男は、このような「実践力をもったキリスト教」を明治後期以降のそれと対比して「まことに驚くべきもの」と評している。同時に、激しい迫害の中で信仰を維持することが「一般人」、とくに「共同体的な制約の強い地方都市、農村の下層」においては極めて困難だったことから、信徒の社会層を中上層に限定することになった、と指摘している（『近代日本の形成とキリスト教』新教新書、七五頁）。

さらにいま一つの危険として、隅谷によれば、キリスト教が明治政府の支柱となった上層社会層をとりこむことによって、反政府的・反絶対主義的要素を微弱化させることにもなった。そうした傾向を示しがちだった組合教会とは対照的に、植村正久等の日本基督（一致）教会は、自由民権論者と接近した。中でも信仰と政治との卑俗化にあきたらず、国会議員を止めて伝道者になった者として坂本直寛の名前をあげている（同上、九〇頁、九二頁以下、参照）。同じく高知教会員だった武市安哉も、政界を去り北海道にキリスト教コロニーを建設したが、直寛と同じ仲間だった（崎山信義『ある自由民権運動者の生涯――武市安哉と聖園』高知県文教協会、一九六〇年、参照）。

(10)　小崎、前掲書、一五一―一九頁。『政教新論』では、政教関係の歴史的な類型論を試み、いっそう詳しく政教分離論を展開している。「カイザルのもの」と「神のもの」を区別したイエスの言葉を引き、「キリストの離し給へる者は人之を合はす可らず」といい、「政権を以て教事に干渉するなく教会を以て自由に発育せしめんことを望まざるを得ざるなり」と結論する（同上、一四五―一四七頁）。ほぼ同じ頃、沢山保羅も、浪速教会の説教（英文草稿）の一つで「キリスト教と国家」をテーマとして明確な政教分離を説いている。「教会は国家と一緒になれない。なぜなら、第一に、国家は神よりも、むしろ人間に依存することを考えるために、教会の力の源を誤解する。第二に、国家に依存すると教会は聖化を達成できない。第三に、国家の方針に合わせると教会は其の性格を変えてしまう」（笠井秋生・佐野安仁・茂義樹『沢山保羅』日本基督教団出版局、一九七七年、一七八頁）。彼は、アメリカで学んだのち、日本に帰国後、自給伝道を貫いた牧師として著名である。

(11)　田村直臣『基督教と政治』（警醒社、一八九〇年）八―一〇頁、一九頁以下、参照。

(12)　田村、前掲書、二九頁、二五頁。

(13)　田村、前掲書、二六―二七頁。田村は、のちに英文の著作『日本の花嫁』（一八九三年）出版を契機にして、日本基督教会主流派から疎外され、独立した教会牧師として歩んだ。この事件については、武田清子『人間観の相剋』（弘文堂、一九五九年）二八一頁以下、参照。

(14)　伊藤博文『憲法義解』（岩波文庫）五九―六〇頁、参照。

(15)　井深梶之助「王政維新以来信教自由之進歩」（『六合雑誌』第一〇七号、一八八九年一一月五日号）一四―一七頁。たとえば平民主義者として知られる新島襄も、其の日記（『漫遊記』）に「紀元節ニ際シ、我／明聖ナル／天皇陛下ニハ、其ノ臣民ニ欽定憲法ヲ賜ワル」と記し、憲法第二十八条によって「宗教の自由」が認められたことを率直に喜んだことが伝えられている。もっとも、新島には「廃帝論」といった《冷めた皇室観》も認められるともいう（本井康博「新島襄」、前掲、同志社大学人文科学研究所編『近代天皇制とキリスト教』二二〇頁、二三五頁以下、参照。

(16)　原田助「キリスト教は人倫を壊乱する乎」（『基督教新聞』第四六二号、一八九二年六月二日）。同「特別寄書」（『国民之友』第一五七号、同年六月一三日）。

(17)　東海生「君権は神権なりという意義について原田君に質す」（『護教』第五〇号、一八九二年六月一八日）。

(18)　たとえば一八五〇年のプロイセン憲法は「国王編」の条項で、「国王の一身は、不可侵である」（第四三条）と定め、関係大臣の輔弼責任とともに国王の統治行為からの免責を保障している。有名な一八四八年憲法にも同様の規定がある（高田敏・初宿正典編訳『ドイツ憲法集』信山社、一九九四年、六二頁）。

(19)　原田の反論「東海生に答ふ」（『基督教新聞』第四六六号、同年七月一日）参照。

(20)　この神学論争については、土肥昭夫「近代天皇制とキリスト教――帝国憲法発布より日清戦争まで」（前掲、富坂キリスト教センター編『近代天皇制の形成とキリスト教』二四八頁以下、参照。土肥は、この両者の論争を対比させ、東海生の論理に「それなりの妥当性」を認めながら、「しかし、帝国憲法第三条のいう天皇の神聖不可侵性は、この解釈で必要かつ十分であったただろうか」と正当な問いを発している。じっさい、伊藤の『憲法義解』における天皇条項の解説をみれば、穂積‐上杉憲法学説を経て、のちの国体論的《神聖天皇制》にいたる要因を十分にはらんでいたことがわかる。

(21)　井上哲次郎『勅語衍義』初版（一八九一年七月）の序文によれば、「天皇陛下軫念セラル、所アリテ、勅語ヲ下ダシ給フ……孝悌忠信ノ徳行ヲ修メ、共同愛国ノ義心ヲ培養セザルベカラザル所以ヲ懇々諭示セラレ給フ、其衆庶ニ裨益アルコト極メテ大ニシテ……永ク之レヲ以テ国民的教育ノ基礎トセザルベカラザルナリ」(第三版、一八九二年八月、敬業社、一―二頁)。これは、芳川顕正文相の依頼にもとづいて刊行され、いわば教育勅語の公式的解説書のようにみなされるにいたった。

(22)　不敬事件については、小沢三郎『内村鑑三不敬事件』(新教出版社、一九六一年)が古典的な文献である。新しい研究書としては、鈴木範久『内村鑑三日録2・3　一八八八―一八九一』(教文館、一九九三年)が教会紙誌のみでなく地方紙の反響まで伝えて有益である。

(23)　植村正久「不敬罪とキリスト教」(『著作集』第一巻)二八九頁。すでに植村自身も『福音道しるべ』(一八八五年)で、神の独一性と偶像禁止を強調して、天皇神聖化批判の線につながっている(『著作集』第五巻、新教出版社、一九六六年、二〇頁以下)。なお、植村における政治的自由の考え方については、京極純一『植村正久』(新教新書)七六頁以下、参照。

(24)　小沢、前掲書、一九一頁以下、参照。

(25)　「宗教と教育の関係に就て井上哲次郎氏の談話」(関皐作編『井上博士と基督教徒』一八九三年)三頁。

(26)　本多庸一「井上氏の談話を読む」(関編、前掲書、一二頁以下、一九頁以下)参照。しかし、キリスト教と愛国心との両立といった護教論的反論に終始する限り、《受動的》立場に追いやられがちだったことは否定できない。日本思想史家の公平な観察によれば、「根本のところで国家主義者との正面からの対決を回避した守勢的弁明」(生松敬三『近代日本思想論争』青木書店、一九六三年、二五七頁)と評されている。

(27)　井上哲次郎『教育ト宗教ノ衝突』(敬業社、一八九三年)九二―九三頁。

(28)　石川喜三郎「井上哲次郎氏の教育と宗教の衝突論を読む」(関編、前掲書)二四二、二四四頁。この続編でもこう記している。「神意によりて王たるに非ずとせば真に天皇の神聖なる所以は、何処にありとすべきや」(関編、前掲書『続編』一三頁)。

(29)　後述の《三教会同》(一九一二年)の行なわれた半年後に出版された石川喜三郎『正教と帝王及国家』(日本ハリスト正教会出版)によれば、「ハリスト正教会の政治観」は、「東方諸国に深き歴史的関係を有したる結果、既に初世代よりして国家の主権者は必ず帝王たらざる可からざる見解を有せり」と述べ、そのビザンツ的伝統に言及している。ここから《ビザンツ的政教体制》(E・レーデラー)ともいうべき天皇制国家にたいして引き出される結論は、きわめて範型的というべきであろう。ローマ書十三章を引きつつ「斯の如くなるを以て帝王は神の聖意を代表して一国を治むる者なれば帝王の命は神の命として之を奉じ、神は神聖にして侵す可からざる如く帝王も亦神聖にして侵す可からず」と言い切っている。具体的には、たとえば一国の安危を決する開戦のような場合、「国民は帝王の命令に絶対に服従せざる可からず。……不幸にして帝王の開戦の理由が正義に反するものありたりとするも個人たる国民は自己一人の見解を以て之を拒むを得ざるなり」。総じて「君主帝王は神聖侵す可からざるものなるを以て、国民は如何なる場合にも帝王の責任を問ふを得ざるなり」という（前掲書、三〇―三五頁）。

（30）植村正久「今日の宗教論および徳育論」（『著作集』第一巻）三〇六頁以下。なお、この論文は、『井上博士と基督教徒 収結編』（関皐作編、一九八三年）一―三三頁にも収録されている。植村は、この論文でも、「法文に等しき倫理の綱領を配布するを以て気韻高き品性を興起するに足らず」と記し、教育勅語下賜による道徳教育の企図を正面から否定している。

（31）植村正久「案外なるかな不敬事件」（一八九六年）（『著作集』第一巻）三三三頁。

（32）柏木義円「再び井上哲次郎氏に質す」（一八九三年）（『柏木義円集』第一巻、伊谷隆一編、未來社、一九七〇年、所収）三三頁。この論争を評した山路愛山は、井上が「学者として公平と冷静」を欠いていたこと、キリスト教史の知識の不足から「往々笑ふべき過誤」をおかしていることを明確に指摘している。一例として、井上は、ユダヤの国王ヘロデにたいするイエスの態度をとり上げて、キリスト教の愛国心の乏しさを理由づけている。「彼れ（＝井上）がヘロデの羅馬党にして猶太の愛国者より寧ろ売国奴として悪まるゝものなりしを知らざりしは此又、明かに之を証す。耶蘇伝中に顕著なるかゝる事実すら知らざりしとせば、彼れ何ぞ基督教を論ずる資格あらんや」（山路愛山『基督教評論・日本人民史』岩波文庫、一〇六―一〇七頁）と手厳しい。なお、山路愛山については、岡利郎『山路愛山』（研文出版、一九九八年）参照。

（33）柏木義円「勅語と基督教」（一八九二年）（前掲書、所収）二六―二七頁。

（34）当時、《良心の自由》を論じたものとして、もっとも明確だったのは、『護教』第八三号（一八九二年二月四日）に載った「天賦人権（吾人の題目）」という社説の文章であろう。「基督教会は基督の教訓を準奉する者なり。基督は明かに神の前に人類の同等なることを認識し玉へり。天賦人権は吾人の題目《モットー》ならざるべからず。吾人は地上の如何なる権威も抑ふる能はざる良心の自由を有す」。ここから、さらに一歩進んで、「腐敗せし英国教会の題目たる毫も抵抗すること勿れ（ノン、レジスタンス）只従順（パッシブ、ヲビヂエンス）てふ教理に反対す」と記し、「正義の為めには反抗の止むべからざることを主張す」と結論している。この無署名の社説は、主筆山路愛山の執筆かもしれない、と推定される（土肥、前掲書、二八七頁）。

(35)　リース『ドイツ歴史学者の天皇国家観』（原・永岡共訳、新人物往来社）一四〇―一四一頁。

(36)　内村は「日本人と基督教」（一九〇四年）の中で、「日本人が基督教を信ずるのは容易ではない、何故なれば日本人は凡て愛国者であつて、多少は凡て政治家であるからである、日本人に取ては日本国を離れては宗教もなければ哲学もない」と記し、《宗教と教育との衝突》事件を回顧しながら、「日本人にして此衝突に耐え得るものは滅多にない」と言い切っている。「故に最も多くの場合に於ては日本人は基督教を日本化せんと努めて、日本を基督教化せんとはしない、爾うして日本化したる基督教を受けて、自から基督教徒なりと称する、而かも其純粋の基督教でないことは直に判《わ》分かる、日本化されたる基督教は俗化したる基督教と成りて終はる、爾うして其信者は遠からずして基督信者としてゞはなくして、普通の日本人として世に立つに至る、爾うして斯かる変体《メタモーフホーシス》を経た日本の基督信者は沢山ある」（『内村鑑三全集』第一二巻、岩波書店、一九八一年、三四九頁）。

2　日清・日露戦争以後

ナショナリズムの潮流の中で

天皇制国家にたいするキリスト者の批判的な姿勢ないし少なくとも冷静な距離をおいてみる見方は、一八九〇年代から一九〇〇年代にかけて、しだいに転換していった。これには日清・日露の戦争と勝利の体験が大きく作用しているであろう。国民あげてのナショナリズムの高揚の中に、天皇制国家への一体化が進行していった。天長節はじめ皇室の慶事のために教会で祝賀会が開かれ、そこでローマ書十三章の朗読が行なわれるようになったようだ。たとえば信州の地方教会の記録は、そうした事例を報告している。[1]

そのような場合に、ローマ書十三章がどのようなコンテキストにおいて把握されていたかは大いに問題であろう。とくに個々の信徒がどのようなローマ書理解をもっていたかを確定することは、まことに困難である。一例として信州の安曇野で研成義塾を開き、信徒伝道者＝教育者として活躍した井口喜源治がいる。彼は内村鑑三から大きな思想的影響を受け、内村もまた井口の教育活動を高く評価して激励した。井口の愛用した新約全書（一九〇四年発行）には、欄外にビッシリ書き込みがあり、示唆に富む。[2]

ローマ書十三章の箇所では、「国家の一員としての信者の道」を説いたものだ、と注記している。「ローマ帝国といふ帝国主義の国に在りて信者はイエスとカイザルと両者に仕ふべきか」とパウロは「権力の根本」を説明し、国民としてこれに「服従するの義務」あることを説いた、とする。ただ、パウロの説くキリスト者の服従の内容は「勿論国家前〔全〕能論者ではない、卑屈ではない、自発的である」といい、「孟子の一夫紂を亡ぼす云々の意と如何」という書き込みが見られる。しかし、それが肯定的反語なのか否か、かならずしもはっきりしない。

たとえば十三章三節以下に関連して、「権力を有する者の謹厚敬虔なるべきを説けり　先づ有司の本性を説き之に服従するには只善をなせと説いた　賄賂を要求するが如きは有司の本性でなく又之にへつらふは服従の意義でない」とある。ローマ書十三章三節以下に政治的権威の正当性のメルクマールを見いだそうとする視点は注目に値する。ここでは、「自発的」服従も、「良心」（ローマ一三・五）にもとづく信仰的判断と連動すると理解することもできよう。

もっとも、《カイザルのもの》と《神のもの》をめぐるイエスの貢納問答のテキスト（マタイ二二・一五－二二）の欄外書き込みには、こう記している。「人民としては其主権者に義務を尽し人としては神に其本分を果せ　古来忠臣は孝子の門に出づと　君に忠なるものは親に孝なるものである　神に忠なる者は君にも忠なるものである　神を敬ひ君を愛し正義を行ふものは実に国の宝である」。基本的には、時代の流れの中に立っていたことは争えない(3)。

ちなみに、植村自身にも、この頃、再度にわたって「天長節」と題して所見を語った文章がある。いずれも日清・日露の戦時にかかわる言及である。たしかに、植村の場合、たとえば一八九四年の文章では、「信教自由の大義炳として帝国の憲法に掲げられ静かに上帝に事うることを得た」ことを日本のキリスト者が天皇を敬愛する根拠として示している。この植村における《天長節》の所見が彼自身の明治キリスト者としてのナショナルな忠誠告白なのか。それとも、日本《帝国》の拡大過程の中で、《天皇》の歴史的意義を自覚的に限定して受けとめる試みなのか。解釈は分かれるところであろう(4)。

たとえば一九〇五年の文章にも、「日本の基督教徒は陛下の御宇に於て、信教自由の保証を与へられ、安らかに神を信じ道を伝ふることを得たり。基督教は明治の年間に其の根を深く張りて、国民的の基礎牢乎として動かす可らざるものあるに至らんとす」とあり、結尾にこう記している。「余輩は国民がかかる美わしき治世に生まれたるを歓呼すると共に……切に聖国を来たらせ給へと祈り求めざるを得ず」と。そこには、たしかに、《天長節》を越える「最上の慶事」として終末論的な待望が一貫していることを見逃しえないであろう。しかし、なお、たとえば「征露の軍頻りに勝ちに乗じて国威を世界に輝かせるごとき、古来君主の冠を飾れる光栄いかに赫々たるも、いずれか天佑に由りて陛下の御運目出度きに優るものあらんや」といった文章は、ナショナリズムの高揚の中で、読者には国家への一体化のコンテキストにおいて受けとめられたのではなかろうか(5)。

《天長節》とローマ書十三章との関わりは、本多庸一の「恭しく天長節を迎ふ」(一九〇七年)の文章にも出てくる。彼は、「十一月三日は正に近づけり、是れ我が大和民族の史乗中比類なき大業を成就し、光輝を八紘に照らし給へる　明治天皇陛下の天長節を祝すべき日なり。生れて明治の日本人たる者、誰か其の幸運にして此の佳節を祝すの光栄を喜ばざるものあらんや。而して其の中に一団の結社に属するものにして、他に異なれる趣味を懐き深く慶祝の誠意を表すべき者あるを信ず。其は即ち他人にあらず、本年六月を以て年来の宿題を貫徹し、左の一カ条を宗教個条の一に加えて其の立場を標榜せる日本メソヂスト教会員こそ即其の者なれ」と言い、メソヂスト宗教箇条(第一六条)の政府に関する義務を記した文章を引いている。

「吾人は聖書の教ふる所により、凡て有る所の権は神のたて給ふ所なるを信じ、日本帝国に君臨し給ふ万世一系の天皇を奉戴し、国憲を重んじ、国法に遵ふ」と。ここでは、あきらかにローマ書十三章は、明治国家＝天皇支配の宗教的栄光化に仕えるコンテキストの中におかれている。(6)

海老名弾正

こうしたキリスト教会のナショナリズム化を助長した要因は、たんに外圧としての時代の趨勢だけでなく、内部的要因も存在した。それは、明治二〇年代に外部社会における反動思想の台頭と時を同じくして登場した《新神学》の影響である。逆に、保守的な正統主義に立つ宣教師側からは、むしろ、ナショナリズムの台頭が外国宣教師による宣教にたいする嫌悪を強め、「宗教における自然主義的または合理主義的な見方を受け入れようとする傾向を、いっそう強化させる」(D・W・ラーネッド)とみている。(7) おそらく両者の相乗効果を認めうるであろう。

《新神学》というのは、ドイツの《チュービンゲン学派》に代表される聖書の高等批評やユニテリアンなどによって伝えられた自由神学がそれであった。これまで宣教師たちに教えられてきた聖書無謬説的な素朴な信仰には一大動揺が生じた。(8)

とくに影響の大きかったのは組合教会の人びとで、金森通倫(『日本現今の基督教並ニ将来の基督教』一八九一年)や横井時雄『我邦之基督教問題』一八九四年)なども《新神学》の陣営に加わった。神の超越性や絶対的な優越性が見失われるうちに、彼らの中には、やがてキリスト教信仰から離れて実業界に去るものも現われた。自由神学における教義解釈の幅の広さは、キリスト教を国家的自覚の支柱とする《国家的精神主義》(海老名弾正)と結びつくことを可能にしたと言うこともできよう(9)。

当時の状況を通観して、山本秀煌は、その『日本基督教会史』の中で、「国粋主義と自由神学とは内外より基督教会を攪乱し其の信仰を圧迫して悲境に陥らしめしも見方によりては是れ則ち教会が受くべき一大試練にして之れが健全なる進歩発達に資する所尠なからずと云ふを得べし」と論評している。それは、自由神学の挑戦を通して、これまで単純浅薄にとどまっていた福音主義信仰が自覚的になり、深化させられるにいたった歴史的貢献を認めるものであろう(10)。

じじつ、こうした新傾向にたいして、植村に代表されるように正統的信仰による福音主義の明確化を唱える人びとと、自由神学の理解を強調する海老名とのあいだに《キリスト論》をめぐる神学論争(一九〇一—〇二年)が繰り広げられたことも、よく知られている。この間に明らかになったように、正統主義に立つ人びとは、当然、行きすぎた国家主義にたいして、相対的にみて、いっそう免疫力を備えていたと言ってよいであろう。それは、当時の地方教会においても認められる(11)。

ナショナルな時代思潮に棹さすものとして、海老名弾正が『新人』誌上に連戦したローマ書研究がある。十三章に関して、パウロはローマ帝国の政府組織をもって「神の摂理」によって構成されたものとして「畏敬」すべきことを教えた、という。政府は「正義、公道」を維持するために「神設」されたものであり、「帝王は神の代理として尊敬すべきである」。ここには、先にみたラーネッドのローマ書注釈における「摂理」史観の一面が、保守的に徹底化されているのを認めうるのではなかろうか。

キリスト者の服従についても、剣を恐れるのみでなく、「其良心の声を聞いて慎重の態度を取るべき」だという場合、「正義、公道」に反する権力への批判の視点が含蓄されていただろうか。「其政府に対して尽すべき分は尊敬なり、貢税なり、之を払ふて毫も怠るべからざるを要とす」。パウロは明言しないとはいえ、「革命的行為は絶対に之を排斥した」と推測され、ここにパウロの「最も高明なる常識」が示されている、という[12]。

なお、海老名には、その後も『新人』誌上でローマ書十三章を引いた説教が少なくない。たとえば「信仰と忠君」（一九一二年）では、ネロ皇帝治下で殉教したパウロに言及して、国家道徳の基礎としてのキリスト教信仰を称揚している。のちに組合教会で始められた朝鮮人伝道に関連して、海老名は「良心」による服従こそ真に「忠良なる臣民」ならしめるものであるといい、「朝鮮人をして真に忠良なる臣民たらしめるものには、大に基督教に由るものがなければならぬ」と論じている。ここでは、神への「不二の心」としての信仰が天皇にたいする「不滅の忠」を増幅するものとされる。国家主義化したキリスト教においては、いわば《良心》＝社会的・国民的《常識》に転化しうることを示している。さらに二五〇〇年にわたる日本の歴史を顧みて「神の摂理の著名な」ことを認め、「基督教の神は天地の神と同時に亦歴史の神である。神の建て給へる国と君とに忠なるは神に忠なる所以である」と説く[13]。

「国家と基督教」（一九一二年）では、「目に見ゆる天地の間吾々は未だ嘗て国家の如き偉大な神業は見ない」と述べて、ローマ書十三章が引かれている。もっとも、これにつづく文章では「国家は亦人に由つて立てらるゝものなれば、当初より徹頭徹尾完全無欠と云ふ訳にはゆかぬ」とも述べている。これは、おそらくペテロ第一の手紙（二・一三）の聖句を踏まえたものと思われる。「国家という一存在物」のために個人を犠牲とすることに警告し、「個人の権利と尊さ」を高調する声はキリスト教によるものであるとしている。こうして、いわばギリギリの形で、批判的な留保がおかれていることも見逃してはならない。

そして最後に、「万世一系の君主国たると共和主義なるとを問はず、専制政体たると憲法政体たるとを論ぜず、苟も国民の個人を重んじ、世界の幸福を増進すべく発展するを以て、その主義とするものは、何れも基督教主義の国家である。我日本帝国は既に基督教主義に基く、之を更に深くし更に広からしめんが為に尽すは、これ吾人の愛国心である」と言い切っている。その「摂理」観は、とどまるところを知らず、批判的視点を拡散させていく[14]。

《三教会同》への途上で

この頃から、日本人キリスト者自身の手によるローマ書注釈書が刊行されはじめた[15]。筆者が入手しえた、もっとも古いものは、加藤直士『羅馬書注解』(一九一一年)である。加藤は、若き日に北越学館に学び、のち組合教会伝道師として海老名を助け、『新人』の編集にも参画していた。加藤のこの『注解』によれば、なお一八八〇年代の批判的意識が途絶えていないように見える[16]。

「「神より出でざる権なく云々」凡ての権力は神より出づとは希伯来《へぶらい》文学特有の思想なり。只だ此思想の言ひ表はさるる毎に、此権力の上に立ち給ふ神の大権を高調せずと云ふことなし。保羅〔=パウロ〕は茲に専ら政権の本源を説き神に事ふるの心を以て在上者に服ふべきを命じたり」。

こうした《上なる権威》に優越する「神の大権」の強調は、この時代全体の中で、とくに印象的である。しかし、それは、この注解がオリジナルな研究というよりもサンデイ=ヘッドラムの『ローマ書』(インターナショナル・クリティカル・コメンタリー)を底本として「其最も肝要なる部分を訳述し」た「編訳」書であることに負うところが大きかったように思われる[17]。

これに並んで、パウロをイエスの教えと平行させた政教分離の理解も、まことに鮮明である。「イエスは之に対して「カイザルの物はカイザルに帰し神の物は神に帰すべし」と答へて、明確に政教の分離を宣言し、此世の政権と霊的王国の区別を明かにせり」。これもサンデイ＝ヘッドラムに負うている。

「パウロ即ち主基督の聖訓を継承して曰く「上に在りて権を掌る者に凡て人々服ふべし」と。蓋しパウロの国家思想は当時の両極端なる思想の中間を取りし者にて、一方には国家を教会の敵と見る狂熱者に反対し、他方には教会を国家に隷属せしめんとする政論家に反対し、教会と国家即ち宗教と政治とは其間に明白なる区別はあれど反対はあるに非ず、各自其本分を守りて互に相侵すことなく、政教分立而かも相提携して其間何等の衝突あるべきにあらざるを明示せり」。

しかし、ここで政教「相提携して」というとき、サンデイ＝ヘッドラムを越えて編訳者自身の解釈＝主張と見てよいのではなかろうか。加藤がさらに「政治もし神意に背くあらんか基督者は之を矯正するの義務あり、国家もし腐敗せんか基督者は之を廓清するの責任あり、断じて社会を破壊し政治を無視するの挙に出づべからず。……基督教と国家との関係は宗教的に深く其意義長しと云ふべし」というとき、《政治的共同責任》としての理解に近いようにさえみえる。しかし、内容的には社会の精神的教化による「国家の円満なる発展」（傍点、宮田）を意味するもののように思われる。[18]

同じ年に出版された安部清蔵『羅馬書講解』は、本来の意味での日本人の手になるローマ書注解といってよい。安部もまた同志社神学部で学び、岡山教会牧師を務めていた。この『講解』は、前述のサンデイ＝ヘッドラムやラーネッドのほか加藤の前掲注解書をも参照して講述されたものである。ここでは、《神》は《上なる権威》にたいする絶対的服従の根拠となっている。[19]

「パウロは、諸《すべ》ての権に対して絶対的服従を要求して居る。諸ての権は悉く神から出て居るものであるから、神に服従する考を以て諸ての権に服従せねばならぬ。曰く、「是故に権に悖《さから》ふ者は神の定に逆《そむ》くなり逆者《そむくもの》は自ら其審判を受べし」と如何にも思ひ切つた断定である。此思想を有する基督教徒から、革命思想の起り来る理由はない。基督教徒は此点に於て、無抵抗主義である。単に止むを得ずして服従するのみならず良心からして、神の命と思ひ服従するのである」。

ここには、「神の大権」や「良心」にもとづく天皇制国家への政治的批判の視点は乏しいように見える。むしろ、全体として既存の国家体制の枠組を前提したキリスト教倫理といった趣きがある。安部はローマ書十三章全体の講解を次のように説き起こしている。

「基督教は神の現世に於ける支配権を最も厳密に承認するものであるから現在行はれて居る社会其もの丶中に、其理想を実現すべき手掛りを見出すものである。故に例へば其社会制度が君主制であらふと、民主制であらふと、立憲制であらふと、サウ云ふ事には必ずしも拘泥しない。如何なる社会にでも這入つて、之れを理想化して行く力を持つて居る」。

ローマ書十三章後半の終末論についても、歴史内在的な進歩的文明史観に立っているようにみえる。

「併し穴勝ち有形的に主の再来と見ないでも、救の時として、以前よりも一層恩恵に満ちた新時代が近いたものと見る事も出来る。即ち基督教の信仰から見ると、世は今の如き不完全な状態に止まらずして、更に進歩の段階に上るべきもので、其一進時期を目の前に控へて居る以上は、決して惰眠を貪る事は出来ぬ。大に奮励して思を浄め、行を慎み以て基督を身に纏ふやうにせねばならぬ。斯くて世の救が成就して、新天新地を作り出すのが、基督教徒の社会的使命である」。

したがって、安部によれば、キリスト者は、救の力がこの社会を根底から浄めることを信じて、その「絶対的服従」を通して、しだいに「社会の内部から改善聖化して、理想の世界に到達せんことに努力する」者なのである。[20]

こうした方向は、当時、足尾銅山の鉱毒被害に苦しむ谷中村農民たちとともに闘っていた田中正造の行動につながっているようにも見える。とくに晩年の正造が鉱毒問題を支援したキリスト者とも交流して、キリスト教にたいする信仰を深くしたことは、よく知られている。死の床に残された数少ない遺品には二冊の聖書があった。『引照新約全書』(一八九九年発行)と『新約聖書馬太伝』(一九〇四年発行)である。聖書をつねに肌身離さず持ち歩いていた彼の愛唱聖句には、山上の説教からのものが多い。しかし「上ニアリテ権ヲ司ルモノニ渾《スベ》テ人ハ従フベシ。ソハ神ヨリ出デザルナク、凡ソアル処ノ権ハ神ノ立テ賜フ処ナレバナリ」というローマ書の聖句も二回にわたって、その『日記』に記載されていた(一九〇九年八月二七日、一九一一年一一月四日)。[21]

何らのコメントなしの記載からは、その意図するところを正確に引き出すのは難しい。しかし、それを晩年の正造における「天神を基とせ」る「広き憲法」観の中に位置づけてみるのは空想的にすぎるだろうか。「憲法・法律・教育のすべてを全廃して、さらに天神を基とせる方法、すなわち「広き憲法」を設けるべし。まことに天則によるならば、憲法の天にかなうをいうなり」。こうして正造は、鉱毒反対闘争の中で、帝国憲法の大胆な解釈変えにいたりついていた。すなわち、天皇条項よりも臣民＝人民の権利義務の条項を中心にすえて、憲法第三条に規定された天皇の神聖性も、むしろ、人民の神聖から派生する権利を重要と考えるようになっていたという。[22]

しかし、他方では、先にあげた安部清蔵の「社会の内部からの改善聖化」の提唱は、天皇制国家体制にたいする「絶対的服従」という枠内において宗教者としての精神的教化運動に協力していく論理につながる恐れもあるのではなかろうか。じじつ、これらの注解書の出版された翌年には、有名な《三教会同》(一九一二年二月)が行なわれた。

政府は神仏基＝三教の代表を招き、国民道徳の振興のために宗教界の協力を求めた。そこには、すでに日清・日露の戦争協力などを通して、もはやかつてのようにキリスト教を危険視する必要がなくなっていたからであろう。そればかりか、日本の国際社会への進出にともなって、政府がキリスト教の利用価値を認識してきたということでもあった。しかし、神道側から招かれたのは宗派神道諸派に限られ、あきらかに《神社非宗教》の建前から、神社神道は別格の取り扱いがされていた。(23)

しかし、キリスト教側は、いまや神仏二教と同等に待遇する政府の《一視同仁》の態度を歓迎し、「政治、宗教及び教育」の「融和」に立つ「皇運扶翼」の体制に協力することを決意した。キリスト教界の大勢もまた、こうした動きを支持した。《三教会同》に参加したキリスト教側代表には、本田庸一(メソヂスト教会監督)、宮川経輝(組合教会会長)、千葉勇五郎(バプテスト教会牧師)、井深梶之助(日本基督教会議長)、元田作之進(聖公会会長)のほか、石川喜三郎(ハリスト教会理事)、本城昌平(天主教司祭)などの名前が連なっていた。

小崎弘道『国家と宗教』(一九一三年)の次の文章は、こうした当時の動向を代表するものであろう。(24)彼は、政府当局者が「風教道徳を維持するに宗教は教育と相俟つて欠くべからざるの要素であることを認むるに至つた事は我国近時の大なる進歩となさねばならぬ」と全面的に支持している。しかも、そこでは、「風教道徳」の中味として「我国は神国にして皇室は天孫であり、……我国体の特別なるを認め、忠君愛国の気風を養ふべきものは之基督教の信仰たるは疑ひを容れざる所である」と言い切っている。(25)

むしろ、これまで《教育と宗教の衝突》以来、キリスト教を非愛国として追及してきた国家主義者加藤弘之にたいして、その唯物無神論の立場こそ、「我国体の大敵となさねばならぬ」と反論してみせる余裕の程を示す。当時、加藤弘之は『吾国と基督教』(一九〇七年)を発表して、キリスト教の有害性を「科学的に証明した」と喧伝していた。そこでは、「万邦無比」「至尊」として崇拝すべき「皇祖皇宗と天皇」の上に、なお「唯一真神」のごとき「化物」を戴くことは「国体の許さぬ所」と断定する。他方では、「日本の神神」、すなわち、皇宗や天皇等は「国家的崇拝物」であり、「宗教的意味のものではない祖先崇拝」にもとづく「忠愛の情」の対象だ、と《科学的》に規定していたのであった。[26]

《三教会同》の一環として同じ月に宗教家、教育者たちの懇親会が開かれた。その発起人の中には、上述のローマ書の注釈者、加藤直士、安部清蔵の名前も上っている。ちなみに、このときの発起人代表は井上哲次郎である。それは、あきらかに《三教会同》の流れに棹さすものにほかならなかった。こうした動きを政府の宗教利用と宗教と政治との癒着として明確に反対したのは、柏木義円、内村鑑三など少数者にとどまった。[27]

（1）　たとえば『福音新報』第三〇七号（一九〇一年五月五日）によれば、信州伊那町の信徒は「皇孫殿下の御降誕を祝」すため小諸原に祝賀会を開き「羅馬書十三章の朗読ありて……」と報じている。その他、信州伊那坂下日本基督教会の一九〇九年『記録』によれば十一月三日の項に天長節の祝賀会で「ローマ書十三章朗読」の記事が出ている。

（2）『引照新約全書』（一九〇四年発行、井口記念館所蔵）四五三頁。なお、斎藤茂・横内三直共編『井口喜源治』（井口記念館刊、一九七六年）参照。

（3）　前掲『引照新約全書』六四頁。『松本平におけるキリスト教』（同志社大学人文科学研究所編、一九七二年）六八頁、一五五頁など、参照。国家にたいする井口の態度については、「キリスト教による愛国心を説き、教室には明治天皇の御真影が掲げられて、皇室に対する忠誠が重んぜられていた」。もっとも、井口は、黙示録十三章について、「我は神なりと自認」する国家の権威によるキリスト教迫害を論じたものであり、「国家万能、帝国主義万能、政府万能は廃せられ」るべきものと考えていた（高橋虔「井口喜源治の聖書解釈」、『キリスト教社会問題研究』第二〇号、一九七二年、三頁、および五頁、参照）。

（4）　引用は、植村正久「天長節」（『著作集』第一巻）一〇二、一六九頁。これを《信教の自由》の保障によって「天皇の働き」の「限定」と「枠づけ」（五十嵐喜和『日本基督教会史の諸問題』改革社、一九八三年、一四五頁）とみる見解にたいし、むしろ《信教の自由》を天皇の賜物とみることによって「恩恵の機関としての天皇制」（土肥、前掲『日本プロテスタント・キリスト教史』一一二頁）にとり込まれたとする批判的解釈がある。

（5）　植村、前掲書、一六八頁。たとえば、植村、小崎などの日露戦争への態度については、宮田光雄『平和の福音』（『聖書の信仰』第Ⅵ巻　岩波書店、一九九六年、所収）二八〇頁、参照。

（6）　『本多庸一先生遺稿』第三篇「基督教と日本」一一八頁（武田、前掲書、三七四頁より再引用）。

（7）　P・F・ボラー『アメリカンボードと同志社』（北垣宗治訳、新教出版社、二〇〇七年）一三四頁、参照。

（8）　「新神学のもたらした教義解釈上の幅広さが、厳格な基督教神学の門戸を広げたので、基督教に異教的要素を取入れることも可能となった」（大畠清・井門富二男「明治キリスト教史」（岸本英夫編『明治文化史』原書房、一九七九年、所収、三八二頁）。もっとも、ここで引かれた「新傾向」を指摘する大西祝の文章（一八九〇年）が海老名の神学思想の新展開（一八九四年以後）を受けたものとするかにみえる叙述は正確ではないであろう（杉井六郎「明治思想史における自由キリスト教提唱の意味」、杉井、前掲『明治期キリスト教の研究』所収）三六一頁。なお、隅谷、前掲『近代日本の形成とキリスト教』一二五頁以下、参照。

（9）　たとえば一八八九年ボストンで開かれたユニテリアン大会においては、日本伝道のために次のような方針が掲げられていたという。「日本に宗教を伝布するに於て最も注意すべきは日本の国体に投合することとなり、日本人は制度万般の事外国の物として用いるを好まず、基督教の如きも日本の基督教として適用せんことを好む、故に日本人の愛国心・国粋主義に投合すること必要なり」（『六合雑誌』明治二二年一一月、第七号。前掲『明治文化史』三七六頁より再引用）。こうした基本方針に対応するかたちで、機関紙『ゆにてりあん』第七号には「惟一教会と基督教会との日本国体に対する関係」と題する次のような無署名投稿が寄せられている。「惟一《ユイイツ》教会の大にオルソドックス新教々会と異なるもの有るは、他無し、……惟一教会は、能く自教の教旨上より日本の天皇を尊敬し、天皇の祖先を礼拝し、其の他日本の歴史に於て尊しとする所を尊ぶことを得べし、……惟一教は基督を以て神とせず、唯た宗教的発達に於て人類を導きたる教導者中其の最も卓越なる者なりとなすのみ、其の人として後世の尊敬礼拝を受くべきは、日本に在ては日本人民の社会上の発達の為に大功ありし他の人を尊敬礼拝するを妨げず」(明治二三年九月一日号、所収「寄書」。杉井、前掲論文、三八二頁より再引用)。

(10) 山本秀煌『日本基督教会史』(日本基督教会事務所、一九二九年)二一五頁。なお、杉井、前掲論文、三七〇頁、参照。

(11) たとえば植村直系の川添万寿得(後の明治学院神学部長、日本神学校校長)などに育てられた信州佐久教会の例。同教会発行の月刊誌『利剣』第一一号(一九〇六年三月二五日発行)の「教報」欄には小学校生徒の神社参拝に反対が表明されている。県知事の諮問にもとづく郡視学会の動きが伝えられ、「佐久教会はこの事にして若し実行せられる事あらば、教会員の子弟の信仰を束縛せらるるものあるを慮り、直ちに委員を派して」郡視学と小学校長とに「斯くの如き非立憲的の教育法の実施されざらんことを勧告した」。「是の出来事は基督教児童に関する問題なるのみならず、一般児童をして病的の思想を涵養せしめ、彼等を騙《かた》つて迷信に陥らしむる……弊の及ぶ処大なるを以て、信州各派の基督教会と共同して該教育方針を除かんとの計画佐久教会に於て為されつつある由なり」。

同教会の『聖会録事』(一九〇一年一月六日)によれば、ローマ書十二章二節(「心を化て新にせよ」)をテーマにした川添の説教が記されている。「人権問題、自由問題、社会問題」などの分野におけるキリスト教精神による人心への影響の大きい事を指摘し、「世界ノ強国ガ領地ヲ拡張セントスル中、人ノ心霊ニ於テ領地ヲ広メントシツツアルナリ」と言い、「精神新ナラザレバ何ニナラン、信仰ノ基礎確乎ナラザレバ事業ハ凡テ空ナリ」と断じている。なお、北原明文「明治期南佐久農村の基督教会」(『国史談話会雑誌』第二四号(一九八三年六月)一―二八頁、参照。

(12) 海老名弾正「聖書研究羅馬書」(『新人』第六巻五号、一九〇五年)三三―三四頁。

(13) 海老名弾正「信仰と忠君」(『新人』第一二巻二号、一九一一年、七―一一頁。(この文章は、のちに『日本国民と基督教』北文館、一九三三年、二五三―二六〇頁にも収録されている)。なお、海老名の政治思想については、吉馴、前掲『海老名弾正の政治思想』参照。

(14) 海老名弾正「国家と基督教」(『新人』、第一三巻四号、一九一二年)七―一二頁。

なお、大正天皇の即位式典の際の説教では、「新日本誕生の大典」として讃えるとともに、「大君は天孫である神の子」であり、「歴代の天皇は天祐の下に皇運を伸張し給うた」と「祭政一致」の信仰＝政治体制を「イスラエル民族の国王観国家観と符節を合する所」と肯定している。とくにこの説教の中で朝鮮併合に言及して「大日本国の一部」として統治されることを「寧ろ其処を得しもの」と述べている。これでは「人民個々の覚醒」や「近世民主主義の勃興」に言及されても、その愛国心の《特殊主義》は覆いがたい(海老名弾正「国民精神の転機――大典奉祝説教」『新人』第一六巻一二号、一九一五年)一九―二四頁。

ちなみに、即位式当日は、多くの教会ではローマ書十三章が朗読され、それに触れた説教が行なわれた。そこには、教派的伝統の立場の違いに応じて、強調点を異にしていたのは当然だろう。(土肥昭夫「近代日本にみる天皇即位とキリスト教」富坂キリスト教センター編『キリスト教と大嘗祭』新教出版社、一九八七年、一七五―一八二頁、参照)。たとえば植村正久の場合、神の主権とその支配という信仰を基調として天皇の権威を相対化し、この神にたいして天皇には善政の責任があるとして《執りなし》の祈りを説く。これにたいして、たとえば聖公会長老多川幾造の奉祝説教では、「使徒パウロも教へた」ようにと、あきらかにローマ書十三章にもとづいて、神によって立てられた天皇が天照大神の「御現身《おんうつしみ》」をあらわすとする「神立的《かむながらの皇位》」について語り、神道まがいの観念とローマ書を習合させた説教を行なっている(塚田理『天皇制下のキリスト教――日本聖公会の戦いと苦難』新教出版社、一九八一年、九三頁)。これは、すでに一九三〇年代に説かれるようになる《日本的キリスト教》の先駆ともみなすことができる。

(15) たとえば、宮川経輝『羅馬書新釈』(警醒社)一九〇六年。加藤直士『羅馬書講解』三冊(警醒社)一九〇七―一一年。芦田慶治『羅馬書講義』(警醒社)一九〇八年。もっとも、これらに先立って辻密太郎『携帯新約全書注釈』(福音社)一八八四年、五三五―五三六頁におけるローマ書の略解が、すでに出版されていた。

(16) 加藤直士『羅馬書注解』(警醒社)一九一一年、二六七―二七三頁。

(17) 加藤、前掲書、緒言、一頁。なお、イギリスの新約学者W・サンデイとA・C・ヘッドラム共著の著名な『ローマ書注解』(一八九五年)では、たとえば権力の神による設定(ローマ一三・一)を注解して、それがユダヤ教文献に共通する原理であるとした上で、「神の権力が地上のすべての主権者たちの権力よりもいかに強大であるかを示すため、あるいは、彼らのすべてのわざが彼らの上にある一人の方にたいして責任を負うものとして統治者の義務を宣言するために」導入されている、としている。各節の注解につづくテキスト全体にたいする講解の中で、最後に「教会は個人の心と良心とをとらえることによって、この世に影響を及ぼさなければならない。政治権力によってではなく、このようにしてこそ神の国は到来するであろう」と結論する(Cf. W. Sanday & A. C. Headlam, *A critical and exegetical Commentary on the Epistle to the Romans*, 1895, 5th ed. 1902, rep. 1971, p. 365-372)。この注解書については、なお第Ⅰ部、一八三頁、注21、参照。

(18)　加藤、前掲書、二七三頁。

(19)　安部清蔵『羅馬書講解』(日本基督教育年会同盟、一九一一年、再版一九二〇年)二〇〇―二〇二頁。彼は、その自伝の中で、『羅馬書講解』の解釈にあたって、パウロにおける霊肉の二元論的相剋を法華経の人間理解にもとづいて行なったと記している(安部清蔵『実生活途上の基督』(警醒社、一九三一年、一五八―一七一頁)。

(20)　安部『羅馬書講解』二〇四頁。なお、のち渡米し日本人教会牧師となった安部が次のように語るのも、こうした思想の延長線上にあると言えよう。「我等基督者の任務は、社会生活其儘で、教会と云ふ永遠化された霊的機関に、其能力を提供し自らの救ひと、社会の救ひを全うする為に、霊的富の生産者となる」(前掲『実生活途上の基督』三一四頁)。

(21)　『田中正造全集』第一一巻(岩波書店、一九七九年)三〇六頁、第一二巻(同、一九七八年)五五一頁以下。なお、竹中正夫「田中正造の聖書観」(『キリスト教社会問題研究』第三七号、一九八九年、所収)参照。なお、正造が聖書に初めて接したのは一九〇二年の獄中においてであり、差し入れたのはおそらく内村鑑三だった、と言われている。遺品の『引照新約全書』(佐野市郷土博物館、所蔵)には、たとえばマタイ伝の《主の祈り》(マタイ六・九―一三)の箇所には朱線が施されている。それは、《神の国》の到来にたいする彼の熱い思いを示すものであろう。しかし、ローマ書十三章のくだりには何らの書き込みもなされていないことを、筆者自身、確認した。なお一般に、足尾鉱毒事件とキリスト者との関わりについては、工藤英一『社会運動とキリスト教』(ＹＭＣＡ出版、一九七二年)一二三頁以下、参照。

(22)　松沢弘陽によれば、田中正造は、政府と足尾銅山による「破憲破道」にたいして「憲法擁護」を掲げて立ち向かうようになり、その憲法観を転換した。第一に「国の憲法」の背景に自然法的な上位の法があって、それを根拠づけているのだという。正造は、このような自然法的な法を「天則」と呼んで来たが、キリスト教と出会って、「天地の間には神明在す」と信じるようになり、また「憲法中に神あり」とまで説くにいたった。

第二に、人権は「天則」にもとづき、国家の法に先立つものとして、憲法解釈の「大胆な解釈変え」をあえてした。すなわち、帝国憲法の天皇条項を憲法の根本とみなし、「臣民権利義務」をそれから派生するものとみなす公権的解釈にたいして、両者の関係を逆転させた。「法律ノ範囲内ニ於テ」という枠のなかでのみ保障されていた「臣民権利」の規定を、法律によっても侵しえない神聖不可侵の規定だとして、この権利条項を憲法の中心にすえた。こうして第三条における天皇の神聖性は「人民モ神聖ナルガ故ナリ」と逆転されるにいたった(松沢弘陽『日本政治思想』放送大学教育振興会、一九八九年、一五七頁以下、参照)。

(23)　《三教会同》の発案者だった当時の内務次官、床次竹次郎「三教会同に関する私見」には、政府による宗教利用の意図が明白に記されている(佐波亘編『植村正久と其の時代』第二巻、復刊、一九六六年、教文館、七〇二―七〇七頁)。

(24)　小崎弘道『国家と宗教』(初版、大正二年＝一九一三年。新版、一九三八年、警醒社)二〇一―二一頁、一八五―一八七頁。

(25)　もっとも、小崎によれば、日本のみならず他の国も神国であり、日本の皇室のみならず、いずれの皇帝も国王も天孫である。さらには「天下万民は悉く天孫ならざるはない」と普遍化されていることも見逃してはならない。とはいえ、同じ天孫でも使命を異にするといい、天皇を「世界列国の間に特別なる使命を有する我国民の上に神命により君臨し給ふ御方」と規定している(小崎、前掲書、一八五頁)。明治初年の自由民権につながったローマ書理解からは、はるかに遠くなっているようにみえる。この点について、なお、土肥昭夫「小崎弘道」(前掲、同志社大学人文科学研究所編『近代天皇制とキリスト教』所収)二五〇頁、参照。

(26)　加藤弘之『吾国体と基督教』(金港堂、一九〇七年)五六頁、九七頁以下、参照。加藤のキリスト教批判に対しては、すでに渡瀬常吉や加藤直士など組合教会系の人びとからの反論が出されていた。とくにローマ書十三章を援用した加藤直士の議論を引いてみよう(加藤直士編「二問三駁」一九〇九年、警醒社、三一―三四頁、『近代日本キリスト教名著選集』第Ⅳ期　キリスト教と社会・国家篇、日本図書センター、二〇〇四年、所収）。「敢て問ふ何処に神の命と国家の権と矛盾する所がある乎。吾人基督教徒は国家の忠良なる臣民たるを以て最も神の聖旨に適ふことであると信ずる者である」。ここでは、「良心」への言及があり、さらに行論の中で「一国諫臣なくば亡ぶ、無闇に多数者に盲従するのみが国民の能でもあるまい」と言い切っている。しかし、「苟くも日本民族の血液を有して居る吾人日本の基督者」といった論調からは、いざ国家の非常事態が生じたとき「自説を枉げても国家の命令に服従することは臣民としての当然の義務である」という結論は避けがたいように見える。

(27)　前掲『植村正久と其の時代』第二巻、七二〇頁、参照。

当時における内村の痛烈な批判を引いておこう。《三教会同》は「日本国に於いて孔雀と鶴と鸚鵡との羽が綴合はされて新たに麗鳥が世に現はれし乎の如き観があつた。其時に方て我等キリストの福音に縋る者の如きは狭隘の故を以て嗤はれた。耶に非ず仏に非ず、神道の固陋を破つて世界に向て膨張せし者、是れが政治家の手腕に由て日本人に提供せられし新宗教であつた。然れども其運命は如何。一年後の今日、何人《たれ》が三教会同を口にする乎。三教会同は一時の遊戯に過ぎなかつた。麗鳥と思はれしは実は怪鳥であつた。鵺族の一種であつた。蛤蟖の如き者であつた。今日生まれて今日消えて了つた」（前掲書、七二五頁）。

8　大正デモクラシーとローマ書十三章

1　内村鑑三の『羅馬書の研究』

内村鑑三の『羅馬書の研究』(大正一〇―一一年＝一九二一―二二年)は、日本人キリスト者の手になる最初の本格的な研究であった。それだけでなく、国家主義的風潮に棹ささない少数派キリスト者のもっとも体系的な信仰の表明としても注目に値する労作である。[1] やや詳細に検討してみることにしよう。

《上なる権威》への服従は、内村によれば、「此世の政治的権能に服従すべし」という勧めであり、「全世界にわたれる神の統治を認め、制度尊重、秩序保続の健全なる精神をパウロは茲に鼓吹するのである」。服従の根拠としての《良心》についても、さしあたり特別の規定はおかれていない。注釈そのものは簡潔であり、いわば秩序尊重の穏健な立場のようにみえる。しかし、それにつづいて、彼は、関連する「一三の重要なる問題」について詳説する。[2]

「近代人はパウロの此教に抗議を提起して云ふ、これ古代専制治下に於ての誡めであつて現代の民本政治に於ては全然無用なるものではないかと。否然らず。いかなる時代の如何なる政治組織の下に於ても、一国の秩序を維持するための権能は必ずあるべきである」(傍点、宮田)。

「且またパウロの此国権服従論は、十二章の愛及び愛敵の教よりおのづから引き出されたものである。……良き国家に対しても悪き国家に対しても服従と愛とを以て対」すべきである、というのである。さらに、愛の精神に加えて終末論的観点も、もち出される。

「基督者とはその国籍を天に移せし者である。……故に此世の事は実はどうあつても宜いのである。……故に強ひて此世の権能に反抗するほどの熱心が起らない。何れでもよい事である故むしろ服従を以て此世の権能に対するのである」。

もちろん、終末論的視点がつねに現世に「無頓着」とはいえないであろう。むしろ、それは現世拒否の原動力ともなりうるのだから。内村も言う。「勿論神のため、又平和のため大なる運動を起し、又はそれに携はる場合がないとは云へない」と。その具体例として、「茲に一の問題が起る。もし国の政府が腐敗を極めて明白に民の敵となりたる時の如き、もしくは自国が圧制国の版図に属して暴虐横恣の下に悩む場合の如きは如何、かかる際には之に反抗して革命独立の旗を翻すを可とすべきではないか」と。たとえばクロムウェルの革命、オレンジ公ウィリアムのネーデルランド独立戦争、ワシントンのアメリカ独立戦争などは、「何れも不義の跋扈を抑ふるべく義のため愛のために起つたのである。故に之は義戦として称揚せらるべく、又基督教徒の当然携はるべき性質のものと認めらるべきではあるまいか。叛乱と云へば叛乱であるが、之は基督教的に推奨——少くとも是認せらるべき性質のものではあるまいか」。

この問題にたいして内村は、まず「斯かる場合の甚だ稀である」ということに注意をうながしている。しかし、右のような「或特別の場合」＝《限界状況》にはどうなるのか。「即ち政治の非違その極に達して民皆苦む場合の如きにも」、キリスト者は平和的手段にのみ訴うべきである。

「先づ謙遜と静和とを以て権能者に向つて抗議《プロテスト》すべきである。幾度も幾度も繰返して抗議し、其他平和を超えぬ範囲に於ては凡ての道を取るべきである。……併し乍らその目的が達せられずとて、武器に訴へて叛乱を起すべきではない。平和的手段だけに限りて、成敗は悉く大能の手に任せ奉るべきである」。

じつは、内村がローマ書講演のために用いた注釈書の中で信頼できるとみなしていたものに、前掲サンディのほか、ゴデー、さらにマイアーのものもあった。(3) たとえばゴデーの『ローマ書注解』(一八八〇年)の関連部分を見てみよう。

ゴデーもまた、最初にテキストを順次講解したのち、パウロ自身の提出しなかった問題にも入っていく。たとえば、革命による権力の移行期における服従のそれである。パウロの示した原則からすれば、キリスト者は、旧体制復古のための「いかなる反動的陰謀にも加担しない」。しかし、不正な手段をもってする国家権力にたいしては、パウロの求める《服従》は「受動的抵抗」、たとえば「言葉による抗議」や「行動による抵抗」の形をとることとさえある。ただ、その際、「抵抗することによつて権力から加えられる処罰をも冷静に受容するのでなければならない(使徒行伝五・二九、四〇以下、参照)」と断っていることも見逃してはならない。いわば《市民的不服従》の形をとった抵抗が想定されているわけである。

服従の根拠としてパウロのあげる《良心》(ローマ一三・五)についても、ゴデーによれば、パウロが間接的に「この服従の限界」に触れているのだ、という。国家が神の名によって統治しているという理由づけは、国家が神の法に反することを命ずる場合、国家にたいして「その行動とその(神からの)委託とのあいだの矛盾を痛感せしめる」ことをこそ求めるものである。「国家の神的原則にたいする尊敬」は、そのような場合に「抗議の形で表明される敬意によつて」のみ示されるという。権威にたいする真の服従が転倒した権力にたいする批判と抵抗の形においてのみ示されるというのは、あきらかにカルヴァン主義的な響きをもつ。(4)

ゴデーの注釈は、内村のローマ書講演で——とくに救済論の分析において——よく引かれるものの一つだが、ここでは、ゴデーのラディカルな結論ないし表現は用いられていない。(5) むろん、先ほどの内村の文脈でも、一種の市民的不服従による抵抗のストラテジーが考えられているのであろう。ゴデーも指摘したように、一般に市民的不服従は、権力と政策の正当性を問いつつ、同時に、実定法による制裁を当然に予期するはずである。内村自身もまた、その論点にふれている。キリスト者が正義のために抗議した場合、それが罪に問われるようなときにはどうすべきか。

「己の命を求めらるる場合は已むを得ず叛乱を起すべきか。否かかる場合には権能者の命のままに我生命を差出すべきである。この点に於てはギリシヤの哲人ソクラテスは多くの基督教徒以上に基督的であつた。……されば国法服従の一点に至つてはソクラテスはオレンジ公、クロムエル、ワシントンに遥かに勝ると云ふべきである。而してキリストは此点に於てソクラテスに似て、又ソクラテス以上であつた。彼は何等反抗の手段に出でずして、権能者の審判くままに死に就き給うた。我等はキリストに倣ふべく、又ソクラテスに倣ふべきである」。

この点において内村は、「印度革命者ガンヂーの無抵抗的革命の如きは、正にキリスト的である」と称賛を惜しまない。

「圧制者に向つて武力を以て抗争すると云ふは、彼等に対する憎悪の発現と云はざるを得ない。基督者にして圧制者に武力的に反抗せしものは、皆かれらを神の敵として憎悪呪詛した。しかし圧制者をも愛を以て赦す態度こそ基督者の採るべき態度である」(6)。

《愛敵》の精神による非暴力の市民的抵抗こそ、内村の想定した《服従》の限界を越える解放の道だった。最後に注意すべき点として、内村は、パウロのローマ帝国にたいする態度に触れている。

「十三章の権能服従の語は、事実的には羅馬政府に対しての服従を勧めたものである。史家の認むる如く羅馬帝国の政治と云へば、地上の政治としては最も完備した政治であつた。……殊に此政治は基督教の世界的伝播にとりて大なる助となつた。かかる完備せる政治組織の下に、福音はその盛なる交通網に乗りて、羅馬全版図に早くも弘まつたのである。されば此帝国も亦これ神の摂理の中に現はれしものである」。

こうした《摂理》史観がそのまま実定秩序の正当化に向かう誘惑は、むろん、小さくないであろう。ローマ帝国に対比して、最後に、内村は日本帝国の現状に言及する。

「然らば我等は日本の政治に対して如何に考ふべきであるか。もとより其有する種々の病弊は痛歎すべきであるが、大体より見て比較的良政であると認めねばならない。……生命財産の安全、信仰の自由、或程度までの思想の自由等は慥に此国に存する。此国にありて我等は平和の中に福音を研究し、且宣伝することを得る。もしパウロにして今日我国に生れたならば、此国に於ける福音宣伝の自由と便宜との故を以て深く日本政府を徳とするであらう。そして一節—七節の如き政権服従論を唱へるであらう」。

内村のローマ書講演を聞いた聴衆の中には、ここにいたって、若干の不協和音を聞きとるものも、いなかったわけではなかったようだ。(7)

この第五三講には、「約説」として内村自身の筆による原稿草案が付いている。ここでも、彼はキリスト者が「此世の革命家」ではなく、政治や社会に関しては「本質上よりして保守家」だと規定している。しかし、行論の中で、内村らしい文章があらわれる。(8)

「然し乍ら若し政治が腐敗して理不尽を行つて止まない場合には如何？　基督者は出来得る限り忍耐する。然れども不義不正が其極に達して忍耐する能はざるに至れば止むを得ず抗議する。我等は不義は不義なりと明言する。恰かもバプテスマのヨハネが分封の君ヘロデに向ひ、「汝は汝の兄弟の妻を娶るべからず」と言ひしが如くに言ふ。然れども其れ以上に抵抗しない。基督者は剣を抜いてまで生命財産を保護せんとしない。生命を賭して正義を唱へる。而して正義を唱へしが故に此世の権者の殺す所とならば、神を信じて己を彼が為す儘に任す」。

ここには、《良心》による服従という批判的視点が、なお基本的には保持されていたと言えるのではなかろうか。

内村とほぼ同時期に、山室軍平『民衆の聖書ロマ書』が出版された。ここでは、ローマ書十三章解釈の基調として、社会の制度や権威を「神の摂理の下に」みる視点の中で「秩序を重んじ、国家を愛し、其の主権者を尊ぶ」服従への傾向が強い。とくに明治天皇の《御製》が引かれ「其の真に人民を子愛し給ふた御心」が強調されるとき、《カイザルのもの》と《神のもの》との緊張意識が弱められる誘惑をもたなかっただろうか。(9)

山室は、救世軍にたいする皇室の親しい関わりを強調して、日本社会におけるその組織のステイタスと財政的バックボーンを高めることに努めようとした、という指摘もある。(10)その誠実な社会活動にもかかわらず、《救済》観念における超越的契機の稀薄化とともに、「山室のような社会運動家は、いささかも日本精神を根底から変革しようとするものではなかった」という藤田省三の批判には、厳しく鋭い問いが秘められている。(11)

（1）「羅馬書の研究」は『聖書之研究』誌上に一九二一年二月―二二年一一月にわたって連載され、のち単行本(『羅馬書の研究』警醒社、一九二四年)として出版された。まえがきによれば、内村の講演内容にもとづき畔上賢造が「自己の研究」を加え「編纂」文章化したもので「或意味に於て二人の共作と云ふべきもの」とされる(『内村鑑三全集』第二六巻、岩波書店、一九八二年、一六八頁)。しかし、実際には《共著》としてではなく「内村鑑三著」として刊行された。

（2）『内村鑑三全集』前掲書、四〇三―四〇八頁。

（3）たとえば一九二一年一一月二〇日、日記、『全集』第三三巻、岩波書店、一九八三年、四五〇頁。

（4）Cf. F. L. Godet, *Commentary on Romans*, 1883, Rep. 1977, p 439-446.「国家の神的原則にたいする尊敬を抗議によって表現する」という注目すべき言葉は、カール・バルト『義認と法』(一九三八年)における同様の表現を思わせるであろう(本書、第Ⅰ部、二三九頁、参照)。内村の用いたゴデー、さらにマイアーの『ローマ書注解』(第五版、一八七二年)については、本書、第Ⅰ部、一七三頁以下、一七二頁以下、参照。

（5）前掲の内村日記において、内村自身は、これらの注解に「一も二もなく頼らない積りである」といい、その理由として「欧米人は君臣の道を知らないから」「東洋人の心を知らない」と記しているのは暗示的であろう。

（6）ガンディーの《無抵抗主義》運動については、たとえばローマ書十二章一九節以下の講演においても、キリストの愛敵の教えが「初めて国際的に実行されんとしてゐる」として、その政治倫理的適用の意義を高く評価している（『羅馬書の研究』前掲書、四〇〇頁）。内村の非暴力の倫理は、むろん、日露戦争以来の彼の非戦論の思想に連なっていることは明らかである（宮田、前掲、『平和の福音』二七四頁以下、参照）。

（7）ローマ書十三章の講演について記した内村日記には「政府服従の段に就て講じた、日本政府の美点を数へ上げた時に聴衆中に奇異の感を起した者もあつたらしく」と、その時の反応を記している。「然し余自身は久し振りに日本国の決して悪しき国に非ず、多くの美点を具へた国であることを公然と述べて非常に愉快に感じた」（一九二二年五月二八日「日記」、『全集』第三四巻、岩波書店、一九八三年、五一頁）。アメリカの内村研究者ハウズによれば「ついにかれは日本を受け容れ、かれの非妥協的な規準によっても愛国者となった」（ハウズ、前掲「日本人キリスト者とアメリカ人宣教師」二六四頁）とする。この点については、なお後述する。内村の愛国心の特質については、宮田光雄『日本の政治宗教』（朝日選書）一九八一年、五五頁以下、（のちに宮田光雄『同時代史を生きる』（新教出版社、二〇〇三年）二八八頁以下に再録）参照。

（8）「（羅馬書）講演約説」（『全集』第二七巻、岩波書店、一九八三年、八三―八六頁）。内村は畔上が文章化した『羅馬書の研究』本文に、さらに自分の筆で「講演約説」を付加するにあたって、その理由を『聖書の研究』誌上に記している。「筆者曰ふ、約説実は原稿である、畔上君の編纂に次いで之を掲ぐるは重複の嫌ひありと雖も、聖書の言は幾回重複するも益あつて害がない、読者が前後両編を合せ読んで更らに深くパウロの言葉を味はれん事を望む」（『全集』第二七巻、二二頁）。しかし、「並んで『約説』を掲げた理由は、畔上の筆記に対し内村が不満だったためとみられる」（鈴木範久『内村鑑三日録11　一九二〇―一九二四』教文館、一九九七年、一七二頁）。

（9）山室軍平『民衆の聖書ロマ書』（救世軍出版部、一九二二年、第七版一九三二年）九〇―九二頁。

（10）田中真人「救世軍と皇室」（同志社大学人文科学研究所編『山室軍平の研究』同朋社、一九九一年、所収）参照。皇位継承

の象徴である《三種の神器》を聖書的メタファーと類比させる論理——たとえば「草薙の剣」を聖書にいう「悪魔という大蛇を滅ぼす聖霊の剣」と比定する——は、すでに将来の《日本的キリスト教》を先取りするかのようである(同上、三三一頁以下、参照)。

(11)　藤田省三『維新の精神』みすず書房、第二版、一九七四年、一〇三頁、参照。

2　大正デモクラシーとキリスト者

吉野作造

内村がローマ書を講じていたのは吉野作造が大正デモクラシーの旗手として活躍していた時代でもあった。吉野の《民本主義》の論文には、むろん、直接的な形でパウロが引照されることはなかった。とはいえ、視点を少しずらしてみれば、ローマ書十三章の精神に通底する新しい政治的含蓄を読みとることができるかもしれない。

代表作「憲政の本義を説いて其有終の美を済すの途を論ず」(一九一六年)は、《民本主義》と吉野の名前とを不朽のものたらしめた大正デモクラシーの古典といってよいであろう。

この《民本主義》が法律論上の主権の所在を括弧の中に入れて、デモクラシーを憲法運用上の原理として定義したものであることは、よく知られている。憲政の目的は民衆の利福にあり、その方針の決定が民衆の意向によることを目指していたことについては、くり返すまでもなかろう。それは、デモクラシー概念としては、人民主権に触れない不完全さをもっていた。にもかかわらず、この使いわけによって、かえって天皇親政を楯にとる藩閥官僚勢力にたいする《抗議的》(C・シュミット)概念として、それが現実批判の有力な武器となったことを見逃すことはできない。(1)

そこには、天皇主権を正面から否定することの挑発的な逆効果について、厳しい警戒と醒めたリアリズムが脈打っていた。たしかに、当時、社会主義者の側から言われたように、《民本主義》の不徹底さや階級的視点の欠落など、その《限界》があったかもしれない。しかし、あたえられた条件の中で具体的な変革を目指す、すぐれた実践性に貫かれていたのである。それればかりではない。天皇親政イデオロギーは、しばしば、国民のための仁慈を訴えることによって道徳と権力とをあいまいに癒着させてきた。してみれば《民本主義》は、憲政を国民利害の交錯する場として設定することによって、はじめて政治を現実的にとらえる思考を基礎づけたということもできる。それは、道徳と権力とを一元化させた天皇制支配の思想構造にたいする、するどい一撃をも意味していたであろう。(2)

じじつ、吉野の天皇制への姿勢や「宗教法案」をめぐる信教自由の論議には、そうした精神的内面性の権威をうかがわせるものがある。むろん、こうした吉野の政治的信条の根底には、カント的な意味での人格主義、ひいてはキリスト教信仰があったことはあきらかである。(3) それを彼は、外の政治の世界に向かっては、いわば《宗教家ならざる宗教論》(牧野英一)として、人間の権利と尊厳とに根ざすデモクラシー理論の形で展開したのであろう。そこには、デモクラシーを支える価値の定着と主体の確立とにたいする志向が横たわっている。

こうした吉野の主張は、彼が終生師事した海老名弾正のそれとほとんど相違がないようにみえる。キリスト教義の合理的・啓蒙主義的なとらえ方、人間の霊性を重んじ、万人のうちに《神の子》をみる人類同胞への信頼、さらにキリスト教的責任にもとづく積極的な社会的・政治的発言など。しかし、こうした共通性にもかかわらず、たとえば朝鮮問題にたいする態度は大きく違っていた。彼は、海老名の推進しようとした朝鮮人伝道にたいしても批判的だった。吉野におけるキリスト教的人間観は、日本的特殊主義の枠組にとらわれなかった。(4)

したがってまた、吉野の《民本主義》が、その原理の普遍性から、対外的にも適用範囲を拡大していったのは当然であった。彼は、五・四運動や三・一事件に象徴される中国や朝鮮のナショナリズムに理解を示したばかりではない。その反日ナショナリズムの中に流れる《民本主義》と連帯することを恐れなかった。それは、彼がこれらの運動に「国家の上に国家を指導すべき一段と高い原理に拠つて立つ」ものを見たからであり、まさにこの「同一の根本原理」にもとづいて日本の植民地主義政策そのものの深い反省と根本的改革とを迫ることができたからである。それは、当時、アメリカやオーストラリアにおける人種差別撤廃を求めつつ、みずからのアジア人への差別を止めなかった日本世論の《二重道徳》的欺瞞にたいして鋭く対立していた(5)。

吉野は、「我日本の国体は万国に冠絶する誠に立派なもので、之れを以て世界を支配すべく、決して世界に支配さるべきものでないと言ふやうな、一種の楽天論」を「最も浅薄にして安価な」「子どもだまし」の議論として切り捨てている。こうした国粋論者の「精神的鎖国主義」が世界全体の滔々たる進歩から日本を後らせ、落伍させる運命をもたらすものだ、と批判する。天皇についても、彼らが称えるように「我が国の君主と、他の君主国の君主との間に根本的性質上の差ありとなすも、そは断じて誤りである。彼我の相違は皇室に対する民心の厚薄の程度の差に他ならぬ」と喝破している。ここには、天孫降臨以来の血統といった天皇神聖観の一片もとどめていない。それは、パウロ的な支配権者の世俗的性格の認識に通ずるものであろう(6)。

そのことは、吉野が君主制を維持する方策として、君主の権力を「純粋なる合理的基礎の上におく」という提唱にも、よくあらわれている。その第一として、彼は、「人民の君権に服従する所以の理を合理的説明の上に立てること」であるという。服従の根拠としては、いわば啓蒙化された《良心》(ローマ一三・五)＝理性的な洞察と責任とにもとづくのであり、「盲従を事と」するのではないとしているわけである。したがって、伝統的なローマ書解釈にみられた無分別な絶対的服従は成り立たない。天皇制についても、従来の「伝説・神話に基づく非科学的なもの」では「現代文明人の了解」をうることはできないであろうという。それと連動する形で、第二として、「国君が自ら国君としての使命を自覚し、国家の発展幸福のために最善の努力をなすこと」をあげる。いわば、「善事」と「悪事」とにふさわしく対処する支配権者の機能(ローマ一三・三以下)というパウロ的勧告を暗示するかのようでもある。[7]

吉野自身は、この論文の最後で、「予は素より我国の国体の万国に冠絶するを信ずるものである」と慎重にコメントしているが、「国家の前途を憂ふると称する古老先輩」の杞憂にたいして、あえて「国体の万全を期する」方法として、最後に、こう断定する。「人民が極めて透徹なる合理的確信の上に君権を中心として国家の経営に全力を致すことである」と。それは《民本主義》の思想と行動とにほかならなかった。[8]

柏木義円

ローマ書解釈という線上で興味深いのは、吉野と同時代に大正デモクラシーの論議に加わった柏木義円であろう。彼は、朝鮮人伝道の問題でも吉野に連帯する立場に立っていたが、個人誌『上毛教界月報』上で「君主国体と民主主義」(一九一九年)において、《民本主義》の問題をとりあげている。[9]

柏木は《民本主義》という言い方に否定的である。それは、デモクラシーを端的に民主主義と訳するのを「躊躇」した「妥協的の言」である。「我国の聖王は民は国の本なりと仰せられ」たといった類の、いわゆる「専制君主の善政」をあらわす《民本主義》は「堅白同異の詭弁」である、と切り捨てている。こうした《民本主義》は「嘗て良心の自由、信仰の自由、思想の自由、言論の自由、人民参政の権利を認めない」「似而非《えせ》デモクラシーである」という。これまで個人の自由権を擁護してきた柏木が、ここで「人民参政の権利」にまで説き及んでいるのは注目される。してみれば、基本的に選挙権の拡大による政治参加を狙いとする吉野の《民本主義》については、柏木の批判は除外されることになるのではなかろうか。ただし、柏木は、この論文で、端的に民主主義という概念を用いているだけでなく、さらに主権の問題にも一歩踏み込んで議論している。この点において、吉野の《民本主義》との違いが、はっきりあらわれている。

この論文の冒頭にいう。「国家は国民の結晶である、国家の意志は即ち国民の最高意志で、主権は即ち其れである。個人の主宰は個人の良心である如く、国民の主宰たる国家の主権は、亦国民の良心、即ち国民の最高意志であらねばならぬ」。一見、これは人民主権の響きをもっている。しかし、柏木によれば、君主制であれ共和制であれ「主権の尊厳は一である」。ここでは、国土や国民を君主の私有物視する君主主権論ではなく、国家そのものを主権の主体とする立場を踏まえていることがわかる。じじつ、「国家は無形の法人であって、主権は其発動せざる時は無形の空位である。……共和国の国民は主権を空位となし居れど、君主国に在ては有形の君主をして其国家の主権を象徴せしむるのである」という。

しかし、こうした柏木の議論も、厳密には、法理論的ではない。むしろ、基本的には、君主と民衆との倫理的資質を問うものであった。柏木によれば、国家の主権を重からしめるためには、第一に、「君主の人格を高尚にして、其徳を盛大ならしめ、且つ王統の由緒の深くして遠きを明にしなければならぬ」。それとともに第二に、「国民個々の人格を尊重して、其として重からしめねばならぬ」。人民の尊厳の不可侵性を認めて重んずること、「此れ民主々義の精髄」であり、「真誠のデモクラシーは、決して君主国体と相容れぬものではない」。

柏木もまた、吉野と同じく――ここではカントではなく、ハミルトンに従って――人間を「手段」としてではなく「目的」としてみるべきことを強調している。「目的としての人から之を言へば、国家は反て個人の為めに存するのである。目的としての人は、国家より大にして国家以上で、真誠なる民主々義の本領は即ち此に在るのである」。この基本的視点を徹底すれば、《国家以前》の人権にもとづく社会契約説的な国家論に通底しうる契機をもっていた。

当時、すでに労働者本位の社会主義的立場から、経済上の民主主義が喧伝されはじめていた。しかし、そこで参政権による政治上の民主主義を不徹底とする、一見、ラディカルな議論にたいして、柏木は、「併し、吾人の見地よりすれば、真正なる宗教に論源して目的としての人を認むるでなければ、本当の民主々義は実現せられない」と断言してはばからない。二〇世紀後半にいたって東欧共産圏諸国の崩壊過程から引き出される歴史的教訓を、すでに先取りしていたかのようである。

たしかに、柏木は、君主の倫理的資質をめぐって「王統の由緒の深くして遠きを明にしなければならぬ」と問いかけている。しかし、それは、けっして国体至上主義者の立場に近づいたことを意味しない。むしろ、「荒唐なる神話伝説を王統真実の歴史として其由緒を飾」り、そのために「自由討究を禁圧して人民を愚にし」、それによって「君主の尊厳を保持する所以と妄想する」「所謂忠君愛国者の謬見」を根本的に否定する問いを意味していたのだから。それは、不敬事件の際に彼がローマ書十三章を援用して披瀝した帝王礼拝拒否の線から、けっしてずれてはいなかった。(10)

ふたたび内村鑑三

大正デモクラシーをローマ書十三章解釈の線上においてここまで辿ったのち、いま一度、内村に返ってみよう。先にみた内村のローマ書十三章の実践的解釈——社会的・政治的不正にたいする市民的不服従の倫理——には、その精神において、大正デモクラシーに通ずるものがあると言えるのではなかろうか。(11)

たしかに、内村の当時の言説では、広く流行していた普選運動ないし《民本主義》にたいして、どちらかと言えば消極的であり、むしろ、否定的な印象さえあたえられる。「基督教は民主々義ではない、二者を同視する者は未だ二者孰れをも知らざる者である。民主々義が其発達の極に達する時に基督教の真理が実現して世界は黄金時代に入るべしとは聖書の何処にも記《かい》てない」。「世界はデモクラシーに由て救われない」[12]。

内村にとって、キリスト教はデモクラシーを精神的に基礎づけるものではなく、むしろ、社会秩序にたいする批判的視点を可能にするものであった。こうした内村の民主主義批判は、当時、その提唱していた再臨運動の基本的立場と関わっていたのではなかろうか。すなわち、世界の救済は人間の努力によってもたらされるのではなく、イエス・キリストの再臨によって初めて可能となる、という主張だった。じじつ、これまで内村研究者のあいだでも、再臨運動いらい、内村がかつての社会批判の実践性を失い、現実逃避に後退した、といった批判が少なくない。はたして、そうだろうか。

この点をあらためてローマ書解釈の視点から検討してみよう。本書の《序章》で確認したように、ローマ書十三章一―七節は、パウロにおいては、十二章一―二節と十三章一一―一四節という前後二つの括弧にくくられていた。つまり、それは《終末論的日常性》に生きる倫理としてとらえうるものであった。内村の『羅馬書の研究』はどうだったか。

ローマ書十二章についての内村の講解では、「日々に連続して其身を献げつゝゆく祭」、いな、「全生活」、「全生涯」が、こうした「祭」、すなわち、日常的な《神奉仕》なのであり、その「他に特別の祭をする必要がない」(一節)という。しかも「この世に効ぅ勿れ」(二節)を解釈して、内村は、キリスト者の生を「この世と戦う教会」＝エクレシア・ミリタンスと規定する。それを根底から支えるものは「神を信じて永遠の国を懐う」終末論的視点であり、それゆえに「世の流行風潮の外に超然として独自の境を守って」いくことが可能になる、という。

終末論的アクセントをいっそう強めた十三章一一節以下のテキストについては、「凡ての道徳的行為」(＝十三章一一―

七節の《服従》を含む）を実践する理由として、パウロが「終末の近接」を掲げたものとみている。「われらは時を知れり」（一一節）における「時」の原語はカイロスであり、「キリスト再臨の日」の近いことを告げているという。内村は、再臨運動の際と同じ語調で、ここでも「世界大戦中に始まりし世界の堕落」といった現代文明批判をくり返している。[13]

しかし、再臨運動の当時においても、内村の再臨観が、けっしてファンダメンタルなものではなかったことを見逃してはならない。再臨の切迫性を口にして熱狂的になり、日常的な労働や歴史形成にたいする責任を放棄して顧みなくなるというのではない。むしろ、終末を望むがゆえに、かえって醒めた態度で現世における禁欲的規律と日常生活の合理化が可能となるのである。じっさい、ローマ書の講解においても、内村は、こう語っていた。「終末近しとならば誰人も真面目ならざるを得ない。終末の近きを明知して、その生活と精神と共に緊張せざるものはない」。「緊張厳粛を加ふると共に……又希望に伴ふ救の喜びに溢れて自ら善行に出づ」。こうして終末論的希望こそ、「我等此世にありて力なき者を励まして愛の行為に出でしむる最大の動力である」。[14]

よく知られているように、内村は、キリスト再臨によらなければ平和は到来しないと叫んで、ヴェルサイユ講和条約や国際連盟の成立に救いの希望を託そうとする一般的風潮を批判した。しかし、再臨の日まで戦争の止むことがないという認識は、にもかかわらず、内村において非戦思想を世に訴え平和を証する責任を免除するものではなかった。むしろ、国民がこぞって戦争熱に煽られているときこそ、敢然と、国民の憤激を恐れることなしに、平和を主張すべきである、と説いている。「われらは潔き勇ましい行ひを以て主の再来を速むべきである。……真理を唱え不義を排して、主の再来を待つべきである。われらは神と共に働く者である。爾うして彼が平和を以て上より臨み給ふに対して、われらは平和の準備をなして下より彼を迎へ奉るのである」。[15]

この内村の言い回しは、文字通り、《待ちつつ急ぎつつ》（J・C・ブルームハルト）という終末論に立つキリスト教倫理と共通することを示しているであろう。この「平和の準備」の中身には、当然、先に見た内村のローマ書十三章の実践的解釈、すなわち、社会的・政治的不正にたいする市民的不服従による広義のデモクラシーのために闘う政治倫理も入っていたはずである。(16)

（1）　吉野作造「憲政の本義を説いて其有終の美を済すの途を論ず」(『吉野作造選集』第2巻、岩波書店、一九九六年、所収)三一九八頁。もっとも、その二年後の再論(「民本主義の意義を説いて再び憲政有終の美を済すの途を論ず」同上、九九一一四二頁)では、《民本主義》の意義には、政治の実質的な目的である《民衆の福利》とその手段である民衆参加の制度化という二つの異なった内容がある、と定義し直している。後者の意味の民本主義は、前者の意味の民本主義の実現にのみ必要な方法ではなく、「政治の目的は何であれ、……国家を健全に発達せしむる」には不可欠とした(同上、一一一頁)。大正デモクラシーをめぐる論議については、太田雅夫編『資料　大正デモクラシー論争史』(全二巻、新泉社、一九七一年)が有益である。研究書としては、たとえば、三谷太一郎『大正デモクラシー論』(中央公論社、一九七四年)、松尾尊兊『大正デモクラシー』(岩波書店、一九七四年)、太田雅夫『大正デモクラシー研究』(新泉社、一九七五年)など、参照。

（2）　この点について、とくに松本三之介「『民本主義』の構造と機能」(『近代日本の政治と人間』創文社、一九六六年、所収)参照。吉野は『新人』誌上の論文「国家と教会」(一九一九年)において、「我々の宗教生活は、信仰に於て絶対と一になるものであるから、其の間に外部的強制を容るる余地が無い。我々は神に絶対に服従する」と記している。彼は、「現実の問題」としては「飽くまで天皇の主権に依つて社会を統制する」ことの必要性を認めている。しかし、「帝国の永遠の理想」としては、こうした強制組織なしにも「日本といふ国が立ち行く」可能性を想定する。そのとき「主権者たる天皇はどうなるか」。この疑問にたいして「命令の君が一転して愛慕の君となる」ことを望み、本当の意味で「愛慕の焦点となるならば、これ程国の為めに幸福のことはない」(『選集』第1巻、一九九五年、所収、一八四一一八六頁)とする。戦後の象徴天皇制論議において政治的機能を極小化して《憧れの中心》とみる論理を先取りしているかにみえる。

（3）　とくに『新人』（一九一九年）誌上の吉野論文「デモクラシーと基督教」（『選集』第1巻、所収）一六三―一六五頁、参照。彼は、デモクラシーの「活動力の本源は何処までも之を宗教的信仰に求めねばならない」として、キリスト教とデモクラシーとの「密接な関係」を指摘する。「吾々は総ての人類を神の子として総ての人類に一個の神聖を認め、固く基督に結んで居る。之れ程確実な人格主義の信念がまたと世にあらうか」。たとえば植村正久の大正デモクラシー支持も、このキリスト教的人格主義の線につながっていた（京極、前掲『植村正久』七九頁）。

（4）　吉野の回顧によれば、彼が海老名から受けた最大の影響は、その説教を通してだったという。すなわち、「宗教上の神秘的な問題を科学的に、ことに歴史的に、快刀乱麻をたつの概をもってといていく」「学問上の物事の考え方」（傍点、原文）であった。吉野と海老名との関係を問うとき、吉野にとって影響したのが《思考の仕方》だったという言明は示唆的である（「自分を語る」、『選集』第12巻、一九九五年、三二頁）。

（5）　吉野の中国論、朝鮮論については、前掲『選集』第7巻―第9巻（一九九五―一九九六年）、参照。

（6）　吉野作造「如何にして国体の万全を期すべき」（『新人』第一九巻第七号、一九一八年）二―八頁。吉野が「国体論の神話」に反駁したり、「皇室制度」を直接攻撃したりするのを避けたのは、「知的臆病さからというよりも」、当初から「天皇をせいぜい世俗君主にすぎないとみていた」ことによるのであろう（P・ドウズ「クリスチャンの政治評論家・吉野作造」、シルバーマン他著『アメリカ人の吉野作造論』宮本・関・大塚編訳、風行社、一九九二年、所収）一一二頁、参照。

（7）　本稿の視点とつながり吉野の神社問題批判まで究明した田沢晴子「吉野作造における《国体》と《神社問題》」（政治思想学会編『政治空間の変容』風行社、二〇〇九年、所収）二三七―二六一頁も参照されたい。

（8）　吉野、前掲論文、一〇―一一頁、一二頁。むろん、吉野の民本主義の論理になお残されていた曖昧さを追求していけば、「天皇制的な思想風土との連続面」（松本三之介『近代日本の知的状況』中央公論社、一九七四年、二四七頁）の契機を掘り起こしうるという鋭い指摘もなされていることに注意すべきであろう。なお、同『吉野作造』（東京大学出版会、二〇〇八年）終章、参照。

（9）　柏木義円「君主国体と民主主義」（前掲『柏木義円集』第一巻）三六一―三六三頁。

(10) この点について柏木論文の評価は分かれている。たとえば「天皇制批判の視座を堅持しつづけた」(片野真佐子『孤憤のひと柏木義円』新教出版社、一九九三年、二六〇頁)とみる解釈にたいして、「天皇制の幻想に包みこまれていたのであろうか」(土肥、前掲「近代天皇制とキリスト教」三二二頁)と、やや懐疑的な意見も出されている。

(11) 後述する内村の再臨運動における日本批判、すなわち、「富豪と政治家の堕落」、「官吏社会の腐敗」などは、「結局は大正デモクラシーの風潮の中でこそ可能」ではなかったか、という指摘も見逃せない(近藤勝彦『デモクラシーの神学思想』教文館、二〇〇〇年、四四〇頁)。

(12) 内村鑑三「余輩の立場」(一九二〇年)、同「デモクラシーとキリスト教」(一九二〇年)による。前掲『全集』第二五巻、二四四頁、三三八頁。

(13) 内村、前掲『全集』第二六巻、三五二頁以下、四一四頁以下。

(14) 内村、前掲『全集』第二六巻、四二〇頁。

(15) 内村鑑三「基督者は何故に善を為す可き乎」(一九〇六年)、(内村、前掲『全集』第一四巻、所収)三〇三頁。内村における再臨観と平和思想との関係については、宮田、前掲『平和の福音』二八八頁以下、参照。

(16) 内村の言い回しは、晩年のカール・バルトの思想(『和解論』の倫理講義)に酷似している。「キリスト教的エートスはつぎの点に成り立つ。すなわち「御国を来たらせたまえ」と祈るように解放され、呼びかけられた人間が、また、彼らの自由を用いて、彼らにあたえられた〔神の〕戒めに従い、彼らの側でも到来しようとする御国に向かって生きていくということである」(K. Barth, *Das christliche Leben. Die Kirchliche Dogmatik*, Bd. IV/4: *Fragmente aus dem Nachlaß. Vorlesungen 1959-1961*, 1976, S. 454〔『キリスト教的生』天野有訳、新教出版社〕)。よく知られているように、バルトの神学は、その最晩年にいたるまで政治的射程を失うことはなかった。

9　天皇制ファシズム確立期のキリスト教

1　一九三〇年代初期のローマ書十三章

時代転換のきざし

山本秀煌の『日本基督教会史』は、明治から大正への時代転換を論じた最後に、天皇制国家思想の新しい局面について触れている。おそらく、これは、執筆された一九二〇年代末当時の状況をよく反映しているのではなかろうか。

「皇室と臣民との関係に就いても亦極端なる新旧思想の衝突を見る。一面に於ては其筋より危険思想として恐怖せらるゝ処の社会主義なるものがあると同時に、他の一面に於ては国民一般に天皇を神として崇拝せしめんとする頗る旧式の思想がある。英国の某学者は之を日本の新宗教となしミカド・ウオルシツプ又はジヤパン・ウオルシツプと名けて頻りに攻撃している。察するにかういふ主義を鼓吹する人は敢えて宗教としやうといふ考ではなからう、是れが即ち日本の国体であるといふ議論であらうが、然し天皇を神として崇拝せしむるといふことになると勢ひ一種の宗教たらざるを得ない様になる。その志は固より尊王にあることは疑はないが、その主義を貫徹しやうとすれば憲法に保障せられた信教の自由と衝突すべきは火を観るよりも明かな話である(1)。それればかりではなくその結果累を皇室に及すやうなことがないとも限らぬ。是は大に慎むべき事と思ふ。此処にも亦我等は一方に於て皇室を尊敬し之に誠忠を致すと同時に、信教の自由・良心の自由を維持すべき大任を帯びて居る(2)」。

山本秀煌がこのように記していた同じ年に、柏木義円もまた、同じ問題を正面から見据えて論じていた。彼は、ローマ書十三章を引きつつ、「尊王本論」（一九二九年）において次のように明言している。

「若し誤つて崇敬其限を越へて、国民をして王を崇拝すること神と撰ぶなからしむるを以て無上の忠と為す者があるならば、これ王を敬するでなくて王に媚びるのである。……王に媚びて之を神に擬するは、これ反つて王に禍するものである。帝王礼拝！　古への羅馬は一たび之を誤つて惨虐無比の迫害を基督教に加へて、徒らに其歴史を汚した。人間理性の大に進んだる今日再び其過を繰り返す者はあるまい。科学の光明が世界を照らすの現代、敢て神話や伝説を迷信せしめて以て王位の尊厳を維持し得可く誤想し、愚かにも科学の光明と自由討究のメスを避け、或る名に託して思想の自由を弾圧するが如き事が若しあるならば、其れこそ反つて其王家を誤るものである(3)」。

新しく厳しさを増した反動的な思想状況の中でも、柏木の目は的確に問題の所在をとらえて、その批判的な姿勢は、終始一貫、微動だもしない。

ほぼ同じ時期に、晩年の内村鑑三も、天皇制国家の擬似宗教的性格について親しい弟子に語っている。この指摘も、同じ問題の所在をついていた。彼は、当時、日本の政治や教育の腐敗の根本的原因を「人間を神として祭る」偶像崇拝にみた(4)。

内村が世を去ったのは、まさに天皇制ファシズムが、その最初の暗い影を政治的地平線の上に投じ始めた頃であった(5)。一九三〇年代におけるローマ書十三章解釈は、しだいに明確に、この問題と対決することを迫られざるをえない。

高倉徳太郎

最初に、高倉徳太郎『ロマ書講義』をみてみよう。高倉は、植村正久につづく世代の日本キリスト教界を代表する神学者である。信濃町教会を起こし、若手牧師たちとともに福音同志会を結成して教会革新運動を指導した。とくに印象的なのは、ローマ書冒頭についての注釈である。「上にある権威」(一節)について「権威の地位にある人々の意である」といい、ペテロの第一の手紙二章一三節を指示している。そこでは、「主権者としての王」の存在も、はっきり「すべて人の立てた制度」というカテゴリーのもとにくくられていた。したがって、「神によらぬ権威なく」というテキストも、「いかなる人的権威も、その源を神に発するものであり、神の賜物としてこれが考えられねば決して成立しない」としつつも、「すべての地上の権威よりも神の権能ははるかに大いなるものであって、すべての官憲は、彼ら以上の神に対し、そのなすことにつき責任ありとの考えがヘブル文学に一貫している」と注釈している。こうして、このテキスト全体について「これより国家の神権説――帝王神権説を直ちに考えることは誤りである」と結論している(6)。

この頃、公刊された高倉の著書『基督教世界観』(一九三一年)の中に「自我より国家へ」と題する論文が載せられている。教会と国家というテーマに関して、晩年の高倉が残したほとんど唯一の主張である。これは、彼のローマ書解釈の方向を具体的に確認する上で重要であろう。

「一体国家は絶対独立の主権をいたゞき、一定の民族を本幹とし、一定の土地をその領域とするものであるといはれてゐる。しかしてその存在の理由は、その国民の生命、財産を安全に保護し、言論の自由を保証し、かくて国民最大多数の福利を増進せしむるところに存するとなされてゐる。……然し単に富国、強兵、国民の福利の増進のみが国家の主たる使命であると考へることは出来ない。これと共に国家には、もつと遠大なヴィジョン、高き使命があつて然るべきだと思ふ」。

それを高倉は、「神より負はされてゐる」特色ある「道義的、文化的使命」と呼んでいる。彼は、「義は国を高くし、罪は民を辱しむ」(箴言一四・三四)という聖句を引き、「我が祖国に於て所謂《聖義国家》の建設せられんが為め、我ら神を信ずるものは心を一つにして、祖国を憂へ愛したい」と語っている。(7)

たしかに、ここでは、《聖義国家》の具体的内容については言及がない。しかし、それが、当時、起こりつつあった「日本意識の目醒め」や「愛国的精神のあらはれとも見るべき傾向や主張」にたいして、国家絶対主義批判を意味していたことは確かだろう。「主の福音の前に祖国をおけ。同胞の精神はまづ十字架によつてさばかるべきである。いまの同胞を支配しつゝある、偏狭なる愛国心はさばかれよ」と明言していたのだから(傍点、宮田)。

高倉によれば、祖国にたいする「最大の奉仕」は十字架のキリストを「同胞の腹中にたゝきこむ」ことだと言い、元寇の折の日蓮にならって、「我等こそ日本の柱なり」という使命観を訴えている。「祖国よ、同胞よ、キリストを迎へよ、主とその十字架を受けいれよ、主を仰ぎ主を信ぜよ。永遠の王位を主に与へよ」。そして最後に、パウロの「我は福音を恥とせず」(ローマ一・一六)を引いて結んでいる。(8)

中川景輝

高倉が『ロマ書講義』を行なっていた頃、日本基督教会牧師中川景輝の『ロマ書の精神』(一九三〇年)が公刊された。教会礼拝で行なわれた講解説教を集めたものだという。ローマ書十三章は「国家権力への服従」というテーマの下に扱われている。

中川は、「近頃頻々として起り来る神社参拝強制問題」の中に、キリスト者を「非国民」視する明治いらいの一般感情がふたたび台頭しつつある状況をみて論じている。(9)

「公平に見て基督者ほど忠君愛国の徒が他にあるであらうか。消極的にいへば、彼等は国家を煩はさぬ忠良の臣民である。……積極的にいへば、真に国家のために貢献するは基督者ではないか。軍人のみが国家の干城のような考は今は通らぬ。寧ろ国民の思想を高め立派な人格を造るものこそ、国家のため最も大なる貢献をなすものであ〔る〕」。

さらに彼は、こうも記している。「我等は純日本人として純基督者たり得るのである。聖書は決して民主主義を主張するものではない。基督教の愛も義も、我国の如き国体にありては燦然たる「忠」として発露すべきもので、それは欧米の基督教が見るを得ざるものであらう。基督教は我国に於て始めて従来嘗て見ざりし姿を発揮すべきではないのか」。

ここから、ローマ書十三章をあらためて学び直さねばならないという。(10) 中川がこの聖書テキストの基本的性格を「国民訓」であって「帝王訓」ではない、とするのは正しい指摘である。彼は、ローマ書十三章一節を引いて、パウロが「国民として万人国家に服従すべきもの、而もその権威の出所を神にありとするのである」という。しかし、彼もまた、このテキストから「帝王神権説を案出して、暴虐なる専制政治を弁護するが如きは、もとよりパウロを曲解するもの」と明言する。

「神よりの権威を濫用して弱者の生命と幸福とを奪ふ虐政を行ふ場合は、時に或はクロムエルの如くワシントンの如く、反抗の旗を翻し革命の歌をうたふことあるも亦止むを得ぬ。殊に政治が道徳宗教の精神界を侵し、国権を以て国民の良心や信仰を蹂躙するが如き場合あらば、基督者は死を以てこれと争ふべきであつて、後ロマが皇帝礼拝を国法を以て強制した時、基督者はこれを拒んで迫害を受け刑死を甘んじた。日本の切支丹迫害史にも我等は同じ実例を見る。これは消極的反抗《パッシーブ・レジスタンス》であるが、反抗たるに変りはない」。

むろん、それは「例外」であり、普通の場合には「基督者は従順にして忠良なる臣民たるべきである」。このように説きすすめるパウロの態度が、当時、おおむね「善政」を敷いていたローマ帝国の統治に対応するものだったとみる歴史学的評価は少なくない。このような解釈にたいして、中川は、最後に、なおこう記している。

「然しパウロが利害問題から権威への服従を自他にもとめたのではないことは、歴史の次のページを見れば明かである。時代はまもなく一転した。基督者殉教の血がページを染めて居る。同じネロ帝治下に教会は残虐な迫害を蒙りはじめた。同じパウロが遂に殉教の死を遂げた。而もパウロは晩年もその服従の態度を改めず、若き弟子達に諭していふ(テモテ前二ノ一、なほテトス三ノ一も同じ)、「然れば我れ第一に勧む、凡ての人のため、王たち及び凡て権をもつ者の為に各々願ひ、祈り、執成《とりな》し、感謝せよ」基督教会はこの教を、国権を以てする迫害の下に守つて動かなかつたのである」。

畔上賢造

無教会陣営では、内村の『羅馬書の研究』の共同執筆者、畔上賢造が『ロマ書註解』(一九三〇年)を出している。この書物では、比較的詳細な語句の注釈がある。(11) しかし、ここでも、《上なる権威》を立てる《神》について鋭くこう記している。

「神は全世界の王である。彼の許す所ならずして、如何なる権威といへども有り得ない。これ普遍的原理である」。「不信者はただ上に立つ権威を権威として見て、之に従ふ。しかし基督者は世の権能の背後に服従の対象たる神を認めて、神の立てたまひし所なる故を以て世の有司に従ふ。実は有司に従ふにあらず、有司を通して神に服《したが》ふのである」。

してみれば、服従の根拠としての《良心》は、消極的な意味にとどまらないはずであろう。畔上はいう。「ただ刑罰の畏怖よりの服従は不充分である、消極的である。ぜひとも良心の要求としての服従を之に加えて、積極的方面を之に加味せねばならぬ」と。しかし、この《積極性》は、服従の自発性を強調することによって服従の《増幅》効果を意味するのか、それとも批判的主体としての政治的共同責任への暗示なのか、かならずしも明らかではない[12]。

内村に見られたような歴史的・実践的展開、たとえば不正への抗議、非暴力抵抗などの論述はなされていない。ただ、語句の注釈のあと、総括的にこう記している[13]。

「以上パウロの政権服従論は、文字の意味は頗る平易であるが、信仰生活上の対国家の原理としては、古来幾多の問題を惹起し、今も尚ほ種々の問題を惹起すべき性質を備ふるものである。例へば果して此世の権威及び凡ての有司は神の立て給ふ所なるかと云ふ如き、又基督信徒はいかなる場合に於ても政権に服従せねばならぬかと云ふ如き、孰れもこれ簡易なる問題ではないのである。併しながら之を大体より眺めて、頗る健全合適なる教にして、平和と秩序を愛好する基督者としては、又国を天に置きて現世にては「旅人また宿れるもの」たる基督者としては、之の外に対国家の道を見いだし難いのである」。

ここには、「国籍を天にもつ」キリスト者の特質が指摘されてはいる。しかし、この終末論的視点からは、対国家的倫理として積極的に媒介される余地が残されているのか否か、かならずしも明らかではない。畔上によれば、パウロのこのテキストは、「当時の情勢」に促されたものと解釈されている。

「殊に当時のロマ帝国の治政は、空前絶後といふべき優逸なるものであつた。整斉にして公平、威力ありて苟も圧政に走らず、殊に未だ信者に対する迫害の起らざりし時とて、基督者が之を敵視する理由は少しもなかつたのである。加之、或る意味に於てロマ政府は福音宣伝を助けたものであつた。無知頑冥なるユダヤ人等が福音宣伝を妨げんとせしとき、之を制して福音伝達者を保護せしは、常に公平なるロマ政府の官吏であつたのである。されば基督者にしてロマの節度に服するはむしろ当然のことであると彼は考へ、そして奇激の徒を戒めたのである。公平、健全、中庸、平和、常識尊重は、常に彼の教の特徴である」。

たしかに、内村の『羅馬書の研究』においても、パウロの服従の勧告と当時のローマ治世との関連性について触れられてはいた。しかし、パウロのテキスト講解を通して引き出される《展開》と《応答》は、ここでは、内村にみられたような具体性に乏しいことは否めないであろう。

黒崎幸吉

同じく無教会からは、この数年後に黒崎幸吉の注解新約聖書『ロマ書』(一九三四年)が出た。黒崎は無教会第二世代の代表的な指導者の一人である。この本は、厖大な注解書・研究書を踏まえ、当時としては、もっともすぐれた批判的・霊的注解といえる。逐語的に詳細な注釈の仕方は、有名なアルブレヒト・ベンゲルの『グノーモン』(新約聖書の指針)を思わせる。こうした語句の注釈につづいて、重要な問題について《要義》の項をあげて解説している。[14]

黒崎によれば、パウロにとって「上にある権威は全く神を知らざる人の場合でも神の御旨によりて立てられたものである。換言すれば全世界は直接間接に神の支配の下にあると云ふ歴史観である」。それゆえキリスト者は、「神を知らざる支配者を軽視又は無視することなく、況や之に反対する事なく、之に服従し、……而して之は神に対する義務として良心の命に循《したが》い為さるべきものである」といい、「此の歴史哲学は国権の原因を人間の生得権、社会の契約等に置く見方よりも遥に貴きものである」とさえいう。しかし、黒崎にとっても、「絶対的服従」はパウロの意思ではない。

「上にある権威の尊ぶべき所以はそれが神より出づるが故であつて、従て神が最後の権威である。……故に我らの神に対する信仰と全然反対の行動を取るべき命令が下る場合に於ては我らは之に従ふ事が出来ない。併し乍ら之が為めに我らに果せらるる刑罰には絶対に服従する」。

ここで国家権力が「社会の秩序と平和を維持するが為に存する権威」として、《外的》秩序にすぎず、「我らの行動の動機を左右するが為に存する権威」ではないとされ、《内的》権威の自律性が、はっきり区別されているのは注意してよいであろう。

彼は、また「基督者には暴力による革命は有り得ない」としているが、しかし、「唯現在の為政者又は権力者の罪悪非政に対して之を非として指摘する事は基督者として為すべき当然の事である。かくして基督者が当時の権力に迫害され、殺戮せらるる事があつても、それは却て真に革命を成就する所以となるのである」と結論している。[15] これは、基本的には、その師内村鑑三の『羅馬書の研究』の精神を継承しているといってよい。

黒崎は、すでに『我が国体と基督教』（一九二八年）においても、ローマ書十三章に言及している。そこでは、「自分の確信としては、勿論基督教によりて始めて日本の国体が其の真の精華を発揮し得るのであると思つて居ります」と語っている。しかし、キリスト者は「日本の皇室を以て宇宙創造の神となし、之を宗教的礼拝の対象とする事が出来ない」といい、「基督者の良心は此の点に於て極端に鋭敏なのでありまして、宇宙の主宰者は唯一柱の神に在し給ひ、其以外は如何なるものも之に代らしめ得ない」と明言している。[16]

塚本虎二と政池仁

本格的な注解ではないが、その頃、黒崎と並んで同じく無教会第二世代のもっとも著名な指導者、塚本虎二は、ラジオ講演で『現代日本と基督教』(一九三三年)について論じ、ローマ書十三章にも言及している。

使徒パウロが「国の役人は神が任命し給うた者であるから、絶対に之に服従せよ」と命じているのは、ローマ政府に「絶対無条件に従順」であったイエスの態度を継承するものだった、と説いている。キリスト教には「君父の上に神があり、キリストがあるから、日本の国体と矛盾する」といった議論は「無知な人々の議論」だという。その理由は、キリスト教が「人々の心から罪を取去る事をその唯一の理想とし目的としてゐる」のだから「この世の国、国体とか、政体とか、その他の社会組織に矛盾する訳がない」のだ、と言い切っている。[17]

ここでは、キリスト者は「凡ての社会問題を無視」するものだという政教二元論に立つことによって、《政治的権威》の問題が完全に切り捨てられていることがわかる。しかし、それは、現実には政治的既成事実への手放しの追随と容認でしかなかった。たとえば、《軍国主義》というのも、「目下の世界の事情、或は日本の事情からして、致し方が無い」、いわゆる《必要悪》にすぎない、とされているのだから。たしかに、「国有諫臣其国必安」(国に諫臣あれば其の国は必ず安し)という格言が引かれ、「こんな国難時代に於て」「私達は自分の身命を賭して言ふべきを言ふ」と訴えられてはいる。しかし、「満洲国承認」が慶祝される時点で、「我国は兵は好み……他国を侵略することを国是とするものでないといふ事だけは、明白で」あるというのであってみれば、真に問われていた時代にたいする「諫言」とはなり難かったことであろう。

このラジオ講演の最後には「狼と小羊が共に住み、乳児が毒蛇の傍に遊び戯れる、大平和時代」というイザヤの預言が語られている。しかし、その終末論的希望が現実批判に媒介されることはなかった。[18]

同じ頃、塚本は、「ドイツ国民に呈す」と題する詩を個人誌『聖書知識』に発表した。それは、宗教改革の祖国ドイツがヒトラー治下において変質を遂げ、ユダヤ人迫害や「盲目なる愛国心」に走ることを激しく批判したものである。《ハイル・ヒトラー》や《ドイツよ、目覚めよ！》といったナチ・ドイツ愛用のスローガンに対比させて、こう記す。

「友よ、「万歳救世主《ハイル・ミットラー》」と言へ、……
目覚めよ独逸、独逸目覚めよ！
「世界歴史が世界審判である」
――君はそのことを善く知つてゐる筈だ」

このナチ・ドイツの「盲目なる愛国心」にたいする指摘は、正鵠をえたものであり、痛烈な風刺に溢れている。塚本は、この詩のドイツ文を載せた個人誌をドイツのカール・バルトに送ったらしい。その感想を記したバルトの反応は、まことに興味深い。ドイツ人にたいして、ナショナリズムに背を向け、ハーケンクロイツの代わりに正しい十字架に身を向けよと訴えた、この「詩はまったく悪くない。〔しかし〕よりにもよって一人の日本人から、――彼がこの原則を〔日本の〕中国や満州〔侵略〕にたいしても適用することは、じっさい難しいだろう――こんなふうに荘重な口調で語りかけられるのは、〔ドイツ人としては〕とても嫌なことだろうね(19)」と。

これより前、すでに一九三一年九月には、《満州事変》と呼ばれた中国東北部への侵略が開始されていた。しだいに天皇制と結びついた軍国主義の台頭もいちじるしくなった。無教会陣営の中で、当時、もっとも鮮明に聖書から平和主義の使信を聞きとっていたのは政池仁であろう。彼は、《満州事変》を批判する発言のゆえに静岡高校教授の地位から逐われ、独立伝道者となった。彼の『基督教平和論』（一九三六年）は、翌年末には第二版を出したが一九三八年には発禁となり、罰金刑を科せられた。

この出版に先立って石原兵永の個人誌『聖書の言』（一九三六年六月）の中で、彼は、《絶対無抵抗主義》に立つことが一種の無政府主義に連なる「危険な思想」だ、という非難にたいして弁明し、ローマ書十三章（一―六節）を援用している。「即ち官権は神から国家の治安を委ねられた者であると教へてゐる」。「戦争が始まつて……出兵を命ぜられた場合」も絶対無抵抗主義をとって「国家の命令に従ふ」。非戦論を禁止されるようなときも、それに従う、という。

なぜなら「神の真理が国法位で壊滅する道理がないからであります。併しかく私は国法に従はんとするが故に、今日ゆるされてゐる言論の自由の範囲内で熱心に無抵抗主義を主張するのであります。言論の自由と云ひますが、この自由は使用してもせんでもいい勝手な自由ではありません。国が自らを亡す様な事をしてゐる時、之を悟つて警告を発しないのは罪であります。かかる場合は言論の自由を使用するのが義務であります。尚最後につけ加へます。如何に国家と雖も戦争を肯定しろと命ずる場合は、私は私の節を守つて断じてそれに肯んじません[20]」。塚本からは、もっとも遠い位置に立っていたことがわかる。

《日本的キリスト教》の先駆

しかし、内村の『聖書之研究』の影響を受けたのち、単立教会の牧師として活躍した谷口茂寿の場合、日本国体にたいする姿勢は、塚本以上に鮮明だった。その著『日本人に与へられし基督教』（一九三三年）において、「連綿としてつゞく一系の皇統」、とくに「不逞不忠の逆臣によつて妨げられんとする時にも、常に守られて、皇威の益々隆盛なる今日に到つた経過」を見るにつけても、「特別な神の御加護のある事」を認めざるをえない、という。この連関でローマ書十三章が引かれる[21]。

「凡そ上に立てられた権威は悉く、神によりて定められた事を識る（ロマ十三・一―二）私共基督者は、君臣の関係も亦まがふ方なく、神の定め給ふた関係と信ずる」。「神の合はせ給ひし関係は人、之れを離す可からず、まして況んや、此皇統を仰いで、私共は一層、此神的関係を自覚せざるを得ない」。

そればかりでなく、「我々日本人こそ、将来、神の民として」「世界教化の大任」を負わされていると言い、「此国体の此国民性を承け継ぐ我等日本人が……特選の民として諸民を率ゐるべき大使命に当らん」と決意の程を表明する。こうした訴えにおいては、すでに《神の民》であることと日本の国民であることへの帰属関係は、あいまいなものにならざるをえない。

「武士道と基督教」を論じた章では、武士道がこの国体の下に養われてきた「日本魂」の「精華」と規定される。武士道は、「基督教を受けることによつて」「その最高基準に達し得て、之が成就され、完成される」という。たしかに、主動因として働くのはキリスト教信仰にほかならない。しかし、具体的には、武士道の特徴の第一としては、「臣下が主君に其身を全く献げてゐる」ことに求められ、主イエスに「没入した信仰生涯」こそが、この主君への「忠節の節操」を体得するものであり、「至尊陛下への忠節の道」も他の日本人に劣らぬ模範たるべきだとされる。さらには武士道のいま一つの特徴として「主君を喜ぶ」ことがあげられ、生ける主への関わりゆえに「患難にも喜べる」キリスト者こそ、「此心を以て我主の主、王の王たるキリストを喜び、大君を喜ぶのです、主イエスのみ国を喜び、大君が聖代を喜ぶのです」と結論される。

そこでは、最後にパウロのすすめが引かれている[22]。「されば、われ第一に勧む、凡ての人の為め、王達及び凡ての権をもつ者の為に各々願、祈禱《いのり》、とりなし、感謝せよ」(Ⅰテモテ二・一)。しかし、谷口の論ずる文脈においては、《神の国》と地上の《聖代》とがあいまいに重ねあわされているかに受けとられやすい。ここでは、パウロが《とりなし》の祈りにおいて、折角、「王たち」の存在を周到に「すべての人」の中に括り、それによって政治的権威を相対化してみせた信仰的認識は生かされるはずもないのではなかろうか。

中田重治

いっそう踏みこんだローマ書十三章への言及は、ホーリネス教会を起こした中田重治の「日本国体論」（一九三三年）にもみることができる。中田によれば、「国体」とは「国柄」を意味し、日本は古くから「すめらみこと（皇尊）」によって治められてきた国、「近ごろのいわゆる皇道」をもって治められた「国体」である、という。「このおかたが家長また国首とならせられ、その下に国民は絶対服従をもって奉仕尽忠の醇風をなしてきた」。こうした「国風」は「聖書の教えるところと一致する」としてローマ書（一三・一）が引かれる。「神よりいでざる権はなく、またあるところの権は神が与えたものであるから従うのである」。「帝王神権」という言葉こそ聖書に由来するものだ、と断じている。(23)

聖書との一致が指摘されるのは、それればかりではない。中田によれば、「わが国はみことばの国で、上なるおかたからおだしくだすったみことばを遵奉して治められてきた国である」。すなわち、「みことば」とは、《すめらみこと》の出す「みことのり」＝「詔勅」のこととされ、「初めにことばあり」（ヨハネ一・一）との一致がほのめかされる。ことばは「人格者の発霊」であり、汎神論的な神には「ことば」はない。それは「知情意を有する神から出てくることばのことで、人格を有するものである。……日本は元来このひとりのご人格者によってすべ治められてきた国で、このおかたを、《みこと》と仰ぎ尊んできたのである」という。(24)

非常時の呼声が高くなった当時において、中田の予言は、軍国日本の大陸侵略にたいしても肯定的だった。聖書の中には「やがてわが大和民族が大陸に向って進出することが書かれている」といい、現に「満州から蒙古のほうに行われている」侵略は、「やがてアジア大陸を横断してペルシアにまでいで、さらにユーフラテス川畔のバグダッドにまで」行く、とまことに奇想天外な構想を語っている。その背後には、中田が『聖書より見たる日本』(一九三二年)で唱えたユダヤ人渡来説にもとづくイスラエルの末裔という日本人論が横たわっていた。

中田によれば、聖書にある「日いずるところ」とは日本のことであり、たとえばイザヤ書(五五・五)の預言する「《知らざる国民》とはわが大和民族をさす」のだという。「患難時代の時に世界にわたる大戦争が起こるが、その時白人らをとっちめ、ユダヤ人を故国パレスチナに帰すようにするのは日本である。……ユダヤ人の建国を助けるものは《日いずる国》の日本である[25](!)」。

じっさい、ここでは、バビロン捕囚からイスラエルを解放したペルシア王クロスの役割を日本のモデルとみなしている。当時の「日本の大陸政策」は、キリスト再臨に先立つ最終戦争として聖書的に正当化される。それは、中田独特の摂理史観に貫かれていたとはいえ、あきらかに時局の趨勢の中で、しだいに喧しくなっていった《日本的キリスト教》の一変種を示していたと言うこともできよう。

(1)　当時における代表的な美濃部達吉の憲法第二十八条解釈によれば、それは、憲法上の権利であり、自由権の中でも例外的に、立法権によっても制限されないものだとしている。もっとも、その保障は、日本の裁判所が法律審査権をもたないゆえに「実際ハ他ノ場合ト其効果ニ於テ大ナル差異ナシ」と冷徹に明言している(『憲法撮要』有斐閣、一九二三年、一八二頁)。ちなみに、天皇の《神聖不可侵性》(憲法第三条)については、近代立憲制に共通する「無答責の原則」の他に、「不敬」行為による干犯禁止をあげ、伊藤博文の『憲法義解』の文章を引いているのは示唆的である。「天皇は天縦惟神至聖にして臣民群類の表に在り。欽仰すべくして干犯すべからず」と。

(2)　山本、前掲『日本基督教会史』(一九二九年)三九五頁。たとえば、バートランド・ラッセルは、同じ頃、日本の教育についてこう評している。

「近代の日本は、あらゆる列強のなかにみられるひとつの傾向――すなわち国家の偉大を教育の最高目的とする傾向をもっともよく示している。日本の教育の目的は、感情の訓練をつうじて国家のために命をなげだし、身につけた知識をつうじて国家のために役にたつ市民をつくることである。この二つの目的を追求するさいの巧妙さについては、感心するほかはない。……神道は、ちょうど聖書の創世記とおなじように疑わしい歴史をその内容としているが、大学の教授ですらそれに疑問をさしはさんではいけなかった。日本における神学的な圧制にくらべれば、〔進化論の授業をめぐる〕ディトン裁判も色を失って、とるにたらなくなる」(ラッセル『教育論』一九二六年、魚津郁夫訳『著作集1』みすず書房、所収、三七頁)。

(3)『柏木義円集』第二巻、一九七二年、一七六頁。彼は、さらに続けてこうも記す。

「又御真影に就て考慮し奉るに、苟くも日本国民たる者は身を以て御一身を守護し奉るに決して躊躇しないであらふ。併し、数万の御一身同様に死を以ても守護し奉る可きものを設くるは、恐くは仁慈なる陛下の御聖意ではあるまい。これまで火難や盗難の為に如何に多くの人々が忠良なる責任観の為に身を殺し、若しくば苦みしかを聞く。……其処で近来各学校では競ふて堅牢なる其質は倉庫で其観はお宮式のものを造営し、之を奉安殿と称し、生徒をして毎日登校下校の際には必らず之に向つて最敬礼を為さしめ、其他其前を通過する時も亦必らず一々敬礼せしめて、教師は厳重に其実行を監督すると云ふことである。若し之が一歩を誤らば古昔羅馬の帝王礼拝に類することゝなり、偶像礼拝を肯んぜざる所の宗教信仰と相撞着して信教自由の問題に触れて累を皇室に及ぼすの危険がないとも保し難からふ、吾人は之に関しては文教当局者の深き考慮を促さゞるを得ない。要之するに、君民同和一体の美を見んには、政治上には皇室に尊厳不可侵仰視す可らざるの威厳を添へ奉ると共に、一方には道徳上宗教上に於ては同じく人であらせらるゝとの思ひを人民と共にするのは、君民相親和するに於て極めて大切なることゝ思ふ」と(同上、一七八頁)。

同様の批判は、その後も、しばしば繰りかえされる。たとえば柏木義円「日本教育上の重大問題」(一九三一年)(前掲書、二七四―二七七頁)、その他、参照。とくに最晩年には、中国東北部への日本の侵略という新しい事態に直面して、「国家至上主義」を厳しく糾弾しながら「御国を来らせたまえ」という祈りがよく引かれているのが印象的である。たとえば、「国家至上主義と神の国」(一九三四年六月)、「みくにを来らせ給え」(一九三四年九月)(同上、三九二頁、四〇〇頁)。そこには、柏木の批判の由来する終末論的根拠とともに、それがついに《神の国》への祈りとしてほとばしり出てこざるをえない終末論的待望の切実さが示されている。

（4）　石原兵永『身近に接した内村鑑三』下巻（山本書店、一九七二年）一九八頁。

こうした時代思潮の中でキリスト教主義学校教育は、しだいに厳しい試練に立たされていった。その一例を、「神と国の為」(Pro deo et patria)という立教大学建学の精神がその解釈を変えられていった跡に認めることができる。すでに日本の中国侵略に先立つ一九二九年には、近衛師団長東久邇宮の軍事教練査閲の際に立教中学校長の行なった御前報告には、次のような言葉があったという。

「本校においては《神と国とのため》を標語として、ひたすら吾国中堅国民の養成に努力して居ります。而して《国のため》とは、吾国では……《皇室のため》と全く同一義であります。吾が国体が皇統連綿として世界にその比を見ざるは、一に皇室が《神ながらの道》を顕現してゐらせられるからであります。……吾国においては《皇室のため》と《国のため》と《神のため》とは三位一体同一不二のものであります。従つて、神道はもちろん儒教仏教基督教の如き外来の宗教も亦、我が文化に根づくにつれて自ら斯かる皇室の観念を明徴にし、飽くまで之を擁護せざるを得なくなるのであります。之が私の所謂皇室中心主義であります。……吾等の身体も知識も道徳も一に之皆《皇室のため》即ち国のため神のためといふ信念より出でてのことであります」（中沢洽樹「建学の精神考」『中沢洽樹選集』第四巻、キリスト教図書出版社、二〇〇二年、所収、三〇五―三〇六頁）。

（5）　一九三〇年代以後の天皇制にたいするキリスト教界の動向について網羅的に扱った研究書として、前掲『十五年戦争期の天皇制とキリスト教』（新教出版社、二〇〇七年）がある。プロテスタント各派――日本基督教連盟から、成立した日本基督教団、さらに基督教主義諸学校をもふくむ――からカトリック教会、無教会グループにまで及ぶ研究対象について、それぞれの教派ないしグループに所属する研究担当者が分析した論文集であり、時代全体を鳥瞰したものとして、きわめて有益である。

（6）　高倉徳太郎『聖書講義・ロマ書』（『著作集』第五巻、新教出版社、一九六四年、所収）四〇九―四二三頁。この『講義』は、元来、一九二〇年代半ばから一九三〇年代はじめにかけて二度にわたって行なわれた東京神学社での講義ノートを編集したものである。なお、高倉には雑誌『基督者』(第一四四号、一九三一年二月、四頁以下。同一四五号、一九三一年三月、一九頁以下)に連載した「羅馬書の研究」がある。そこでは、ローマ書十三章に関しては、パウロのローマ主権への好意、「此世と神国」との対立から「地上の国家、社会に対する義務責任を軽んずること」への一般的警告を指摘するにとどまる。

(7)　高倉徳太郎『基督教世界観』(長崎書店、一九三一年)一二四—一二五頁、一二八頁。この論文は、元来、一九二六年五月に東京の《学生連合礼拝》でもたれた講演の再録である。もともと高倉は、自我の克服の問題から出発して、人間性の否定に重心をおく神学的立場から、神の恵みによる救いの信仰を確立し、そこから、ようやく文化の問題に取り組むにいたった。一九二五年六月の同じ《学生連合礼拝》講演(「基督教と文明の精神」)につづく本講演は、さらに国家の問題に踏みこんだものとして注目される。

(8)　高倉、前掲書、一三一頁、一三三頁、一三六—一三七頁。ちなみに、《国体明徴運動》の高まりの中で、高倉に連なる若い牧師たちが同人誌『信仰と生活』に「教会と国家」をテーマにする特集(一九三五年六月号)を組んだとき、この高倉講演を抜粋して巻頭論文に飾った。それは、高倉の弟子・後継者たちにたいして、国家の問題についての指針となったものだという(金田隆一『昭和日本基督教会史』新教出版社、一九九六年、三七八頁以下、参照)。

(9)　中川景輝『ロマ書の精神』(長崎書店、一九三〇年)一八三—一八六頁。

(10)　中川、前掲書、一八七—一九一頁。

(11)　畔上賢造『ロマ書註解』(一粒社、一九三〇年)四六六—四七二頁。無教会の聖書思想については、宮田光雄「無教会運動の歴史と神学」(『宗教改革の精神』創文社、一九八一年、所収)六四頁以下、参照。

(12)　この《服従》の「積極的方面」は、その後、日中戦争にたいして彼が示した批判の姿勢の方向に即してみることができるかもしれない(「畔上賢造集」オカノユキオ編『資料・戦時下無教会主義者の証言』キリスト教夜間講座出版部、一九七三年、所収、参照)。

(13)　畔上、前掲『ロマ書註解』四七三—四七四頁。

(14)　黒崎幸吉『註解新約聖書・ロマ書』(明和書院、一九三四年。第六版、一九四七年)一一九—一二二頁。

(15)　黒崎、前掲書、一二一―一二二頁。
(16)　黒崎幸吉『我が国体と基督教』(一粒社、一九二八年。再版、一九二九年)一〇頁以下。なお、無教会の側では、金沢常雄『ロマ書講解』(一粒社、一九三五年)がある。ローマ書十三章一―七節については、「愛の心」をもってする服従のほか、ほとんど触れられず、「困難な実際問題に就ては祈つて決する外はない」(一四三頁)と記すにすぎない。
(17)　塚本虎二『現代日本と基督教』(向山堂、一九三三年)一二五頁以下、一〇七頁。
(18)　塚本、前掲書、一二九頁、一三八頁、一四〇頁。「こんな艱難時代」といわれているのは、主として「腹背両面に二種の物質主義」(＝アメリカ風の資本主義とロシア風の物質主義)を受けているという事態を指すもののようである。
(19)　「An das Deutschlands Volk」(訳文「ドイツ国民に呈す」『塚本虎二著作集　続』第三巻、聖書知識社、一九八五年、七六一―八一頁)。塚本は、バルト《神学》には興味を覚えないながら、その反ナチ教会闘争には敬意を抱いていたようだ(「バルト問答」一九三七年、前掲書、二三二頁、参照)。バルト自身の感想は、一九三三年六月三日付けのエーゴン・ヘッセル宛書簡に記されている(Vgl. K. Barth, *Briefe des Jahres 1933*, hg. v. E. Busch, 2004, S. 234 f.)。
(20)　政池仁「絶対無抵抗主義」(『著作集11　平和論集』キリスト教図書出版社、一九八一年、所収)九四頁、九八頁以下。なお「黒崎幸吉氏に答ふ」(同上、一〇〇―一〇八頁)参照。聖書の歴史的・批評的な注釈者でもある黒崎は、政池による絶対非戦主義が聖書解釈としてとりうる唯一の立場であろうかを問うていた。
(21)　谷口茂寿『日本人に与へられし基督教』(北文館、一九三三年)一―四頁、七頁。
(22)　谷口、前掲書、一〇一―一六頁。なお、この本には、「バルト神学に就て」論じた章があり、「人間と神をはつきりと分け、……聖書の権威をそのまゝ伝へてくれる此神学」にたいする「歓迎」を表明している(同上、七〇頁)。こうした危機神学評価と本文引用に示した日本国体賛美とは直ちに結びつき難く感じられる。
(23)　中田重治『民族への警告』(一九三三年)。引用は『中田重治全集』第二巻(福音宣教会、一九九一年)二三三―二三四頁。
(24)　中田、前掲書、二三五頁。もっとも、たとえばテモテ第一の手紙(二・一)を引いて天皇のための《執りなし》を神に祈ることが求められるとき、天皇神格化には限定がおかれているのであろうか(同上、二六三頁)。なお、中田「天国案内」(前掲『全集』第二巻、六〇〇―六〇三頁、参照)。

(25)　中田、前掲書、二一九頁以下、二九〇頁。中田は、『聖書より見たる日本』(一九三二年。第四版、一九三三年)でも、この六回にわたる講演の結論として「我日本民族は主イエスの再臨と其に関聯するイスラエルの恢復に関して使命があるといふ事である」といい、「神が昔異邦人なるペルシヤ王クロスを起して、旭日の東天に登るが如き勢を以て近隣諸国を征服せしめ、かくて彼をして選民イスラエルを解放せしめ給ふた如く、末の世に於ては日出る国よりイスラエルの援助者を起し、世界の平和を紊す者を罰して選民を救はんが為に、此国民を用ひんとして居給ふ。クロスは其型であつたのである」としている(同上、一一一頁、一一五頁以下。なお、本書は前掲『全集』第二巻、二七―一六九頁に再録されている)。

2　国体明徴運動と《日本的キリスト教》

《全体主義的君主制》

一九三〇年代半ばから、国粋主義の運動の高まりとともに、衆議院では「国体明徴」決議(一九三五年)がなされ、美濃部達吉の天皇機関説に代表される大正デモクラシー以来の憲法理解が批判されるにいたった。すなわち、天皇大権をなお立憲君主主義的に制限しようとするこれまでの通説を全面的に排除して、神話論的な天皇絶対主義支配へ転換しようとする動きにほかならない(1)。

文部省は『国体の本義』(一九三七年)を公刊して全国の学校に配布した(二〇万部、五年間で一〇三万部)。それは、国体明徴に応える思想教育の基本的指針を示すものであった。

「大日本帝国は、万世一系の天皇皇祖の神勅を奉じて永遠にこれを統治し給ふ。これ我が万古不易の国体である。而してこの大義に基づき、一大家族国家として億兆一心聖旨を奉体して、克く忠孝の美徳を発揮する。これ我が国体の精華とするところである」。

ここでは、教育勅語の国体観は、いっそう徹底化されている。「皇祖の神勅」を奉ずる天皇は、今や「現人神」と規定され、その神格化が明確に打ち出されているのだから。それは、いわゆる「絶対神」とか「全知全能の神」とは異なるものだという。

「現人神(明神《あきつかみ》)と申し奉るのは……皇祖皇宗が其の神裔であらせられる天皇に現れまし、天皇は皇祖皇宗と御一体であらせられ、永久に臣民・国土の生成発展の本源にましまし、限りなく尊く畏き御方であることを示すのである」。

こうした天皇の「御本質」を明示するものこそ、帝国憲法にある「万世一系ノ天皇之ヲ統治ス」(第一条)、「天皇ハ神聖ニシテ侵スヘカラス」(第三条)という規定の意味するところだとされる。(2)

文部省教学局は、さらに引きつづき『臣民の道』(一九四一年)を刊行した。それは、たんに観念的に国体思想を理解するだけでは不十分だとして、日常生活の全分野において――「遊ぶ閑、眠る間と雖も」――天皇に帰一し、その分に応じて国家に奉仕する徹底した《臣道実践》を求めるものであった。そこでは、神武建国に際して用いられた「八紘一宇」のスローガンを全面に押し出して「日本の世界史的使命」を強調してもいた。皇国史観は対外侵略の正当性根拠となり、天皇の名のもとに行なわれるアジア・太平洋の戦争は《聖戦》と謳われる。

アジアの宗教史事情にも詳しいオランダのライデン大学教授ヘンドリック・クレーマーは、当時、日本社会に支配的だった「宗教的ナショナリズム」の潮流によってキリスト教が立たされていた危機的状況をローマ帝国下のそれに類比するものとして的確に分析している。「当時においても、今日の日本におけるのと同じく皇帝礼拝や帝国との社会的・宗教的連帯性の問題が存在した(3)」のだから。

ただし、ここには、一つの相違点があったことも指摘されている。すなわち、一方では、現代日本の宗教的ナショナリズムは、ローマ帝国治下におけるよりも、はるかに徹底して「全体主義的理想」を追求している。ここでの組織化と統制のための手段は、ローマの支配者たちが夢想だにしえなかったほどの完璧性に達している。同時に、他方では、日本の問題は、いっそう複雑な様相を呈してもいる。なぜなら、政府自身は、国民から求める表敬儀礼を非宗教的・愛国主義的な行為にすぎないと言明しているのだから。むろん、実際には、この愛国主義の無条件的表明は、ますます多くなる疑似宗教的ないし純粋に宗教的な慣行を随伴し、それによって、すべての日本人から要求される最高義務とされている。「狂信家たち」による「非公式の異端審問」は、一人びとりの国民がこの宗教的ナショナリズムの信仰告白と慣習とにたいして正しく一致する態度をとるように強制しているのである、と。

同じ頃、フランクフルト新聞の日本特派員だった有名な国際スパイ、リヒャルト・ゾルゲは、ドイツの『政治学雑誌』に寄せた論文の中で、こうした日本の政治体制を《全体主義的君主制》(Totalitäre Monarchie)と呼んでいた。[4]天皇機関説が公法上の公認解釈であることを否定された現在では、天皇は、「国家元首」というたんなる憲法学上の規定を越えて、「日本の再生神道の最高祭司」であるのみでなく、さらに「この神道宗教の最高神の子孫であり、みずからが礼拝の対象になっている」のだから。むしろ、それは、いっそう端的に《政治宗教》としての天皇制ファシズムと名づけてよいであろう。じじつ、それは、「《第三帝国》のビザンツ主義」(K・D・ブラッハー)――ナチ運動と一貫して連動した《指導者崇拝》――によく対応していたと言ってよい。[5]

クレーマーは、「関心を持った外部の者の眼からすれば、日本のキリスト者は、デリケートな問題のとらえ方と取り扱いの点で、あまりにも妥協と回避の道を行きすぎているという印象をあたえられる」と断定している。[6]こうした宗教的ナショナリズム＝国体思想にたいするキリスト教側から示された反応には、――直接的・間接的に――ローマ書十三章解釈の《実践的注釈》を読みとることもできるのではなかろうか。

《日本的キリスト教》

当時におけるそうした顕著な反応の一つに《日本的キリスト教》の提唱があった。それは、プロテスタント各教派の中で、あるいはその周辺にある独立の信徒や神学者が個人的レベルで、日本の伝統的な精神や宗教と結びつけることによって特有のキリスト教弁証論を試みたものである。その主観的意図は何であったにせよ、結果的には国策協力に通じていたし、ひいては国体思想への直接的・間接的な《屈服》、ついには、それとの《習合》と異ならない様相を呈するものまで出現した。(7)

もっとも、《日本的キリスト教》という言葉は、よく知られているように、つとに、内村鑑三によって用いられ、それ以後、無教会主義の人びとによっても継承されてきた用語である。しかし、そこで意味されていたのは、欧米依存の教会や宣教の在り方を否定して、自主的な伝道を通して福音を日本の精神風土に定着することを意味するものだった。(8)先述した塚本虎二によれば、それは「日本国産の基督教」であり、「基督教の光が直接日本人の魂に、心に、照り輝いて生まれ出たもの」だという。(9)黒崎幸吉も、先に引いた『我が国体と基督教』の中で、この《日本的キリスト教》という言葉を口にしていた。彼によれば、それは「キリストの本地垂迹説」でもなければ、「所謂日本主義者の脚下にキリストの福音を奉納しようと云ふのでもない」と明確に一線を画していた。(10)

むろん、無教会陣営においても、「舶来基督教」の排撃という点では共通していても、この後者の問題点にたいする対応については、第二世代のリーダーのあいだで、各自の主張には、かなりのへだたりがあったことを見逃してはならない。この点を、とくにはっきり示しているのは南原繁や矢内原忠雄である。

一九三三年八月に、矢内原は、江原万里記念講演において「日本的基督教」について語っている。それによれば、《日本的基督教》とは、「基督教の信仰によりまして日本精神の美を発揮し、日本国を真に愛するものでなければなりません。その為めには我々は深く勉強しなければなりません。又戦はねばなりません。中にも悲劇的なることには、日本的基督教が世俗の日本主義と戦はねばならない事でありませう」。彼は、「今日軍国的空気の非常時」の中で、この信仰に立つ「真の愛国」のゆえに打たれ傷つけられた人が一人ならず出たと指摘し、こうした「ステパノ」の犠牲こそ、すなわち、「日本的基督教であります」と言い切っている。[11]

その翌年にも、再度、このテーマを取り上げて、端的に問題の所在を突いている。

「基督教が日本主義に降服することが、日本的基督教であるのではない。日本的基督教に取つての試金石は、神社問題、国体問題又は国家主義の問題である。之等の問題に就て基本の態度決定を誤らない事が、日本的基督教の為めに絶対必要である。……基督者は我国体観念を清むるものであつて、国体観念が基督教の真理を制約するものではない」。[12]

南原も内村を回想する文章（一九三五年）の中で《日本的キリスト教》に触れている。しかし、基督教会で「日本精神を謳歌し」「時代の合言葉」になっているものと内村の唱道したものとは、「根本において分たれなければならぬ」と明言している。内村の《日本的キリスト教》とは、「日本国民の歴史的伝承的な文化」とか「その血に承け継ぎ来たった心理的ないし生物的な自然の特性」なのではない。むしろ、内村の祖国思想は「歴史と時代を超出し」、「国家と政治を超越する」「当為的理想的な国家の理念」に関わっている。それだけ「現実の日本国民に対しては根本的な批判と精神の全的転回が要求されてある」。[13]

国体との《習合論》

こうした矢内原や南原の主張とは異なり、三〇年代に拡がった《日本化》されたキリスト教には、シンクレティズムに近いものが多くなった。とくに海老名弾正の思想的影響の大きかった日本組合教会の系統には、そうした傾向が強い。

その代表的な例として渡瀬常吉をとりあげてみよう。渡瀬は、海老名の伝記(『海老名弾正先生』一九三八年)の著者としても知られているが、海老名と同じく朝鮮人伝道の推進者だった。《満州国》成立後、そこで開拓伝道を行なうに先立って『日本神学の提唱』(一九三四年)を公刊した。それは、古事記と聖書とが内容的に一致することを主張して、古代天皇制のイデオロギーとキリスト教との習合をはかるものであった(14)。

古事記によれば、天地のはじめに高天原に造化の三神、すなわち、天御中主神、高御産巣日神、神産巣日神があらわれるが、とくに重要なのは天御中主神である。渡瀬によれば、これは宇宙の中心をなす神で、一個の人格神である。この神は「耶蘇の天地の主なる父」と同一だとされる。他の二神は、天御中主神の「活動的機能の現はれ」であり「聖書に謂ふ所の聖霊」だという。これら「三神が全然一となり……天つ神として臨み給ふ」とあるところから、さらに後述の天照大神を加えて、キリスト教の三位一体説に比肩させる(15)。

さらに渡瀬は、この太陽神天照大神と《世の光》イエスとの同一性を説く。たとえば古事記における天照大神の「天の磐屋戸隠れ」がイエスの復活に「類似」しているという。「イエスの十字架によつて地の上があまねく暗くなり、その葬られた墓は岩に掘つた横穴に石を転ばして戸の代はりにしてゐた石穴から甦られて弟子たちに現はれ……」。こうして結論する。

「我が古典に徴すれば、天照大御神と、基督の類似の甚しき、全く驚嘆の外はない。而して基督の神の国の理想は、只だ神ながらの神の国たる我が日本に於てのみ実現され、而て世界に及ばざるべきものとの確信とならざるを得ざるものがある」。

さらに天孫降臨の神勅を引いてこう結論する。「此の神勅を拝して、先きに耶蘇の際に、天使が語つた処のものを顧みると、ヤコブの家を永遠に治めんとあり、其の国は終ることなかるべしとある。こは地上の国としてはただ我が国に於てのみ当てはまるものと云はねばならぬ(16)」。

しかし、今日の眼からすれば、古事記ないし日本書紀の神代巻は、もともと天皇の地位が天上の神意にもとづくというだけでなく、天皇が神の子孫であることを示そうとする意図をもった《一種の国家哲学》(上山春平)、端的に言えば天皇支配を正当化するイデオロギーと言うべきものである。すでに《天御中主神》についても、新しい神話研究によれば、原初神伝承に由来するものではなく、中国の天の思想に影響されて創作されたものであることが指摘されている(津田左右吉、松村武雄)。

しかし、渡瀬は、以上のような「教理篇」につづく「実際篇」において、さらに、いっそう現実政治的な議論につなげていこうとする。

「されば我が日本帝国は天照大御神を通ふして、天つ神と一たり得て居るので、之を神国と呼ぶのは当然であつて、同時に唯一の永遠的一系の神孫の国家として存在し、天の分水嶺から流れた二つの政教が、ユダヤと日本に於て相対立するに至つて居るのは実に現代に於る世界の偉観であつて、宇内的の二大芸術と云ふも不可なしと思ふのである」。

しかも、渡瀬によれば、この政教二つの流れは、明治「維新以来次第に相近づき来り、今や一大合流の時代が茲に現出せんとして居る」。すなわち、キリスト教と天皇制とは、融合し、国際的・国内的に切迫した情勢の中で、天つ神の聖旨に則り、「国際的聖化の必要」に応えねばならない。日本帝国が国際連盟を離脱してまで《満州国》にたいして「奉仕的態度」をとりつづけているのは、その現われである、という。そこでは、《満州事変》を《天の摂理》《天の啓示》(荒木大将)とする皇道主義者の言説に全腔の「同感」が示されているのも当然だった。[17]

同じ組合教会系の牧師、椿真泉『日本精神と基督教』(一九三四年)も、「宇宙万物の造物主にして、天地を支配し給ふ唯一神は、日本精神の根本であり、また基督教の根本であります」という。その違いは人間の目で認識できる「神の顕現の程度の差」にすぎない。こうして「日本は神国であり……これを完成するのは基督教であ」るという。ちなみに、この論文は、同じ年の秋、第五〇回日本組合基督教会総会のグループ・ミーティングにおける主題講演(「現代日本ニ対シテ基督教会ハ如何ナル貢献ヲ為シ得ルヤ」)の発題原稿だったという。[18]

海老名から受洗し、《イエスの僕会》、のち《皇国基督会》を独立伝道者として指導した工学博士、佐藤定吉も、ほぼ同じ立場に立っている。その著『皇国日本の信仰』(一九三七年)は、古事記の神と聖書の神との同一性を強調し、ここでも、地球の東西において対応した顕現がされていることに「大能の神の摂理」を見いだしている。「建国当初以来祖国の使命は、神の宇宙経綸の成就に参与し、天壌と共に無窮に祖国を生かしむる一事に存する」という。佐藤が「神中心の国家樹立の為めに信仰殉国の精神」を強調するとき、神の国は皇国と一体化せざるをえなかった。[19]

やや論述の仕方を変えているのは、同じく組合教会に属する法学博士、大谷美隆『国体と基督教』(一九三九年)である。彼は、法学者としての視点から、国体論にもとづいてキリスト教の教理を裁断する。「国体は絶対である。国体が基督教に依つて変更を受くべきものではない。国家は宗教の上に在る。……故に問題は基督教の教理及教義は、果して日本の国体に適合するか何うかといふ一点のみ」である。大谷によれば、「従来伝へられた様な基督教では国体に反する点もある」が、「本来の基督教は何等の無理をせずキリストの教へ其儘で日本の国体と調和し得る」。それは「原始基督教」、具体的には、「キリスト自身の教え」に還ることだ、という。ここで従来のキリスト教が「ポーロ教」とされて切り捨てられる限りでは、ローマ書十三章は、それ自体として、もはや問題とはならなくなるということかもしれない。イエスの説いた《神の国》は国家の理想であり、「国家の中に神の国を造ると云ふのであるから理論上国家の方が上で神の国は其下」であるとしなければならない、と推論している。[20]ここでも、古事記の三神が三位一体の神と同一とされて神道とキリスト教との習合がはかられる。

キリストと天皇とを比較して、《どちらが偉いか》という当時よくなされた官憲の追及にたいして、天皇は神の《代理者》、キリストは神の《代表者》という法学者らしい(?)論理を立てている。「基督は神の子として神が遣はした代表者である、人から見れば基督は神である。之れが基督教の信仰である」「然るに日本国は皇祖天照大神が神意に基いて国を肇め給ふたのであるから日本の天皇のみが神の代理者なりと云へるのである」。「日本の天皇は君主としての神其のものであ」り、神の憐れみを乞う《とりなし》の祈りなど不必要な存在なのである。天皇にたいする服従は、神にたいするそれと同じものとして絶対的服従を意味する。こうした国体に反しない「日本的基督教」に改革することこそ、「現代日本の最大急務」、日本キリスト「教徒の使命」である、と結論する。[21]

これまで主として組合教会系のキリスト者の例をみてきたが、教派的に限られていたわけではない。《日本的キリスト教》のいっそうラディカルなヴァリエーションは、植村―高倉に連なる日本基督教会にもその例がある。今泉源吉は、もともと高倉と協力して学生伝道に尽くした森明の愛弟子であり、福元利之助は、高倉の高弟の一人だった。彼らは、ともに福音同志会に属し、その解散後、『信仰と生活』(一九三四年創刊)の同人として教会公同運動にも加わってきた。この今泉をリーダーとして福元の協力を得て一九三五年に始められた《みくに運動》は、最右翼の皇国史観に立つキリスト教を説くものだった。この運動の機関誌『みくに』という平仮名書きされた誌名は、万世一系の《皇国》とキリスト教の《神の国》の観念をだぶらせたものである。

今泉は、「神国問題」(『みくに』一九三八年一月号)で、「皇国即神国」「天皇陛下即神也」と言い切っているが、この主張こそ、《みくに運動》の二大テーゼにほかならなかった。キリスト教では、神の言葉は聖書にあると信じられているが、今泉によれば、「日本に於て神の言とはみことのりである」(同、一九三八年)。天皇の詔勅や詔書の権威が絶対視され、「天皇の思召が神の御声である」(同、一九四〇年)、「すめらみたまをもち給ふ大御心にのみ、聖霊が最も完全にゆたかに降る」(同、一九三六年)のだから。大陸侵略政策は、そのまま信仰的な神奉仕となる。「支那の地を血で染める軍人たち、これがほんたうの殉教の聖徒なのだ」(一九三八年)、「聖戦こそ宗教であり、芸術である」(一九三九年)、「戦ひこそ真に国の祭である」(一九四〇年)[22]。

こうしてみれば、『みくに』は、キリスト教によって国体観念をいっそう明確にするという当初の意図から、しだいに国体思想そのものに重心を移行していったことが明らかである。それは、最終的には、もはやキリスト教的粉飾のいっさいを失って、皇道主義の戦時宣伝と実質的に変わらないものになってしまった[23]。

こうしたエクセントリックな傾向は、教派的垣根を越えて広がっていたようにみえる。たとえば聖公会の『基督教週報』(一九三八年七月一日)紙上に載せられた論文は、「日本的基督教」を弁証して「全能者の摂理」にもとづく「選民的日本論」だと主張している。そこでは、聖公会のもつ「普公(カトリック)の信仰」は、当時の皇道主義者の唱えた《八紘一宇》の大精神とだぶらされる。神武天皇いらいのこの理想は、「天皇と国土と国民とが渾然一如の生命的根基から生成」したもので、「これ即ち神の国でなくて何であらう!」[24]。《みくに》運動と通底する論理と観念とを共有していると言わねばならない。

加藤一夫にいたっては、《日本的キリスト教》は完全に《天皇信仰》と合一化する。加藤は、もと明治学院神学部出身者で、短い伝道活動ののち、自然主義文学に共鳴して文学の世界に転じた経歴をもつ。大正期には民衆芸術論のリーダーとなるが、一九三〇年代には農本主義を唱えるとともにキリスト教の日本化を志し、神道の神と唯一の神との一致を内容とする《日本信仰》を説いた。

加藤によれば、「日本信仰としての産霊神」は、「ひとり神成りませる、何ものによつても生まるゝことのない、一切を生む神」であり、ヨハネ伝冒頭のロゴスと「同じやうな信仰」だといふ。「このロゴスと云ふのがわが日本信仰に於ける産霊神なのである。而もなお一つ注意したいことは、信仰上の産霊神が歴史上の御祖神と結びついたやうに、信仰上のロゴスが歴史的人物イエスと結びついて偉大な力を人生に及ぼしたと云ふことである」[25]。

加藤のこの「日本信仰」は、「日本礼拝」とか「日本崇拝」とは異なり、「日本人として、日本の国体を形成し、日本人の生活を規制して来た、本来的な信仰」であるといった、一見、客観的な観察にもとづく規定もあたえられている。しかし、そこでは、日本の国体と皇道とに「万古」にわたる「不変」性と「万国」にたいする「比類」のなさとが強調され、次のように記されるとき、《日本信仰》は《天皇信仰》として《日本的キリスト教》を呑み込んでしまうであろう。「神が此の日本の創造者であり統治者であることを知つて居る日本人は、その神の表現者であり、神であるところの天皇の御政治に絶対の権威を認め、絶対の信頼をさゝげ、ひたすらに神意に添はんことを念願する。そしてこゝに、臣民としての皇道がある」[26]。

《日本的歴史主義》

これまでみてきた極端な《日本的キリスト教》の考え方とはやや異なり、《日本的歴史主義》(C・H・ジャーマニー)に立つ人びとがいる。メソヂスト教会系の宗教史家比屋根安定の著書『基督教の日本的展開』(一九三八年)がその一例である。

本書において、比屋根は、何よりもまず日本史におけるキリシタン以来のキリスト教渡来の跡をたどる。そして儒仏二教さらに神道によって形成された日本精神史をキリスト教信仰によってとらえ直し、すぐれた宗教性・精神性・道徳性をもつ日本の精神風土の上に独自の特色をもつ日本のキリスト教を展開できるとしている。

そこでは、いわゆる《日本的基督教》への批判も打ち出している。たとえば、日本人をイスラエルの失われた一支族とみること、日本古典を旧約聖書の代用視すること、舶来のキリスト教を排撃する独善論などをとりあげ、「習合癖に陥る」ことを警めている。本書の最後で、比屋根は「我等日本人がキリストを信じ、基督教を愛する祖国日本に伝へ、其信仰に於て日本を愛し、日本を導き、日本に仕へる事」を本書の「唯一の結論」としている。(27)

しかし、比屋根において「民族精神と基督教信仰」との相互的な折衝と影響とを認めるかぎり、民族主義的な国家的使命と理想の問題を避けて通ることはできなかった。「大日本の国体」を論じて、『国体の本義』まがいの《神勅》による《万世一系》の皇統、《一大家族国家》としての《国体の精華》を賛美する文章が記されている。当時、喧伝された《八紘一宇》という「二千六百年前の我日本建国に於る大理想」にたいしても、「旧約聖書の預言裡にキリストを先見する」キリスト者として「甚深なる同感を覚え……感佩して已まない」と記している。その限りでは、やはり《穏健なシンクレティズム》(C・H・ジャーマニー)と呼ばれざるをえなかったであろう。(28)

魚木忠一

同じ《日本的歴史主義》の流れに立つものに組合教会系の教義史家魚木忠一の『日本基督教の精神的伝統』(一九四一年)がある。魚木は、その《日本基督教》についてこう定義している。

「固より、日本基督教といふ一個の実体が存在するのではなく、日本国民の宗教的精神が基督教精神に触発して織り出す、歴史的現象と精神の事実とを指すのである。故に学的検討の対象としては、基督教の日本類型、又は日本類型の基督教と名づくべきであらう」。

しかし、「習合的宗教」を創始するものでも是認するものでもない、と明言している。それは、独自の方法論にもとづく日本の精神伝統との折衝の試みだった[29]。

魚木において方法論的に重要なのは、「触発」と「類型」という概念である。彼は、キリスト教が儒教のような礼教的宗教でも仏教のような哲学的宗教でもなく「精神的宗教」だといい、こう規定している。

「精神的宗教は触発によつて体得することを第一条件とする。触発とは、何物かに触れて啓発されることであつて、茲には教師の教説、行為、乃至は経典を契機として、求道者の宗教的精神が発展することを意味して居る。基督教の伝道は触発であるべく、教化とは触発によつて果を結ぶことである。触発といふことなしに、全く受身的に模倣して習得した基督教は、霊の宗教でも、真の基督教でもない」。

キリスト教精神史においては、「思惟類型の相違、民族精神の性格、歴史や文化の関係、政治的事情などの複合的影響」によって、種々の形態が生まれる。魚木は、ドイツの教義史家ラインホルト・ゼーベルクの《類型》論を踏襲し、キリスト教の発展を原始キリスト教という源流から、まずギリシヤ類型があらわれ、ついでラティン類型、さらに中世を経てゲルマニア類型が成立し、これに対立してロマ類型、さらにアングロ・サクソン類型が出現したとされている。アメリカ類型からスラヴ類型なども期待されないわけではないが、なお「時期尚早」であり、前記の五つに加えるべきものは、日本類型のみだという。

魚木によれば、この《日本基督教》は、儒教的教養を継承し、神道の表わす国民意識に即する反省と成熟とを経て、最後に救済宗教としての仏教との関連で《触発》された自発的発展にほかならない。たとえば、「儒教道徳の精髄である忠孝を宗教的に深めること」によって、「英米の清教徒とは異る経路を辿りつゝ、基督教の倫理的性格を高度に発揮するにいたつた」[30]という具合に。

また神道に培われた国民意識に立つことによって「創造神に関する最も実在的現実的な体得が生起し」たのだ、という。それは、キリスト教の創造神思想と「大和民族の神話」との「類似」を指摘して「神道的基督教といふ様な習合」を説こうとするものではない。むしろ、「詳細の点を検討するならば類似よりも相違の顕著なることを見出すであらう」。具体的には「《古伝説》に於ける天地開闢の物語の意味が明らかに意識され、それによつて、創造神を宗教的に深く考へる根拠が出来たこと」が重要であり、あくまでも、「われらの真に注意すべきは触発であ」[31]る、という。

こうして、「性格を異にした神儒仏三宗教の収穫を、基督教的体験のうちに摂取し得る」ような出来事は、キリスト教史上、未曾有のことであり、「宗教的内容の豊富さ」において「日本類型は最も大なる綜合である」と言い切っている。ここには、歴史神学的な類型論というアカデミズムの限界を踏み出して、ある種のナショナルな自負が示されていると言わなければならない[32]。

(1)　天皇機関説の政治的背景とその《超国家主義》思想については、たとえば、R・ストーリー『超国家主義の心理と行動――昭和帝国のナショナリズム』(内山秀夫訳、日本経済評論社、二〇〇三年)第一章、第三章、参照。なお、史料として、宮沢俊義『天皇機関説事件――史料は語る』(有斐閣、一九七〇年)がある。その他、Cf. R. H. Mitchell, *Thought Control in Pre-war Japan*, 1976, p. 148 f f. (『戦前日本の思想統制』奥平・江橋共訳、日本評論社)。

(2)『国体の本義』(文部省編纂、一九三七年)九頁、一三頁。

(3) Cf. H. Kraemer, *The christian Message in a Non-christian World*, 1938, p. 395 f. 美濃部事件についても、かなり正確に記されている(*Op. cit.*, p. 262)。

(4) Vgl. R. Sorge, Die politische Führung Japans, in: *Zeitschrift für Politik*, 1938, S. 588. とくに天皇制ファシズムの救済論・デモノロギー・リトゥルギー・カテキズム教育などの《政治宗教》的特質については、宮田光雄「ボンヘッファーと日本」(『ボンヘッファーを読む』岩波書店、一九九五年、所収)二六七頁以下、〔同『ボンヘッファーとその時代』新教出版社、二〇〇七年、再録〕参照。

(5) たとえば次のような表現を参照。「ナチス・ドイツ及びファッシスト・イタリアの全体主義国家は、日本皇道のヨーロッパ的発現形態であり、天皇政治世界光被のための栄誉ある媒介者である」(山本饒『天皇政治』日本問題研究所、一九三九年、九七頁)。

(6) Cf. Kraemer, *op. cit.*, p. 397 f. クレーマーは、一九三六年に教皇庁の布教聖省指針がカトリック教会信徒の神社参拝を「愛国心と忠誠心との表明」として承認したことを「きわめて遺憾な政治家的打算の勝利」(*Op. cit.*, p. 403)と呼んでいる。この点をめぐって、ヴァティカン当局の当時の対応がナチ・ドイツの宗教政策に対する場合と日本のそれに対する場合と、はっきり相違していることに重大な疑義の声もあげられていた(Cf. N. Micklem, *National Socialism and the Catholic Church*, 1939, p. 78 f f.)。なお、この問題については、当時の日本国内の議論として、たとえば、田中芳五郎『カトリック的国家観――神社参拝問題を繞りて』(カトリック中央出版部、第三版、一九三三年)参照。なお、戦後の反省については、たとえば、西山俊彦『カトリック教会の戦争責任』(サンパウロ、二〇〇〇年)などを参照。

(7)《日本的キリスト教》については、とくに、長谷部弘「日本的基督教における国家の倫理」(『改革派神学』第二一輯、一九九〇年、五七―七七頁)。なお、笠原芳光「《日本的キリスト教》批判」(『キリスト教社会問題研究』第二二号、一九七四年、一一四一―一三九頁)。原誠「戦時期のキリスト教思想――日本的基督教を中心に」(『基督教研究』第六一巻第二号、一九九九年、一五一―四一頁)参照。

(8) 内村鑑三「日本的基督教」(一九二〇年)によれば、「日本に特別な」キリスト教というよりも、「日本人が、外国の仲人を経ずして、直ちに神より受けたる」キリスト教であり、それによってのみ「よく日本と日本人とを救うことができる」(『全集』第二五巻、岩波書店、一九八二年、五九三頁)。なお、同じく「日本的基督教について」(一九二四年)(『全集』第二八巻、一九八三年、三八一―三八二頁)参照。

(9) 塚本、前掲『現代日本と基督教』三二頁。のちに塚本は、国体明徴運動が盛んになった頃、上述の個人誌に「国体明徴とキリスト教」(一九三六年四月)という小文を載せている。「わが国体の精髄は教育勅語に明示されている」といい、「我が国体の最大の特徴は　陛下に対する無限の服従と、古今中外に通ずる道徳律とにある」としている。「上に皇位連綿たる一天万乗の　天皇を戴き、下万民、……各々その分を尽くしながら、心を一にして赤子の如く　上御一人に事えまつるところに、我が国体はある」。換言すれば、塚本のいう「日本的キリスト教」が生まれるためにこそ「国体の明徴が重要な役割を果たすであろう」と予想している(前掲『塚本虎二著作集　続』第三巻、四一―四三頁)。

もっとも、同じ年の秋、塚本は、「神とカイザル」と題する大阪講演においては、天皇を「神として拝めといわれれば私は拒む以外はない。私の神はエホバただ一人」と明言していた(塚本、前掲書、第四巻、二二二―二二七頁)。編集後記によれば、この文章は、戦後になって印刷公表されたものだという。

(10) 黒崎、前掲『我が国体と基督教』三四頁以下。なお黒崎は、「キリスト教の日本化について」(一九二六年)の中で「キリストの福音が直接に天より日本人の心に降り、日本人の心の中に成長発育して花を開き実を結ぶに至った場合のキリスト教」を「日本化されしキリスト教」と言うのだ、としている(『続・黒崎幸吉著作集3』新教出版社、一九九〇年、所収、一八三頁)。

(11) 矢内原忠雄「日本的基督教」(『全集』第一八巻、岩波書店、一九六四年、所収)二一九頁。矢内原にとって、「日本的基督教」とは「日本的迫害」をともなうものだ、という基本的認識があった。同じ年の四月、内村没後三周年記念講演でも、こう語っている。「日本的基督教を樹立する為めには、日本的基督教に特殊なる苦難がなければならない」。キリスト者のこうした十字架は教会から来るものではない。すなわち、「舶来の教会」を無教会が攻撃して、それから生ずる十字架などは深刻な現実ではない。それは、むしろ、世界無比の国家観を誇る日本における「反動としての国家主義にたいして具体的に抵抗するものでなければならない」(「悲哀の人」前掲『全集』第一八巻、所収、五四〇頁)。矢内原は、当時のキリスト者が立ち向かうべき真の課題の在り方を正確に知っていた。

(12) 矢内原忠雄「再び日本的基督教に就て」(一九三四年)(前掲『全集』第一八巻、所収)二二二頁。これにたいして、塚本が、前掲書の中で、次のような「こと国のいかなる教へ入り来ても／とかすがやがて大みくにぶり」という「皇太后陛下の御歌」を引いて、「最も美はしく且つ壮大」な「大日本精神」を讃えるとき、日本主義に傾斜する恐れはなかっただろうか。そこに「真の基督教が生れ、之が遂に大アジア文明を作り……」といった展望が先述の戦争肯定と結びつくとき、そうした誘惑は少なくない。

(13) 南原繁「内村鑑三先生」(『南原繁著作集』第六巻、岩波書店、一九七二年、九〇―九一頁)。

(14) 渡瀬常吉『日本神学の提唱』(ほざな社、一九三四年)。とくに、この本の内容を詳しく分析した飯沼二郎・韓哲曦著『日本帝国主義下の朝鮮伝道』(日本基督教団出版局、一九八五年)一五〇頁以下、参照。渡瀬の《日本神学》には、古事記にあらわれる日本の歴史意識の《古層》――《執拗低音》(丸山眞男)としての時間意識――が摂取された外来思想を《日本的》に変容する過程の典型的な一例をみることができよう。ここでは、神の超越性を見失うことによって、キリスト教信仰は、《つぎつぎ》と《なり》行く《いきおい》に一体化されていくのだから。なお、この《古層》の問題については、丸山眞男「歴史意識の《古層》」(『丸山眞男集』第一〇巻、岩波書店、一九九六年、所収)三―六四頁、参照。

(15) 渡瀬、前掲書、一三頁、四九頁。興味深いのは、危機神学の聖書的啓示にたいする当時の渡瀬による批判である。「吾人はブルンネル一派の危機神学者が、吾人に示唆した処のものを決して軽視しはしない。その真剣なる態度と真摯なる信仰に共鳴する。併し其の絶対的他者として外部からのみ我らに命令するが如き印象を与ふる神観や、その如き態度にて差し出された救の腕として聖書を観ることは、独逸の国状には適したものならんも、又我が日本にも或る意味に於ては適切なるを思はないでもないが、それは日本の国状が、或る程度に独逸に似て居るが為めに。しかし全体としては日本の現状は今少し余裕ある眼を以て聖書を観ねばならぬと思ふ」(同、一四七頁)。

(16)　渡瀬、前掲書、五二頁、一五頁、六四頁。

「蓋し開闢の始め、同じく天地の主にして父なる神を仰いだ二つの民族があつた。而して其の一は宗教の民として撰ばれ、幾度か国家をも建設し、そこに其の宗教の真理を実現して、永遠の国家を打ち立てんとしたかなれども神は之を許し給はなかつた。只だ宗教をのみ許し給ふた、かくて時満ちて救主耶蘇降誕し給ふて、真理の御国が確立し、既に二千年多少の盛衰はあり、曲折はあつたが、教会史の証する処にては、実に基督の王権には一毫の揺ぎを見せないのである。

其の一は絶東日出ずる国として出現し、天つ神の御祝福の下に一切が成立し、時満ちて天照大御神が御誕生ましまして、豊葦原の瑞穂の国は万世一系、勿論其の間に皇室に於かせられても、盛衰の波に揺られ給ふたにも拘はらず、天つ神の御祐護は優渥にして、一指を加ふるものある能はず、無窮に栄させ給ふのである。

古代史の最高峰を分水嶺として東西に分かれ注ぎ、一は地上に国家を堅確に築いて、万世に向つて世界の精神文化に貢献しつゝ、其の国家としての職能を発揮せんとし、一は宗教の宗主として永遠に向つて、人類の雲の柱火の柱たらんとして居る。而して今や此れが一つに相会して、此の宗教を以て更に此の国家を護り祝し、此の国家を以て此の宗教を更に精錬研磨して世界に貢献する処あらんとする時が来た。……天地の神の摂理こそ実に不可思議にして妙へなりと云はねばならぬ」(前掲書、六五一―六六頁)。

(17)　渡瀬、前掲書、実際篇、三頁、二二頁以下、九三頁、五八頁。

(18)　椿真泉『日本精神と基督教』(東京堂、一九三四年)六四頁、八二頁。

(19)　佐藤定吉『皇国日本の信仰』(霊響山道場、一九三七年)一一頁、一九九頁、二〇一頁。たとえば「聖書真理は宇宙的真理を高調するからとて、日本建国以来の皇室中心主義とは決して矛盾するものではない。むしろ皇室中心主義と日本の美風良俗たる家族制度こそ聖書の啓示する最大の神の真理たるエクレシヤの真理の大道に合致する」(同上、一〇〇―一〇一頁)。その他、佐藤定吉『栄光の日本』(皇国基督会、一九三四年)参照。似たような立場から、坂本正義『国体と基督教及西洋思想の調整』(桜民会、一九三八年)も、ローマ書十三章を引いて、「万世一系の天皇がないから」キリスト教のどこにも忠君や愛国が

「最高の道徳」とはなっていない、と否定的に引照している(同、六八頁)。この著者は、国体問題ゆえに「キリスト教より破門」された平信徒だという。「直毘神として基督を信仰すること」が「遂に律法を全ふする所以である」と説く皇道精神とキリスト教の一体化を目指す。

(20) 大谷美隆『国体と基督教』(基督教出版社、一九三九年)四頁、一五頁、九八頁以下。

(21) 大谷、前掲書、一七三頁以下、一九二頁以下。なお、大谷は、当時の天皇機関説を「吾国ニ於テハ絶対ニ許サレナイ説」として美濃部学説を正面から批判した法律書も、何冊か刊行している。たとえば、大谷『天皇主権論』公民教育会、一九三五年、一四頁)。

「人間ノ身体ガ手足、頭、胃腸等カラ出来テキル様ナモノデアル、頭モ人間ノ機関ナラバ手足胃腸等モ人間ノ機関デアル、只其役割ガ違フダケデアル。／然ルニ日本人ノ信念デハ天皇ヲ国家ノ機関ナリトハ思ツテキナイ、天皇ガ統治権ノ主体トシテ統治シ給フト信ジテキル、主体ニシテ機関ニハ非ズト信ジテキル、従ツテ此説ハ国民一般ノ信念ニ反スルノデアル。／殊ニ軍人ガサウ思フデアラウト思フ、兵馬ノ大権ヲ有セラル、大元帥陛下ナリト仰ギ奉レバコソ忠誠ヲ誓ヒ馬前ニ倒ル、ヲ意トシナイノデアル、機関ナリトスルナラバ機関ニ忠誠ヲ尽ス必要ハナイト考ヘルデアラウ」(同上、一一―一二頁)。

啓蒙的な冊子ではあろうが、法律論としては、かなり低俗な議論である。

(22) 《みくに運動》については、藤巻孝之『みくに運動の軌跡』(キリスト教史談会、一九八三年)参照。本文の引用は、同書、七頁、九頁以下、一六頁からの再引用。

(23) 筆者の手元にある『みくに』(第八巻第一〇号、一九四二年)は「賀川豊彦氏の思想批判特輯号」として編集されたものだが、巻頭の今泉論文「思想戦に立つ」の最後には、こう記している。「天皇陛下万歳!!／この最後の叫びこそ永遠の生命への産声である。個人的な永生希求は、皇国礼拝の予感に過ぎない。生命の緊張度の足らぬ時代の低調な宗教意識である。空虚な没民族的な愛をいくら実行しても只混沌が来るのみである。国と国との分を正し各其所を得せしむる神武によつてのみ、四方の波静まり八紘一宇の神国が歴史的現実として来るのである」(一二頁)。

今泉は太平洋戦争の勃発をもって「今や　皇室中心の世界観とエホバ第一の世界観との思想戦が、血を以て相搏つ白兵戦を演じてゐるのである」(今泉源吉『先駆者九〇年　美山貫一とその時代』(みくに社、一九四二年、二頁)ととらえていた。なお、前掲の『みくに』特輯号巻末の松野重正論文では、「唯一絶対なるものは日本人には天照大神であり、天皇であらせられる。……エホバ神は天照大神に仕へる神である」(同上、四一頁)とされている。ここでは、古事記の神との《習合》さえ、もはや《克服》されてしまっている。

(24)　塚田理、前掲書、一七四―一七五頁、参照。じっさい、メソヂスト教会牧師の中からは、「戦争以来真の日本的基督教の探求に苦んだ」末に、「日本人は基督教を必要とせぬ」という自己批判に達して、牧師を辞職する者も出ていた(前掲『特高資料2』一七二頁以下)。

(25)　加藤一夫『日本信仰』恒星閣、一九三八年)一三一頁。なお、加藤『貧者の安住』(不二屋書房、一九三五年)三二六頁以下、参照。このようにヨハネ福音書のロゴス賛歌を換骨奪胎する同様の例は日本基督教会系の著名な信徒伝道者の論理にも認められる。「太古に道在り、その道は神と偕にあり、この言葉・肉体となりし真の姿は我が皇室之を万国に示してお出でになる」。「キリストは我国の角度より見れば、天照大神の使徒である」(本間俊平『千古の響』協和書房、一九四三年、一七―一八頁)。

(26)　加藤、前掲『日本信仰』一頁、二三一頁。加藤は、太平洋戦争下には《天皇信仰》に立つ「人々がどんな心がけで生活すべきであるか」を説く『天皇信仰道』(龍宿山房、一九四三年)を著わしている。そこでは、「新しい旗標」として「尊皇攘夷」ならぬ「信仰殉国」が説かれる(四頁、二〇七頁以下)。

「天皇さまのために死ぬのは、国民の道である。日本臣民は自分のために生くべきではない。生きるも死ぬるも、たゞ天皇さまのためである。……それは、たゞ、天皇さまが神であらせらるゝからである。天皇さまのために死ぬ。しかしそれはたゞ死ぬのではない。斯くの如く死ぬことによつてこそ、彼はまことの人となつたので、まことの人、即ち神となつてこそ、彼はもう死んだのではない。生きたのである。かくして死ぬことによつてはじめて、永遠の生命に入つたのである」(同上、一五九―一六〇頁)。

ここでは、パウロの言い回しを模したキリスト教的死生観は、完全に《天皇信仰》の中に消滅させられていることが分かる。加藤は、敗戦後、ふたたび新約聖書を神道と習合させた《日本的キリスト教》の立場に帰った(加藤一夫『日本基督教』富岳本社、一九四八年)。
(27) 比屋根安定『基督教の日本的展開』(基督教思想叢書刊行会、一九三八年)一七五—一八三頁、二三三頁。
(28) 比屋根、前掲書、二二三頁、二二五頁。なお、cf. C. H. Germany, *Protestant Theologies in Modern Japan. A History of Dominant Theological Currents from 1920-1960*, 1965, p. 164 ff. (『近代日本のプロテスタント神学』布施濤雄訳、日本基督教団出版局)。これにたいして、寺崎暹『比屋根安定』(リブロポート、一九九五年)は、比屋根に《シンクレティズム》というレッテルを張ることに否定的である。
(29) 魚木忠一『日本基督教の精神的伝統』(基督教思想叢書刊行会、一九四一年)五頁。《触発》の規定については、同上、四頁、参照。《類型》については同上、八頁、一九頁以下、参照。
(30) 魚木、前掲書、一六六頁、なお一九五頁以下、参照。
(31) 魚木、前掲書、一二七頁、なお一六八、一七八頁、参照。魚木は、こうした《触発》による自覚的発展について、「かゝる発展は普通には改宗と呼ばれる経験であるのだが」、《日本基督教》の代表者たちの場合「改宗意識が著しく微弱で」あり、彼らは「改宗でなく、従来の信仰の完成又は深刻化であると考へた」(同上、二二五頁)と指摘している。
(32) 魚木、前掲書、二二六頁。ここでは「時流に迎合してキリスト教を天皇制国体と結びつけようとしたのではなく」、用語の問題はあるにせよ、「キリスト教の土着化」論や「今日の問題に通じる視点のひとつ」を提供している(原、前掲論文、三三頁)。なお、笠原も、本書に関する限り同意見である(前掲論文、一三三頁)。

3　日中戦争下のローマ書十三章

村田四郎

この時期において教会側から出されたローマ書注解の代表的なものとしては、『現代新約聖書註解全書』の中の村田四郎『ロマ書』(一九三六年)をあげなければならない。(1) 村田は日本基督教会系の牧師であり、その神学校の校長を歴任したパウロ研究者として知られている。村田は、この本の中で、《上なる権威》を「立て」「定」める神の主権的設定を強調する。

「「立てらる」の語は任命せられる事であるが、完了形で云いあらわされて居り、過去に於いてそうでありし如く現在に於いてもそうだとの意味をふくむ。パウロの信ずる所に依れば一切は神より出で、神に依り、神に帰するのであるが故に歴史的事象に於いて神の経綸から離れてあり得るものはないはずである」。「「定」とはある場所に定位する意味の語源から来て居るが、神がある位置を定めて動かす可らざるものとなし給いし事であり、神の決定である」。

この《神》との関わりにおいて《良心》もまた服従の根拠として批判的射程をふくみうるであろう。「国家的秩序の保持者に服従する事は只自然的、人間的な必然性からと云うよりも、その奥に神の秩序に関連せしめられて居るが故にそれは良心問題として考察せらるべき課題であると云わなければならぬのである」。

こうした《辞解》につづく《評注》で、村田はイエスとパウロの終末観を並行させて論じている。ただし、パウロの終末論が現世的使命に批判的に媒介されうるという視点は重要である。まず「イエスは政治的世界が保持する当然の領域をみとめて、「カイザルの物はカイザルへ」との聖言に表わされて居る如く、此の世の政権の妥当性を承認し給うたが、然し彼の本質的関心は「神のものは神に」との終末的世界におかれて居た事を疑う事はできない」。ついで「パウロも基督者の真の国籍は天にあるものと信じ(ピリピ三・二〇)神の国の民であると考えて居る」。

「故に地上的権威が真の権威であるためには神の目的にかなう権威である事、即ち「善き業」のために働きをなすものであってこそ良心的服従を求め得る妥当性を持つものと云う事ができるのである。かくして地上の権威は「神の国」への関連を基礎としてその職能が批判せられて来るのである。パウロは反帝国的な多くのユダヤ人と異って、その権威は「神の定」によりて存在するものであり、その目的は神の聖意志に副う目的をもつものとして観て居た事は暗示多い事である」(2)。

このように、《神の定め》は、機能的秩序としての国家の政治的妥当性を批判的に検証する視点となっている。この点に言及した注解は——ヨーロッパのキリスト教においては多くの実例を見いだすことができるが——日本の場合には少ないだけに注目に値するであろう。いずれにせよ、こうした批判的姿勢は、まだ日中戦争が中国大陸中心部にまで拡大される以前のレヴェルでは、教会側からも公然と打ち出されえたことを看過してはならない(3)。

特高資料の中から

国体明徴運動の高まりや日中戦争の進展する中で、キリスト教にたいする官憲の弾圧・迫害も、しだいに強くなっていった。戦前・戦中には極秘文書として、毎年、内務省警保局から『社会運動ノ状況』という資料集が年鑑風に刊行されていた。この中では、一九三六年から、はじめて「宗教運動」の編別が採用されている。それは、戦前、左翼運動の取り締まりに集中してきた治安当局が、大本教の弾圧(一九三五年末)いらい、宗教団体をも危険視するにいたった画期を示すものであろう。すでにこの年のキリスト教関係記事は、次の言葉でしめくくられていた。

「我国惟神道の信仰を偶像礼拝なりと軽蔑し、神社参拝を拒否する等のことあり、更に常に超国家的平和主義を標榜して現実の施政を批判攻撃する等のことあるやの模様なり」(4)。

政治と宗教の癒着した《国体》イデオロギー下の宗教弾圧の論理が鮮明である。この資料集は、それ以後展開する軍部・官憲や右翼による《上から》の弾圧と、さらに隣保組織や部落規制による《下から》の迫害の実態を詳細に伝えている。そこには、ファシズム的画一化を生みやすい日本の心理的土壌の特質が《典型的》に浮き彫りされているのを見ることができよう。それに対応するキリスト教側からの弁証の中で、しばしば、ローマ書十三章が援用されることになった。[5]

たとえば一九三八年に大阪憲兵隊からキリスト教の牧師にたいする十数項に及ぶ質問が出され、文書による回答が求められた。事件は組合教会主催の講演会で、講師が明治天皇の御製を読み誤り、聴衆の注意を受けて訂正したことを契機とするものだった。しかし、その態度に慎重さを欠いていたとされ、追及されることになった。質問の項目は、「キリスト教の神とは」に始まり、「天皇とキリスト教の関係」「皇祖皇宗の神霊に対する観念」「キリスト教と日本精神との関係」など、いわゆる《国体》問題に触れるデリケートな内容をふくんでいた。

たとえば日本基督教祖国愛という運動の作成した、いわば模範解答がある。それは、最後にローマ書十三章を引いている。

「我等は大日本帝国に君臨し給ふ万世一系の天皇を奉戴し国憲を重んじ国法を遵守する。我等の聖書も亦此の事を高調するのである。……故に我等基督者は神命と信じ常に陛下の忠良なる臣民として身を以て君国に殉ぜん事を期する者である[6]」。

同じ質問にたいする日本聖公会議長（名出保太郎）名による答申書が、右の特高資料の中に記されている。イギリスとの関係が深いことから、「外国皇帝（例へば英国皇帝）と神との関係」についての説明は詳しい。そこでも、ローマ書が引かれている。

「英国皇帝は英国を統治する主権者として神に立てられたる方として英国民が尊敬服従する事と信ず。他の諸国も亦同じからん。使徒パウロがロマの信徒に送りし書面の内に「凡ての人、上にある権威に服すべしそは神によらぬ権威なくあらゆる権威は神により立てらる」とあり、特に我々の注意すべきは、ロマ政府は少数の基督者に対しては寧ろ迫害こそあれ、同情ある政府に非ざりしが其の権威に服従すべき事を教へたり、即ち其の権威は神の立てたる権威故に絶対に服従すべき事を命じたるなり、更に我国の独特なる点は他国の禅譲放伐の行はるゝ如きと、御神勅に依り立てられ万世一系永久に継承統治し給ふと全く其根本に於て異なる事なり(7)」。

こうした中で、松尾喜代司牧師が日本基督教会鎮西中会での特別講演(一九三八年)で、ローマ書十三章について批判的なコメントを加えているのは注目を引く。パウロの主張は、政治的権威にたいする服従を説き、それが「良心のため」であることを強調している。

「然し国家が其の限界を越へて越権的行為に出で霊的なる社会迄権威を以て臨み、宗教的礼拝を強要する危険がある。ネロ皇帝礼拝が其の実例で初代教会は皇帝に犠牲を捧げることゝ信仰的に皇帝を礼拝することを拒み、それより生ずる結果を従順に凡てを受け入れた。ネロの迫害に対して示されたのが聖書の黙示録である(8)」。

松尾がこの講演で引いている「シュリール」論文というのは、おそらく危機神学の機関誌『時の間』に載った「新約聖書における国家の評価」(一九三二年)のことだと思われる。シュリーアは、当時、ブルトマンの弟子としてバルトたちの路線に近く立っていた。

なお同じ特高資料は、先に引いた『ロマ書』の著者村田四郎(日本神学校校長)によってなされた「要注意言動」(一九三九年一〇月)を掲載している。国家は社会生活が「平和と安心」に営まれるよう計るものであり、教会の独自の歩みにたいして干渉すべきではない、という。

「日本基督教会にはカルビンの教えがあり、我々は此の主張を死守せねばならぬ。教会は国家の指導者であり国家の保護者であることを自覚すべきである。最近基督教の日本化が言はれてゐるが、真の日本人がクリストを信仰することが日本的基督教、基督教の日本化で、天照大神とイエスが同じだと云ふ所が木に竹を接いだ様なもので話にはならぬ」。[9]

先にあげた『ロマ書』註解全書の精神は、なお生きていると言ってよい。

戦争に向かう時局に直面して、信徒や牧師にたいする啓蒙と教育のためローマ書十三章に関わるキリスト教の古典を学び直す動きも見られる。たとえば、『日本メソジスト時報』(一九三八年)の「紹介・時報」欄には、鈴木正久による「ルターの戦争観」の紹介が載っている。[10]

ルターの論旨として、「聖パウロやペテロがこの世の政府に従い秩序に服せよと命じている所からも、われらが統治者の命に従って戦う場合が承諾されていることは明らかである」として、ローマ書十三章を引照してこう要約する。「ルターが真の意味においてはこの世には何の義もなく、それはただキリストにのみあることを強調する一方、現在の実際的問題に即して《外部な意味での義》を諸秩序の上に認めようとしていること」「神は二重の支配を設定し給うたと語ること」など、「時代的に私たちの多く当面する問題」に「暗示する所多い」という。

同じく「ルターの国家観」も、ルターの『現世的主権について』を紹介し、この世の権威のローマ書十三章等による基礎づけを論じた第一部につづいて、とくにルターが重点をおいた第二部について「現世的主権がキリスト者の信仰は支配し得ぬことを述べて、これは神の言によってのみ支配せられるものであり、われわれは一切のことに服従し忍耐するが、キリストへの信仰の内容については《一歩一指》たりとも忍耐せず譲歩せぬことを断乎と述べている」と指摘している。[11] このようなアクセントの置き方は注目してよいであろう。

山谷省吾

こうした時代の切迫した雰囲気の中で出版されたのが山谷省吾『ロマ書』(一九四〇年。第二版、一九四二年)である。山谷は『パウロの神学』(一九三六年)の著者としてキリスト教界知名の新約学者であった。この書物は、彼の「新約聖書・新訳と解釈」の一冊として刊行されたものである。[12]語句の注釈につづいて、詳論していう。

「国家に対して教会のとるべき態度を教えた此パウロの教が、社会制度に関する教と同様に、保守的であることに気づくだろう。彼は国家を以て神の地上に於ける秩序と見た。故にそれは人為的に変革すべきものではない。現存の国家を是認し、その命令に服従すべきである」。

神の「定め」は、ここでは神の「命令」と訳されているが、山谷によれば、パウロは、ローマ帝国に「地上におけける神の秩序」＝「神的秩序」を「認めてその意義を確立した」という。ここからは、機能的国家観への通路は、開かれ難いのではなかろうか。[13]

この《服従》については、「已むを得ざるに出たものではなく、福音的基礎の上に立てる積極的なものである」という。しかし、それは《福音》を根拠とする政治的共同責任という可能性を意味するのではない。むしろ、「消極的反抗運動」をふくめてパウロが「かかる意識や行動に対して断乎として反対し、国家的権威の意義を高く評価することが出来たのは、彼の倫理の健全さと識見とを物語っておる」というにすぎない。

そして最後に「我国などでは、非常に微妙な且つ原理的にも解決の六ケ敷い問題が多くあって、此パウロの教に示された原則丈では到底解くことは出来ない。それは我国の基督教会に課せられておる最大問題の一つである」という。当時、日本の教会が、もっとも聞こうとした問いは回答されないままであった。[14]

(1)　このほかに、日高善一『新約聖書註解・ロマ書』(日曜世界社、一九三二年)がある。《服従》を「神の権威にたいする」ものとして「パウロは如何なる権威者にも服従せよと言ったのではない。又如何なる権威者も神が立て給うものであると言うのではない」と説き起こしているが、後論とのつながりは一義的に明白でない。むしろ、《神によって立てられた》権力の特質について「日本では昔天子が其の大権を代表者に委託する場合には錦旗と節刀とを授けた」というような説明の仕方は、天皇制の擬似宗教性を強めかねない(同上、二四七―二四八頁、参照)。

(2)　村田四郎『ロマ書』(現代新約聖書註解全書刊行会、一九三六年。第二版、一九四一年)四五二―四五九頁。

(3)　このほか、同じ頃に雑誌『開拓者』に連載され、のち単行本となった石原謙『ロマ書抄解』(長崎書店、一九三七年)がある。ここでは、ローマ書十三章についても「場所と時代とを問わず凡ての基督者に適合する教えを述べている」(同上、一〇四頁)という以外、まったく論じられていない。

(4)　『特高資料による戦時下のキリスト教運動1』(同志社大学人文科学研究所・キリスト教社会問題研究会編、新教出版社、一九七二年)二〇頁。以下の引用においては『特高資料』と略記する。

(5)　当時の日本の状況について、批判的な神道研究者ホルトムも、こう記している。「キリスト教は自己防衛のために、すべての人は、上なる権威に従うべきである、あらゆる権威は神によりて立てられていると教えた使徒パウロの言葉を、しばしばくり返し、ローマ書第十三章のはじめの七節は、公けの集会などで好んで読まれた箇所である。とくに軍の代表者が出席する学校の集会などではそうであった」(D. C. Holtom, *Modern Japan and Shinto Nationalism. A Study of present-Day Trends in Japanese Religions*, Rev. ed., 1963, p. 102.『日本と天皇と神道』深沢長太郎訳、逍遥書院)。

(6)　田川大吉郎『国家と宗教』(教文館、一九三八年。第四版、一九四三年)一三五頁。

(7)　前掲『特高資料1』九七頁。これにたいする特高側の評価によれば、「一応の弁明乃至時局迎合の佞弁」ときめつけ、当面を糊塗しようとして「理論の一貫を欠くもの尠からざるの実情」と辛辣な評価をあたえている。

(8)　前掲書、九九頁。(但し特高資料では喜代次と誤記されている)。松尾がこの講演で引いたシュリーア論文については、本書、第I部、一九五頁以下、参照。

(9)　前掲『特高資料1』一八〇頁。なお、この年には、村田四郎は、彼の歴史神学論文集『歴史と神学』(新生堂、一九三九年)を公刊している。その中には、執筆時期はやや古いものだが、ローマ帝国の皇帝礼拝や原始キリスト教いらいの国家と教会との関係を論じて、短くローマ書十三章にも触れた論文もある。そこでは、政治的権威が「神よりつかはされたもの、神の次に位すべきもので、彼に忠誠でなければならぬとの教訓」である、と述べている(同上、一五四頁、さらに一六五頁)。政教関係を論じた結論としては、《カイザルのもの》の他に《神のもの》という「深き永遠なる世界がある。……その尊き者を尊ぶ事を知らぬ国家は真の意味に於て国家と云へぬ」としながら、他方では、「教会は国家を永遠の意義に迄高むると共に、国の中に聖意志を知らしめ、その光となり、そのとりなしとならなくてはならぬ」とする(同上、一八三―一八四頁)。基調は同じだが、前掲の『ロマ書』の方が、いっそう批判的契機を明確にしているように思われる。

(10)　「ルターの戦争観」(『日本メソジスト時報』一九三八年六月三日号、『鈴木正久著作集』第一巻、新教出版社、一九八〇年、所収)五六―六〇頁。

(11)　「ルターの国家観」(同上、一九三八年九月二日号、前掲『鈴木正久著作集』所収)六五―六九頁。

(12)　当時、キリスト教界が山谷のパウロ研究に寄せていた期待は大きかったようだ(山谷省吾『渓流――激動期のわが半生』日本基督教団出版局、一九八〇年、一五四頁以下、参照)。

(13)　山谷省吾『ロマ書』(長崎書店、一九四〇年。第二版、一九四二年)三一一―三一三頁。同『パウロの神学』(長崎書店、一九三六年。第四版、一九四二年)は、パウロの重要視したのは「地上に於ける秩序の維持」であり、権威の尊重を求めるパウロのすすめも「主調はむしろ消極性にある」という(同上、二七九頁以下)。先の石原の場合と同じく、それは、当時、社会全体に亢進した愛国主義的風潮から身を退く形の消極的批判を強調するものなのか、それとも時代の問いへの回避なのか、かならずしも明らかではない。なお、こうしたパウロ神学の基本的認識は、戦後においても一貫している。山谷省吾『新約聖書神学』(教文館、一九六六年。第三版、一九七〇年)では、パウロの秩序観が「ユダヤ人一般のものと著しく異なっていることが目立つ」といい、《カイザルのもの》と《神のもの》とを分けたイエスの「考え方と同一線上」にあったとみる(同上、一七七頁)。なお、太平洋戦争直前に、新しく本格的なパウロ研究として松木治三郎『使徒パウロとその神学』(一九四一年、長崎書店)

が出版された。しかし、この本では、信仰は「心と体、内と外との全体的な服従」、「歴史的行為」（同上、二〇八頁）と呼ばれているが、国家との関わり（ローマ一三・一―七）については一言も記されていなかった。

(14)　この注解書の戦後版、山谷『ローマ人への手紙』（新教出版社、一九六七年）でも、ローマ書十三章に関する本文の記述は、ほとんどそのままである。ただ、本文に引用した末尾の文章のみ削除されている。戦時中の山谷の論述は、その学的確信だったことを示す。

10　太平洋戦争の只中で

日本基督教団の成立

一九四一年末、対米英開戦の直前には、文部省の認可を受けて、日本基督教団が正式に発足した。この教団成立をめぐっては、これまでも「くすしき摂理」と「御霊のたもう一致」(教団憲法前文)によるものという考え方とともに、国家的な宗教統制をめざす宗教団体法(一九三九年)にもとづくものという見解が、しばしば対立的に論じられてきた。たしかに、教団としての教派的合同は、すでに明治初年における公会主義いらいの方向に一致してはいた。先にあげた比屋根安定も、すでに一九三八年に記していた。「教会合同は、基督教的立場と共に、従来、屢々伝道方法の便宜からも唱へられたが、今日の切迫せる時勢は、教会外からも諸教会の大同団結を促してゐる。教会合同は、基督教界内部から迫るのみならず、必ず外部からも促され、或は外部に対する為にも亦、即刻実現せねばならぬ緊急事である」[1](傍点、宮田)。

教会合同が宗教団体法という先行する「国家的外枠」に合わせようとした「主体性に欠けた」ものだったことは否定できない。そうした内外の要因に促されて、戦時下の反キリスト教的風潮にたいする自己保存の動機が教団成立を決定づけたことは確かであろう。

その頃、松村克巳は「日本基督教団成立の意義とその課題」について代表的な論文を公にしていた。松村は、当時、京都帝大文学部におけるキリスト教講座担当者として、教界で注目される若手指導者だった。この論文では、教会合同の問題が「高度国防国家建設の為めの」「新体制の一翼」を担うものであることを明確に肯定している。それは、「全体主義国家の要望」として提示された「精神総動員」に関わるものであった。「国民のかゝる内面性からの国家への帰属と自己奉献なしには国家は真に全体主義国家たる事が出来ない」からだ、という。こうした国家の全体主義化は「非常時における一時的現象」に尽きるものではなく、国家の発展における「新段階」として「歴史的必然性」にもとづくことが認められていた。

「今日の国家の現実はいはばその裸の実存を争ひつゝあるのである。国家はもはや単に法的存在ではなく従つて客体的に云為される対象ではなく、一の個体的生命として民族自体であり国民の一人一人の実存の根底を事実に於いて扼してゐる主体的基体となつてゐる。国民は民族の一員としてこの基体に連り自ら基体化する事なしには歴史的な行為の主体となる事が出来ぬ。国家のものとなる事なしには国家を担う事が出来ぬ」。

しかも、松村によれば、こうした事実を知覚すること自体が時代史的に制約されているという。

「このやうな情況の認識は身体的な感覚・直観による外はない。それは対象的な認識ではなく行為的な認識でなければならぬ。今日に於ける新らしい国家観の要望・国家観の変遷はその根底に於いて既に新らしい人間観・世界観の変移を要望し、又事実そこから由来してゐると考へられる(2)」。

この国家による全体主義的要求は、「国民の道徳的内面性」にまで向けられ、それを超国家主義によって包摂し統制下におこうと狙うものであろう。しかし、松村によれば、けっして「宗教的信仰への干渉ではない」という。なぜ、そのように主張できるのか。「信仰は国家の関与せざる処である」とされ、憲法第二十八条が援用される。しかし、この《信仰の自由》は《宗教の自由》ではない、という。つまり、内面的信仰が外面化＝具体化されることは道徳的領域への移行であり、そこでは、もはや無制約的な自由は主張されてはならないのだから。すなわち、宗教は「その存立の根底」においては超越的絶対者に支えられているとしても、「それ自身の存在」においては、すでに国家の支配下におかれざるをえないというわけである。(3)

しかし、こうした解釈は、《信教の自由》の長い思想史的伝統の中で妥当するものと言えるだろうか。むしろ、それは、帝国憲法第二十八条の保障する《信教の自由》さえも強権的に限定し、侵害しようとした天皇制ファシズムの論理と実践とを丸ごと呑み込むことを意味するにすぎないのではなかろうか。(4)

たしかに、ここでも、なお「教会の自由と絶対性の要求は……深く超越的永遠的なるものであり、人の魂の深奥にかゝはる筈である」と言われてはいる。しかし、こうした信仰の超越性は、厳しい現実から永遠の世界へ逃避する自由さえ許すものではない。

「教会の主張し保持すべき自由と絶対性とは神のそれであり、人はその下に服すべき責務を負ふ。若しそれ教会人が真にこの嶮しき神の現実の下に身を置くならば、今日国家権力の要求として吾々の前に立つ民族のノモスのうちに、神の吾々に対する要求を感受し、懼れと慄きとを以てこれに応へるべき責務を感じないであらふか」。(5)

ここに登場する《民族のノモス》という言葉は、危機神学の戦列から離れて《ドイツ的キリスト者》に近づいていった当時のゴーガルテンの用語だった。国家観の転換に触れた先の引用には、それを把握するための「身体的な直観」「行為的な認識」といった言葉が用いられ、国家についても、それを「個体的生命としての民族」として、また国民一人びとりの「主体的基体」としてとらえていた。これらの用語ないし言い回しは、《行為的直観》(西田幾多郎)や国家を《民族の種的基体》からとらえる《種の論理》(田辺元)などとの親近性を思わせる。この論理が、当時、一世を風靡していた京都学派の哲学から影響を受けていたことは否定しえないであろう。(6)

むろん、松村論文は「終末論的な希望」という信仰的決断を根拠づける重要なファクターにも触れている。しかし、

「究極に於ける神への深い信頼と終局に於ける神の義の実現の確信」から生まれる「行為の決断」「現実に歴史を作り行く真に歴史的な行為」と言われるものも、具体的には、戦時体制への一体化の努力以外ではありえなかったようにみえる。(7)

対米英開戦と緒戦の勝利(真珠湾!)は、日本国民全体に激震をあたえた。これまで日中戦争にわだかまりを覚えていた懐疑的な知識人さえも、西欧帝国主義との直接的対決によって大きな解放感をあたえられた。その《回心》を思わせる体験は、有名な高村光太郎の戦争詩に歌われている通りだった。(8) 西欧的教養による普遍主義など一度に吹き飛んでしまい、日本主義への回帰・転向が行なわれた。多くの場合、キリスト者にとって、その超越神信仰も、ほとんど同じような解体の様相を呈さざるをえなかった。

開戦に際して、教団統理富田満は、「今次宣戦の意義を諒解し、国家に赤誠を捧げ国土防衛に挺身」するよう各教会に「示達」したが、翌一九四二年一月には伊勢神宮に参拝して教団発足を「報告」し、その発展を「希願」した。(9)

やがて太平洋戦争の第二年目の秋、すでにかすかに敗戦への兆候がきざし始めた頃、『戦時布教指針』(一九四二年一〇月)が教団統理の名の下に「令達」された。この戦争の「目的ノ高遠ニシテ規模ノ雄大」なことは世界史上未曾有だ、とうたい、「御稜威ノ下、……連戦連勝赫々タル戦果ヲ挙ゲ」つつあるが、「建設ノ前途猶遼遠」なるゆえ「緊急持久総力ヲ挙ゲテ戦」わねばならない、と訴える。

たとえば三カ条からなる「綱領」。

「一、国体ノ本義ニ徹シ大東亜戦争ノ目的完遂ニ邁進スベシ

二、本教団ノ総力ヲ結集シ率先垂範宗教報国ノ悃ヲ効スベシ

三、日本基督教ノ確立ヲ図リ本教団ノ使命達成ニ努ムベシ」

ここでは、およそ聖書的信仰の言葉をまったく欠落させていることが目に付かざるをえない。そこから引き出される「日本基督教ノ確立」や「教団ノ使命達成」の意味するものは、「実践要目」における「忠君愛国ノ精神ノ涵養」「滅私奉公ノ実践」「敬神崇祖ノ国風」「醇風美俗」「思想国防」等の言葉から推定することができよう。「日本基督教ノ樹立」が「日本教学ノ研鑽」(=教師錬成会による思想教育)と結びつけられていたことも見逃されない。(10)

この中では、ローマ書十三章は直接に言及されてはいなかったが、いわば絶対的＝無差別的《臣従》の倫理として、事実上、解釈・実行されていた、と言うべきであろう。それでは、当時におけるローマ書十三章の実際の聖書釈義はどうだったのか。

(1) 比屋根、前掲書、二一七—二一八頁。この合同は、ある意味ではナチ・ドイツの《均制化》に通じるものであり、文部省の理解と協力とのゆえに教団当局が「権力による圧迫を経験することなしに」終始しえた(『日本基督教団史』編纂委員会編、一九六七年、一一〇頁)というのは、事実認識としても歴史的評価としても、きわめて甘い。なお、成立史の歴史的検討については、土肥昭夫『日本プロテスタント教会の成立と展開』(日本基督教団出版局、一九七五年)一九六頁以下、参照。

(2) 松村克巳「日本基督教団成立の意義とその課題」(『思想』一九四一年、一二月号)四—五頁。

(3) すでにみた伊藤博文の『憲法義解』が、こうした後代における強権的解釈を可能にする契機を含蓄していたことは否めないであろう。他方では、美濃部学説に対抗して《国体論的憲法学》を根拠づけた上杉愼吉が、「信教の自由」(憲法二八条)の憲法的規定を——一定の条件に当たる場合を除き——「法律を以てするも……制限することを得ぬ」ものだ、と強調しているだけでなく、「信教の自由」が「「純粋なる」所謂る信仰の自由のみならず、これを外形にあらわし、礼拝を為し、儀式を行ひ、寺院を建つるが如き、所謂る宗教の自由も、本より信教の自由に含まる」と明言していたことは、歴史のアイロニーを思わせる

（上杉愼吉「大日本帝国憲法講義」、『現代法学全集』第1巻、日本評論社、一九二八年、所収）七八―七九頁。

（4）　すでに一九三一年に柏木義円が『信念の研究』（一月号）で論じた次の文章は、そうした来たるべき事態を見通して鋭い反論を提起していた。「敬神崇祖など称して敢て外的権威を以て己の指定する者に対して崇拝を強い、而かして信仰は自由であつても行為に現れたる場合は決して自由でない、之を強ゆるが当然だなど申すは、異様なる申分と存候。斯くて帝国憲法が保障したる信仰の自由は、唯内心に於て之を信ずるの自由で、行為に現れたる場合の自由に非ずなど申すは随分強弁と存候。元来法律（憲法も勿論）は勿論外形の事にて、内心に立入つて法律を作るなどは全然不可能の事にて愚の極みにて候。帝国憲法が保証したる信教の自由なるものは、無論信仰を外形に表はすの自由の事にて候。信者が一般の法律を干犯して罰せらるゝ事を引例し来つて、之を以て信教の自由を唯内心の事のみとするが如き、これ亦強弁に非ざれば法律思想皆無の謬想と存候」（前掲『柏木義円集』第二巻、二七七頁）。

（5）　松村、前掲論文、六頁。危機神学の中でゴーガルテンの社会倫理評価から切り離した形でバルトを批判する傾向については、松村克巳『森明と日本の神学』（弘文堂、一九四〇年）二三頁以下、五七頁以下など、参照。ゴーガルテンについては、本書、第Ⅰ部、二〇一頁以下、参照。

（6）　京都学派による戦時国家体制の哲学的弁証については、とくに、家永三郎『田辺元の思想史的研究』（法政大学出版局）一九七四年、参照。近来、そうした京都学派の立場を戦争協力というよりも、国策是正を企図するものだったとする弁証もなされている（大橋良介『京都学派と日本海軍』ＰＨＰ新書、二〇〇一年）。しかし、そこでは、あくまでも日本の指導下にアジア新秩序＝大東亜共栄圏の再編が狙われていたかぎり、その《道義性》の主張は、戦争を正当化するイデオロギーとしてしか機能しえなかったのではなかろうか。

（7）　松村、前掲論文、八頁。山谷省吾は、当時、教会人のあいだで終末論にたいする関心が高まっていた様子を回顧している。パウル・アルトハウスやカール・シュタンゲ、さらにカール・バルトの名前も上がっている。しかし、そこでは、多くの場合、終末論が現実逃避を促していたことがわかる。「日本においても世界においても、戦争のうわさのみが声高く立てられ、平和は全く影をひそめた時代において、《終末論》はいわば私たちの《避難場》であった。現実においては、何処にも、喜びと慰めとを見いだすことができなかったのである」(山谷、前掲『渓流』一六七頁)。

(8)「……昨日は遠い昔となり、／遠い昔が今となった。／天皇あやふし。／ただこの一語が／私の一切を決定した。／父が母がそこに居た。／少年の日の家の雲霧が／部屋一ぱいに立ちこめた。／私の耳は祖先の声でみたされ、／陛下が、陛下がと／あへぐ意識は眩《めくるめ》いた。……」(高村光太郎『暗愚小伝』一九四七年。丸山眞男『日本の思想』(『丸山眞男集』第七巻、岩波書店、一九九六年、所収、二〇〇頁より再引用)。ここで丸山は、日本社会あるいは個人の内面生活における《伝統》への思想的回帰を、内的連関なしに突如として噴出する《思い出》にたとえ、天皇の「思い出」を真摯にうたった光太郎が「戦後かれはふたたびロダンの《思い出》にかえった」と評している。

伊藤整のような西欧主義的教養をもった文学者の場合にも、一二月八日の日記には詳細に当日の感激を記している。その最後には「我々は白人の第一級者と戦う外、世界一流人の自覚に立てない宿命をもっている。はじめて日本と日本人の姿の一つの意味が現実感と限りないいとおしさで自分に加わって来た」と感想を述べている(伊藤整『太平洋戦争日記(1)』新潮社、一九八三年、一一頁)。こうした傾向は、「太平洋戦争短歌抄」の多くの歌人の場合、いっそう強調されてあらわれている。「大君の大き御稜威はひむかしの空をおほへり海をおほへり」(佐々木信綱)、「たちまちに海に陸《くが》に敵ほふるすめら御軍《みいくさ》は神ながらならし」(斎藤茂吉)(桜本富雄『戦争はラジオにのって――一九四一年一二月八日の思想』マルジュ社、一九八五年、一五二頁)。なお、キリスト者の《十二月八日》体験については、本書、四二二頁、参照。

(9)『日本基督教団史 資料集』(教団宣教研究所史料編纂室編、日本基督教団出版局)第二巻、一九九八年、二二四頁。

(10) 前掲『日本基督教団史 資料集』二三五―二三六頁。なお、教師錬成会については、同上、二二七頁。前掲『日本基督教団史』一三六―一三八頁、参照。

1　神学者とローマ書十三章

藤原藤男

日米開戦後、ローマ書解釈は、一九三〇年代の《消極性》に甘んずることはできなくなった。この時期を代表するのは、藤原藤男『ロマ書の研究』(一九四三年)、八〇〇頁に達する大冊である。藤原は、当時、従事していた厳しい開拓伝道の中で、数年来、精力的にローマ書を講じつづけてきた。それを大成したこの本の中で、ローマ書十三章についても詳論されている[1]。

藤原によれば、まず、「国家は民族的な血の繋りの中に発足した、極めて強固な一種の家族的集団であるが、併し家庭と異りその秩序は強力なる法律によつて保たれる。法律は国家の骨格であり、統治し統治されねばならぬ国家の生命線である。法律とは究極的には国家の中の個人主義・利己主義・自由主義を殺して、個をして国家的全体主義に生かさしめんとする命令であり、約束である」。

ナチ的政治神学を思わせるこうした用語や発想には、時代の反映が認められるであろう。ここでは、たとえば「神の定め」も「神の動かすべからざる決定」として、「国家的権の不可侵性」を意味するだけである。「国家は法によつて貫かれた一つの強固な交りであるが故に、無規道《ママ》な個の自由を許さない。個の自由は国家的交りと、その秩序を乱さない限りに於ての自由である。……秩序のない所に個の自由も亦ないからである」。ここでは、《善い業》とは「公の秩序の為に個を捨てて国家的交りに生きる」ことのほかにはない。

《良心》による服従というのも、むしろ、いっそう国家的権威を尊ぶがゆえに服従するのだ、という。「其れは屈従でなく、喜従――妙な言であるが――である。……彼は国家の政治的・社会的必然によつて国家的権に服従するより、これを決して軽視しないが、より以上に「良心」的必然によつて之に服従する」のである。《良心》による批判的洞察は抜け落ちて、もっぱら服従を加速化するだけにすぎない。それでは、こうした服従には、いっさいの制限がないのだろうか。

「併しここで一つ忘れてならない事は、国家的権への服従にも種類があるといふ事である。程度でなく、種類である。徳川幕府が曾てなした様に、其れが若し誤つて我らの信仰の自由を「正面から」拒む――帝国憲法第二十八条に於て信教の自由を認めてゐる我国に於ては、その様な事は有りえないが――場合、信仰の良心が侵害される場合、之に服従する事の出来ないのは言ふまでもない」。

この場合とるべき態度は、「無抵抗といふ抵抗」である。それは「迫害に甘んずる抵抗」、「国家的権に対して死にいたるまで従順なる抵抗」である。「所謂代々の殉教者とは、ここから生れ出た者に外ならぬ。肉体は之を国家的権に与へるであらう。併し内的生命、信仰は之を神に帰しまつるであらう」。

しかし、この悲壮な殉教の決意には、一つの不協和音がはさまってくる。「我らは臣節を――憲法第二十八条を見よ――欠くことの故に、迫害されることを恥とする」。「臣節を欠く」とは何か。

「基督教には国境はないかもしれないが、基督者には祖国がある。我らは信教の自由を認めてゐる憲法第二十八条の中の、「臣民たるの義務」を怠つたり、之に叛く様なことがあつてはならぬ。臣節を全うせよ、然も教会は主に在りて国家の良心たれ。……創造の秩序と恩寵の秩序、この両者は生きる世界が違ひ、秩序が異る。併し国家と教会は本質的に区別されねばならないが、併し両者は相反目すべきものでなく、互にその「本分を尽し合ふ」べきである」。

藤原によれば、《信教の自由》といっても、アメリカなどの場合とは異なり――これは事実認識として正当である――日本の場合には「日本臣民に許されている信教の自由」なのである。しかし、ここから彼は、日本のキリスト者は「憲法二十八条に示されてゐる境界線まで退かねばならない」のだ、という。

「若し之を無視する基督者があるとすれば、彼は日本臣民ではありません。少なくとも彼は国家の権が「神によつて立てられ」(羅一三ノ一)てゐる事を知らない所の者であります。若し又之を妥協だと難ずる基督者があるとすれば、彼は既に少なくとも日本人ではありません。之は妥協ではなく、「臣節に生きること」であります。我が国独特の国柄国情も知らず、臣節を全うする事なくして迫害を受くる様な事があるとすれば其は自業自得であつて、何らの賞讃に価しません(彼前〔Ⅰペテロ〕二ノ二〇参照)。武士は死場所を選ぶとの事でありますが、私共は犬死をしたくないのであります」(2)。

藤原によれば、国家は「創造の秩序」に属するという。先に引用した「民族的な血の繫り」と結びつけるとき、ここには、ナチ時代の《ドイツ的キリスト者》の説いた《民族のノモス》の秩序や《創造の秩序》の神学と通ずるものがあるのではなかろうか(3)。近代日本におけるこの観念は、まさに《国体》問題として展開した。『ロマ書の研究』における藤原の論理も、その方向に傾斜していく。

「国体・国柄に於ては我らの祖国は世界にその比を見ないものである。その国柄の無比独特さは、勿論皇室の無比独特さでなくてはならぬ」。それは「三千年一系」の天皇を戴き、「禅譲の思想」も「放伐の思想」も容れる余地をいささかも残していない、という。さらに無比なものは、「皇室と国民(臣民)との独特の関係」である。「皇室に対する自らなる畏敬と親愛の情はあつても、諸外国に見る様な君に対する悪念や反抗は我らの血の中にはない」。

こうして「皇室は国民の宗家」「皇室と国民とは祖先を同じくする」という「一体的家族関係の中におかれている我が国体」、「義に於ては君臣であるが情に於ては父子」という「勤王の精神の無比独特さ」、「我らの国柄の無比独特さ」が強調される。「上にある権に服従せよ」「王を尊べ」などの聖書の言葉は、日本においてこそ、日本人キリスト者においてこそ、本当に生かされねばならぬ、というのである。

「我らは勤王の精神、尊王の志に於て、人後に落ちてはならぬ」。「日本人は日本「臣民」として、主の救に入らねばならぬ。救が若し日本人としての臣民意識を喪失して、第三国民に、亡国の民になることだとするなら、それは実に由々しい事である。……我らは救はれる前からも日本臣民でなくてはならず、救はれて後も亦地上にある限り、日本「臣民」でなくてはならない(4)」。

藤原は、別の著作では、「私は『黙示録』を、毫末も忘れてゐるのではない」とも記している。「黙示録の下に於ける、基督教の態度は既に決つてゐる。併し今我らは『ロマ書』の下に生きてゐる」のだ、と。彼はあえて問いを立てる。「恩寵の秩序は栄光の秩序なのか、恩寵の秩序に在る者は創造の秩序と全く無関係であるのか」。彼もまた、国家が「過ぎゆくであらう」ことを知っている。しかし、国家は、福音における「戦の場所」であるとともにキリスト者が福音を生きる場所でもある。「国家を無視する事は、福音的な意味に於いても出来ない筈である」。――この指摘は、むろん、原則的には、あくまでも正しい。――しかし、彼は、さらにたたみかけて、こう記している。「況んや日本臣民としてをや(5)」と。

じっさい、藤原にとっては、「日本の皇室の如きものは、世界の何処にもない。それは創造の秩序に於ては、世界を照らす太陽の象徴である」と言い切っている。いわば日本の《国体》は、par excellence にローマ書十三章の《権威》にほかならないというのであろう。

藤原によれば、アウグスティヌスもルターもカルヴァンも、さらにバルトも、「日本の皇室を知らない」ゆえに、国家と宗教の関係について、彼らを鵜呑みにしてはならない。「皇室を抜きにした西洋流の国家観は、我らには用なきものである」と断言する。彼は、みずからの立場を《桜花日本基督教》と名づけ、熱狂的な殉国の決意を表明している。

「桜花は今年散るが、又来年咲く。それは主に在る復活の徴であり、又同時に楠公の七生報国の徴でもある。桜花日本基督教は、桜花となつて力を尽して神の国に事へ、力を尽して帝の国に事へる。我らは殉教の為めに血を流す。だが同時に殉国の為めにも血を流す。日本人の耳で神の言を聞く桜花日本基督教は、桜花の如く美しく、桜花の如く悲しく、桜花の如く勇ましい。……日本にしかない皇室を、日本にしかない桜花基督教を、一宇八紘、地上、凡ての人に見せたい」。

こうした文章は、「後記」の示すように「大東亜戦争」の勝利に湧く一九四二年春の「時代の一大転換期に遭遇してゐる」という高揚感を背景にしていた(6)。

ドイツ教会闘争情報

この頃、ヨーロッパには、すでに二年前にナチ・ドイツによって開始された第二次大戦の砲声が轟いていた。それに先立って数年来、ヒトラー政権の成立以来、国家と教会との関係は厳しい緊張と抗争とに彩られていた。こうしたナチ・ドイツの政治神学や《ドイツ的キリスト者》の神学と対立したドイツ告白教会の神学は、日本のキリスト教界に何らの影響を及ぼさなかったのであろうか。いな、一九二〇年代半ば以来、日本の教会と神学とは、ドイツの新しい神学的動向を追い、その強い影響下に立ってきた。その神学的指導者であったバルトの神学は、つぎつぎと翻訳・紹介されてもきた(7)。

そこには、ドイツ教会闘争に関する情報も、かなり豊富に入っていたように思われる。たとえば日本基督教会の機関紙的位置を占めた『福音新報』には、一九三三年春のナチ政権成立後の宗教弾圧と教会闘争とについて――その中で闘うバルト神学の紹介とともに――かなり詳細な情報を継続的に伝えていたことがわかる。たとえばバルメン宣言についても、——宣言の全文は記載されていないとはいえ——六項目にわたる「福音主義的真理」として抵抗を示す信仰告白がなされたことを伝えていた。むろん、教会と国家をめぐる神学倫理上の論争も、弁証法神学に関心を寄せる専門家の手によって紹介されていた。(8)

もっとも、中には、太平洋戦争直前に出版されながら、評価の視点が定まらず、豊富な情報量にもかかわらず、かえって読み手に混乱と誤解を招きかねなかったような代物もある。たとえば、丸川仁夫『ナチスの宗教』(一九四一年)は、《ドイツ的キリスト者》の綱領と運動とを紹介し、目標とした教会統合を完遂しえなかった事実に触れながら、「然しその運動はドイツ・プロテスタント教会の主流として現在に及び、ナチス国家の発展と共に更により大いなる使命を負うてゐる——運動としても、また神学的にも」といった誤った要約を記している。(9)

バルト自身の闘いについても、たとえば、浅野順一は、ラジオ放送(一九三六年五月)の中で、バルトが「ヒットラーに対して絶対無条件の忠誠を誓ひ得なかったために」ボン大学から追放され、バーゼルに赴任せざるをえなくなった事件を、かなり正確に伝えている。旧約学者としての浅野は、モーセの十戒と対比して、ヒトラーにたいする無条件的の服従の宣誓を「偶像礼拝」として拒否する文脈でとらえていた。これは、のちに『信仰と生活』(一九三六年六月号)誌上に掲載された。

同じ雑誌(一九三八年七月号)上で、浅野は、ローゼンベルク『二〇世紀の神話』にたいするプロテスタント神学者の批判に反論したローゼンベルクの小冊子『プロテスタントのローマ巡礼者たち』(一九三七年)についても報じている。その中で浅野は、「独逸的基督者」が「政府の支持を受け、元来妥協的な団体であつて、基督かローゼンベルクかと云ふ問題を突き付けられた時に、彼らは解消してしまふ程度である」と、正確な見通しを示していた。(10)

同様に、鈴木正久も『日本メソジスト時報』(一九三九年六月三〇日号)誌上で、一九三八年のナチ・ドイツによるオーストリア合邦後、告白教会牧師たちの行なった総統にたいする宣誓問題の経緯を、――ナチ党官房長マルティン・ボルマンの秘密《回章》にいたるまで――詳細に報じている。この記事は、バルトの小冊子『かく神、真にわれを助け給はんことを』の紹介の形をとり、スイスに追われたバルトの変わらない反ナチ闘争の姿勢を伝えていた。バルトによれば、「現在ヒトラーに誓ふのは、昔ローマのカイザルを礼拝したのと同じ意味である」ゆえに、今回の事件は「告白教会の歴史の《最も暗き日》である」。しかし、「さらに少数なりとはいへ、宣誓せぬものらにより、告白教会はなお存続してゐるのである。……すべての人の業によらず主は御旨のままに行なひ給ふであらう。しかし、われらは、今こそ初めて、全線にわたつての前進命令がわれらの上にあることを知るのである」(11)と。

個別教会の中には、たとえば信濃町教会のように、ドイツの告白教会やニーメラーの闘いなどが教会の『月報』にくり返し紹介され、バルトの論文もまた教会内で研究、討論されていたような例もある。教会闘争について福田正俊牧師自身が総括した文章(一九三七年)も残されている。

「国民社会主義はその全体主義の立場に基づいて、自己の支配を完全にあらゆる領域に確立するために、「福音の自由」を「信仰の自由」をおびやかしつつあつたからである。ドイツの信仰告白教会にとつては、国民社会主義が「福音の自由」を脅威しない限り、政治的な意味で彼らと対立すべき理由は少しもないのである。信仰告白教会は、国民社会主義と政治上の戦いをなしているのではない(エペソ六・一二参照)。そんなことは教会にとつて無益なことである。信仰告白教会はこの機会において教会自身の世俗主義と戦つてゐるのである。この世の権となれ会ひ抱き合ふことによつて教会の真の主の支配を忘れ、教会を教会たらしめている本質的なるものを忘れてゐる教会の世俗化それ自身と戦ふのである」(12)。

ここで政治的《均制化》に反対する闘いを《世俗化》にたいする闘いとして表現していることは、ややミスリーディングの恐れがあろう。しかし、告白教会の闘いを究極的に支えた力の秘密については正確にとらえられている。

「告白教会の主旨は、「聖書に帰れ！」といふ言葉によつて約言することができよう。告白教会の牧師神学者たちは、『今日の神学的実存叢書』を出して、自己の信ずるところを、政治的に非ずして、最も地味に初歩的に告白しつつある。この地味な仕事こそは、鳴り物入りの幾多のアジやスローガンやデモよりも、どれほど力強いものであるか分からないのである。かくして彼らは「神の言葉」「神の権威」のために最もふさはしい戦いをなしつつあるのである」。

こうしたドイツ教会情報の伝達の上で、宣教師エーゴン・ヘッセルの存在も忘れられてはならないだろう。一九三一年に来日後、バルト神学の紹介につとめたが、ナチ党機関の圧迫で東アジア・ミッションから解任された。しかし、その後、在日ドイツ告白教会の《在外牧師兼日本宣教師》となり、在日〔ナチ〕ドイツ大使館の迫害と妨害に抗して彼は、独立伝道の形で宣教活動をつづけていた。ヘッセルは、日本の教会のおかれた厳しい状況をドイツに報告する中で、「人間の像にしたがつてつくられた日本の神々の道の背景が正しく認識されるなら、ドイツにおけるローゼンベルクやルーデンドルフ等の運動に反対する闘ひが、いつそう徹底的に遂行されるだらう」と記していた。ここには、日本とドイツにおける告白教会としての連帯性についての問題意識の一端があらわれている。(13)

こうした日独教会の交流の中で、とくに興味深いのは、教会闘争の体験を踏まえて独自のローマ書十三章解釈を行なったバルトの論文『義認と法』(一九三八年)も、すでにいち早く、日本の自覚的なキリスト者のあいだで熱心に学ばれていたという事実である。(14) のちになると、この論文は、部分的には一般にも紹介されるようになっていた。ただし、その《屈折》した受容の仕方には、まさに一九四〇年代の日本の政治状況が直截に反映している。なぜなら、バルトは、この論文で、《服従》を政治的共同責任としてとらえ、積極的な政治参加、さらにデモクラシーのための政治批判＝抵抗などの形態において、「ローマ書十三章の正しい延長線上」で行動する可能性を問うていたからである。

松谷義範

《屈折》したバルト受容の代表例として、松谷義範『教会と権威』(一九四二年)をとりあげてみよう[15]。この小冊子は、国家と教会の問題について「積極的な関係を発見し、福音の純粋性を保持しつつ祖国にたいする奉仕を強化し祖国の要求に答へ」ようとする意図のもとに著わされたものだという。しかし、松谷は、一九三五年にバルトがヒトラー政権にたいする忠誠誓約を拒否してスイスに追放された事実を、こう記している。

「ドイツに於けるバルトはともかく国家権威と対立する立場に置かれたやうである。彼の真意は決して国家権威と対立することではなかつたのであるが、伝ふるところによれば、信仰上の理由で彼はドイツを去つてスイスに移らざるを得なくなつた。彼は決して国家権威にたいして反抗するものではなかつた。ドイツ国家の宗教政策と彼の見解とが一致しなかつたのである[16]」。

この事実誤認ないし少なくとも問題の所在を分かり難くしている曖昧な叙述は、当時の豊富なドイツ教会情報に照らせば、驚きを呼び起こす。それは、到底、「国を隔てている為に正しい充分な客観状勢を把握することが出来ない」という事情に帰すわけにはいかないだろう。むしろ、別の箇所では、日本のバルト研究者が「次第にドイツの国情と我が国の国体とが相違せることを認識するとともに、バルトの政治的運命と彼の神学とを、……区別して学ぶべきものを学び、我らが日本といふ特殊な国に置かれていることを考えつつバルトの神学を考究するやうになつて来た」とも書かれている。いずれにせよ、松谷によれば、わが国の教会におけるバルト神学の研究者たちの中には、バルトのような「政治的運命を受けたものもなければ、又、受けようと欲したものも勿論のことながら一人もゐなかつた」と評価している。[17]

しかし、それは、このように肯定的に断言してよい事実だったのだろうか。松谷によれば「カール・バルトはドイツ・クリステンになり得なかつたところから、国家との具体的な関係を喪失し、国家そのものの中で神学する途を失つた。そこにカール・バルトの神学が此の方面に於てもつ深刻性があるとともに、又弱点がある」。こうした松谷の解釈は、政治的のみでなく、まさに神学的にみても従来のバルト理解が根本的に誤っていたことを示している。[18]なぜなら、バルトは、その《キリスト論的集中》によって、ナチ支配体制と一体化したドイツ的キリスト者のまさに《自然神学》的基礎を突きくずし、ドイツ教会闘争の金字塔=《バルメン宣言》を書いたのだから。

この問題連関において、日本の教会がバルト神学から少なくともただ一つ学んできたはずの終末論的視点さえ生きていなかったことが暴露される。じつは、バルトの終末論には初期の『ローマ書』においてさえ、その超越的契機には明確な政治批判の原動力がふくまれていた。バルトは『ローマ書』十三章の講解において、すべての統治、支配、権力ばかりでなく、人間のすべての原理や原則、イズムを包む「括弧の前符号としての神のマイナス」について記していた。それは、《正統主義》も《革命》的現実も、すなわち、既存の政治秩序すべての正当化・絶対化を、イデオロギー批判的に暴露し批判するものだった。

バルトによれば、そこに、はじめて「偶像崇拝から解放され」「誠実な人間性と世俗性」があらわれる。人間が「即事的になる」ことによって、はじめて「政治が可能になる」。こうして人間の全行動を神の行動にとり込むことを、バルトは、ローマ書のいう《服従》（一三・一）だと説く独特の論理を展開していた。しかし、日本において受容された終末論は、むしろ、彼岸的超越の形をとって、政治的現実から逃避することを正当化するにすぎなかった。[19]

たとえば、教会闘争のファンファーレを告げた有名な小冊子『今日の神学的実存』（一九三三年）の冒頭で、バルトは

「あたかも何事も起こらなかつたかのやうに、神学に、ただ神学することだけに努めてゐる」と記した。それは、バルトにとって、「状況について」語るよりも、「事柄について」語ること、つまり、正しい福音宣教の使命を果たすことが、はるかに重要だったからであった。具体的に言えば、このバルトの言葉は、当時、ナチ政権の登場を《ドイツの時》の到来を啓示したものとして熱狂する《ドイツ的キリスト者》たちの過熱化した政治主義に冷水を浴びせ、彼らのナショナリズムから一線を画する姿勢を意味していた。したがって、バルト自身は、自分の立場が、ともかく一つの「教会政治的」な、間接的には、じっさい「政治的」な態度決定である、ということを明言してもいたのであった。[20]

逆に、このバルトの言葉は、当時の日本では、良心的であろうとした教会人たちにとって、時流に流されないため政治の現実から背を向けて教会の壁の中に閉じこもり、《ザッヘ》=福音的説教に専心する態度を根拠づける論理となった。これに反して、藤原や松谷においては、バルトの姿勢を批判する形で、むしろ、当時の過熱化したナショナリズムの流れに自己を一体化することについて何のためらいも示さなかった。それは、福音の《ザッヘ》を標榜して時局便乗をためらう――《終末論的》――態度決定からすれば、一八〇度転換する《死の跳躍》を思わせる。

実は、二年前に出版された松谷の著作『神学的人間の思考』(一九四〇年)の中でも、彼は、バルトのボン追放について――かなり正確に――言及していた。「バルトはドイツを追放せらるるにあたつて、「聖書釈義！　いま一度いふ、聖書釈義」といったといふ。彼がドイツを去つた理由も、彼がドイツに奉仕する所以も聖書釈義に外ならなかつたのである」と。そこでは、バルトの主著『教会教義学』において、倫理問題は「独立の主題」としてではなく、「神学的問題の中に現れて来なければならない」という正当な認識さえ記されていた！[21]

松谷の二年後の著作においては、逆に、「教会は専ら《福音》を宣教すればよい、……錯雑な外部的問題と交渉する必要はない」などと言う声は「全然誤っている」と断じている。松谷によれば、「ピリピ書三章二〇節の「されど我らの国籍は天に在り」という言葉がよし如何ほど真理であるにせよ、キリスト者は国籍を喪失しているものではなく、正にその反対である」。つまり、《終末論的》逃避は誤りだ、と断じているのである。

そのことが具体的に意味するのは、先にみた藤原藤男の「臣節」の倫理と同じである。「大日本帝国憲法第二十八条には「日本臣民ハ安寧秩序ヲ妨ゲズ及臣民タルノ義務ニ背カザル限ニ於テ信教ノ自由ヲ有ス」と録されてゐる。……此処に録されている如き「信教の自由」が我が祖国に存在してゐたからこそ、現実にそして具体的に私のところまで福音が宣教されたのである。我らは「臣民タルノ義務」に背かないといふ条件のもとに信仰生活にはいつてゐた筈である」[22]。

つまり、松谷によれば、ピリピ書的な信仰告白は、歴史的現実への参与を否定するのではない――これは正当である――という。しかし、この参与は、何という倒錯した形をとらねばならないとされているのであろうか！

こうした転換――むしろ《転向》――を可能にしたのは何だったのか。松谷によれば、日中戦争から太平洋戦争へという「わが国の状勢が重大化し未曾有の歴史的使命を担はねばならなくなつた」ことが「原因」だという。いっそう端的に言えば、それは、《大東亜戦争》の引き起こした《回心》体験にほかならなかった。この本の冒頭には、それを暗示する情熱的な文章が記されている。

「紀元二千六百一年十二月八日！　この日とそれに続くハワイ海戦の大捷、更にマレー沖海戦の戦果！　これこそは満洲事変このかた久しく陰鬱な空気に覆はれてゐた我が祖国の気流を真に明朗ならしめたものである！何故か。これこそ此の世紀わが祖国日本が歩まねばならない歴史的秘義を明確ならしめた出来事であつたからである」[23](傍点、宮田)。

ここには、先にみた高村光太郎に代表される知識人たちの思想的転換の体験に通じるものがあると言わなければならない。

すでに述べたように、『義認と法』において、バルトは、ローマ書十三章の「服従」を政治的共同責任の方向で論じていた。たしかに、キリスト者は「人間に従うよりは、神に従うべきである」（使徒行伝五・二九）。しかし、このことも、バルトによれば、「国家に反対してではなく、むしろ国家のための教会の行為として」なされるであろう。キリスト者は、まさに《服従》するものとして、国家権力を尊敬するがゆえにこそ、その具体的な意図や企てに、責任をもって心から参加することは不可能なのである。

バルトは、「国家権力が顚倒した道を歩む場合」、国家権力を根拠づけている「神の定め」、さらには「国家権力そのもの」がもっともよく尊敬されるのは、「どのような場合にも国家権力にたいして払はれねばならぬ尊敬のこの形式、すなわち、批判的形式によつてである」と言い切っていた。ここには、もっとも強くカルヴァン主義的伝統から生まれた彼の批判的鋭鋒が輝き出ている。

とくに国家が権力を強化するために、その市民を「内面的にわがものにする」ことは、けっして許されない。国家が愛を要求し始めるとき、すでに国家は「偽りの神の教会」の相貌をとって、不法な国家になろうとしているのである。「正しい国家が必要とするのは、愛ではなく、断乎として責任を負ふ非陶酔的行動である」。バルトは、ローマ書十三章においてキリスト者の負う国家にたいする責任から、愛の要求は除かれている、という[24]。

しかし、松谷によれば、「我が祖国の歴史を省察するとき、我々は一種の誇りにみたされ感謝にみたされて、二千六百年の一貫せる国家原理と皇統連綿たる事実を中外に叫ばざるを得ない。私は信仰をもつて告白する、神は我が祖国にまことに比類なき「権威」を確立し給ふた。此の国に於ては「上なる権威」に服従することは何ら義務を意味せず、自発的なよろこばしき行為でさへある。我々は此の祖国の中にあつて血による自然的な感情からも、湧然とわきあがる権威への帰順を覚えるのである」。

しかし、この服従の《限界》の問題はないのだろうか。

「我々が此の国の中で思考しなければならない限界の問題は「反抗」のそれではなく「服従の極致」でなければならない。我が国の武士道は何を教へたか。君が君たらずとも臣は臣であることであり、如何なる状態の中に於ても忠義の道を立てることであつた。忠義の道が立たないとき彼らは割腹した。それは忠義と服従の極致であつた。私は祖国の権威の前にあくまで従順でありたい。此の従順は死にいたるまで徹底しなければならないものである」[25]。

ローマ書十三章の《良心》は、いかなる意味をもつのであろうか。松谷によれば、キリスト者は、権威にたいする服従のゆえに、「我々は国家の生活の中で決して日蔭者ではない！　我々はあくまで国家に忠なるがゆえに、あくまで良心的であり得るのだ」という。しかし、これは議論が逆立ちしているのではなかろうか。なぜなら、この《良心的》とは、社会的規範にたいする同調ゆえに《良心のやましさ》がないということにすぎないのだから。

松谷もまた、バルトの『義認と法』から聖書に記された《良心》が「共に知る」ことだということを知っている。誰と共に知るというのか。「我々はキリストとともに知るが故に、そして信仰的な規範を知るが故に、心より悦んで国家の権威に服従し、国家の命に従ふことによつて神の支配に与り神の支配に服するのである。かくして我々の信仰生活は、我々が国家に忠なる生活を捧げることは、信仰生活である」。こうして「今や一元的な統一された形で此のことを告白出来るやうになつた。それは今日の日本に生きる具体的な信仰の告白である。が、強調点を多少とも異にする点では既にバルトを離れてゐると言はねばなるまい」[26]。

バルトのキリスト論的な国家観＝政治倫理がもっていた批判的射程に照らせば、かうした理解は、アクセントの「多少」の差異といふには到底とどまらないはずであろう。

しかし、バルトの基本的立場から決定的に「離れている」にもかかわらず、興味深い一致点がある。それは、バルトが《権威》の背後に天使論的権力の存在を想定する議論であった。これは、当初、シュリーアさらにギュンター・デーンなどによって唱えられた《仮説》だった。この仮説は、しかし、第二次大戦後の論争を通してほぼ否定され、バルト論文のローマ書解釈において致命的な弱点とされているところである。なぜなら、この解釈は、聖書釈義上の困難さのほかにも、国家権力の本質を神話化＝神聖化する組織神学上の危険をもっていたから。しかし、松谷によれば、バルトの論文において彼が採用しうるほとんど唯一の箇所がこれであった。(27)

「バルトは決して自由主義者ではなかつた。彼は今や新約聖書の教へるところによつて国家の権威が神的なものであることを解明する。それ故に国家の権威にたいする我々の服従は徹底的でなければならない。それ故に教会に属する青年達は国家の権威の命ずるままに身命をささげて南へ南へといで立つのである。バルトはロマ書十三章一節以下の釈義からそのことを言ふ。ロマ書十三章一節に用いられてゐる ἐξουσίαι（権威）といふ言葉は「御使の権力」(Engelmächte) を意味している。これは純然たる釈義から出て来た結論である」。

この前半の文章は、バルトの論理そのものに即しても欺瞞的である。バルトが「自由主義者」でなかったのは、神学上の意味であって、けっして政治的なそれではなかった。(28) すでに先に引いた『今日の神学的実存』においても、当時、教会内にみなぎる――《ドイツ的キリスト者》に批判的な人びとのあいだにさえある――「とどろきわたる〔政治的〕反リベラリズム」を非難して、「百年まえからずつと、自由、法、精神と呼ばれてゐた」リベラリズムの政治的遺産をとり戻す必要がある、とバルトは訴えてもいた。じっさい、政治的・社会的にみた《リベラルな伝統》にたいして、バルトは、その生涯を通して、つねに一定の評価を——むろん、社会民主主義的立場からの一定の留保をともないつつも——もちつづけていた。(29)

さらにまた、後半の文章では「身命を捧げる」「徹底的な」服従を引き出すために《権威》の天使論的根拠づけが援用されている。しかし、バルトの天使論的理解は、その反対の方向を目指すものだった。国家権力が転倒する可能性を批判的に識別するための神学的な根拠と関わるものだったのだから。つまり、バルトによれば、ローマ書のいう《政治的権威》は、「まさに荒廃し、堕落し、顚倒したデーモン的な力になりうる」《天使的な力》との関わりにおいてみられる。そのとき、はじめて国家が《神の定め》としての課題と機能とを失い、皇帝礼拝や国家神話といった倒錯した形をとりうる可能性も神学的に理解されるようになる、というのである。

そして最後に、いま一度、決定的な《すりかえ》が来る。「教会は権威にたいして何をなすか。バルトによれば先づ第一に執成《とりなし》の祈禱をなすべきである」。これは、バルトも、たしかに、そう語っていた。しかし、松谷は、さらにつづけていう。

「国中の凡ての教会から熱心な国家に対する祈禱が立ちのぼらねばならない。元寇の如き国家非常の際に国中の凡ゆる社寺は祈禱を以て国家に奉仕したのである。我が国の凡ての教会より国家に対する熱心な祈禱が立ちのぼれ！　そして此のやうな祭司的な業に対応せる実践的な態度としてロマ書十三章一節以下の徹底せる服従がなければならない(30)」。

バルトにおいては、《執りなし》の祈りとは、キリスト者の《服従》、すなわち、権力への批判と抵抗とをふくむ政治的共同責任としての倫理を可能にする、いわば基本的姿勢にほかならなかった。《祈り》とは国家が崇敬の対象となることではないし、いわんや、《敵国降服》の祈りと同一視されることはありえないであろう。(31)

鈴木正久と桑田秀延

しかし、当時、バルトのこの論文を異なった仕方で読んだ神学者もいた。たとえば鈴木正久は、教会学校の《高等科礼拝指導》のため、教案作成にあたって山上の説教をとりあげていた。マタイ福音書五章の《愛敵》の教えのテキストについて、戦争の只中で、国家と戦争とにたいする教会の態度について説明を試みている。その際、ルターやカルヴァンの古典をあげたあとで、このバルト論文にも言及する。「現在神学の国家論・民族論も、ほとんどすべて多少ともこの線に沿わぬものはない。ただカール・バルトの『義認と法』は、群書の中でも必読すべきものであらう」と激賞している。

もっとも、鈴木自身は、バルトの所説について、かならずしも全面的に肯定的だったわけではないようだ。しかし、松谷の『教会と権威』をあげて、ルター、カルヴァン、バルト「三者の説を紹介し自己の見解をまとめてをられるが、参考にならう。私個人としては残念ながら、松谷氏の大東亜戦争の見方そのものについてはなほ少なからず疑義を感じた」と、批判的コメントを加えているのは注目される[32]。

とはいえ、《説教要旨》では、「現在われわれは戦いの只中にある。これに対してわれわれはまた一国民として、あくまで忠誠に本分をつくさねばならぬ。これは信仰的良心の命ずるところでもある」としている。これは、キリスト教会の「伝統的な立場」だといい、とくに「プロテスタント教会は常に神に対して信仰的、祖国に対しても最も忠誠であつた」として、キリスト教信仰が自由主義的ないし個人主義的だという最近の非難については、「少しでも思想的、歴史的に考へるなら何ら根拠のないところである」と弁明している[33]。

当時、松谷論文にたいする、もう一つの反応も紹介しておこう。たとえば桑田秀延の論文「日本伝道の弁証論」(一九四二年)は、国家への誠実な服従を説いたくだりで「ルター、カルヴァン、バルトに於ける教会と国家の問題については」、松谷論文が「参考となるべし」と評価している。桑田もまた、日本におけるバルト神学の紹介者として著名だったが、この論文では、むしろ、ゴーガルテンの立場に親近感を示している。「自由主義的な民主主義の目指してゐる所は、人間の解放、人間の権利の主張であるが、これは聖書の基督教の目指してゐる所ではない」と反リベラリズムの立場を鮮明に打ち出している。この桑田論文でも、ローマ書十三章が引かれ、パウロによれば「政治の権は明白に神の権と関係せしめられ」「積極的に国家の権とそれに対する基督者の従順について述べてゐる」と記している。[34]

ここでは、「神の国」への言及もある。「それは現実の国家と無縁である事ではなく、神の国を信ずる信仰生活が、この国家と関係して現実的に生かされることを含み、また要求するのである」と。すなわち、ここでは、終末論は、たしかに《現世逃避》の根拠づけとはされていない。しかし、それは現世拒否の論理として機能するよりも、むしろ「超越的な」生き方を否定して既存の秩序と「現実的に」関わることを促すものでしかない。じっさい、「宣戦の大詔」をめぐって、キリスト教非戦論を「現実を無視した観念的な感傷的な理想主義」と断じ、「大戦争の基底」にある「歴史的必然」に即して、「進んで之に参加し義勇公に奉ずべきであると思ふ」と結論している。[35]

この論文は、副題「《日本と基督教》の問題解決への一努力」の示すように、時局の緊迫する中で、あらためて日本伝道の《弁証》を試みたものだった。桑田によれば、この問題の解決は、近時、唱えられているように、「日本の伝統的精神と基督教とを思想的に関係せしめ、結合せしめて一つの折衷を試みる」「日本的基督教」の《習合》論では、なし遂げられない。むしろ、「真の日本基督教」は、「誠心誠意国体精神により、心よりこの国を愛し、この国のために憂へ……日本的な自覚を以て」地道な福音伝道をすることだ、という。[36]

しかし、そこでは、『国体の本義』が引かれ、「現御神」としての天皇崇拝についても、いわゆる絶対者や全知全能の神という意味ではなく、「皇祖皇宗がその神裔であらせられる天皇に現れまし、天皇が皇祖皇宗と御一体であらせられる意味であるとなつてゐる」として、「国体の根本精神と基督教との間には、問題はあり得ない」とされる。こうして日本の神は「国家的信念の対象」と解釈され、神社参拝も政府当局の命令にまつことなく教団として進んでとりあげることを勧奨する。(37)

小塩力

当時、バルトとの対話を試みつつ、ローマ書十三章との関連において《執りなし》を神学的に究明した小塩力について考えてみよう。これは、先の桑田論文と同じ雑誌に同時に掲載されたものである。(38)この論文は、テモテへの第一の手紙二章一―七節の講解の形をとっている。内容・表現ともに、かなり難解である。おそらく当時の厳しい言論統制にたいする考慮が働いているためであろう。

テモテへの第一の手紙二章の冒頭には、「すべての人のために、王たちと上に立っているすべての人々のために、願いと、祈と、とりなしと、感謝とをささげなさい」(二・一)というすすめがある。これは、小塩によれば、ローマ書十三章冒頭の「上にある権威への服従」と同じことを別の側面から言ったものだという。ローマ書解釈史への寄与として、この小塩論文をとりあげることは許されるであろう。

逆に、小塩は、ローマ書十三章一節につづく「権威に逆らう者は、神の定めにそむく者である」(ローマ一三・二)についても独特の解釈を加えて、《執りなし》の祈りの倫理を引き出してくる。すなわち、小塩は、この「神の定め」を「神の本質的要求意志としての律法」ととらえつつ、「天使的媒介」(使徒行伝七・五三、ガラテヤ三・一九)による制定の由来からも、神の本来的意志にたいしては「劣位を示す」「Negativ」なものだ、という。

「しかも全的服従が allegro moderato をもって告白されている。明瞭な、重さと暗さの蔭をおとさぬ、調べをもってロマ書一三・七の服従のすすめが構成されているのもふさわしい。ここに服従の愛が legato にのべられている。しかしてこの服従の愛は常に積極的内容を開拓し展開せざるをえない。このいわば積極面が権威への執成しとしてあらわれる。ここにおいて聖言の下に、国家の問題が前面に出て来るのである」。

ここには、すでに以下の論調に通ずる周到かつ巧妙な言葉づかいが印象的である。「読者よ、悟れ」(マルコ一三・一四)と暗に呼びかけているかのようだ。ローマ書十三章の《服従》は「神の本来的意志」にたいして相対化され限定されているという趣旨ではなかろうか。

いずれにせよ、キリスト者の政治倫理の積極的側面を規定しているというこの《とりなし》のテキスト解釈に即して、彼は、直ちに時代の問題の核心に入っていく。「さて我々が国家を問題とする場合、直ちに事柄の明徴ならんことを求められるのは、国体についてであろう。もし国家は民族の形成する個性的世界をいう、といいうるならば、語を短縮して、国体とは par excellence に国家である」。

小塩によれば、ここでの端的な問題は「βασιλεύς または ἐξουσία と θεός との区別のあるのを、どこまで同一視しうるか」という問題である。小塩の立場は明確である。「神の権威下なる地上の権威」という規定がそれを示している。テモテへの第一の手紙二章においても、「五節に限界づけられている、真の神の一性——すなわち神の自由における愛の充溢——からすれば、どこまでも ἄνθρωπος としての・複数の系列における・相対的な singularitas に外ならぬことは、福音書には明らかである」。「神は一、εἷς といいうべきものこそは θεός! これが福音のすべてである」。

これとの対比において《国体》論の《現人神《あらひとがみ》》の位置づけが問われてくる。そこには、当時の言論統制下における苦心の規定が示されている。「θεοί すべてを含み統一する民族・国家が、個の身体にあらわれて、国民の奉仕の明確な対象として立ち給う。この個は、祖宗全系列の収斂 Konvergenz である。縦には全系図の精神、横には現実国家の総体が、あえて個に、現人として、ある。かかるかみ、複数系列を背景とした ὁ βασιλεύς を我々は中心位に見いだすのであろう[39]」。

小塩もまた、新約聖書自体の中でも人間が《神々》と呼ばれ、神々の存在が一応認められている箇所もあることを知っている。しかし、「神の真の一性」の前には、これらの存在は「無きもの・偶像」にすぎない、という。ローマ書十三章との関わりでいえば、「一切の所造の実在性を許し、これを支える神ではあるが、もしそれらの ἐξουσία が、この主と肩を並べようとするならば、はじく、……神である」。

したがって、当時、皇道主義に迎合していった《日本的キリスト教》の立場には一線が画されねばならない。「厳密な神実在への礼拝を恥じ、単なる Pietas をキリスト教的地盤よりうけて、これを神道的信に孵化せられる」ことを期待する「いわゆる神道化せるキリスト教」は、キリスト者としての「醜態」にほかならない、と。それゆえに「すべての流出説、神と世界との同一視、現実国家への軽率な帰一、等はまことの一性に目を蔽わしめて、ついには虚無 ματαιότης に陥らしめることを懼れねばならない」。

われわれは、《執りなし》の問題から入ってきた。たとえば、当面のテモテへの第一の手紙において、「王たちと上に立っているすべての人々」のために勧められるキリスト者の《とりなし》の祈りは、「すべての人のため」(傍点、宮田)の祈りとして括弧の中にくくられている(Iテモテ二・一)。《政治的権威》は、キリスト者の祈りの中心に立つのではない。むしろ、それが人間の日常生活の諸条件のうちに属することが暗示されている。ここには、王や支配者をあくまでも人間とみることによって、国家的権威を絶対化しない信仰的認識が告白されているのであろう[40]。

小塩が「いかにこのすべてという文字に強い響きと、微妙な音色 Klangfarbe があることか、聞く耳あるものはきくであろう。これは、安易ないわゆる普遍的救済論を論議するものではない」というとき、この《とりなし》の祈りの「砲口と射程との大いさ」を知っていた。彼はいう。「「すべての人のため」(Ⅰテモテ二・一)。民族・国家は、その中の各個にとはいえなくとも、その主権者における人に集中する。この現人への愛は単なる隔絶に全うされはしない」。

この曖昧な《暗号》化された表現で意味されているのは何か。端的にいえば「主権者も、個人としては、人間の次元に立たれる」ということである。小塩は、天皇制の《顕教》と《密教》を操作することによって、その神格化を否定する。「(この人間の次元に立たれる面をあえて抹殺するならば、それが高度の機関説となるであろう)。側近の臣はそれを知っている。国民もまたある程度この知にあずかるべきであるし、与えることを冀《こいねが》っているし、与った結果はきわめて愛を深くせられる。それをあえて隔てることによって、国民の無知による恭謙に硬化することによって、いわゆる「王者の孤独」を味わわせまつる」べきではない、と。

こうしたすべての人のための《執りなし》の究極の源泉と目標は何だったのか。小塩によれば、それは、端的に「福音」であるという。

「われわれは、我がために全く人間と同じになり給うことに(ヘブル二・一七)よってのみ、その至純な自由な愛を実現し給うた主に、愛の道のアナロギアを示されておるゆえに、執成しの祈りがいずこから出で、何を育成しゆくかを明らかにされていると信ずる」。

これは、戦後バルトにおける《信仰のアナロギア》の論理を思わせる。小塩が「忠君・尊王」をいう場合にも、「humane な……至誠・至情」があると思うといい、明治憲法の「《信教の自由》の条項や、最近の詔勅を一貫する平和への御希念」などに言及するとき、その感はいっそう深い。(41)

彼は、さらに、国家のための《執りなし》は、「真実に最も積極的であるゆえに、むしろ戦いと危険とを覚悟せしめる道」でもある、と断言する。じじつ、そこでは、松谷にみられた《服従の極致》にとどまりえないであろう。たしかに、小塩も、こう記している。「我々のくに」に生きるなら、「天皇位とその命に対する不変の忠誠——諫めてきかれずとも逃れず——それゆえの国家における一切の職責遂行を、当然の・性来の愛をもってなしうるであろう」と。

しかし、自覚的な《執りなし》は、このような「外的・性来的服従以上」のものであるという。それは、「アナテマの運命」(ローマ九・三)をさえあえて忍ぶものであり、その願うところは、「ただ同胞の目前の安楽・同意・平安のためではない。最善である」。先にみた松谷とは対照的に、主君にたいする身分的隷属をこえて《天道の原理的超越性》に引照する《諫争》(丸山眞男)としての忠誠の精神が正しく押さえられているといってよいのではなかろうか。こんな文章もある。

「教会はだいたい一時代的の存続と平安のためではなく、真にキリスト教の世界的連繋を保ち、全福音史の本流にあるべく、おそれずに永遠の平和を信じ伝え祈るべきである」。

この論文は、最後に、いま一度、ローマ書十三章に帰る。この章の前半を一語ずつたどれば、「神的秩序の権威」が示されているようにみえるが、慎重に読めば、この国家的権威を真に支えているのは、「民族への自覚的憂慮」(ローマ九—一一章)であり、さらに十三章を構成する三つの部分も、「意外なほど緊密な組み合わせから成っている」という。

「国家への服従(一—七)、愛の義務(八—一〇)、終末の希望(一一—一四)がそれぞれの内部で消極と積極の調子をまじえつつ、決して単独でおのれを主張せず、互いに他の光にささえられつつ、存している。したがって現実の問題が真に永遠となり、悠々として愛のみは負えとすすめあいつつ、時は縮まれりと証しと慎しみと祈りの緊急を訴えるのである」。「国家は危機的存在であるがゆえに、その権威は神のさだめでありつつ、さらに痛烈な「憂国の情」の発現をもって保持されねばならぬことが、あらわにされていると信ずる」。この「憂国の情」という日本主義者の言葉で、小塩は、先の「アナテマの運命」をあえてする《執りなし》の祈りを託しているのである。

ここには、たしかに、それ以上のバルト的な鮮明な批判、いわんや抵抗としての政治的共同責任は語られていない。しかし、この文章が、当時、「狂躁的にあらゆる権威的なるものの前に叩頭して」、《その他の被造物》(ローマ八・三九)、あるいは《人間的な制度》(Ⅰペテロ二・一三)を絶対視するにいたるおそれのあった戦時下キリスト者にとって《行動の指針》(金子晴勇)となったことは否定しえないであろう。(42)

福田正俊

この小塩と親しく、バルト神学の基本線を共有していた福田正俊についても、最後に一瞥しておこう。「十二月八日と十二月二十五日」と題する注目すべき文章には、福田の《十二月八日》体験が記されている。それは、対米英戦争開始直後の説教要旨だったという。そこには、終末論に立った批判的な姿勢を、あきらかに認めることができる。

「現実にはわれわれは戦いをしつつある。それはわれわれが絶対に避けえない事実である。しかしそこには深い望みがある。キリストが降誕し、同じキリストが再臨したもうこの世なればこそ戦争があるし、またなければならぬ。それ故恐れてはならぬ。われわれも世の終わりの兆を敢て帯びること自身を恐れてはならぬ。しかしさらに大胆に喜ばしいキリストの降誕を祝わねばならぬ。主よ、来りたまえと言わねばならぬ。見ずして全く信仰に立て！　腰抜となるな！　「視よ、我は世の終りまで常に汝らと偕にあるなり」。全く喜ばしい降誕節――われわれは驚異すべき戦勝の報告の中にあってこの真の勝利を示し、よし平和が来ろうとも終らない真の戦争をせねばならぬ[43]」(傍点、宮田)。

当時、キリスト者をふくめ日本の多くの西欧主義的知識人までまき込んだ戦争賛美の大合唱の中で、これは、平和のために固く踏みとどまろうとした数少ない良心的発言だった。ここに訴えられている立場は、先にみた小塩の「となりなし」論文と基調を同じくしていると言ってよい。

こうした中で、福田が直接にローマ書十三章に引照する論文は、いっそう注目に値する。『福音新報』(一九四二年)に三回にわたって連載された「現代の中心問題」と題する論文は、「厳密な聖書注解」ではないと断わられているが、直面する「教団」としての「政治的行動」のために「我々の考え方の方向」を考察しようとした試論だった[44]。むろん、ここでは、第一に「神の言」の優先性がかかげられる。

「聖書が言はうとする事を軽んじて単に時流に押し流されるに止るなら、我々の先人達が偽りの教会たらしめないために、あらゆる時代の誘惑に抗して節操を守つてきた事に対する裏切の行為である」。

同時に、そこでは時代への関与が忘れられてはいない。

「他面、聖書が祖国への愛と国家のための祈、或は服従を求めてゐる時に、国家に対する深甚な関心を欠くなら、これ又国家に対する裏切の行為となる」。

こうした基本的姿勢は、痛いほどくり返し求められる。

「我々は飽くまでも聖書其物から神の言を聞かうと試むべきである。さうして我々の足元の現実から神の言を聞かうとしてはならない。成程世界歴史の急激な変動は実に震撼的である。戦争も亦震撼的である。而し其処から神の言其物を聞かうとしてはならない。……たゞ我々は基督者としてこの現実より遊離して、決して抽象的になつてはならぬ」。

こうした基本的姿勢は「国家論の方法論」を示唆するものと呼ばれている。現実に「国家の倫理」に追い迫られている時、むしろ、それに先立って「国家の存在論」が問われているのだという。こうして、「国家の本質」を聖書がどう考えているかを明らかにしなければならない、と説く。

従来、国家の問題を考えるとき、それが「教会との対立面」においてとらえられがちであり、それと関連してヨハネ黙示録の線上で眺められることが多かった。しかし、福田によれば、黙示録は「窮余の場合《ノートファール》」であり、それを直ちに新旧約聖書の国家にたいする一般的態度と見なすことは、「極めて早計」であるのみならず、「不可能」である。また、こうした態度を直ちに現代の具体的・歴史的な国家に適用することは「危険」でもあるという。性急に国家を対立的にとらえるのは、聖書の厳密な注釈によるというより、「近代人的な歴史観や社会観」、「自由主義的な生活感情」などにもとづくのではないかとされ、むしろ、聖書そのものから「真正の権威」を聞くべきことが求められる[45]。

聖書が国家について考えるとき、「単に人間的に人民の相互契約の結果生じたものであるといふやうな、明治初年を風靡した国家契約説のごときは聖書に縁遠いものであると言はなければならない」。聖書によれば、国家の本質はデモクラシーでは尽くされないものであり、「その職能と使命とにおける政治は、或程度国民より自由な、国民の総和以上な要素を持つてゐる」。「個人の物質的幸福と利潤追求とを最大に保証すべき一つの技術である」といった近代的国家観とも相違するものを持っている、という。

他方ではまた、聖書の国家観は、「民族の共同体の運命のなかに、例へば相寄り相添つて生の営みを託してきた一定の風土、一定の血統のなかに、国家の成立を見るといふやうな、歴史主義的な国家観ともまた違つたものを持つてゐる」とも指摘される。

こうしてローマ書十三章に即して、「人間からではなく、正に神から、「神の定め」を代表して国家の権威が立てられてゐる」と明言される。しかし、差しあたって、この「定め」のもつ意味は、これより以上には深められていない。その代わりに、ローマ書十三章四節における「剣」をとりあげ、パウロが「秩序を保つものとしての国家」の「剣の使命」を承認しているという。しかし、「剣」は、「また干戈をさへとることがあり得る」として、通常理解される司法権にとどまらず、国家のもつ軍事力行使の権利も示唆される。

同時に、パウロがここですすめる「服従」(一三・五)は、こうした「強権にたいする盲目的な諦め、或は屈従」「戦々兢々たる恐れ」からではなしに、「良心の自由」を以てする服従だとする。むろん、パウロがここに用いている「良心」という言葉の原型は「共に知る」という意味であり、言うまでもなく「キリストとともに知る」ことである、と注釈される。こうして、パウロは、国家の使命についてのいわば「基督論的な認識」にもとづいて、個人的・主観的な感情や我意を超えて、「国家の権威」に従うべきことを勧めているのだ、と強調している。

むろん、ここでも、「この権威は同時に非合理的な、従つてまた乱用と堕落との危険をもつた、一つの実在的な力でもありうる。この点でまた我々はヨハネ黙示録の限界を考へておくことが必要であらう」と慎重に留保がおかれてはいる。それ「にも拘わらず」聖書は「国家の無くなるやうな場合」を想定していないといい、「教会は国家の使命を認め、これに積極的に、国家が真に強壮な意味において国家たらむことを求めるのである」と言い切っている(傍点、宮田)。

この独特の表現は、まことに印象的である。ここで「強壮」というのは、けっして権力の強大さを意味するものではない。むしろ、それは「国家が割引され、去勢された意味で弱々しい国家となる」ことなく、「真正の意味において国家らしい国家となる」ことを意味する。[46]「真に国家としての使命を十分に発揮せむこと」こそ、教会は祈り求めるのだ、という。具体的には、教会が国家に代わることが厳禁されているのと同様に、国家は「教会のごとき職分」

に化することもないということである。国家が「神経衰弱的になったり、疑心暗鬼的になったりする」と、限度を越えて人間の内面性に干渉したり、思想教化に手を伸ばしたりする誘惑にかかり易いということであろう。国家は「ボートシャフトを宣べ伝へる」こと「なく、力を以て秩序を保ち或は真に正しい、新しい秩序を作り出すために存在する」ものだというわけである。

こうしたローマ書十三章の解釈は、原則的には、バルメン宣言の線にも通ずる一定の正当性をもっていると言えなくはない。とくに国家が《救いの使信》を伝えるべきではないという表現は、《政治宗教》としての天皇制ファシズムにたいする密かな批判にもつながるものとして注目に値するであろう。しかし、ここでは、「真に正しい、新しい秩序」と言われるものの内容が——バルメン第五テーゼに比較しても——具体的に規定されていない抽象性にとどまっていたことも否定できない。[47]

それは、あるいは神の「定め」について立ち入った説明がなされていないことから来ているのかもしれない。「定め」が「権威」の根拠づけの方向でのみとらえられるとき、国家を機能論的に位置づけることを困難にするであろうから。逆に、それは、国家を実体的秩序としてみる傾向にたいして歯止めがきかなくなる恐れがあるであろう。そのこととも関連して、ここでは、ギュンター・デーンの研究が引かれているように、ローマ書解釈の立論全体に「権威」の天使論的根拠づけというバルト自身も誤って踏襲した当時の釈義が前提されていた。そのことは、総じてローマ書のこのテキストから「国家の存在論」を引き出すという発想とともに、危険な問題性をともなうものだった。[48]

「聖書は権威の起源を自然や、歴史や、運命や契約から導き出さない。其起源を霊的な力に有するものとする。其はこの世界より独立した、優越した霊の力に基く。勿論同時に剣のごとき感性的性格を有する。歴史のなかで興亡する歴史的性格を有する。其にも拘らず、権威其物の座はアンチエリカル・オーソリチーである。そしてかやうな歴史的な姿を有する国家の全体に対して然りと言ふのである」。

この《然り》は、むろん、いっさいの留保を欠いたものではありえなかったであろう。ここでは、「国家の道徳的使命」について「詰きつめた、終末的な態度を以て祈りうる筈」だとされていたのだから。「国民の罪に対しては預言者イザヤの如く、これを己が罪として泣きうる程の苦衷の念がなければならない」。「さうして国乱れて一層祈は深く、よし教会を無理解に取扱ふ場合があると仮定してみても、教会は求められることも求める事もなくして政治のために祈り、否、かかる時にこそその祈は一層燃焼せざるを得ない」。ここには、先にみた小塩論文における「アナテマの運命」をも忍ぶ「とりなし」の祈りに通ずるものがあると言えるかもしれない。

しかし、この福田論文は、最後にこう記す。

「抑々使命とは、自己の前に立ちはだかる対立物に対して、其を始めから縁なきものと考へず、その中に自己を押し込み、このことによつてこの対立物を自分のうちに摂りいれ、最後に、さしも対立してゐたものを自己の表現と化する程に、現実のなかに入つて行くことである。……その中へ自己の命を押し込む。我々はそこで死ぬる。その時さしもの現実を自分の命の表現として高めることができる。さうして自分もまた新しい自己として甦つてくる。国を愛する一個の謙遜な基督者として甦つてくる」。

キリスト者が国家にたいして奉仕する道も、このような道にほかならない、とされている。そしてトレルチの用いた《内世界禁欲主義《インナーウェルトリッヘ・アスケーゼ》》という言葉にならって、それを《内国家的禁欲《インナーシュタートリッヘ・アスケーゼ》》の倫理と呼ぶことができるという。

よく知られているように、《世俗内的禁欲》は、中世的な修道院内禁欲を打破して——予定論に促されて(!)——近代社会形成のエネルギー源となることができた。同時にまた、この禁欲には、この世にならわないキリスト者のアイデンティティとしての《異質性》が依然として貫かれていたのではなかろうか。してみれば《内国家的禁欲》といわれるものも、それと同じく、終末論的希望に支えられることによって、いっそう積極的な歴史形成の責任を可能にするものでなければならないであろう。ここでこそ《アナテマの運命》――時局に便乗しないことによって《非国民》と呼ばれること――をも恐れない《執りなし》の祈りが問われていたのではなかろうか[49]。

(1) 藤原藤男『ロマ書の研究』(一粒社、一九四三年)六八七―七〇五頁。

(2) 藤原藤男『日本精神と基督教』(ともしび社、一九三九年。増補第六版、一九四一年)八二頁。因みに、この本では、一九三〇年代の《日本的キリスト教》を厳しく批判し、自分の《日本基督教》を積極的に主張しているのは興味深い。記紀神話では、天御中主神が、「身を隠した」神としてキリスト教における神、たとえばルターの説く《隠れていまし給う神》に類似しているという。むろん、藤原も、それを聖書の神と「同一視することは不可能なことは言ふまでもない」として、神道との単純な習合論を否定している。しかし、「天之御中主神が知られざる隠れたる神」であり、「イエス・キリストの啓示を外にしてその全貌を知ることは出来ない」神だといい、「この故にこそ、聖書の神は天之御中主神の止揚となり、完成となる」という独特の論理を展開する(同上、五八頁以下、六四頁)。

(3) 《ドイツ的キリスト者》については、宮田光雄『十字架とハーケンクロイツ』(新教出版社、二〇〇〇年)七五頁以下、参照。《秩序の神学》については、本書、第I部、二一二頁以下、参照。

(4) 藤原、前掲『ロマ書の研究』六九八―六九九頁。

(5) 藤原藤男『日本基督教』(ともしび社、一九四二年)一七六頁。

(6) 藤原、前掲書、一七八頁、一七九頁。

(7) 代表的なものをあげれば、マッコナッキー『危機の神学者バルト及びバルト神学』(岸千年・藤原藤男共訳、新生堂、一九三二年)、『バルト神学要綱・ロマ書』(丸川仁夫訳、新生堂、一九三三年。増補第六版、一九四〇年)、バルト『我れ信ず』(桑田秀延訳、基督教思想叢書刊行会、一九三六年)、原田信夫『バルト教理学解説』(新生堂、一九三七年)、『バルト説教集』(松尾相・久保田豊武編訳、長崎書店、一九三八年)、管円吉『バルト神学』(弘文堂、一九三九年)、バルト『神の言と神学』(芦田慶治他訳、長崎書店、一九四一年)。福田正俊の論文集『恩寵の秩序』(長崎書店、一九四一年)は、当時における日本のバルト理解の水準の高さを示すものといってよい(『福田正俊著作集』第Ⅱ巻、新教出版社、一九九四年、一〇一―一六頁に再録)。その他、滝沢克巳『カール・バルト研究』(刀江書院、一九四一年)、管円吉『転換期の基督教』(畝傍書房、一九四一年)など。バルト受容の概観をあたえるものとして、倉松功「バルトの神学と日本の教会」(『福音と世界』一九五六年五月号、五一―五五頁)、戒能信生「日本の教会とバルト神学」(同上、一九七四年五月号、一八―二五頁)は、いずれも啓発的である。この問題に関する最も新しい共同研究として、バルト神学受容史研究会編『日本におけるカール・バルト――敗戦までの受容史の諸断面』(新教出版社、二〇〇九年)参照。

(8)　金田隆一『昭和日本基督教会史』新教出版社、一九九六年)一五七頁以下。バルメン宣言については、一六六頁以下、参照。なお、日独教会の交流と比較については、とくに森岡巌「ドイツ教会闘争と日本の教会」(『福音と世界』一九七四年五月号、六月後、八月号)が啓発的である。

そのほか、熊野義孝『現代の神学』(新生堂、一九三六年。増補第五刷、一九四二年)では、とくに第四章「現代神学の諸問題」において、自然神学と秩序の問題、国家倫理と神学、ノモスの問題などを取りあげている。第三章の「弁証法神学」の経過と発展とを扱った部分とともに、この神学運動の分裂と解体とを規定した諸問題を論じている。たとえば《民族のノモス》に立つシュターペルや、その立場に接近していったゴーガルテンの一連の民族主義的な神学書については、かなり詳細に紹介し、その関心の深さを示している。これにたいするバルトの批判にも触れているが、「之に対してバルト達の反駁もまたもとより手軽いものではない」(同上、三四〇頁)と、いささか傍観者的な印象は否めない。同じ箇所で、当時、ゴーガルテンに同調したブルンナーの『教会の問題としての国家』(一九三三年)についても、「比較的に常識的論述として一般に同意され易い」(三四〇頁)と記している。しかし、結論的に、バルト―ゴーガルテンの対立は「彼等の現実的政治的情況に於て在るのであつて、これまた私見をもつてすれば、神学的には更に立ち入つて両者の異同を考究せねばならない。そのとき、我々は案外に両者に共通の性格思惟を見出し得ないとは云へぬと思ふ」(三五四頁)という。「両者に共通の性格思惟」が想定されるというのでは、教会闘争をめぐる神学的理解として余りにも重大な誤解を生み出しかねないであろう。当時の神学的な対立については、本書、第Ⅰ部、二〇〇頁以下、参照。なお、熊野評価については、雨宮栄一「神学的抽象性と政治的具体性」（小川圭治編『カール・バルトと現代』新教コイノーニア8、一九九〇年）一三六頁以下、新しい研究として、佐藤司郎「日本神学校におけるバルト受容」（バルト神学受容史研究会編、前掲書、所収）一二九頁以下、参照。いずれもバルト受容の致命的な偏向を指摘している。

なかには《ドイツ的キリスト者》の立場から書かれたファブリチウス『新興独逸の基督教』（原田瓊生訳、上富坂出版所、一九三八年）も紹介されていた（原書は、C. Fabricius, *Positives Christentum im neuen Staat*, 1936）。ファブリチウス（ブレスラウ大学組織神学教授）は、一九三二年にナチ党員になり、ナチ党綱領に規定された《積極的キリスト教》の宣伝につとめていた。ナチ権力の確立後、A・ローゼンベルク＝M・ボルマンの民族主義的異端＝反キリスト教的政策が強化されたとき、それを党綱領違反として激しく批判する建白書を党幹部に送りつけ、反逆罪容疑で逮捕され、党籍を奪われて失脚した。興味深いのは、この建白書の中で、前掲の自著が英訳・日本訳され国際的評価を受けている、と強調して自己正当化を試みていることである。ちなみに、この英訳本に推薦の言葉を寄せていたのは、イギリス国教会グロスター主教A・C・ヘッドラム――すでに紹介した有名な『ローマ書注解』の著者――だった（Vgl. K. Meier, *Die theologischen Fakultäten im Dritten Reich*, 1996, S. 427 ff.）。

（9）　丸川仁夫『ナチスの宗教』（アルス、一九四一年）一一〇頁。参考文献にはシュターペルやゴーガルテンの《民族のノモス》論に並んでアルトハウスの『秩序の神学』（一九三四年）や『政治的権威と指導者国家』（一九三六年）まで引かれている。

それにたいするバルトの批判的立場についても、かなり詳しく扱ってはいる。ただ、バルトを「ルッター派に比してはより《非ドイツ的》である」と決めつけ、「告白教会派でさへも、大体に於てその後の幾年かに次第に譲歩を示しつつあつたに比し、一貫してその聖書的立場からする批判攻撃を止めなかつた彼が、遂に居を国外に移さざるを得なかつたのは寧ろ当然である」（同上、一二五頁）と断定している。この時点で、バルトのナチ・ドイツ批判の画期を示す『教会と今日の政治問題』（一九三八年）についてまで詳しく紹介されていたことには驚きを禁じえない。しかし、丸川は、それを「告白派の辿りつく一の頂点」を示すものとしながら、バルトの「批判の中に潜む政治性」については、消極的、むしろ否定的な評価をあたえている。この丸川の本は、『ナチス叢書』の一冊にふさわしく、「ナチスの旗幟」《ハーケンクロイツ》の象徴する「光明、太陽」に触れて「ナチスの世界史的使命の真の成就は、恐らくこの太陽の光の中にこそあるであろう」(同、一五七頁)と結論を下す。丸川がかつてバルト『ローマ書』やバルト＝ブルンナー論争の編訳『自然神学の諸問題』(新生堂、一九三六年)の訳者として、日本における初期のバルト紹介者の一人だったことからすれば、それは思想的《転向》に近い印象を禁じえないだろう。もっとも、彼は、すでにこの間にローゼンベルク『二〇世紀の神話』(三笠書房、一九三八年)の翻訳者にもなっていた。

なお、ナチの宗教政策にたいして、終始、批判的な視点から、折に触れて教会紙誌にドイツ事情を紹介しつづけた田川大吉郎の熱心な努力も見逃されてはならない(遠藤興一『田川大吉郎とその時代』新教出版社、二〇〇四年、二〇五頁以下、参照。)もっとも、戦時下日本の状況にたいする田川自身のアンビヴァレントな姿勢については、前掲書、二三六頁以下、とくに二七五頁以下、参照。

(10)　浅野順一「ナチスの宗教政策と旧約聖書」(『浅野順一著作集』第二巻、創文社、一九八二年、所収)一五四頁、一五七頁。同「独逸に於ける基督者の闘争」(『著作集』第一巻、一九八四年、二九二―二九三頁)。バルトのドイツ追放の経緯およびローゼンベルクと《ドイツ的キリスト者》との関係については、宮田、前掲『十字架とハーケンクロイツ』一二〇頁、二四九頁以下、参照。

(11)　鈴木、前掲『著作集』第一巻、七七頁以下。鈴木は、この紹介の最後に、ドイツの告白教会と日本の教会とを対比して、こう記している。「われらはなほこの点まででも戦ひ、今また戦ひつつある彼らの前に、あまりにも戦ふべき点は戦はず、戦ふべからざる点にのみ勇敢なるわれわれ自身の咎を、さらにいつそう侮蔑すべきものと感ずるのである」(同、八六頁)。この宣誓事件の経緯については、宮田、前掲書、一二二頁、参照。

(12)　『信濃町教会七十五年史』(日本基督教団信濃町教会、一九九九年)一四七頁以下。この最後の文章は一九三四年五月の「バルメン宣言」のアスムッセンによる解説を思わせる。アスムッセンは、「宣言」がナチ国家にたいする批判ではないことを明確に言明し、起草者バルト自身が秘かに託した政治批判的射程を限定してみせようとしていた(宮田、前掲書、一六六頁以下、参照)。当時の日本において、そこまで読み込むことは困難だったことは確かだが、その分だけ、ドイツについても、ひいてはまた日本の状況についても、現実認識は具体性に欠ける恐れがあったと言わねばならない。『信濃町教会月報』におけるドイツ教会闘争の情報については、前掲『七十五年史』一二〇頁以下、一四六頁、一五四頁、一六二頁など参照。太平洋戦争直前の頃には、『信濃町教会月報』一〇四号(一九四一年八月二一日)には、バルトのスコットランド信条講解『神認識と神奉仕』(一九三八年)の内容も詳しく紹介され、能動的抵抗の文章も、はっきり引かれていた。

「また、ジョン・ノックスとその一党が身を以て示した如く、政治権力に対して神的に要求された反抗もあり得る。権力に対し権力を以てする反抗である。「殺すなかれ」。無辜の血を流すことを拒むとき、暴君に対してはさうするの他はないのである。即ち、政治的秩序への服従は、ロマ書十三章の如く、廃してはならぬにしても、この秩序の具体的代表者に対しては、事情によつて服従が不可能になる。神への不服従に於てのみ、権力者への服従が可能となることがある。我々はそのとき人よりも神に従ふべきである」。

(13)　Vgl. E. Hessel, Buecherschau, in: *Das Wort vom Kreuz*, hg. v. Jujikakyodaisha/Die Gemeinde unter dem Kreuz in Japan, 1938 H.1, S.18. ヘッセルの宣教活動については、武田武長論文「日本におけるバルト神学の〈仲介者〉エーゴン・ヘッセル」(前掲、バルト神学受容史研究会編『日本におけるカール・バルト』二六三―二九六頁)が詳細に報じている。ちなみに、その頃、仙台に亡命していた哲学者カール・レーヴィットは、「異議を申し立てるプロテスタント」「K・バルトの活動的な弟子」として、ヘッセルの風貌を正しく伝えている。「たえずドイツの役所と戦っており、彼の説教は、全体国家への攻撃をも日本の天皇制への攻撃をも辞さなかった」(『ナチズムと私の生活』秋間実訳、法政大学出版局、一九五一―一九六頁)。前掲『信濃町教会七十五年史』には、ヘッセルを講師に迎えた勉強会やヘッセルの要請によって教会堂を告白教会系のドイツ人礼拝に提供した記事なども散見する(同上、一四六頁、一四九頁)。当時、同教会に出席していた石原吉郎が召集を受けたときヘッセルから兵役拒否を勧められたこともあったことを『一期一会の海』(一九七八年)の中で証言しているのも、興味深い(同上、一四三頁)。

(14)　たとえば、山本和『政治と宗教――カール・バルトはどう闘ったか』初版、一九四七年。改版、教文館、一九七四年)には、このバルト論文との出会いの深い感動について記されている。山本は、「バルトの『義認と法』を入手できて熟読した時、これこそ日華事変以来久しく問うてきた国家の本質についての正規の、典拠ある解答なのだと、本能的に直観した。キリストが国家権の代表者によって磔殺された以上、国家は《福音》の中枢にまでかかわりこんでいる。こんなに深い信仰の洞察がどこから出てくるのか。さすがはヨーロッパ教会の伝統はちがうのだなと、驚嘆した。日本の教会は、そのような事態には全く盲目で弱体であり、誘惑され、多くの過誤を犯し、死に瀕しているというのに」と。じっさい、山本のこうしたバルトへの傾倒ぶりは、太平洋戦争のあいだも変わらなかったようだ。戦争勃発「以来、次第に戦局苛烈を加えていった戦争末期の試練の日に、僕を支えてくれたものは、《今日の神学的実存》叢書中、バルトのものを初めから十四、五冊を綴じて製本した一冊だった」。この「私製本」は、戦時中に、防空壕の中にまで持ち込まれたのだ、という。そうした学びが、敗戦後、日ならずして刊行された「本書の形で迸り出たのだろう」と回顧している(改版「序文」四―五頁)。なお、本書の改版に増補された飯坂良明との対談によれば、山本は、戦時中に、バルトの『義認と法』を通して、キリスト者の「《政治的神奉仕》としての国家にたいする責任」を学んだ、とくり返している。たとえば、バルトの説いていた「権威」の天使権的由来をめぐる議論についても、「私はこれは日本の天皇制国家にもあてはまる天的権力だと思い、同時に教会をも意のままにしうる国家権力について新約聖書が深く語っているのだな、と改めて啓発された」(三〇〇頁)と述べている。

また個別教会の例では、たとえば信濃町教会において一九四〇年末からは信友会(若手男性職業人グループ)例会でバルトの『義認と法』の研究も続けられていたことが報じられている(前掲『七十五年史』一七〇頁)。

(15)　この『教会と権威』(長崎書店、一九四二年)は「十字架の神学叢書」の一冊として長崎書店から刊行された。元来、この双書は松谷監修のもとに創刊されたもので、「宗教改革者―バルトの像を明確に主張した神学運動として、当時のキリスト教会に、とくに若い人々に与えた影響は大き」かったという。この本を出版した長崎次郎社長は、「いわゆる《日本的キリスト教》の運動など好まないものであるが、どこまでも日本人としてキリスト者、神以外のものに頼らぬ日本人たるキリスト者として終始したい」という志を、かねてから抱いていたという(秋山憲兄「長崎書店とその時代」秋山他『日本キリスト教出版夜話』新教出版社、一九八四年、八七、七九頁)。

(16)　松谷義範『教会と権威』一七頁。松谷は、当時、バルト神学の紹介・研究において注目されていた若手指導者の一人だった。その頃、バルトがエーゴン・ヘッセルに宛てた一九四〇年九月二五日付の手紙によれば「私は八月に東京の松谷氏から手紙をもらいました。彼は私の論文等をきわめてオリジナルな仕方で選択して、それを翻訳させて欲しいと許可を求めてきたのです。しかし奇妙なことに、それらの中には、私がここ数年書いた政治に関する神学論文は何一つふくまれていないのです。もしも私を(そして私のみではありませんが!)、ドイツの私の以前の弟子や友人たちの多くがやったような仕方で誤解しようとしないのなら、いつかかならず日本のキリスト者たちも、きっとこの熱い鉄に近づかねばならないでしょう」(ハイヨー・E・ハーマー「ドイツから見た日本教会史の一断面」『滝沢克己――人と思想』新教出版社、所収、一七九－一八〇頁より再引用)とあり、興味深い(この手紙の日付は、バーゼルのカール・バルト・アルヒーフの原資料の調査にもとづいて筆者が訂正した)。

(17)　松谷、前掲書、六六頁。松谷はこう言う。「バルト神学にたいして尊敬の念をいだきつゝ、その人の学説とその人がかの国に於てかの時に実行したことを真似なければならないと云ふ理由は少しもない」と。前掲の『信濃町教会七十五年史』(一七〇－一七一頁)では、松谷のこの本について、「当時はこういう韜晦的な物の言い方」も場合によっては必要だったかもしれない、と留保をおいているが、しかし、死にいたるまで徹底した《服従の極致》を訴えている箇所までくると、「それまで教会が辛うじて踏みとどまろうとしていた線と方向から大きく外れた道への逸脱を露呈する認識」と断ぜざるをえなかった。ちなみに、松谷は、その翌年に公刊した『三位一体論序説』(長崎書店、一九四三年)の「はしがき」でも、バルトとの「対論」を説き、「教会と国家」といった一般的命題でなく「教会と日本帝国」という形で問題を提出しなければならないこと、こうした形で「日本の教会」の中に生きぬくとき「実際にバルト神学を突破することが出来る」(同上、九－一〇頁)と考えていた。

(18)　松谷、前掲『教会と権威』六五－六六頁、五三頁。逆にまた、松谷がバルトの『福音と律法』から『義認と法』までも、「バルトは彼の政治的運動や外的事情とは無関係なまでに聖書的な道を歩んでいるように見える」というのも誤りであろう。『福音と律法』さえも、明らかにナチ秩序を支える新ルター主義的律法理解への批判をふくんでいたはずだから(Vgl. H. E. Tödt, *Komplizen, Opfer und Gegner des Hitlerregimes*, 1997, S. 226 f.『ヒトラー政権の共犯者、犠牲者、反対者』宮田・佐藤・山崎共訳、創文社)。筆者が一九六一年春、バーゼルにバルトを訪ねた折、彼自身、この論文を教会闘争における重要な画期をなすものと考えている、と語ってくれた。じっさい、エーバーハルト・ブッシュは、このバルト講演を告白教会に提供されたアクテュアルな思考と行動とのための《マグナ・カルタ》のようなものだった、と評している(Vgl. E. Busch, *Unter dem Bogen des einen Bundes. Karl Barth und die Juden 1933-1945*, 1996, S. 266.『カール・バルトと反ナチ闘争』雨宮・泉・小川・佐藤・畠山共訳、新教出版社)。

(19)　バルト『ローマ書』におけるローマ書十三章の解釈については、とくに、宮田、前掲『政治と宗教倫理』一五一―一六三頁、参照。《カッコの外に置かれた大いなるマイナス》といったバルト的発想も、もっぱら「死への存在」という「歴史を語る前の」人間の個人的な実存的自覚の問題として援用されている(熊野義孝『終末論と歴史哲学』(一九三三年、増補第六版、一九四九年、新教出版社、二四〇頁)。終末論的視点から教会の国家に対する関係を論ずる際にも、「教会は不断に十字架を背負ふものである。其故に万一国家が罪悪を犯す場合には教会は其苦痛を一層おほく味ふことによつて国家的正義の恢復に奉仕する。かくて教会は此世界に於ける創造の秩序の担当者でなければならない」(同上、三八二頁)とされている。バルトというよりは、むしろ、あえて言えば、たとえばアルトハウス的な響きがする。

このバルトのローマ書十三章の言葉は、学徒出陣を前にして、戦争と死との意味づけを追求していた池田浩平(高知高校生)の遺稿集『運命と摂理』(新教出版社、一九六八年)にも引かれている。「無限大のプラスによって有限のマイナスは、確かに否定せられているのであり、カッコを突きやぶった人間は、キリスト者としてキリスト者の自由を与えられ、拈華微笑的な姿態をそこに展開するのである。その笑うともなき静かな笑い、これがキリスト者がなべて死をかくし持つ存在のすべてに対する寛やかな愛でなくてほかの何であろうか。……しかし、あくまでもカッコの中の存在としてのわれわれは、カッコの外なる世界のプラス性の確かなる可能性を信じつつ、その信仰による希望の中を生きぬいて行くのである」(同上、一五〇頁)。彼は、モラリッシェ・エネルギーというランケ的な漠然たる概念で《大東亜戦争》に世界史的意義を付与しようとする京都学派の人びとの議論に疑問を投げかけてもいた。しかし、バルトの『ローマ書』における「広大な消極的可能性」の意味する政治的射程の拡がりについて、彼の視野に入らなかったとしても、やむを得なかったことであろう。

(20)　宮田、前掲『十字架とハーケンクロイツ』一〇六頁、参照。総じて日本におけるバルト受容には一定の偏向がつきまといがちだった。菊池吉弥の戦後の回想によれば「『神は天に――人は地に』これがバルトの神学の基調でありました。彼の社会的関心と実践、ことにバルメン宣言の起草者の一人としての活躍は戦後誰一人知らぬ人はありませんが、その頃日本に輸入されたのはその神学の超越面だけでありました。彼の終末論の社会的意義は紹介されませんでしたし、熊野義孝氏の『終末論と歴史哲学』(昭和八年)はアルトハウスの終末論によったものでありますが、現実に当時の時局にたいする歴史批判の力としては作用しませんでした。その「超越性」が、教会の中に隠れる理由にもなったのです。これは日本の神学界一般について言えると思います。神学は「みはりの役」どころか、隠遁と迎合の道具になったのです。この頃告白教会に反対の立場をとったゴーガルテンらの国家倫理に関する本がよく読まれたと記憶しています」(『基督教論集』第二二号、青山学院大学基督教学会、一九七八年、五頁)。なお、『日本のキリスト教とバルト』(新教コイノーニア3、新教出版社、一九八六年)、参照。

(21)　松谷義範『神学的人間の思考』(長崎書店、一九四〇年)二一一頁以下。

(22)　松谷、前掲『教会と権威』一六一―一七頁。こうした理解は、彼が二年前に同じピリピ書三章のテキストから引き出した終末論的視点を否定するものであろう。そこでは、国家の政治的要求に全面的に従って《民族教会》になる危険が指摘され、《終末の主》を宣教する《告白教会》たるべきこと、それによって「国家にたいして最後の希望を提示するとともに、国家が自らを神の如き全能者と信じ、恐るべき絶対主義に陥らうとするとき」、それこそ「国家が国家としてもつ最後の限界を示すものである」と語られていた。この論文の最後には、「それ故に、教会は迫害の真只中にあつて《告白教会》となりつつも、その国家のために祈ることが出来るのである」と記し、ローマ書(一三・一)とテモテ第一の手紙(二・一)の《執りなし》の祈りが引かれている(!)。使徒パウロがこう「言つたのは、既に迫害が始つてゐた時である」(松谷「教会の本質と其の形態」一九三七年、前掲『神学的人間の思考』所収、二五八、二六二頁以下、参照)。

(23)　松谷、前掲『教会と権威』一五頁、八頁以下。松谷の感激は、《みくに運動》の今泉源吉の体験とほとんど変わらない。今泉にとっても「十二月八日の出来事」は、単なる「歴史的事実」に尽きない。それは、いわば《国体》の歴史的啓示の時を意味していた。「そこに天地の正気が光を放つてゐる。そこに大御稜威を見る。人々はまのあたり国体を見た。……歴史が生きた現実と感ぜられた。此日以来世界史は転換した。人の心は新しくなつた。相擁し皇民われの光栄に泣いたこの日を永久に忘れることが出来ない」(今泉源吉『先駆九十年　美山貫一とその時代』(みくに社、一九四二年、一頁)。

こうした歴史的現実と一体化し、それに呑み込まれていく体験は、《ドイツ的キリスト者》のそれに近いものとなる。じっさい、「一二月八日」という戦争開始の日付にたいする思い入れと、それを「歴史的秘義」の啓示としてとらえる松谷の文章は、たとえばエマヌエル・ヒルシュの同じ陶酔的な姿に通ずるものがあるのではなかろうか。すなわち、ヒルシュは、ヒトラー政権の登場を歴史的な《啓示》として受けとり、《ドイツ的キリスト者》に哲学的・神学的根拠づけをあたえた代表的な神学書を著わした。その「まえがき」に、彼は「一九三四年一月三〇日」と記して、ヒトラー政権成立の日を、その一周年に当たって《敬虔に》記念していた(宮田、前掲『十字架とハーケンクロイツ』一〇四頁、参照)。

(24)　本書、第I部、二三九頁、参照。なお、vgl. K. Barth, *Rechtfertigung und Recht*, 1938, in: *Eine Schweizer Stimme*, 2. A. 1948, S. 47-52(『義認と法』井上良雄訳、『バルト著作集』第六巻、新教出版社、所収)。

(25)　松谷『教会と権威』六三―六四頁。こうした結論においては、松谷の批判する《日本的キリスト教》(同上、一二頁)と何ら異なるところはないといえよう。しかし、こうした武士道観には、日本の《封建的忠誠》関係において「君が君たらざる」場合に《諫争》の形で権力批判のエートスがふくまれていたという歴史認識(丸山眞男「忠誠と反逆」『丸山眞男集』第八巻、岩波書店、一九九六年、所収、一七五頁以下、参照)は、完全に欠落している。

(26)　松谷、前掲書、八二―八三頁。

(27)　宮田、前掲『政治と宗教倫理』二四一頁以下。松谷、前掲書、七八頁、参照。

(28)　バルト神学を自由主義＝個人主義にたいする批判として理解し、《社会的キリスト教》の立場からの自己の《転向》を正当化する管円吉の論理も、松谷のそれと軌を一にしている。「此の弁証法神学の動きを我々日本人が注意して研究すれば、それだけで以つてすでに日本的なものとの結び付きの第一歩が踏み出されてゐるのだ、と私は考へてゐる」(管、前掲『転換期の基督教』二―三頁)。管によれば、それは国家とキリスト教との関係にも妥当するとされ、バルト神学の方向は、「独特無比の我が国柄をこそめざしてゐるとさえ云へる」(同上、四二〇頁)と言い切っている！

(29)　たとえば、最晩年におけるバルトの告白(Barth, *Letzte Zeugnisse*, 1969, S. 33 f.)参照。バルトの神学的リベラリズム批判を政治的リベラリズム批判と等置する議論は、現在では、松谷の場合とは逆の方向で取り上げられ、バルトがヴァイマル・デモクラシーの崩壊に加担したという非難となっている(たとえば、F・W・グラーフ)。こうした解釈に反対して、H・E・テートは、バルトが政治的に反リベラリズムではなかったことを精力的に弁証している(Vgl. Tödt, *a.a.O.*, S. 100f.)。なお、宮田、前掲『十字架とハーケンクロイツ』三六頁以下、参照。

(30)　松谷、前掲書、八八頁。

(31)　こうした日本のキリスト教の挫折の背景には「《バルト捕囚》、バルトへの誤解にもとづいた安易な依存があった」(古屋・土肥・佐藤・八木・小田垣共著『日本神学史』ヨルダン社、一九九九頁)という意見もある。しかし、バルト《受容》に「誤解」があったことは前述してきたように明らかだが、その際、バルトの神学を彼の政治倫理から切り離す《主体的》な使い分けもしている限り、単純な《捕囚》のせいにするわけにはいかないであろう。古屋安雄『日本の将来とキリスト教』(聖学院大学出版会、二〇〇一年)では、「その神学の受容のしかたに問題があった」(同上、四二頁)と、限定的にとらえている。
　松谷が敵国降伏の祈りを勧めていた頃、バルトは「試練に立つキリスト教会」という講演で、国家による教会弾圧に関連して日本の教会状況にも言及していた。「もし日本における諸教会が二年前、まず、ヨーロッパやアメリカの宣教師たちと絶交し、その景品として、さらに国民的な天皇神礼拝との関連で若干の儀式〔＝国民儀礼〕を引き換えにもらうことによって安全保障をもたなければならなかったとすれば、すでにそこに何があったのか」(K. Barth, *Die christliche Gemeinde in der Anfechtung*, 1942, S. 8)。

(32)　鈴木正久「戦争と隣人愛」(一九四二年一〇月二五日)(前掲『著作集』第一巻)一一三―一一四頁。

(33)　鈴木、前掲書、一一五頁。マタイ福音書(六・一九―二一)を扱った「財宝を天に積め」と題する教案でも、現在の戦争と国家の行動とにたいして批判的に言及している。「地上的に領土が拡大したこと、支配権が大になったことをもって、わが国の現状を喜ぶことしかわれらが知らぬなら、その卑俗な思いはやがて新領土、新盟邦に対しても、「ゴールド・ラッシュ」的な低級なわれらの行動となってあらわれ、わが国の良き意図をすべて画餅に帰せしめるに至るに違いない。「義は国を高くし、罪は民をはずかしむ」というごとき、永遠なる聖き神の前に謙虚にひれ伏して常に自己のたらざるを省みる高き心情こそ、われらを偉大なる国民となすものである。これこそ聖書の教えである。われらキリスト者の、実に愛国の衷情より出ずるわれらの主張である」(同上、一一九頁)。
(34) 桑田秀延「日本伝道の弁証論」(『神学と教会』一九四二年一二月、所載)一二八―一二九頁。桑田は、弁証法神学の中でも、国家にたいして「終末論的立場から……消極的な態度を示す」バルトよりも、「国家の神学的意義により深く突き入つてゐる」ゴーガルテンに、いっそう親近感を覚えていた(桑田秀延「弁証法神学に於ける《国家》の理解」(『新興基督教』一九三五年六月号、所載、三八頁)。
(35) 桑田、前掲「日本伝道の弁証論」一三一頁。
(36) 桑田、前掲論文、一一九頁。《日本的キリスト教》をめぐる当時の議論の中で、上述した藤原藤男『日本精神と基督教』も「特に真摯にして有益な労作」として紹介されていた(同、一三三頁)。
(37) 桑田、前掲論文、一三四―一三八頁。桑田の教えていた日本基督教神学専門学校では、のちに『臣民の道』も講じられていたという(安藤肇『深き淵より――キリスト教の戦争経験』長崎キリスト者平和の会、一九五九年、一四五頁、参照)。
(38) 小塩力『とりなし』(『神学と教会』一九四二年一二月、所載、のち『小塩力説教集』第三巻、新教出版社、一九七八年、所収)四六―八四頁。小塩は、バルトの『義認と法』と対論する中で、たとえば「権威」の天使論的由来をめぐる論議に触れて、「きわめて輝かしく独創的である」ことを認めつつも「文脈に即することがやや欠ける」と疑問を投げかけている。当時、この点についてバルト追随者が多かった中で、新約学者としての見識の程を示している。それと関連して、さらにゲールハルト・キッテルの対デーン論文「国家における新約聖書の判断」にも言及し、「これらの研究が、日本の国家存在の理由にいかなる光を投じるかも判じ難い」と留保をおいているのは、注目に値するであろう(同上、五六―五七頁)。このキッテル論文については、本書、第Ⅰ部、二二六頁以下、参照。なお、ナチ治下におけるキッテルの神学的位置については、vgl. W. Huber, *Konflikt und Konsens*, 1990, S. 72, 75 u. 77(フーバー、前掲「順応と抵抗との間にある神学」大島力訳、宮田・柳父共編『ナチ・ドイツの政治思想』所収)。
(39) これをつぎの文章と比較されたい。天皇の存在は、「祖宗の伝統と不可分であり、皇祖皇宗もろとも一体となってはじめて……内容的価値の絶対的体現と考えられる。天皇を中心とし、それからのさまざまの距離に於て万民が翼賛するという事態を一つの同心円で表現するならば、その中心は点ではなくして実はこれを垂直に貫く一つの縦軸にほかならぬ。そうして中心からの価値の無限の流出は、縦軸の無限性(天壌無窮の皇道)によって担保されている」(丸山眞男「超国家主義の論理と心理」一九四六年。前掲『丸山眞男集』第三巻、一九九五年、所収、三五頁)。

(40)　とくにこの点に注目したハンス・ヴェルナー・バルチュの指摘は含蓄的である(本書、第Ⅰ部、五六頁、注4参照)。

(41)　この国家のための《執りなし》の祈りの文脈で、日本書紀や『国体の本義』の一節が引かれるのは、検閲にたいする韜晦であるとともに巧妙な批判として有効であろう。「崇神天皇の詔の一節「惟《こ》れ我が皇祖諸の天皇等、宸極《あまつひつぎ》しろしめすことは豈《あに》一身の為《みため》のみならんや。蓋し人《ひと》神を司牧《ととの》えて天下を経綸《おさめ》給う所以」(日本書紀・崇神天皇紀)に我々はこの辺の消息を拝しえないであろうか、雄略天皇の御遺詔にも同じ御軫念をうかがうことができはしまいか。「筋力精神、一時に労竭《つ》きぬ。此の如きの事、本より身の為のみに非ず。ただ百姓を安養せむと欲するのみ」(『国体の本義』より)。臣民の命《いのち》を立て生を支え給うことに御奉仕の内実があるといいうるならば、また個が全体とその主権者のために身をささげるごとく、全体はまた個のためにつかえるであろうといって差支えないではないか。国家と主権のためにそのような生きざま正しくあらんことをと、キリスト者は祈るのである」(小塩、前掲書、七二頁)。

(42)　小塩、前掲書、「解説」(金子晴勇)二六〇頁。たとえば、C・H・ジャーマニーが、小塩は「ローマ人への手紙十三章の解釈を通じ、基本的に政府の権力を神が定めたものとして栄光化している」(Germany, *Protestant Theologies in Modern Japan*, p. 168)というのは、やや単純すぎる神学的解釈であり、《暗号》解読を誤った批評と言うべきであろう。

(43)　福田、前掲『著作集』第Ⅲ巻、一九九四年、三八一―三八二頁。この一九四一年一二月一四日の説教の数日後には、教会婦人会のクリスマス例会に小塩力牧師を招いて「とりなしの祈り」と題する講演を聞いている。このときの講演をさらに発展・深化させたものが『神学と教会』誌に掲載された小塩論文「とりなし」だったという(前掲『信濃町教会七十五年史』一六九頁)。

(44)　福田正俊「現代の中心問題」(『福音新報』一九四二年一月二九日号、二月五日号、二月一二日号)。

(45)　もっとも、福田は、すでに日中戦争の最中(一九三八年)に、ヨハネ黙示録十三章(一―一〇節)について講解説教を試みていた。たとえば「人もし耳あらば聴くべし。……聖徒達の忍耐と信仰とは茲にあり」(黙示録一三・九―一〇)について、次のように講解している。

「しかし、耳ある者は聴くべし。キリスト教徒はそれに驚く必要はなかった。何らこれと争う必要もなかった。崇めはしない。しかし力をもって争いもしない。キリストは「汝等の肉体を殺して、霊魂を殺し得ぬ者どもを懼るな」と言われた。キリスト教徒は魂を殺しうる真の生ける神を恐れる。本当に恐るべきものを恐れているキリスト教徒には、何らの思い煩いがない。いかなる困難においても不思議な平和、最後のオプチミスムス、喜ばしい信仰がある。……われわれは何らの支配を必要としない。キリストの教会においてはただ仕えるのみである。これが教会の唯一の権威である。教会の本当の権威はこの奉仕である。教会は奉仕をするためにだけ存在する。キリスト教徒は耐え忍ぶのである」(福田「教会の権威」前掲『著作集』第Ⅲ巻、所収、三七七―三八〇頁)。

なお後年の文章では「パウロと黙示録の語り方は非常に近い」(福田「教会と国家」一九八二年、前掲『著作集』第Ⅲ巻、所収、四〇四頁)と語っている。ちなみに、この黙示録における「聖徒たちの忍耐と信仰」への言及は、たとえばバルトの弟子としてデンマーク教会闘争を神学的に指導したレーギン・プレンター教授の論文を思い起こさせる。一九四一年六月に、プレンターは、ローマ書十三章のバルト的な《権威》理解(天使的権力!)から出発しつつ、最後に、この黙示録的展望の中でこう結論していた。「信仰は一歩一歩前進し、つねに神から最善のものを期待する。なぜなら、信仰は、われわれの主がキリストであることを知っているのだから」(本書、第Ⅰ部、二四九頁)。

(46)　こうした国家規定は、「あまりに少なく国家であるような国家」「自己に対して忠実であることをやめた国家」といったバルトの表現に通ずるところがある(Vgl. Barth, *Rechtfertigung und Recht, a.a.O.,* S. 24)。しかし、ここには、福田の独自性が光っているであろう。

(47)　バルメン宣言第五テーゼにおける国家的課題の規定については、宮田、前掲『十字架とハーケンクロイツ』一五八頁以下、参照。

(48)　福田論文がローマ書十三章から「国家の存在論」を引き出そうとするとき、バルトが『義認と法』の中で天使論との結びつきにおいて《国家のキリスト論的根拠づけ》を試みていたことなども、あるいは影響していたのかもしれない。しかし、ローマ書十三章で問題になるのは、あくまでも国家そのものではなく、キリスト者がいかに振舞うべきかという《政治倫理のキリスト論的根拠づけ》以外ではありえなかった(宮田、前掲『政治と宗教倫理』二五〇頁以下、二八六頁以下、参照)。

(49)　この論文の末尾には、なお《時局》に触れた文章が付け加えられていた。すなわち、《満州事変》以来の日本の辿った「膨張の一路」を「世界史的な変革として成長した」過程として認め、「客観的必然性を予想しない訳にはゆかない」と記している。そして「我が国のなかにうごめける、伸びずには止まないものに深い使命的なものが宿ることを信じて祈りたいと思ふ」という言葉で閉じられている。『信濃町教会七十五年史』に記された次の論評は重く受けとめねばならない。「この論説の態度はまことに真摯であり、時局迎合的な雰囲気はみとめられないが、……やはり福田牧師も、圧倒的に迫って来る巨大な国家の権威の力に向かって、それを受容する方向で、現実を見、教会の方向を判断せざるをえなかったのではないかと思わせられる」(同上、一七二頁以下)。

2　社会科学者とローマ書十三章

神学者たちがこのように苦心して天皇制国家と取り組んでいた頃、社会科学にたずさわるキリスト者は、どのように考えていたのだろうか。すでに見たように、戦時下日本の教会にとって、ナチ・ドイツ治下の教会闘争の経験は、多くの学ぶべき示唆に富むものであったに違いない。したがって、発表された時期は少し前に遡るが、ここで政治学者によるナチ宗教政策分析の代表的な一例を取り上げておくことにしよう。つづいて政治学者たちによるローマ書十三章の分析を聞いてみよう。

堀豊彦

堀豊彦（台北帝大教授）の「ナチス全体主義国家の理念とドイツ基督教会」（一九三七年）は、ナチ・ドイツ全体主義国家の理念と、その均制化政策の一般的特質、キリスト教会各派の歴史的由来、神学的＝政治的特質などの叙述を前提して、ナチの宗教政策を詳述したものである。掲載されたのは台北で刊行された大学の『研究年報』であり、一般には眼につきにくい地味なものだったとはいえ、全体で一三五頁に及ぶ本格的な大論文である。(1)

むろん、当時、わが国においても、すでに数多くのナチ・ドイツに関する紹介や研究が公刊されてはいた。しかし、本論文の「はしがき」に言及されているように、ナチ体制下における「国家対教会の問題」について、たんに「宗教教義史的課題」としてではなく、「社会学的な或は国家学的な、そして政治学的な意図と意味とをもつ考察」を加えた研究は、対象、方法ともに、ひじょうに数少なかった。「人は欧州に於て基督教会が遠く中世期初期以来、占拠し来たれる社会的地位、或は社会的集団としての教会の性質などを考え、且つ国家対教会のもろもろの関係並に抗争の思想・理論と其史実とに想到すれば、この所謂国家対教会の問題は政治学的意義を豊に備え来たれることを疑うことは出来難いのである」と。

しかも、この「政治学的意義」は、その当初から、はっきりした批判的な視点を「念頭に置」くものであったことも見逃すことはできない。イタリア・ファシズムもドイツ・ナチズムも、その「精神・主義」は「真正の個人的良心或は人格や、その他思想・行動の自由に対しては、言う迄もなく圧倒的であるが故に、宗教、就中、基督教、しかもプロテスタンチズムが基本的なるものとして特別に顧慮する所の、人格・良心の自由の理念とは本来抵触するものである」。じじつ、こうした問題にとりくむ緊張意識は、この論文を終始一貫していると言ってよい。(2)

たとえばトレルチ的分析を踏まえて、とくに国家や民族に一体化する傾向の強いはずのドイツ・ルター派教会が、まさにナチ治下にあって、逆に「民族国家の統一、統合と云う集権化的志向に、反対して立たねばならないと云う事情は、余程重大なる理由及事情が存在すると考えねばならない」と鋭い疑問が提起される。そこでは、具体的に「国家の教会への越権的な干渉」のあることが予想され、じっさい、「ナチスの全体主義国家の新しき神話たる、血液、人種、民族、国民、指導者等々が、恰も無限なるものの如く、否、恰も神たるが如く、崇拝せられ、権威付けらるる場合、其拠には対立頡頏の生起するは、言わば必定である」と明快に断定している。(3)

こうして《ドイツ的キリスト者》の運動から、人種原理(反ユダヤ主義)、指導者原理、教会統合などのナチ宗教政策、これに対抗するニーメラーの牧師緊急同盟や告白教会の闘いが詳述される。その中では、たとえば一九三三年秋に帝国教会監督に就任したルートヴィヒ・ミュラーがヴィッテンベルクの教会においてハーケンクロイツ旗をはためかせて宗教改革とナチ国家との精神的合体を宣言した光景など、臨場感あふれる記述もある。さらに、この論文では、近来、ボンヘッファーの平和講演のゆえに注目されることの多くなった一九三四年八月のデンマークーファーネーで開かれた世界教会青年協議会において、世界教会がドイツの教会闘争に連帯する決議をしたことにも触れている。

そのほか同年秋のベルリンーダーレムにおける全国的な第二回告白教会会議についても「全国自由宗会」として、独自の教会管理機関が選出されたことも言及されている(ただし、この論文では、一九三四年五月のバルメンの第一回告白教会会議と「バルメン宣言」については何ら語られていない)。この間におけるバルトの闘い、とくにボン大学からの追放にいたる裁判闘争にも触れている。さらに『今日の神学的実存』(一九三三年)について、それが大きな反響を呼び起こしたこと、ドイツ的キリスト者に「原理的批判を加え、又、ユダヤ人問題に就ても非難を呈して」「彼自身の信念を明白に表明した」ことに高い評価をあたえている。[4]

本論文の「むすび」では、《ドイツ的キリスト者》の運動やナチ宗教政策に反対して、「宗教固有の立場からこれを反省し批判しようと言う真摯なる人々の存在すると言うことは、基督教会の為に、又、独逸自身の為にも幸いなることであり、且つ心強き頼もしきことである」として、ドイツ教会闘争の側に、はっきり加担する意志が示されている。そしてドイツ教会闘争は、「元来、いかにも宗教の上に加えられたる宗教的反抗として意味せらる可きものであった、としても、併し、この闘争は、現時、政治型態の背後に於ける、政治理念に対する、宗教的、文化的反抗の中に帰せられざるを得ない」といい、この宗教的＝教会的闘争にふくまれる「政治的反抗」としての性格を、はっきり指摘していたことは注目される。[5]

それだけではない。ドイツ教会闘争の分析を通して、「人間目的の第一義性、その悠久性を学ぶと共に、所謂国家全体主義は吾々の社会学的認識からしても妥当視し難い」と明言している。この結論は、ドイツの事例についての判断というにとどまらず、当時の日本の政治体制にたいする《政治学的》批判にも通じていたことは明らかである。しかも、そこでは、全体主義国家が「人間生活と人間性」を全面的に包摂し、統合・統制しようとするものであるかぎり、キリスト教会の反対を引き起こすことにならざるをえないとされ、「何となれば、全体主義国家なる観念それ自体が、既に一種の潜在的なる宗教的性格を有するが故である」と言い切っている。この「潜在的な宗教性」という発言は、きわめて重い意味をもつものではなかっただろうか。なぜなら、それは、当時、天皇制ファシズムの形をとって疑似宗教国家化を強めつつあったわが国の動向にピタリと向けられうるものであったから。[6]

こうした明快さは、当時、すべての政治学者から示されていたわけではない。

大石兵太郎

大石兵太郎(関西学院大学教授)の『君主の神的権威』(一九四二年)は、神権説をキリスト教、中国思想、神道思想に即してそれぞれを「教義的神権説」「王道的神権説」「神胤的神権説」と名づけ、比較検討したものである。この著者は、キリスト者にふさわしくローマ書十三章の理解は適切である。このテキストは、神権淵源説のカテゴリーに分類される。それは、「統治権を以て神に由来する」ものとすることは言うまでもないとして、「それを《究極に於て》という意味」において説くところに特徴がある、という。

大石によれば、ローマ書十三章に代表される教義的神権説は、王権の神的権威づけとしてみれば、「その一般的性格の上よりいうて、決して完全なるものというを得」ないものである。この指摘は、これまでみたように、聖書学的認識とも一致して正当なものと言ってよい。ただし、大石のあげる理由については、慎重に検討しなければならない。たとえば、その第一には、教義的神権説にいう神は「宇宙の創造者たる唯一の人格神」であり、「即ちそれが種族神、民族神でないということは基督教の世界性にとって極めて重要なことではあるが、それだけ或特定の国家の君主の神的権威を根拠付けるにはどうしても間接的である」という。また、王権は神に由来すると説かれているが、「神君同一説と究極的淵源説を両極として君主の神性には種々の相異があり」、教父たちは国家を人間が堕落した結果であると説いたのである。したがって「教義的神権説に於ては君主の神聖は無論予想せられてはいるが、それは神に於ける絶対的神聖性ではない」。

さらに「その当然の帰決として暴君の存在が想定せられる。或者は悪政を行う君主に対しては只神に祈るべしと説き、又或者は君主の是非を口にすることは不敬虔の謗りを免れずと主張する。このことは王権が神権であり神授であることが必ずしも君主の正善を保証するものでないことを意味するのであって、君主の神権と悪王とは両立し、必ずしも矛盾しないのである」。

これを一言に要約すれば「その論理的構造についていえば、君主を神と仰ぐに徹し得ず、人間として観じながらその神的権威を求めんとするところにあるといい得よう。……その神的権威が肯定せられるにしても、それは何等かの程度に於て、相対的、条件的たらざるを得ない」。驚くべきことにも、大石は、こうした理由から、この学説の理論的価値について「少からざる失望を禁じえない(7)」という。

これにたいして、彼は、神胤的神権観の意義を強調する。神胤的神権思想というのは「天皇並に皇位の神的権威は我が国史によって裏付けられた民族的伝統的なる確信に於て成り立つものであって、それが本源的に　天皇が神胤に在しますという事実並に　天皇御統治の大権が皇祖の御神勅に淵源するということを中核とする」。

「天皇御自ら祭祀を司り給いて神人一如の「まつりごと」をあそばされ、常に皇国の安泰と隆盛を神霊に告げ祈らせ給うのである。国民は　天皇を現人神として仰ぎ畏み　天皇と神霊の御稜威《みいつ》にひたむきの恩寵を感じ、臣道を尽して絶対の信頼と忠誠を捧げまつる。これ我が国史が明徴するところであって、何れの国家を見るも、かくの如きは到底ある能わざる事実である。ここに吾々は我国が真に神国たるの実を見、……ひとり過去及び現在のみならず、未来悠久に向って、国家統治の主体として　天皇のみが真の絶対的神的権威を御もち遊ばされると申すことが出来るのである(8)」。

こうした比較類型論を通して大石が論証しようとするのは、批判を超絶した君主権の絶対性を、いかにして確実なものにすることができるか、ということだった。しかし、そこでは、いつのまにか批判を越えた絶対性が君主権に仮定され、いわばその支配を実体化して眺める危険性をもつにいたる。たとえば大石が教義的神権説について「神権は君主の全能を可能ならしめ、君主についてはただ神のみへの責任を認め、人民には絶対的服従の義務のみを要求する。

それ故に教義的神権説は容易に絶対的専制の肯定に導くのである」というのは、むろん正しい。まさにそこから、神権説への《失望》が語られるのだとすれば、神胤的神権観において、こうした危険性は、いっそう大きいはずであろう。しかし、そこには、こうした批判ないし認識すらも、まったく語られていない。

南原繁

同じ年の秋、南原繁『国家と宗教』が出版された。これは「ヨーロッパ精神史の研究」という副題をもち、古典古代から現代のナチズムにいたる政治思想の歴史を国家と宗教との対立軸に即して分析した記念碑的な業績である。それは、南原自身が打ち立てた政治哲学的方法論＝価値並行論にもとづいていた。すなわち、カント哲学を批判的に再構成して「真・善・美」の諸価値に政治的価値としての「正義」を加え、これらの諸価値の多様性とともに、それぞれ独自の領域における自律性をもつとされる。しかし、いっそう重要なのは、南原がこれらの諸価値を前提しながら、それらを超越した宗教の世界の存在を指摘し、それが政治を含めて、文化の諸領域にも積極的に「作用する」と指摘していることであろう(9)。

南原によれば、原始キリスト教の出現は、ヨーロッパ精神史に全く新しい局面を展開する。イエスの福音は、「価値の転倒」として、人間性の否定の究極に新しい個人人格の価値を基礎づけるとともに、「愛の共同体」としての「神の国」の理念において人類の本質的統一と神の前での万人平等の思想を形成するからである。それは、既存の道徳的価値と同時に政治的価値を超越するものであり、古代世界において一般に拡がっていた「政治的国家の形而上学化」の傾向に「根本的転回」をあたえ、その「権威信仰」を原理的に打破しえたのであった。その意味では、キリスト教は、その超文化的・超理性的な宗教の本質を提示することによって、かえって「古代社会における精神の最高の純化」をもたらしたものと言うことができよう。

「国家的共同体はもはやそれ自身最高の価値を有するものでなく、最高の規範は政治的国家生活を超えて存する。この意味においてキリスト教にあっては、国家またはその主権者をそれ自体キリスト教の意味における神の国または神と同義において神化する根拠と余地は存しないと言わなければならぬ」[10]。

ローマ書十三章に関しては、ここから「直ちに国家権力の宗教的認証を与えたものとなし、これによって、たとえば後世の《君権神授説》の理論的構成を与えたものと解するがごときは、いちじるしく不当と考えられる」という。こうしたパウロの教説は、南原によれば、すべてを神の意志から出たものと信じ、所与の秩序を尊重すべきことを説き、これに忍従すべきことを勧めるところの、「彼らの純粋に宗教的愛の心情から出る受動的態度」にほかならず、その意味で「いずれの時代にも容認せらるべき信仰の生活態度」である、と記している。

しかし、これによって「国家それ自体のキリスト教的意義の神的価値を立て、これに対する絶対信仰を説く神政政治の原理を立てたわけではない」ことを明言している。内村鑑三の弟子としてふさわしい聖書理解といえよう。こうした精神史的認識は、当時唱道されていた「日本精神への復帰」ないし「全体的国家共同体思想」などにたいする時代批判と結びついていたことを見逃してはならない。

この書物の最終章で、南原は、アルフレート・ローゼンベルクの『二〇世紀の神話』について透徹した分析を詳細かつ徹底的に行なっている。その中でナチズムと闘うカール・バルトにも言及しているのは興味深い。バルトの『今日の神学的実存』(一九三三年)について、「神学の立場からではあるが、時代の勢力に抗して書かれた精神的抗議の最後の表題」として強い共感と評価とを惜しまない。それは、バルト神学のもつ政治的射程を正確に理解した、当時の日本においてはきわめて稀な政治学者の発言である。このことは、日本の良心的な神学者によっても、当時、かならずしも正当なバルト理解がなされていなかったことを思えば、まことに印象的である。[11]

当時、ドイツでは『二〇世紀の神話』をめぐる大論争が行なわれ、ローゼンベルク自身も幾つか反論を出版していた。すでに紹介した『プロテスタントのローマ巡礼者たち』(一九三七年)も、その一つだった。それは、究極的には、バルトをターゲットとする批判であった。その中で、彼は、自説を補強するため、当時の日本の状況に言及していた。すなわち、「天皇の神的由来」にたいする日本人の「崇拝義務」を指摘し、「それは、日本の生存的基礎の絶滅なしにはキリスト教の勝利がありえないことを意味し、……はるかに時代のしるし(=キリスト教の終焉が迫っていること)を予感させる」ものだ、と論じた。[12]

南原論文では、こうしたドイツにおける『神話』論争の経過には触れていない。しかし、南原は、彼の批判的分析から、「現代ドイツ・ナチスのイデオロギーはキリスト教の問題を中心にしてヨーロッパ的伝統からの決定的離反の方向にある」と結論している。[13]そうした視点は、この本の巻末において短く触れられた田辺元の国家哲学批判にも通底するであろう。南原は、田辺の「社会存在の論理」や「国家的存在の論理」を引用し、田辺の哲学が絶対無の弁証法によって「国家こそ真の宗教を成立せしめる根拠、否、それ自ら「地上の神の国」となる」と論ずるものだ、とする。その際、一九三〇年代半ばから、田辺が「民族の統一性、国家の強制力」などを理論的・実存的に根拠づけるために用いた《種の論理》の問題性を鋭く批判する。[14]

「本来類・種・個は単に論理的に止揚せらるべき契機以上の存在として、さように国家のうちに包摂し得ないものがあるのではないか。人間人格はたとい国家の絶対的権威をもってもなお侵す能わざる、それ自ら直接に神的理念に連る本源的価値を保有しているのではないか。また、国家はそれ自ら「類」の具体的実現たる類的普遍として考えられてあるけれども、世界における国家相互の関係はむしろ民族的種の共同体対立の関係にあるものと見るべく、国家を超えて世界それ自らの秩序の原理はいかに考えられるであろうか」。南原は、田辺の哲学が絶対弁証法によって現実の国家を神の応現としてキリストの位置に比定するにいたったことを指摘していう。

「人はかような東洋的汎神論においてふたたびナチスの場合よりもさらに一層高揚せられ、深化せられた形において「民族」と「国家」の神性が理由づけられるのを見ないであろうか。……殊にそれが日本国家を範型として構想せられてあるだけに、両者のあいだは比較を絶するものがあるといえよう。そうして、これの根拠は実に宗教と哲学と、そして国家との一大綜合に求められたのである」[15]。

南原の『国家と宗教』は、ヨーロッパ精神史の研究として、現代の問題を論じても、慎重にナチ批判を正面に立てて、直接的に日本の国家体制を分析する形をとってはいなかった。とはいえ、南原の田辺批判には、期せずしてローゼンベルクの天皇制賛美に対する反論が語られていたと言うこともできる。それは、天皇制ファシズムにおける国家の神格化の論理を剔抉する鋭鋒を、すでにはっきり示していた[16]。

しかし、この本は、高度の哲学的専門書とみなされたため、当時の内務省当局の検閲をかいくぐり、心ある読者の手にわたることができた。太平洋戦争末期の緊迫した状況の只中で、こうした国家至上主義にたいする鋭い批判の声がキリスト者政治学者によってあえて公にされえたことは、まことに誇りとするに足る事実と言わなければならない[17]。

矢内原忠雄

同じ頃、南原と同じく無教会陣営から出た矢内原忠雄の発言をとりあげることにしよう。矢内原は植民政策研究の分野における新しい開拓者であり、その時代批判の背後には社会科学者としての蓄積があったとはいえ、そこにはキリスト教信仰にもとづく預言者的な眼が光っていた。[18] 彼は国策批判のゆえに東大経済学部教授の地位を追われてのち、一九四〇年に朝鮮に渡り、迫害と生命の危険すら覚悟しつつ、その地のキリスト者のためにローマ書について講じた。『ロマ書講義』(一九四二年)は、その時の講義草案を骨子として、二年後にその個人誌『嘉信』誌上に発表されたものである。

テキストや語句についての釈義ののち、彼は、このように付言している。「実際問題としては時に国家の権力が濫用せられ、官憲が悪しき業の恐怖とならず、却つて善き業の恐怖となるやうな事もないではありません。併し本質的には国家権力は神より出で、神の立て給うた定めであること、官憲は善き業の恐怖たらず、悪しき業の恐怖であること、従つて国家並に官憲に対する我々の服従は恐怖に基かず信仰的義務として良心的に服従すべきものであることは動かすことの出来ない原則であります」。この説明は、それほど新しいものではない。

しかし、彼は、ローマ書の「愛には虚偽あらざれ、悪はにくみ、善はしたしみ」(一二・九)といった倫理的態度が「服従についても類推せられる」といい、こう結論する。

「信仰によつて悪はにくみ、善はしたしみつつ権力に服従する時、始めてその服従は偽善的とならず、自由なる、義しき、良心的なる服従となるのであります。之によつて我々は一方に於いて国家の腐敗の場合之を責める預言者であると共に、他方に於いて常に国家の権力に対する良心的服従者たり得るのです。否、国家権力が神より出でたものであることを知つて之を重んずればこそ、それが濫用せられる時預言者は黙さないのです」。[19]

キリスト者の服従は《良心》にもとづく自由な服従であり、それゆえ権力が腐敗し濫用される時には起って預言者的批判をすることを恐れてはならない、という。こうしたローマ書十三章の理解が戦時下日本のキリスト者の証言として残されたことは、歴史的にも、まことに貴重な事実としなければならない。

なお、ローマ書十三章一—一四節における終末論との関わりで、キリスト者の政治倫理の積極性が根拠づけられていることも注目を引く。ここでパウロが「上にある権威に服ふべし」と述べているのは、たんに消極的に「主の再臨の近いことを思へば、如何に苛酷なる権力にも服従し、如何に困難なる義務をも忍耐して果すことが出来る、といふやうな考へ方」ではないのだ、という。

「再臨が近いから、断然暗黒の業を捨てて光明の甲を著るべし、生活態度を一変して善事を励むべし、国家に対する義務も、隣人に対する愛も、真に神を畏れ神を愛する者として、心からの誠実を以て偽りなく果すべしといふ、積極的な教であると思ひます。主の再臨は、すべての虚偽の顕れる日であります。汝らの信仰に虚偽なきや、汝らの愛に虚偽なきや、汝らの服従に虚偽なきや。愛と服従とが偽善的ならず、功利的ならず、怯懦より出でるものでなく、昼の如く正しく歩むものである為めに、主の再臨の近いといふ信仰は現実感の満ちた、活き活きした力強い動機となつたのであります」。

ここでは、再臨思想=終末観は、現世逃避を促すのではなく、かえって《服従》を真実な現実的な生き生きした倫理として可能にするものだ、という。矢内原は、最後にローマ書十三章のいわば前括弧である十二章(一—二節)のすすめを、もう一度ふり返って論じている。

「パウロは第十二章の始めに於いて信者の日常生活に於ける実践道徳を説き始めるに当り、先づ生活態度の一変を教へました。この世の生き方に倣ふことなく、心を新にして一変し、己が身を神の悦び給ふ供物としてささぐべきことをば、神の慈悲によりて勧めたのでありました(一二の一、二)」。「今また実践道徳訓の結びとして彼は再び生活態度の一変を強調し、……主イエス・キリストの心を心として生活すべきことをば、今度はキリストの再臨の近きことによつて訴へたのであります。実に首尾一貫した堂々たる議論であります。キリストの福音による救の恩恵を受け、且つキリスト再臨による救の完成を待ち望む者として、信者は地上生活に於ける道徳的生活態度を一変しなければならぬ。神の慈悲と再臨の希望。この二つが信者の実践道徳の原動力でありまして、之によつて始めて偽なき謙遜と服従……の生活が出来る」。

まことに堂々たるローマ書十三章の《服従》倫理の積極的根拠づけにほかならない。[20]

矢内原は、なお一九四二年一月早々——日米開戦後まだ一カ月と経たない時期——に「愛国心について」松本講演を行ない、ローマ書十三章に言及している。そこでは、国家の上にある神の権威を強調している。これを典拠とした神権説が「自ら神に対する責任」を軽んじて「専制政治の弁護論」となったことを指摘し、むしろ、「神の国の原理」に従って生きることによって、国家は世界と連なり、真の意味で「国家の道徳性」も完成されるようになる、と述べている。こうして、当時の《大東亜共栄圏》思想や《八紘一宇》のイデオロギー性を暗に批判している。それは、《一二月八日》の陶酔的体験の対極に立っていた。[21]

政池仁

同じ頃、政池仁も「ロマ書講義」の中で十三章の解釈を行なっていた。[22] 神による権力の設定は「国内の平和と秩序を立て」るための「神の摂理」にもとづくものとされ、服従の《良心》的根拠も、恐れによる「屈従」ではなく、「神が命じ給ふ故に」従う、とされている。「畏るべき者」と「尊ぶべき者」とについても、とくに区別はなく「良心の為に尊敬する」ことを意味するにすぎない。

しかし、釈義を離れて、「国家への服従」についてやや詳しい説明があり、ヨーロッパの「帝王神権説」と「暴君」チャールズ一世に触れている。「神の摂理」によってイングランド王となった「彼は神の役者として神の御旨にかなつた正しい政治をとるべきであつた」。クロムウェルやピューリタンが「剣を以て反抗した」のは、「彼等の信仰が未だ不完全であつた」ことを示しているが、「信仰を圧迫し、明白な悪政を施し、而も帝王神権説を振り回した」チャールズは「更に悪かつた」のだ、と断じている。

さらに、「自国民に罪がある時」これを見過ごすことは、愛国的行為でも《上なる権威》への服従でもない。「許された言論の範囲内で充分に論つらうべきである」。ただ「国法」によって禁じられる場合「沈黙を守る」ことは当然だ、とする。しかし、強制されても権力の悪を「弁護」「是認」すること、是認したかのように振舞うのは「以ての外である」。

内村の『羅馬書の研究』の精神が忠実に踏襲されていることがわかる。

政池は、最後に、なお、こうつけ加えて痛烈な教団批判、とくに《日本的キリスト教》批判を記している。「況んや強ひられもしないのに吾から進んで之を弁護する如きは決してロマ書一三章一節の実行ではない。誠に、此一節の解釈と運用はやさしい様で実は甚だ難しい。之を誤解して悪を弁護した教会は今迄実に多くあつた」[23]。

ここには、平和主義の言論のゆえに教職を追われ、独立伝道者として一貫して無教会主義の理想を生きぬこうとした姿勢がよく示されている。

(1)　この論文は『台北帝大文政学部政治学科研究年報』第四輯、一九三七年に掲載され、のち堀豊彦『デモクラシーと抵抗権』(東京大学出版会、一九八八年)三三―一〇八頁に収録された(以下には、この論文集の頁に従って引用する)。なお、関連論文として、堀豊彦「ナチス全体主義とカトリック教会」(『国家学会雑誌』第二十五巻第四号、一九三八年)がある。これも前掲の論文集に収録されている(同上、一〇九―一二九頁)。

（2）堀、前掲書、三四―三七頁。

（3）堀、前掲書、六三頁、六五頁。

（4）堀、前掲書、九三頁、九七頁。『今日の神学的実存』に関連して「バルト教授の神学思想は所謂危機神学であり、危機神学はナチス的、ファッシオ的神学であると言れるが、バルト教授にしてなおナチス的政策を全面的に支持する所はなかつたのである」（同上、八六頁、なお七八頁）という記述がある。今日からみれば、やや理解し難いこの表現は、当時、危機神学の台頭―分裂がナチ運動の成立、拡大と時期を同じくしていたことに由来する。クレーマーも、バルト神学の日本における反響の大きさを指摘した中で「ヨーロッパにおけるこの運動内部の分裂は、日本の知識人キリスト者の思想に大きな混乱を引き起こしている」（Kraemer, *op. cit.*, p. 394）と指摘していた。

じっさい、当時、政治学的に危機神学を扱った代表的な研究の中には、「危機神学の社会的意義」に注目して、その後、バルトよりもゴーガルテン（さらには、ブルトマン、トウルナイゼン）の方が「より理論的建設」的とみなし、この「新しい神学思想」が「現代政治的ファッシヨと同じ思想形式を持つてゐる」として「危機神学の反動性」を糾弾するものもあった（今中次麿『危機の文化と宗教』南郊社、一九三五年、第二章「危機の神学」、とくに七四頁、九九頁、参照）。当時、基本的に、《社会的キリスト教》の立場に立った本書は海老名弾正に献呈されていた。むろん、ゴーガルテンに関する限り、この反動批判は正当だったが、バルトについては当たらない。

（5）堀、前掲書、一〇一頁。じつは、戦後における教会闘争の研究史の中でも、この点については意見が分かれている。しかし、最近では、その主観的意図はともかく、客観的には、教会闘争がナチ体制にとっての阻害要因として政治的に有効な役割を果たし、「反ファシズム的」闘争の一環となりえたことが、教会史家のみならずマルクス主義史家によっても承認されつつある（宮田、前掲『十字架とハーケンクロイツ』一九一頁以下、参照）。

（6）堀、前掲書、一〇二頁、一〇一頁、なお、これに関連して、日本の「吾々は」、これまで《国家対宗教》の問題のもつ重要性について一般に関心と認識とが低かったと指摘して、「それは、宗教革命や宗教的自由闘争の経験を歴史的に具えることなき或はその種の経験の極めて乏しき伝統によることが主要因であろう。随って、屢々言われる所の、社会的、政治的而して公民的、市民的自由の享受が宗教闘争の賜物であり、所産であると、かの国々の多くの学者の説かるる所に対する、吾々の理解は往々にして低度なるを覚えるものがあるのである」(同上、一〇〇頁)と記されている。ここには、日本の精神伝統における根本的病根が正しく射当てられていると言えよう。

(7)　大石兵太郎『君主の神的権威』(積善館、一九四二年)一八頁、三九―四一頁。

(8)　大石、前掲書、八〇頁、一一九頁以下、参照。

(9)　たとえば、『南原繁著作集』(岩波書店、一九七二―一九七三年)第五巻、一五一―一五五頁、参照。『国家と宗教』(初版、一九四二年)においても、「宗教は自ら固有の文化領域を形成するものではなく、自ら文化の価値を超出するものであるがゆえにこそ、かえって諸々の文化領域の中に入り込み、これに新たな内容と生命を供し得る」(『著作集』第一巻、所収、一一一頁)と記している。

(10)　南原、前掲『国家と宗教』八五―八六頁、参照。

(11)　南原、前掲書、二三九頁。なお、一一六頁、二三六頁における弁証法神学にたいする評価をも参照。こうした南原の全体主義的《政治宗教》との対決は、ドイツ教会闘争においてバルトの果たした《思想的》貢献と「比較可能」なものだったと評価されてもいる(本田逸夫「南原繁のナチズム批判」、前掲、宮田・柳父共編『ナチ・ドイツの政治思想』四三一頁)。

南原による『今日の神学的実存』にたいする高い評価には、当時、発表されたばかりのレーヴィット論文(「ヨーロッパのニヒリズム」『思想』一九四〇年一一月号、所載)の影響を推定できるかもしれない。該当頁の注には、はっきりこの論文名が出典としてあげられているし、「かような表現はもはやふたたび現われはしなかった」という評価の文章は、レーヴィットにも、まったく同じ言い回しが見られるからである。この論文は、のち同名のタイトルの単行本(柴田治三郎訳、筑摩書房、一九七四年)に収録されている(同書、九〇頁以下、参照)。

(12)　Vgl. A. Rosenberg, *Protestantische Rompilger*, 3. A. 1937, S. 46. 『二〇世紀の神話』論争については、宮田、前掲『十字架とハーケンクロイツ』第三章「政治神話と教会闘争」参照。ローゼンベルクのバルト批判については、同上書、二五六頁以下、参照。

(13) この南原論文は、単行本としての公刊に先立って東大政治学研究会例会(一九四〇年一二月二七日)で口頭発表された。それに参加した丸山眞男の証言によれば、南原は、神の絶対性に立つ危機神学が分裂して一部はナチに迎合したことを厳しく批判した。ヒトラー主義は人間神化であり、キリスト教精神にたいする反逆であり、ナチズムは、「自分の理念を追究して没落する」という可能性について、印刷された論文よりも、いっそう明確に断言していたという(『丸山眞男回顧談(下)』松沢・植木共編、岩波書店、二〇〇六年、五七頁)。なお、同上書(上)、二七〇頁以下、参照。この南原報告に引き続いて行われた研究会の議論も、きわめて興味深い。南原論文では、直接的に天皇制批判にまで及んでいないとは言え、前掲引用した『国家と宗教』における「国家またはその主権者」への言及に見られるように、南原が天皇の《神格化》に否定的だったことは明らかである。

(14) 南原、前掲書、二六五頁―二六八頁。

(15) 南原、前掲書、二六九頁。四二年刊行の『国家と宗教』(初版、三〇一頁)では、ここの箇所は、この文章で終わっている。しかし、戦後版には、さらに続けて「だが、ここにこそまさに重要な問題が横たわる」という言葉が新たに付け加えられている。おそらく初版の原稿にはあったものが、戦時下の言論統制を顧慮して公刊の際に削除されたのであろうか。この文字を加えることにより、南原の田辺哲学批判の結論は、きわめて鮮明なものとなる。ちなみに、南原の批判を受け止めた田辺の自己批判については、本書、四九二頁、注11、参照。

(16) 戦時中に公にされなかった南原の直接的な時代批判の心情は、その歌集『形相』(図書月販出版事業部、一九六八年)のいたるところに読みとることができる。たとえば、日独文化交流のため有名なナチ憲法学者が来日した一九三九年の歌。

「六月一日大学懐徳館において独乙のナチス学者ケルロイター教授の歓迎会あり、一首。

ケルロイター博士の午餐の会を断りて雨寒き昼をひとり飯《いい》くふ」(一二九頁)

あるいは一九四一年十二月八日、対米英開戦の激動の日につくられた歌。

「人間の常識を超え学識を超えておこれり日本世界と戦ふ」(二二七頁)

一九四二年ナチ・ドイツの敗北のきざしがほのかに見え始めた頃。南原の姿勢は、ヒトラーの《カリスマ》を妄信してドイツ勝利を期待する一般世論とは、まったく逆の方向を向いていた。

「独蘇戦線のよきニュース聞きしかば心ひそかにひとりうれしむ」(二五八頁)

同じく一九四四年のノルマンディ上陸作戦で第二次大戦の決着の見通しがはっきりした日の歌。

「六月六日英米軍北仏に上陸
　この日にあへりしのみに吾がこころ燃ゆるが如し人にいはぬかも」(三三九頁)

そしてナチ・ドイツ敗戦の年の五月。「暁光」と題する二つの歌(三七二頁)。

「ヨーロッパ戦終了したれば壁に貼りし世界地図はたたみてしまいぬ」

「けふよりは詩篇百五十日《ひ》に一篇読みつつゆけば平和来なむか」

こうした南原の姿勢は、「いわゆる敗戦主義者」というよりは「ナチを拒否しながらもあくまでドイツから亡命しないでドイツ国民と運命を分かとうとした数少ない知識人の生き方」に近い、とも評されている(丸山眞男「南原先生を師として」『丸山眞男集』第十巻、一九九六年、一九五頁)。じじつ、南原は、戦争の開始と拡大とを阻止しえなかったが、戦争末期には一日も早く終結させるため、東大法学部の同僚高木八尺教授らと協力して秘密裡に《和平工作》に携った(『聞き書南原繁回想録』丸山眞男・福田歓一編、東大出版会、一九八九年、二六八頁以下、参照)。

(17)　福田正俊の戦後の回想によれば、一九六〇年前後の頃、「昭和一七年に出版された『国家と宗教』の著者、南原繁氏とたまたま同席する機会がありました。そのとき、この本は暗黒時代に黙示録的な形で国家批判をしたものと考えてよいかとおたずねした時、そうだという答がかえってきたことを記憶しております」(『我らを生かして来たものと今日の問題』一九七一年、六頁)。この福田が読書日記(一九四三年初頭)に書き記した数頁にわたる詳細なメモの文章は、南原の『国家と宗教』にたいする激しい熱意の程を示して興味深い。行間からは新カント主義に立った南原のヨーロッパ思想史解釈——とくに文化と理性の限界を踏まえて信仰の可能性に余地を残す立論——に共鳴し、国家をふくむ文化各領域のプルーラリズムを「終末論的留保」としてとらえる神学的理解を示している。同じく高知高校生だった池田浩平も、その遺稿集の中で、『国家と宗教』を一カ月もかけてノートしながら読んだ感激を記している。「全編批判精神に満ちた信仰の書」と呼び、「進むべき学究の道を指示してくれた」(前掲『運命と摂理』一二〇頁)と。この書物が狭い専門研究者のみでなく広く一般読者の共感を呼び起こした点について、たとえば南原、前掲『国家と宗教』「解説」(福田歓一)四〇五頁、参照。

(18) 矢内原の時代批判の思想的背景については、宮田、前掲『平和の福音』二九八頁以下、参照。矢内原の立場を可能にしたものは「もちろん、根本的にはキリスト教の信仰だが、より直接的には、彼の専攻する学問である植民政策、すなわち植民地における被支配民族の目をもって、(日本民族の目と共に)社会現象をみたということによる」(飯沼二郎『天皇制とキリスト者』日本基督教団出版局、一九九一年、一九六頁)。

(19) 矢内原忠雄『ロマ書講義』(『嘉信』一九四三年、第一〇号)。これは『聖書講義Ⅲ』「ロマ書」(岩波書店、一九七八年)に再録されている。以下、引用は、これによる。同書、二二七頁以下。この講演のため現地で実際の世話役を務めた金教臣に見られる主体的な受容と反応については、梁賢恵『尹致昊と金教臣——その親日と抗日の論理』(新教出版社、一九九六年)一四四—一四八頁における指摘が示唆的である。

(20) 矢内原、前掲書、二三一—二三二頁。ローマ書十三章は、矢内原の黙示録講義(一九四二年一月二五日)の中でも、サタンによる権力の神格化(黙示録十三章)と対比して引かれている。その時の速記録によれば、「やれ国粋主義とか日本古来の何とかいひまして、いはゆる日本主義の基督教なんといふ事を言ひまして、……おのが証の言に対する信仰と忠実とを捨ててしまつて、人々を説き勧めて拝すべきものでないものを拝せしめる、そういふ者たちも少くない。基督教会の中にも起つてくるんです」と語り、朝鮮における信仰の迫害と神社参拝強制の事実を指摘し、《共栄圏》における異民族にたいする宗教政策にまで説き及んでいる。少数の青年たちを前に語られたこの講義そのものは、当時、発売禁止措置をくり返す検閲当局の弾圧に憤慨して、矢内原の個人誌『嘉信』には発表されなかった。「黙示録講義は今や七つの封印を以て封印されて居る」(『嘉信』第六巻第六号、一九四三年六月号)。続編がふたたび掲載されたのは戦後になってからである(『聖書講義Ⅳ』「黙示録」後記、六九八頁)。

(21) 矢内原忠雄『戦時下松本新年講演集』(新地書房、一九九〇年)七—二八頁。矢内原の聖書講義『サムエル書』に記された次の序文(一九五五年)を参照。「私は昭和二十年二月以降、二十四年一月まで、私の個人雑誌である『嘉信』誌上、サムエル書の講義を連載すること三十四回に上つた。その最初は太平洋戦争のまだ熾烈であつた頃で、日本では天皇の人格が神化され、天皇の権力が絶対化された時勢であつた。その中にありて私はサムエル書講義に託して、天皇は神でなく、天皇の権力は絶対でなく、ヱホバの権威に従はざる限り国は立つことが出来ず、ヱホバを信ずる信仰に由りてのみ日本は立つことが出来ることを説いたのであつた」(『聖書講義V』「サムエル書」岩波書店、四一五頁)。

天皇《現人神》説にたいする矢内原の批判的姿勢は、「日本精神の懐古的と前進的」(一九三三年)に慎重ながら明快に論じられていた(『矢内原忠雄全集』第十八巻、岩波書店、一九六四年、所収、八一頁以下)。もっとも、矢内原が天孫降臨の神勅とアブラハムへの神の約束とを「世界歴史に於て相匹敵する二大事実」(「国家興亡の岐路」一九四六年、前掲『全集』第十九巻、一九六四年、所収、一七二頁)とする日本の建国神話理解には、超越神信仰としては問題をはらんでいるであろう。なお、矢内原の《天皇制国家》にたいする関わりについては、柳父圀近「矢内原忠雄」(キリスト教文化学会編『プロテスタント人物史』ヨルダン社、所収)、参照。

(22)　『聖書の日本』第九一号、一九四二年三月(『政池仁著作集6』所収、二二二—二二六頁)。

(23)　なお、政池の戦後における回想にも、戦時中におけるローマ書十三章をめぐる体験を語っている。彼の一人の若い友人が戦地から手紙をよこして「ある牧師がロマ書一三章を引用して何によらず、天皇の命令に従わねばならぬ、と書いていますが、はたしてそうでしょうか」と質問して来た。「私は「聖書にはそういう句もあるが、また使徒行伝五章一九《(ママ)》節のような句もあります」と答えておきました。その友人が帰国しての話に、彼は上官から、銃槍の練習に柱にしばりつけた中国人の捕虜を突き刺す事を命ぜられ、それを拒んだため、上官から半殺しのひどい目にあわされ、幹部候補生の特権をはがれてしまったとの事であります。彼はよく、人の命令ではなく神の命令に従ってくれました」(政池仁「人間に従うよりは神に従うべきである」『著作集11』平和論集、二七五—二七六頁)。

たとえば、山形出身の無教会キリスト者・渡部良三の歌集『小さな抵抗』(シャローム図書、一九九四年)には、中国戦線において体験した良心的抵抗——捕虜虐殺の命令を拒否し、それをさらに証言しようとする決意が歌われている。

「天皇《きみ》の給うみちうべなわず胸内《むねうち》に反戦の火《ほ》を燃やす兵あり」(一一二頁)

「鳴りとよむ大いなる者の声きこゆ「虐殺こばめ生命を賭けよ」」(二二頁)
「生きのびよ獣にならず生きて帰れこの酷きこと言い伝うべく」(八七頁)
敗戦後、極東国際軍事裁判が始まった頃、生還してさらに歌い続けられる。
「天皇《すめらぎ》の戦争責任なしとうはアジアの民族《たみ》の容れぬことわり」(一五〇頁)

3　殉国と殉教とのあいだ

殉国の思想

政池によって厳しく批判されている教会――日本基督教団――の国家権力にたいする屈従的協力をもっともよく示しているのは、教団議長名によって出された『大東亜共栄圏に在る基督信徒に送る書翰』であろう(1)。

もともと教団教学委員会によって書翰文懸賞募集が立案され、実際に公表されたのは一九四三年五月のことだった。募集規定には、次のような内容の書簡であることが求められていた。「先ず我日本の国体の尊厳無比なる所以を説き、日本の大東亜共栄圏に関する理想抱負を明かにし、次いで日本基督教の確立、日本基督教団の成立を報ずると共に、信望愛を同じうする基督教徒として、共栄圏内の基督教徒に対して慰安、奨励提携の衷情を吐露する」ものであること。

その九カ月後、応募原稿七五篇の中から、二、三等、佳作、計一〇篇(一等なし)が決定された。入選者には、教学研究所のメンバーや著名な神学者、牧師たちの名前があった。実際に、一九四四年復活節の日付でアジア各国に発送された『書翰』は、審査委員の手によって複数の入選論文から合成されたものだったという(2)。

「現代的使徒書簡」と自称するこの『書翰』の第一章は、太平洋戦争を「日本の聖戦」と規定する。「白人種の優越性といふ聖書に悖る思想の上に立つて、諸君の国と土地との収益を壟断し、口に人道と平和とを唱へつつ我らを人種的差別待遇の下に繋ぎ留め、東亜の諸民族に向かつて王者の如く君臨せん」としているとして西欧帝国主義＝植民地主義を、とくに人種差別と連動させて糾弾している。さらに「米英の基督教は、自己を絶対者の如く偶像化し、曾て使徒がまともに其の攻撃に終始したユダヤ的基督者と同一の型に嵌まつたのである」と断定している。明治開国以来、日本宣教につとめた海外教会の奉仕にたいして——感謝の言葉のひとつもない——この居丈高な批判には、潜在的に抱かれてきた反ユダヤ主義の偏見が露頭している。こうして、「敵性国家群」の「不正と不義から東亜諸民族が解放されることは聖なる意志である」と断定する。(3)

第二章は日本の《国体の精華》をあたかも『国体の本義』の文章をなぞるかのようにくり返し、「万世一系の天皇の統治する「一大家族国家」をうたいあげ、大東亜共栄圏の建設が「神の国をさながらに地上に出現せしめること」だとされる。この原動力として「全世界をまことに指導し救済しうるものは、世界に冠絶せる万邦無比なる我が日本の国体であると言ふ事実」を「信仰によつて判断しつつ我らに信頼せられんことを」と説く。世界を救うものが神ではなく「日本の国体」であってみれば、ローマ書十三章の大前提は、すでに吹き飛んでいることになるであろう。

第三章は、まず、日本精神の土壌に生まれた「日本基督教」の固有性を強調して、冒頭に内村鑑三の「武士道の上に接木せられたる基督教」を引いている。これまで無教会運動にたいして冷淡ないし批判的だった日本の教会が、いまや舶来キリスト教批判の文脈で無教会派の人びとの宣教師批判をとりあげているわけである。そして「大東亜には大東亜の伝統と歴史と民族性とに即した「大東亜の基督教」が樹立さるべきである」と訴える。さらに「皇紀二千六百年の祝典の盛儀を前にして」「外国宣教師たちの精神的・物質的援助と羈絆から脱却、独立し」た日本基督教団成立の意義を説いている。それは「わが国体の尊厳無比なる基礎に立ち、天業翼賛の皇道倫理を身に体したる日本人基督者にして始めて能く為し得たところである」(4)。

第四章は、使徒書簡にならった使徒的勧告の言葉で結ばれる。それは、「大東亜の基督者」として「共同の戦友意識」をもって「共栄圏を樹立する」ために「最後まで戦ひ」抜こうと呼びかける。そこでは、ピリピ書のキリスト賛歌(二・六―一一)を下敷きにして「同じ愛と同じ思念」とをもって一つになるようにと、心情的アピールが試みられる。そして「自己に立ち、己を高しとし、他を己に優れるとなし得ぬ罪」――ここでは、「人間固有の分裂的遠心作用」と呼ばれている――への警告がふくまれていた。いわば「唯一つの事」(ピリピ二・二)に心を合わせようという訴えを、キリスト論的に根拠づけようとするかのような趣である(5)。

この『共栄圏書翰』が出された時点では、日本軍占領下の各地では、当初抱かれた《解放軍》への期待はすでに破れ、苛酷な占領軍政にたいする民衆的抵抗運動が活発化し始めていたことが知られている。『書翰』の疑似使徒的勧告は、そうした民族主義的な独立への動きにたいして、教団がキリスト教的宣撫工作の一翼を担うにいたったことを暴露するものであろう(6)。

戦局が悪化していく中で、同じ一九四四年八月、教団は『決戦態勢宣言』を発表した。そこでは不測の前途を前にして「皇国ニ使命ヲ有スル本教団ハ皇国必勝ノ為ニ蹶起シ、断乎驕敵ヲ撃摧シ、以テ宸禁ヲ安ンジ奉ラザルベカラズ」と決意を促していた(7)。

ここでは、間近に迫った敗戦に直面して終末論的な希望に生きる信仰さえ一片の影もとどめない。「宸禁」＝「天皇の大御心」を安んずるために、教会は「一致結束」して「総力」をあげて、最後まで戦うことが誓われている。この無限責任の遂行は、『教団新報』(一九四四年九月一〇日号)で「殉国即殉教」としてキリスト教的に粉飾される。

「聖書に従へば殉教とは生命を賭して福音を「立証」することである。それはたゞ宗教闘争に死することばかりを意味しない。生命を賭して福音を立証する事であれば、それはみな殉教である。／今は国民総武装の時である。我々一億国民はみな悠久の大義に生き、私利私欲を棄てて只管国難に殉ずる事を求められて居る。然るにこの国難に殉ずる処にこそ福音への「立証」があり「殉教」がある。吾々基督教信者は何を躊躇することもない。前線に召されたる者は前線に於て屑《いさぎよ》く大君の御楯となつて国難に殉ずべし。之即ち殉教である。銃後に置かれたる者は銃後に於てあらゆる困難に耐えつゝ戦力の増強に奉献すべし。之れ即ち殉教に外ならない。／今は殉国の精神を要するときである。全国民をして此の精神に満たしめよ。其の時にこそ神風は捲起こるであらう(8)」。

この《殉国即殉教》という言い回しは、すでにみたように、これまでも、たとえば二、三の熱狂的な《日本的キリスト教》の唱道者によって用いられていた。しかし、ここでは、ひたすら「大君の御楯」となって「国難に殉ずる」ことが端的に「殉教」と規定される。「ただ宗教闘争に死することばかりを意味しない」といっているが、この文脈では、「ただ生命を賭」しさえすれば、「福音を「立証」すること」になるとでもいうのであろうか。敗戦の年の年頭の『教団新報』(一九四五年一月一〇日号)では、聖書のメッセージは完全に消滅している。

「国家は今や非常時中の非常時、実に非常時の絶頂に達して居る。……旧約預言者は「剣を替へて犂となせ」と叫んだが今はその反対に「犂を替へて剣となす」べき時代である。今日に於ては吾々のメッセージは平和のメッセージでなくて戦争のメッセージでなくてはならない。斯の如きは宗教の本旨を忘れ徒らに国家に阿るとする如き者ありとすればそれは全く国民的自覚なき者と謂ふべきであらう(9)」。

しかし、『教団史』によれば、「教団当局は守るべき一線はこれを守り、譲るべからざる所はけっして譲らなかった」と言い切っている。その守られた「最後の一線」の例として、『日本基督教団信仰問答』制定をめぐる文部省教学局との折衝をあげている。[10]

この『信仰問答』草案は、一九四四年末にはでき上っていた。教団は、その教派的統合としての由来からも、「信条」制定が当面のところ困難だったところから、「ひとまず」それに代わるものとして、信条委員会が練り上げたものであった。[11]

たとえば、その冒頭の「総説」から基本規定をめぐる問答をとりだしてみよう。

「問一、日本基督教団の本領は何処にあるか。

答、我が教団の本領は皇国の道に則りて、基督教立教の本義に基き国民を教化し以て皇運を扶翼し奉るにある。

問三、皇国の道に則るとは如何なる意味であるか。

答、皇国臣民の自覚に立つて万古不易なる国体を奉戴し、忠孝一本の大義に循つて臣節を全うし、光輝ある肇国の理想を世界に宣揚することである。

問四、基督教立教の本義とは如何なる意味であるか。

答、イエス・キリストによつて啓示せられ、聖書の中に証示せられ、教会に於て告白せられたる神を信じ、其の独子イエス・キリストを救主と仰ぎ、聖霊の指導に従ひ、心を尽して神と人とに仕へ、以て臣道を実践し、皇国に報ずることである[12]」。

しかし、この『信仰問答』草案については、文部省との折衝の中でクレームがつけられた。『教団史』によれば、一九四五年春、富田満と村田四郎とは「文部省に赴き、近藤教学局長に草案を提示した。彼は不満の面持ちで、第一に現人神なる天皇を、神とキリストとの下位においている点、第二にキリストの復活信仰の幼稚で非科学的に見える点を指摘し、それを改めることはできないかと質問した。これに対し、両人は、両点はいずれもキリスト教最後の一線であって、これを改めることは不可能である旨をはっきり答えた。それに対する文部省側の回答がないまま、終戦となったのが実情である」。当事者の一人である村田の回想によれば、富田と村田とは、「そこまでいわれるならば、私どもにも最後の覚悟はあるという意味のことばを述べた。彼らはそのとき殉教を覚悟した」という。戦争末期のあわただしい動きの中で、文部省からは、それ以上の追及はないままに敗戦の日を迎えたのであろう。(13)

『信仰問答』の神学

しかし、はたして《最後の一線》を守り抜いたと言うことができるのだろうか。(14)

たしかに、『信仰問答』には、一応、聖書的な信仰告白の各項目が「聖書」「神」「イエス・キリスト」……というように並んではいた。しかし、その告白の下に生きるキリスト者の信仰生活の《内容》は、現実には、どうとらえられていたのだろうか。「新生と希望」という項目を一瞥してみよう。

「問二三、罪赦された者は如何なる生涯に入るか。

答　罪赦されて神の子とせられた者は……善き業に励み、斯くして信仰に基きつゝ、愈々皇国臣民たるの自覚と実践とに生きるに至るのである」。

そこでは、救われた者の待望する「神の国の到来」という終末論的希望は、どのような意味をもっていただろうか。

「問二五、神の国とは何であるか。

答、神の国は此処に彼処にといふべきものでなく、神の救ひの霊的秩序である、それは信ずる者の中に、既に恩寵と祝福とを現してゐると共に、神の御旨の残りなく成る日として我等の待ち望むべきものである」。

ここでは、《神の国》は、もっぱら心霊的な救いの秩序としてとらえられている。このいわば内面化された彼岸的待望の姿勢からは現世逃避は引き出されても、現実拒否の論理は、到底、出てきそうにはない。むしろ、「信徒の務」の項目をみれば、端的に、こう規定している。

「問四〇、国民としての信徒の務は何であるか。

答、皇国臣民の自覚に徹し、忠節を尽し、義勇奉公の誠を致し、以て皇運を扶翼し奉ることである。また各自の職務に於て私なき奉仕と勤労とに励み、肇国の精神に従つてその理想を世界に宣揚するは我等が信仰に於ける臣道実践である」。

これらの点について、教団の問題意識を知るために、この『問答』の中から二、三の重要な概念をめぐる当時の神学的コメントに注目してみたい。

まず、「問答二」における「皇国の道に則りて」という規定をめぐって、当時、教団教学局次長だった比屋根安定は、『教団新報』に三回にわたって論文を連載し、「日本基督教団の進路」を説明しようと努めている。比屋根によれば、この「皇国の道に則りて」という表現は、文部省主催の「宗教教化方策委員会」答申にある文言によるものだという。それが「惟神の道に則り」ではないところから、「皇国の道」とは神道にもとづく「国教を作出す」ることを意図するものではない、と強調される。こうして憲法第二十八条によって「日本基督教徒に保証された」信仰の自由に、すべてを託そうとする趣旨であることがわかる。

この『新報』に彼が寄せた最終稿「皇国基督教の神学的構想」は、「藉すに多くの時間と共に、挙つて我等が総力を尽さねばならぬ」と述べるにとどまり、この神学構想が未完成であるとしている。しかし、「我々日本基督教徒は、決してメイフラワア号に乗るを欲せず、この可怜我国土から信仰的に一瞬と雖も離れる事はできない」と記し、「以和為貴」という聖徳太子の「十七条憲法」が「最も必要な」神学的根拠として引かれている。すでに、そこでは、終末論的な《出エジプト》の精神が生まれることはありえなかったであろう。(15)

この『信仰問答』では、くり返し、「臣道実践」が強調されていることに改めて気づかされる。魚木忠一『日本基督教の性格』(一九四三年)は、その神学的注釈としての意味をもつ。これは、上掲の比屋根論文に先立って、同じ年の五月に教団の「教学叢書第一輯」の小冊子として出版されたものだ。魚木は、二年前に刊行した《日本基督教》論における「触発」や「類型」などの基本的概念を用いて、戦時下《教学》の「臣民の道」について解釈・適用を試みている。前著がなお教義史的類型論としての学問的思索の線を保っていたのにたいして、ここでは、「臣民の道」＝臣道実践の神学的根拠づけが意図されている。そのためのモティーフとして「従順の極致」として刑死した「臣《おみ》なる神」「僕神としての基督」が引照され、「職域奉公」「召命即報国」などの主張が展開される。

「大東亜建設は覇業でなくして、道義世界の建設を目ざす聖業である」とうたわれ、《日本基督教》こそが「大東亜皇化圏の民の化導」に召されているとする。占領行政が少しでも《道義化》されることをキリスト者として願う趣旨であることは理解できる。しかし、そこでは、キリスト教の目ざす「救贖」さえも、「我らにとつては臣民の道の実践と錬成に外ならない」と結論されるなら、道義の確立のために貢献しうるキリスト教信仰の独自性は残らなくなるであろう。(16)

もっとも、こうした魚木の立場にたいして、当時、ラディカルな皇道主義的立場からの批判が加えられていたことを見逃してはならない。藤原藤男によれば、《日本基督教》が生まれるには、これまでの「米英的なものが一切抹殺されない限り」不可能なのだ、というのである。

この「教学叢書」発刊の直前に、藤原は「日本基督教攘夷論」(一九四三年)を発表して、天皇制に直接言及していない魚木を追及した。魚木的な類型論はたんなる「教養類型」にすぎないと決めつけ、「日本唯一の偉大は皇室であり、「皇室に対する脈々たる勤労精神」であるといい、日本類型は、むしろ「皇室類型」「尊皇類型」とすべきだと主張する。藤原は前掲の『ロマ書の研究』からさらに大きく踏み出して、《国家》=「創造の秩序に於ける世界の維新は、天皇が世界をしろしめし給ふまで望みはない」といい、そのために「草薙剣」「楠氏の大義日本刀」による戦争の完遂を説く。《八紘一宇》の日に出現する《日本基督教》は、もはや魚木の説く五類型に対する第六番目の日本類型などではなく、他の諸類型を「止揚完成」する「最も根元的な類型」だ(!)という。(17)

さらにいま一つ。魚木の小冊子の刊行後に北森嘉蔵も「日本基督教への途」(一九四三年)を発表し、間接的な形ながら魚木の《日本基督教》にたいして批判を加えている。北森によれば、《日本基督教》は、まだ日本仏教などと比較しうるだけの独自の内実をもって実現されてはいない、と留保をおいている。

その際、北森は、第一戒は「絶対に融通不可能なもの」である、と正当に主張している。しかし、北森独特の論理的手法を用いて、《律法》としての第一戒に対立するものとして《福音》を位置づける。この福音は、第一戒を「自己の愛の中に摂取することによつて」、「対立を絶しかくして真に絶対的とな」り、「律法が目指して而も成就し得なかつた事を全く異なる途に於て成就する」と説く。こうした論理を北森は、「信仰と行為」「教会と国家」という構造連関にも当てはめうることを示唆している。この論理に従うなら、福音的信仰は、自らを否定することなく天皇制国家の現実全体を包摂しうることになるのではなかろうか。

そのことは、《大東亜共栄圏》秩序にたいする福音の貢献という北森の正当化に、よく示されている。彼は、当時、《八紘一宇》イデオロギーとして説かれていた論理、すなわち、「各々の現実に所を得しめてこれらと共に栄え、而もそれによつて自己を奪はれず却つて真に自己の主体性を確立する」という「日本的思惟」が「十字架の主という恩寵」論と構造的に対応しているということを示唆する。その上で、さらに共栄圏が「政治的に現実となる」課題にたいして、「福音理解としての神学」がいっそう日本的思惟に「明確な見透しを与へ」ることに貢献するだろうという期待さえ表明していた(18)。

じっさい、こうした神学的方向づけは、信徒の生活に関係の深い讃美歌集にも反映せざるをえない。神を世界の主として讃え、キリストを終末における平和の君として仰ぐような歌詞をもつ讃美歌は、しだいに口にすることもはばかられるようになっていた。むしろ、当時、新しく発表された『興亜讃美歌』(一九四三年)では、「御国《みくに》」と皇国《みくに》とは、区別をなくされ、まったく融合させられているかのようである。一、二の例をあげてみよう。

「大君の
みことかしこみ
御民《みたみ》みな
御国《みくに》建てんと
いそしみてあり」

「醜《しこ》の仇
撃ちてし止まむ

皇民《みたみ》われら
燃ゆるひとつの
弾丸《たま》となりつつ」

この教団讃美歌委員会によって選定された時局向きの新しい歌集は、戦時昂揚のための当時の軍国歌謡と何ら異ならないことがわかる。(19)

迫害と殉教

『教団新報』が「殉国即殉教」を訴えていた頃、実際に、教団から殉教者が出ることになった。一九四二年から四三年にかけてホーリネス系の三教派(教団第六部の日本聖教会、第九部のきよめ教会、さらに教団未加盟の東洋宣教会)の牧師百数十名が治安維持法違反容疑で検挙された。約半数の人たちが起訴され、その中から獄中生活による数名の殉教者も出た。容疑内容にはスパイ行為、ユダヤ人(敵性人種)援助、神社参拝拒否などのほか、とくに最大の問題とされたのは、この教派でかねて強調されてきたキリスト再臨の教理だった。地上における《千年王国》の到来が《国体》思想に反するものと断定された。(20)

この迫害と弾圧を可能にしたのは、その前年に行なわれた関係法令の改悪だった。治安維持法(一九二五年施行、二八年改正)は、太平洋戦争に先立つ一九四一年二月に二度目の重大な改正案が議会に提出され、同年五月には施行されていた。それは、徹底的改正であり、非合法活動の範囲を、共産主義者の行動や思想から宗教者にまで拡大していた。提出法案の必要性を説明した司法次官三宅正太郎によれば、なかんずく大本教などの類似宗教団体規制を目的とするものであった。すなわち、こうした団体の指導者たちは神宮および皇室の尊厳を冒瀆し、国体の本義を混乱させた。正規の宗教団体が個人救済に眼を向けるのに、これら類似宗教団体は社会や国体の変革を狙い、当然、非合法な政治活動に深くかかわることになる。ただ、宗教的偽装がほどこされているため、これらの団体に適用するには一九二八年法では不十分である、というのである。改正法の第七条、第八条は、個人と類似宗教団体の両者を規制対象とするものだった。

「〔第七条〕国体ヲ否定シ又ハ神宮若ハ皇室ノ尊厳ヲ冒瀆スベキ事項ヲ流布スルコトヲ目的トシテ結社ヲ組織シタル者又ハ結社ノ役員其ノ他指導者タル任務ニ従事シタル者ハ無期又ハ四年以上ノ懲役ニ処シ情ヲ知リテ結社ニ加入シタル者又ハ結社ノ目的遂行ノ為ニスル行為ヲ為シタル者ハ一年以上ノ有期懲役ニ処ス

〔第八条〕前条ノ目的ヲ以テ集団ヲ結成シタル者又ハ集団ヲ指導シタル者ハ無期又ハ三年以上ノ懲役ニ処シ前条ノ目的ヲ以テ集団ニ参加シタル者又ハ集団ニ関シ前条ノ目的遂行ノ為ニスル行為ヲ為シタル者ハ一年以上ノ有期懲役ニ処ス」(21)。

この改正法にもとづくホーリネス関係者の検挙は、キリスト教を戦時体制に包摂して全面的な国策協力を押しつけるという宗教統制の一環をなすものであった。いわば、主流からはずれた弱体な教派をターゲットにすることによって、権力的な示威＝威嚇を狙ったものと言うことができる(22)。

たとえば、主任検事山口弘三の論告要旨(23)。

「キリストガ目ニ見ヘル現実観ヲ以テ再臨シ、此ノ地上ニ千年王国ヲ実現シテ、日本ヲ含ム地上一切ノ国家ノ固有ニシテ絶対ノ統治権ハ失ハレ例外ナクキリストノ統治ニ服スルニ至ルト做スモノトスレバ、ソレハ畏クモ万世一系ノ天皇ノ大日本帝国御統治ガ千年王国ノ実現ニ際シテ廃止セラルベシト做ス説タルコト明デアリ、斯ノ如キ再臨説ヲ包含スル日本聖教会ノ教理ハ当然国体ヲ否定スベキモノトナルノデアリマス」。

この論告でも、「宗教事犯」が他の思想事犯のように「過激」ではないことをはっきり認めている。しかし、軽視すべきものではなく、その人心を「腐蝕」せしめる国民的影響を顧慮するなら、けっして等閑に付してはならない、と示威的効果をにおわせている。

「斯ル時局ニ於テ、国体ニ背反スルガ如キ信仰ヲ国民ノ間ニ流布セシメルコトガ、如何ニ国民ノ国体観念ヲ蝕ムカ。従テ、如何ニ国民ノ結集ヲ阻害スルカ。延イテ国難ノ打開、聖義ノ完遂ニ大ナル支障ヲ来サシムベキコト論ズル迄モナイコトデアリマス」[24]。

注目すべき点は、ホーリネス系の人びとも――教団主流派と同じく――けっして戦争反対ではなかったことである。右の検事論告の中にも、機関紙『霊光』(第三九一号)の巻頭言「我等は遂に立てり」の一節が引かれ、「大東亜戦争の大義名分は明々白々で堂々宣言せられた」と戦争支持を表明していたことが認められている。ただし、ホーリネス系の人びとは、それを「終末的世界大戦争の幕」が切って落とされたものとみなし、終末の預言の成就を期待していた。その点をとらえて論告は、こう断定している。「国体擁護ノ為止ムニ止マレズシテ立上ッタ聖戦」を「患難時代ノ前徴ナリト公言スルトハ何タルコトデアリマショウカ」[25]。

その限りでは、反戦による抵抗というよりは、基本的に受け身で蒙った受難という側面が強いことは否定できない。しかし、ファンダメンタルな信仰をもって国家権力の暴圧に対峙したという事実そのものは、たとえ消極的であれ、抵抗にもとづく殉教だったと言ってよい。ここに天皇制ファシズムは、再臨の日まで地上の権力に忠誠であることを誓う《臣民》をも容赦しないことによって、ホッブズの『リヴァイアサン』国家を顔色ないものとする《超リヴァイアサン》であることを証明した[26]。

同じような国家権力による宗教弾圧の手は、地方における無教会指導者にも向けられていた。たとえば札幌の浅見仙作もまた、ホーリネス事件の余波を受けて、キリスト再臨の教義が国体に抵触すること、神社神宮の礼拝拒否などを治安維持法違反として訴追された[27]。ただホーリネス弾圧との違いは、浅見の場合には、それまでの反戦平和思想の発言にたいして、かねてから当局が目を光らせて検挙されたことであった。じじつ、多くの無教会指導者は、反戦平和思想のゆえに、その個人誌の発禁処分を受けている例が多い。その限りでは、無教会にたいする弾圧は、時局にたいする批判ないし抵抗の姿勢と相関的であったことを見逃してはならない[28]。

浅見仙作の裁判では、上告した大審院の公判は、空襲で焼け残った小さな一室を仮法廷として開かれた。証人として出廷した石原謙、塚本虎二の口を通して、無教会信仰が「一般基督教理」の枠内にあり「特異ノ教義」にもとづくものではないことが証言され、とくに塚本証言によって大正期の内村による再臨運動も、けっして「再臨セル「キリスト」ト地上主権トノ関係ニ付何等触ルルトコロナカリシ事実」も確認されている。判決文は、こう結論する。

「「キリスト」再臨ノ信仰ニ付キ、理知的見地ヨリ推理ヲ逞シクスルトキハ、「キリスト」若シ地上ニ再臨ストセバ、再臨セル「キリスト」ノ権力ガ現存スル地上各国主権ト、果シテ如何ナル関係ニ立ツモノナリヤニ付、当然何等カノ認識ヲ有スベキ筈ナリトノ議論ヲ生ズル余地アルニ似タリト雖、凡ソ人ノ信仰ハ直覚ニ依リテ絶対ノ境地ニ導入スルヲ本旨トシ、理知ヲ積ミテ到達スベキモノニアラズ。従テ信仰者ノ信条ニハ論理ノ追及ヲ容レザルモノアルハ因ヨリ其ノトコロニシテ、之ヲ以テ思索ノ不徹底ヲ云為スルハ、宗教ヲ識ルノ言ニ非ズ。加之純粋ナル信仰ハ霊ノ救ニ重キヲ置クモノナレバ、信仰者ガ再臨セル「キリスト」ニ期待スルトコロモ専ラ霊的ノ活動ニ在リト謂フベク、従テ縦シ「キリスト」ガ現実ニ此ノ世ニ出現ストスルモ、信仰者ノ意中其ノ「キリスト」ヲ地上ノ権力者ノ如キ活動ヲ為スモノトシ、之トノ優劣ヲ品隲《ひんしつ》スルノ念慮アリト為スベキ筋合ニ非ズト謂ハザルベカラズ」。

「被告人ハ無罪」を判決した裁判長は三宅正太郎であった。(29) 勝訴確定(一九四五年六月一二日)の二ヵ月後には、日本は降伏の日を迎えていた。

たしかに、教団ないし教会の戦争協力の姿勢にたいして、無教会の人びとが反戦平和思想を貫いて迫害されたという事実は、対照的である。教会は、いわば組織体としての存続のため、より穏健な妥協と適応とを計ろうとする誘惑に陥りやすかった。これにたいして、小集団としての無教会の場合、いわば旧約の預言者を擬した指導者のもとに信仰の純粋性を貫きやすかったと言えるかもしれない。

とはいえ、無教会リーダーのあいだでも、非戦論が一般的だったわけではない。とくに日中戦争の段階から対米英戦争に移るにつれて、日本の戦争を欧米帝国主義の罪にたいする「神の鞭」(黒崎幸吉)、あるいは「神の「怒りの杖」(金沢常雄)としてとらえる正当化に傾く人びとも現われている。(30) 加えて、反戦平和の立場を貫き、天皇神格化に批判的な無教会二代目のリーダーの多くは、天皇個人にたいする強い親愛感をもつものが少なくない(たとえば南原繁、矢内原忠雄など)。石田雄の指摘するように「こうした傾向が、無限定に国体思想への埋没を結果したか否かは、まさに超越した絶対神の道具として現世と戦う姿勢を持っていたか否かによって決定され」るであろう。(31)

(1)『日本基督教団より大東亜共栄圏に在る基督教徒に送る書翰』公募、募集要領、入選発表などの経過については、前掲『教団史 資料集2』三一四頁以下、なお「解題」をも参照。この『共栄圏書翰』が戦後のキリスト教界で公に眼にふれるようになったのは、『福音と世界』(一九六七年五月号)に「資料」として全文掲載されたのが最初だったようだ。ちなみに、戦後に書かれた日本の代表的な教会史に、この『書翰』についてまったく言及されていないのは、どうしてだろうか(たとえば、海老沢有道・大内三郎共著『日本キリスト教史』日本基督教団出版局、一九七〇年)。家永三郎は、その『戦争責任』(岩波書店、一九八五年)の中で、この『書翰』を引いて、「日本占領下諸民族への日本宗教者の責任の免れがたい一証左」と断じている(同上、二九三頁)。

(2)　入選二等第一位には鮫島盛隆(関西学院宗教部主事)、第二位として山本和(日本女子神学校講師)の名前があるのは注目を引く。とくに山本は、これまでバルト神学の熱烈な支持者であり、ヘッセル宣教師とも協力して日本における告白教会の形成に努めてきたのだから。同じく注目されるのは、熊野義孝が教学委員会から委嘱された特別委員として審査報告を行なったことだ。彼もまた、前述したように、弁証法神学にもよく通じた教義学者として知られていたのだから。

ちなみに、上位入選者は、二人とも公表された『共栄圏書翰』が「私の論文ではありません」(「山本和教授解答書」、高尾利数編著『キリスト教主義大学の死と再生』新教出版社、一九六九年、所収、二四四頁)、「わざわざ丁重な「候文体」で書いた。……私の書いたものでない」(鮫島盛隆『香港回想記』創元社、一九七〇年、八六―八七頁)と否定している。合成されたものである以上、論文そのものでなかったことは確かであろう。

(3)　『書翰』全文は、前掲『教団史 資料集2』三一六―三二六頁。この『書翰』の分析については、とくに武田武長「教団成立を教会の罪責として――『大東亜共栄圏書翰』にあらわれた問題」(雨宮・森岡共編『日本基督教団五十年史の諸問題』新教コイノーニア11、一九九二年、所収)、二二三頁以下。古屋安雄「戦争とキリスト者」(古屋・大木英夫共著『日本の神学』ヨルダン社、一九八九年)一五五頁以下、参照。

(4)　古屋の前掲論文は、この『書翰』が「日本の教会の自己正当化」のために「無教会のしかも反戦主義者の内村鑑三」の名前をあげてくることに注目している。さらに内村の弟子、藤井武『聖書より見たる日本』(一九二九年)(『藤井武全集』第二巻、岩波書店、一九七一年、所収)の中の文章を引き、彼の激しいアメリカ批判と激情的な日本の国体賛美とが「表裏一体」であり、この藤井の考え方と表現とは『共栄圏書翰』のそれと「二重写し」になっていると鋭く指摘している(古屋、前掲書、一六〇頁、一七〇頁)。しばしば引かれる藤井の「亡びよ」(一九三〇年)(前掲『全集』六二二―六二四頁)という日本糾弾の詩も、たしかに「正義を愛し公道を行はうとする政治家」が一人もいない、「この真理を愛することを知らぬ獣と虫けらの国よ、亡びよ」と呼びかけて、「日本の滅亡の幻影」を語ってはいた。しかし、藤井の批判は、基本的には、こうした象徴的表現にとどまっていた。それを越えて、当時すでに顕在化しつつあったはずの日本のナショナリズムや侵略戦争への動きについて、何ら明示的に言及されていなかったことも見逃されてはならない(古屋、前掲書、一六五頁、参照)。

(5)　たとえば、この「遠心作用」といった独特の言い回しは、バルト『ピリピ書注解』(山本和訳『バルト著作集15』新教出版社、一九八一年、二六六頁)の中に見いだされる。そのほか、『共栄圏書翰』第三章における「彼らは倒れもした、併し主は彼らと共に倒れ給はぬ」といった言い回しも、バルトの文章(「彼は倒れることがあるかも知れないが、彼の主は彼と共に倒れたまはない」(前掲書、二二一—二二二頁)と酷似している。『ピリピ書講解』の訳者である山本が、一九三四—三八年のあいだ、この原書を「再読三読、熟読含味して、高倉なき後の宣教と神学の道に征《い》で発った」(『ピリピ書注解』解題、前掲書、五八〇頁)のだとすれば、こうした言い回しが用いられたとしても不思議ではないであろう。こうした比較検討から、少なくとも『共栄圏書翰』後半には、山本論文が反映しているといえるかもしれない。この点について、『書翰』の成立と構成とに関する一条英俊の論文「大東亜共栄圏書翰と〈バルト神学〉」(『福音と世界』二〇〇五年四—五月号、所載)は、はなはだ示唆的である。

それにしても、山本は、バルトの『ピリピ書注解』に打ち込んでいた頃——すでに上述したように——バルトの『義認と法』との衝撃的な出会いを経験していた(本書、四四四頁、注14)。そのわずか数年後に教団教学局の『共栄圏書翰』に応募入選した彼の行為は、こうしたバルトの学びと、いったい、どのように結びつくのであろうか。さらには、もしもバルトの『ピリピ書注解』の文言の無断転用もあったのだとすれば、バルトにたいするいわば二重の《背信》行為ということにならないだろうか。じっさい、ピリピ書の「ただ一つのこと」というのは、山本特愛の言葉だったようだ。バルトからの学びを回想した飯坂良明との対談でも引用されている。ただし、ここでのコンテキストは、『書翰』でのそれとまったく正反対である。なぜなら、ピリピ書的な終末論にもとづいて神の国の視点から国家権威を批判的に見なければならない、と論じているのだから(山本、前掲、『政治と宗教』三〇一頁、参照)。

（6）たとえば上位入選者だった鮫島は、当時、日本基督教団派遣の香港基督教総会最高顧問として、香港に駐在して、陸軍軍属の身分で宣撫工作に従事していた。彼の回想によれば、「中華基督教会のために働いた全期間を通じて……私は私の書いた自分の「文書」の趣旨主張を終始熱意をもって貫いた」（鮫島、前掲書、八七頁）。ちなみに、『共栄圏書簡』は、戦争が終わる最後の時まで、香港には到着しなかった（！）という。なお、その他にも、当時、こうした占領政策の観点から宗教者の戦争協力発言は少なくなかった。たとえば、宗教団体戦時中央委員会編『大東亜建設と宗教』（東京開成館、一九四三年）参照。これは、文部省後援による懸賞入選論文集である。

『共栄圏書翰』は北京には届いていたらしい。太平洋戦争下に北京の同仁病院（＝同仁会北京診療班）で働いていた中川晶輝医師は、一九四五年三月に、たまたま密かに『書翰』を入手して、その読後感を欄外に書きつけていた。「使徒的書翰」どころか「悪魔の」手による「新禍音書」と呼び、とくに『書翰』第三章冒頭に内村の名前をあげた文章に激しく反発している。「之を聞きし内村鑑三は、汝らを面罵するであらうかくして汝らは予言者を殺しゝ者の子たるを自ら証す」。つづく教団創立の自賛の文章にたいしても、「真の日本的基督教」が生まれるとしても「現在の日本基督教団」からではなく、むしろ「福音の純粋性」をより多く保つ「無教会」側から期待されるといい、「教会人よ！　覚醒せよ!!　悔い改めよ!!」と記している。数奇な証言と言ってよいであろう（中川晶輝『ある平和主義者の回想』新教出版社、二〇〇二年、「付録資料」一三一―一五三頁、参照）。

（7）『日本基督教団決戦態勢宣言』（前掲『教団史　資料集2』二七七頁）。

（8）「殉国即殉教」（『教団新報』一九四四年九月一〇日号、所載）。当時、朝鮮半島では、日本の皇民化政策に反対して数十名の殉教者を生んでいた。これに先立って、一九三〇年代末には、日本の教会指導者たちが朝鮮のキリスト者にたいして神社参拝を「国家の儀礼」として説得を試みている（呉允台『日朝キリスト教交流史』新教出版社、一九六八年、二六三頁、二七一頁、参照）。新しい研究として、徐正敏『日韓キリスト教関係史研究』（日本キリスト教団出版局、二〇〇九年）九一頁以下、参照。

（9）「すきを剣に」（『教団新報』一九四五年一月一〇日号、所載）。「衣を売つて剣を買へ」というイエスの言葉が援用される例もある(海老沢亮『大東亜建設と日本基督教』教文館、一九四二年、四九頁)。じっさい、黙示録の新天新地の預言が「大東亜建設」の時代転換と重ねあわされてもいる(同上、四二頁)。

(10) 前掲『日本基督教団史』一六七頁。もっとも、『信仰問答』の内容については、「ただ、キリスト教的真実さが問題を残している」と、あいまいな留保を記している。

(11) 信条制定をめぐる特別委員会の経過については、前掲『教団史 資料集2』七〇頁以下に公式記録が収録されている。なお、戦時下キリスト教をテーマとする座談会で、久山康は、「忘れることのできぬ一つのこと」を紹介している。当時、「信条」制定の特別委員の一人だった松村克已の話として聞いたものだ、という。彼が、「田辺(元)先生の御宅で教団の信条問題のことを話され、箱根で行われた委員会の模様を話されたところ、田辺先生が急に不機嫌の色を面に表されて、信条というものは戦い取るべきもので、温泉宿で決めるものではないのではないかと、強く詰問されたという話なのです。私はそれを洩れきいて、ギクリとしたのです。あとで松村さんに聞きましたところが、田辺先生は御自分は一学究として何もできないけれども、キリスト教には大いにやって貰いたいという気持ちをもたれていて、松村さんにもキリスト教界の動きについてよく尋ねられていたのだそうです。ところがキリスト教界の動きが必ずしも先生の期待にこたえうるようなものでなかったので、いまのような烈しい不満を表されることもあったというのです」(久山康他『近代日本とキリスト教 大正・昭和篇』創文社、一九五六年、三三六―三三七頁)。

上述したように南原繁によって《種の論理》にもとづく国家論を厳しく批判された田辺元は、戦後、改めて『種の論理の弁証法』(秋田屋、一九四七年)を刊行して自己批判を試みている。この本の「序」で「昭和九年から同一五年に至る間」試みた立場を「飽くまで国家を道義に立脚せしめることにより、一方に於てその理性的根拠を確保すると同時に、他方に於て当時の我国に顕著であった現実主義の非合理的政策を、できるなら少しでも規正したいと念願したわけである」と弁明している。おそらく田辺のこうした主観的意図を疑う理由はないだろう。

しかし、彼は、つづけてこう記している。「当時私の思想に於ては、右の絶対媒介の原理たる無が、なほ真に否定的に徹底せられ……なかつた為に、国家を絶対化して個人の自由をそれに同化する傾向を免れ得なかつたのである。個人の自由を裏付ける根原悪と共に、国家にもその存在の底には根原悪が伏在し、それから離脱せしめられるためには、前者が倫理の矛盾、すなはちカントのいはゆる実践理性の二律背反、に死して蘇らしめらるゝ悔改に於て、信仰の立場に進まなければならぬ如く、後者もまた、超越的なる神の歴史審判に随順し、懺悔しなければならぬといふ宗教的立場が、なほ欠けて居た。すなはち種は、未だ懺悔の基盤たるその無的性格に徹しなかつたのである。斯くてその結果私は、国家と自己との矛盾から、延いて自己自身の分裂絶望に悩まされなければならなかつた。昭和十六年の秋以来筆を絶って一文を公にせず、十九年秋まで沈黙を守つたのはこの理由による。その最後の段階に於て私の到達したものは、すなはち懺悔道としての哲学であつたのである」(同上、一一三頁)。久山の証言は、これまでの国家観にたいし田辺が深刻な反省に陥っていた時期と時間的に一致していることがわかる。

(12)『信仰問答』草案の全文は、前掲、『教団史 資料集2』七四—八一頁。

(13) 前掲『教団史』一六八頁。村田四郎の回想は、前掲『教団史 資料集2』「解題」七〇頁。ただし、これは『東京教区史』一九六一年(九〇—九一頁)の記述にもとづく要約である。なお、この点については、当時、文部省宗務局に勤務していた森東吾の論文「文部省側から見た日本キリスト教団成立の事情」(『出会い』第九巻第一号、一九八六年、所載)およびそれにたいする戸田伊助の批判的な問い「日本キリスト教団成立の経緯をめぐる考察」(同上書、所載)をも参照。

(14)「日本基督教学の動向」と題して、「教団の教学樹立」について敗戦直前に執筆されたと思われる村田四郎の論文がある。そこでは、「今回の大東亜戦争によって、日本基督教の必然的存在理由が明白になった」とされ、「国体観をはなれては、何物も我が国には存在し得ない。生も死も一切が此処に始まり此処に終るのである。勿論基督教に於ても然りである」(傍点、宮田)と言い切っている。国体観と完全に「同化」している仏教とは異なり、「不充実な」キリスト教は、努力すべき対象として、第一に「基督教の本質と国体観の一致すべきことを教会の実践面に於て実証していくこと」が必要であるという(『基督教研究』第一巻第四号、三一九—三二三頁)。これは、「海老名日本神学講座記念」号のために一九四五年九月一日に公刊された。

(15)『教団新報』(一九四四年六月二〇日号、七月一日号、七月一〇日号)所載。ちなみに、この七月一〇日号のコラム欄には、同じ比屋根の筆によって「基督ノ死ハ身代リ」と題する短文が載せられている。キリスト教の「本質」は、キリストの十字架上の死であり、それは他のいかなる宗教にもなく「古今独歩空前絶後」であると言う。この表現の中に、比屋根を通して教団教学局の「最後の一線」に通じる潜在的主張を認めようとする好意的意見もある(寺崎暹、前掲『比屋根安定』一五六頁以下)。評価の分かれるところだろう。

(16) 魚木忠一『日本基督教の性格』(日本基督教団出版局、一九四三年)、一七頁以下、三〇頁以下。たとえば熊野義孝は、この魚木の小冊子が「ところどころ誤解を惹きやすい表現が見られる」と指摘もしているが、「ひたすら当時の官製用語やまた流行語を使用しつつ」「しばしば福音に無知な知識人」たちを「説得」しようとつとめている「この魚木理論における護教的弁証論的意図をば同情をもって汲み取らなければならぬと思う」と論評している(熊野義孝『日本のキリスト教』、『熊野義孝全集』第一二巻、新教出版社、一九八二年、所収、六五六頁、六六四頁、六八一頁)。

魚木は、なお敗戦直前に「海老名日本神学」を記念して執筆した雑誌論文(一九四五年二月一六日稿)の中で、海老名を「日本基督教」の「指導者」「開拓者」と位置づけ、「大東亜を支配すべきものはかくの如く深められた日本の家の神学である」と結論し、国民主義の枠を越えた海老名「神人父子有親」の神学を《八紘一宇》の思想的契機とからませて、その現代的意義を評価していた(魚木忠一「海老名先生と日本基督教神学」、前掲『基督教研究』第一巻第四号、三〇七頁)。

(17) 藤原藤男「日本基督教攘夷論」(『日本基督教新報』一九四三年四月一日号、八日号、所載)。

(18) 北森嘉蔵「日本基督教への道」(『日本基督教新報』一九四三年六月三日—一七日号、所載)。ここにみられる北森の発想は、戦時体験の只中で執筆された『神の痛みの神学』(新教出版社、一九四六年)においても、「包むべからざるものを、その個有性のままに生かし包む」ことを《神の痛み》としてとらえる論理構造に一貫していた。しかし、実存的体験から生まれたはずのこの《痛み》が、たんに矛盾の包摂として論理化され、いわば神学的思考の方法ないし原理とされるとき、それは、現状肯定の論理と化する誘惑をもっていた。たとえば、バルトも、マイケルソン(C. Michalson, *Japanese Contributions to Christian Theology*, dt. Ausgabe 1962)による北森神学の紹介を読んで、『神の痛みの神学』の中に「最も《日本的》なもの」がひそむことを認め、「真剣な疑問符」を呈している(バルト『福音主義神学入門』加藤常昭訳、「日本版への序文」一九六二年、『バルト著作集10』新教出版社、一九六八年、所収、二〇頁)。なお、北森神学における日本的伝統との関わりについては、Vgl. Bettina Oguro-Opitz, *Analyse und Auseinandersetzung mit der Theologie des Schmerzes Gottes von Kazoh Kitamori*,

1980, S. 15 u. 125.

(19) 日本基督教団讃美歌委員会編『興亜讃美歌』一九四三年、三二番、三六番。なお、石丸新『讃美歌にある「君が代」』(新教出版社、二〇〇七年)一四九頁以下、参照。

(20) たとえば、米田豊・高山慶喜『昭和の宗教弾圧――戦時ホーリネス受難記』(いのちのことば社)一九六四年。ホーリネス・バンド弾圧史刊行会編『ホーリネス・バンドの軌跡――リバイバルとキリスト教弾圧』(新教出版社)一九八三年など、参照。

(21) 三宅正太郎の説明によれば、この改正法では、検察官の権限を拡大し訴訟過程を合理化することによって、思想統制制度を直接検事の管轄下に置くことを目的としていた。こうして、検事は思想警察を完全に管轄下に置くことができるようになり、また、予防拘禁の技術は、転向を拒否し、かつ保護観察制度(法案第三章)で処置できない頑固者に適用されることになっていた。

いっそう重要なのは、《転向》の認定基準そのものが、治安維持法を適用する時期によって大きく変化していったことであろう。一九三〇年代初めには「非合法政治活動への絶縁宣言」から、さらには「革命思想の放棄」へと拡大されたとはいえ、まだ消極的な規定で当局は満足していた。しかし、一九三六年末には、《転向》は「完全に日本精神を理解せりと認めらるゝに到りたるもの」(第四段階)から、さらには「日本精神を体得して実践躬行の域に到達せるもの」(第五段階)となって初めて完結した(傍点、宮田)。それが新改正法の段階では、《転向》とは「過去ノ思想ヲ清算シ、日常生活裡ニ臣民道ヲ躬行シ居ルモノ」という積極的な標識を必要とするにいたっていた。この治安維持法改正案については、cf. Mitchell, *Thought Control of Prewar Japan*, p. 166 ff.。なお、奥平康弘『治安維持法小史』(岩波現代文庫)一七二頁以下、参照。

(22) ちなみに教団幹部の態度は、きわめて冷淡であり、キリスト教非難を招いたセクト集団の切り捨てに忙しかった。特高資料には、富田満の発言が記録されている。「私共の見る眼では関係教役者よりも却つて信者中に不逞教義に対する妄執強く、それを清算し切れぬ者が多く、今後彼等は信者同志秘密集会を開催しやしないかと憂慮してゐるので此の辺ぬかりない様に指導したいと思つてゐます。……今回の事件は比較的学的程度が低く且聖書神学的素養不十分の為、信仰と政治と国家といふものを混同して考へた結果とは云へ、教団にとつて恂に悲しむべき出来事であり、統理者としても充分其の責任を感じてゐるのですが、又一面基督教者に対し今後の嚮ふべき方向を明確に示されたやうな気も致しますので、却つて好結果を齎すことになるのではないかと思ひます」(前掲『特高資料3』一四四頁)。

(23)　この山口検事は、『思想犯罪 検挙より送致まで』(新光閣、一九三三年。第三版、一九三四年)の著者でもあるベテランの思想検事だった。もっとも、この出版の段階では《思想犯罪》は、具体的《行動》を対象とするものと規定されていた(同書、一八頁)。治安維持法の徹底的改正にもとづく《思想国防》体制の強化過程については、荻野富士夫『思想検事』(岩波新書)参照。

(24)　前掲『特高資料2』三八一頁、四〇一頁。この論告の中には、「元来、基督教ニハ……キリストノ再臨ヲ以テ歴史的ナモノト做ス立場ト宗教的ナモノト為ス立場トガアルノデアリマス。歴史的ナモノト做ス立場ハ当然現在的ナモノ、政治的ナモノト為ルノデアリマス」(同、三八〇頁)と述べ、再臨説を区別している。ホーリネス系の人びとを「歴史的」「政治的」な立場と断定する上で、桑田秀延証言が用いられていることは注目される。もっとも、この桑田証言は、「ことばをよく考え、えらんで発言し」、直接的に「有罪とすることを支持するような」ものではなかったが、やはり山口論告を「少なからず助ける役割を果たした」(土肥昭夫「ホーリネス弾圧の歴史的意味」『日本プロテスタント・キリスト教史論』教文館、一九八七年、二二五頁)と評価されている。

前掲の桑田論文にも、《終末》を論じた箇所で、次のように記しているのは、この派の人びとを念頭においていたことは確実であろう。「かうした終末信仰の解釈には種々なるものがあり、殊にそのうちに救の成就について象徴的に述べた宗教的な超越的な表現を、文字通りにとり、所謂この世界の終局にかかる事件がその儘起こるといふやうに説く一派があり、之が教会の内外に誤解を与へてゐるやうに思ふ」(桑田、前掲「日本基督教の弁証論」一四四頁)。ちなみに、桑田自身は、その自伝『神学とともに五〇年』(『桑田秀延全集』第五巻、キリスト新聞社、一九七四年)の中で、このときの法廷証言がホーリネスの人びとを「何ら弁護することなく(もちろん悪くいうこともなく)」(同上、一一五頁)教団の終末理解について述べた積もりだった、と記している。

(25)　論告からの引用は、前掲『特高資料2』四〇一頁以下。

(26)　たとえばその再臨信仰を国体違反として起訴された辻啓蔵(東洋宣教会ホーリネス教会牧師)は、上告趣意書の中で「キリストノ再臨ソノモノハ決シテ結果発生ニ付可能性ヲ有スルモノニ非ズ従テ之ヲ犯罪的ナルモノト為スコトヲ得ザルモノナリ原判決ハ右再臨ヲ可能ナルモノトシテ論理ヲ進メ再臨セバ所謂千年王国ナル神ノ理想社会ヲ顕現シ「天皇統治ガ廃止セラルト做ス国体ヲ否定スベキ内容ノモノナルコト」ト之ヲ肯定シ叙上ノ如ク判示シタルハ全ク重大ナル事実ノ誤認ヲ疑フニ足ル顕著ナル事由アルモノナリト謂ハザルベカラズ」と訴えていた。しかし、大審院の判決は「国体ヲ否定スベキ事項ヲ流布スルコトヲ目的トスル結社ノ指導者タル任務ニ従事シタルトキハ直ニ治安維持法第七条前段ノ罪ヲ構成シ其ノ国体ヲ否定スベキ事項ノ実現ガ可能ナルコトハ必ズシモ成立要件ニ非ズ」として、上告を棄却した(一九四五年四月三〇日)。そのときの裁判長は、三宅正太郎であった。収監されて獄死した辻牧師の殉教の屈折した位相については、辻宣道『嵐の中の牧師たち——ホーリネス弾圧と私たち』(新教出版社、一九九二年)九八頁以下、参照。

(27)　この経過は、浅見仙作『小十字架——戦時下一キリスト者の証言』(待晨新書、一九六八年)に詳しい。この裁判に立ち会った矢内原忠雄の「公判傍聴記」(一九四五年六月執筆)は、このときの印象を生々しく伝えている。

「浅見翁は短身にして、頑丈な体つきであり、肩幅広く、背やや丸く前かがみであり、頭髪灰白にして後頭部禿げ、眉太く、頬ひげ半白、双頬に柔和な微笑をたたへ、しかも眼光けいけいとして人を射るものがある。私は公判廷にはいつて、被告席に立つ翁の後姿を見ながら、その陳述を傾聴してゐると、おのづから使徒パウロの風貌を連想した。翁は福音のため縲《るい》紲《せつ》の苦痛に遇ひ、今被告としてこの法廷に立つてゐる。之は私自身の戦ふべき戦を翁が戦ひ、私自身の受くるべき苦痛を翁が受けたものではないか。翁年八十に近く、私はやうやく五十を越ゆること二、三、而翁はこの戦ひのいたでを身に受けて、すこしも心を乱すことなく、一層福音弁明の熱心に燃えてゐる。翁の屍を越えて、福音のために戦ふ者は誰か。それは私の責務ではないか。翁が十の苦痛を受けたならば、私は百の苦痛を負はう。翁が千の戦を戦つたならば、私は万の戦を戦はう。私は翁の戦を孤立化させてはならない。私は翁の死を徒死たらしめてはならない。私は戦ふ。国の為め、福音の為めに戦ふ」(同上、viii—ix頁)。

それは、ホーリネスの人びとにたいする教団幹部の姿勢と較べて大きな違いを印象づける。なお、浅見の信仰と平和思想については、武田清子『土着と背教』(新教出版社、一九六七年)三二五頁以下、参照。

(28)　同じ頃、無教会派に属する山形県小国在住の鈴木弼美も、渡部弥一郎とともに、治安維持法違反容疑で八カ月間、山形警察署監房に拘引され、検事から戦争観、天皇観、再臨観などについて追及された(鈴木弼美「獄中証言」一九四六年、『真理と信仰』キリスト教図書出版社、一九七九年、一六七—一七六頁)。前掲『特高資料2』(三〇六—三一三頁)によれば、同様に無教会派に属する人びとで、戦時下に反戦・平和発言のゆえに個人誌の発行禁止処分を受けた例が少なくない(たとえば、浅見仙作、藤沢武義、金沢常雄など)。なお、黒崎幸吉も、ヒトラー批判のゆえに「自発的廃刊」に追いこまれている。一般に無教会派の反戦活動については、稲垣真美『内村鑑三の末裔たち』(朝日選書)、篠田一人「無教会主義キリスト者の抵抗——藤沢武義を中心として」(同志社大学人文科学研究所編『戦時下抵抗の研究Ⅰ』みすず書房、一九六八年、四八—九二頁)など、参照。

(29)　判決書全文は、浅見、前掲書、六五—七四頁。これは、「旧憲法下における、わが国の裁判官の名誉を保持し得た」(斎藤秀夫『裁判官論』一粒社、一九六三年、六四頁)名判決として讃えられてきた。判決文における信仰を「理知」でなく「直覚」にもとづくものといった表現には、法華教に深く帰依した三宅自身の宗教観の反映もあるといわれる。彼は、その著書『裁判の書』(牧野書房、一九四二年)の中で、そうした信仰に基礎をおく人間観から、「裁判官が自分の心を虚心にすることが、すべてを正しくする根源であつて……私のやうなものでも、心境特に平静であるときは、不思議に相手方の心がわれに通ふことを感じることがある。かやうな場合には、審理がおのづから自在に無碍に……行はれゆく」(同上、四一—四二頁)とも記していた。しかし、彼自身、その制定に関わった治安維持法改悪の犠牲となったホーリネスの人びとを裁判官の良心にもとづいて救済することはなかった。

ちなみに、神社参拝や天皇崇拝を認めず、侵略戦争や兵役を拒否して弾圧された灯台社(=ものみの塔聖書小冊子協会日本支部)の上告審を棄却有罪とした大審院裁判長も、同じ三宅正太郎だった(前掲『戦時下のキリスト教運動』2、三一七頁、参照)。なお、稲垣真美『兵役を拒否した日本人——灯台社の戦時下抵抗』(岩波新書)参照。

(30)　たとえば日中戦争下には、なお日本主義者から一線を画していた黒崎幸吉自身も、太平洋戦争下には、『武士道的基督教』

(白英堂書店、一九四三年)の中で、「神は日本を用ひて英米の東亜諸民族の上に行なへる罪を審き、此の日本に発生せる無教会的基督教を以て東亜の民族の上に十字架の福音を伝へしむる道を開いたのである」(同、九一頁)と記している。「日本に内村鑑三を起し」た神の摂理を強調して、新しい国策の展開に沿った形で東亜における《日本的キリスト教》を弁証している。じっさい、この本では、「忠臣二君に仕へず」(四二頁)、主君に対する「義務に限界はありません」(一九頁)といった武士道精神が無教会的信仰と「似通つてゐる」とされ、「大君の醜の御楯」(五頁)となって死ぬことを最上の喜びとする天皇への忠誠＝絶対的献身が説かれている。

こうした連関で、「わが国のキリスト教が軍国主義ないし国粋主義と結び付いた一因に、この武士道とキリスト教の結び付きがあったのではないか」という疑問も提出されている(古屋安雄『日本のキリスト教』教文館、二〇〇三年、六七頁)。無教会人自身の側からも、たとえば「武士道に接木された」といった従来の考え方にたいして、「接木型から全存在型へ(根こそぎキリストへ)」といった新しい発想の転換が求められている(溝口正『日本人と福音』キリスト教図書出版社、一九八七年、五一一二頁)。

(31) 石田雄「「無教会二代目」の思想史的問題性」(『思想』一九七八年九月号)一四〇頁。この論文は、藤田若雄編著『内村鑑三を継承した人々(上・下)』(木鐸社、一九七七年)のすぐれた解説的書評である。とり上げられている藤田の編著は、無教会指導者たちの戦中および敗戦直後の言動を無教会の若い世代の手で批判的に検討した論文集である。それぞれの巻頭には、藤田のすぐれた長文の「総論」がつけられている。厖大な個人誌からの引用は、高い資料集的価値をもち、個別の分析と結論には別の解釈を入れる余地があるとしても、すぐれた《問題提起》の書と言ってよい。たとえば上巻の「はじめに」の中で、藤田はこう記している。「われわれは、内村鑑三の信仰を継承した人々の間において、その共通点よりも差異の大きいのにおどろいた。年齢によりいくらかの違いはあるが、無教会二代目の人々は、明治憲法・教育勅語を基本とするわが国の《国体》形成と如何に深くかかわっていたかを知った」(同上、i頁)。

終章　反省と展望

日本帝国の敗戦(一九四五年八月)後、アメリカ占領下に、特高警察も治安維持法も廃止され、国家神道も解体された。天皇は、その人格の神格性否定を公式に声明した。また、衆参両議院の満場一致の議決で教育勅語も廃止された。一九四七年に実施された日本国憲法は、基本的人権の保障、国民主権、戦争放棄の三大原則を今後の日本の政治の基本的枠組として定めた。新しい憲法体制の下に、政教分離の制度化にもとづいて、信教の自由が初めて基本的人権として確立された。

こうして戦後日本のキリスト教宣教は、ようやく西欧先進諸国と並ぶ同じ条件下に新しい歩みを始めうることになった。しかし、この間に、日本キリスト教団をはじめ各教派や諸団体が戦時下の天皇崇拝にたいして屈服したこと、また積極的に戦争協力したことについて《罪責告白》を声明するにいたるまで、なお長い歳月を必要としていた。

戦後のローマ書十三章

敗戦の日からほぼ半月後、アメリカ軍の占領体制が敷かれる直前に、日本基督教団統理富田満は、教団の責任を込めて各教会に宛てた「令達」を発表した。「聖断一度下リ畏クモ詔書ノ渙発トナル。而シテ我ガ国民ノ進ムベキ道定マレリ。本教団ノ教師及ビ信徒ハ此ノ際聖旨ヲ奉戴シ、以テ聖慮ニ応エ奉ラザルベカラズ。／我等ハ先ズ事茲ニ到リタルハ畢竟我等ノ匪躬ノ誠足ラズ報国ノ力乏シキニ因リシコトヲ深刻ニ反省懺悔シ……」と告白し、さらに「宗教報

国」「承詔必謹」、「以テ皇国再建ノ活路ヲ拓」き、「日本基督教ノ真価ヲ発揮スベシ」と訴えた。(1)

これは敗戦責任にたいする反省――それも天皇にたいする自己の忠誠心不足の懺悔――ではあっても、天皇制ファシズムにとりこまれたことにたいする神と人と自己とにたいする責任の承認ではありえない。すでに《一億総懺悔》の響きがするこの文章には、戦争協力の時代の観念や言い回しがそのまままちりばめられていた。(2) ここから一九六七年の『戦責告白』までの道程は、なお、はるかに遠かったと言わなければならない。

戦後二二年を経て、ようやく日本基督教団は、教団議長鈴木正久の名において『第二次大戦下における日本基督教団の責任についての告白』を公にした。

「わたくしどもは教団成立とそれにつづく戦時下に、教団の名において犯したあやまちを、今一度改めて自覚し、主のあわれみと隣人のゆるしを請い求めるものであります。……「世の光」「地の塩」である教会は、あの戦争に同調すべきではありませんでした。まさに国を愛する故にこそ、キリスト者の良心的判断によって、祖国の歩みに対し正しい判断をなすべきでありました。

しかるにわたくしどもは、教団の名において、あの戦争を是認し、支持し、その勝利のために祈り努めることを、内外にむかって声明いたしました。

まことにわたくしどもの祖国が罪を犯したとき、わたくしどもの教会もまたその罪におちいりました。わたくしどもは「見張り」の使命をないがしろにいたしました。心の深い痛みをもって、この罪を懺悔し、主にゆるしを願うとともに、世界の、ことにアジアの諸国、そこにある教会と兄弟姉妹、またわが国の同胞にこころからのゆるしを請う次第であります(3)」。

『戦責告白』は、韓国、その他、東南アジアの諸教会から積極的な評価をもって迎えられた。教団内部でも、とくに若い世代の教職や信徒のあいだには、今後の教団の使命と方向とを明確に示したものとして歓迎するものも少なくなかった。(4) しかし、なお、教団の内外において、この『戦責告白』の公表をめぐって激しい論議を呼び起こしてもきた。この告白文の文章そのものになお残される責任の曖昧さ、ことばの表明にとどまるアリバイの心情や知的遊戯の危険性を鋭く指摘する一部の声もあった。(5)

逆に、『戦責告白』に否定的な批判者も多くいた。厳しい戦時下の教団指導者たちの責任を戦後の時点で非難することにたいする反発、また政治に固有な領域の問題については慎重であるべきだという主張、戦時中も宣教の自由は確保されておりドイツ教会闘争と同日に論ずることはできない、という意見など。こうして罪責を口にすることが教団にたいする社会からの不必要な疑惑を招くことについて非難する声も、なお、少なくはなかった。(6)

『戦責告白』をめぐる事態収拾のために北森嘉蔵を委員長とする『五人委員会答申』(一九六七年九月)が出された。とくに委員会の見解として《とりなし》(Ⅰテモテ二・一)こそ教会の在り方だとされているのは、これまでの分析とも関連して注目される。

しかし、この『答申』の中で次のような認識が示されているのは問題的ではなかろうか。「とりなしは、とりなさるべき問題をもつ相手と連帯化することであります。国家との「協力」として一括されている事態のうちには、このような「とりなし」の連帯化があったと言えるのではないか」と。たとえ、つづけて次のように補足されていたとしても。すなわち、「教会の祭司的とりなしはただちに、キリストの王権を守るための戦いと、預言者的見張り役とへ展開せねばなりません。この戦いに徹することができなかったこと、この見張り役に怠りがあったことについて、私たちは率直に告白せねばならないと思います。大祭司たるキリストのとりなしを仰ぎ求めつつ(7)」と。

いずれにしても、先述の『戦責告白』が一億総懺悔式ではなく、また《傍観者的》な他者批判の観点からでもなく、むしろ、一人びとりの主体的な《自己批判》としてなされることを期待している事実を看過してはならないであろう。そこでは、「わたくしども」という一人称複数の告白の主体に、みずからも参加するか否かは、各自の良心的決定に委ねられているからである。(8)じじつ、右の『告白』は、教団が「再びそのあやまちを繰返すことなく、日本と世界に負っている使命を正しく果たす」未来への決意の表明で結ばれていた。戦後二〇年を経てではあれ、「今一度改めて」戦争責任を問うことを、けっしてアナクロニズムとすることはできないであろう。

筆者自身、当時、この『戦責告白』を紹介し支持する文章を公にして、その末尾にこう記した。

「歴史的責任を問うことは、同時に当時の状況と態度決定から未来に向かう行動態度を学びとる決意と相即する。不快な歴史を抹消し、あるいは忘却することは無意味である。国民として、より真剣な歴史との対話と対決とがなされねばならない。それにたいするわれわれの解答は、今後におけるわれわれの政治的思考の枠組を規定しつづけるであろう。歴史的責任を括弧の外に閉め出すことは、現在と将来とにたいするわれわれの政治的関心をも損い歪めずにはいないのである(9)」。

一九九〇年代に入って日本福音ルーテル教会、日本聖公会、日本ホーリネス教会、カトリック教会など、各教派やミッションスクール関係者の戦争責任をめぐる信仰告白や資料集が公表されていることも指摘しておかなければならない。(10)

新しい憲法体制下においては、かつて天皇制ファシズムの時代にキリスト教徒を悩ました《国体》問題は、もはや、同じような姿で登場しえないことは確実であろう。したがって、またローマ書十三章も、当時のような形で問われることはなくなったかにみえる。しかし、たとえば一九三〇年代の天皇制ファシズムに厳しい目を向けていたヘンドリック・クレーマー教授は、戦後一〇年以上経っても、なお、その基本的認識を変えてはいなかった。

「日本人の《階層的な生き方》における天皇の基軸的な地位に関して、日本人の心が多少とも変わったと考えるのは、あまりにナイーヴにすぎるだろう。天皇は、依然として、いっさいの批判から除外された神聖不可侵の元首である」(11)。

そうした中で、とくに注目されるのは、無教会派の人びとによる『東京独立新聞』(一九六八年二月一五日号、以後)紙上で一年近くにわたってローマ書十三章に関して論争が行なわれたことであろう。高橋三郎『キリスト者の政治的参与』(待晨堂、一九六七年)の中で引かれたローマ書十三章の解釈をめぐって、溝口正の批判的な「若干の疑問」提起に始まり、多くの人びとが参加した論争である(12)。

高橋が神の主権の下に包括された「秩序の尊重」を強調するのにたいして、溝口は、国家権力のみでなく、権力を批判する国民の側の運動も、同じく神によって「立てられ」、また「起こされた」ものとみるべきではないか、と反論した。ここには、ベトナム反戦運動以後、日本の内外において広がりつつあった反体制運動をめぐる政治的評価の相違が横たわっていたことは否定できない。

高橋論文には「秩序に対する感覚の喪失」への憂慮が語られている(13)。しかし、ローマ書十三章の釈義としては、「秩序の尊重」というより、むしろ、「神の定め」にたいする畏敬ということに力点をおくべきではなかろうか。たとえばバルメン宣言第五テーゼが、キリスト者の「感謝と畏敬」とを国家《秩序》にたいしてではなく、それを《定めた》神そのものに捧げているように。その際、「神の定め」(ローマ一三・二)は、はっきり国家が担うべき課題と役割とに関わっていることも見逃してはならないだろう(14)。

ほぼ同じ頃、荒井献をはじめとする新約学者や歴史学者弓削達なども加わった「パウロ公開講座」(一九七一年)を通して、新しいパウロ像を模索する試みがなされた[15]。そこでは、パウロの義認論のみでなく、その歴史観や国家観などもふくめて、これまでの伝統的にとらえられてきた「パウロ主義」を批判する意図がこめられていたことは否定できない。その背景には、やはり右にみた『戦責告白』以来の教団紛争や世界的な反体制運動の広がりがあったのではなかろうか。

その中で、佐竹明「ローマ書十三章の問題」は、とくにケーゼマンの「今日的解釈」に即して釈義を行なっている。権力にたいする服従という神奉仕にも「限界」がありうることについても、ケーゼマン論文が詳しく紹介されている。この服従の《限界》に関して、ケーゼマン論文から引かれている一、二の言葉を少し訳文を変えて――拾ってみよう。

「キリスト者の服従は、もはや奉仕とはなりえないところでは、つねに、――そしてそこでのみ――終わる」。

「キリスト者の服従は、この世の日常生活においては、われわれが奉仕すべきであり、また奉仕することを許されているということから、その意味を受け取るのである。それゆえに、またそれと同じように、民主的な情況においては、キリスト者の服従は、現存の政治権力によって奉仕が個別領域においては、たしかに、まだ可能であるとしても、しかし、社会全体においては無意味にされるようなところでは終わることができ、また終わらなければならない」。

こうした引用の後に、佐竹はこう書き加えている。「もちろん、ここでケーゼマンが述べている限界云々は、パウロの書いていることではなく、ケーゼマンがパウロの発言に対してつけ加えている解釈である[16]」。

ほぼ同じ時期に、官憲側からローマ書十三章が引き合いに出されていることも注目すべき事実であろう。ベトナム反戦運動への関わりを疑われた種谷俊一牧師の牧会権をめぐる裁判の中で、検事による証人尋問は、ローマ書を引き、《国家と宗教》《権威と教会》の問題をとりあげていた。種谷は、第二回意見陳述の機会をとらえ、ローマ書十三章にある「服従」という原語を解説して、「……の下にとどまる」という意味から「法廷にとどまろう」という提訴への決意を根拠づけている。

「私は秩序を認めます。国家や法律を無視もせず、軽視もしません。これらのものが人間を尊重し、人間を人間として生かすこと、正しく保持することを望んでいます。しかし、残念ながら、いろいろの疑問が現今の状況の中にはあります。私は、国家や法が神様から賜った権威の委託に正しくこたえて遂行することを、信仰の事柄としても望んでいます。そしてそのために正しく仕えるべきだと願っています。正しく仕えるために権威の下にとどまるように命ぜられています。究極的な権威の下で移り行く権威に正しく仕えるということであります。したがって根本的に申し上げると、使徒行伝の五章の二九節に記されていること、「人に従うよりは、神に従うべきである」ということを根拠にします。だから無制限にまた無条件にきりなく国家や人間の権威に服従することは許されません。従いますけれども、むしろ正しく積極的に仕えると申し上げた方が適切です[17]」。

原告勝訴の判決は、検事側の上告断念によって確定された。国家の威信と法益にたいして基本的人権＝信教の自由を優先させたこの裁判の意義は、きわめて高い。しかし、六〇年代末からくり返されるヤスクニ国営化＝公式参拝をめぐる国家神道復活の企図は、けっして消滅したわけではない。

また、この間に「神格否定は二の次」という昭和天皇の那須発言（一九八一年八月）があり、《神々》の系譜に立つことを否定したわけではないと曖昧な言い方ながら主張していた事実は見逃せない。さらにその没後、新天皇即位に際して神道式の大嘗祭も《国事行為》として行なわれている（一九九〇年）。天皇《元首化》への策動は陰に陽につづいており、神道人のあいだでは「現人神」として再《神格化》する志向さえも、けっして途絶えていないようにみえる。その限りでは、日本のキリスト教徒にとって、ローマ書十三章の問題は、たんに歴史的過去の事柄としてのみ、すますわ

けにはいかないものであろう。(18)

したがって、この問題が、《国体》思想の枠組の中で正面から問われ、もっとも厳しい条件のもとにキリスト教徒が苦闘した明治憲法体制下、とくに天皇制ファシズム下の体験から引き出される基本的な論点に即して、あらためて総括的に考えてみよう。

教訓と反省

丸山眞男『日本の思想』の中に、つぎのような指摘がある。ヨーロッパ近代が完成し、もろもろの制度がオートマティックに回転するようになって、《制度の物神化》という近代の危機が胚胎するようになった。それにもかかわらず、「フィクションとしての制度の自覚」、つまり国家が人間によって人間の生のために作為されたメカニズムだという認識は、残っている。それは、「一方、絶対的な超越神の伝統と、他方、市民の自発的な結社＝再結社の精神によって今日でもヨーロッパ的思考から全く失われてはいない」(19)と。

ここには、われわれのたどったローマ書十三章の解釈史の角度からも、まことに興味深い示唆がふくまれていると思う。《神》を絶対者とする信仰は被造物神化の否定を促すものであり、自発的結社は《良心》の自由にもとづく主体的市民によって担われている。いずれも制度が《物神化》することにたいする重要な抵抗力である。しかし、この二つの契機こそ、われわれのたどったローマ書十三章理解の重要な論点ではなかったか。

天皇制国家の確立過程は、政治が宗教と癒着することによって、政治的な生活領域の中に生じた人間疎外から始まるものだったといえよう。《現人神》としての政治的権威の個人崇拝が自己目的化する過程は、その《物神化》の最大の具現といってよい。しかし、神のみを神とするとき、地上のいかなる権威も究極的な栄光をみずからに要求することはできない。神の主権＝主キリスト告白が強調されるところでは、いっさいの政治的絶対主義や全体主義はありえない。そこでは、無条件的＝絶対的に服従すべき、いかなる政治的支配者も指導者もありえない。

イエスは語っている。「からだを殺しても、魂を殺すことのできない者どもを恐れるな。むしろ、からだも魂も地獄で滅ぼす力のあるかたを恐れなさい」(マタイ一〇・二八)と。神をのみ恐れるなら、地上のいかなるものも恐れるには及ばない――これこそ、スコットランドの宗教改革者ジョン・ノックスが、とくに力をこめて説教し実践した信仰だった。[20]

超越者なる神に栄光を帰するところでは、人間の世界では一人びとりが自由な《良心》の担い手として制度をつくる主体となる。キリスト教的良心は、――人間の究極的かつ不可侵の可能性として神の御前にただ一人立つとはいえ――けっして宗教的内面性の領域にのみとどまるものではありえない。《神の像＝似姿》を共有する平等で自由な人間からなる自発的結社としての教会観は、世俗生活においては政治制度を下から構成する結社＝再結社の精神の起動力となる。

たとえばアレクサンダー・D・リンゼイによれば、十七世紀イングランドの民主主義に生命力をあたえた再洗礼派・独立派・クエーカー派にとって、《万人祭司主義》は、真の民主主義を神学的に表現したものと解釈されていた。彼らは、「自治的な集会」を強く求め、「自分を越えた共通の目的によって結びつけられた交わり」があり、その目的にたいしてすべてのメンバーが何らかの貢献ができることを、日常的な実際経験を通して発見していたという。[21]

こうして政治的権力からの教会の解放＝分離は、イングランドのレベラーズやアメリカのロージャー・ウィリアムズによって追求され、達成された。このようなリンゼイによる歴史的評価は、すでに人権宣言の起源論争をめぐってイェリネックによるロージャー・ウィリアムズの評価にもつながるものであろう。すなわち、普遍的な人権を法律によって確立しようとする観念の濫觴は、アメリカのイギリス植民地における信教の自由にあるということである。[22]信仰＝良心の自由の思想は、やがて自由な人権の一般的体系へと世俗化されるにいたるであろう。

前掲の『日本の思想』の中で、丸山は、先ほどの文章につづいてイギリスの政治学者ハロルド・ラスキを引きながらこう記している。社会契約論が政治の《学説》としては陳腐になったあとでも、「比較的少数の人間におそろしく巨大な人間が服従している」という昔からの政治的社会の事実を「一個の驚くべき現象」とみる感覚がいまでも生きている。これこそ、ヨーロッパ市民社会の伝統となり権力の正当性根拠を不断に問いかける源泉なのだ、と。[23]

丸山のいう少数者支配の現実に「驚く」感覚は、《物神化》から解放された非陶酔的精神のみ、よくもちうるものではなかろうか。六〇年前まで、われわれは《物神化》された勅語や《御真影》（＝天皇の写真）の前に拝跪することを自明のことと見なしていた国民である。われわれは、いっそう被造物神化の否定による「驚き」の感覚を身につけることを問われている。たとえばバートランド・ラッセルは、その『西洋哲学史』（一九六一年刊）の中で、天皇の《万世一系》神話に注目して、この教説がイギリス絶対主義時代のロバート・フィルマーの「王権神授論」や「家父長制論」に「きわめて類似」していることを指摘し、そうした教説が現代になお生き残っていることに「驚愕している」。[24]

かつて天皇の《御真影》が《物神化》された偶像だっただけではない。われわれは、思想や信条、人種や民族を異にするというだけで社会の少数者を《非国民》として疎外するネガティヴな意味での《物神化》に陥らなかっただろうか。そこでも、われわれが真に神を畏れ、少数者の人格の中に神の似姿を真実に認め、畏敬と愛と信頼とを差し出すときに、こうしたいわばマイナスの《偶像》もまた崩壊するはずであろう。そこから人権思想と社会連帯の精神も生まれてくるであろう。いな、国内政治だけではない、第二次大戦後、国際政治の舞台においても、同じ問題が、いっそう大きな規模で再生産されてきた。

冷戦の論理は、仮想敵を想定して、それを巨大な核兵器をもってしてでも威嚇し絶滅すべき悪魔のように見なす《敵像》を前提するものだった。それは、真に恐れるべきものを知らぬ不信からする《物神化》の所産といえよう。東西対立が崩壊したのちも、《文明の衝突》(S・ハンティントン)による新しい《敵像》の構築がなされようとしているかにみえる。それは、しばしば、宗教右翼によるキリスト教的ファンダメンタリズムの言説によってつむぎ出され、《神の国アメリカ》のナショナリズムと結びついて《自由の帝国主義》を現出しつつある。

じっさい、ジューエットは、哲学者ジョン・S・ローレンスとの最近の共著の中で、こうした《キャプテン・アメリカ・コンプレックス》――ブッシュ政権下に唱えられた《悪に対する十字軍》イデオロギー――を正面から糾弾してローマ書をも援用する。すなわち、十三章七節「あなたがたは、彼らすべてに対して、義務を果しなさい。……恐るべき者は恐れ、敬うべき者は敬いなさい」におけるパウロの定式化は、「神にのみ帰する究極的忠誠と政府に対して負う敬意」とのあいだを「峻別」すべきことを示しているのだ、という。「これは、聖書でしばしば認められる偶像崇拝に陥った政治的指導者非難と一致するものである」[25]と。

《被造物神化》の否定=偶像禁止ということは、キリスト教徒にとって多くの偶像の生まれるこの世から離脱せよ、という命令ではない。むしろ、《神々》を拒否することは、この世を神の被造物として真剣に受けとめ、神のつくられた被造物の豊かさを冷静にザッハリヒに《管理》する責任を促すものである。

こうした《物神化》の問題は、政治の世界に限られていない。マックス・ウェーバーのプロテスタンティズムの倫理の分析によれば、当時、ピューリタンたちは、その被造物神化の拒否を貫いて、衣食住すべての生活における余計なぜいたくを否定した。あげくの果てには、つまらぬおしゃべりの快楽も、勝敗にこだわるスポーツ競技まで否定するほどだったという。(26)ここでは、人間の全生活をあげてする《良心》による《神》への服従を問われているのである。《序章》にも指摘したように、パウロのローマ書十三章の教えは、じつはローマ書十二章一節のすすめを前提していた。それ以下につづくパウロの勧告は、いわば共通の括弧としてつぎの言葉にくくられたものとして理解することができた。

「兄弟たちよ。そういうわけで、神のあわれみによってあなたがたに勧める。あなたがたのからだを、神に喜ばれる、生きた、聖なる供え物としてささげなさい。それが、あなたがたのなすべき霊的な礼拝である」(ローマ一二・一)。

この最後にある「霊的な」という言葉は、《理性的》とも訳すことができる。「礼拝」というのは神への奉仕を意味する。われわれの心と身体＝全生活をあげてする理性的な神奉仕――非陶酔的なザッハリヒな政治的＝社会的な共同責任の生き方――それが現代キリスト教の課題であるといえよう。

神への服従の《日常化》を語るとき、最後に、明治憲法下には見られなかった戦後日本の新しい動向について、とくに指摘しておかなければならない。

一九六〇年代末以来、ヤスクニ国営化にたいする――日本のキリスト教徒を先頭とする――反対闘争は、これまですでに四〇年にわたって、この国営化による国家神道の復活、さらに天皇神格化を阻止し、信教の自由というもっとも重要な基本的人権を守り抜いてきた。

靖国神社の祭神名簿から自分の家族の名前を抹消することを求めるキリスト者〔戦争〕遺族の会の運動。自分の夫が護国神社に祭られることを拒否して闘ってきた殉職自衛官の妻の裁判闘争。その他、自治体による忠魂碑行事や氏神と自治会との癒着に反対する《町のヤスクニ》の名で知られる同じような日本各地の《草の根》における人権闘争。さらに《君が代・日の丸》の強制に反対する裁判闘争など、いずれも、思想・良心・信教の自由にもとづいて国民主権を日常化するための闘いである。(27)

《お上》(＝政府)を相手にして人権のために闘うというのは、戦前の日本ではまったく想像を絶する事態であり、戦後民主主義の重要な遺産にほかならない。それだけではない。日本社会に広く見られる多重信仰＝重層信仰こそ、自己の思想にたいする一貫した忠誠をそこなってきた思想的雑居性の根にあるものではなかろうか。してみれば、超越者への服従から生まれる責任主体としての倫理は、こうした精神風土を根底から変革する道に通じているであろう。

近代日本の歴史を通じて、明治以来、キリスト教徒——さらに体制に非同調的な少数者——を《非愛国的》な《非国民》呼ばわりする声の止むことはなかった。しかし、少数者を異端視する圧力に抗して生きぬくことは、むしろ、社会的多数者の人権を守ることにつながっているのである。それは、祖国に反逆するどころか、むしろ、すべての人間が平等に豊かに共生する社会をつくり出すための真の《連帯》行動であると言わなければならない。

韓国において軍事政権下の民主化闘争の中から韓国独自の《民衆の神学》が生まれたことは、よく知られている。(28) しかし、戦後日本においてヤスクニ闘争として積み重ねられてきた《終わりなき自由のための闘い》から、日本独自の《信教自由のための神学》＝《人権闘争の神学》の可能性も期待できるのではなかろうか。その際、二つの憲法体制にまたがって、重ねられてきたローマ書十三章の神学的＝実践的解釈から汲みとることのできる——正負両面からの——多くの遺産があるはずであろう。(29)

われわれは、この課題を真に自らのものとするとともに、さらに広く連帯的に——地球市民的レベルにいたるまで——深めながら生きることを問われている。それは、エキュメニカルな人権闘争にたいしても不可欠な貢献を果たすことを意味しているであろう。今日、人権をめぐる教会的論議は、第三世界のための公正な正義や被造物保全をも視野に入れて、市民的・政治的・経済的・社会的さらに文化的な諸権利をグローバルな規模で妥当させるための闘いに参加することを求めているのだから。(30)

(1)　この「令達」の全文は、前掲『日本基督教団史 資料集3』(一九九八年)三六―三七頁。前掲『日本基督教団史』は、「終戦直後の教団幹部の考え方がこの文章によく出ている」(同、一八〇頁)とのみ評している。

(2)　東久邇内閣によって提唱された《一億総懺悔》は、戦後日本において、戦争責任の自覚的な追及を韜晦することに絶大な役割を果たした。それには、教団当局、とくに戦後《平和主義》に復帰した賀川豊彦も大きく関わっていた(たとえば、雨宮栄一『暗い谷間の賀川豊彦』新教出版社、二〇〇六年、三四七頁以下、参照)。この教団の姿勢は、ヒトラーに抵抗したドイツ告白教会が戦後いち早く取り組んだ《シュトゥットガルト罪責告白》(一九四五年一〇月)とは対照的な姿勢であった(宮田光雄「教会闘争と罪責告白」、前掲『十字架とハーケンクロイツ』三九六頁以下、参照)。

(3)　『戦責告白』の全文は、前掲『日本基督教団史 資料集4』三三七―三三八頁。この『告白』につけられた付属文書によれば、告白文発表の期日が「一九六七年復活主日となっているのは、一九四四年(昭和十九年)復活節に『大東亜共栄圏にある基督教徒に送る書翰』を発表したことと、かかわって」いた。また、この『共栄圏書翰』が、当時の「教団統理の名において」発表されたものを取り消す意味もこめて、この告白も「教団議長の名において」発表された、という(同、三三八頁、三四〇頁)。

この告白の成立経過については、前掲書、三三二頁以下。いっそう詳細な研究として、戒能信生「戦責告白はいかにして成立したか」(『福音と世界』一九九七年三月号、四月号、五月号、所載、参照)。その前年、一九六六年春、初来日したマルティン・ニーメラーを通して語られたナチ治下のドイツ教会闘争と罪責告白の証言が、この『戦責告白』を建議した若い教職のあいだに、あらためてインパクトをあたえたのかもしれない。たとえば大塩清之助「教会の罪の告白――日本基督教団の戦争責任をめぐって」(『福音と世界』一九六七年一月号)一六頁、参照。

(4)　その後の賛否の論議については、前掲『教団史 資料集4』三四〇頁以下、参照。

賛成者の一人山本和は、飯坂良明との対談(一九六九年一月)の中で、こう語っている。「心からの悔改めをうやむやにしてきたところに、今日の日本諸教会の弱体があらわれてきているように思う。『戦争責任の告白』発表が遅れたのは、《愚かさ》のためであり、もっと早く出すべきであった。もう一つ、問題なのは戦後の占領下において、日本の宗教家がパージを受けなかった点であろう」(前掲、山本『政治と宗教』三一六頁)。

山本自身は、この本に付けた初版(一九四七年)「序」の中で「日華事変や、一神学徒として《国家》の問題にぶつかって、甚だしく当惑し苦悩した」(同上、一一頁)と記してはいるが、それ以上に、たとえば『共栄圏書翰』への関与についてなど何らの言及もない。先ほどの対談でも、「ところが、戦時中の日本の教会は、こうした教会に託された諸機能を十分に果たさなかったのではないか。国家権力に追随し、場合によっては国家権力のお先棒をかつぐ仕方で教会のもつ機能を失っていた」(三〇二頁)と、いわば他人事のように語っているだけである。彼は『政治と宗教』上梓と同時に、バルトの戦時中の政治論文三篇を翻訳して『権力に抗するキリスト教』(中央公論社、一九四七年)として刊行している。こうした戦後の著作活動そのものが、すでに実践的に、自らの責任告白を公にしたことを代行するものだったのだろうか。

この飯坂対談の一カ月後に、学園紛争の過程の中で、学生団体の要求にたいして「山本和教授回答書」を出している。これによれば、『共栄圏書翰』について、「この書翰の発行責任者は「日本基督教団」であり、私はその応募者、入選者のひとりとしてそれに責任があります」とした上で、論文応募上に犯した「重大な誤り」を何点か認め、教団の「罪責告白を共に告白します」といい、その告白文の一部をも引いている。その上で、「二度と再びその誤りをくり返すまいとする決意が、私の戦後の著作活動、神学、政治論文にあらわれています」という。しかし、この「回答書」の結論としては、「当の責任主体「日本基督教団」が戦時下罪責告白をしている以上、当の責任者でない者が「学外に」立場を公表すべき必要も義務も認めません。よってこれを拒否します」と答えている(高尾編著、前掲『キリスト教主義大学の死と再生』、所収、二四三―二四五頁)。

なお、桑田秀延は、戦後に公刊された自伝『神学とともに五〇年』の中でも『戦責告白』にたいする自らの態度表明について何ら触れていない。たとえば戦時中の『神学と教会』所載の論文「日本伝道の弁証論」(一九四二年)についても言及はない。自伝では「国の政治的事情のため」『神学と教会』誌が休刊されたということ(前掲『全集』第五巻、一〇八頁)以外に、この論文を掲載した終刊号の発行された事実についても記されていないのはどうしてだろうか。戦後における桑田の戦責理解については、前掲、佐藤司郎論文(「日本神学校におけるバルト受容」一四五頁以下)が鋭い批判を示す。

(5)『戦責告白』を「もっと正確なものに書き改める作業」を求め、教団の戦中・戦後の歩みの「徹底的な神学的究明」を問う井上良雄は、そうした意見の代表であろう。当時、彼の記した《井上草案》には、教団成立を「摂理」に帰することや「国民儀礼」の名の下に第一戒を侵犯したことへの鋭い批判があり、バルメン宣言、とくにその第五テーゼと「響き合うものがある」(武田武長「井上良雄と日本基督教団の戦争責任」、雨宮・小川・森岡共編『井上良雄研究』新教出版社、二〇〇六年、一一七頁以下、参照)。

(6)「戦時中の日本の教会(むしろ当時の日本基督教団)の責任」について、ややシニカルに言及している熊野義孝も、こうした立場に近いようにみえる。(熊野『キリスト教倫理入門』新教出版社、一九六〇年、二一五―二一六頁、参照)。そこでも、『共栄圏書翰』にたいする自らの関与について、何らの言及もされていないのだから。「個々には、戦争の期間、無為にすごした市井の一私人のくり言めいた言葉は語られているが、時代の中での教会の歩みについて責任を持つ神学者という公の立場にある人の告白は、語られていない」(井上良雄『戦後教会史と共に』新教出版社、一九九五年、三一五頁以下、参照)。

(7) 前掲『教団史 資料集4』三四九―三五五頁。引用は、同上、三五三頁。古屋安雄の体験によれば、海外にあって北森の『神の痛みの神学』について講義していると、「日本人がアジアの隣人に与えた痛みや苦しみ」について触れられていないことを「少なからぬ人々から」質問されることがあるというのは示唆的であろう(古屋、前掲『日本の将来とキリスト教』一九五頁)。

(8) たとえば柏井忠夫は、この『戦責告白』が、「みんなのための指導者の作文」というより、鈴木正久自身の「心の一番奥底に」あった戦争にたいする責任の告白だったのではないか、と鋭く指摘している(「戦中の教会の体験から」『福音と世界』一九八一年九月号、六七頁)。じじつ、戦時中に発表された鈴木の文章には、たとえば「大東亜戦争勃発の一周年記念日」のための教案では、戦争との全面的な一体化ではなく、それを「世界の新秩序のため、殊に大東亜諸民族の幸福のために戦うという理想」によって《道義化》することへの願いをにじませているとはいえ、そこに時局にあわせた表現がとられていたことも確かである（前掲『著作集』第一巻、一三二頁、参照）。

（9）宮田光雄「キリスト者の戦争責任」（『展望』一九六七年八月号、所載）。なお、この文章は、同『同時代史を生きる』（新教出版社、二〇〇三年）一四四―一四八頁に再録。

（10）ちなみに、前掲の藤田若雄の編著は、無教会陣営における《戦責告白》としての位置を占めていると言うこともできるかもしれない。石田雄の次の評価は当たっているように思われる。「無教会主義の集団の中で、戦争責任の問題に関する反省が、全体として教会におけるよりも遅れた理由の一つは――無教会の中に最後まで非戦の立場を貫いた人がいたという理由のほかに――各集会における我が師尊しという個人崇拝の要素があったことに求められるのではあるまいか」（前掲『思想』一四三頁）。

（11）H. Kraemer, *World Cultures and World Religions*, 1960, p. 225. 同じくジョン・ダワー教授も、「第二次大戦後の日本人」を論じた名著の中で、戦争責任を回避した天皇の「魔法のような変身」が戦後日本の「政治意識の混濁」にあたえた大きな影響を指摘している。そこでは、天皇が「あいも変わらず、「血統」にもとづくナショナリズムを象徴する最高の偶像」にとどまったこと、それにたいして連合国最高司令官による「新植民地主義的上からの革命」が「両刃の剣」として機能したことを鋭く批判している（Cf. J. W. Dower, *Embracing Defeat. Japan in the Wake of World War II*, 1999, p. 278, 561『敗北を抱きしめて』三浦・高杉・田代共訳、岩波書店）。

（12）ローマ書十三章を引いた高橋の著書は、その後、『福音信仰の政治性』（教文館、一九七一年）に収録されている（同上、七四―一〇二頁）。論争参加者には、その他、高木謙次、三浦永光、黒沼栄一などがいた。なお、この時点で、高橋は、ローマ書十三章を対象とする講解を二冊刊行している。「ロマ書概説」（高橋三郎『キリスト信仰の本質』新教出版社、一九七一年七月、所収）は、前年の「キリスト教夜間講座」における講義である。さらに、同じ時期に執筆されていた『ロマ書講義Ⅴ』（山本書店、一九七一年八月刊）がある。前者は、クルマン『新約聖書における国家』（一九六一年）に負うところが多い（同上、二八七頁)と断られているが、終末にいたるまでの「暫定的秩序としての国家権力」の位置づけ、また良心のための服従を「裏から言えば、良心が服従を拒否せざるをえない場合が——一つの限界状況として——留保されている」ことの承認など(同上、二九五頁以下)、釈義としては『ロマ書講義V』より、いっそう明快である。

(13) 高橋、前掲『福音信仰の政治性』九〇頁。ここでは「日本人の心に伝統的にしみついている」秩序観への肯定的評価と対照的に、反核平和運動の背後に「共産主義的」な「理想像に心奪われた」「狂信的な教条主義者」(同上、八五頁)をみている。バルメン宣言第五テーゼとローマ書十三章との関わりについては、とくに宮田、前掲『十字架とハーケンクロイツ』一五七頁以下、参照。

(14) この無教会内論争に直接的に言及してはいないが、当時(一九六九年一一月)、関根正雄も、ローマ書を講じた中で十三章解釈を扱っていた。関根によれば、ここでパウロは「何か体制維持」について述べているのではなく、「よりよき秩序」への志向をふくんでいると指摘し、「一切のデモはいけないという風に……ファンダメンタルな傾向」にたいしては批判的な立場をとっている。とくに「良心」(一三・五)のための服従という論点に注意を促し、「良心に反するようなことを国家が要求した場合には、それに抵抗しなければならない」と語っている。プロテスタントの歴史においては、ローマ書十三章を「多くはそうした風に解釈してきた」(!)とさえ断じている(『関根正雄著作集』第三巻、新地書房、一九八〇年、一二九—一三一頁、なお、一二三頁、参照)。もっとも、関根は中心的な鍵概念としての「良心」について、オット・ミヒェルの注釈を重要視しているが、ミヒェル自身は、服従義務の内面化＝加重化の方向に力点を置いて解釈しているのではなかろうか(本書、第I部、二六頁、参照)。

(15) 荒井献編『パウロをどうとらえるか』(新教出版社、一九七二年)。この本の第Ⅲ部は「パウロ主義・批判の問題」を扱っている(同上、二一一頁以下)。なお、「総括討論」(同上、二五七頁以下)参照。

(16) 佐竹明「ローマ書十三章の問題」(前掲『パウロをどうとらえるか』六六頁以下。ケーゼマンの引用は、同上、七三頁(Vgl. E. Käsemann, Grundsätzliches zur Interpretation von Römer 13, in: *Exegetische Versuche und Besinnungen*, 2. Band, 2. A., 1965, S. 220 u. 222)。戦後日本における聖書研究上の基本的立場をめぐる論争については、J・M・フィリップ

ス「日本における聖書研究――一九四五―一九七五」(『*Orients Studies*』January 1976. オリエンス研究所)の簡明なまとめ、参照。

(17) 『国権と良心――種谷牧師裁判の軌跡』(新教出版社、一九七五年)七四頁、八一頁。この裁判では、高柳信一証人の発言(同上書、四四頁)など、ローマ書十三章に言及されることが多かった。筆者自身も、弁護側の証人としての発言で、検事側のローマ書解釈にたいする批判を展開した(宮田光雄「国家と宗教」同上書、二六三―二六六頁)。

(18) 《神格否定》の那須発言と大嘗祭の問題性については、それぞれ、宮田、前掲、『日本の政治宗教』二七頁以下、『いま日本人であること』(岩波書店、同時代ライブラリー版、一九九二年)一五七頁以下、参照。なお、中村政則『戦後史と象徴天皇』(岩波書店、一九九二年)参照。

(19) 丸山、前掲『日本の思想』(前掲『丸山眞男集』第七巻)二二五頁以下。なお、たとえば『丸山眞男講義録』第六冊「日本政治思想史 一九六八年」(東京大学出版会、二〇〇八年)一二七頁以下、参照。

(20) ノックスのローマ書十三章理解については、本書、第Ⅰ部、一一五頁以下、参照。

(21) A・D・リンゼイ『民主主義の本質』(永岡薫訳、未來社、一九九二年)二八頁以下。同『キリスト教諸教会とデモクラシー』(山本・大澤共訳、聖学院大学出版会、二〇〇六年)一九頁以下、参照。このリンゼイ説を引きながら、新約学者ロバート・ジューエットは、さらに一歩を進める。すなわち、これは、コリントの信徒への第一の手紙十四章に記されたパウロの言葉を定式化したものであり、社会契約理念は、自発的結社としての教会理念の政治的等価物だった。その限りでは、アングロ・アメリカ的デモクラシーの古典的理論家ジョン・ロックはピューリタン独立派の真実な子であることを示したのだ、と(Cf. R. Jewett, *Paul. The Apostel to America. Cultural Trends and Pauline Scholarship*, 1994, p. 119 f.)。

(22) Vgl. G. Jellinek, *Die Erklärung der Menschen- und Bürgerrechte*, 4. A. 1927, in R. Schnur (hg.), *Zur Geschichte der Erklärung der Menschenrechte*, 1964, S. 66 f. u. 54(『人権宣言論争』初宿正典訳、みすず書房、所収)。

(23) 丸山、前掲書、二二六頁。

(24) 奥平康弘『〈万世一系〉の研究』(岩波書店、二〇〇五年)五頁から再引用。奥平は、戦後日本に存続する天皇制意識の中で

《万世一系》(＝皇統継承)イデオロギーが果たす役割に注目し、日本国憲法(第二条)に巧みに取り入れられた「皇室典範」という明治憲法の用語が「煙幕効果」をもって「相当の知識人・文化人」をもたぶらかし、「〈ふつうの日本人〉は——自ら気づかないままに——天皇制の明治的伝統を引き継いでいる」と鋭く指摘している(同上、一一一—一一二頁、参照)。

(25) Cf. R. Jewett and J. S. Lawrence, *Captain America and the Crusade against Evil. The Dilemma of Zealous Nationalism*, 2003, p. 303. ジューエットによれば、この《キャプテン・アメリカ・コンプレックス》は、その歴史的ルーツを《聖戦》思想のピューリタン的受容にもっており、この点に関して、パウロ書簡にある警告——教会内の決定を聖霊の導きに委ね、討論を通して意見の対立を相互批判に従わせることを強調する数々の言葉——は、「アメリカ市民宗教にたいして、いっそうリアリスティックに適合している」と、パウロ倫理の政治的有効性を指摘しているのである(Cf. Jewett, Paul. The Apostle to America, p. 121 f.)。なお、《選民意識》の光と影については、宮田光雄『ホロコースト〈以後〉を生きる——宗教間対話と政治的紛争のはざまで』(岩波書店、二〇〇九年)一六九頁以下、参照。

(26) Vgl. M. Weber, *Gesammelte Aufsätze zur Religionssoziologie*, Bd. I, 4. A. 1947, S. 166 ff. u. 183 ff. (『プロテスタンティズムの倫理と資本主義の精神』大塚・梶山共訳、岩波文庫)。

(27) たとえば、溝口正『自治会と神社』(すぐ書房)一九七五年、『津地鎮祭違憲訴訟』(違憲訴訟を守る会編、新教出版社)一九七二年、『最高裁と神々』(同編、新教出版社)一九八〇年、小川武満『平和を願う遺族の叫び』(新教出版社)一九八三年、『岩手靖国違憲訴訟・戦いの記録』(違憲訴訟を支持する会編、新教コイノーニア)一九九二年、『合祀いやです——中谷康子さんの良心の闘い』(支える全国連絡会編、新教出版社)一九九三年、田中伸尚『反忠——神坂哲の七二万字』(一葉社)一九九六年、など参照。さらに最近の一例として、学校における「君が代」伴奏強制に反対する佐藤美和子の裁判闘争(『学校に心の自由をとりもどすために——「ピースリボン」裁判全記録』二〇〇九年)参照。

(28) たとえば、李仁夏・木田献一『民衆の神学』(教文館、一九八四年)参照。なお、vgl. C. Wippermann, *Zwischen den Kulturen. Das Christentum in Südkorea*, 2000, S. 166 ff. 《民衆の神学》の第二世代以後の問題については、vgl. S. 183 ff.

(29) 小川武満は、戦時下の神学校で学んでいた当時、熊野義孝の『終末論と歴史哲学』を読み、違和感を覚えつつも、その

「国家が罪悪を犯す場合には教会は其苦痛を一層おほく味ふことによつて国家的正義の恢復に奉仕する」(本書、四四七頁、注19参照)というレトリックに魅せられたという。彼は、それを「キリスト者は国民の誰よりも多く苦痛を味わうことによって信仰に生きる」と読みかえることによって、自己の生と死とに意味づけをあたえようとした。その後、戦時中に北支にあって良心的な軍医将校として苦闘した小川は、敗戦後帰国して、一九五五年には教団を離脱した日本基督教会の第一回教職修養会で、「終末論と歴史的秩序」と題して講演した(野田正彰『戦争と罪責』岩波書店、一九九八年、六二頁以下、八七頁、参照)。「終末論は、世界の終末を論ずるのではなく、終末において歴史を語ることであり、終末論は歴史的秩序との関連において論ぜられ、終末論的希望にたつ教会は、この世の国家的秩序のもとにある歴史的現実の只中で、これと対決してゆるぐことなく、究極のものに根ざした決断的行為を生み出し、真実の歴史を形成していく原動力となるべきである」。

ヤスクニ国営化に抗して《キリスト者遺族の会》の結成に加わり、人権と平和とのために闘ってきた小川の思想的原点を示すものと言ってよいであろう(小川武満『地鳴り——非戦平和の人生八二年』キリスト新聞社、一九九五年、参照)。なお、《終わりなき自由の闘い》については、宮田「政治と祭儀」(前掲『日本の政治宗教』一〇頁以下)参照。〔この論文は、前掲『同時代史を生きる』二七九―二八七頁に再録〕。

(30)　最近のエキュメニカルなレベルでの人権をめぐる神学的論議については、vgl. J. Motte, Die Kirchen und die Menschenrechte. Plädoyer für ein stärkes Engagement der Kirchen im Einsatz für die Globalisierung der Menschenrechte, in: *Ökumenische Rundschau*, 2007, H. 1, S. 36-52. なお、vgl. W. Vögele, *Menschenwürde zwischen Recht und Ideologie. Begründungen von Menschenrechten in der Perspektive öffentlicher Theologie*, 2000.

あとがき

1

国家と宗教の関係が問われるとき、もっとも中心に立つのは長い苦闘の歴史をもつ信教の自由の問題です。その際、多くの人びとは、人権宣言以来の近代国家の伝統を思い浮かべることでしょう。たとえばハロルド・ラスキが『近代国家における自由』の中で語った言葉は、あまりにも有名です。すなわち、「宗教的自由のために闘った人びとは、同時に、期せずして市民的自由の父祖となった」。しかし、この問題について、いっそう深い歴史的由来を尋ねると、原始キリスト教の源泉にまで遡ることができるのではないでしょうか。

こうしたキリスト教の視点から国家と宗教について考えるとき、当然、聖書的な根拠が問題になります。たとえば《真の神》をのみ神とすることを求める十戒の精神は、もっとも包括的な意味で政治制度にたいする宗教的権威の関わり方を規定するものです。また、アモス、イザヤ、エレミヤなど、旧約預言者の伝統も、腐敗した権力にたいする厳しい批判的姿勢を教えています。しかし、こうした連関で旧約聖書が取り上げられることは、通常は、かならずしも多くはありません。

いっそう前景に立つのは、一般には新約聖書における「カイザルのもの」と「神のもの」との区別を命ずるイエスの言葉(マルコ一二・一七)や、「神によって立てられた」権威にたいする服従を説くパウロの言葉(ローマ一三・一以下)、「人に従うよりも神に従う」ことを求めるペテロの言葉(使徒行伝五・二九)、さらに悪魔化した国家を「海の底から上ってきた竜」としてみる黙示録的イメージ(ヨハネの黙示録一三・一以下)などでしょう。

これらのテキストは、むろん、さまざまの異なった状況から由来するものであることが知られています。したがって、それらは、互いにアクセントを異にした意図をふくんだ発言です。この中で歴史的にもっとも注目されてきたのは、いうまでもなくローマ人への手紙十三章の影響でした。しかし、これらすべてに共通しているのは、既存の国家にたいするキリスト教徒の無条件的な服従が求められているのではないこと、また国家にたいする教会の無制約的な忠誠といったものがありえないということです。

むしろ、これらの聖書テキストからは、国家にたいする教会の関係が二重の光のもとに映し出されてきます。

一方では、国家は——たとえば神聖な秩序あるいは実体的価値の具現として——それ自身のために肯定されるのではないこと、むしろ、それが実際に果たしている具体的な課題のゆえに肯定されるのだということが引き出されます。それは、法と平和、さらに自由の保障といった課題を果たすものでなければなりません。たとえばドイツ教会闘争における有名なバルメン宣言(一九三四年)は、そのことを明示するものでした。現代国家の宗教的中立性(=政教分離)にもとづく信教の自由の保障は、とくに中心的な課題と言うべきでしょう。

他方では、国家がそうした課題を果たしえないのみか、市民生活にたいして権力的に介入する全体性要求を押しつけるとき、もはや政治的権威としての正当性を失うということです。その限りでは、国家にたいするキリスト教徒の責任は、《批判的忠誠》としての性格を帯びています。必要やむをえない場合には、不服従から抵抗行動にいたる抗議と批判の可能性があることを忘れてはならないでしょう。

こうした超越的な神と国家秩序との関わりにたいして認められる事柄を、いっそう一般化した——《世俗化》した——言葉で問い直すこともできます。すなわち、普遍的な価値、たとえば基本的人権の理念に立って生きるときには、既存の国家秩序を超越して地球市民としての《批判的連帯》に開かれる可能性が出てくるのではないでしょうか。本書で論じた《国家と宗教》の基本的な解釈の枠組は、そうした現代世界の問題を理解するために有益な視点を提供しうるのではないでしょうか。

2

本書の表題は、むろん、南原繁先生の『国家と宗教』(初版、一九四二年、『南原繁著作集』第一巻、岩波書店、一九七二年、再録)――日本におけるヨーロッパ政治思想史研究の《金字塔》的業績とも評されてきた名著――の題名を自覚的に踏襲したものです。

南原先生の学統を継承することを志してきた私にとって、《国家と宗教》をめぐるその後の研究史を踏まえながら、先生のお仕事を新しく展開して現代世界の問題状況にたいして発信することこそ、後進の研究者としての責任ではないかと、つねづね考えてきました。

《国家と宗教》というテーマについては、忘れ難い思い出があります。

私は一九四九年度の東大法学部の授業で、当時、総長をしておられた南原先生の政治学史(=ヨーロッパ政治理論史)を受講しました。幸いなことに、それは、先生にとっての最終講義の年に当たっていたのでした。それまで、いっこうに法学部の勉強になじみを覚えていなかった私は、南原先生の講義内容に強く引かれるものがありました。その後、ヨーロッパ政治思想史を専攻する研究者の道を歩むことになったのも、この時の出会いがきっかけとなったのでした。

先生の講義は、小さなメモを手にされながら力強い口調で学生たちに訴えかけるもので、さながら総長演説のような趣がありました。ノートをとることに追われる学生たちをたしなめて、くり返し、「文字でなく私の精神《ガイスト》を聞いてほしい」と求められたのです。いまにして思えば、それは、「文字は人を殺し、霊《ガイスト》は人を生かす」（Ⅱコリント三・六）というパウロの言葉につながるものだったことに気づかされます。ヨーロッパ政治思想史を貫くキリスト教の《精神》と国家の《権力》との緊張をはらんだ展開の歴史から、主体的に学ぶべきことを教えておられたのです。

この年度の期末試験では、ただ一問、「ヨーロッパ政治思想史におけるキリスト教の意義について」が出題されました。制限時間いっぱいに、もち合わせたすべての知識を傾けて答案紙に書き連ねたのを覚えています。そのときの未熟だった解答に代えて、いまようやく、いわば生涯の《宿題》を私なりに果たすことができたといった感慨を覚えます。

この《国家と宗教》というテーマについて、どのような角度から、どのような方法で新しく切り込んでいくかということは大問題です。それをローマ書十三章の影響史＝解釈史を軸としてとりあげるという着想は、一九六〇年代はじめ、私が西南ドイツのテュービンゲン大学に留学したときにあたえられたものでした。

それまで留学に先立って、現代プロテスタンティズムの政治倫理について、当時、数回にわたり『思想』に論文を連載していましたし、また南原先生の古稀記念の論文集（『政治思想における西欧と日本』東京大学出版会、一九六一年）のため、カール・バルトの『ローマ書』を中心にして「政治思想としての危機神学」という論文も書き上げたばかりの頃でした。私の留学は、ドイツ政治思想史を研究することを第一の目的とするものでしたが、このときテュービンゲン大学で、はじめて神学部の講義も聴講し、さらに演習にも参加しました。またバーゼルでは大学の講義や演習を通してだけでなく、バルト先生の謦咳に個人的にも接する機会をあたえられました。

しかし、私の関心にとって、当時、テュービンゲン大学で『ローマ書』を講じていたエルンスト・ケーゼマン教授の学問と思想に出会ったことは、とくに大きな決定的な刺激となるものでした。ケーゼマンの当時の講義は、のちに『ローマ人への手紙』(一九七三年、第四版、一九八〇年)として出版され、邦訳も出ています。私の手許にあるタイプ印刷された講義記録は、当時を記念するよすがとなっています。しかし、私にとっては、ケーゼマン教授がシュラッター・ハウスで行なったローマ書十三章についての特別講演と、このときの学生たちとの討論の様子なども忘れ難い思い出です。

この講演に触発されて、ローマ書十三章に関する幾つかの新しい研究論文を読みふけり、とくに「われわれの世代におけるローマ書十三章一―七節」というケーゼマンの大論文に魅せられてしまいました。これは、二〇世紀初めから一九五〇年代にいたるローマ書十三章に関する釈義や解釈を網羅的に概観した《影響史＝解釈史的》分析で、私自身、もっとも強いインパクトをあたえられたものです。バルトを新しく理解し直すこと、そのためさらにエルンスト・ヴォルフの組織神学の新しい視点をとり入れることなども、この論文に促されたものです。しかし、一番大きかったのは、こうしたケーゼマン教授の方法を用いて、近代日本の同じテーマを歴史的に分析してみたいという問題意識をもたされたことでした。

実際に旧い史料に当たり、この主題にとり組むようになったのは、大分あとになってからのことです。日本の問題を分析するために比較の視点をはっきりさせる必要を覚え、ヨーロッパの同じ問題について思想史的スケッチをまとめることを思い立ったのは、それからさらに遅れてのことでした。こうして当初『思想』誌上に連載の形で公表した原論文に大幅に加筆して、それぞれ『国家と宗教』(『宮田光雄集《聖書の信仰》Ⅳ、岩波書店、一九九六年)、『権威と服従』(新教出版社、二〇〇三年)として刊行できたのは、さらに数年後のことでした。

今回、これら二つの小著を底本として、その後に入手した資料や研究をも加え、全体を再構成した上で、ようやく本書を私なりの決定版としてまとめることが出来ました。こうした一書二部構成によって、近代日本におけるローマ書十三章の影響史的特徴が、いっそう立体的に明らかになったのではないかと考えています。たとえば古くはラーネッド以来、サンデイ＝ヘッドラム、ゴデー、さらに新しくはカール・バルトなど、欧米におけるそれぞれの時期の代表的なローマ書十三章の釈義や講解が、近代日本のキリスト教界によって、どのように受容されたか。しかも、そこでは、しばしば、一定の方向――つまり、天皇制国家との摩擦をできるかぎり回避しようとする方向――に傾きがちな屈折した理解がなされてきたのではないか、といった問題です。

南原先生の『国家と宗教』は、周知のように、カント批判哲学を再構成した価値平行論という方法論にもとづくヨーロッパ精神史の研究です。これに対して本書の背景には、カール・バルトの終末論的視点に立つ政治倫理と社会科学的視点との対論から生まれた小著『政治と宗教倫理』(岩波書店、一九七五年)の問題意識があります。さらに、こうしたバルト神学の影響力を歴史的に裏づけるナチ・ドイツ治下の教会闘争の分析にも関心を寄せてきました(小著『十字架とハーケンクロイツ』新教出版社、二〇〇〇年)。その意味では、今回の本書は、私のこれまでの《国家と宗教》問題に即した政治学的・神学的な学際研究の成果とあわせて、いわば三部作の最終巻ともなるものです。

3

初出の際の原論文の表題を示せば左記の通りです。

第Ⅰ部 「国家と宗教――ヨーロッパ精神史におけるローマ書一三章」(『思想』一九九一年一二月号、一九九四年二月号、三月号、五月号、七月号に連載)

第Ⅱ部「権威と服従――近代日本におけるローマ書十三章」（『思想』一九八七年一月号および三月号に連載）

このローマ書十三章の論文発表は、二代にわたる当時の『思想』編集長、合庭惇、小島潔両氏による長年にわたる御好意にあずかって可能となったものでした。さらにこの度、岩波書店山口昭男社長は、本書のような形での増補新版の刊行を快諾して下さり、また新教出版社小林望社長は、本書第二部の底本となった『権威と服従』の再録を了承して下さいました。本書の編集実務を担当された岩波書店編集部の小島潔氏からは、さまざまの配慮――索引の作成まで――をして頂きました。これら多くの方々の御尽力なしには、本書が陽の目を見ることはありえなかったことでしょう。ここに、あらためて感謝の意を表する次第です。

＊

本書の用いた膨大な資料の中には、自分の足で歩いて入手しえたものもふくまれています。たとえば、信州の佐久地方の教会を回り明治初期の古い教会記録からローマ書十三章の関連記事を探した日々のこと、また穂高の井口喜源治記念館や佐野市郷土博物館に所蔵されている『引照新約聖書』との出会い、さらには遠い昔、バーゼルのバルト先生のお宅で『福音と律法』について話を伺ったこと、バルトの盟友エルンスト・ヴォルフ先生からオーバーバイエルンの山荘に招かれた折にエーゴン・ヘッセルの活動について尋ねられたことなども、懐かしく忘れがたい思い出です。

むろん、これらの資料収集には、多くの方々のご協力に負うところが少なくありません。とくに入手が困難な明治の初期文書および地方の教会史資料については、鈴木範久、北原明文、嵐護などの各氏に助けられ、また戦時中の一部の教会関係資料、無教会グループ関係資料については、それぞれ秋山憲兄、福田啓三、戒能信生、高木謙次各氏から提供を受けました。こうした御好意にたいしても、ここに併せて謝意を表します。
なお、本書における聖書テキストは、日本聖書協会訳に従っていることをお断りします。文献の引用に際しては、読みやすくするために一部を改訳したり新仮名遣いに改めたところもあります。本書の目次扉に用いた挿絵については、日本聖書協会聖書図書館から資料提供して頂きました。

二〇〇九年　初冬　仙台にて

宮田光雄

■岩波オンデマンドブックス■

国家と宗教――ローマ書十三章解釈史=影響史の研究

2010年4月8日　第1刷発行
2015年12月10日　オンデマンド版発行

著　者　宮田光雄《みやたみつお》

発行者　岡本　厚

発行所　株式会社　岩波書店
〒101-8002　東京都千代田区一ツ橋2-5-5
電話案内　03-5210-4000
http://www.iwanami.co.jp/

印刷／製本・法令印刷

ISBN 978-4-00-730328-9　　Printed in Japan

人名索引

（フルネームで記入した人名以外は，原則として研究文献の著者名を示す）

カ行

サ行

タ行

ナ行

ハ行

マ行

ヤ行

ヨセフス　Josephus, F.　22
ヨハネ(バプテスマの)　Iōánnēs　341

ラ行

ラート　Rad, G. v.　281
ラーネッド　Learned, Dwight W.　287-294, 322, 323
ライプホルツ　Leibholz, Gerhard　243
ラスキ　Laski, H.　509
ラセール　Lasserre, J.　34
ラッセル　Russel, B.　369, 509
ランケ　Ranke, L. v.　3
ランゲ　Languet, Hubert　127
ランデ　Lande, A.　282
リース　Riess, Ludwig　312, 313
リッター　Ritter, G.　135
リッヒ　Rich, A.　116, 237, 251
リュクルゴス　Lykourgos　154
リュトゲルト　Lütgert, Wilhelm　186
リンゼイ　Linsay, A. D.　508, 518
リンデマン　Lindemann, A.　57
リンドゲンス　Lindgens, G.　266
ルーデンドルフ　Ludendorff, Erich　418
ルソー　Rousseau, Jean-Jacques　153-155, 160, 166
ルター　Luther, Martin　38, 82-91, 93, 96-98, 100, 102, 103, 111, 116, 122, 124, 126, 141, 168, 182, 247, 250, 251, 399, 414, 427, 428, 440
ルフィーヌス　Rufinus　49
レーヴィット　Löwith, K.　444, 469
レーダー　Roeder, Manfred　252
レーデラー　Lederer, E.　272, 317
レープ　Leeb, R.　77
レオ十三世　Leo XIII　178
ロイター　Reuter, H. R.　11
蠟山政道　293
ローゼ　Lohse, Ed.　36
ローゼンベルク　Rosenberg, Alfred　219, 233, 416, 418, 442, 461-463
ローレンス　Lawrence, J. S.　510
ロック　Locke, John　116, 150-152, 159, 160, 518
ロッホマン　Lochmann, J. M.　281
ロルツ　Lortz, Josef　222, 234

ワ行

ワシントン　Washington, George　338, 340, 359
渡瀬常吉　335, 379, 380, 390, 391
渡部弥一郎　498
渡部良三　473